A CIÊNCIA DAS RELIGIÕES

Dados Internacionais de Catalogação na Publicação (CIP)
(Câmara Brasileira do Livro, SP, Brasil)

Ries, Julien
   A ciência das religiões : história, historiografia, problemas e método / Julien Ries ; tradução de Leonardo A.R.T. dos Santos. – Petrópolis, RJ : Vozes, 2019.

   Título original : La scienza delle religioni : storia, storiografia, problemi e metodi.
   Bibliografia.
   ISBN 978-85-326-5954-5

   1. Religiões – História 2. Religiosidade – História I. Título.

18-19745 CDD-200

Índices para catálogo sistemático:
1. Ciência da religião   200

Cibele Maria Dias – Bibliotecária – CRB-8/9427

A CIÊNCIA DAS RELIGIÕES

HISTÓRIA, HISTORIOGRAFIA, PROBLEMAS E MÉTODO

JULIEN RIES

Tradução de Leonardo A.R.T. dos Santos

EDITORA VOZES

Petrópolis

© 2008, Editoriale Jaca Book SpA, Milano

Título do original em italiano: *La scienza delle religioni – storia, storiografia, problemi e metodi.*

Direitos de publicação em língua portuguesa:
2019, Editora Vozes Ltda.
Rua Frei Luís, 100
25689-900 Petrópolis, RJ
www.vozes.com.br
Brasil

Todos os direitos reservados. Nenhuma parte desta obra poderá ser reproduzida ou transmitida por qualquer forma e/ou quaisquer meios (eletrônico ou mecânico, incluindo fotocópia e gravação) ou arquivada em qualquer sistema ou banco de dados sem permissão escrita da editora.

CONSELHO EDITORIAL

Diretor
Gilberto Gonçalves Garcia

Editores
Aline dos Santos Carneiro
Edrian Josué Pasini
Marilac Loraine Oleniki
Welder Lancieri Marchini

Conselheiros
Francisco Morás
Ludovico Garmus
Teobaldo Heidemann
Volney J. Berkenbrock

Secretário executivo
João Batista Kreuch

Editoração: Fernando Sergio Olivetti da Rocha
Diagramação: Mania de criar
Revisão gráfica: Nilton Braz da Rocha / Nivaldo S. Menezes
Capa: HiDesign Estúdio

ISBN 978-85-326-5954-5 (Brasil)
ISBN 978-88-16-40841-8 (Itália)

Editado conforme o novo acordo ortográfico.

Este livro foi composto e impresso pela Editora Vozes Ltda.

Sumário

Introdução, 9

Parte I – História da pesquisa, 13

1 A história das religiões, 15

2 A história das religiões – De Benjamin Constant (1767-1830) a Mircea Eliade (1907-1986), 75

3 A religião da pré-história egípcia – Etapas da pesquisa, 92

4 O desenvolvimento da religião, 120

5 Alguns aspectos da ciência das religiões ao final do século XIX, 145

Parte II – Problemas e métodos na pesquisa em história das religiões, 169

1 As origens da religião e das religiões, 171

2 A abordagem histórica das religiões, 211

Parte III – O fato religioso e a fenomenologia das religiões, 333

1 Magia e religião no comportamento do *homo religiosus*, 335

2 O fenômeno religioso e as abordagens fenomenológicas à religião, 348

3 As ciências da religião no contexto das ciências humanas, 364

4 As abordagens científicas ao fenômeno religioso, 379

Parte IV – As perspectivas de uma antropologia religiosa, 397

1 Emergência da antropologia religiosa, 399

2 O homem religioso e o sagrado à luz do novo espírito antropológico, 408

3 As perspectivas da antropologia religiosa à luz da história das religiões, 437

Parte V – Problemas e métodos à luz de trinta historiadores das religiões, 455

Ugo Bianchi (1922-1995), 457

Charles de Brosses (1709-1777), 462

Pierre Daniel Chantepie de la Saussaye (1848-1920), 465

Benjamin de Rebecque Constant (1767-1830), 467

Franz Cumont (1868-1947), 470

Georges Dumézil (1898-1986), 473

Émile Durkheim (1858-1917), 475

Mircea Eliade (1907-1986), 477

Numa-Denis Fustel de Coulanges (1830-1889), 483

Giglio Gregorio Giraldi (1479-1552), 486

Eugène Goblet d'Alviella (1846-1925), 488

Charles de Harlez de Deulin (1832-1899), 490

Friedrich Heiler (1892-1969), 493

Joseph-François Lafitau (1681-1746), 496

Claude Lévi-Strauss (1908-2009), 498

Lucien Lévy-Bruhl (1857-1939), 502

Marcel Mauss (1872-1950), 505

Friedrich Max Müller (1823-1900), 508

Rudolf Otto (1869-1937), 511

Raffaele Pettazzoni (1883-1959), 514

Henri Pinard de la Boullaye (1874-1958), 517

Albert Réville (1826-1906), 519

Wilhelm Schmidt (1868-1954), 522

Nathan Söderblom (1866-1931), 525

Rudolf Steiner (1861-1925), 527

Cornelius Petrus Tiele (1830-1902), 530

Louis de la Vallée-Poussin (1869-1938), 533

Jean Varenne (1926-1997), 534

Giambattista Vico (1668-1744), 536

Jacques Vidal (1925-1987), 539

Índice dos nomes e dos principais lugares, 541

Índice geral, 559

Introdução

Em 1462, Cosme de Médici coloca sua vila de Careggi à disposição de Marsílio Ficino (1433-1499). Assim começa a Academia de Florença e a redescoberta de Platão pelo Ocidente. Pico della Mirandola, um amigo de Ficino (1463-1494), chega à academia e começa a visitar várias universidades: acumula os livros e o saber; estuda as línguas orientais; e, depois de uma estada em Paris, publica suas famosas *Novecento tesi di omni re scibili* [Novecentas teses sobre todas as coisas conhecíveis], com as quais sublinha a convergência de todas as sabedorias antigas no cristianismo. É o início do Humanismo, com seu olhar sobre os antigos, sobre o antigo mundo grego, sobre o Egito dos faraós e sobre a Fenícia. O século XVII irá mais longe: Atanásio Kircher domina esse período com as suas pesquisas sobre o Egito. Fundada por Colbert em 1663 e levada a quarenta membros em 1701 pelo Rei Luís XIV, a Academia Francesa recebeu entre suas incumbências a missão de executar pesquisas sobre as religiões antigas. Nascido em Florença e levado à França, o movimento acadêmico produziu resultados significativos. Contudo, o Século das Luzes atrapalhará os estudos estritamente históricos a partir do momento em que o deísmo de Voltaire (1694-1778) propagará um anticristianismo radical. A religião do Iluminismo acusa os Pais da Igreja de terem falsificado a face do paganismo. Joseph Lafitau (1681-1746) e Charles de Brosses (1709-1777) fundam a etnologia religiosa, enquanto Giovanni Battista Vico (1668-1744) se dedica ao estudo da mitologia, tentando individuar uma hermenêutica das culturas, que assim abre caminho para a decifração do pensamento religioso dos povos. Como reação ao racionalismo do Iluminismo, afirma-se uma corrente que se coloca na busca do sentido religioso da humanidade.

A leitura da *Nova ciência* impulsionou Goethe (1749-1833) a reagir ao *Aufklärung* [Esclarecimento], uma reação que, na Alemanha, guiou-se pelo movimento *Sturm und Drang*. Com J.G. Herder (1744-1803), G.F. Creuzer (1771-1858) e F. von Schelling (1775-1854), a hermenêutica dos mitos vive uma época épica triunfal, marcando a pesquisa do século XIX. A mitologia é considerada como uma profecia que se integra no messianismo presente no coração da história humana. O século XIX, ademais, amplia extraordinariamente os horizontes da nossa visão da humanidade religiosa, com a descoberta do *Avesta*, da tradição masdeísta e dos *Vedas*, a decifração dos hieróglifos por Jean François Champollion em 1822, as escavações na Mesopotâmia, a descoberta de Hattuša, a antiga capital dos hititas, onde estão enterradas trinta mil tabuinhas. Vê-se surgir a estrutura religiosa do "Crescente Fértil". É nesse contexto que nasce uma nova disciplina que receberá o nome de *ciência das religiões, Religionswissenschaft*.

As descobertas do século XIX permitem aumentar consideravelmente o conhecimento do patrimônio religioso da humanidade. Tempo de desenvolvimento das ciências históricas, o século XIX é também o período da formação de ideologias reducionistas na abordagem do fenômeno religioso. O positivismo e o materialismo representam assim dogmatismos que se ignoram mutuamente, mas são obstáculos a um estudo científico sereno dos documentos religiosos. Felizmente, de 11 a 27 de setembro de 1893, depois de uma longa preparação, várias centenas de especialistas das religiões mundiais se reuniram em Chicago. Esse primeiro *World's Parliament of Religions* pôde realizar um encontro internacional e uma pacífica troca de ideias, com uma forte insistência no valor e no significado do patrimônio religioso mundial. Em Paris, no ano de 1900, o Primeiro Congresso Internacional de História das Religiões desenvolveu os grandes princípios de uma ciência das religiões que se dedica à experiência histórica e ao estudo dos documentos colocados na concretude histórica. Esses dois eventos deram um impulso promissor à realização de uma verdadeira história das religiões no decorrer do século XIX. O nosso volume tenderá a oferecer uma síntese objetiva e coerente dos trabalhos e das pesquisas dos últimos dois séculos, estruturando o tema em cinco partes.

A primeira parte é um estudo histórico e historiográfico, que parte de Benjamin Constant a Mircea Eliade e Georges Dumézil. Esse itinerário descreve as etapas de dois séculos de pesquisas, com os seus progressos, os seus conflitos, as suas confusões e o peso das ideologias, mas também com os seus períodos fecundos, como as décadas de 1880-1900, durante as quais a escola holandesa tentou identificar mais precisamente o fenômeno religioso, infelizmente em detrimento dos estudos teológicos, suprimidos nas universidades e substituídos pelas cátedras de Fenomenologia Religiosa. De qualquer forma, algumas felizes iniciativas foram estímulo para os estudos: a criação do Museu Guimet em Paris e o lançamento dos primeiros periódicos, como a *Revue de l'histoire des religions* em Paris e *Le Muséon* em Lovaina, duas revistas de alta qualidade e preciosas para a pesquisa. Desde o início do século XX, graças à criação de cátedras de História das Religiões, impõem-se algumas escolas na França, na Holanda, na Bélgica, na Suécia, na Alemanha, na Inglaterra, na Itália e nos Estados Unidos. Imediatamente após o Parlamento das Religiões em Chicago e o congresso de Paris, encontros análogos serão estímulos para a pesquisa. As escolas de Uppsala e de Marburgo empreendem um estudo sobre o sagrado nas religiões, um caminho que se revela fecundo para o futuro. A iniciativa de Max Müller no âmbito do comparativismo abre uma nova pesquisa que, depois da Segunda Guerra Mundial, terá resultados inesperados, graças aos trabalhos de Georges Dumézil e de Mircea Eliade. A história das religiões tornou-se disciplina autônoma dentro das ciências humanas.

A segunda parte do volume aborda os problemas e os métodos presentes na pesquisa sobre as religiões. Durante os dois séculos que constituem o objeto do nosso estudo não faltaram conflitos, oposições e divergências entre os estudiosos. Um primeiro âmbito de conflito é a questão da origem da religião e das religiões. Essa origem é encontrada no totemismo, no evolucionismo, no *mana*, na angústia do homem no cosmos e na contemplação da natureza? Na gama de hipóteses que foram formuladas foram privilegiados dois elementos: de um lado o papel capital do símbolo e do simbolismo na vida humana, e do outro um estudo aprofundado sobre o aparecimento e o desenvolvimento do homem à luz das prodigiosas descobertas da paleontologia a partir de 1959. Um segundo âmbito de divergência é o papel do sagrado e da sociedade. Estamos diante do *mana* interpretado como uma hipóstase da sociedade ou estamos diante do sagrado, uma manifestação do Totalmente Outro (hierofania), que o *homo religiosus* descobre? As duas hipóteses são apresentadas e exploradas. O leitor notará que a hipótese aceita será a da experiência do sagrado feita pelo homem. Um terceiro elemento de divergência está no fundamento e no objetivo do comparativismo. É mister aceitar como fundamento a unidade da história humana, ou o comportamento do *homo religiosus*, dada através da exposição sistemática e circunstanciada do método comparativo-genético de Georges Dumézil, com os seus resultados, e do método tipológico de Mircea Eliade. Trata-se de dois caminhos complementares na abordagem do *homo religiosus* e do seu comportamento.

A terceira parte reúne questões particulares que dizem respeito ao fato religioso e à fenomenologia: a magia e a religião, a ciência da religião e a sua especificidade entre as ciências humanas, a abordagem científica do fenômeno religioso, a sua abordagem sociológica segundo Max Weber e Joachim Wach, a sua abordagem psicológica com Freud e Jung, a validade da análise do sagrado por Söderblom e Otto.

O segundo volume (*L'uomo e Il sacro nella storia dell'umanità*), o terceiro (*L'uomo religioso e la sua esperienza del sacro*) e o quarto (*Símbolo, mito e rito*) da *Opera Omnia* são dedicados à exposição de uma nova antropologia religiosa fundamental. A quarta parte do presente volume examina o aparecimento dessa antropologia a partir da história das religiões e no contexto do novo espírito antropológico que se manifestou nas últimas décadas graças às obras de Gaston Bachelard e do Círculo Eranos, com Gilbert Durand, Mircea Eliade, Henry Corbin, Carl Gustav Jung e Paul Ricoeur, sem esquecer a influência das novas perspectivas à luz das descobertas sobre a origem do homem.

Enfim, a quinta parte da nossa publicação constitui-se daquilo que podemos definir uma "chamada das testemunhas a depor". De fato, apresentam-se trinta historiadores da religião e um panorama sobre suas pesquisas, sobre o seu modo de enfrentar os problemas e métodos presentes na história das religiões e sobre a contribuição deles na elaboração de uma ciência das religiões autônoma e iluminadora no contexto das ciências humanas. O volume seguinte, *La storia comparata delle religioni e l'ermeneutica*, tentará responder a uma pergunta importante: Qual é a mensagem das religiões e de sua história?

Parte I
História da pesquisa

1
A história das religiões*

Logo depois das fulgurantes conquistas de Alexandre Magno, o Oriente Próximo e todo o mundo mediterrâneo experimentaram uma profunda transformação cultural e religiosa que se prolongou por séculos, até o triunfo do cristianismo. Admiradores das divindades orientais que penetravam então no mundo helenístico, os soberanos selêucidas e lágidas adotaram seus cultos e festas dedicando aos deuses helênicos templos na Ásia e no Egito. Junto aos deuses e deusas do Olimpo e das cidades gregas, entronizavam ora divindades orientais já próximas de dominar, em uma próxima etapa, Roma. Desse modo, começará a difundir-se entre as hierarquias políticas romanas aquela evidente característica produzida por teologias reais de origem egípcia, mesopotâmica e iraniana e pelo culto dos soberanos destinados a triunfar na época imperial.

Nos ambientes populares, onde tais subversões tinham provocado no *homo religiosus* um sentimento de desenraizamento, ganharam vida os deuses guerreiros e salvadores provenientes do Egito e do Oriente, determinando o surgimento de confrarias como *eranos* e *orgeone*, pequenos círculos religiosos que respondiam à necessidade de salvação. É nesse variegado panorama religioso que o cristianismo tem seu ingresso no cenário do mundo mediterrâneo, caracterizando-se, ao menos durante os primeiros quatro séculos da era comum, por controvérsias, debates, disputas e polêmicas entre judeus, pagãos e cristãos que alimentam uma infinidade de textos que, juntamente com os testemunhos arqueológicos, formarão a primeira documentação da futura história das religiões. Durante a época me-

---

* "Religioni". In: *Enciclopedia Tematica Aperta*. Milão: Jaca Book, 1992, p. 41-76. • RIES, J. *Storia delle religioni*. Milão: Jaca Book, 1993, 141 p. [col.: EDO, 38].

dieval essa documentação será alimentada por novas contribuições tornadas possíveis por causa das invasões dos povos germânicos e escandinavos, e ainda pelas notícias reportadas pelos cruzados que retornavam das expedições no Oriente.

1.1 Prelúdio a uma ciência das religiões

A Idade Média conservou a lembrança das divindades pagãs que, juntamente com os mitos que lhes diziam respeito, constituíam o ornamento dos discursos dos pregadores enquanto a iconografia das catedrais vai formando uma verdadeira enciclopédia religiosa. A *Divina Commedia* de Dante (1265-1321) testemunha o interesse pelos mitos e divindades dos pagãos. A obra de Boccaccio (1313-1375) *De genealogia deorum gentilium* conserva, por sua vez, numerosos mitos gregos além de interpretações desses por Lactâncio, Agostinho e outros Padres da Igreja.

1.1.1 A obra dos humanistas do Renascimento

Um papel importante na redescoberta do Oriente e no nascimento do humanismo foi desempenhado por Nicolau de Cusa (1401-1464) que em 1438 foi encarregado de acompanhar de Constantinopla à Itália os delegados gregos que deveriam participar do Concílio de Ferrara-Florença. A presença de tais personagens em Florença em 1438 será a primeira ocasião de encontros, que depois se tornarão cada vez mais numerosos e decisivos, com humanistas italianos e europeus. A obra de Nicolau de Cusa *De pace fidei* de 1453 pode ser considerada um verdadeiro programa para um diálogo inter-religioso.

Em 1462, Cosme de Médici coloca à disposição de Marsílio Ficino (1433-1499) a própria Vila de Careggi: assim nasce a Academia Florentina, que inicia a descoberta de Platão no mundo ocidental. Nas suas duas obras de 1474, *Liber de christiana religione* e *Theologia platonica*, Ficino insiste no conceito de Cristo e de sua religião, mas cita Moisés, Zoroastro, Hermes Trismegisto, Pitágoras e Proclo entre os reveladores da sabedoria. Seu contemporâneo e amigo Pico della Mirandola (1463-1494) se desloca de uma universidade a outra, estuda línguas orientais e, em 1486, publica as novecentas teses *De omni re scibili*, onde destaca a convergência de todas as religiões do mundo antigo no cristianismo. Assim, o movimento do humanismo iniciou-se operando a ressurreição da Antiguidade, que induz a uma reaproximação das religiões antigas consideradas, no entanto, com um olhar crítico. Os humanistas se colocam a questão do valor religioso dos mitos, da atualidade das doutrinas de Atenas e Roma, do papel dos Pais da Igreja em sua abordagem das religiões pagãs. É o alvorecer de uma ciência das religiões.

Em 1548, Gregório Giraldi (1479-1552) publica o seu *De deis gentium*, primeira obra que ousou adentrar na exegese dos mitos. Em um texto clássico da época publicado em 1551 e intitulado *Mythologiae* o autor, Natale Conti, apresenta diversas interpretações dos mitos. O século XVI, no entanto, além de caracterizar-se por essa volta do interesse pelo mundo greco-romano e pelos deuses e mitos egípcios e fenícios, encontra-se diante de novos dados provenientes do encontro com os povos que desde a época das viagens de Colombo começavam a ser conhecidos. Além do contato com novas populações, também a ruptura produzida dentro do cristianismo imediatamente após a Reforma Protestante contribuiu na determinação de uma outra maneira de ver a religião e as religiões. Inicia-se assim um tipo de reflexão que se distancia dos quadros teológicos habituais, recorrendo às religiões antigas e aos cultos dos povos há pouco aparecidos no cenário mundial.

1.1.2 A época das Luzes

No início do século XVII, a atividade missionária da Companhia de Jesus se estendeu até alcançar as culturas da China, da Índia e da América do Norte. Sustentados por numerosos documentos em sua posse, os jesuítas não hesitam em formular avançadas teorias acerca da interpretação das origens das religiões pagãs. Atanásio Kircher (1602-1680) é, dentre eles, o pioneiro; ele, refinado literato, na sua primeira tentativa de decifrar os hieróglifos reporta ao Egito faraônico os mitos antigos e a filosofia platônica. A seus olhos, os filósofos neoplatônicos são homens inspirados por Deus.

A tese da origem bíblica das religiões pagãs é sustentada pelos jesuítas de Trévoux, na França, da qual deriva o nome da seleção *Memoires de Trévoux* que terá grande influência na difusão da tese segundo a qual os deuses da Grécia antiga seriam explicáveis a partir de uma interpretação deformada em sentido naturalístico da história bíblica.

Em 1701, na França, o Rei Luís XIV confia à Academia a missão de pesquisa no âmbito das religiões antigas: assim, o movimento dos humanistas florentinos encontra um tipo de reabilitação em Paris com um novo impulso assumido pela mitografia. Os acadêmicos se esforçam a cada vez em trazer à luz a imaginação popular, o pensamento dos filósofos, a questão da imortalidade, o papel dos sacerdotes, colocando a questão de uma história religiosa da humanidade da qual os mitos seriam testemunhas.

Herdeiro do século XVII, o século XVIII é conhecido como o século das "Luzes" (da expressão francesa *Siècle des Lumières* que alude ao movimento difundido também em outros países com o nome de *Aufklärung, Illuminismo, Enlightenment*). A pretensão agora é submeter às exigências da razão a ordem natural, a religiosa, a jurídica e a política. Na França, a influência de Voltaire faz-se determinante, a ponto de induzir alguns a dar o seu nome ao século (*Siècle de Voltaire*). O deísmo do filósofo se torna uma forma de anticristianismo radical. Triunfam as teses desenvolvidas por Herbert de Cherbury (1581-1648) no seu *De religione gentilium*, publicado postumamente; primeira tentativa de exame comparado das religiões, essa obra constitui um inventário das representações pagãs de Deus, dos cultos, dos mitos e dos ritos que conduz o autor a individuar um deus supremo análogo àquele do Imperador Juliano. É a carta fundadora do deísmo que se apresenta como forma de monoteísmo independente da tradição bíblica; no mesmo caminho seguem Voltaire (1694-1778) e Charles Dupuis (1742-1809), aspirando fazer da história comparada das religiões um método explicativo do deísmo que tira de cada religião a especificidade que lhe é própria.

1.1.3 A formulação da etnologia religiosa

Em 1724, Joseph François Lafitau (1681-1746), jesuíta francês em missão no Canadá, publica uma obra original, *Moeurs des sauvages américains*; ele individua na religião dos índios americanos numerosas semelhanças com as crenças e práticas da Grécia antiga e da Ásia. O seu estudo o leva a sublinhar numerosos elementos tidos como essenciais como: o papel da natureza humana nas explicações dos costumes e das analogias presentes no campo religioso; a importância da iniciação e dos mistérios no culto; o papel da religião nas sociedades arcaicas; a necessidade de conhecimento das línguas, dos costumes, das instituições para compreender a religião. A obra de Lafitau é o texto fundador da etnologia religiosa; o seu mérito é ter insistido no papel da cultura para entender a religião de cada povo.

Em Charles de Brosses de Digione (1709-1777), pode-se ver um antagonista de Lafitau. Forçado pelo ressentimento contra Voltaire a publicar em Genebra (1760) a sua obra *Du culte des dieux fetiches*, ele, nesse livro, a exemplo de Lafitau, compara as religiões dos indígenas africanos com as antigas religiões da Grécia, do Egito e de Roma. Ao mesmo tempo ele se interessa pelo processo formativo das línguas, procurando individuar a natureza humana em seu estado primitivo, o que o leva a constatar que os primitivos adoraram pedras, animais, astros, como ainda faziam as comunidades selvagens de seu tempo. Essa religião arcaica é rotulada por de Brosses como "fetichismo", suposta religião universal das origens. No intuito de demonstrar a validade de sua tese, de Brosses estende a pesquisa a cinco continentes sem limites cronológicos nem espaciais. Segundo de Brosses, a segunda etapa do caminho religioso da humanidade teria sido o politeísmo, bastante diferente do fetichismo porque, enquanto este último cultua diretamente os animais ou outros elementos terrestres inanimados, o politeísmo, ao contrário, refere-se a uma simbólica divina.

1.1.4 Um ensaio de hermenêutica dos mitos e das culturas

Desde o século XVII, pensadores como Pascal (1623-1662) e Malebranche (1632-1715) falaram de ciências humanas distintamente daquelas divinas que têm por objetivo o problema da salvação. Com Galileu (1564-1642), Descartes (1590-1650), Gassendi (1592-1655) e Hobbes (1588-1679), o discurso científico já conquistou uma autonomia própria, delineando-se de acordo com um primeiro eixo, o das ciências exatas, às quais pertencem a matemática, a física e a mecânica. Lineu (1707-1778) e Buffon (1707-1788) esforçam-se, por sua vez, no campo das ciências naturais e da biologia para as quais Darwin ainda contribuirá fornecendo, em 1859, o "esquema biológico" da evolução das espécies. Um terceiro eixo, relativo à cultura e à história vai se definindo a partir do século XVII com a insistência na especificidade da espécie humana e acabará assumindo o nome de "ciências humanas". Nesse último âmbito, a mitografia comparada praticada pela Academia Francesa, os trabalhos dos primeiros etnólogos e as correntes do Iluminismo determinaram a ativação de um peculiar interesse pela condição humana. Uma figura proeminente nessa linha é Giambattista Vico (1668-1744). Nascido em Nápoles, autodidata, filósofo e jurista, Vico publica por conta própria, em 1725, a primeira edição da *Scienza nuova* [Ciência nova], obra consagrada à hermenêutica das culturas destinada ao verdadeiro sucesso somente no século seguinte.

Para Vico, os mitos são dotados de um sentido profundo: significam um estado da consciência humana e, portanto, nos permitem entrar no coração das culturas. Vico transpõe para a história da humanidade as três idades da vida humana. A infância corresponde à idade dos deuses, dos mitos arcaicos dos povos pagãos e dos seus poetas teólogos. A segunda idade, a adolescência, é a época dos heróis e dos super-homens semelhantes àqueles da época homérica. Enfim, chega a terceira idade, a dos homens, dos governos que reconhecem a igualdade de todos: é a época dos reis e das repúblicas. Esse esquema será retomado por Auguste Comte e transposto em um contexto sociológico antirreligioso.

Contrariamente às teorias iluministas, Vico afirma que o homem não sabe viver sem crenças religiosas e sem mitos. A vida humana é permeada pelo divino. A religião se fundamenta em uma verdade eterna e na consciência de Deus imanente no homem. Em contraste com o Iluminismo, Vico insiste nessa *Veritas aeterna* e na providência divina que, a seus olhos, ordena o direito natural sem o qual os homens não saberiam criar uma sociedade. O olhar da divindade é, com efeito, necessário qual testemunha dos esforços humanos.

O pensamento do filósofo napolitano é novo e original, com traços difíceis de assimilar. Mesmo incompreendido pelos seus contemporâneos, ele exerceu uma influência decisiva sobre o Romantismo do século XIX em sua oposição às doutrinas iluministas. A edição de 1774 da *Scienza nuova* será traduzida em francês em 1827 por J. Michelet e publicada com o título *Philosophie de l'histoire*. Goethe entrará em contato com a obra de Vico na época de sua estada em Nápoles em 1778 e a aprofundará tirando dali a inspiração para a sua luta contra o *Aufklärung* alemão. Os mitógrafos simbolistas se utilizaram de sua obra para enfatizar a hermenêutica do mito como mensagem divina. A *Scienza nuova* é, de fato, um verdadeiro prelúdio para a Ciência das Religiões e muitas ideias ali presentes foram retomadas e desenvolvidas pelos modernos: é o caso da importância do simbolismo da revolta celestial para a consciência religiosa arcaica. A isso acrescente-se a concepção do papel e da influência das culturas sobre instituições e tradições religiosas e, ainda, a concepção do mito como fator de inteligibilidade das culturas. Enfim, a insistência de Vico no primado da religião no desenvolvimento da história humana e no vínculo entre religião e estética voltou com atualidade no debate entre historiadores das religiões.

1.2 O nascimento da história das religiões

1.2.1 Os mitos no espelho do Romantismo

No final do século XVIII, na Alemanha, delineia-se uma forte reação contra o *Aufklärung*. Um novo movimento, o *Sturm und Drang*, desencadeia um processo de revalorização e exaltação do sentimento, da sensibilidade, das paixões e da imaginação.

Em 1774, J.F. Herder (1744-1803) publica *O mais antigo documento sobre o gênero humano*, onde passa em revista todos os eventos descritos no Livro do Gênesis e explica que Deus se revelou através da natureza: ele preconiza assim uma filosofia do símbolo e do olhar cujos traços podem ser encontrados nos mitos do Egito, da Fenícia e do Oriente Próximo, os quais não seriam outra coisa senão a linguagem que permite ler o divino na natureza. As religiões comportam três caminhos: o da poesia, o da arte e o do mito, sendo este último a verdadeira linguagem da revelação. Pietista, mestre de Schiller e de Goethe, pensador, iniciador do *Sturm und Drang*, Herder é o profeta do vínculo entre natureza e história, sendo esta última compreendida como o quadro vivente dos projetos de Deus para o homem e a sociedade. Por intermédio de seus discípulos Edgard Quinet, Jules Michelet e Ernest Renan, Herder terá grande influência na corrente romântica da história das religiões na França do século XIX.

Se para Herder as religiões são o vínculo que une os povos, aos olhos de G.F. Creuzer (1771-1858), discípulo de Schiller, as religiões antigas têm uma origem comum que se explica através do simbolismo. Esse é o tema da célebre e monumental obra intitulada *Symbolik und Mythologie*. O simbolismo é uma criação do espírito humano ligada à própria essência da inteligência; desse modo podemos entender, sustenta Creuzer, as teogonias e as cosmogonias que saíram, todas, do espírito humano. Com um estudo comparado baseado na ideia de símbolo, o autor explica a origem comum das diversas religiões antigas. A Índia o induz a refletir sobre o problema da multiplicidade e da unidade do divino a ponto de determinar a conclusão de que o monoteísmo seja um pressuposto histórico da mitologia, sendo a ideia central dessa última a da existência de um Ser universal e necessário.

A partir do Renascimento deu-se grande atenção ao estudo da mitologia, ao qual F. Schelling (1775-1854) se consagra por 25 anos com uma pesquisa que terá seu êxito na *Filosofia da mitologia*. Para Schelling, a mitologia é uma história dos deuses, história necessária que se desenrola em um período determinado entre a expulsão do Éden e a vinda de Cristo. Colocada em um passado imemorial, ela é portadora de verdade representando o fazer-se de um devir real de Deus na consciência humana. Cada momento da história dos deuses, separado do conjunto, torna-se falso, mas no todo reside a verdade. Além disso, os mitos dos povos não são outra coisa senão fases de um processo que diz respeito a toda a humanidade; de tal forma que Schelling explica o mito como mensagem, como expressão de uma verdade. Para o filósofo, qualquer hermenêutica do mito que não seja religiosa deve ser rejeitada. O conteúdo da mitologia é profético porque se trata do processo da revelação divina destinada a iluminar a humanidade.

1.2.2 Uma primeira tentativa de síntese: Benjamin Constant

Formado em Edimburgo, Bruxelas e Paris, publicista, filósofo, literato e historiador de vasta cultura, Benjamin Constant (1767-1830) era o homem capaz de tentar um primeiro esboço de síntese das diversas correntes de pesquisa sobre as religiões. Romântico bastante dedicado, ele lê Creuzer e Herder compartilhando a concepção de que a religião seria fruto da alma humana. A religião, concebida no sentimento, é, a seus olhos, universal, natural e comum a todos os homens e não impõe, portanto, pesquisas sobre uma origem histórica ou sobrenatural. Espírito curioso, Constant leu Lafitau, Charlevoix e de Brosses, interessando-se pelas suas pesquisas sobre a religião dos povos indígenas, seus contemporâneos, comparada com o politeísmo egípcio e greco-romano. Ademais, sua permanência em Edimburgo lhe permitira familiarizar-se com as teorias de Ferguson sobre a sociedade e a religião.

Depois de 45 anos de trabalhos levados adiante no âmbito de uma vida movimentada, Constant inicia em 1824 a publicação dos cinco volumes *De la religion considerée dans la source, ses formes et ses développements*; outros dois volumes saíram póstumos, mas a obra permanecerá igualmente incompleta. Segundo

Constant, o sentimento religioso é inerente à natureza humana, mas se exprimiu de modo concreto e diferente nas formas próprias que são ligadas às condições de cultura. Objeto específico da história das religiões é o estudo do nascimento, da vida, das transformações e do desaparecimento das várias formas [de religião]. Essa disciplina deve também ocupar-se das maneiras em que o homem representa as potências invisíveis e o comportamento do homem religioso.

Situando-se no final do Iluminismo e no início do Romantismo, ao qual adere fervorosamente, Constant ocupou-se também do politeísmo, como testemunha o seu estudo póstumo de 1833 *Du polythéism romain considéré dans ses rapports avec la philosophie grecque et la religion chrétienne*, no qual, enquanto sublinha um estado de decadência e distancia-se do clero, de sua autoridade e de seu papel conservador, insiste porém na satisfação do coração do fiel e na garantia para a ordem moral e social que a religião comporta. Na ótica iluminista, o autor acredita que as religiões não postulem nenhuma revelação; todavia, sob a influência do protestantismo romântico alemão, ele pensa em revelações sucessivas cuja fonte está no homem. Essa fonte é o sentimento religioso; colocada fora da história, ela está, no entanto, na origem das formas e das manifestações divinas que tomam lugar na história. Assim, Constant explica a obra de Moisés, impensável sem a revelação divina porque constitui a passagem do politeísmo ao monoteísmo.

1.2.3 O movimento romântico

Animado pelo idealismo platônico e pela filosofia kantiana, o Romantismo insiste no não racional.

Na literatura aparecem os termos *Gefühl, Erinnerung, Sehsucht*. A tradução francesa do *Werther* de Goethe em 1777 marca o ingresso na França do pensamento alemão. Durante uma viagem à Alemanha, em 1817, Victor Cousin (1792-1867) aproxima-se das teorias de Schelling, de Schleiermacher e de Hegel e, depois de uma segunda viagem, inicia na Sorbonne um curso em que se prospecta uma aliança entre filosofia e religião. O seu discípulo, Edgard Quinet (1803-1875), traduz em 1827 as *Ideen* de Herder, divulga o pensamento de Creuzer e de Schelling e defende que a religião constitui o fenômeno central de qualquer civilização. Ateu e liberal, ele publica em 1838 *Examen de la vie de Jésus de Strauss* e, em 1824, *Le génie des religions*. Em toda religião, Quinet encontra o mesmo simbolismo e acredita que, sob variadas formas, na religião se encontre a apoteose da natureza.

Imerso nas ideias de Herder e Schleiermacher, discípulo de Quinet, Cousin e Michelet, Ernest Renan (1823-1892), renomado semitista e historiador de Israel e das origens cristãs, pretende retirar da história das religiões qualquer influência teológica para submetê-la aos métodos críticos que, para ele, são inspirados por princípios positivistas como a rejeição do sobrenatural e da imanência de Deus no mundo. No sulco do pensamento romântico, ele insiste no papel da Índia na formação do pensamento religioso da humanidade e se dispõe à pesquisa de um fundo comum para as doutrinas religiosas que permitiria excluir qualquer revelação. Orientalista, historiador, arqueólogo, erudito, Renan deu um grande impulso às pesquisas no âmbito da história das religiões, mas seu pensamento científico carrega a mancha da ideologia positivista.

1.2.4 O impulso da pesquisa histórica

Juntamente com o movimento romântico que vê no símbolo a cifra das religiões e insiste na sensibilidade e na imaginação, o século XIX vem conhecendo uma grande corrente de pesquisa histórica dedicada à descoberta do patrimônio religioso da humanidade que abraça as religiões da antiga Índia, as civilizações e religiões do Egito, da Mesopotâmia, do Oriente Próximo antigo e do Irã. Assiste-se assim à formação e ao desenvolvimento das ciências históricas, incluindo a arqueologia, a pré-história, a filologia, o orientalismo, a etnografia. Nascem numerosas novas disciplinas, como a egiptologia, a iranologia, a assiriologia e a indianística, que em pouco tempo conquistarão o direito à cidadania nas universidades. A descoberta dos *Veda* e do *Avesta* abre o caminho para o estudo comparado das línguas indo-europeias. A filologia e a gramática comparada permitem adentrar-se na profundidade das antigas civilizações.

Em 1825, Karl Otfried Müller (1797-1840) publica uma obra programática, *Prolegomena zu einer wissenschaftlicher Mythologie*, em que reagindo à mitografia romântica, defende o método histórico baseado em análise, crítica, pesquisa comparada, filologia e diacronia.

Assim delineia-se o movimento histórico. Filólogos clássicos e orientalistas publicam os textos religiosos redescobertos nos países mediterrâneos, no Egito, no Oriente Próximo, na Pérsia, na Mesopotâmia e na Índia. Constituem-se coleções e periódicos especializados. Em 1822 é fundada em Paris a "Société asiatique" que, a partir do ano seguinte, publica o *Journal asiatique*, precioso instrumento para o conhecimento do pensamento religioso dos povos da Ásia antiga. A iniciativa francesa será seguida na Inglaterra e em vários outros países europeus com a fundação de uma série de instituições científicas. Lentamente, às vezes entre controvérsias e desentendimentos, o Ocidente redescobre as religiões orientais. Uma amostra instrutiva desse caminho progressivo será oferecida pela obra de H. de Lubac, *La reencontre du bouddhisme et de l'Occident* (Paris: Aubier, 1952).

O século XIX é, portanto, um grande século para a redescoberta do patrimônio religioso da humanidade. Em 1864 surge *La cité antique* de N. Fustel de Coulanges (1830-1889). O livro, publicado com o custeio do próprio autor, é mal-acolhido pelos intelectuais que não compartilham a tese defendida nele que coloca a religião na origem da cidade antiga greco-romana e vê nela a causa determinante de transformações e mudanças na própria cidade. A obra, no entanto, conquista o público em pouco tempo, conhece sete edições em quinze anos, tornando-se um clássico da história das religiões. Entre tantas polêmicas, Fustel de Coulanges intervém impondo um princípio segundo o qual o historiador deve estudar somente os textos nos mínimos detalhes crendo somente no que é demonstrado por eles e descartando da história tudo aquilo que a ela foi trazido por ideias modernas defendidas por uma falsa metodologia.

1.2.5 O peso das ideologias no decorrer do século XIX

Vico colocara a questão da infância, da adolescência e da idade adulta da humanidade. Observando o desenvolvimento intelectual e psicológico, ele considerara a crença religiosa do homem a partir da verdade eterna imanente no coração humano. Ora, as pesquisas pré-históricas nascidas no século XIX oferecem as primeiras documentações sobre aqueles povos que a etnografia, ligada à colonização, chamava de "primitivos". Ao lado do progresso científico delineiam-se também novas ideologias. Auguste Comte (1798-1857) transpõe as três idades de Vico para um esquema ideológico reducionista de três etapas: mítica, metafísica e positiva. Às duas primeiras corresponderiam as religiões; à terceira, a ciência que se encarrega de pôr fim às religiões. O esquema biológico de Darwin (1809-1882) sobre a origem das espécies e sobre a evolução dessas é aplicado ao fenômeno religioso, fazendo-se encontrar assim duas palavras-chave sob a pena dos defensores de uma pesquisa sobre as religiões baseada na pesquisa dos fatos positivos com a exclusão de qualquer ideia sobrenatural: origem e evolução. Para Comte, o positivismo deve se tornar a religião da humanidade adulta, já que o estágio teológico corresponde à idade da infância. Herbert Spencer (1820-1903) exalta um positivismo evolucionista e considera o culto dos antepassados como fonte primária de toda religião; da sepultura deriva o rito que gera uma Igreja, depois vêm os deuses.

Com Ludwig Feuerbach (1804-1872) entra em cena o materialismo ateu. *A essência da religião* de 1845 proclama a soberania do homem e a morte de Deus. O progresso histórico das religiões consiste no fato de elas terem como humano aquilo que em outros momentos foi considerado como divino. Portanto, o ateísmo faz parte da evolução da humanidade. Feuerbach coloca o princípio da alienação religiosa: O ser divino é o ser humano liberado de todos os seus vínculos. O homem deve recuperar o próprio ser perdido em Deus. Estamos diante de uma transformação radical do sagrado que servirá como ponto de partida para Karl Marx (1818-1883), que prevê a emancipação do homem que ele pretende libertar de toda crença religiosa. Se para Feuerbach a religião é uma ilusão intelectual, para Marx ela se constitui numa modalidade de existência intrinsecamente falseada, um subproduto humano: ela aliena o homem.

A influência dessas ideologias explica os contrastes entre os historiadores das religiões no decorrer do século XIX e o lento progresso das metodologias de pesquisa continuamente freadas pelas controvérsias. Essas ideologias deram vida a várias teorias atualmente abandonadas, como o animismo de E.B. Tylor, o manismo de J. Spencer, o totemismo de J.F. McLennan e J.G. Frazer, mas que pretenderam durante muitos anos ocupar cada espaço da etnologia religiosa[1]. Os conflitos provocados por essas concepções reducionistas do fenômeno religioso também estão na origem da cisão em duas grandes correntes ocorrida na segunda metade

---

1. Sobre tais questões, cf.: SCHMIDT, P.W. *Ursprung und Werden der Religion* – Theorien und Tatsachen. Münster: Aschendorff, 1930 [Trad. fr.: *Origine et évolution de la religion*. 4. ed. Paris: Grasset, 1931]. • PINNARD DE LA BOULLAYE, H. *L'étude comparé des religions*. 2 vols. 3. ed. Paris: Beauchesne, 1929. • WAARDENBURG, J. *Classical approaches to the study of religion*. 2 vol. Paris/Haia: Mouton [vol. 1: *Introduction and anthology*, 1973; vol. 2: *Bibliography*, 1974]. • RIES, J. *Les chrétiens parmi les religions* – Des Actes des Apôtres à Vatican II. Paris: Desclée, 1987 [acompanhado de copiosas notas e boa bibliografia sobre dois milênios] [Trad. it.: *I cristiani e le religioni* – Dagli Atti degli Apostoli al Vaticano II. 2. ed. Milão/Bréscia: Jaca Book/Morcelliana, 2006 (*Opera Omnia* I.)].

do século XIX no âmbito da história das religiões: de uma parte a orientação positivista que estuda de maneira reducionista as religiões e o fenômeno religioso; de outra, uma tendência a tomar em consideração a especificidade religiosa dos fenômenos e da história das religiões.

1.3 As duas décadas fundamentais (1880-1900)

1.3.1 A escola holandesa

O pioneiro da ciência das religiões na Holanda é Cornelius P. Tiele (1830-1902), membro dos remonstrantes (*Remonstrantse Broederschap*), um grupo reformado fundado por Jacobus Arminius (1560-1609) na cidade de Leiden. Tiele se dedica à descoberta de um senso da humanidade e, em 1876, publica o primeiro manual de história das religiões, que rapidamente é traduzido em várias línguas.

A ciência das religiões, ou "hierologia" é constituída por três disciplinas: a "hierografia", que descreve as religiões particulares; a história "das religiões", encarregada de estudar os destinos e as transformações das várias religiões; a história "da religião", que deve demonstrar o desenvolvimento da religião entre os povos da humanidade.

Para Tiele, a religião é a relação entre o homem e as potências sobre-humanas em que ele acredita, e tem uma origem psicológica; enquanto fenômeno psicológico, é conatural a ela o crescimento que é fenômeno constitutivo de toda a humanidade. Sem nenhuma hesitação, Tiele segue a mesma linha evolucionista na intenção de ver como todas as religiões se originam de germes simples e primitivos, passando sucessivamente por evolução e desenvolvimento, mudanças e reformas. São três os estágios da evolução religiosa: o animismo, o politeísmo e as religiões "nomísticas", i.e., fundadas sobre uma lei ou um texto sagrado.

No dia 1º de outubro de 1877, o governo holandês suprime a Faculdade de Teologia das universidades de Leiden, Utrecht, Amsterdã e Groningen, substituindo-as por faculdades de História das religiões: trata-se de um fenômeno de laicização que vai se estendendo ao ensino secundário. O ensino é reduzido ao estudo do fenômeno religioso a partir de seus aspectos exteriores, de sua essência, da substância comum, dos atos e das manifestações.

Nos últimos anos de 1887-1889 é publicada a obra de Chantepie de la Saussaye (1848-1920) *Lehrbuch der Religionsgeschichte*, em que se concede amplo espaço à fenomenologia, um ramo da ciência das religiões do qual o autor sente a necessidade para a classificação dos materiais. Junto à filosofia que reflete sobre a origem e a essência dos fenômenos, junto à história que recolhe os materiais, a fenomenologia se ocupará do culto, das doutrinas e dos comportamentos dos fiéis. A escola holandesa trabalha em colaboração com o berlinense Otto Pfleiderer e o parisiense Ernest Renan.

1.3.2 Uma história "positiva" das religiões

Em 1880, Jules Ferry e Paul Bert, os dois ministros livres-pensadores que organizaram o ensino laico na França, criam a cátedra de história das religiões no *Collège de France* e a confiam a Albert Réville (1826-1906), voltando a Amsterdã onde trabalhara na mesma ótica da escola holandesa. Como Strauss na Alemanha e Renan na França, Réville se interessa pelos problemas das origens cristãs e pela história dos dogmas. A publicação, em 1880, do seu curso *Prolégomènes de l'histoire des religions* fornece as orientações da sua pesquisa: ciência e filosofia dizem respeito à esfera da inteligência, a religião tem a ver com o sentimento, começa no estado germinal do homem para depois evoluir no curso dos séculos graças ao progresso da razão, da consciência moral e sob a influência dos eventos e das atitudes religiosas. Réville dedica muita atenção ao profetismo, ao símbolo, ao rito, ao entusiasmo religioso. Junto a essa história geral das religiões que se torna uma característica da época, Réville dedica vários trabalhos ao estudo histórico das religiões, colaborando ativamente na fundação e redação da *Revue de l'histoire des religions*, que exerce grande influência na França e no exterior desde a sua criação, em 1880. Logo depois da supressão das faculdades católicas de Teologia, em 1885, Louis Liard, com um decreto de 30 de janeiro de 1886, cria a seção de ciências religiosas na École Pratique des Hautes Études de Paris, com a incumbência de retomar o estudo dos fenômenos religiosos tanto através do trabalho dos docentes como pela atividade de pesquisa científica[2].

---

2. *Cens ans de sciences religieuses en France à L'École Pratique des Hautes Études*. Paris: du Cerf, 1987.

Um outro instrumento do qual dispõe a França consiste no Museu Guimet, fundado em Lion em 1879, mas transferido para Paris a partir de 1888, que tem por objetivo manter à disposição do público manuscritos, livros, estátuas e objetos de culto de origem asiática recolhidos pelo rico industrial de Lion Emile Guimet.

Na Bélgica, Eugéne Goblet d'Alviella (1846-1925), legado em Tiele e em Réville, ocupa a cátedra de história das religiões na Universidade de Bruxelas que fora instituída por ele em 1884. No sulco evolucionista, ele se reaproxima da origem da religião da qual individua os inícios do sentimento religioso, na perspectiva de Tylor, Spencer e Durkheim. O seu interesse sempre o manteve no terreno comparativista. A fim de dar uma orientação completa para a ciência das religiões, ele propõe três caminhos: a "hierografia", que deveria descrever todas as religiões conhecidas e rastrear seus desenvolvimentos; a "hierologia", i.e., a fenomenologia religiosa baseada na pesquisa comparada; a "hierosofia", que seria o conjunto das tentativas do homem de iniciar as relações com Deus e o universo. Goblet d'Alviella, que foi também um político, seguiu a tendência holandesa e francesa na intenção de substituir o ensino dogmático pela ciência positiva.

1.3.3 Uma história específica das religiões e do fenômeno religioso

O desenvolvimento da história das religiões em um contexto marcado pelas ideologias positivistas e evolucionistas estimulou a pesquisa da parte daqueles que se opunham a semelhante redução do fenômeno religioso. Como era possível fazer uma ciência histórica digna desse nome eliminando a especificidade do fenômeno religioso e uma parte da dimensão real dos fatos? A resposta a essa questão explica o porquê entre 1880 e 1900 tenha se criado uma segunda corrente de história das religiões.

Reagindo à imposição legal que desde 1880 reservava ao Estado francês o monopólio no emprego do termo universidade, o Institut Catholique cria em Paris, aos 29 de janeiro de 1880, um Curso de História das religiões assumido por Auguste Paul de Broglie (1834-1895), que trata de Zoroastro, da religião védica, do budismo, do islamismo, de Israel e o profetismo. A síntese de 1885, *Problèmes et conclusions de l'histoire des religions*, mostra que o autor conseguiu um equilíbrio entre a escola racionalista e a tradicionalista, já superada, de Lamennais, de Bonald e Auguste Nicolas que procuraram, por sua vez, entre as tradições dos povos pagãos semelhanças com o cristianismo, com o objetivo de conseguir demonstrar que a religião cristã não seria outra coisa senão a restauração da verdadeira religião revelada nas origens. De Broglie explica, ao contrário, a origem das religiões pagãs através da ação de taumaturgos e profetas, enquanto a religião verdadeira provém de Deus através do envio de autênticos profetas e de um Salvador.

Em 1889, Z. Peisson funda a *Revue des Religions* que sairá até 1897, quando se fundirá com *Le Muséon*, fundada em Lovaina em 1881. Em Lovaina, nos anos de 1875-1877 Charles de Harlez de Deulin (1832-1899) publica a primeira tradução francesa do *Avesta* (a segunda edição aparecerá em 1881). Indianista e sinólogo, o autor orientou-se para o estudo do budismo, reunindo assim em torno a si toda uma escola de pesquisadores decididos a seguir o método histórico para uma análise serena dos textos, sem furores polêmicos. No âmbito da discussão relativa ao estudo comparado, os princípios de Harlez são os seguintes: insistência na escolha das melhores fontes; necessidade do conhecimento das línguas; determinação de evitar generalizações funestas; conhecimento da mentalidade dos povos. Em 1881, em vista de assegurar aos estudos de orientalística e à história das religiões, um futuro duradouro, ele funda o periódico *Le Muséon*.

De 11 a 23 de setembro de 1893, por ocasião do quarto centenário da descoberta da América, ocorre em Chicago um congresso de história das religiões, o *World's Parliament of Religions*[3], tendo como propósito reunir os representantes das grandes religiões – teólogos, leigos, ministros de culto – dedicado a uma pacífica troca de ideias. Organizado pela Igreja Presbiteriana e pela hierarquia católica, o congresso visava oferecer uma lição de tolerância e demonstrar que a compreensão entre as religiões é coisa possível e desejável, enquanto a irreligiosidade é contrária às ideias fundamentais do ser humano. Dezesseis religiões foram representadas oficialmente no congresso por seus próprios ministros e teólogos.

Durante os trabalhos, afrontaram-se incontáveis argumentos: Deus, a sua existência, os seus atributos, o homem e a religião; os sistemas religiosos; os livros sagrados; a família; os líderes religiosos; a religião em suas relações com as artes e as ciências; a religião e os costumes; a religião e os problemas sociais; a religião

---

3. BARROWS, J.H. *The world's Parliament of Religions* – An illustrated and popular Story of The World's first Parliament of Religions, held in Chicago in Connection with the Columbian Exposition of 1893. 2 vols. Londres: Review of Reviews Office, 1893.

e a sociedade civil; a religião e suas relações com o amor humano; a condição atual da Cristandade; a união de toda a família humana; o futuro da religião.

1.3.4 A formação da história comparada das religiões

As primeiras tentativas de comparativismo religioso remontam aos séculos XVII e XVIII, mas é no século XIX, com a descoberta das línguas indoeuropeias e a consequente criação da gramática comparada que se torna possível para Max Müller (1823-1900) realizar uma nova forma de mitografia comparada. A sua obra *Essay on comparative Mythology* (1856) é o primeiro dossiê religioso indoeuropeu onde se tenta a síntese da filologia comparada e da mitografia romântica. Após ter recolhido uma grande quantidade de manuscritos, Müller ainda publica (entre 1849 e 1873), em seis volumes, a tradução dos *Vedas*, que ele considera um texto-chave para o estudo das religiões arianas. Contra o positivismo e o evolucionismo, ele defende que a história das religiões deve remontar às origens, analogamente ao que faz o caçador indígena que presta atenção às pegadas [da presa]. Esse dado metodológico do docente de Oxford e de Estrasburgo é fundamental e vai contra a corrente das ideologias do século XIX. Para Müller, desde quando existe o pensamento, existe a linguagem; portanto, a língua é uma testemunha irrefutável, e daí deriva que a filologia será a chave da história das religiões. Uma célebre expressão resume bem a metodologia de Müller: "*nomina sunt nomina*; os nomes das divindades nos fornecem a identidade delas". A pesquisa de Müller subjaz à publicação dos *Sacred Books of the East* (51 vols., 1872-1895) e determinou o nascimento da escola filológica e comparativa na história das religiões, que é o seu mérito principal.

Müller encarou com grande simpatia as várias religiões para compreendê-las e evidenciar o que fosse essencial em cada uma delas. Mesmo vendo no cristianismo a religião da plenitude dos tempos, ele acredita que seu estudo científico deva ser submetido a uma crítica rigorosa. Na história das religiões, o mestre de Oxford inclui a análise das diversas línguas através das quais os homens se dirigiram a seu próprio criador no decorrer dos séculos. A verdadeira história do homem está, portanto, contida nessa disciplina.

Acabou-se de ver como o ano de 1880 foi marcado pela instituição de várias cátedras de história das religiões, mas também uma crise de crescimento da nova disciplina. A multiplicação dos ensinamentos e a fundação dos periódicos que são veículos de pesquisas e descobertas, a criação de novas instituições, o surgimento de cada vez mais numerosos especialistas, a troca de ideias, mesmo emoldurado por um clima frequentemente áspero e conflitivo, veem, todavia, no curso do século XIX essa jovem disciplina se colocar no eixo histórico-cultural das ciências humanas.

Se não faltaram os conflitos, sua origem deve ser atribuída em parte à herança deixada pela Revolução Francesa e, em parte, às novas ideologias positivistas e evolucionistas, bem como ao pensamento de Feuerbach e de Marx; sob tal ponto de vista, o fenômeno religioso era submetido a uma operação reducionista inaceitável para os historiadores que viam na religião um fenômeno específico. Graças ao estudo sereno efetuado por especialistas dedicados no rigor científico, as polêmicas terminaram por cessar. O Congresso de História das Religiões ocorrido em Paris em 1900 marcou uma reviravolta e abriu novas perspectivas.

1.4 O sagrado e o fenômeno religioso

O século XIX redescobriu uma parte importante do fenômeno religioso da humanidade. Os historiadores das religiões se debruçaram sobre essa documentação procurando compreender a diversidade. Entre divergências interpretativas e contrastes, chegou-se a um ponto de acordo: a existência de um fenômeno religioso universal no espaço e no tempo. É a contestação que induziu a escola holandesa a insistir na dupla orientação da ciência das religiões: A história de uma parte, a fenomenologia de outra. Assim, no alvorecer do século XX, iniciou-se a pesquisa pelo elemento central do fenômeno religioso: o sagrado[4].

1.4.1 A sociedade nas origens do sagrado

Formado sob a influência de Fustel de Coulanges, Auguste Comte, Spencer e Wundt, Émile Durkheim (1858-1917) oferece à sociologia um estatuto científico. Ele vê a sociedade como uma realidade metafísica superior e como um organismo que transcende o indivíduo. A seus olhos, os fatos sociais têm uma essência

---

4. RIES, J. *Il sacro nella storia religiosa dell'umanità*. 3.ed. Milão: Jaca Book, 1995 [trad. bras. *O sagrado na história religiosa da humanidade*. Petrópolis: Vozes, 2017]. • RIES, J. *Les chemins du sacré dans l'histoire*. Paris: Aubier-Flammarion, 1985.

autônoma, enquanto a consciência coletiva é o reservatório das ideias individuais. A religião é um fenômeno social nas origens, nos conteúdos e nas finalidades; causa objetiva, universal e eterna das experiências religiosas é a sociedade da qual a religião é, pois, emanação que tem por finalidade a administração do sagrado. A religião para Durkheim é um conjunto de crenças e práticas relacionadas às coisas sagradas. O sagrado provém do *mana*, uma força impessoal, centro da religião totêmica. Assim é a sociedade que cria o sagrado que, por sua vez, dá vida ao culto e aos deuses. O livro *Les formes élémentaires de la vie religieuse* [trad. bras.: *As formas elementares da vida religiosa*. São Paulo: Martins Fontes, 2003] de 1912 representa a síntese da teoria sociológica do autor a respeito do sagrado e a religião e carrega a marca positivista e evolucionista. Marcel Mauss (1873-1950), discípulo de Durkheim, estende a teoria do *mana*, entendido como núcleo do sagrado, às grandes religiões. Recentemente, René Girard, em *La violence et le sacré* (Paris: Grasset, 1972 [trad. bras.: *A violência e o sagrado*. São Paulo: Paz e terra, 2008]) procurou demonstrar que é a violência a fundar o sagrado.

1.4.2 Fenômeno religioso e experiência vivida do sagrado

Com Durkheim e os sociólogos, encontramo-nos diante de uma apresentação reducionista do fenômeno religioso. Formado em Paris e na mesma escola, Nathan Söderblom (1866-1931) retoma dos seus mestres o conceito de *mana*, submetendo-o a uma nova análise que desemboca numa visão de uma força sacral de natureza espiritual, fonte do conhecimento de Deus. Em 1913, ele, escrevendo para a *Encyclopedia of Religion and Ethics* o verbete *Holiness*, qualifica o sagrado como conceito capital e principal marca da religião colocada no centro de uma experiência do "Deus vivente". No sulco de A. Lang e W. Schmidt, ele considera a crença dos "primitivos" no Ser supremo, concluindo que eles descobriram Deus graças ao sentimento do sagrado. Se na Índia o sagrado é a fonte de toda a mística, em Israel ele se liga à fé monoteísta e no Irã conduz a uma visão de Deus que é poder e esplendor. Para Söderblom, a história das religiões conduz à descoberta do Deus vivente na humanidade, o que constitui uma abertura muito importante para o estudo do fenômeno religioso.

Teólogo luterano, orientalista, indianista e historiador das religiões, Rudolf Otto (1869-1937) prossegue na mesma linha de Söderblom com quem ele é o fundador da escola germânico-escandinava de história das religiões. Liberando-se do positivismo de Ritschl (1822-1889) e das teses da *Religionsgeschichtliche Schule* inspirada no célebre manual de Tiele, perturbado pela influência de Feuerbach, Otto se volta primeiro para o neokantismo, inspira-se em Schleiermacher, insiste na importância do sentimento religioso, do profetismo e da experiência mística. A viagem à Índia de 1911 é determinante para a elaboração do seu livro programático *Das Heilige* (1917) [trad. bras.: *O sagrado*. Petrópolis/São Leopoldo: Vozes/Sinodal, 2007] em que o fenômeno religioso é definido como "essencialmente uma experiência do sagrado".

O sagrado comporta, como primeiro aspecto, ser uma categoria de interpretação e avaliação específica do âmbito religioso na qual o homem se depara durante o seu caminho de aproximação com o Divino, com o "Numinoso", daí os termos *qadoš, haghios, sacer*. Tal descoberta do divino ocorre no decorrer de quatro etapas assim estruturadas: a primeira é o sentimento do estado criatura (*Kreaturgefühl*); seguida por um terror místico, o *tremendum*; a terceira etapa é a do *mysterium* em que o homem reconhece que está diante de um "completamente outro"; até que chega o momento beatífico do *fascinans*, que é aquele das experiências da graça, do *nirvāṇa* budista e do êxtase dos *Upaniṣads*.

O segundo aspecto do sagrado é o *sanctum*, i.e., o sagrado sob o seu aspecto de valor: *sanctus* em latim, *semmos* em grego. É o sagrado oposto ao profano, o sagrado que tem valor subjetivo para a alma sedenta de salvação, mas também valor objetivo porque constitui um bem em si, mesmo perceptível somente pelo homem religioso.

Referindo-se à teoria do conhecimento kantiana, Otto vê, porém, uma terceira categoria do sagrado, categoria *a priori*, dado primeiro colocado na origem de uma revelação. Trata-se de uma faculdade especial pela qual o espírito colhe o Numinoso, o Divino. Tal percepção é imediata para os profetas e fundadores das religiões, enquanto é mediata para os fiéis. Nessa revelação interior do divino é colocada, segundo Otto, a origem da religião. Desse modo, Otto colocou as bases para uma fenomenologia do sagrado e para uma psicologia do homem religioso, rompendo com as perspectivas positivistas, evolucionistas e sociológicas e restituindo ao fenômeno religioso a própria dimensão específica, seja em si mesmo, seja na história. Otto valoriza a leitura dos sinais do sagrado, mostra que o fenômeno religioso não pode ser tratado de maneira reducionista e se coloca no centro da história das religiões, demonstrando, aliás, que o estudo do fenômeno não pode ser separado do estudo do homem religioso.

1.4.3 Fenômeno religioso e hermenêutica do sagrado

O estudo das religiões australianas levou Durkheim a identificar o sagrado com o *mana* e a fazer dele o produto da consciência coletiva, enquanto Otto considerou o sagrado como um princípio vivente constitutivo das religiões. Mircea Eliade (1907-1986) retoma os dados fenomenológicos de Otto e, depois de ter elaborado a própria concepção das hierofanias ou manifestações do sagrado, faz delas o tema de estudo da história das religiões.

Toda a obra de Eliade pode ser considerada contida em germe no *Traité d'histoire des religions* de 1949 [trad. bras.: *Tratado de história das religiões*. São Paulo: Martins Fontes, 2016]. O sagrado se manifesta como potência de ordem completamente diferente das forças naturais que, no momento em que entra no mundo fenomênico, torna-se uma hierofania. Esse não se manifesta em si mesmo, mas através de objetos, de seres animados, de pessoas, de símbolos que se transformam em outra coisa mesmo sem deixar de pertencer ao próprio âmbito natural. Toda hierofania é um fenômeno religioso que o homem religioso percebe, e é, portanto, inseparável da experiência humana. São três os elementos que intervêm em toda hierofania: o objeto natural, a realidade invisível e o objeto mediador revestido de sacralidade. O objeto ou o ser no qual o sagrado se manifesta continua a colocar-se em seu contexto natural e habitual. A realidade invisível, o "completamente outro" transcende este mundo e corresponde ao "numinoso" do qual trata Otto: é o Divino, é Deus; Eliade fala do sagrado para aludir a essa realidade invisível, porém correndo o risco de incorrer na ambiguidade[5]. Com efeito, encontramos o sagrado também no terceiro elemento de toda hierofania, i.e., no elemento mediador, o objeto natural ou o ser revestido de uma dimensão sacral. Aqui o sagrado não mais entendido com a realidade absoluta em si mesma, mas enquanto realidade manifestada. Depois da irrupção do sagrado, o elemento mediador se constituiu na sua dimensão sacral.

---

5. H. Brouillard apontou a ambiguidade dessa utilização do vocábulo "sagrado" para designar conjuntamente a realidade invisível e a dimensão sacral da mediação. Ele propõe distinguir divino e sagrado; cf. o seu artigo "La categorie du sacré dans la Science des religions" (In: CASTELLI, E. *Le Sacré* – Études et richerches. Paris: Aubier, 1974, p. 33-56 [trad. it.: Pádua: Cedam, 1974.]).

Aos olhos de um adepto da fenomenologia, o sagrado se manifesta como potência de uma outra ordem e permite ao homem entrar em relação com a Realidade transcendente, a qual, porém, e assim o Divino, não é estudada pelo historiador das religiões em si mesma, mas somente em sua manifestação por hierofanias. O trabalho do historiador das religiões é, assim, distinto do trabalho do teólogo, pois se limita ao estudo dos fenômenos e ao aspecto da função mediadora do sagrado, i.e., ao símbolo, ao mito e ao rito através dos quais tal mediação se efetua. De tal modo, o homem pode entrar em contato com a fonte do sagrado e chegar à certeza da existência de uma Realidade que transcende este mundo. Para Eliade, aos olhos do homem religioso o cosmo revela múltiplos modos do sagrado. A vida, enquanto se desenrola, como existência humana, adquire ao mesmo tempo o sentido de uma existência transumana.

Para Otto e para Eliade, o sagrado é constitutivo do fenômeno religioso e é, portanto, um elemento inevitável na história das religiões. Segundo Eliade, o homem religioso descobre o sagrado como uma realidade absoluta que transcende o mundo, mas nele se manifesta. Otto tinha abordado a descoberta do sagrado como categoria *a priori*. Eliade, através do estudo do arquétipo e do símbolo, explorou a arqueologia do comportamento do homem religioso e mostrou que ele está em condições de ser um leitor do sagrado.

1.5 História das religiões e fenomenologia religiosa

Em 1867, Max Müller utilizava o vocábulo *Religionswissenschaft* para indicar o conjunto das pesquisas relativas às religiões da humanidade e, a partir de 1880, em Paris se falava de *histoire des religions* na cátedra do Collège de France e em referência ao título do novo periódico. Emile Burnouf dera ao próprio livro, publicado em 1870 em Paris, o título *La Science des religions*: essas três definições se mantêm ainda, testemunhando a complexidade científica da disciplina em questão.

1.5.1 Uma disciplina histórica

O termo *religio* é de origem romana e foi empregado por Cícero para definir a escrupulosidade nos deveres para com os deuses e a diligência que deve ser empregada na participação em ritos transmitidos pelos antepassados (o complexo do *mos maiorum*). Nesse sentido, o termo se vincula ao verbo *relegere*. Ao contrário, Lactâncio e os Pais da Igreja latinos sustentam que esse termo derive de *religare*, i.e., reconectar à divindade. A palavra *religione* é um termo ocidental que se formou a partir da religião romana e do pensamento cristão e abraça as crenças e os comportamentos do *homo religiosus*. Tais crenças constituem um imponente *corpus* de livros e textos sagrados: mitos, narrativas, histórias sagradas dos povos, textos fundadores, símbolos, rituais, cultos. Dessa copiosa documentação, que representa o fenômeno religioso e é produto do homem, tem se ocupado a história das religiões: o historiador encontra, portanto, no seu próprio caminho, o fenômeno e o homem religioso. Qualquer expressão do fenômeno religioso constitui uma experiência vivida em um contexto cultural, institucional, linguístico e social.

Desde a época humanística compreendeu-se que o conhecimento histórico das religiões seria um elemento não insignificante da cultura. Esse aspecto dos estudos, ao qual se dedicaram os mitógrafos do século XVII oferecendo uma vasta contribuição, foi acentuado pelo orientalismo. No decorrer do século XIX, a descoberta dos patrimônios religiosos escondidos encorajou a formação de uma miríade de jovens pesquisadores. O congresso internacional de Paris de 1900 confirmou definitivamente a perspectiva histórica: uma vez estabelecido que a matéria de estudo diz respeito aos fatos religiosos, ainda falta, porém, determinar o modo de abordá-los. Também filólogos e arqueólogos estudam os fatos religiosos, mas na ótica de suas respectivas disciplinas, sem os colocar numa perspectiva religiosa. Viu-se o conflito que no século XIX opôs historiadores influenciados pela ideologia positivista relutantes em observar os fatos religiosos sob a ótica da sua dimensão religiosa a historiadores que, ao contrário, acreditavam que um fato religioso devesse ser considerado como tal. Tensões desse tipo se mantiveram até o século XX.

Na Itália, Benedetto Croce (1866-1952) se apresenta como o protagonista de um historicismo absoluto que afirma uma imanência radical oposta a qualquer forma de metafísica. A partir de 1912, Raffaele Pettazzoni (1883-1959) começa a ser conhecido pelos seus estudos de história das religiões, primeiramente sobre a Sardenha, depois sobre Zoroastro e, em seguida, sobre a Grécia e o pensamento dos povos do período arcaico. Em 1924, ele inaugura a cátedra romana de História das religiões e, em 1925, funda o periódico *Studi e materiali di storia delle religioni* [Estudos e materiais de história das religiões]. Para ele, o historiador estuda os fatos religiosos em si mesmos, começando com a descrição destes à qual segue uma fase de coordenação entre eles, uma classificação tipológica e uma análise do desenvolvimento interno. A natureza particular e o próprio caráter dos fatos religiosos, segundo Pettazzoni, conferem a eles o direito de constituírem o objeto de uma ciência específica, que seria a história das religiões, a qual deveria, primeiramente, estabelecer a história das diversas religiões em suas relações históricas com os fatos religiosos, mas também com os fatos literários, artísticos, sociais e culturais: nesse sentido se qualifica o método histórico-comparativo. A obra científica de Petazzoni, unida à sua presidência da sociedade internacional e à direção da revista *Numen*, fundada em 1950, renderam-lhe fama mundial. O seu sucessor, Angelo Brelich (1913-1977), assumiu uma posição reducionista tanto do ponto de vista da definição da religião quanto no âmbito da comparação histórica, enquanto Ugo Bianchi imprimiu um novo desenvolvimento ao método histórico-comparativo. Ele sustenta em primeiro lugar que é a própria história das religiões que forja o conceito e o próprio instrumento, no curso das próprias pesquisas, refinando-os no progredir desse processo e tornando-os operativos. Quando essa disciplina fala de religião, não o faz aludindo a um conceito unívoco, mas a uma realidade apreendida na concretude individual cultural e social; desse ponto de vista, a história das religiões é autônoma e independente em relação à filosofia e à teologia. O caráter da pesquisa é histórico e gira em torno dos fatos ligados a pessoas e eventos, na realidade de um povo e de uma cultura. O historiador deve reconstruir o contexto cultural, social e religioso, servindo-se de inscrições, documentos arqueológicos, textos, livros sagrados, mitos, ritos, símbolos, mas contentar-se em aderir aos textos será próprio do historiador em geral e não somente do historiador das religiões. Em suma, para Bianchi a história das religiões implementa um método histórico-comparativo para dar forma ao próprio conceito de religião e delimitá-lo, para estudar o conjunto dos fatos religiosos, seguir o desenvolvimento das religiões, estudar aquelas que são ligadas às grandes culturas e a um fundador.

    O procedimento histórico continua sendo primário em nossa disciplina porque ela se apoia em uma base constituída de documentações recolhidas por especialistas como os estudiosos da pré-história, os historiadores, os arqueólogos, os filólogos, os orientalistas, os etnólogos, os exegetas. Tais documentos requerem um estudo crítico que considere o contexto e o ambiente de procedência. Às vezes a documentação é fragmentária e pode ser caracterizada por heterogeneidade não somente de natureza, mas também de estruturas (árvores cósmicas, árvore da vida, árvore da cruz). Uma vez estabelecida a existência de documentos, o historiador das religiões deve dispô-los em uma ordem diacrônica; se lhe faltam informações, deve estabelecer hipóteses de trabalho. O documento será completo quando se possuir toda a análise do contexto. Por exemplo, em uma tumba pré-histórica são muito importantes a posição do esqueleto e para que lado está voltado. Sabe-se que Comte e Durkheim usaram mal as suas descobertas sobre o papel da sociedade: não se pode simplesmente identificar o religioso com o coletivo, mas sim levá-lo em conta. O historiador das religiões deve ver a dimensão social na atividade religiosa do homem.

Diacronia significa pesquisa histórica baseada em contextos socioculturais específicos. Ela é diferente do evolucionismo, que se baseia, por um lado, no esquema biológico aplicado às religiões e, por outro, em postulados filosóficos ativados no animismo, no totemismo e no positivismo.

1.5.2 *A fenomenologia religiosa*

O fenômeno religioso está ligado a uma experiência vivida, a um *Erlebnis* condicionado por um contexto sociocultural. Entre as diversas experiências vividas pelo homem, existem algumas analogias. O homem adorador de Deus traduz a própria fé em gestos como a genuflexão, a conjunção das mãos ou o levar a mão ao coração, gestos que podem ser encontrados entre fiéis de diferentes religiões. Assim dispomos de sinais que mostram uma coerência e uma permanência no comportamento do homem religioso.

Constatação parecida induziu o holandês Chantepie de la Saussaye a falar, em 1887, de fenomenologia, um ramo de pesquisa que, segundo ele, estudava as *Erscheinungen* nas religiões, i.e., o culto e o comportamento dos fiéis. Depois da escola holandesa foi a vez de a escola escandinava, com E. Lehmann e A. Bertholet, se interessar muito por tudo aquilo que constitui manifestação exterior do sagrado: objetos de culto, atos rituais, calendários e festas, rituais e cargos sacerdotais, bênçãos e sacrifícios. Tal esquema retornará em F. Heiler com o seu *Erscheinungsformen und Esen der Religion*, publicado em Stuttgart em 1961, livro em que se tenta uma síntese entre a doutrina de Otto sobre o sagrado e a fenomenologia empírica de Lehmann.

Na Holanda, Gerardus van der Leeuw (1890-1950) dedicou uma importante pesquisa à fenomenologia da religião, *La religion dans son essence et ses manifestations*, publicada em Paris em 1970 (trata-se do mais recente desenvolvimento das publicações que começaram a aparecer, na França, em 1924). O autor se esforça em esclarecer as estruturas internas dos fenômenos religiosos vividos e compreendidos pelo homem. Compreender significa dar um sentido a uma experiência vivida. A experiência religiosa é a resposta do homem que se encontra diante do mistério e encontra a potência misteriosa que o induz a determinados comportamentos: purificação, sacrifício, festas, consagração, divinização. A fenomenologia procura descrever e interpretar esses fatos e gestos, esses atos e comportamentos. O fenomenólogo se satisfaz em descrever o fenômeno, em compreendê-lo. Van der Leeuw constata que no coração da potência misteriosa que o homem encontra está o sagrado; aqui ele se aproxima de Otto e Söderblom, mas deixa cair totalmente a dimensão diacrônica mantida pelos seus predecessores. Nos fenômenos religiosos ele encontra um significado universal além de qualquer contexto religioso, e isso para chegar à essência da religião. Para ele, a religião é um contato dinâmico com o sagrado; mais propriamente ela não é nem pensamento, nem sentimento, nem *Weltanschauung*, mas uma ação induzida pelo contato com o sagrado. Van der Leeuw repetiu com força que a fenomenologia ignora o desenvolvimento histórico da religião e que ela se vê como uma ciência essencialmente diferente da ciência das religiões.

Raffaele Pettazzoni colocou a questão do valor de semelhante reflexão[6]. Ele constata que a fenomenologia mutila, na multiplicidade dos fenômenos religiosos, as diversas estruturas com o objetivo de desvelar o sentido dos fenômenos "independentemente da sua colocação no tempo e no espaço e de pertencerem a um dado ambiente cultural". Assim ela chega a uma universalidade que, porém, deixa Pettazzoni perplexo. Ele se pergunta se a ciência das religiões está condenada a uma forma de dualismo. Pettazzoni constata, primeiramente, que a história tem também alguma coisa a dizer sobre o sentido dos fenômenos religiosos. Além disso, a própria fenomenologia depende da história. No mesmo sentido, Michel Meslin responde em *Pour une science des religions*, publi-

---

6. *Numen*, 1954, p. 1-7.

cado em Paris em 1973. Segundo ele, a pretensão da fenomenologia de reduzir o contexto histórico, colocando-o simplesmente entre parênteses em vista de evidenciar o sentido universal, é insustentável; com efeito, todos os fenômenos religiosos são, antes de tudo, realidades históricas vividas em determinada cultura. Rejeitando a história, a fenomenologia faz uma obra de extrapolação e chega frequentemente ao contrassenso[7]. História e fenomenologia se completam, portanto.

Ugo Bianchi retomou mais vezes o problema para definir melhor os âmbitos da história e da fenomenologia. A história das religiões deve sempre conservar a própria natureza e as próprias funções de ciência histórica encarregada de estudar as religiões situadas no tempo e no espaço. Todavia, deve ser aceita e constatada a existência da religião e do fenômeno religioso e, neste caso, o problema se reconecta à filosofia e à teologia, duas disciplinas devidamente equipadas para tratá-lo. Qual seria o papel da fenomenologia? Para Bianchi ela deve evidenciar as estruturas religiosas sobre as quais apoiará a pesquisa filosófica, que se dedicará assim ao estudo dos mitos, das crenças, dos ritos, dos símbolos, das instituições.

Outro objetivo dela é, para Bianchi, colocar em evidência os tipos de fenômenos constitutivos das religiões. Trata-se de uma tipologia histórica baseada em dois registros; o primeiro tende a realçar os tipos de elementos que formam a religião, enquanto o segundo investiga os processos históricos e culturais no desenvolvimento das religiões da humanidade. Já se constatou a presença de formas religiosas análogas em épocas diversas ou em diferentes religiões. Essa tipologia histórica poderá se ocupar, por exemplo, do politeísmo, da religião dos caçadores pré-históricos, do gnosticismo, do dualismo, utilizando sem parada para essa pesquisa o método histórico-comparativo. Graças à tipologia histórica, as religiões podem ser divididas em dois grandes grupos: o das religiões ligadas a culturas que delas tomam origem e o das religiões que têm um fundador (como o budismo, o zoroastrismo, o judaísmo, o cristianismo, o islamismo). Definitivamente, Ugo Bianchi retoma a expressão de Pettazzoni para quem "a fenomenologia é a compreensão religiosa da história".

---

7. *Pour une science des religions*. Paris, 1973, p. 143-145.

1.6 História das religiões dos povos sem escrita

1.6.1 O totemismo

Sob a influência do evolucionismo, dedicamo-nos a explicar a origem e o desenvolvimento da religião. Robertson Smith (1846-1894) e J.G. Frazer (1854-1941) desenvolvem a tese do totemismo histórico: o animal totem se colocaria no início da organização social e religiosa. S. Freud (1856-1939) pensa em um totemismo psicológico: o Complexo de Édipo, que tem como origem o parricídio primitivo, explicaria a origem da religião. No quadro da pesquisa sociológica, É. Durkheim retoma a hipótese totemista para explicar a origem social da religião.

1.6.2 O movimento histórico em etnologia religiosa

Max Müller reage contra as teses animistas, evolucionistas e totemistas.

O jurista inglês Sumner Maine (1822-1882), fundamentado nos velhos códigos legislativos europeus, acusa de falsidade as pretensas leis uniformes da história defendidas por McLennan e por Morgan. Na Inglaterra se desenvolvem estudos científicos sobre os costumes e as populações do Extremo Oriente (Sir A. Lyall), sobre os costumes do Reino Unido (F.W. Maitland) e sobre as migrações (W.H.R. Rivers).

Na França, o naturalista Armand de Quatrefages (1810-1892) dedica uma série de trabalhos à espécie humana fornecendo provas de parentesco entre diversas civilizações. Diferentemente do método sociológico, ele insiste no valor do método empregado explorando a convergência dos indícios oferecidos por outras ciências.

A Alemanha se adequa. F. Ratzel (1844-1904) se dedica a considerar o ambiente circunstante e, contra as teorias de Gobineau, demonstra a unidade da espécie humana. A ocupação de todo o globo terrestre é um fato que o afeta e o leva a concluir pela antiguidade das grandes migrações que teriam difundido pelo mundo os diversos costumes e instituições. Seu estudo sobre os arcos africanos encontrados na Oceania lhe sugere os primeiros elementos para uma teoria das migrações. Seu discípulo Léo Frobenius (1837-1938) fez doze viagens à África e publicou sessenta estudos. Em 1898 ele lança a ideia dos complexos (ou ciclos) culturais que será a base da escola histórico-cultural. Frobenius compara entre si os elementos da cultura material, as instituições sociais e os mitos; cada conjunto constitui um complexo cultural. Entre as populações da Melanésia e da África existem, segundo ele, surpreendentes analogias reconhecíveis nos arcos, nas casas, nos indumentos, nas máscaras, nos escudos e nas sepulturas. Assim essas populações devem ter se separado pelas migrações.

1.6.3 A pesquisa histórico-cultural

Em 1911 F. Graebner (1877-1934) publica a obra *Methode der Ethnologie*, que lhe confere os consensos dos pesquisadores mais qualificados, entre os quais B. Ankermann (1859-1943) e W. Schmidt (1868-1954). Trata-se de um método histórico e comparativo destinado a reconstruir a história dos povos sem escrita graças ao reconhecimento do parentesco entre suas civilizações. Tal pesquisa se conforma às normas da pesquisa histórica recorrendo a uma atitude crítica nas três fases do estudo das fontes, da reconstrução e da interpretação. A primeira fase consiste em uma série de pesquisas monográficas em vista de determinar o tipo de civilização para depois passar a determinação da sucessão dos caracteres rituais e, em um momento seguinte, colocar-se na busca pelas causas da evolução; são buscadas as causas de instituições sociais, econômicas e religiosas e das suas formas em cada determinada época. Diferentemente do método sociológico que baseia a própria pesquisa sobre a evolução dos grupos humanos partindo do menos para o mais aperfeiçoado e que tende a preencher possíveis lacunas recorrendo a modelos inferidos das outras religiões, o método histórico se baseia na repartição geográfica. Esse novo método conquista paulatinamente numerosos adeptos na França, na Alemanha, no Reino Unido, na Áustria, na Espanha e nos Estados Unidos[8], e permite que o problema da origem das crenças religiosas na humanidade – que ocupara os mitógrafos do século XVII, além de iluministas, românticos e ideólogos do evolucionismo – seja impostado sobre novas bases.

---

8. Cf. o cap. "Méthode anthropologique nouvelle" (In: PINARD DE LA BOULLAYE, H. *L'étude compare des religions*. Op. cit. p. 243-304).

1.6.4 A crença dos homens da Idade Arcaica no Ser supremo

Em 1898, Andrew Lang (1844-1912), apoiador de Tylor e adversário de Müller, publica *The Making of Religion*, onde defende a ideia da crença dos homens primitivos em um Ser supremo. Wilhelm Schmidt retoma essa tese em uma série de artigos publicados na revista *Atnthropos*, até que, em 1912, sai o primeiro tomo do volumoso *Der Ursprung der Gottesidee* (o duodécimo sairá somente em 1954). Psicólogos como Leuba e K. Osterreich, etnólogos como Preuss, J. Swanton, P. Radin e historiadores das religiões como F. Heiler, N. Söderblom, A. Nieuwenhuis se associam à tese e às demonstrações adotadas pela escola de pesquisa formada em torno de Schmidt; dela fazem parte especialistas como Gusinde, Koppers e Schebesta. R. Pettazzoni se interessa pelo problema do Ser supremo tentando precisar, na perspectiva de uma teofania urânica, essa ideia que ele, diferente de Schmidt que a entendia como o produto de um pensamento lógico e causal, vê como o resultado do pensamento mítico; o homem arcaico teria vivido uma experiência existencial em que a abóbada celestial personificada teria ocupado um posto central (*L'essere celeste nelle crendeze dei popoli primitivi*, 1922, e *L'essere supremo nelle religioni primitive*, 1957).

Mircea Eliade interveio nessa discussão sobre o Ser supremo considerando que a obra de Schmidt, mesmo sendo um autêntico monumento científico, tem um problema: o erro interpretativo derivado de uma explicação lógico-causal no lugar da simbólica. O homem arcaico é um *homo religiosus* que, segundo Pettazzoni, teria personificado os fenômenos meteorológicos ligados ao céu, tornando-os deuses e fazendo da abóbada celeste o Grande Deus. Para Eliade, a simples contemplação da abóbada celeste teria provocado uma experiência religiosa: é o simbolismo da transcendência, da força, da sacralidade[9] que, segundo Eliade, representa uma descoberta primordial.

1.6.5 Etnologia e estruturalismo

Estudando o homem arcaico, Claude Lévi-Strauss, nascido em Bruxelas em 1908, assumiu uma posição distinta por causa da pesquisa de tipo estrutural sobre

---

9. PETTAZZONI, R. *Das Höchste Wesen*. In ELIADE. M. & KITAGAWA, J.M. *Grundfragen der Religionswissenschaft*. Salzburg: Müller, 1963, p. 136-146. • ELIADE, M. *La creatività dello spirito*. Milão: Jaca Book, 1979, p. 19-30 (orig. *Australian Religions* – An Introduction. Nova York: Ithaca, 1973).

o pensamento selvagem e sobre o mito. Ele inicia se opondo ao evolucionismo, ao totemismo, ao difusionismo, à escola histórico-cultural e aos mestres do funcionalismo e encontrando em Mauss a ideia da vida social definida como sistema e do inconsciente coletivo como uma dimensão do espírito. Ele está aplicando o modelo estrutural da linguística à etnologia: procurando evidenciar as constantes, descobrir as leis e interpretar a sociedade em função de uma teoria da comunicação. Para Lévi-Strauss existem quatro conjuntos articulados suscetíveis de serem estudados com o método estrutural: a arte, o mito, o rito e a religião. Entre esses, a sua escolha foi o mito. Com efeito, nos quatro volumes *Les mythologiques*[10] são examinados cerca de oitocentos mitos sul-americanos. Na etnologia, Lévi Strauss decifra um problema de comunicação e uma ciência capaz de inspirar um novo humanismo porque se trata de uma antropologia social e cultural. O estudioso faz referência a um modelo antigo, aquele proposto por Jean-Jacques Rousseau, e a uma época que lhe parece ideal: o neolítico, que foi a idade do mito e do homem natural. Em *Le cru et le cuit* [*O cru e o cozido*] (Paris: Plon, 1964), a pesquisa trata do determinismo do espírito humano e sobre seus mecanismos; em *Du miel aux cendres* [*Do mel às cinzas*] (Paris: Plon, 1966) se insiste na precariedade da cultura e na decomposição; em *L'origine des manières de table* [*A origem dos modos à mesa*] (Paris: Plon, 1968) coloca-se em evidência uma ética relacionada à pureza dos seres, enquanto em *L'homme nu* [*O homem nu*] (Paris: Plon, 1977) faz-se referência a uma oposição entre natureza e cultura.

Qual é a contribuição do estruturalismo para o estudo do pensamento dos povos sem escrita e da religião do homem da Idade Arcaica? O próprio Lévi-Strauss respondeu no Final de *L'homme nu* constatando que os mitos se repetem incessantemente no mundo através de séries ilimitadas de variantes que oscilam, no entanto, em torno das mesmas estruturas. Esses mitos não diriam nada, segundo o estudioso, sobre a ordem do mundo, sobre a natureza da realidade, sobre a origem e o destino do homem. Para ele, o domínio da vida religiosa seria uma prodigiosa reserva de representações, contudo sem nenhuma especificidade. Em outras palavras, o estruturalismo não é um método válido em história das religiões.

---

10. A tradução brasileira – com os títulos *O cru e o cozido*, *Do mel às cinzas*, *A origem dos modos à mesa* e *O homem nu* – foi publicada na íntegra pela Editora Cosac Naify (São Paulo, 2004) [N.T.].

1.6.6 Novas perspectivas

Há alguns anos assiste-se a descobertas espetaculares devidas às expedições internacionais ocorridas no Vale do Rift, na África Oriental, que trouxeram à tona, da Tanzânia, da região do Lago Turkana, do Vale do Omo, do Vale do Awash e do Afar, toneladas de sedimentos que foram examinados, discutidos e confrontados pelos mais destacados especialistas de paleoantropologia, paleontologia e biologia nuclear.

Um milhão e meio de anos atrás, na África, o *homo erectus* começou a praticar nos seus próprios utensílios a incisão bifacial e começou a escolher os materiais em parte baseado na cor: ele descobriu assim o simbolismo e a simetria. É a origem do *homo sapiens*[11]. Quinhentos mil anos atrás o homem descobriu o fogo, deixando-nos vestígios de rituais ligados a ele. As sepulturas de Qafzeh na Palestina remontam a cem mil anos atrás e, a partir do período musteriano (70000 a.C.), dispomos de sepulturas que atestam a existência de uma religiosidade e de uma crença no além. As cavernas do paleolítico superior (35000-9000 a.C.) são consideradas "catedrais da pré-história", lugares de peregrinação e de iniciação. As novas descobertas são muito preciosas para o conhecimento do *homo religiosus* pré-histórico.

As descobertas relacionadas ao Mesolítico e ao Neolítico são também muito numerosas. Atualmente sabe-se que o início da existência sedentária ocorreu na região siro-palestina a partir do nono milênio a.C. e que se tratou de um evento cultural ainda antes de ser um projeto econômico e que exerceu grande influência no desenvolvimento religioso das populações por causa da fundação dos mitos agrários. A maior parte dos mitos, com efeito, deriva das populações agrícolas; para o homem do Neolítico, os mistérios do nascimento, da morte e do renascimento se explicam graças à observação dos ritmos das estações e da vegetação.

Juntamente com essa documentação sobre a pré-história, assiste-se também ao contínuo acúmulo de documentações sobre religiões etnológicas, que são submetidas a interpretações que exigem um método rigoroso por conta da falta de textos escritos. Sabe-se, porém, que no edifício espiritual paleolítico e neolítico, de um lado, e naquele das populações sem escrita da nossa era, de outro, o mito, o símbolo, o

---

11. DE LUMLEY, H. (org.). *Origine ed evoluzione dell'uomo*. Coord. de G. Giacobini. Milão: Jaca Book, 1985. • COPPENS, Y. *La scimmia, l'Africa e l'uomo*. 2. ed. Coord. de C. Mattioli. Milão: Jaca Book, 1996. • COPPENS, Y. *Il cammino dell'evoluzione umana* – Le scoperte della paleoantropologia. 2. ed. Milão: Jaca Book, 1994 (bibliografia, p. 307-336).

rito e o sagrado constituíram e ainda se constituem suportes essenciais. Atualmente, compreende-se melhor que, junto aos textos dos fundadores das grandes religiões, os mitos são documentos de uma escolha na história sagrada dos povos, pois explicam a condição humana e fornecem modelos de comportamento. Os símbolos e os ritos são sinais mediadores do invisível e permitem que o homem entre em contato com o mistério. O historiador das religiões não terminou o próprio trabalho quando tiver estabelecido os fatos por meio do método histórico-crítico e histórico--comparativo; mesmo quando tiver acrescentado a essa pesquisa um estudo sobre as estruturas e evidenciado as linhas gerais de uma tipologia histórica, resta a ele pesquisar um sentido para os fatos que somente ele está habilitado para encontrar.

1.7 História das religiões e hermenêutica

1.7.1 A hermenêutica: ciência da interpretação

O historiador das religiões começa estudando os fatos religiosos enquanto tais. Trata-se de uma abordagem histórica, heurística e crítica. Nesse sentido, Dumézil pôde dizer que a história das religiões se faz sob o signo do *logos* e não sob o signo do *mana*. O trabalho histórico e diacrônico consiste em estabelecer uma morfologia do sagrado. Segundo a escola de Pettazzoni, essa primeira etapa já seria uma etapa histórico-comparativa. Ela se completa pela perspectiva fenomenológica, que estabelece uma classificação dos fenômenos religiosos, uma tipologia histórica, e estuda as estruturas religiosas não mais de modo diacrônico, ainda que as colocando em seu devido contexto histórico-cultural. Esse é o motivo pelo qual a fenomenologia se dedica a pesquisas sobre a oração, sobre os mitos de origem, sobre os ritos de iniciação, sobre diferentes símbolos nas religiões. Tal pesquisa é também histórico-comparativa sem ser diacrônica do mesmo modo em que o é o procedimento histórico.

Em toda a sua obra, a partir do seu *Traité*, Eliade se ocupou de um problema que vai além dos fatos e das estruturas como também dos fenômenos e dos textos: o problema do sentido[12]. Em outras palavras, trata-se de decifrar os fenômenos religiosos enquanto "significantes". Assim, ao lado da história e da fenomenologia,

---

12. ELIADE, M. *The Quest* – History and Meaning in Religion. Chicago/Londres: The University of Chicago Press, 1969 [trad. it.: *La nostalgia delle origini* – Storia e significato nella religione. 2. ed. Bréscia: Morcelliana, 1980]. • ELIADE, M. *Storia delle credenze e delle idee religiose*. 3 vols. Florença: Sansoni, 1979-1996. • MINCU, M. & SCAGNO, R. *Mircea Eliade e l'Italia*. Milão: Jaca Book, 1987.

abre-se uma terceira via, a da hermenêutica ou da ciência da interpretação. Em *Le sacré et le profane*, Eliade afirma que o objetivo último do historiador das religiões é compreender e esclarecer aos outros o comportamento do *homo religiosus* e o seu universo mental.

A hermenêutica se baseia necessariamente em fatos, em fenômenos, no estudo das estruturas, dos comportamentos e dos discursos humanos. Ela é histórico-comparativa, mas decifra aquilo que vai além da história no que se refere aos fatos religiosos ou atitudes que muitas vezes se repetiram no decorrer da própria história. A hermenêutica se ocupa da mensagem daqueles fatos religiosos e comportamentos do *homo religiosus*, revelando o seu conteúdo espiritual e o significado; em história das religiões, a hermenêutica é assim a descoberta da mensagem do *homo religiosus*.

1.7.2 A hermenêutica descritiva

O *homo religiosus* é o homem que crê em uma transcendência. Em antropologia se fala de *homo erectus*, de *homo faber*, de *homo sapiens* para sublinhar propriedades, qualidades ou funções específicas do homem. Eliade retomou a expressão *homo religiosus* que surgira com os fenomenólogos e fez dessa expressão uma chave de leitura para a história das religiões. Ele definiu o *homo religiosus* como aquele que sempre acredita na existência de uma realidade absoluta, o "sagrado", que transcende esse mundo mesmo manifestando-se nele, santificando-o, portanto, e tornando-o real. Assim, todo homem que vive uma experiência do sagrado toma consciência de uma mensagem; conhecer aquela mensagem do *homo religiosus* que deixou por escrito os próprios discursos quando, seis mil anos atrás, inventou a escrita é fácil. Mas como conhecer a mensagem do homem primitivo? É a este que Eliade dirige a própria predileção, rejeitando abandonar no vago os milênios da pré-história e adotando, aliás, o conselho de Müller de refazer, em sentido contrário ao decorrer da história e segundo o sistema de leitura dos vestígios do caçador indígena, o caminho rumo às origens, das estruturas religiosas do Neolítico até o Paleolítico[13]. No Neolítico o estudioso encontra os mitos ligados à vida vegetal e aos cereais, mitos de fecundidade e fertilidade com uma rica

---

13. ALLEN, D. *Mircea Eliade et le phénomène religieux*. Paris: Payot, 1982.

simbologia. No Paleolítico Superior ele entra em contato com a arte rupestre feita de mitos e símbolos cosmogônicos e ritos de iniciação, enquanto no Paleolítico encontrar-se-ão as sepulturas e o simbolismo funerário.

Sem dúvida, em muitos casos, o sentido poderá ser percebido de maneira muito fragmentária; todavia, a presença de símbolos nas experiências feitas pelo *homo religiosus* pré-histórico é muito importante para a hermenêutica porque permite remontar até o simbólico primordial, às estruturas simbólicas arquetípicas que, diferentemente do que pensava Jung, não são somente "memória primordial"; mas, segundo Eliade, são "modelos", "paradigmas" portadores de valores para o comportamento. Coerência simbólica, portanto, diante do homem primitivo, consciência seja mesmo fragmentária de um sentido, presença de modelos, tudo isso permite decifrar o tipo de mensagem percebida pelo homem primitivo.

A conclusão é relevante: enquanto Brelich falava de unidade da história humana se refugiando em um historicismo neopositivista, Eliade, na base da hermenêutica, insiste tanto na unidade das ideias religiosas quanto na unidade espiritual do homem. A seus olhos, a condição humana foi a mesma em todas as épocas: todo ser humano viveu situações existenciais primordiais que implicam o sofrimento e a morte.

1.7.3 A hermenêutica normativa

A hermenêutica descritiva da qual acabamos de tratar tem o próprio ponto de pertença no fenômeno religioso visto no seu contexto histórico e cultural. Eliade se colocou então uma segunda questão: O sagrado vivido implica, talvez, um sentido, uma mensagem, algo de significativo também para o homem de hoje? A história e a fenomenologia desembocam talvez em uma hermenêutica que esteja em condições de revelar ao homem moderno certos aspectos da condição humana? Se a resposta é afirmativa, teremos de lidar com a hermenêutica normativa.

Através da própria obra, para além das análises de comportamento do *homo religiosus*, Eliade concebe problemáticas relacionadas aos valores no pensamento religioso dos povos. Para ele, mitos, símbolos e arquétipos descobertos pelas pesquisas dos historiadores das religiões devem ser motivo de alerta para o homem moderno. Tal hermenêutica não cria novos valores, mas evidencia aqueles que foram ocultados no curso dos milênios. Provocando o contato do homem com o universo espiritual dos diversos povos, há [está] um sentido de universalidade da mensagem religiosa e a sua referência a uma realidade religiosa, ao "sagrado". Em *Nostalgie des origines*, o estudioso apela ao significado da *Divina commedia* dantesca e dos *Fioretti* franciscanos que, com sua referência ao sagrado, assumem uma dimensão que transcende a do gênio humano em si mesmo.

Assim como Rousseau, Marx e os positivistas do século passado aspiravam criar um novo homem, Eliade aborda a questão de uma nova função cultural da história das religiões: tornar inteligível ao espírito do homem moderno o significado da mensagem do *homo religiosus* a fim de contribuir para a criação de um novo humanismo.

Ele acredita que a história das religiões seja rica em possibilidades inovadoras. Ele próprio indicou uma série de meios utilizáveis em vista de realizar esse objetivo: confronto de Oriente e Ocidente, de culturas, civilizações, pensamentos religiosos; diálogo sobre os valores centrais dessas culturas; multiplicação das cátedras de história das religiões e dos valores específicos de diversas culturas. Com esse objetivo, Eliade fundou o periódico *History of Religion* e iniciou e completou a grande obra *Encyclopaedia of religion*[14].

1.8 A comparação genética em história das religiões

1.8.1 As primeiras tentativas de comparativismo

Viu-se como Müller teria conduzido a primeira pesquisa comparada baseando-se no comparativismo linguístico. Os trabalhos da *Gesellschaft für vergleichende Mythologie*, fundada em Berlim em 1906, tentaram superar o quadro linguístico indo-europeu de Max Müller, mas com um resultado tímido. A pesquisa histórico-cultural em etnologia religiosa insistiu na necessidade de indícios positivos de dependência e de sucessão estáveis no acordo convergente dos testemunhos.

Também a fenomenologia, por sua vez, pregou a necessidade da comparação a fim de evidenciar a estrutura dos fenômenos religiosos. Logo depois do Con-

---

14. ELIADE, M.; KITAGAWA, J.M. & LONG, C.H. *History of Religions*: An International Journal for Comparative Historical Studies. Chicago, 1961. • ELIADE, M.; SULLIVAN, L.E. et al. *The Encyclopaedia of Religion*. 16 vols. 2. ed. Nova York/Londres: MacMillan/Free Press, 1990 [trad. it.: *Enciclopedia delle religioni*. 11 vols. Roma/Milão: Città Nuova/Jaca Book, 1993-2002 [orgs.: COSI, D.M.; SAIBENE, L. & SCAGNO, R.]].

gresso de Marburgo de 1960, Ugo Bianchi (*Numen*, 1961, p. 64-91) recordou que a história das religiões continua sendo a mãe do comparativismo porque todo fenômeno religioso evoca um contexto histórico e cultural. Para identificar uma tipologia, a fenomenologia deve permanecer uma ciência do concreto e, assim, basear-se na comparação.

A partir do século XIX, o dossiê indo-europeu constituiu, no estudo das religiões, um elemento de primeira qualidade. Aconselhado por Michel Bréal (1832-1915), que não cessava de insistir nos dados do pensamento e da civilização, no problema do sentido, nas causas intelectuais que presidiram a transformação das línguas, Georges Dumézil decidiu retomar o dossiê indo-europeu de Müller e Frazer, dispondo-se primeiro a estudar as línguas e o pensamento desse vastíssimo âmbito. Na sequência, ele tentou uma série de ensaios de comparação tipológica e onomástica, chegando, porém, a constatar que esse método é incapaz de conduzir a uma *Weltanschauung* dos povos arianos.

1.8.2 A descoberta de uma herança comum indo-europeia

Entre os procedimentos para as tentativas que o levaram a suspeitar de erros nos seus predecessores, Dumézil descobre três fatos, o primeiro dos quais é a existência, na Índia, Irã e entre os citas, de três classes sociais formadas por sacerdotes, guerreiros e agricultores-criadores. Um segundo fato diz respeito à presença de uma estrutura teológica com três funções paralela àquela das classes sociais. Um terceiro fato se acrescenta aos dois primeiros: A manutenção do vocabulário atinente à esfera do sagrado nas duas extremidades do mundo indo-europeu, i.e., as comunidades indo-iranianas e ítalo-célticas, exatamente aquelas que possuíam colégios sacerdotais. Depois de um quarto de século de pesquisas, Dumézil chega a uma primeira conclusão importante: a existência de uma herança indo-europeia compartilhada pelos povos que dispunham de conceitos religiosos veiculados por uma linguagem comum. Tal descoberta constitui o início de uma primeira série de pesquisas comparadas e a configuração de um instrumento de trabalho.

Agora começa a segunda etapa. A matéria é fornecida pelo advento das populações indo-europeias conquistadoras que se dispõem da Índia ao Cáucaso e depois na Anatólia, rumo ao Mediterrâneo e ao Atlântico no terceiro e no segundo milênios [a.C.]. São povos sem escrita (exceção feita aos hititas estabelecidos na

Anatólia), com uma linguagem comum na origem, um idêntico substrato intelectual, religioso e ético; são testemunhas desses povos, além de poucos documentos, um vocabulário, alguns ritos, alguns fragmentos arqueológicos, tradições orais conservadas assim como alguns mitos e símbolos. Uma teologia das três funções pode ser encontrada na Índia, no Mitani, no Irã, na reforma de Zaratustra; em Roma, entre os germânicos e escandinavos e se compunha de dois deuses soberanos, do deus da guerra, de deuses gêmeos, curadores e dispensadores de fecundidade. A tripartição social existe na Índia, no Irã, entre os ossetas descendentes dos citas e em Roma. Com um árduo trabalho levado adiante por toda a vida, Dumézil analisou a estrutura tripartida das três funções ligada a deuses, homens e sociedade explorando sistematicamente Índia, Irã, Roma, Alemanha e Escandinávia e apresentando o balanço da própria pesquisa em [mais ou menos] cinquenta obras e centenas de artigos[15].

1.8.3 O método genético comparado

Dumézil, enunciando os princípios do seu método, coloca em evidência as correspondências mais precisas e sistemáticas possíveis graças à descoberta das quais no interior de um mito ou de um ritual se passa à determinação do tipo, das articulações e do significado lógico para obter um esquema; tal esquema será depois projetado na pré-história para distinguir as divergências de evolução. As três supraditas operações são absolutamente indispensáveis porque é necessário colocar em evidência as correspondências, assim como são também necessários um esquema e uma projeção disso na pré-história. No próprio âmbito da comparação é, pois, possível observar duas normas: a primeira requer considerar as noções de sistema, estrutura, protótipo, herança, pois uma religião é uma teologia

---

15. DUMÉZIL, G. *L'heritage indo-européen à Rome*. Paris: Gallimard, 1969. • DUMÉZIL, G. *Mythe et épopée*. 3 vols. Paris: Gallimard, 1968-1973 [trad. it.: FABBRI, P. (org.) *Mito ed epopea*. Turim: Einaudi, 1982]. • DUMÉZIL, G. *Les dieux souverains des Indo-Européens*. Paris: Gallimard, 1977 [trad. it.: *Gli dei sovrani degli indoeuropei*. Turim: Einaudi, 1985]. • DUMÉZIL, G. *L'ideologie tripartie des Indo-Européens*. Bruxelas, 1958 (col. Latomus, 31) [trad. it.: *L'ideologia tripartita degli indoeuropei*. 2. ed. Rímini: Il Cerchio, 2003. (Introdução de J. Ries)]. Sobre Dumézil, cf. toda a bibliografia em RIVIÈRE, J.C. *Georges Dumézil à la découverte des Indo-Européens*. Paris: Copernic, 1979 [trad. it.: *Georges Dumézil e gli studi indoeuropei – Una introduzione*. Roma: Settimo Sigillo, 1993 (edição sob os cuidados de A. Campi)]. • SCOTT LITTLETON, C. *The New Comparative Mythology*. 3. ed. Berkeley: University of California Press, 1982. • SCOTT LITTLETON, C. *Georges Dumézil – Entretiens avec Didier Eribon*. Paris: Gallimard, 1987. • COUTAU-BÉGARIE, H. *L'oeuvre de Georges Dumézil*. Paris: Economica, 1998.

e uma *Weltanschauung*; a segunda consiste em explorar ao máximo todo o âmbito acessível à comparação.

O próprio Dumézil qualificou seu método como comparativo genético, distinguindo-o assim do método comparativo geral, do comparativo onomástico e do método tipológico empregado pelos fenomenólogos. Este último chega a descobrir um protótipo comum de ações amplamente difundidas como o sacrifício, a oração etc. Com o seu método genético, Dumézil procura conseguir, no âmbito indo-europeu e para os fatos religiosos, aquilo que a linguística obteve no domínio que lhe é próprio: uma imagem tão precisa quanto possível de um sistema pré-histórico do qual certo número de sistemas historicamente atestados constitui em boa parte uma sobrevivência.

Para Dumézil, no método genético a noção de sistema é fundamental. A comparação para ser válida deve versar sobre povos relacionados linguisticamente na sua origem. Com efeito, aqui não estamos nem no domínio da etnologia nem no da sociologia; o que se deve encontrar procedendo em sentido oposto ao da história, partindo dos vestígios que nos restam até os *tempora ignota*, é a religião pré-histórica do mundo indo-europeu. O que conta é, portanto, a pesquisa das estruturas, dos mecanismos, dos equilíbrios constitutivos no interior da teologia, da mitologia, do culto, para encontrar o pensamento religioso dos arianos, a sua concepção original do divino, do mundo e da sociedade. Dumézil falou de estrutura, mas rejeitou o estruturalismo, vendo-o como uma ideologia, para a qual, seja ela totemista, positivista ou evolucionista, não existe lugar no seu método; quando ele fala de estrutura, compreende como "representação coerente e lógica da realidade".

Para Dumézil, o método genético de comparação não substitui os outros, ele não elimina as pesquisas arqueológicas, filológicas, históricas, sociológicas das quais se serve. Ele não suprime as outras formas de comparativismo, mas se justapõe a elas, tornando-as mais seguras. A sua originalidade consiste em ter introduzido na pesquisa uma arqueologia das representações e dos comportamentos considerando os conceitos e o pensamento.

1.8.4 Balanço e perspectivas

A descoberta essencial de Dumézil diz respeito sobretudo à concepção global indo-europeia do divino, do cosmo e da sociedade, daquilo que Dumézil chama de ideologia e teologia tripartidas. Trata-se de uma visão que reconstrói o divino e o universo e analisa suas estruturas para compreender seus equilíbrios e tensões. É uma visão de três funções divinas e humanas, de três atividades essenciais de divindades e homens. A primeira função é a do sagrado: diz respeito às relações dos homens com o sagrado e entre si, sob o olhar e a garantia dos deuses, sob o poder de um rei que goza dos favores divinos; acrescentam-se a isso a ciência e a inteligência, inseparáveis da meditação e da manipulação das coisas sagradas. A segunda função é a da força e do seu emprego na guerra, a proteção, o governo. A terceira envolve a fecundidade humana, animal e vegetal, a nutrição, a saúde, a paz, a beleza, o prazer, a abundância de homens e de bens. Sem se manter de maneira clara na diversificação das culturas, essa tripartição impregnou os diversos âmbitos da vida e da sociedade. A essa descoberta central se acrescentam aquelas feitas nos âmbitos específicos relativos ao mundo romano, indiano, iraniano, germânico e escandinavo.

O interesse no método comparativo genético supera os limites do mundo indo-europeu. Sabemos que tal método influenciou fortemente a obra de Eliade, o qual descobriu Dumézil no seu retorno da Índia e se beneficiou do seu apoio em Paris depois de 1945. Ambos estudaram os fatos religiosos e consideraram fundamentais as pesquisas sobre as constantes do espírito humano que, como fonte de intuição, sob modos diversos, encontram-se em toda parte e são chamadas por Eliade de "arquétipos".

De acordo com Eliade sobre a importância da hermenêutica, Dumézil acredita que o trabalho comparativo de sua pertinência deva se manter no estágio da exploração.

Na própria pesquisa, Eliade reconstruiu, também ele, o dossiê indo-europeu, mas rapidamente o ampliou com as grandes religiões da Ásia e com o pensamento religioso arcaico. Ele começou com o estabelecimento de uma morfologia e de uma tipologia muito ricas fundadas sobre o sagrado, sobre os ritos e sobre os mitos. Com uma comparação genética menos estruturada do que a de Dumézil, ele chegou ao campo vastíssimo das hierofanias procurando nelas as articulações fundamentais e a arqueologia do comportamento do *homo religiosus*, i.e., as estruturas do seu pensamento, a sua lógica simbólica, o seu universo mental.

Há vinte anos, as descobertas feitas na África, no Vale Rift, interpelam o historiador das religiões em busca dos primeiros vestígios do *homo religiosus*. Além disso, aumenta a cada dia a documentação neolítica e paleolítica. É de se perguntar se, partindo dos sinais que nos restam, não seria o momento de iniciar uma nova exploração do universo mental do *homo religiosus* arcaico, reconstruindo a história para trás e indo assim ao encontro do homem pré-histórico, ao *homo religiosus* dos *tempora ignota*[16].

1.9 Expansão atual e rumos recentes

1.9.1 Um novo impulso na pesquisa

Na sua clássica obra *Classical Approaches to the Study of Religion*, Waardenburg forneceu um panorama, uma antologia e uma bibliografia dos autores de um século de história das religiões[17]; tal soma de informações foi publicada a partir de 1973-1974 e completada com o acréscimo de dois volumes preparados por Frank Whaling, *Contemporary Approaches to the Study of Religion*, na mesma coleção "Religion and Reason" (1984-1985)[18]. Esta última obra é dedicada aos trabalhos entre 1950 e 1980 e nela o curador insiste nas dificuldades que semelhante empreitada reserva por causa da multiplicação de ramificações da ciência das religiões, ramificações que vão da pesquisa histórica às ciências sociais, da filosofia à fenomenologia, da pesquisa comparada à hermenêutica, além da teologia. Entretanto sabemos que o debate foi alimentado continuamente por vários congressos mundiais ocorridos em Marburgo (1960), Clarement (1965), Estocolmo (1970), Lancaster (1975), Winnipeg (1980), Sydney (1985), até o último ocorrido em

---

16. RIES, J. Science des religions et sciences humaines – L'ouevre de Mircea Eliade (1907-1986). In: *Revue Théologique de Louvain*, XVII, Louvain-la Neuve, 1986, 329-340 [trad. bras.: Ciência das religiões e ciências humanas – A obra de Mircea Eliade (1907-1986), cap. 5, na parte II deste volume].
• RIES, J. L'apport de Georges Dumézil a l'étude comparée des religions. In: *Revue Théologique de Louvain*, XX, Louvain-la Neuve, 1989, 440-466 [trad. bras.: "A contribuição de Georges Dumézil ao estudo comparado das religiões", cap. 6, na parte II deste volume].
17. WAARDENBURG, M.J. *Classical Approaches to the Study of Religion*. 2. vols. Paris/Haia: Mouton, 1973.
18. WHALING, F. *Contemporary Approaches to the Study of Religion*. Vol. 1: *The Humanities*, 1984, Vol. 2: *The Social Sciences*, 1985. Berlim: Mouton. O primeiro volume trata de história, de fenomenologia e de comparativismo. A bibliografia fornecida é boa, mas a ótica está concentrada no mundo da pesquisa anglo-americana, enquanto há poucos detalhes sobre o ítalo-francês.

Roma em 1990 que abriu novamente o caminho ao debate metodológico. Esses congressos se reúnem a cada cinco anos.

Em 1950, foi fundada a IAHR, Associação Internacional de História das Religiões que, por sua vez, deu vida a numerosas associações nacionais e a novas publicações. Não faltou a discussão sobre a pesquisa histórica entre os partidários de um método histórico-descritivo, os de um método histórico-filológico e aqueles de um método histórico-comparativo. Em 1961, M. Eliade, J.M. Kitagawa e C.H. Long fundaram a revista *History of Religions* com o objetivo de promover uma pesquisa comparada muito mais articulada do que aquela das décadas anteriores e mais orientada para a hermenêutica, de acordo com o que desejava Eliade. O renovado debate sobre a metodologia deu lugar também a encontros internacionais como o de Turku, na Finlândia, em 1973, e o de Varsóvia de 1979.

Uma intensa atividade se desenvolveu no quadro dessas pesquisas e no contexto da criação de novas cátedras de história das religiões na América do Norte e no Japão logo depois da Segunda Guerra Mundial. Todos esses eventos justificam a importância da bibliografia das décadas de 1960-1980[19]. Durante esses anos os estudos históricos prolongaram as próprias tradições na França, Itália, Holanda, Grã-Bretanha, Alemanha, Bélgica, países escandinavos e Suíça; nos países do Leste Europeu a ideologia marxista procurou impor-se, por sua vez, nas universidades e na pesquisa, que se orientou para a sociologia da religião.

1.9.2 Retomada do debate sobre a fenomenologia

O historiador das religiões sueco Geo Widengren relançou o debate sobre a fenomenologia. Ele apontou para C.J. Bleeker – o qual, em resposta às críticas de Pettazzoni, tinha dito que os fenômenos religiosos podem ser, em grande parte, examinados como "fotogramas parados" – que esses, ao contrário, não são perfeitamente extáticos; mas, ao contrário, dinâmicos. Trata-se então de apresentar um fenômeno religioso no seu desenvolvimento recolhendo a sua completa do-

---

19. Citam-se alguns trabalhos de metodologia. Convém citar primeiramente a imponente coletânea *Religion and Reason* – Method and Theory in the Study and Interpretation of Religion, publicada por J. Waardenburg com um grupo de especialistas em Mouton a partir de 1970. São lembrados também: ELIADE, M. & KITAGAWA, J.M. *The History of Religions* – Essays in Methodology. Chicago: University of Chicago Press, 1959 [trad. alemã de Otto Müller: Salzburgo, 1963]. • BIANCHI, U.; BLEEKER, C.J.; BAUSANI, A. et al. *Problems and Methods of the History of Religions*. Leiden: Brill, 1975. Para obras e enciclopédias, remete-se à bibliografia.

cumentação. A fenomenologia deve considerar os problemas genéticos e a idade respectiva das culturas.

Baseando-se na filologia e no método comparativo, a fenomenologia compreende quatro estágios: em primeiro lugar a descrição dos fatos; a seguir, a classificação dos fatos segundo uma ordem sistemática; depois, uma interpretação dos fatos para compreender seu significado; para concluir com o estabelecimento de um tipo, uma estrutura, um mecanismo. Tal operação deve ser feita sem confusão entre fenomenologia e história. G. Widengren forneceu um modelo de aplicação do próprio método em *Religions Phänomenologie*, publicado em Berlim em 1969. Trata-se de um modelo muito diferente daquele de van der Leeuw e do de Heiler de 1961, que é o prolongamento do estudo de Otto sobre o sagrado e se intitula *Erscheinungsformen und Wesen der Religion* (editado em Stuttgart). Para Widengren, a fenomenologia deve evidenciar modelos fundamentais como a realeza sagrada, em torno da qual gravitou a vida religiosa e cultural no Oriente Próximo, ou mesmo a unidade entre mundo, sociedade e cosmos, i.e., o tema do macrocosmos-microcosmos da área geográfica indo-iraniana. Toda a obra de Widengren se apoia em estruturas análogas.

Åke Hultkrantz de Estocolmo tem posicionamentos bem diferentes do seu colega de Uppsala. Ele define a fenomenologia como estudo sistemático das formas da religião. Para ele, é a parte da pesquisa encarregada de encontrar e classificar as concepções religiosas, os ritos e as tradições míticas a partir de pontos de vista morfológicos e tipológicos. Trata-se de uma ciência empírica destinada a desempenhar um papel mais importante no futuro, à qual Hultkrantz atribui três principais objetivos. O primeiro consiste em buscar as formas e as estruturas das religiões e da religião, i.e., estudar a morfologia dos materiais religiosos. Vem a seguir a fase de *understanding*, i.e., da compreensão que se limita a uma percepção geral do mundo religioso, da lógica da concepção e do sentido religioso, vale dizer do lugar dos elementos religiosos numa cultura e de sua importância em conexão com outros elementos. Enfim, a fenomenologia oferece à história das religiões um elemento de coesão e integração que impede a pulverização da pesquisa; é um tipo de andaime que possibilita a coesão no estudo da situação religiosa hodierna, na atualização religiosa e na emergência de novas formas de religiosidade. Graças à fenomenologia que a história das religiões se tornou uma ciência capaz de abraçar todas as formas de religião. De tal modo, Hultkrantz estende o campo da fenomenologia a toda forma, a toda estrutura e a todo elemento da religião; todavia, a seus olhos não existe um método específico, mas sim uma perspectiva fenomenológica baseada no velho método comparativo, atualmente aperfeiçoado pelos antropólogos americanos.

O historiador das religiões J. Waardenburg, de Utrecht, atualmente em Lauzane, interveio no debate sobre esse argumento que, ademais, tivera suas origens exatamente na Holanda um século atrás.

A fenomenologia foi compreendida em cinco modos:

1) Classificação dos fenômenos religiosos.
2) Pesquisa pelos motivos ou ideias fundamentais de diversas tradições religiosas.
3) Compreensão e discernimento dos fenômenos religiosos de acordo com a estrutura fundamental do homem.
4) Divisão dos fenômenos religiosos com suas respectivas estruturas fundamentais.
5) Interpretação da história religiosa do homem em termos de historicidade.

Para o estudioso, nenhuma das supraditas posições é aparente a contento, assim ele propõe um novo estilo de pesquisa fenomenológica. Trata-se de estudar os significados religiosos, a religiosidade humana e os universos religiosos do espírito dentro dos quais, no decorrer da história, veio a formar-se o homem. Um traço distintivo é o seguinte: os fatos ou fenômenos religiosos não são mais estudados no nível de seu significado intrínseco ou em seu contexto, mas no nível da sua intencionalidade. Os fatos trazidos à luz pela pesquisa empírica são interpretados como experiências humanas, i.e., como traços específicos de problemas humanos, de sonhos e de espirações. Sobre a base dos documentos, busca-se reconstruir, como hipóteses prováveis, intenções religiosas de uma sociedade e de uma época. Todavia, impõe-se uma verificação permanente dessas hipóteses. Esse "novo estilo" se inspira claramente nos esforços hermenêuticos dos quais Eliade foi pioneiro.

A palavra "sentido" recorre frequentemente em Waardenburg, assim como recorre em Ricoeur e Eliade. De fato, estamos diante de uma abordagem que pode ser definida como holística ou integral, para utilizar o vocábulo que apareceu recentemente na história das religiões. No entanto, coloca-se a questão sobre ainda se ter algum sentido uma *vergleichende Religionsgeschichte* ou uma *systematische*

Religionswissenschaft, assim encontram-se em oposição Hultkrantz e Kurt Rudolph de um lado e Waardenburg de outro. A discussão ainda em curso está ligada ao debate sobre a hermenêutica à qual se acenou a propósito de Eliade.

1.10 A história das religiões entre ontem e amanhã

1.10.1 Novas perspectivas comparativistas

Há algumas décadas, mais de uma centena de obras foram dedicadas aos problemas do comparativismo em matéria de religiões. Questões parecidas podem ser abordadas sob diferentes aspectos, entre os quais o do cristianismo e das religiões não cristãs. Max Müller, os apologistas franceses do século XIX (Lamennais, de Bonald, Auguste Nicolas), de Broglie nos seus cursos parisienses, Natham Söderblom na sua obra sobre o Deus vivente na história, compararam a religião de Cristo às outras religiões. Pelo estudo dos sinais do sagrado, Rudolph Otto estabeleceu a transcendência do cristianismo. Nas suas pesquisas sobre o *homo religiosus*, Eliade retornou várias vezes ao Deus do Antigo Testamento, a Cristo e às teofanias. A breve panorâmica aqui oferecida se limitará a algumas orientações principais. Houve condição de abordar explicitamente da obra de Eliade e de Dumézil. Outros contemporâneos já foram citados e, para elementos mais pormenorizados, recomenda-se a leitura das obras publicadas respectivamente por Waardenburg e por Whaling, ao que se pode acrescentar o livro de G. Filoramo e C. Prandi, *Le scienze delle religioni* (2. ed. Bréscia, 1991).

a) Religião comparada e história

Uma corrente de pesquisa comparada privilegia a abordagem da história da humanidade em determinados aspectos. S.G.F. Brandon dedicou a finalidade da pesquisa acadêmica aos problemas do homem e do seu destino nas grandes religiões, ao problema do tempo na humanidade, à questão da história, do tempo e da divindade. Essa obra comparada concentrada no tempo e no homem interessou fortemente a Eliade. Ao lado de grandes afrescos históricos que implicam a influência da religião na história, como *The Rise of the West* (1963) e *A World History*, publicadas por W.H. Mc Neill, e a obra de Trevor Ling *A History of Religion East and West* (1968), há que se insistir no método original da ecologia comparada instaurada por Åke Hultkrantz de Estocolmo, para quem a influência do ambiente teria sido decisiva para a organização e o desenvolvimento das formas religiosas. Por ambiente ele entende a *entourage* natural, a topografia, o clima, a vida, os elementos demográficos, os recursos naturais, sendo tudo isso que constitui a medida da cultura. Ele começou aplicando a própria teoria às religiões arcaicas, principalmente aquelas do ártico, ao cerimonialismo animal, ao xamanismo, aos rituais dos caçadores. A sua obra pioneira inaugurou um ramo complementar para o estudo de religiões pré-históricas e etnológicas.

No seu livro *The Religious experience of Mankind* de 1969, Ninian Smart releva a presença em todas as religiões de seis dimensões: a primeira, ritual, compreende o culto, a oração, as ofertas, a contemplação e a mística; na segunda, mitológica, encontram-se os mitos, as imagens, as narrativas e as tradições sobre o mundo invisível; a terceira, doutrinal, é baseada em conceitos, ideias e sistemas; agora vem a dimensão ética relacionada aos comportamentos dos fiéis e dos grupos; e a social que insiste, obviamente, no aspecto da vida social; tudo isso porém é sustentado por uma dimensão vital que seria a experiência religiosa vivida. A comparação entre as religiões se organiza partindo dessas seis dimensões.

Whaling, aliás, apresentou outro modelo constituído por oito elementos: a comunidade, o ritual, a ética, o vínculo social, a escritura quando se trata de grandes religiões, ou o mito, para as religiões de povos de tradição oral, o conceito estético, a espiritualidade. Segundo Whaling, sobre esses oito elementos se funda um método sistemático comparado em história das religiões. Essa metodologia comparada, que se inicia de um modelo, de um esquema preestabelecido, parece ter conquistado numerosos dos atuais historiadores anglo-americanos.

b) Religiões comparadas e diálogo inter-religioso

Um outro campo de pesquisa comparada se abriu há poucas décadas com o início do diálogo inter-religioso e o encontro de religiões diversas. Esse problema interessa tanto à teologia quanto à filosofia da religião, à teologia das religiões e à história das religiões. Aqui, limitamo-nos a apontar sua existência. Alguns historiadores das religiões se lançaram no debate e tentaram abordagens comparativas. Lembra-se aqui Wilfred Cantwell Smith, cujas obras, especialmente *Faith and Believe* (1979), suscitaram rumor. Ele, através de um trabalho de religião comparada, pretendia realizar uma "teologia da religião" de alcance universal. Robert Charles Zaehner, de Oxford, é o perfeito exemplo do teólogo que conseguiu fazer uma autêntica obra de historiador das religiões e um trabalho comparativo de grande valor científico. Ele comparou, colocando-os em confronto, os grandes polos místicos e proféticos das grandes tradições religiosas do hinduísmo, do budismo, do judaísmo, do zoroastrismo, do cristianismo e do taoismo. Outro personagem que construiu pontes entre teologia, religiões e história das religiões é Raimund Panikkar, cuja imensa obra vai da teologia cristã à hermenêutica, passando pela indianística, espiritualidade comparada, diálogo inter-religioso e mitografia. A sua originalidade consiste no fato de ele ter tentado integrar as teorias da religião comparada e da teologia, mantendo, porém, as duas disciplinas.

Como se vê, os rumos seguidos pela pesquisa comparada são bastante diferentes. Os encontros organizados por especialistas para se colocarem de acordo, longe de unir [os pontos em discussão], evidenciam toda a complexidade das questões e da pesquisa. Malgrado as divergências, os trabalhos prosseguem, tanto que, no domínio das ciências humanas, a história das religiões conquistou uma posição central.

1.10.2 Homo religiosus e *antropologia religiosa*

Ao final do seu livro *Pour une Science des religions* (Paris, 1973), Michel Meslin, comparativista da Universidade de Sorbonne, falando da antropologia religiosa defende que em todas as fases da história religiosa da humanidade, como em qualquer nível metodológico, o que por toda parte e sobretudo se encontra é o homem em busca do sagrado, que ele experimenta através de suas diferentes linguagens e condicionamentos sociais e psicológicos. A armadura essencial da ciência das religiões torna-se, pois, necessariamente, para o autor, uma antropologia religiosa que supere a simples descrição ligada ao tempo e ao espaço para estudar os comportamentos humanos diante do sagrado.

Há meio século, as bases para a construção dessa antropologia estão em elaboração. Em tal ótica, mencione-se necessariamente mais uma vez Eliade com seu intento de seguir os vestígios do *homo religiosus* do Paleolítico até nossos dias de estudar o seu comportamento, de entrar em seu universo mental para analisar os discursos e atos e descobrir um dado essencial para o historiador das religiões: o fato que o *homo religiosus* crê na existência de uma Realidade transcendente que está além deste mundo e se manifesta nele. Eis como se coloca o problema inevitável do sagrado. Os trabalhos de Eliade são, em parte, devedores dos de Dumézil, principalmente no que diz respeito ao método genético comparado, mas são também devedores das pesquisas e dos encontros do Círculo Eranos de Ascona, na Suíça, onde encontramos Eliade com Carl Gustav Jung, Henry Corbin, Gilbert Durand e Paul Ricoeur. Em parte, é nesse círculo que desde um quarto de século foi se elaborando esse novo espírito antropológico do qual colhemos os frutos no alvorecer do século XXI. Durand não hesita em dizer que a extraordinária concentração de saber das últimas décadas contribuiu para estabelecer definitivamente a nova hermenêutica simbólica e a plena restauração dos valores do *homo religiosus*.

Atualmente, abrem-se novas perspectivas para a história das religiões. As descobertas das últimas décadas na África e em outros lugares subverteram os horizontes da paleoantropologia e aceleraram o conhecimento do passado mais remoto da humanidade. Elas nos ajudam a compreender melhor o surgimento do homem, seu desenvolvimento, sua história, sua especificidade e sua cultura. De igual modo, esclarecem de uma forma nova a antropologia religiosa; colocando em evidência a unidade de origem e a semelhança de comportamento da espécie humana, revelando-nos que desde o seu surgimento o homem assumiu uma modalidade específica de vida e de comportamento: a cada etapa de seu caminho, o *homo religiosus* é, portanto, reconhecível.

Há mais de cinco mil anos esse homem fixou em pedra, em argila, em pergaminhos, madeira e outros materiais a história de sua experiência e das suas crenças. Para falar de tal experiência religiosa, ele criou um vocabulário, testemunha irrefutável do seu pensamento. Nesse vocabulário aparece uma palavra-chave, descoberta em Roma em 1899 no *Lapis niger* da Idade Real, *sakros*, derivado da raiz *sak-* e presente em toda a área interessada pelas migrações indo-europeias. O exame do vocabulário do *homo religiosus* ilustra o modo como o homem compreendeu a própria relação com o divino. Isso atinge o filólogo e o historiador das religiões que se dediquem a uma pesquisa de semântica histórica sobre o sagrado e o modo notável em que se exprime verbalmente não somente dentro de uma mesma cultura, mas em vastos âmbitos culturais da humanidade. Partindo de uma pesquisa de semântica histórica realizada por um grupo de especialistas e de historiadores das religiões, nós podemos iniciar uma segunda fase de pesquisas, i.e., uma antropologia do sagrado[20].

No seu *De dignitate hominis*, considerado como o manifesto do humanismo cristão, Pico della Mirandola declarava que no mundo não se pode ver algo mais maravilhoso do que o homem. A história das religiões começara com os humanistas, vindo a encontrar-se, de século em século, na presença de um patrimônio religioso cada vez mais rico, graças às descobertas levadas a cabo pela arqueologia, pela epigrafia, pelo estudo dos textos. Reencontraram-se civilizações sepultadas e religiões esquecidas; mas ao longo do caminho perdia-se o homem de vista. Os historiadores das religiões esqueciam o *homo religiosus*, que é aliás onipresente porque é ele o criador dos templos, o autor das inscrições e dos textos, dos ritos e dos mitos. Mas eis que esse homem aparece em nossa memória e surge diante de nós desde o paleolítico inferior, a partir do entalhe bifacial dos utensílios e das primeiras tumbas de Qafzeh, fazendo-nos entender que não podemos deixar no esquecimento as centenas de milênios da pré-história. Em Vale Camonica, uma rica simbólica sacra nos conduz ao desfecho das grandes culturas nas quais o homem pode viver plenamente a própria condição humanada desdobrando-se em toda a sua riqueza a própria experiência do sagrado. Alguns pioneiros estão por marcar uma nova estrada em história das religiões que conduz à redescoberta do *homo religiosus*.

---

20. MESLIN, M. *L'experience humaine du divin*. Paris: du Cerf, 1988 [trad. it.: *L'esperienza umana del divino*. Roma: Borla, 1991]. • RIES, J. (org.). *Trattato di antropologia del sacro*. Vol. 1: *Le origini e il problema dell'homo religiosus*. Milão: Jaca Book/Massimo, 1989; Vol. 2: *L'uomo indoeuropeo e il sacro*. Milão: Jaca Book/Massimo, 1992 (o plano da obra compreende 10 vols.). Tal tratado deve ser considerado como o seguido por três volumes *L'expression du sacré dans les grandes religions*, publicados sob a supervisão de J. Ries, pelo Centre d'Histoire des Religions de Lovain-la-Neuve e assim articulados: vol. 1: *Proche-Orient ancient et traditions bibliques* (1978); vol. 2: *Peoples indo-européens et asianiques, hindouisme, bouddhisme, religion égyptienne, gnosticime, islam* (1983); vol. 3: *Mazdéisme, cultes isiaques, religion grecque, Nouveau Testament, vie de l'homo religiosus* (1986). • RIES, J. *Opera Omnia*. Milão: Jaca Book [Vol. 2: *L'uomo e il sacro nella storia dell'umanità*, 2007; vol. 3: *L'uomo religioso e la sua esperienza del sacro*, 2007; vol. 4: *Le costanti del sacro*, 1. Simbolo, 2. Mito e rito, 2008].

1.11 Bibliografia orientativa

1.11.1 História geral das religiões

1.11.1.1 Obras recentes com vários autores que dão uma informação geral sobre as religiões do mundo

Guide illustré des religions dans le monde. Paris: Centurion, 1985 [trad. da obra ilustrada: *World's Religions.* Londres: Lion, 1982].

Les religions du monde, um volume ilustrado dirigido por G. Parrinder (Paris: Sacelp, 1981) [tít. orig.: *Man and his Gods.* Londres: Hamlyn, 1971].

1.11.1. 2 Coleções de história geral das religiões realizadas por especialistas e classificadas em ordem cronológica de publicação

TACCHI VENTURI, P. (org.). *Storia delle Religioni.* Turim: Utet, 1934 [6. ed. ilustr. por G. Castellani. 5 vols. 1970-1971].

GORCE, M. & MORTIER, R. (orgs.). *Histoire générale des religions.* 4 vols. Paris: Quillet, 1944 [2. ed.: 1945; 3. ed. ilustrada: 1960].

KÖNIG, F. (org.). *Christus und die Religionen der Erde.* 3 vols. Viena: Herder, 1951 [2. ed.: 1956] [trad. it.: *Cristo e le religioni del mondo*: Storia comparata delle religioni. 3 vols. Turim: Marietti, 1967].

BRILLANT, M. & AIGRAIN, R. (orgs.). *Histoire des religions.* 5 vols. Paris: Bloud et Gay, 1955.

BLEEKER, C.I. & WIDENGREN, G. *Historia Religionum.* 2 vols. Leiden: Brill, 1969-1971.

PUECH, H.-C. (org.). *Histoire des religions.* 3 vols. Paris: Gallimard, 1970-1976 [Encyclopedie de la Pléiade] [trad. it.: *Storia delle religioni.* 13 vols. Roma/Bari: Laterza, 1988].

ASMUSSEN, J.-P.; LAESSOE, J. & COLPE, C. *Handbuch der Religionsgeschichte.* 3 vols. Göttingen: Vandenhoeck & Ruprecht, 1971 [ed. de 1975, ilustrada].

FILORAMO, G. *Storia delle religioni.* 5 vols. Roma/Bari: Laterza, 1994-1997.

1.11.1.3 Coleções de história das religiões publicadas em monografias, cada uma das quais redigida por um ou mais especialistas

Les religions de l'humanité. Paris: Payot [orig. alemão: *Religionen der Menscheit.* Stutgart: Kohlhammer, 1960; diversos volumes traduzidos em italiano pela Jaca Book].

Religions du monde. 13 vols. Paris: Bloud et Gay, 1963-1966, com numerosas ilustrações.

1.11.2 Dicionários e enciclopédias

1.11.2.1 Dicionários com informações em ordem alfabética sobre as religiões, os termos religiosos e a ciência das religiões. Estão elencados segundo a ordem cronológica de publicação

FERM, V. (org.). *An Encyclopedia of Religion*. Nova York: 1945 [reimpressão: Londres: Owes, 1956].

BERTHOLET, A. & Von CAMPENHAUSEN, H. *Wörterbuch der Religionen*. Stuttgart: Kroner, 1952 [2. ed. curada por K. Goldammer, 1962] [trad. it.: GLAESSER, G. (org.). *Dizionario delle religioni*. Roma: Editori Riuniti, 1964 [reimpressão: 1991]].

KÖNIG, E. (org.). *Religionswissenschaftliches Wörterbuch – Die Grundbegriffe*. Friburgo: Herder, 1956 [trad. it.: ROSSANO, P. (org.). *Dizionario delle religioni*. Roma: Herder, 1960].

THIOLLIER, M.M. *Dictionnaire des religions*. Paris: Larousse, 1966 [2. ed.: 1971; ed. rev. e ilustr.: Paris: Le Sycomore-L'Asiathèque, 1980].

Les religions. Paris: Verviers, 1972, 1974.

CHEVALIER, J. (org.). *Les religions*. Paris: Retz, 1972.

BONNEFOY, Y. (org.). *Dictionnaire des mythologies et des religions des sociétés traditionnelles et du monde antique*. 2 vols. Paris: Flammarion, 1981 [ilustrado] [trad. it.: *Dizionario delle mitologie e delle religioni – Le divinità, l'immaginario, i riti, il mondo antico, le civiltà orientali, le società arcaiche*. Milão: Rizzoli, 1989].

POUPARD, P. (dir.); VIDAL, J.; RIES, J.; COTHENET, E.; MARCHASSON, Y. & DELAHOUTRE, M. (red.). *Dictionnaire des religions*. Paris: PUF, 1984 [2. ed.: 1984; 3. ed.: 1993; 4. ed.: 2008 – rica bibliografia] [trad. it.: *Grande dizionario delle religioni*. 2 vols. Casale Monferrato/Assis: Piemme/Cittadella, 1990 [3. ed.: 2000]].

ELIADE, M. & COULIANO, I. *Dictionnaire des religions*. Paris: Plon, 1990. [Aquele utilizado nesta enciclopédia.]

1.11.2.2 Enciclopédias das religiões em mais volumes, realizadas por uma equipe de especialistas que dão, em ordem alfabética, uma informação mais ampla sobre as religiões, os termos religiosos e a ciência das religiões

Di NOLA, A. (org.). *Enciclopedia delle religioni*. 6 vols. Florença: Vallecchi, 1970 [ed. ilustr.: 1976].

Uma enciclopédia redigida sob a direção de M. Eliade, publicada em 1987, *The Encyclopedia of Religions*, em 16 volumes (Nova York: MacMillan) [trad. it.: *Enciclopedia delle religioni*. 11 vols. Trad. de D.M. Cosi, L. Saibene e R. Scagno. Roma/Milão: Città Nuova/ Jaca Book, 1993-2008].

GUNKEL, H.; SCHEEL, O. & SCHIELE, F.-M. *Die Religion in Geschichte und Gegenwart*. 5 vols. Tübingen: Mohr, 1909-1913 [2. ed.: 6 vols., 1927-1932; 3. ed.: 7 vols., 1956-1965; 4. ed.: 8 vols., 1998-2008].

HASTINGS, J. & SELBIE, J.A. *Encyclopedia of Religion and Ethics*. 13 vols. Edimburgo: Clark, 1908-1926.

1.11.3 As etapas da pesquisa

RÉVILLE, J. *Les phases successives de l'histoire des religions*. Paris: Leroux, 1909.

PINARD DE LA BOULLAYE, H. *L'étude comparée dès religions*. 2 vols. Paris: Beauchesne, 1922 [3. ed.: 1929 – O primeiro volume é dedicado inteiramente à história da pesquisa].

SCHMIDT, W. *Ursprung und Werden der Religion* – Theorien und Tatsachen. Münster: Aschendorff, 1930 [trad. fr.: *Origine et évolution de la religion* – Les théories et les faits. Trad. de A. Lemonnyer. 4. ed. Paris: Grasset, 1931].

WAARDENBURG, J. *Classical Approaches to the Study of Religion*. 2 vols. Haia/Paris: Mouton, 1973. [O primeiro volume é uma introdução e uma antologia; o vol. 2 oferece uma bibliografia dos principais historiadores das religiões.]

RIES, J. Quelques aspects de la science des religions à la fin du XIXe siecle. In: PORTIER, L. *Christianisme, Églises et religions*: le dossier Hyacinthe Loyson (1927-1912). Louvain-la--Neuve: Centre d'Histoire des Religions, 1982, p. 147-172.

WHALING, F. (org.). *Contemporary Approaches to the Study of Religion*. Berlim/Nova York/Amsterdã: Mouton [vol. 1: The Humanities, 1983; vol. 2: The Social Sciences, 1984].

FILORAMO, G. *Religione e ragione tra ottocento e novecento*. Roma/Bari: Laterza, 1985.

_____. *Che cosa è la religione*: temi, metodi, problemi. Turim: Einaudi, 2004.

FILORAMO, G. & PRANDI, C. *Le scienze delle religioni*. Bréscia: Morcelliana, 1987 [2. ed. 1991].

1.11.4 Problemas e métodos

Nas últimas décadas houve numerosas discussões relacionadas ao método. Elencamos aqui alguns trabalhos particularmente úteis nesse assunto.

BERNARDI, B.; FILORAMO, G.; PACE, E.; PINKUS, RICORDA, L.G. & TERRIN, A.N. *Introduzione allo studio della religione*. Turim: Utet, 1992.

BIANCHI, U. *Saggi di metodologia della storia delle religioni*. Roma: Edizioni dell'Ateneo, 1979.

BIANCHI, U.; BLEEKER, C.J. & BAUSANI, A. *Problems and Methods of the History of Religions:* proceedings of the study conference organized by the Italian Society for the history of religions on the occasion of the tenth anniversary of the death of Raffaele Pettazzoni: Rome, 6. to 8. December 1969: papers and discussions. Leiden: Brill, 1972.

BRELICH, A. *Storia delle religioni* – Perché? Nápoles: Liguori, 1979.

_____. Prolégomènes à une histoire des religions. In: PUECH, H.C. *Histoire des religions*. Tomo I: "Pléiade". Paris: Gallimard, 1970, p. 1-59 [versão it.: Prolegomeni a una storia delle religioni. In: *Storia delle religioni* – Perché? Nápoles: Liguori, 1979, p. 137-183].

DESROCHE, H. & SÉGUY, J. *Introduction aux sciences humaines des religions*. Paris: Cujas, 1970.

ELIADE, M. *The Quest* – History and Meaning in Religion. Chicago, 1969 [trad. fr.: *La nostalgie des origines*. Paris: Gallimard, 1971] [trad. it.: *La nostalgia delle origini*. Bréscia: Morcelliana, 1980].

_____. *Traité d'histoire des religions*. Paris: Payot, 1948 [2. ed.: 1953; 3. ed.: 1959; 4. ed.: 1968; 5. ed.: 1970; 6. ed.: 1974] [trad. it.: *Trattato di storia delle religioni*. Turim: Einaudi, 1954. – 2. ed.: Turim: Boringhieri, 1972, 1976].

ELIADE, M. & J.M. KITAGAWA (orgs.). *The History of Religions* – Essay in Methodology. Chicago: Chicago University Press, 1959 [4. ed.: 1969] [trad. it.: *Studi di storia delle religioni*. Florença: Sansoni, 1985].

MESLIN, M. *Pour une science des religions*. Paris: Éditions du Seuil, 1973 [trad. it.: *Per una scienza delle religioni*. Trad. de L. Bacchiarello. Assis: Cittadella, 1975].

PETTAZZONI, R. *Essays on the History of Religions*. Leiden: Brill, 1954.

RIES, J. Science des religions et religions comparées. In: DORÉ, J. *Introduction à l'étude de la théologie*. Paris: Desclée de Brouwer, 1991, p. 178-238.

VV.AA. Religione e Cultura. In: *Civiltà delle Macchine*. Tomo 27, n. 4-6. Roma, 1979. Um número especial com 22 artigos dedicados aos problemas e métodos da ciência das religiões.

1.11.5 A pesquisa comparada

1.11.5.1 O método comparado

A problemática da comparação é abordada nas obras citadas na quarta parte desta bibliografia. Acrescentamos aqui alguns títulos de trabalhos consagrados à pesquisa comparada.

a) Problemas gerais da comparação

BIANCHI, U. The History of Religions. Leiden: Brill, 1975.

BOESPFLUG, F. & DUNAND, F. (orgs.). *Le comparatisme en histoire des religions*. Paris: du Cerf, 1997.

PARRINDER, G. *Comparative Religion*. Londres: Allen, 1962, 1975.

PETTAZZONI, R. *Essays on the History of Religions*. Leiden: Brill, 1954.

RICOEUR, P. *Le conflit des interprétations* – Essais d'herméneutique. Paris: Éditions du Seuil, 1969 [trad. it.: *Il conflitto delle interpretazioni*. 2. ed. Milão: Jaca Book, 1986].

VAN DER LEEUW, G. *La religion dans son essence et ses manifestations* – Phénoménologie de la religion. Paris: Payot, 1948 [2. ed.: 1970] [trad. it.: *Fenomenologia della religione*. Trad. de V. Vacca. Apresentação de A.M. Di Nola. Turim: Boringhieri, 1975].

b) O método comparativo de Georges Dumézil

DUMÉZIL, G. *L'héritage indo-européen à Rome*. Paris: Gallimard, 1949. • DUMÉZIL, G. *L'idéologie tripartie des Indo-Européens*. Bruxelas: Latomus, 1958 [trad. it.: *L'ideologia tripartita degli Indoeuropei*. Rimini: Il Cerchio, 1988]. • DUMÉZIL, G. *Mythe et épopée*. 3 vols. Paris, 1968-1973 [trad. it.: de P. Fabbri.: *Mito ed epopea*. Turim: Einaudi, 1982].

Sobre o método comparativo de G. Dumézil dispomos de numerosos trabalhos importantes.

BONNET, J. (org.). *Georges Dumézil*. Paris: Pandora, 1981.

"Georges Dumézil et les études indo-européennes". In: *Nouvelle Ecole*, 21-22, 1972-1973 (Paris).

RIVIÈRE, J.-C. (org.). *Georges Dumézil à la découverte des Indoeuropéens*. Paris: Copernic, 1979. Bibliografia di G. Dumézil [trad it.: *Georges Dumézil e gli studi indoeuropei* – Una introduzione. Por A. Campi. Roma: Settimo Sigillo, 1993].

SCOTT LITTLETON, C. *The New Comparative Mythology* – An Anthropological Assessment of the Theories of Georges Dumézil. Berkeley: University of California, Press, 1966 [2. ed.: 1973; 3. ed.: 1982].

c) O método comparado de Mircea Eliade

M. Eliade tratou do seu método comparado em numerosas obras. Aos seus *Traité d'histoire des religions* e *Nostalgie des origines* já citados, ocorre acrescentar: *Images et symboles*: Essais sur le symbolisme magico-religieux. Paris: Gallimard, 1952 [trad. it.: *Immagini e simboli*: Saggi sul simbolismo magico-religioso. Milão: Jaca Book, 1980 [2. ed.: 1984]]. • *Fragments d'un journal*. Tomo I. Paris: Gallimard, 1973 [trad. it.: do vol. I: *Giornale*. Por L.

Aurigemma. Turim: Boringhieri, 1976]. • *Occultisme, sorcellerie et modes culturelles*. Paris: Gallimard, 1978. Sobre o método comparado de Eliade existem obras importantes:

ALLEN, D. *Structure and Creativity in Religion* – Hermeneutics in Mircea Eliade's Phenomenology and New Directions. Haia: Mouton, 1978 [trad. fr.: *Mircea Eliade et le phénomène religieux*. Paris: Payot, 1982].

MARINO, A. *L'herméneutique de Mircea Eliade*. Paris: Gallimard, 1981.

Mircea Eliade. Paris: L'Herne, 1978 [Cahier, 33] [com bibliografia de Eliade].

1.11.5.2 Pesquisas e estudos comparados recentes

Convém, antes de qualquer coisa, citar a obra imponente de G. Dumézil e M. Eliade. A bibliografia dos trabalhos desses dois autores se encontra nas obras citadas no tópico 5.1. Aqui acrescentamos coleções e periódicos consagrados à pesquisa comparada.

ELIADE, M. *Histoire des croyances et des idées religieuses*. 3 vols. Paris: Payot, 1976-1983 [trad. it.: *Storia delle credenze e delle idee religiose*. 3 vols. Florença: Sansoni, 1980-1983; Milão: Rizzoli, 2006]. Esses três volumes redigidos por Eliade constituem uma apresentação das religiões da humanidade fundada sobre três dados: a unidade fundamental dos fenômenos religiosos; a inextinguível novidade das suas expressões; e a consciência da unidade da história espiritual da humanidade. Cada volume se conclui com uma imponente bibliografia crítica consagrada a cada religião redigida pelo autor.

ELIADE, M. & JÜNGER, E. (eds.). *Antaios*. Um periódico consagrado ao estudo comparado do mito e do símbolo em 12 vols., 1960-1971.

ELIADE, M.; KITAGAWA, J.-M. & LONG, C.-H. (eds.). *History of Religions* – An International Journal for Comparative Historical Studies. Chicago, 1960.

ESNOUL, A.-M.; GARELLI, P.; HERVOUET, Y.; LEIBOVICI, M.; SAUNERON, S. & YOYOTTE J. (eds.). *Sources orientales*. 8 vols. Paris: du Seuil, 1959-1971. Essa coleção apresenta uma pesquisa comparada, histórica e fenomenológica.

RIES, J. (ed.). Coleção: *Homo Religiosus*. Louvain-la-Neuve: Centre d'Histoire des Religions [16 vols. 1978-1995. Pesquisas coletivas e colóquios de religiões comparadas].

RIES, J. (ed.). Coleção: *Homo Religiosus*. Série II. Turnhout: Brepols, 2002.

1.11.6 Cristianismo e religiões não cristãs

1.11.6.1 Etapas da pesquisa

MÜLLER, F.-M. *Essais sur l'Histoire des religions*. Paris, 1872.

DE BROGLIE, P. *Problèmes et conclusions de l'histoire des religions.* Paris: Putois-Crette, 1885 [2. ed.: 1886].

_____. *Les prophéties messianiques.* Paris: Bloud, 1903.

MARCHASSON, Y. L'histoire des religions à l'Institut Catholique de Paris de 1880 à 1900: L'œuvre de Paul de Broglie et la Revue des Religions. In: *Revue de l'Institut Catholique de Paris,* 1984, p. 41-54.

BONET-MAURY, G. Le Parlement des Religions à Chicago. In: *Revue de l'histoire des religions,* n. 28, Paris, 1893, p. 187-197; 325-346.

CHARBONNEL, V. *Congrès universel des Religions en 1900*: Histoire d'une idée. Paris: A. Colin, 1897.

SÖDERBLOM, N. *Dieu vivant dans l'histoire.* Paris: Fischbacher, 1937.

_____. *Der lebendige Gott im Zeugnis der Religionsgeschichte*: Nachgelassene Gifford. Vorlesungen. Munique: E. Reinhardt, 1942 [2. ed.: 1966].

_____. *The Nature of Revelation.* Londres/Oxford: Oxford University Press, 1933.

OTTO, R. *Das Heilige* – Über das Irrationale in der Idee des Göttlichen und sein Verhältnis zum Rationalen. Gotha: Klotz, 1917 [35. ed.: Munique: Beck, 1963] [trad. fr.: *Le Sacré.* Paris: Payot, 1929; trad. it.: *Il Sacro* – L'irrazionale nell'idea del divino e la sua relazione al razionale. Por E. Buonaiuti. 5. ed. Milão: Feltrinelli, 1994].

_____. *Indiens Gnadenreligion und das Christentum.* Gotha: Klotz, 1930.

_____. *West-Östliche Mystik.* Gotha: Klotz, 1926 [trad. fr.: *Mystique d'Orient et mystique d'Occident.* Paris: Payot, 1951].

_____. *Reich Gottes und Menschensohn*: ein religionsgeschichtlicher Versuch. Munique: Beck, 1933 [2. ed.: 1940; 3. ed.: 1954].

ELIADE, M. *Images et symboles.* Paris: Gallimard, 1952 [trad. it.: *Immagini e simboli* – Saggi sul simbolismo magico-religioso. Milão: Jaca Book, 1980; 2. ed.: 1984].

_____. *Mythes, rêves et mystères.* Paris: Gallimard, 1957 [trad. it.: *Miti, sogni e misteri.* 3. ed. Milão: Rusconi, 1990].

_____. *Méphistophélès et l'androgyne.* Paris: Gallimard, 1962 [trad. it.: *Mefistofele e l'Androgino.* Roma: Mediterranee, 1971].

_____. *Aspects du mythe.* Paris: Gallimard, 1963 [trad. it.: *Mito e realtà.* Turim: Borla, 1966].

_____. *Le sacré et le profane.* Paris: Gallimard, 1965 [trad. it.: *Il sacro e il profano.* 3. ed. Turim: Boringhieri, 1984].

Conferir também em *Histoire des croyances et des idées religieuses,* vol. Il (Paris: Payot, 1978, p. 316-395).

1.11.6.2 Novas perspectivas

Este aspecto supera a pesquisa da ciência das religiões para abrir-se a uma ótica de encontro e de diálogo entre as religiões. Também se coloca o problema de uma teologia das religiões.

Encontrar-se-á uma exposição da pesquisa de 1938 a 1968 em: VALLÉE, G. *Mouvement Oecuménique et religions non chrétiennes*. Montreal: Desclée/Tournai et Bellarmin, 1975.

A criação do secretariado romano para as religiões não cristãs em 1964 e a promulgação da declaração *Nostra Aetate* do Vaticano II em 1985 deram uma nova orientação a essas pesquisas. Pode-se conferir o boletim do secretariado publicado a partir de 1966 e o comentário da declaração feito por A.P.M. Henry em *Les relations de l'Eglise avec les religions non-chrétiennes*. Paris: du Cerf, 1966 [Col. Unam Sanctam, 61].

Eis alguns títulos de obras recentes:

ARNALDEZ, R. *Trois messagers pour un seul Dieu*. Paris: Albin Michel, 1983.

CORNELIS, E. *Valeurs chrétiennes des religions non chrétiennes*: histoire du salut et histoire des religions Christianisme et Bouddhisme. Paris: du Cerf, 1965.

DALMAIS, I.-H. (org.). *Shalom* – Chrétiens à l'écoute des grandes religions. Paris: Desclée de Brouwer, 1972.

DUPUIS, J. *Vers une théologie chrétienne du pluralisme religieux*. Paris: Éditions du Cerf, 1997.

_____. *Jésus-Christ à la rencontre des religions*. Paris: Desclée de Brouwer 1989 [trad. it.: *Gesù Cristo incontro alle religioni*. Assisi: Cittadella Editrice, 1989].

GIRAULT, R. *Evangile et religions aujourd'hui*. Paris: Ouvrières, 1969.

MAURIER, H. *Essai d'une théologie du paganisme*. Paris: l'Orante, 1965.

PANIKKAR, R. *Le dialogue intra-religieux*. Paris: Aubier, 1985 [trad. it.: *Il dialogo intrareligioso*. 2. ed. Assis: Cittadella, 2001].

RIES, J. *Les chrétiens parmi les religions* – Des Actes des Apôtres à Vatican II. Paris: Desclée de Brouwer, 1987 [trad. it.: *I cristiani e le religioni* – Dagli Atti degli Apostoli al Vaticano II. 2. ed. Milão/Bréscia: Jaca Book/Morcelliana, 2006 (vol. I da *Opera Omnia*)].

SCHLETTE, F.-R. *Pour une "théologie des religions"*. Paris: Desclée de Brouwer, 1971.

THILS, G. *Propos et problèmes de la théologie des religions non chrétiennes*. Tournai: Casterman, 1966 [trad. it.: *Religioni e cristianesimo*. V. Pagani. Assis: Cittadella, 1967].

TORRADEFLOT, F. & RIES, J. *La théologie des religions*. Louvain-la-Neuve, 2005 [Col. Cerfaux-Lefort, 10].

VIDAL, J. *L'Eglise et les religions ou le désir réorienté*. Paris: Albin Michel, 1990.

ZAEHNER, R.-C. *India, Israel, Islam* – Religions mystiques et révélations prophétiques. Paris: Desclée de Brouwer, 1965.

Os lugares

Iniciemos pela criação das primeiras cátedras de história das religiões. Essas foram erigidas na Holanda em 1877, em Leiden, Groningen, Utrecht e Amsterdã, quando foram transformadas as faculdades teológicas estatais dentro das quais o ensino do fenômeno religioso e das diversas religiões tornou-se prioritário. A essas cátedras, que existem ainda hoje, deve-se acrescentar o ensino na Universidade Católica de Nimega, de data mais recente.

Em 1880, na França, erigiram-se duas cátedras de história das religiões, uma em ótica laica, no Collège de France, e a outra em ótica religiosa, a da Universidade Católica de Paris. Em 1886, nos locais expropriados da ex-faculdade de teologia da Sorbonne, o governo francês criou a quinta seção da École Pratique des Hautes Études, encarregada de promover cursos de história das religiões. Em 1900, o Primeiro Congresso de História das Religiões, ocorrido em Paris, chamava a atenção dos intelectuais franceses sobre esse novo âmbito do ensino e da pesquisa. Ganhava impulso, então, uma tradição francesa de história das religiões. Hoje, juntamente a numerosos cursos nas diversas universidades, ocorre mencionar estas cátedras: em Paris, Collège de France, Sorbonne, École Pratique des Hautes Études e Institut de Science et de théologie des religions (Institut Catholique); no interior, Lille III, Lion III (Université Jean Moulin), Montpellier III (Université Paul Veléry), Namcy II e Estrasburgo II (Sciences Humaines).

O ensino da história das religiões começou na Bélgica no mesmo período de 1880, primeiramente na Universidade Católica de Lovaina, onde se acompanhava a criação do periódico *Le Muséon* e a criação de várias cátedras de orientalismo; depois, em 1884, na Universidade Livre de Bruxelas, no sulco das grandes cátedras holandesas e do Collège de France. Na área francófona menciona-se ainda as universidades suíças de Genebra e de Lausane, que nos últimos decênios desenvolveram bastante a gama do seu ensino em ciência das religiões. O Canadá está na mesma situação: citamos as universidades francófonas de Montréal e de Québec, a Universidade bilíngue de Otawa e a anglófona de Winnipeg. Para a Suíça de língua alemã, há Basileia e Zurique; para a Áustria, Viena, Graz e Salzburg.

Na Itália, os trabalhos de Raffaele Pettazzoni foram decisivos para a criação da cátedra de história das religiões na Universidade de Roma em 1924. No pós-guerra, a fundação em 1950 da Sociedade Internacional de História das Religiões (IAHR) e o congresso de Roma de 1955 deram novo impulso à jovem ciência. Hoje ele resplende não somente em Roma, mas também em Bolonha, Milão, Messina, Turim, Pádua, Pisa, Nápoles, com frequência ligada a outras cátedras de orientalismo, helenismo, antiguidade clássica e também etnologia religiosa e pré-história.

Passemos agora ao mundo germânico-escandinavo. Sem abordar a questão da etnografia nem a etnologia, limitamo-nos à história das religiões *stricto sensu* e, assim, começamos com Nathan Söderblom e Rudolf Otto, ou seja, com as cátedras de Uppsala e de Marburgo, que antes da Grande Guerra introduziram o ensino de história das religiões respectivamente na Suécia e na Alemanha. O movimento se estendeu na Alemanha às universidades de Berlim, Munique, Lipsia, Tubingen, Bonn, Hannover, Göttingen, Heidelberg, Friburgo im Breisgau, Münster, Colônia, Halle, Bochum e Saarbrücken. Na Suécia, além de Uppsala, a história das religiões gozou de grande sucesso em Estocolmo e em Lund, enquanto na Noruega os pontos de referência são Oslo e Bergen; na Dinamarca, em Copenhague. A Finlândia tem duas cátedras bem conhecidas: Abo e Helsinque.

No Reino Unido, a primeira cátedra foi a de Max Müller na Universidade de Oxford, no século XIX, que ainda hoje conserva toda a sua celebridade. Vieram outras universidades, porque a história das religiões experimentou grande desenvolvimento na Inglaterra. Ente as antigas universidades citamos Cambridge e Edimburgo; entre as mais recentes, três centros famosos são: Leeds, Londres e Manchester. Enfim, não podemos deixar de mencionar a Universidade de St. Andrews na Escócia, nem a Universidade de Lancaster na Inglaterra, criada em 1964 e que organizou em 1975 um congresso mundial de história das religiões. Em Dublin, na Irlanda, a University College oference o ensino de filosofia e história das religiões. Antes de deixar a Europa, ocorre citar a Grécia, onde, no âmbito da ciência das religiões, organizam-se dois centros de Atenas e Tessalônica.

Atravessamos o Atlântico para uma breve exploração do país que tomou a iniciativa do primeiro congresso das religiões, o World Parliament of Religions reunido em Chicago em 1893. O evento teve uma influência decisiva no desenvolvimento da história das religiões na Universidade de Chicago, que continua um dos centros mais importantes da pesquisa comparada. Aqui, Mircea Eliade sucedeu a Joachim Wach e publicou *The Encyclopedia of Religion*. Eis algumas das universidades americanas onde se ensina história das religiões: University of Arizona, Stanford University, University of California, University of Claremont, University of Denver, Yale University, University of Notre-Dame, Harvard University. Em dezenas de outras universidades americanas a ciência das religiões é ensinada em conjunto com a filosofia, a sociologia, os estudos orientalísticos ou com a antropologia social e cultural, como ocorre no México e outros lugares da América Latina.

Iniciada em Paris em 1900, a tradição dos congressos dos historiadores das religiões continua desde então ininterrupta: Basileia, 1904; Oxford, 1908; Leida, 1912; Lund, 1927; Bruxelas, 1935; Amsterdã, 1950; Roma, 1955; Tóquio, 1958; Marburgo, 1960; Claremont, 1965; Estocolmo, 1970; Lancaster, 1975; Winnipeg, 1980; Sydney, 1985; Roma, 1990. Em 1995 o congresso se reuniu na Cidade do México. Cada congresso dá novo impulso às associações nacionais e seus membros. Assim, o Pacífico experimentou um grande desenvolvimento nas cátedras universitárias: na Austrália, em Sydney; no Japão, em Kumamoto, em Kyoto, Nagoya e Tóquio. A Coreia começa a se interessar por esse novo setor, enquanto na Índia as Faculties of Arts das diversas universidades abriram uma linha de ensino que se interessa principalmente pelas religiões nacionais. É o caso de Mumbai (Bombaim), Delhi, Kolkata (Calcutá), Poona. No Oriente Médio encontramos a Universidade Hebraica de Jerusalém. Na África Subsaariana o Centre d'Histoire des Religions de Kinshasa, no Zaire [atual República Democrática do Congo], e a Universidade de Dakar no Senegal que fazem um grande esforço no estudo das tradições religiosas e do homem religioso africano.

Esse breve panorama permitiu constatar que em um século o ensino de história das religiões conquistou progressivamente os cinco continentes e se consolidou em dezenas de universidades, principalmente na Europa e na América. A fundação da Associação Internacional IAHR e de numerosas sociedades nacionais acelerou o movimento e incrementou o interesse do público erudito por essa disciplina científica. Atualmente, o diálogo e o encontro de religiões favorecem um novo impulso nos estudos de história das religiões.

2

A história das religiões

De Benjamin Constant (1767-1830)
a Mircea Eliade (1907-1986)*

A história das religiões foi com frequência praticada e colocada em ato, até a época moderna, com finalidade polêmica diante das outras religiões a favor daquela que se queria defender. Agindo assim, todavia, os autores tornavam possível o conhecimento dos traços essenciais das religiões alheias e que às vezes os próprios críticos já haviam praticado. É o caso de Santo Agostinho diante do maniqueísmo e de sua apresentação da religião dos romanos na *Cidade de Deus*.

A partir do renascimento – e sobretudo do Iluminismo – desenvolveu-se a etnologia religiosa. Partiremos, portanto, desse período para delinear as diversas formas assumidas pela história das religiões, evocando os nomes e as obras daqueles que a praticaram[21].

Durante o século XVIII a *Accadémie des inscriptions et belles-lettres* deu livre-curso ao estudo das religiões antigas. As pesquisas de Étiene Fourmont (1683-1745), de Michel Fourmont (1670-1746), de Atoine Banier (1673-1741) e de Nicolas Fréret (1688-1749) colocaram a questão do pensamento religioso da humanidade, enquanto Charles de Brosses (1709-1777) examinou o conjunto dos sentimentos e das crenças dos povos arcaicos. Nesse meio-tempo, Joseph Françoise Latifau (1681-1746) estabeleceu os fundamentos de uma hipótese de trabalho

---

* "L'histoire des religions – De Benjamin Costant (1767-1830) a Mircea Eliade (1907-1986)". In: *Catholicisme. Encyclopedie*, XII. Paris: Latouzey, 1991, col. 802-812.

21. Para todo o período anterior, cf. RIES, J. *Les chrétins parmi les religions*. Paris: Descée de Browner, 1987 [col. Christianisme et foi chrétienne – Manuels de théologie, 5] [trad. it.: *I cristiani e le religioni* – Dagli Atti degli Apostoli al Vaticano II. 2. ed. Milão/Bréscia: Jaca Book/Queriniana, 2006 [*Opera Omnia*, 2]].

que continua interessante para a pesquisa atual: "É com o estudo dos povos arcaicos ainda vivos que podemos chegar a compreender as religiões mais antigas". Ele, com os seus trabalhos comparativos, está na origem da etnologia religiosa.

Na Alemanha, no final do século XVIII, a corrente chamada *Sturm und Drang*, influenciada pelos estudos sobre o mito e sobre a mitologia publicados por J.G. Herder (1744-1803) e por F. Creuzer (1771-1858) reagiu contra as doutrinas "das Luzes". O Romantismo buscava substituir o *Aufklärung*. Ao invés de insistir na razão, ele se voltava à natureza, descobrindo nela a linguagem de Deus; via na poesia a língua materna da humanidade e situava o pensamento religioso da Índia nas origens da religião. F. Schelling (1775-1854) considerava a mitologia, no seu todo, como um movimento profético paralelo ao profetismo israelita.

2.1 A religião, produto do sentimento: Benjamin Constant

Situando-se na encruzilhada entre o *Aufklärung* e o Romantismo, esse personagem de incomum originalidade, formado em Edimburgo, em Bruxelas e Paris, se lança no estudo do politeísmo antigo. A seus olhos, a religião é um fruto da alma humana. Nascida dentro do sentimento, ela se manifesta como algo de natural, de universal e de presente desde as origens. O fato que o sentimento religioso seja comum a todos os homens explica o caráter coletivo da religião.

Excluindo a pesquisa de uma origem histórica, psicológica ou sobrenatural da religião, B. Constant tenta elaborar uma síntese dos fatos religiosos a partir da sua própria fonte, das suas próprias formas e dos seus próprios efeitos. Embora o sentimento religioso seja natural, as formas das quais se reveste a expressão desse sentimento são históricas, ligadas à cultura e à civilização. De fato, a história da religião e das religiões deve se limitar ao espaço do nascimento, da vida, da transformação e do desaparecimento das formas religiosas. No âmbito do politeísmo, nosso autor coloca em evidência três estágios: o selvagem, o bárbaro e o civilizado. Auguste Comte (1798-1857) formulará as leis dos três estágios e a tornará uma estrutura do positivismo.

Definitivamente, a notável obra de B. Constant, que abre a pesquisa do século XIX, é uma tentativa de síntese de três correntes: a escola escocesa de A. Ferguson (1723-1816), voltada ao estudo da religião na sociedade; a escola francesa de Lafitau, Charlevoix e de Brosses, com as suas tentativas de pesquisa comparada entre as religiões arcaicas atuais e o politeísmo antigo; a escola alemã de Herder e Creuzer, que insiste no sentimento e na natureza.

2.2 A religião no espelho do Romantismo

Publicada em 1725 em Nápoles, a *Scienza nuova* de Giambattista Vico (1668-1744) é traduzida por J. Michelet em 1827 com o título *Philosofie de l'histoire*. Para Vico a vida humana é permeada pelo divino e a religião se funda numa verdade eterna, consciência de Deus imanente ao homem.

De passagem por Nápoles em 1787, Goethe (1749-1832) lera Vico encontrando em seu pensamento a orientação decisiva rumo à simbologia. O movimento romântico progride tanto na Alemanha quanto na França. Sob influência de Hegel, Victor Cousin (1792-1867) recomenda a aliança entre filosofia e religião. Leitor assíduo de Creuzer e de Schelling, Edgard Quinet (1803-1875) traduz em 1827 as *Ideen* de Herder. Conquistado pelo ideal do ateísmo, ele está em busca de uma simbologia idêntica em todas as religiões: é a apoteose da natureza. Michelet (1798-1874) planeja fundar para a juventude uma Igreja nova e se lança na busca da *Bíblia da humanidade* (1864).

Alimentado por Herder e Schleiermacher (1768-1834), discípulo de Quinet, de Cousin e de Michelet, Ernest Renan (1823-1892), apreciado semitista e historiador do povo de Israel e das origens cristãs, rejeita qualquer ideia de milagre ou de fato sobrenatural. Positivista dedicado à ciência, persuadido de que a matéria seja animada a ponto de fazer aparecer a humanidade, no progresso da qual "se formou Deus", através da sua pressão, romântico que busca no símbolo a compreensão das religiões, Renan insistiu no papel exercido pela Índia na formação do pensamento religioso da humanidade, dedicando-se à pesquisa de um fundo comum de doutrinas que permita a exclusão de qualquer revelação. Sua influência na pesquisa francesa foi relevante e duradoura.

2.3 Patrimônio religioso e pesquisas históricas

Logo depois da Revolução Francesa, entre a confusão e as ruínas, o homem lança um olhar nostálgico ao passado. As pesquisas históricas tornam-se mais amplas, tanto que o século XIX é o grande século da descoberta do patrimônio religioso da humanidade: as religiões da Índia antiga, as civilizações e as religiões do Egito, da Mesopotâmia, do Antigo Oriente Próximo e do Irã. De camada em camada, os arquivos das antigas civilizações são arrancados da terra. Assistimos a um verdadeiro desenvolvimento das ciências históricas: arqueologia, pré-história, filologia, orientalismo, etnografia. Formam-se novas disciplinas que conquistam rapidamente o direito de cidadania nas universidades: a egiptologia, a iranologia, a assiriologia, o indianismo. A descoberta dos textos religiosos do Irã e da Índia abre caminho para o estudo comparado das línguas indo-europeias. Filologia comparada e gramática comparada são duas grandes disciplinas nascidas no século XIX.

Em 1825, nos seus *Prolegomena zu einer wissenschaftlichen Mythologie* (Göttingen), Karl Otfried Müller (1797-1840) reagiu às posições românticas dos seus contemporâneos, recomendando uma pesquisa histórica e crítica sobre os mitos. Esse movimento histórico goza de um grande desenvolvimento, porque os orientalistas começam a publicar textos religiosos encontrados na Índia, na Mesopotâmia, na Pérsia, no Oriente Próximo e no Egito. Trata-se de uma notável contribuição à história das religiões. Formado em filosofia por Schelling, em sânscrito por Bockhaus, em gramática comparada por Bopp, em avéstico e em indianismo por Eugène Burnouf, F. Max Müller (1823-1900) é o fundador da escola filológica na história das religiões. Aplicando à ciência das religiões o método comparativo dos filólogos, ele realizou a primeira pesquisa comparativa válida. Opondo-se às abordagens evolucionistas então em voga, colocou-se na pesquisa de uma religião ariana primitiva, cujos vestígios ainda estariam em diversos povos da Ásia e da Europa. Seu procedimento em sentido oposto ao da história não é fundamentado nas leis hegelianas, mas em vestígios históricos e linguísticos, utilizado segundo o modelo do caçador indígena de peles, baseado nas pegadas. Max Müller compilou o primeiro dossiê indo-europeu que será o ponto de partida para Georges Dumézil.

2.4 O peso das ideologias e dos conflitos metodológicos

A descoberta de utensílios de sílex nas cheias de Somme, próximo a Abbeville, em 1844, levará J. Boucher de Perthes (1788-1868) a afirmar a existência do homem pré-diluviano. Colocava-se assim a questão das primeiras épocas da humanidade. Ademais, os colonizadores e missionários chamavam a atenção para populações ditas "primitivas". Nas pegadas de Lafitau, ofereceram novos materiais para a etnografia e para a etnologia religiosa. Além disso, progrediram as teorias de Auguste Comte (1798-1857) sobre as três idades (mística, metafísica e positivista) que desembocaram na criação de uma ciência nova, a sociologia, cujos princípios serão formulados por Émile Durkheim (1858-1917). Enfim, o esquema biológico da evolução das espécies de Charles Darwin (1809-1887) foi transposto por alguns ideólogos para a origem e evolução da religião.

Esses dois conceitos deram lugar a diversas teorias e a numerosos conflitos: a teoria do animismo de E.B. Tylor (1832-1917), a teoria do totemismo ilustrada por J. Frazer (1854-1941), as doutrinas relacionadas ao *mana*, retomadas por Durkheim e por M. Mauss (1873-1950). Por várias décadas, o animismo e o totemismo pretenderam ocupar todos os espaços da etnologia religiosa.

Graças às numerosas pesquisas etnológicas, a documentação crescia dia a dia. Em 1898, em seu livro *The Making of Religion*, Andrew Lang (1844-1912) atraiu a atenção para a existência, entre as populações ditas "primitivas", de grandes "deuses" ou "Seres supremos". Diversos etnólogos se interessaram nessa pesquisa, entre os quais se destacam Willhelm Schmidt (1868-1954), o fundador da escola etnológica de Viena, e F. Graebner (1877-1934), ambos conhecidos por terem desenvolvido o método histórico-cultural para o estudo das civilizações. Trata-se de um método histórico que, sem a interferência de princípios filosóficos ou teológicos, aborda o estudo dos documentos. Através da comparação, busca-se reconhecer as civilizações aparentadas. A repartição geográfica dos tipos culturais, a filiação das línguas, as tradições mitológicas são os três setores que guiam o estudo das populações arcaicas vivas ainda hoje. Ignorando as influências filosóficas, utilizando critérios históricos e publicando uma série impressionante de monografias dedicadas aos povos de tradição oral, a escola histórico-cultural pôde conferir um novo estatuto científico à etnologia religiosa.

2.5 História das religiões e fenômeno religioso

As últimas duas décadas do século XIX foram marcadas pela crescente influência da escola holandesa. Considerando a religião como um fato estritamente psicológico, C.P. Tiele (1830-1902) limitava o papel do historiador ao estudo do desenvolvimento das religiões nascidas de germes pequeníssimos e submetidos a um crescimento natural, a mudanças e a reformas devidas aos caráteres dos povos e das raças ou a fatos de civilizações. Trata-se de um ponto de vista evolucionista que aplica às religiões o esquema biológico de Darwin.

Em 1877, a pressão da escola de Tiele chega a fazer substituir as cátedras holandesas de teologia reformada por cátedras dedicadas ao estudo do fenômeno religioso. O movimento de laicização se estende, oprime o ensino secundário e servirá de modelo para a história das religiões criada a partir de 1880 pelo governo francês, inspirado pela escola de Renan. Em 1887, o *Lehrbuch der Religionsgeschichte* de Chantepie de la Saussaye (1848-1920) tenta esclarecer as posições distinguindo três vias: a filosofia, encarregada de estudar a essência e a origem da religião; a história, dedicada às diversas religiões; entre as duas, a fenomenologia, que se dedica ao estudo da vivência dos fiéis. Nasce nesse húmus uma corrente teológica que na religião exclui a ótica do sobrenatural.

Dois fatos permitem delimitar claramente esse período de intensas investigações, de pesquisas metodológicas e de confrontos clamorosos: em 1880, a criação das cátedras de história das religiões em Paris, em Lovaina e logo também em Bruxelas, com a fundação dos periódicos como a *Revue de l'histoire des religions* (Paris) e *Le Muséon* (Lovaina); em 1900, o Primeiro Congresso de História das Religiões, ocorrido em Paris. Entre essas duas datas, ocorre uma imponente série de fatos e eventos: a abertura, em Lion, do Museu Guimet, com sua posterior transferência para Paris; a fundação, em 1886 na École Pratique des Hautes Études, da quinta seção, a das ciências religiosas; os cursos, os trabalhos e as pesquisas de A.P. de Broglie e da sua equipe no Institut Catholique de Paris, com a *Revue des Religions*, com apenas oito anos de duração (1889-1896), depois, de 1897-1900, publicada em Lovaina sob a direção do *Muséon*; o *Parliament of Religions*, reunido em Chicago de 11 a 23 de setembro de 1893 para reunir os representantes das grandes religiões e gerar uma pacífica troca de ideias e impressões.

2.6 Religiões e sociedade

N.D. Fustel de Coulanges (1830-1889) começou dando as costas à história religiosa romântica e baseando-se unicamente em textos e eventos. Em *La cité antique* (1864), ele mostra que a religião explica o nascimento e o desenvolvimento das instituições. A sua obra contribuiu para a introdução, na França, de uma nova corrente nos estudos de ciência das religiões, com a ideia que o pesquisador deva desaparecer diante dos textos e dos fatos; a insistência na diferença entre os povos antigos e as sociedades modernas; o olhar agudo do historiador e, no âmbito comparativo, a advertência contra as comparações arbitrárias.

Formado na escola de Comte, de Spencer e de Wundt, É. Durkheim (1858-1917) concebe a sociedade como uma realidade *sui generis*, como um organismo que transcende o indivíduo. Para ele, o estudo das sociedades deve privilegiar os fatos religiosos, dado que a religião tem em si os elementos que dão vida às diversas manifestações da vida coletiva. A religião é uma manifestação natural da atividade humana, uma emanação da consciência coletiva. Ela tem como objetivo administrar o sagrado, o qual nasceu de uma força impessoal, o *mana* totêmico. Em 1912, Durkheim publica o *Les formes élémentaires de la vie religieuse*, um manifesto que orienta a escola durkheimiana na direção de uma sociologia religiosa que rejeita qualquer dimensão sobrenatural: foi a sociedade que criou os deuses.

Concentrada na ética, a sociologia religiosa de Max Weber (1864-1920) se interessa pela conduta do homem em relação ao significado e à influência do comportamento religioso nas outras atividades: a ética, a política, a econômica, a artística. [Weber] se confrontou com os conceitos (o divino, o culto, o pecado, a fé) e com os tipos religiosos (o feiticeiro, o sacerdote, o profeta). Particularmente, atentou para a atitude dos diversos estratos sociais diante do fenômeno religioso. Além disso, a sua investigação sobre religiões mundiais abordou principalmente a ética econômica [dessas religiões].

2.7 Fenômeno religioso e experiência do sagrado

Durkheim concebia a religião como administração do sagrado, uma força impessoal e o produto da consciência coletiva. Formado na Escola de Paris, Natham Söderblom (1866-1931) retoma o conceito de *mana* e sua análise desemboca na visão de uma força sacral de natureza espiritual, fonte do conhecimento de Deus. Na esteira de A. Lang e de W. Schmidt, ele reflete sobre a crença dos "primitivos" no Ser supremo, deduzindo a descoberta de Deus do sentimento do sagrado. Na Índia o sagrado é a fonte da mística; em Israel, ele se liga à fé em um Deus único; no Irã, à visão de um Deus que é esplendor e potência. Para Söderblom, a história das religiões conduz à descoberta do Deus vivente. Nas antigas religiões, Deus se manifesta através da cultura. O elemento fundamental do judeu-cristianismo, por sua vez, é a transcendência da revelação divina em relação à cultura. Söderblom ficou muito tempo no trabalho comparativo. Para ele, o valor fundamental das religiões consiste na convergência das diversas formas religiosas em direção da revelação do Deus vivente.

Teólogo luterano, orientalista, historiador das religiões e indianista, Rudolf Otto (1869-1937) segue a estrada de Söderblom: a importância do sentimento religioso, a descoberta do Deus vivente, o papel essencial do profetismo, da mística e da experiência religiosa. Indo além do positivismo religioso de Ritschl (1822-1889) e do simples estudo histórico e filológico operado pela *Religionsgechichtliche Schule*, preocupado diante da corrente de dessacralização iniciada por Ludwig Feuerbach (1804-1872), R. Otto se volta ao neokantismo. Depois de sua estada na Índia em 1911, dedica o resto da sua vida ao estudo do sagrado, do qual a obra *Das Heilige* (1917) representa o manifesto e o programa. Depois de evidenciar os três aspectos do sagrado (*sacer, sanctum*, categoria *a priori*), ele analisa os sinais históricos do sagrado: os gestos religiosos, as situações sagradas, os ídolos, as comunidades de oração, os livros, as línguas e a arte sacra, o silêncio, a arquitetura, a música. Segundo o mestre de Marburgo, o homem religioso é dotado da faculdade de conhecer e reconhecer o sagrado: é a divinização. A matéria da divinização é o vasto amplo que se atribui à história das religiões. A tarefa do historiador das religiões consiste em colocar em evidência os valores religiosos presentes no caminho da humanidade em busca de Deus. Entre os intérpretes do sagrado, Otto dá um lugar central aos fundadores de religião e aos profetas. A situação única e incomparável é a do Filho: ela é o fundamento da transcendência do cristianismo.

Observando a natureza do sagrado, R. Otto colocou no centro da ciência das religiões o fenômeno religioso, cujo estudo é inseparável do homem e do seu comportamento. Nessa ótica, o sagrado é o objetivo central da pesquisa comparada e também a fonte da religião pessoal. Através dele explicam-se as religiões históricas que resultam de manifestações do sagrado no curso da história.

2.8 A pesquisa histórico-comparativa

Raffaele Pettazzoni (1883-1959) é uma das grandes figuras da história das religiões do século XX. Aos 17 de janeiro de 1924 inaugurou em Roma a primeira cátedra de uma ciência há muito obstaculizada na Itália. Em 1925 fundou os *Studi e materiali di storia delle religioni* [Estudos e materiais de história das religiões].

Em seus estudos privilegia a história, já que está convencido de que sem ela não seria possível efetuar uma pesquisa válida. Ele defende que a própria estrutura da disciplina obrigue o historiador a dirigir o próprio olhar a uma parte ampla do âmbito religioso: não é possível o estudo comparativo das religiões sem antes indagar as diversas religiões. Nesse sentido, Pettazzoni foi um guia para Eliade.

O fundador da escola italiana insistiu em uma segunda abordagem, a pesquisa comparada baseada em documentos históricos. Desse ponto de partida, abordou questões fundamentais como a origem do monoteísmo, os mistérios, os deuses celestes a confissão dos pecados, o Ser supremo e a origem da ideia de Deus. Foi particularmente esse último âmbito que chamou sua atenção, a partir do momento que a colocação do problema por W. Schmidt, na linha de uma pesquisa da causa primeira do cosmo, parecia-lhe errônea. Pettazzoni iniciou a sua longa discussão com o fundador da escola etnológica de Viena formulando a hipótese de uma personificação da abóbada celeste elaborada pelo homem arcaico, contemplador dos fenômenos celestes. Definitivamente, é no pensamento mítico que ele vê a origem da concepção e da crença no Ser supremo.

A pesquisa comparada de Pettazzoni é uma pesquisa histórico-comparativa que engloba três dimensões: as religiões particulares; os fatos religiosos em suas relações históricas e com outros fatos religiosos; os fatos não religiosos, literários, artísticos, sociais e culturais. Em uma pesquisa histórico-comparativa como essa, radica-se a fenomenologia, entendida como uma busca de sentido, do sentido da história. A escola de Pettazzoni permaneceu fiel ao método do mestre. É a partir de uma concepção da unidade histórica das culturas e da unidade da história do gênero humano que Angelo Brelich justifica a pesquisa histórico-comparativa como a única em condições de guiar o historiador das religiões.

2.9 A comparação genética: Georges Dumézil

Em 1915, G. Dumézil (1898-1986) descobre o dossiê sobre a mitologia comparada indo-europeia estabelecido por Max Müller, continuado por James Frazer (1854-1941) e pelo qual se interessou Michel Bréal (1832-1915). Desejoso de retomar esse dossiê, ele se coloca na escola dos grandes mestres parisienses A. Meillet, M. Mauss, M. Granet, S. Lévi e P. Boyer. M. Bréal já tinha reagido às teses de James Frazer e de Salomon Reinach (1858-1932), alinhadas com o evolucionismo e o animismo e desviadas das teorias da época sobre os ritos e mitos agrícolas e sobre a função mágica do sacerdócio e da realeza. A insistência de Bréal nos casos de pensamento e de civilização, na importância das pesquisas históricas aplicadas à linguagem e à religião, no problema do sentido e nas causas intelectuais que estavam na base da transformação das línguas inaugurou uma nova via interpretativa.

Depois de algumas tentativas, G. Dumézil estuda os trabalhos de A. Meillet (1866-1936) e de J. Vendryes (1875-1960), que evidenciam as correspondências entre o léxico religioso indo-iraniano de um lado e o ítalo-céltico de outro: palavras correspondentes para designar o culto, o sacrifício, a religião; termos místicos idênticos relacionados à eficácia dos atos sagrados, à proteção divina, à prosperidade, à saúde, aos nomes das diversas funções. A pesquisa comparada destaca o que há em comum entre termos religiosos entre os povos que posteriormente se tornaram os indianos, os iranianos, os itálicos, os celtas, de modo que o léxico do sagrado se conservou nas duas extremidades do mundo indo-europeu. A razão é evidente: a Índia e o Irã, a Gália e a Itália mantiveram seus colégios sacerdotais: os brâmanes, os sacerdotes avestas, os druidas, os flamínios e os pontífices. Ora, todo sacerdócio implica rituais, liturgias, objetos sagrados, textos religiosos e orações. Colocado diante de conceitos religiosos idênticos e de uma língua comum, Dumézil se lança à pesquisa do pensamento religioso ariano arcaico.

Em 1938, depois de vinte anos de pesquisas, ele encontrou a chave para desvendar os mistérios do mundo indo-europeu arcaico. Trata-se de uma herança representada por uma ideologia trifuncional hierarquizada: a soberania religiosa e jurídica; a força física, que se aplica à guerra; a fecundidade, submetida às outras duas, mas indispensável ao desenvolvimento de ambas. A matéria sobre a qual se concentra o estudo comparado é a realidade indo-europeia: bandos de conquistadores que, no decorrer do III e do II milênios, se deslocam na Ásia rumo ao Mediterrâneo e até o Atlântico; uma língua arcaica comum, coisa que supõe a posse comum de um fundo de civilização e de cultura que se exprime através de atos e práticas religiosas. Tudo isso postula a existência de uma doutrina coerente sobre o mundo, sobre as origens, sobre o passado e sobre o futuro.

Graças a um conhecimento pouco comum das línguas, das realidades culturais e dos fatos religiosos, Dumézil chega a dar adequado destaque a todos os traços disponíveis, chegando à descoberta de uma arqueologia do comportamento e das representações na qual as palavras, os mitos, os ritos, os vestígios institucionais se encontram lá onde normalmente se encontram os vestígios materiais. Tal arqueologia permite a elaboração de uma estrutura e de um esquema que Dumézil projeta na pré-história de maneira a recolher o traçado feito pela evolução religiosa e individuar o tipo religioso arcaico com as suas articulações e seu significado. Graças a essa comparação genética, por indução e na direção das origens, Dumézil mostrou a estrutura do pensamento indo-europeu e a sua evolução até o limiar da história: uma teologia trifuncional em que o mundo divino é repartido entre deuses da soberania, deuses da força e deuses da fecundidade. A essa "teologia" corresponde a ideologia social: uma classe sacerdotal depositária da ciência e do sagrado; uma classe de guerreiros encarregados da defesa da sociedade; uma classe de agricultores e criadores encarregados da subsistência do povo.

2.10 História, fenomenologia, hermenêutica: Mircea Eliade

No decorrer de sua exploração do sagrado, R. Otto colocou em primeiro plano o homem religioso, sujeito da experiência do sagrado. Retomado na fenomenologia de G. van der Leeuw (1890-1950), o lugar central do homem será progressivamente sublinhado por Mircea Eliade (1907-1986), que distingue dois tipos de homem: o *homo religiosus* e o homem arreligioso. Desde 1950 a exploração do comportamento, do discurso e da consciência do homem religioso leva Eliade a se voltar para os povos sem escrita, testemunhas vivas das origens. O seu encontro com C.G. Jung (1875-1961) lhe mostra uma série de interpretações comuns, descobertas por caminhos diferentes. Persuade-se que os numerosos fenômenos histórico-religiosos sejam somente expressões variadas de algumas experiências religiosas fundamentais. A seus olhos são quatro os fatores essenciais: o sagrado, o símbolo, o mito e o rito. Em contato com Pettazzoni, reflete sobre a dupla orientação da pesquisa, a histórica e fenomenológica. Mas é colaborando assiduamente com G. Dumézil que Eliade aprofunda todas as potencialidades do método comparativo e individua na aplicação da comparação genética duas orientações precisas: de um lado o estudo da experiência religiosa do homem arcaico, de outro a pesquisa sobre o *homo religiosus* e sobre a experiência do sagrado.

Partindo dos trabalhos de Durkheim, de Mauss e de Caillois, o nosso autor prossegue a sua investigação com a ajuda de N. Söderblom, R. Otto e G. van der Leeuw. Durkheim tinha definido o sagrado como produto da consciência coletiva, tendo, por conseguinte, uma origem social. Para Otto, o sagrado visto sob seu aspecto numinoso é o princípio vivente presente em todas as religiões. Eliade vai além dessas duas perspectivas para ver a modalidade com a qual o comportamento do *homo religiosus* se articula em torno da manifestação do sagrado. Para falar disso, utiliza-se de um termo fácil que graças a ele torna-se clássico: hierofania. O homem percebe a irrupção do sagrado no mundo, e isso o ajuda a tomar consciência da existência de uma realidade transcendente e a assumir um comportamento específico. O *homo religiosus* se caracteriza pela percepção da transcendência e pelo comportamento que daí resulta.

Em toda hierofania intervêm três elementos: o objeto natural, a realidade invisível e o objeto mediador revestido de sacralidade. O invisível é o "totalmente outro". A realidade transcendente vai investir um ser ou um objeto ao qual confere uma dimensão nova: a sacralidade. O objeto ou o ser pelo qual se manifesta a realidade transcendente continua tomando parte no mundo natural, mas graças à dimensão sacral se torna mediador entre este mundo e o mundo transcendente: é o caso da árvore sagrada, do lugar sagrado, do sacerdote. Toda hierofania continua submetida aos limites da espacialidade e da temporalidade.

A ciência das religiões interroga o *homo religiosus*. Enquanto disciplina histórica, ela se dedica ao estudo das experiências religiosas vividas no espaço e no tempo. O historiador se utiliza de todos os recursos da heurística e da crítica para recolher os seus documentos, situá-los em seus próprios contextos socioculturais e estabelecer a história das formas religiosas. Os documentos, testemunhas da experiência religiosa, são muito heterogêneos: textos, monumentos, rituais, costumes, tradições orais, mitos e ritos, anotações de viajantes, documentos missionários, literatura sacerdotal, hinos e orações.

Eliade condena as diversas teorias por terem reduzido por demais a ciência das religiões a abordagens de caráter histórico, sociológico ou etnológico ou mesmo psicológico. Ora, não se deve jamais esquecer a especificidade do fenômeno religioso, do qual se trata de compreender a essência e as estruturas, colhendo-as seja no seu condicionamento histórico, seja na ótica do comportamento do *homo religiosus* e da sua experiência do sagrado.

Mas isso não é suficiente até que não sejam classificados os diversos fenômenos, decifrando-os como fatos religiosos e como experiências do sagrado. É, de fato, necessário olhar os fatos religiosos como significantes. A hermenêutica é a ciência da interpretação. Primeiramente, ela busca individuar a mensagem percebida pelo *homo religiosus in situ*. Ela é descritiva. Eliade não deixou de lembrar a coerência presente nas ideias religiosas e a unidade espiritual da humanidade, sendo a condição que permanece idêntica em todas as épocas. Para além dessa hermenêutica descritiva, o nosso autor pensou em uma hermenêutica normativa, criadora de valores culturais capazes de orientar o homem de hoje a um novo humanismo.

* * *

Essas reflexões sintetizam dois séculos de pesquisas e permitem seguir o lento desenvolvimento de uma disciplina chamada a se colocar ao centro das ciências humanas. Na origem da ciência das religiões, estimulando seu crescimento, estava a descoberta de uma parte importante do patrimônio religioso. Inserida no grande movimento de desenvolvimento das ciências históricas, das pesquisas sobre a origem do homem e das espécies viventes, das ideologias e das suas interconexões nas primeiras tentativas de hermenêutica, a história das religiões buscou seu próprio caminho nas décadas do século XIX. No alvorecer do século XX delineavam-se duas orientações distintas, mas de fato inseparáveis: a história de um lado e a fenomenologia do outro.

Chegou o tempo da autonomia para esse novo ramo do saber. Chegou o tempo das orientações definitivas. O estudo do sagrado e de seu lugar na experiência religiosa do homem recorda aos historiadores a especificidade do fenômeno religioso, irredutível aos fenômenos simplesmente sociológicos ou psicológicos. A diversificação das ciências históricas e a crescente precisão dos métodos heurísticos e críticos contribuem largamente a evidenciar de modo mais adequado o imenso espectro dos dados sobre os quais se concentra a pesquisa: o método histórico--comparativo confirma a necessidade da história e da fenomenologia. A reabertura do dossiê indo-europeu, o estudo sistemático de cada uma de suas partes por G. Dumézil, historiador, linguista, orientalista, sociólogo e mitógrafo, desembocam no estabelecimento do método comparativo genético, que não somente permite reconhecer o pensamento ariano [ario] arcaico, mas revela-se como um precioso instrumento na investigação dos milênios da pré-história, até os *tempora ignota*. No centro da religião e das religiões se situa o *homo religiosus*. Historiador, filósofo, indianista e antropólogo, Mircea Eliade se voltou à exploração do comportamento e da consciência do *homo religiosus*. Em suas pesquisas, ele mostra esse homem em busca do sagrado, que vive uma experiência hierofânica existencial e que atinge a mediação do sagrado por meio de símbolos, de mitos e de ritos. Surge assim um elemento novo de uma autêntica história das religiões: o estudo da mensagem. No coração das ciências humanas, o estudo das religiões se afirma ao longo de três estradas: a da história, a da fenomenologia e a da hermenêutica.

2.11 Bibliografia

2.11.1 História da pesquisa

BAUBEROT, J. (org.). *Cent ans de sciences religieuses en France*. Paris: du Cerf, 1987.

BAUDE, M. & MÜNCH, M. *Romantisme et religion* – Actes du Colloque de Metz 1978. Paris: PUF, 1980.

PINARD DE LA BOULLAYE, H. *L'étude comparée des religions* – I: Son histoire dans le monde occidental; II: Ses méthodes – Index. Paris: Beauchesne, 1922 [3. ed.: 1929].

RÉVILLE, J. *Les phases successives de l'histoire des religions*. Paris: Leroux, 1909.

RIES, J. "Quelques aspects de la science des religions à la fin du XIXe s." In: PORTIER, L. *Christianisme, Églises et religions*: le dossier Hyacinthe Loyson (1827-1912). Louvain-la--Neuve: Centre d'Histoire des Religions, 1982, p. 147-172 [trad. bras.: "Alguns aspectos da ciência das religiões no final do século XIX", no cap. 5 deste livro].

SCHMIDT, W. *Ursprung und Werden der Religion* – Theorien und Tatsachen. Münster: Aschendorff, 1930 [trad. fr. por A. Lemonnyer: *Origine et évolution de la religion* – Les theories et les faits. 4. ed. Paris: Grasset, 1931].

WAARDENBURG, J. *Classical Approaches to the Study of Religion*. Paris/Haia: Mouton, 1973 [vol. I: Introduction and Anthology; vol. II: Bibliography].

WHALING, F. (org.). *Contemporary Approaches to the Study of Religion*. 2 vols. Berlim: Mouton, 1983.

2.11.2 Problemas e métodos

ALLEN, D. *Structure and Creativity in Religion* – Hermeneutics in Mircea Eliade's Phenomenology and New Directions. Haia: Mouton, 1978 [trad. fr.: *Mircea Eliade et le phénomène religieux*. Paris: Payot, 1982].

BIANCHI, U. *La storia delle religioni*. Turim: Utet, 1970.

BIANCHI, U.; BLEEKER, C.J. & BAUSANI, A. *Problems and Methods of the History of Religions*. Leiden: Brill, 1972.

BRELICH, A. "Prolégomènes à une histoire des religions". In: PUECH, H.C. *Histoire des religions*. Vol. I. Paris: Pléiade, 1970, p. 1-59 [vers. it.: "Prolegomeni a una storia delle religioni". In: *Storia delle religioni* – Perché? Nápoles: Liguori, 1979, p. 137-183].

DESROCHE, H. & SÉGUY, J. (orgs.). *Introduction aux sciences humaines des religions*. Paris: Cujas, 1970.

ELIADE, M. *The Quest* – History and Meaning in Religion. Chicago: Chicago University Press, 1969 [trad. it.: por A. Crespi Bortolini: *La nostalgia delle origini* – Storia e significato nella religione. 2. ed. Bréscia: Morcelliana, 1980].

_____ *Traité d'histoire des religions*. Paris: Payot, 1948 [2. ed.: 1953; 3. ed.: 1959; 4. ed.: 1968; 5. ed.: 1970; 6. ed.: 1974] [trad. it.: por V. Vacca, G. Riccardo, com intr. de P. Angelini: *Trattato di storia delle religioni*. 2. ed. Turim: Bollati Boringhieri, 1999].

ELIADE, M. & KITAGAWA, J.M. (orgs.). *The History of Religion* – Essay in Methodology. Chicago: Chicago University Press, 1959 [4. ed. 1964] [trad. it.: *Studi di storia delle religioni*. Florença: Sansoni, 1985].

MESLIN, M. *L'expérience humaine du divin* – Fondements d'une anthropologie religieuse. Paris: du Cerf, 1988 [trad. it.: por A. Verdolin: *L'esperienza umana del divino* – Fondamenti di un'antropologia religiosa. Roma: Borla, 1991].

_____ *Pour une science des religions*. Paris: du Seuil, 1973 [trad. it.: por L. Bacchiarello: *Per una scienza delle religioni*. Assis: Cittadella, 1975].

PETTAZZONI, R. *Essays on the History of Religion*. Leiden: Brill, 1954.

Religione e cultura. Vol. XXVII da col. "Civiltà delle macchine". Roma, 1979 [22 artigos].

RIES, J. *Les chemins du sacré dans l'histoire*. Paris: Aubier, 1985, p. 15-84 [col. Présence et Pensée].

RIVIÈRE, J.C. (org.). *Georges Dumézil à la découverte des Indo-Européens*. Paris: Copernic, 1979 [trad. it.: por A. Campi: *Georges Dumézil e gli studi indoeuropei* – Una introduzione. Roma: Settimo Sigillo, 1993].

SCOTT LITTLETON, C. *The new comparative Mythology* – An anthropological Assessment of the Theories of Georges Dumézil. Berkeley: University of California Press, 1966 [2. ed.: 1973; 3. ed.: 1982].

2.11.3 Coletâneas de história das religiões, obras coletivas

BRILLANT, M. & AIGRAIN, R. (orgs.). *Histoire des religions*. 5 vols. Paris: Bloud et Gay, 1955.

GORCE, M. & MORTIER, R. (orgs.). *Histoire générale des religions*. 4 vols. Paris: Quillet, 1944 [2. ed.: 1945; 3. ed.: 1960, com numerosas ilustrações].

KÖNIG, F. (org.). *Christus und die Religionen der Erde*. 3 vols. Viena: Herder, 1951 [2. ed.: 1956] [trad. it.: *Cristo e le religioni del mondo*: Storia comparata delle religioni. 3 vols. Turim: Marietti, 1967].

Mythes et croyances du monde entier. 5 vols. 5. ed. Paris: Lidis/Brépols, 1998 [numerosas ilustrações].

PUECH, H.C. (org.). *Histoire des religions*. 3 vols. Paris: Pléiade/Gallimard, 1970-1976 [trad. it.: *Storia delle religioni*. 4 vols. Milão: Mondadori, 1997].

TACCHI VENTURI, P. (org.). *Storia delle religioni*. Turim: Utet, 1934 [6. ed. aos cuidados de G. Castellani: 5 vols. 1970-1971, com numerosas ilustrações].

2.11.4 Grandes enciclopédias de história das religiões (disposição alfabética das matérias)

DI NOLA, A.M. (org.). *Enciclopedia delle religioni*. 6 vols. Florença: Vallecchi, 1970-1976 [com numerosas ilustrações].

ELIADE, M. (org.). *The Encyclopaedia of Religion*. 16 vols. Nova York: MacMillian, 1987 [2. ed. aos cuidados de L. Jones: 2005].

GUNKEL, H.; SCHEEL, O. & SCHIELE, F.M. *Die Religion in Geschichte und Gegentvart*. 5 vols. Tübingen: Mohr, 1909-1913 [2. ed.: 1927; 4. ed. por K. Galling, H.V. Campenhausen, E. Dinkler, G. Gloege, K. Logstrup. 7 vols.: 1986].

HASTINGS, J. & SELBIE, J.-A. (org.). *Encyclopaedia of Religion and Ethics*. 13 vols. Edimburgo: Clark, 1908-1926.

2.11.5 Dicionários

BONNEFOY, Y. (org.). *Dictionnaire des mythologies et des religions des sociétés traditionnelles et du monde antique*. 2 vols. Paris: Flammarion, 1981 [com numerosas ilustrações] [trad. it.: por G. Boccali, I. Sordi: *Dizionario delle mitologie e delle religioni* – Le divinità, l'immaginario, i riti, il mondo antico, le civiltà orientali, le società arcaiche. Milão: Rizzoli, 1989].

CHEVALIER, J. (org.). *Les religions*. Paris: Retz, 1972.

ELIADE, M. & COULIANO, I. *Dictionnaire des religions*. Paris: Plon, 1990.

KÖNIG, F. *Religionswissenschaftliches Wörterbuch* – Die Grundbegriffe. Friburgo i.B.: 1956 [trad. it.: por P. Rossano: *Dizionario delle religioni*. Roma: Herder, 1960].

POUPARD, P. (dir.); VIDAL, J.; RIES, J.; COTHENET, É.; MARCHASSON, Y. & DELAHOUTRE, M. (red.). *Dictionnaire des religions*. Paris: PUF, 1984 [2. ed.: 1985] [trad. it.: *Grande dizionario delle religioni* – Dalla preistoria ad oggi. 3. ed. Casale Monferrato/Assisi: Piemme/Cittadella, 2000].

THIOLLIER, M.M. *Dictionnaire des religions*. Paris: Larousse, 1966 [2. ed.: 1971; ed. rev. ilustr.: Paris: Sycomore-Asiathèque, 1980].

2.11.6 Obras de síntese

DUMÉZIL, G. *Mythe et épopée*. 3 vols. Paris: Gallimard, 1968-1973 [trad. it.: por P. Fabbri: *Mito ed epopea*. Turim: Einaudi, 1982].

ELIADE, M. *Histoire des croyances et des idées religieuses*. 3 vols. Paris: Payot, 1976-1983 [com excelente bibliografia ao final de cada volume] [trad. it.: *Storia delle credenze e delle idee religiose*. 3 vols. Florença: Sansoni, 1996; Milão: Rizzoli, 2006].

RIES, J. (org.). *L'expression du sacré dans les grandes religions*. 3 vols. Louvain-la-Neuve: Centre d'Histoire des Religions, 1978-1983 [col. Homo religiosus].

2.11.7 Documentação geral

BALANDIER, G. (dir.). *Le grand atlas des religions*. Paris: Enc. Univ., 1988.

CLÉVENOT, M. (org.). *L'état des religions dans le monde*. Paris: La Découverte/du Cerf, 1987 [trad. it.: por G. Garatto e A. Poltronieri: *Rapporto sulle religioni* – Analisi dei fenomeni religiosi nel mondo d'oggi. Florença: Sansoni, 1989].

Guide illustré des religions dans le monde. Paris: Centurion, 1986.

PARRINDER, G. *Les religions du monde*. Paris: Sacelp, 1981.

3

A religião da pré-história egípcia

Etapas da pesquisa*

Logo depois da decifração dos hieróglifos, os monumentos do antigo Egito saem de seu mutismo e revelam seus segredos. Assim, graças à descoberta de Champollion, graças aos esforços dos arqueólogos e dos egiptólogos, o século XIX assiste à redescoberta progressiva de uma das mais antigas religiões da humanidade. Apaixonante para os orientalistas, é uma descoberta que logo se revela desconcertante para os historiadores das religiões. De fato, quanto mais se avança na leitura dos textos e na decifração das inscrições, mais se acumulam as divergências e até mesmo as contradições desse pensamento religioso. Para resolver essas dificuldades, alguns egiptólogos procuram fundir em um modelo filosófico ou teológico as diversas doutrinas e apresentar uma visão de conjunto da religião egípcia.

Sob a influência da teoria simbolista de Creuzer[22] que sublinhava o papel assumido pela filosofia oriental no mundo religioso mediterrâneo, a escola monoteísta descobre no Egito um deus único, eterno e infinito, cujas divindades locais das cidades e dos *nomoi* seriam apenas figuras. Assim, com a ajuda da sua tese de hieroglifismo, Pierret[23] se esforça em reproduzir essa antiga religião, cujo dogma central seria representado pela fé em um deus invisível e inacessível, simbolizado pelo culto aos animais. Na mesma ordem de ideias,

---

* "La religion de la préhistoire égyptienne: les étapes de la richerche". In: ANATI, E. (org.). *Valcamonica Symposium '72 – Le religions de la prehistoire*. Bréscia: del Centro, 1975, p. 293-312.
22. CREUZER, F. *Symbolik und Mythologie der alten Völker*. 4. vols. Leipzig/Darmstadt: K.W. Leske und Heyer/Leske, 1810-1812.
23. PIERRET, P. *Le panthéon égyptien*. Paris: Leroux, 1881, XVI-112 p. [75 figuras].

Brugsch[24] elabora uma ampla síntese da religião e da mitologia egípcia, tentando mostrar que, sob o amontoado mitológico revelado pelos textos, encontra-se um sistema muito conhecido pelos iniciados, uma doutrina monoteísta autêntica. Para o autor, de Menés até o advento do cristianismo o mesmo pano de fundo das ideias religiosas continua idêntico e a divindade permanece inalterada na sua originalidade primária. Toda a religião egípcia seria baseada na concepção primitiva de um deus único, do qual os diversos deuses representariam apenas aspectos.

Outros estudiosos insistem no caráter politeísta do Egito. Para explicar a religião da Índia, na qual uma série de divindades coexiste com o pensamento de uma única natureza divina, Max Müller inventou a tese do henoteísmo, que servirá para explicar a religião egípcia. Assim, Lepage-Renouf[25] percebeu ali a presença simultânea de duas noções da divindade, a unidade e a multiplicidade. Todo fiel percebe o seu deus como o deus supremo, diante do qual os outros deuses desaparecem. O egiptólogo Maspero[26] não rejeitou essa ideia de uma "crença no deus único". Lieblein[27] tenta uma reconstituição esquemática da evolução histórica da religião egípcia. Partindo do culto henoteísta chega ao monoteísmo que lhe parecia contemporâneo à unificação política do país. Baseada em textos e inscrições, toda essa pesquisa não se interessa pelo problema da religião primitiva[28]. Foi necessário esperar pela descoberta de documentos pré-históricos extraídos do solo do Egito ao final do século XIX, e foi também necessário o rápido desenvolvimento da etnologia religiosa para que se despertasse o interesse pela religião pré-histórica egípcia[29].

---

24. BRUGSCH, H. *Religion und Mythologie der alten Ägypter nach Denkmälern bearbeitet*. 2. ed. Leipzig: Hinrichs'sche Buchhandlung, 1891, XXVI-772 p.
25. LEPAGE-RENOUF, P. *Lectures on the Origin and Growth of Religion, as illustrated by the Religion of Ancient Egypt*. Londres: Williams and Norgate, 1884, XXVI-259 p. [ed. Alemã: *Vorlesungen über Ursprung und Entwicklung der Religion der alten Ägypter*. Leipzig, 1882].
26. MASPERO, G. "Bulletin critique de la religion de l'Égypte ancienne". In: *Revue de l'histoire des religions*, 5, 1882, p. 89-103. • *Histoire ancienne des peuples de l'Orient*. 3. ed. Paris: Hachette, 1886, p. 25-43.
27. LIEBLEIN, J. *Gammelägyptisk religion populaert fremstillet*. 3. vols. Kristiania: Aschehoug, 1883-1885. • LIEBLEIN, J. *Egyptian Religion*. Leipzig, 1884, 46 p.
28. PERROT, G. "De la religion égyptienne dans ses rapports avec l'art égyptien". In: *Revue de l'histoire des religions*, 3, 1881, p. 145-166.
29. Cf. REINACH, A. *L'Égypte préhistorique*. Paris: Geuthner, 1908. • VANDIER, J. *Manuel d'archéologie égyptienne* – I. Les époques de formation: 1. La préhistoire. Paris: Picard, 1952, VIII-609 p.

3.1 A explicação animista

A publicação em 1871 de *Primitivas culturas* de E.B. Tylor impulsiona um vasto movimento de pesquisas etnológicas. Para Tylor, a crença nos espíritos representa a origem e a primeira fase da religião. Essa crença dá vida ao fetichismo e ao naturalismo, do qual surgirá o politeísmo. No final da evolução encontraremos o monoteísmo. Assim, a origem dos deuses é necessariamente precedida por uma fase religiosa de caráter animista.

Retomando essas ideias com as de Charles de Brosses sobre o fetichismo[30], Pietschmann[31] abre uma nova estrada. Aproxima do fetichismo das populações africanas o culto dos animais que ele encontra no Egito. G. Maspero, também ele tocado pelo politeísmo, insiste em primeiro lugar no bom uso da documentação[32]. Trata-se de fazer uma análise autêntica desse material. O egiptólogo francês defende que os três grupos de deuses desse período histórico – os deuses dos mortos, os deuses dos elementos e os deuses dos solares – podem provir de deuses-animais e dos fetiches da pré-história, revelando, ademais, que a maior parte dos mitos egípcios é assimilável aos mitos do antigo e do novo mundos[33]. Além disso, o culto dos animais parece ter um fundamento primitivo. Os deuses dos egípcios são seres, não ideias. O animismo popular divinizou animais e objetos e deu vida ao primeiro estrato religioso do Egito pré-histórico. Examinando os dados da época histórica, Maspero nota os teólogos que fabricam a enéade utilizando materiais retomados desse antigo fundo religioso. Assim, sucedendo à etapa do animismo popular, o animismo intelectual dos colégios sacerdotais trabalha a matéria divina e acaba dando vida às tríades e às enéades.

Na zoolatria, Lefèbvre encontra o sinal do fetichismo primitivo[34]. Os textos e as cenas das tumbas de menfitas nos fazem reconhecer o culto dos manes, indício

---

30. DE BROSSES, C. *Du culte des fétiches*. Paris, 1760.
31. PIETSCHMANN, R. "Der ägyptische Fetischdienst und Götterglaube". In: *Zeitschrift für Ethnologie*, 10, 1878, p. 153-182.
32. MASPERO, G. "Bulletin critique de la religion de l'Égypte ancienne". In: *Revue de l'histoire des religions*, 1, 1880, p. 119-129. • "Bulletin critique de la religion de l'Égypte ancienne". In: *Revue de l'histoire des religions*, 5, 1882, p. 89-103.
33. MASPERO, G. "La mythologie égyptienne". In: *Revue de l'histoire des religions*, 18, 1888-1889, p. 253-278; 19, p. 1-45. • MASPERO, G. *Études de mythologie et d'archéologie égyptiennes*. Vol. 2. Paris: Ernest Leroux, 1893, p. 189-278.
34. LEFÈBVRE, E. "L'étude de la religion égyptienne, son état actuel et ses conditions". In: *Revue de l'histoire des religions*, 14, 1886, p. 26-48.

de um animismo original. Os tratados de medicina revelam traços de superstições fetichistas. Lefèbvre espera que os pesquisadores sigam a senda aberta por Pietschmann e estudem as analogias entre as crenças do Egito e as ideias religiosas dos selvagens, para demonstrar com mais clareza a existência, nas origens, do culto dos antepassados e do culto dos fetiches. Na mumificação dos cadáveres e na zoolatria, Lefèbvre descobre resquícios animistas. Todavia, ele se pergunta se também a hipótese totêmica não deveria ser também tomada em consideração. Aliás, os documentos pré-históricos provenientes das escavações de Amelinau, de Morgan, de Petrie e de Quibell levariam facilmente a acreditar que a religião egípcia da pré-história seja um comprometimento entre as crenças mais elevadas do povo conquistador e as superstições mais grosseiras do povo conquistado. Flinders Petrie vê no Egito a fusão de duas raças e de duas religiões[35], ligando as raças que deram vida ao Egito às múltiplas figuras do panteão egípcio. A monografia dedicada por Weissenborn[36] à zoolatria africana retoma essa ideia e destaca que alguns fatos da pré-história egípcia podem ser achados também na África atual. A religião do Egito teria nascido em uma população composta de africanos e conquistadores semitas provenientes da Ásia. O culto dos animais, típico da África, foi assimilado pelo politeísmo dos invasores. Assim, os animais tornaram-se os símbolos de uma série de divindades. E. Naville aceita a fusão de duas raças como fundamento da religião egípcia[37]. Mas, para o professor de Genebra, trata-se da fusão entre africanos e conquistadores árabes. A zoolatria tem uma função de suporte diante dessa perspectiva animista. Steindorff[38] nota que também na época histórica o Egito abandona com dificuldade o fetichismo originário, visto por Goblet d'Alviella como uma consequência lógica do animismo[39]. Lange defende que juntamente com a teologia egípcia exista uma religião popular profundamente

---

35. PETRIE, F. *The Religion of Ancient Egypt*. Londres: Archibald Constable, 1908, 97 p.
36. WEISSENBORN, J. "Tierkult in Afrika – Eine ethnologische, kulturhistorische Untersuchung". In: *Internationales Archiv für Ethnologie*, 17, 1904, p. 91-175.
37. NAVILLE, E. "Origine des anciens. Égyptiens". In: *Revue de l'histoire des religions*, 52, 1905, p. 357-380. • NAVILLE, E. "La religion des anciens Égyptiens". In: *Annales du Musée Guimet*, 1906, p. 111-273 [Paris: Ernest Leroux. Col. Bibliothèque de vulgarisation, 23].
38. STEINDORFF, G. *The Religion of the Ancient Aegyptians*. Nova York: G.P. Putman's sons, 1905, XI-178 p.
39. GOBLET D'ALVIELLA, E. "L'animisme et sa place dans l'évolution religieuse". In: *Revue de l'histoire des religions*, 61, 1910, p. 1-19.

enraizada[40], crenças populares que são animistas e das quais a zoolatria constitui a base primária.

O estudo da zoolatria foi uma das principais preocupações de Wiedemann[41]. O culto dos animais está no âmago da crença egípcia dos tempos mais remotos. Baseando-se na tese da fusão de raças, Wiedemann estabelece a distinção entre animais sagrados (*hieroi*) e animais-deuses (*theoi*). A população primitiva venerava os animais, dos quais cada espécie era considerada como uma monarquia regida por um rei intocável. São os arquianimais que encontramos nos estandartes egípcios. Obrigados a conciliar os próprios deuses com esses arquianimais, os invasores faraônicos tornam estes últimos manifestações das próprias divindades. Assim a zoolatria ganha espaço na religião oficial.

3.2 O totemismo

Lefèbvre[42] atribuía a mesma importância ao fetichismo e ao culto dos manes. O fetichismo se acentua de maneira crescente com a difusão da zoolatria. Os animais seriam, de fato, somente símbolos da divindade. Lefèbvre pergunta-se assim se, como no totemismo dos selvagens, os animais sagrados do Egito, na origem, seriam protetores escolhidos pelas tribos ou antepassados dessas tribos. Foi James Frazer quem precisou a teoria do totemismo. Os seus artigos *Tabù* e *Totem*, publicados em 1888 na sétima edição da *Encyclopaedia Britannica*, e o seu *The Golden Bough*, publicado em 1890, abrem novos caminhos para as pesquisas de etnologia religiosa. Em 1888, de Rochemonteix afirma timidamente que os egípcios conheceram o totemismo. D. Mallet coloca a questão de maneira mais precisa e faz referência à possibilidade de uma origem totêmica da religião egípcia[43].

---

40. LANGE, H.O. "Les Égyptiens". In: CHANTEPIE DE LA SAUSSAYE, P.D. *Manuel d'histoiredes religions*. Op. cit., 1904.
41. WIEDEMANN, A. "Le culte des animaux en Égypte". In: *Le Muséon*, 8, 1889, p. 211-225; 309-318. • *Die Religion der alten Ägypter*. Münster: Aschendorff, 1890, p. 90-109. • "Quelques remarques sur le culte des animaux en Égypte". In: *Le Muséon*, n. s., 6, 1905, p. 113-128. • "Der Tierkult der alten Ägypter". In: *Der alte Orient*, 14, n. 1, 1912.
42. LEFÈBVRE, E. "L'étude de la religion égyptienne, son état actuel et ses conditions". Op. cit.
43. MALLET, D. *Les premiers établissements des Grecs en Égypte (VIIe et VIIIe siècles)*. Paris: Ernest Leroux, 1893, p. 365-435.

Victor Loret constrói a primeira hipótese totêmica[44]. Partindo da realidade incontestável da zoolatria egípcia, ele a coloca como fundamento da religião primitiva: os animais sagrados precedem aos deuses. O estudo das tumbas, dos ritos fúnebres e da decoração dos vasos leva Loret a crer que os futuros deuses, na origem, fossem simplesmente emblemas étnicos privados de qualquer caráter religioso ou divino. Esses seriam totens. Abandonando o caminho de Frazer, para o qual o totem é uma divindade coletiva, nosso autor seculariza o totem: ele é a marca e a insígnia de um clã, o antepassado do hieróglifo. O homem teria primeiro pensado na identidade com o seu totem e depois teria chegado à noção de consubstancialidade, conferindo, assim, ao totem um poder religioso. É a divinização das insígnias que, desse modo, de sinais de reunião se transformam em totem, aos quais termina-se por atribuir uma personalidade dotada de uma ação religiosa. Com essa tese evenemerista, Loret atribui ao panteão egípcio uma origem deveras modesta: as insígnias dos clãs primitivos assumem gradativamente um poder misterioso até se transformarem nos deuses da época histórica.

Tendo se convertido às teorias de Frazer, também Amélineau recorre ao método etnológico[45]. A sua primeira preocupação é definir a noção de deus. Para o egípcio, deus é o antepassado. Amélineau procura assim no culto ancestral a primeira etapa do sentimento religioso e a base do culto aos deuses dos *nomoi* e aos deuses das cidades. A esses deuses antepassados protetores, acrescente-se o culto naturalista. Sob a influência da escola sociológica francesa, Amélineau afirma, seguindo Durkheim, que a cada grande progresso das sociedades humanas corresponde uma nova religião. Depois de hesitações e contradições, Amélineau vê no totemismo a segunda etapa do pensamento religioso pré-histórico, a que segue o culto ancestral. A sua definição do totemismo deixa de lado a de Frazer e a de Loret: "O totemismo é um estado das sociedades humanas durante o qual todas as sociedades que se pôde observar acreditavam-se surgidas de um animal que consideravam sagrado, seu antepassado, que era proibido matar ou comer sob

---

44. LORET, V. "Les enseignes militaires des tribus et les symboles hiéroglyphiques des divinités". In: *Revue égyptologique*, 10, 1902, p. 94-101. • "Horus le Faucon". In: *Bulletin de l'Institut Français d'Archéologie Orientale*, 3, 1903. • "Quelques idées sur la forme primitive de certaines religions égyptiennes". In: *Revue égyptologique*, 11, 1904, p. 69-100. • "L'Égypte au temps du totémisme". In: *Conférences du Musée Guimet* – Bibliothèque de vulgarisation, 19, 1906, p. 121-151.
45. AMÉLINEAU, E. *Prolégomènes à l'étude de la religion égyptienne*. Paris: Ernest Leroux [1. ed.: 4 vols. 1908, 536 p. [2. ed: 11 vols. 1916, 432 p. – col. Bibliothèque de l'École des Hautes Études – Sciences Religieuses].

as penas mais graves, até a morte, que toda a sociedade honrava o mais que podia e que, verossimilmente, era alcançável depois da morte em qualquer lugar em que se encontrasse"[46]. Se Loret supunha que estivessem resolvidas diversas questões fundamentais sobre as quais os etnólogos não estavam de acordo, Amélineau engloba sob o termo totemismo todas as formas de zoolatria e teriolatria, acrescentando o culto dos antepassados e a sobrevivência à morte. Ademais, ele vê no totemismo um estado social que corresponderia com o atual totemismo africano. Não seria difícil, portanto, explicar pelo totemismo seja o culto aos antepassados, seja a zoolatria.

Virey[47] aborda o problema de maneira diferente. Partindo dos dados históricos, particularmente dos *Textos das pirâmides*, ele remonta até as origens de modo a apreender o sentido profundo da zoolatria. Como Loret, ele vê nos egípcios as personificações dos clãs primitivos. O culto dos animais lhe aparece como uma consequência do culto dos antepassados míticos. Mas a zoolatria comporta dois elementos bem distintos. De um lado encontramos o culto oficial dos animais, um culto específico do Egito. De outro, nos remanescentes religiosos, encontramos uma zoolatria popular que a etnologia religiosa encontra em todo o território africano. A partir dessa distinção que Virey estabelece a sua tese. O culto oficial teria origem na insígnia dos clãs. O animal totêmico, emblema do clã e signo de união, ter-se-ia transformado no deus do clã a partir do momento em que se confundiu com o antepassado patriarcal, por sua vez, tornado deus. Os animais-deuses se revestem de um caráter simbólico. Essa é a religião da raça dominante no Egito. Na época da unificação do país, os clãs dessa raça conservaram os totens dos antepassados. O totemismo se tornará o culto político do império feudal e assumirá um papel de enorme destaque na formação do politeísmo egípcio. Segundo Virey, a zoolatria popular representa um aspecto completamente diferente do totemismo egípcio, que tem origem na raça africana conquistada. Mesmo sem poder determinar o seu lugar de origem na África, graças aos antigos textos funerários, constatamos que o culto das espécies animais viventes gozou de grande espaço na religião primitiva. Trata-se, de fato, de animais protetores dos *nomoi*. Nessa doutrina parece haver também a metempsicose. Esses animais são conside-

---

46. AMÉLINEAU, E. *Prolégomènes à l'étude de la religion égyptienne*. Op. cit., p. 48.
47. VIREY, P. *La religion de l'ancienne Égypte*. Paris: Beauchesne, 1910, VIII-352 p. [col. Études sur l'histoire des religions, 4].

rados moradas dos espíritos e dos defuntos, assim estaríamos mais próximos do fetichismo do que do totemismo. Essa é a religião da raça conquistada. A dupla origem da religião histórica é constatável também na época histórica.

A explicação totêmica deve lidar com sérias reações. G. Foucart exclui radicalmente a possibilidade de encontrar no Egito o totemismo do qual falam os etnólogos[48] e não vê nenhum traço de totemismo na organização social do Egito. Para explicar a religião pré-histórica, retorna ao animismo. Maspero[49] não o admite mais e J. Capart[50] defende que seja temerário concluir com base nos dados da egiptologia que no Egito haja remanescentes de totemismo. A. van Gennep é obrigado a constatar que os defensores do totemismo se baseiam em grande medida em postulados sem nem mesmo estar de acordo no sentido do termo totemismo[51] e acredita que nem as suas definições de totemismo nem as deduções derivadas das insígnias dos clãs ou da zoolatria possam ser admitidas como provas de um totemismo egípcio primitivo. Para ele, os egiptólogos colocaram equivocadamente a questão[52].

Alexandre Moret trabalha sobre bases mais amplas. Como egiptólogo de profissão, utiliza o método filológico; como historiador das religiões, busca o auxílio da ciência comparada; como defensor da escola sociológica francesa, apela para os recursos da sociologia, buscando fazer entrar o social enquanto social na explicação histórica. Discípulo de Maspero, Moret recomeça, antes de tudo, indagando o *ka*[53]. Se Maspero via ali uma duplicação da pessoa, Moret descobre uma noção central da antropologia e das religiões egípcias. Um minucioso exame dos textos revela, de fato, que o *ka* dos egípcios é o *mana* dos primitivos, aquela força misteriosa na qual o totem consiste. O *ka* é a insígnia do clã, nome do rei, gênio protetor, fonte de vida, alimento universal. Ora, as sociedades primitivas descobertas pelos etnólogos creem numa força suprema que é por sua vez signo de união, marca distintiva, substância, fonte de vida, alimento: o *mana*. Com uma análise comparada do *ka* e do *mana*, Moret obtém a chave para interpretar a reli-

---

48. *Histoire des religions et méthode comparative*. Paris: Alphonse Picard, 1912, p. 62-122.
49. "Recension A. Reinach, L'Égypte préhistorique". In: *La revue critique*, 1908, p. 402-403. • "Recensione a A. Erman, Die ägyptische Religion". In: *La revue critique*, 1910, p. 218.
50. "Le totémisme égyptien". In: *Semaine d'ethnologie religieuse*, 1913, p. 274-278.
51. "Totémisme et méthode comparative". In: *Revue de l'histoire des religions*, 58, 1908, p. 34-76.
52. VAN GENNEP, A. *L'état actuel du problème totémique*. Paris: Ernest Leroux, 1920, p. 181-202.
53. "Le Ka des Égyptiens est-il un ancien totem?" In: *Revue de l'histoire des religions*, 57, 1913, p. 181-191. • *Mystères Égyptiens*. Paris: Armand Colin, 1913, 326 p.

gião pré-histórica do Egito, uma chave que o ajuda a abrir caminho nos mistérios dos rituais e na doutrina da sobrevivência depois da morte.

As pesquisas antropológicas permitem individuar três raças no Egito primitivo: uma raça semítica, uma raça semítico-líbia e uma raça mediterrânea. É um Egito pré-histórico que conheceu a zoolatria, considerada pelos defensores do animismo e do totemismo como a base da religião. Moret reage a essa interpretação muito simplista: está convencido de que o totemismo não seja simplesmente questão de zoolatria ou de fetichismo, pois um totem venerado em um *nomos* é desconhecido em outro lugar. Por conseguinte, em cada clã, o totem de referência é fonte de vida psíquica, uma espécie de providência coletiva. Com a evolução social, acelerada pela coexistência das três raças, alguns desses totens se transformam em deuses do clã. Os documentos da segunda civilização pré-histórica (5000-3500 a.C.) e os vestígios encontrados nas cidades tinitas são remanescentes dessa pré-história religiosa, inexplicável senão pela hipótese do totemismo religioso. Além disso, *ka* e *nomos* egípcio de uma parte, *mana* e clã totêmico das populações atuais de outra, assim a perfeita correspondência desses dois grupos de elementos sugerem uma interpretação totêmica da religião egípcia originária.

De 1911 a 1936, Moret trabalha no desenvolvimento definitivo da sua tese totêmica integral[54]. Para ele, as insígnias eneolíticas são emblemas dotados de um caráter étnico e local, mas sagrado, insígnias que se tornarão deuses dos *nomoi*, animais ou plantas sagradas, ou ainda os fetiches de alguns deuses universais ou locais. Transformadas em totens, presume-se que essas insígnias possuam uma força sagrada, uma força generativa chamada *ka*, semelhante ao *mana* dos primitivos atuais. Quanto mais nos aproximamos da época histórica, mais esses totens desempenham uma atividade de surpreendente relevância a serviço de seus clãs. No início da época histórica, alguns totens privilegiados tornam-se protetores de uma família real, depois se transformam em deuses. Serão encontrados nas primeiras capitais tinitas. Os totens provinciais aceitam a supremacia dos totens reais. Nos *nomoi* aparecem os primeiros templos dos deuses, antigos totens de-

---

54. *Rois et dieux d'Égypte*. Paris: Armand Colin, 1911, II-318 p. • MORET, A. & DAVY, G. *Des clans aux empires*. Paris: La Renaissance du Livre, 1923. • MORET, A. *Le Nil et la civilisation égyptienne*. Paris: La Renaissance du Livre, 1926, XVII-573 p. • MORET, A. *Histoire de l'Orient* – Vol. 1: Préhistoire. Paris: PUF, 1936, p. 47-62; 162-172.

caídos de seu papel ativo entre os homens. Enfim, um rei-falcão representa para todos os egípcios o *mana* encarnado. O rei é o *ka*.

Os trabalhos de Moret possibilitaram precisar uma série de fatores importantes da religião primitiva do Egito, particularmente o sentido da zoofilia, a importância do *ka* e o papel religioso assumido pelo rei[55].

Todavia, a interpretação totêmica da organização social e religiosa do Egito pré-histórico está longe de colocar de acordo todos os egiptólogos. As descobertas e as pesquisas sucessivas são bem pouco favoráveis. Até quem defende decididamente o totemismo acabou utilizando com bastante prudência o léxico dessa escola histórico-religiosa. Gustave Jéquier é um exemplo evidente da prudência dos egiptólogos[56].

3.3 A interpretação histórica

Em 1930, Kurt Sethe torna públicos os frutos de trinta anos de pesquisas sobre a religião egípcia. Uma análise paciente da pré-história o faz ver na religião dessa época um reflexo dos eventos políticos. Examinando as fontes escritas mais antigas, Sethe tenta reconstruir a religião das origens. Os hieróglifos lhe permitem explicar a zoolatria. Graças a uma pesquisa sobre os *Textos das pirâmides*, o egiptólogo reconhece uma série de eventos que estão na origem de sua composição. Como o arqueólogo precede à análise dos estratos sobrepostos do seu terreno, Sethe empreende um minucioso exame dos rituais e das fórmulas teológicas do período histórico, para reencontrar os *residua* das épocas primitivas. O estudo desses restos o leva a alguns elementos fundamentais do Egito pré-histórico de caráter político e religioso. A partir desses elementos, Sethe se faz uma imagem da religião das origens. Não obstante a obscuridade da pré-história, o egiptólogo está em condições de descobrir no distante passado uma galáxia de borgos independentes em que se veneram deuses locais, fixados no solo da cidade. Essas divindades são animais, plantas, objetos que encontramos nos hieróglifos. Sethe se coloca a questão da origem desses deuses locais. A resposta vem do animismo e

---

55. DUSSAUD, R. "Alexandre Moret et l'histoire des religions". In: *Revue de l'histoire des religions*, 117, 1938, p. 137-151. • VANDIER, J. *La religion égyptienne*. 2. ed. Paris: PUF, 1949, p. 24.
56. JÉQUIER, G. "Le panthéon de l'ancienne Égypte". In: *Revue d'ethnographie et de sociologie*, 4, 1913, p. 353-372. • *Considérations sur les religions égyptiennes*. Neuchâtel: La Baconnière, 1946, 248 p.

do fetichismo. Todavia, a introdução de um novo e importante fator nos distancia do animismo tyloriano e do fetichismo de Pietschmann: trata-se da vida. Para o egípcio, a vida é o grande mistério, o sagrado. É a hipóstase da vida que explica o nascimento das divindades locais. E eis que se esclarece o modo em que se constitui o húmus do qual nascerá a religião. Ao período dos borgos sucede o período dos *nomoi*, a segunda etapa da história política do país. Ocorre uma profunda mudança religiosa: a formação de tríades. De fato, a personificação dos elementos cósmicos dá vida a novas divindades. A tríade mais antiga é composta por Geb, Nut e Ra, a terra, o céu e o sol. Disso Geb é o elemento fundamental. O pensamento religioso se orienta para a reflexão sobre o cosmo. Assitimos à criação das cosmogonias que explicam a origem do universo e a ação dos deuses. Na ótica de Sethe, essa época de gestação é muito longa. No início do terceiro período pré-histórico se formam dois reinos, o reino a oeste do Delta, com Hórus, e o reino a leste, onde reina o deus Osíris. Esse último é absorvido por Hórus: é o mito osírico. Assim, no último quarto do quinto milênio, Hórus reina no Norte, onde a capital é Behedet. Ao contrário, Seth é o deus do Sul, cuja capital política é Ombos. O mito de Hórus e de Seth ilustra a rivalidade religiosa e política dos dois reinos. Uma rivalidade em que Hórus acaba prevalecendo sobre Seth. No final do quinto milênio assistimos ao advento do reino de Heliópolis, cujo colégio sacerdotal elaborou uma teologia que se concretizou na enéade. Malgrado a oposição da ogdóada de Hermópolis, a teologia heliopolitana invade o Egito. O reino de Heliópolis representa a grande época da pré-história, com a criação da teologia, a instituição do calendário por volta de 4240 a.C., com a instalação dos nilômetros e o nascimento dos deuses cósmicos sob a hegemonia do deus solar que absorve Hórus. Mas o Sul se separa mais uma vez do Norte. Será necessário esperar o Rei Menés para ver a unificação definitiva do país, a construção de Mênfis e a entrada em cena do deus Ptah.

Como se vê, Sethe cumpriu uma dupla abordagem histórica. Partindo dos textos religiosos do início do período histórico, ele se introduziu na pré-história. Depois de encontrar uma grande quantidade de deuses locais, que acredita serem hipóstases fetichistas da vida, ele nos conduz à época histórica e aos seus teólogos. A abordagem de Sethe é oposta àquela dos mitos cosmogônicos egípcios, que partem do Nun primordial. O seu método rompe com a velha escola egiptológica que rejeita toda pesquisa intuitiva. A sua imagem da religião pré-histórica egípcia é uma representação pessoal, uma reconstrução hipotética que não quer impor a ninguém. Em todo caso, a sua pesquisa esclareceu uma quantidade de pontos fundamentais, traçando uma nova via para o estudo da pré-história religiosa egípcia.

O trabalho de Sethe afetou numerosos egiptólogos. Também Drioton acredita que a religião egípcia consistia essencialmente, no início, na adoração dos deuses locais, possuidores legítimos do solo[57]. H. Junker, defensor da importância da civilização do Delta para a cultura e a religião egípcias, estabelece com diversas argumentações a origem setentrional do culto de Hórus[58]. Na sua reconstrução política e religiosa do Egito primitivo, Samuel Mercer[59] mostra a grande influência do deus real Hórus, presente no Delta à época pré-histórica. Capart sempre pensou que os diversos cultos e os ritos fundamentais do Egito histórico fossem o eco das lutas e das conquistas da época em que o Baixo Egito colonizou o Alto Egito. Na sequência, um dia partiu do Sul um grupo de conquistadores, que, com Menés, deu início ao Egito das dinastias[60]. Em um estudo significativo dedicado a Hórus, Alan Gardiner[61] aceita a teoria de uma conquista pré-dinástica do Alto Egito pelo Baixo Egito, em uma época que precede, talvez por considerável espaço de tempo, a supremacia realizada pelo Sul na unificação do país. Não obstante algumas hesitações, Vandier vê nos deuses locais o fundamento da religião egípcia e aceita o percurso paralelo da religião e da política no curso da pré-história[62]. A existência de um reino pré-histórico unificado lhe parece muito provável, a partir do momento em que no Norte e no Sul foram encontrados os mesmos vestígios da civilização de Nacada II.

Doze anos depois de Sethe, em uma obra magistral, Hermann Kees[63] coloca a serviço dos egiptólogos uma importante documentação sobre as crenças religiosas dos egípcios e suas divindades. Essa publicação é ao mesmo tempo uma

---

57. DRIOTON, E. & VANDIER, J. *L'Égypte Les peuples de l'Orient méditerranéen*. Paris: PUF, 1938, XLIV-639 p.
58. JUNKER, H. *Der sehende und der blinde Gott*. Munique, 1942, 93 p. [col. Sitzungsberichte der bayerischen Akademie der Wissenschaften, Ph. Hist. Kl. Abt 7].
59. MERCER, S.A.B. *Orus Royal God of Egypt, Society of Oriental Research*. Massachusetts: Grafton, 1942, XX-231 p. • MERCER, S.A.B. *The Religion of Ancient Egypt*. Londres: Luzac, 1949, XIX-460 p. [1 mapa].
60. CAPART, J. Recensão de A.H. Gardiner, Horus the Behdetite. In: *Chronique d'Égypte*, 21, 1946, p. 211-212.
61. GARDINER, A. "Horus the Behdetite". In: *Journal of Egyptian Archaeology*, 30, 1944, p. 23-60.
62. VANDIER, J. *La religion égyptienne*. 2. ed. Paris: PUF, 1949, p. 11-31.
63. KEES, H. *Der Götterglaube im alten Ägypten*. Leipzig: J.C. Hinrichs, 1941, XII-479 p. [14 figuras, 10 plantas].

introdução ao pensamento religioso egípcio e um ensaio sobre a concepção da divindade. Como Sethe, Kees quer evitar as sistematizações do animismo e do totemismo e basear-se unicamente em dados históricos. Todavia, o professor de Gottingen assume claramente uma posição contrária à síntese de seu colega berlinense. Antes de tudo, Kees reduz fortemente o período de gestação, procurando circunscrever a civilização e a religião no quadro dinástico. Consequentemente, ele é obrigado a comprimir em um breve período, anterior à unificação de Menés, as civilizações de Tasa, de Badari, de Merinde e de Nacada, devendo, além disso, inserir a gênese do sistema hieroglífico. Abaixando as datas da pré-história ele individua na III dinastia a doutrina solar heliopolitana que Sethe colocava no fim do V milênio, como dobradiça de todo o seu sistema. Kees rejeita qualquer hipótese de unificação do Egito durante a pré-história. Para ele, no curso da civilização de Nacada I o Vale do Nilo constava de numerosos principados independentes, cujos deuses estariam em luta perene. Nacada II assiste ao triunfo do deus Hórus; um deus do Sul como Seth, seu rival. O reino hórico de Hieracômpolis conquista então o delta. É, pois, o Alto Egito que promove a unidade do país. Durante esse período de unificação, no meio dos confrontos políticos se situam as rivalidades dos diferentes centros religiosos. No fim das guerras assistimos à fixação de vários cultos. Esse período da religião é precedido por um período ainda obscuro para nós. Com a análise das antigas fontes escritas do período histórico, Sethe procurou esclarecer. Kees estava persuadido de que semelhante método não levaria a outra coisa senão à formulação de uma hipótese cujo valor não pode ser verificado. Além disso, o que o preocupa não é a gênese do pensamento religioso, mas esse próprio pensamento com a sua evolução. É através de um exame direto dos dados tipológicos e topográficos da zoolatria que o professor de Gottingen ilumina essa época pré-histórica. No seu capítulo dedicado às origens, em uma perfeita classificação, coloca à nossa disposição numerosas indicações sobre cultos locais que, seguindo Sethe, considera os caldeirões do pensamento religioso arcaico. Graças à sua análise, vamos conhecendo cada vez melhor os deuses teriomorfos, com a dendrolatria, com os objetos sagrados e com as divindades antropomórficas. Na base de sua formação, Kees coloca a crença egípcia em uma força divina primitiva. O egípcio se sente próximo da natureza. Essa é uma constante do seu pensamento religioso. Também nos grandes sistemas teológicos clássicos encontramos a natureza como dom divino. É uma herança que provém da pré-história.

Os deuses e os homens surgiram dessa força divina primordial. Unido aos elementos pré-históricos, esse modo de pensar especificamente egípcio dá razão às representações primitivas da divindade. As forças políticas na obra de formação dos *nomoi* e na unificação do país estão na origem da escolha, da eliminação ou da supremacia de alguns deuses. Se a zoolatria se explica com a divinização das forças da natureza, o antropomorfismo tem sua própria origem na divinização dos seres humanos. Assim, para Kees, a concepção divina da natureza se encontra na origem da criação dos deuses.

Jean Capart[64] acredita que Kees falseie inteiramente a perspectiva real do desenvolvimento da civilização e da religião egípcia. O egiptólogo belga defende que não seja possível que das culturas de Tasa, de Badari, de Merinde e de Nacada, em um período tão curto, floresçam o sistema hieroglífico, a arte faraônica e os *Textos das pirâmides*, explicando tudo isso somente com as vicissitudes políticas e as rivalidades religiosas do período de unificação. Ao contrário, no que se refere à teologia heliopolitana e o seu papel relativamente tardio, Schott apoia decididamente a opinião do professor de Gottingen[65]. Contudo, colocando-se no nível das estações pré-históricas, Elise Baumgartel[66] não pode constatar que essas seriam ausentes do Delta, defendendo que, no auge, sua situação pantanosa deva ter impedido o nascimento de uma civilização pujante. Uma opinião claramente favorável a Kees.

Em uma obra póstuma, publicada em 1946, Gustave Jéquier acha que diante de dois livros de alto valor como esses, que testemunham uma notável documentação, implementada com grande perspicácia, mas cujas conclusões são opostas, é oportuno buscar a solução usando outros métodos. Recomenda o estudo detalhado de cada religião local, de cada divindade importante. Com uma repartição dos milênios pré-históricos em três idades religiosas – o fetichismo, a zoolatria e o antropomorfismo – o egiptólogo suíço tenta conciliar os resultados das últimas pesquisas. Como Sethe, Jéquier retoma a vida como base do pensamento religioso

---

64. CAPART, J. Recensão de H. Kees, Der Götterglaube im alten Ägypten. In: *Chronique d'Égypte*, 18, 1943, p. 91-93.
65. SCHOTT, S. *Mythen und Mythenbildung im Alten Ägypten*. Leipzig, 1945 [col. Untersuchungen zur Geschichte und Altertumskunde Ägyptens, 15] [2. ed.: Hildesheim: Georg Olms Verlagsbuchandlung, X-136 p., 4 mapas]. • "Spuren der Mythenbildung". In: *Zeitschrift für ägyptische Sprache und Altertumskunde*, 78, 1943, p. 1-27.
66. BAUMGARTEL, E. *The Cultures of Prehistoric Egypt*. Vol. I. 2. ed. Oxford: Oxford University Press, 1948, XI-122 p. [50 figuras, 13 plantas].

egípcio. Todos os fenômenos da vida são governados por uma força sobrenatural, que o homem primitivo fixa em diversos pontos da natureza. Eis o fetichismo, cuja pedra *benben* de Heliópolis e a árvore podada *dad* de Buriside são remanescentes recebidos até a época histórica. Quando as populações esparsas do Vale do Nilo passam da vida nômade à sedentária, uma nova organização social leva a substituir os seres animais pelos fetiches inanimados. Com a intermediação dos seres animados desses animais a humanidade se reaproxima da divindade ao mesmo tempo em que reaproxima a divindade das necessidades dos homens. É a zoolatria.

Seguindo Kees, a partir dessa época pré-histórica, Jéquier vê os deuses e as deusas assumirem um papel na vida da natureza. O culto dos animais dá vida às cosmogonias e às mitologias. A vida sedentária leva à criação das cidades, depois dos pequenos estados, enfim, à formação dos dois reinos, Buto e Hieracômpolis. A esse terceiro estágio da vida social da pré-história corresponde a terceira transformação religiosa: o antropomorfismo. Preocupado em sair do culto popular da zoolatria, o clero das cidades dá aos deuses uma encarnação mais nobre, remodelando à imagem das criaturas a imagem dos criadores. As religiões egípcias são assim constituídas, em linhas gerais, no alvorecer dos tempos históricos e se desenvolverão com o passar dos séculos sob a pressão dos eventos políticos.

3.4 Religião pré-histórica e culto da fecundidade

3.4.1 O deus do céu

Graças à arqueologia pré-histórica, graças às comparações estabelecidas entre o Egito primitivo e os primitivos da África atual, graças aos dados do folclore egípcio e dos testemunhos dos autores antigos a partir de Heródoto, Wainwright[67] acredita ter encontrado os vestígios de uma religião egípcia primitiva viva e popular. É um culto do céu divinizado, mestre supremo da vida e dispensador da chuva fecundadora. Essa *rain making religion* teria existido em uma época em que as condições climáticas do Egito seriam muito diferentes da época histórica. Na fase anterior à ocupação do Vale do Nilo, alguns nômades e seminômades estabelecidos no planalto líbio viviam na estepe gramada. Precisavam da chuva. Ademais, eles adoravam o Grande

---

67. WAINWRIGHT, G. *The Sky-Religion in Egypt* – Ist Antiquity and Effects. Cambridge: Cambridge University Press, 1938, XVI-122 p. [5 figuras, 2 mapas].

Deus; praticavam uma religião urânica. O autor busca as provas de sua hipótese na antiguidade histórica. Enlil na Mesopotâmia, Baal na Síria, Iahweh no Sinai, Zeus e Indra entre os indo-europeus são os deuses do céu. Enfim, graças ao método comparativo etnológico, pode-se perceber que as populações africanas primitivas das estepes do Alto Nilo e da Abissínia viviam uma experiência parecida com aquela dos egípcios da pré-história. Ora, essas populações adoram um deus do céu. Wainwright encontra vestígios dessa crença em uma série de ritos populares dos cultos de Seth, de Min e de Amon, particularmente nos ritos de renovação das vegetações e em alguns dos mal-assimilados das mitologias mais recentes.

A teoria do *fellow* da British School of Archaeology in Egypt lança uma nova luz sobre certos hábitos religiosos reais, sobre diversos ritos de fecundidade e sobre uma série de cerimônias da festa Sed. Drioton[68] antecipa algumas reservas sobre a utilização, feita no mesmo plano, dos documentos religiosos egípcios e dos elementos do folclore. S. Schott defende que o estado atual dos nossos conhecimentos exija grande prudência[69]. G.D. Hornblower[70] duvida da legitimidade de relacionar o culto de Seth com as crenças das populações próximas do Vale do Nilo no Paleolítico.

Também o grande egiptólogo vienense Hermann Junker acredita encontrar as provas da existência de um deus celeste muito antigo, um deus universal (*Allgott*) chamado Ur[71]. Esse deus, adorado particularmente em Tura, teria recebido como par a deusa Nut. Junker descobriu esse deus desconhecido submetendo a uma nova análise o "documento da teologia menfita" chamado também de "inscrição de Shabaka".

Trata-se de uma narrativa da criação operada por Ptah, transcrito na estela 797 do British Museum. Entre as oito divindades enumeradas, encontramos o deus Ur, "o Grande", que assume um papel importante na criação. Não dispomos de traços do deus Ur em outros documentos. Junker acredita que na origem hou-

---

68. DRIOTON, E. Recensão de G.A. Wainwright, The Sky-Religion in Egypt. In: *Revue archéologique*, 14, 1939, p. 213-216.
69. SCHOTT, S. Recensão a G. Wainwright, The Sky-Religion in Egypt. In: *Orientalische Literaturzeitung*, 42, 1939, colunas 674-678.
70. HORNBLOWER, G.D. "Recension to G.A. Wainwright, The Sky-Religion in Egypt". In: *Man*, 1939, p. 134-135.
71. JUNKER, H. *Die Götterlehre von Memphis*. Berlim, 1939 [col. Abhandlungen der preussischen Akademie der Wissenschaften, Ph. Hist. Kl. 23].

vesse um deus popular, que se teria rapidamente transposto às teologias. Ptah de Mênfis e Atum de Heliópolis teriam absorvido esse personagem.

3.4.2 A deusa-mãe

Uma segunda interpretação do culto da fecundidade nos coloca diante da deusa-mãe. Referindo-se à documentação arqueológica de Nácada I e II, Elise Baumgartel descobre nas decorações das cerâmicas preciosas indicações sobre o culto da grande deusa[72]. Um dos vasos encontrados em Nácada estava decorado com a imagem da deusa. Em outro lugar ela é simbolizada por uma vaca ou também por chifres. Diversas tábuas nos mostram esse motivo. Venerada desde a época de Nácada I, ela está na origem de alguns ritos de fecundidade e de fertilidade expressos por danças sacras. Baumgartel coloca em evidência também o rito da hierogamia. Mais vezes encontramos de fato a tríade sagrada: a deusa, o esposo e o filho. Em outros casos, a deusa é colocada em relação com a tumba e a morte. Essa deusa, que vemos representada nas cerâmicas e nos navios, não é uma insígnia de *nomos*.

Jacques Pirenne, historiador do direito, da cultura e da civilização do Antigo Egito, se confrontou com os problemas da religião e da moral desse país[73]. A sua admirável síntese que contém pontos de vista originais e muito pessoais, vê na pluralidade das religiões egípcias, que muito divergem entre uma época e outra, um caráter panteísta monoteísta fundamental. Aos olhos de Pirenne, as concepções religiosas e morais do Egito ligam-se a uma concepção fundamental do homem e do seu destino. O exame do panteão egípcio mostra, desde as mais remotas origens, a existência de um culto prestado às forças da natureza, céu, tempestade, sol, lua, considerados como potências identificáveis com o *mana*. Esses pontos de vista são próximos daqueles de Moret e de Kees. Ademais, como Sethe, Pirenne encontra nas diversas tribos a presença de deuses próprios que

---

72. BAUMGARTEL, E. *The Cultures of Prehistoric Egypt*. Vol. II. Oxford: Oxford University Press, 1960, XII-164 p. [27 figuras, 13 plantas].

73. PIRENNE, J. *La religion et la morale dans l'Egypte antique*. Paris/Neuchâtel: Albin Michel/La Baconnière, 1965, IX-176 p. • PIRENNE, J. *Histoire de la civilisation de l'Égypte ancienne*. Paris/Neuchâtel: Albin Michel/La Baconnière, 1961-1963 [vol. 1: 1962, 366 p.; 104 p. de ilustrações: 9 mapas coloridos. – vol. 2: 1962, 554 p.; 145 p. de ilustrações: 11 mapas coloridos – vol. 3: 1963, 447 p., 110 p. de ilustrações: 9 mapas coloridos] [trad. it.: R.M. Degli Uberti: *Storia della civiltà dell'antico Egitto*. 3 vols. Florença: Sansoni, 1961-1968]. • PIRENNE, J. *Histoire des institutions et du droit privé de l'ancienne Égypte*. Bruxelas: Fondation Égyptologique Reine Elisabeth, 1932-1935 [vol. 1: 1932, 396 p.; vol. 2: 1934, 568 p.; vol. 3: 1935, 653 p.].

chegam até a idade histórica. Desses cultos, votados (devotados) às forças da natureza, emerge o culto da força fecundante, concretizado na deusa-mãe. É o culto da própria vida, como em Creta, na Síria, na Ásia Menor ou na Grécia. Em torno da ideia da deusa-mãe se constrói uma primeira concepção do mundo na qual a deusa assume o aspecto de uma deusa-céu ou de uma deusa-terra. Segundo Pirenne, a etimologia religiosa nos mostra uma evolução análoga em todos os povos. Como deusa ctoniana, a deusa-mãe é simbolizada pela serpente; como deusa do céu, ela é um pássaro; enquanto fonte de fecundidade, ela assume as diversas formas da zoolatria e da dendolatria. Definitivamente, Pirenne entende que todo o panteão egípcio feminino derive do culto da deusa-mãe. É a primeira grande etapa da religião pré-histórica egípcia.

    A formação da família patriarcal modifica profundamente as ideias sociais. O papel eminente do homem passa do plano social ao religioso. Eis o advento do deus criador. No Baixo Egito, Osíris aparece como o primeiro deus criador, seguido de Hórus. Em outros lugares, encontramos Khnum e Ptah; no Alto Egito é Min. Esse estágio da família patriarcal é dominado pela poligamia. Uma nova forma de vida religiosa corresponderá à etapa monogâmica da família: será o nascimento das duplas (ou casais) e das tríades. Os deuses assumem os seus nomes. São numerosos, mas em cada *nomos* o deus do *nomos* é o grande deus. O desenvolvimento dos *nomoi*, sobretudo no Baixo Egito, leva à criação dos santuários, nos quais são introduzidos deuses vindos de fora. Assim, segundo Pirenne, é um fator econômico e social que cria a circulação dos deuses dos *nomoi* e que também coloca o problema de sua hierarquia. Essa última é a obra da teologia elaborada nos colégios sacerdotais, o primeiro dos quais foi o de Heliópolis. A teologia deve agrupar os deuses locais em um sistema coerente, permitindo a coexistência de numerosos deuses sem alterar a fé dos egípcios na unidade da divindade. Chega a época das cosmogonias. Os teólogos explicam como o mundo foi ordenado, passando do caos ao universo. O culto dos deuses primordiais se sobrepõe aos cultos locais; o culto agrícola se concentra no deus Osíris. O advento do culto funerário deve ser provavelmente individuado aqui, dado que Osíris, o deus agrário, torna-se o deus dos mortos. O Egito entra em um novo período da própria evolução política e religiosa. A centralização monárquica leva à concentração do poder nas mãos do rei. A teologia faz do rei um segundo Hórus. Em pouco tempo a hegemonia heliopolitana introduzirá a noção de monarquia de direito divino.

3.5 Tentativas de explicação fenomenológica

Henri Frankfort, um eminente arqueólogo americano, velho diretor de escavações no Egino e na Babilônia, torna-se intérprete da religião egípcia[74]. Como indica o título da obra, trata-se de uma interpretação, ou, para empregar as palavras do autor, "de uma relação fenomenológica, i.e., de uma discussão sistemática daquilo que aparece". Admirado pela coerência do pensamento antigo, Frankfort se pergunta se o único meio para compreender adequadamente as religiões egípcias não seria fixar os temas que guiam o pensamento egípcio. Com esse método, ele interpreta a religião.

O povo egípcio é um povo camítico. Se as suas instituições e as suas crenças ultrapassaram amplamente as dos outros camitas, o seu pensamento continua fundamentalmente parecido com o dos demais. Consequentemente, não é necessário ter medo de recorrer ao folclore dos camitas tardios de hoje para decifrar mais adequadamente a meada de dados provenientes da pré-história religiosa do Egito. Ademais, para os antigos egípcios, o universo é essencialmente estático. Apenas os elementos permanentes e imutáveis da criação têm importância. A vida é eterna, a morte não é outra coisa além de uma passagem. A religião, marcada pela ausência de temor e angústia, é determinada pelo problema da manutenção da existência e pela integração imutável da sociedade na natureza. Frankfort se pronuncia contra as classes de deuses divididos em compartimentos: os deuses locais, os deuses animais, os deuses cósmicos. A interpretação puramente histórica desses deuses, como a de Sethe ou Kees, corre o risco de fazer perder de vista o fato religioso, o fenômeno. O autor se empenha assim em um itinerário interpretativo que alguns definiram "cosmismo" e "pandinamismo". Com uma multiplicidade de abordagens, ele consegue conciliar dados aparentemente contraditórios. Esse método é um novo instrumento colocado à disposição dos historiadores para decifrar os mitos. Aos conceitos universais da potência do sol, da terra e do rebanho correspondem, no Egito, as noções de criação, de procriação, de ressurreição, de realeza. A religião interpreta o cosmo como um universo habitado por forças encarrega-

---

74. FRANKFORT, H. *Ancient Egyptian Religion* – An Interpretation. Nova York: Columbia University Press, 1948, X-172 p. [trad. it.: por L. Fua, pref. de E. de Martino: *La religione dell'antico Egitto*. 2. ed. Turim: Bollati Boringhieri, 1991]. • *Kingship and the Gods* – A Study of Ancient Near Eastern Religion as the Integration of Society and Nature. Chicago: University of Chicago Press, 1948, XXV-444 p. [53 figuras] [trad. fr.: *La royauté et les dieux* – L'intégration de la société à la nature dans la religion de l'ancien Proche Orient. Paris: Payot, 1951, 436 p. [50 figuras]].

das de manter a sua ordem. Como instituição social de primeira necessidade, essa religião é encarregada de dar uma organização ao cosmo. Nessa obra de organização, o rei ocupa um lugar essencial. É, também ele, um deus. É a pedra angular da organização religiosa do país. Encarregado de desenvolver a integração entre a sociedade e a natureza, o rei deve manter harmonia entre os deuses. O seu papel é, ao mesmo tempo, religioso, social e cósmico. O rei é o *ka*, a força vital que somente ele possui em forma pessoal. É o mediador entre o céu e a terra.

Siegfried Morenz aborda o fenômeno religioso do Egito antigo como crente[75]. É na religião que ele busca a fé dos egípcios, cujo léxico não comporta nenhuma palavra que signifique "religião". É a adoração, o sacrifício, o louvor. A realidade central do fenômeno religioso egípcio é a relação entre o homem e a divindade. Estamos lidando com uma religião ritual, e não com uma religião do livro. A religião é o terreno em que cresceu a civilização egípcia. A arte, a escrita, a literatura, a política e o direito são baseados na religião. É ainda falso afirmar que o egípcio criou os seus deuses à própria imagem. Concentrada no culto, a sociedade acredita que as coisas do mundo e a sua ordem se encontrem entre as mãos das potências divinas, que fundam e garantem o direito. Essa fé dá vida a algumas formas de direito terreno que se reflete no além. No estágio religioso mais primitivo, em época eneolítica, vemos que a divindade é uma representação. Não se trata de animismo, nem de fetichismo ou de totemismo. Essa potência é o denominador comum da imensa gama de divindades egípcias que é encarnada e representada porque o deus é alguém com quem se fala. Essa representação é importante: é o princípio da estátua do deus. Pouco importa a forma da representação. O que conta é a encarnação da potência divina que permite a relação entre o fiel e o seu deus. Essa encarnação pode ter lugar em um ser humano, em um animal, em uma planta, em um objeto. Segundo Morenz, as diversas formas não são ligadas à cronologia; os nomes tocam geralmente um traço essencial da natureza dos deuses que definem. Esses nomes permitem dar forma às divindades ou diferenciá-las. O nome mostra o caráter pessoal do deus.

---

75. MORENZ, S. *Die Heraufkunft des Transzendenten Gottes in Ägypten*. Berlim: Akademie, 1964, 57 p. • *Ägyptische Religion*. Stuttgart: Kohlhammer, 1960, XVI-309 p. [trad. fr.: *La religion égyptienne*. Paris: Payot, 1962, 349 p.; trad. it.: por G. Glaesser e W. Perretta: *La religione egizia*. Milão: Il Saggiatore, 1968].

Os deuses são criados por um deus originário, Ptah em Mênfis, Atum-Ra em Heliópolis, Toth em Hermópolis. Esse deus primordial surgiu do caos. A divindade se apresenta ao seu grupo originário de adoradores. Por esse pequeno círculo, ela é o deus supremo. Eis o deus nômico, ligado a um território e senhor supremo desse território. Alguns desses se tornarão deuses de uma sociedade mais ampla. Especializam-se e transformam-se em deuses universais.

No plano tipológico, diante dos deuses locais existem os deuses cósmicos, cuja criação deve remontar às origens. Ela é obra das tribos nômades e dos primeiros camponeses que se fixaram em um território. Esses deuses se apresentam como pessoas a partir do momento em que as vemos aparecer no limiar da história. Seriam os antigos *numina* deuses nômades? O rei é ao mesmo tempo homem e deus, já que o seu papel de mediador o leva a ter com os deuses. Originalmente, esse rei-deus parece deter todos os poderes da divindade.

Na sua interpretação da religião egípcia, Morenz utiliza tanto a história quanto a tipologia. Baseando-se nas fontes, ele tenta enuclear os fenômenos religiosos. A partir desses fenômenos o autor busca compreender, formular e interpretar a fé religiosa e a sua formação na época pré-histórica. Como indica o subtítulo da obra, o seu trabalho é uma tentativa de interpretação.

Os limites impostos a essa modesta comunicação nos obrigaram, com pesar, a deixar de lado trabalhos de grande interesse, mais antigos e recentes, que não tratam diretamente do problema da religião pré-histórica do antigo Egito. Entre os mais antigos, citamos A. Erman[76] e, entre os mais recentes, J. Cerny[77], S. Donadoni[78] e B. de Rachewiltz[79]. De outra parte, colocando em evidência apenas as linhas gerais da pesquisa, não foi possível que nos detivéssemos nas numerosas contribuições publicadas logo depois de alguns trabalhos importantes. É o caso das notas de Raymond Weill[80] relativas ao *Götterglaube* de Kees.

---

76. *Die Ägyptische Religion*. 3. ed. Berlim: Walter de Gruyter, 1934, XVI-483 p. [186 figuras, 10 plantas] [trad. it.: por A. Pellegrini e S. Musitelli: *La religione degli Egizi*. Milão: Messaggerie Pontremolesi, 1989].

77. *Ancient Egyptian Religion*. Londres: Hutchinson's University Library, 1905, 159 p.

78. *La religione dell'antico Egitto*. Bari: Laterza, 1959, XVI-626 p. • *La religione dell'Egitto antico*. Milão: Galileo, 1955, 143 p.

79. *Egitto magico-religioso*. Turim: Boringhieri, 1961, 211 p. [38 figuras].

80. "Notes sur l'histoire primitive des grandes religions égyptiennes". In: *Bulletin de l'Institut Français d'Archéologie Orientale*, 47, 1948, p. 59-150.

Por três quartos de século, o estudo do pensamento religioso do Egito pré-histórico cumpriu enormes progressos. Se as grandes teses da etnologia religiosa, fetichismo, animismo e totemismo permitiram colocar os problemas, a pesquisa histórica ajudou a enuclear melhor os fatos. Lançando uma nova luz sobre os dados da pré-história egípcia, a fenomenologia contribui para a compreensão da gênese de uma das grandes religiões da humanidade. As cinco etapas dessa trabalhosa pesquisa mostram que, no estudo das religiões da pré-história, a interpretação dos dados é um trabalho difícil e delicado.

3.6 Síntese

As concepções animistas de Tylor, junto com as explicações de caráter fetichístico, estão na base das primeiras reconstruções do pensamento religioso do Egito pré-histórico[81]. Na sequência, Loret[82] e sobretudo Amélineau[83], apoiando-se na teoria do totemismo elaborada por Frazer, explicaram a origem e a evolução da religião egípcia por meio dos clãs. Virey[84], interpretando as tradições e lendas dos *Textos das pirâmides* em ótica totemista, colocou na origem dos deuses egípcios antepassados míticos: os deuses não seriam outra coisa senão a personificação dos clãs e de antepassados lendários. Moret[85], na senda aberta por Durkheim, dará à tese totemista uma amplidão notável e uma forma definitiva. As insígnias dos *nomoi* constituem o elemento religioso mais antigo; o próprio *ka* é um antigo totem. Os totens são símbolos do clã e neles se concentra e personifica a força misteriosa do *mana*, fonte de toda vida e de todo poder.

---

81. PIETSCHMANN, R. "Der ägyptische Fetischdienst und Götterglaube". In: "Zeitschrift für Ethnologie", 10, 1878, p. 153-182. • MASPERO, G. "La mythologie égyptienne". In: *Revue de l'histoire des religions*, 18, 1888-1889, p. 253-278; 19, p. 1-45.
82. "L'Égypte au temps du totémisme". In: *Conférences du Musée Guimet*, Bibliothèque de vulgarisation, 19, 1906, p. 121-151.
83. *Prolégomènes à l'étude de la religion égyptienne*. Paris: Ernest Leroux [1. ed.: 4 vols. 1908, 536 p.; 2. ed. 11 vols. 1916, 432 p. [col. Bibliothèque de l'École des Hautes Études – Sciences Religieuses].
84. *La religion de l'ancienne Égypte*. Paris: Beauchesne, 1910, VIII-352 p. [col. Études sur l'histoire des religions, 4].
85. *Histoire de l'Orient* – Vol. 1: Préhistoire. Paris: PUF, 1936, XXII-480-VIII p. • *Le Nil et la civilisation égyptienne*. Paris: La Renaissance du Livre, 1926, XVII-573 p. [79 figuras, 3 mapas, 24 plantas]. • MORET, A. & DAVY, G. *Des clans aux empires*. Paris: La Renaissance du Livre, 1923, XXVIII-430 p. [47 figuras, 7 mapas].

Com a interpretação histórica, os egiptólogos começaram a reagir às sistematizações feitas com base nas teorias de moda. Sethe[86] tentou um esboço da religião arcaica, vendo nela um reflexo da história primitiva do Egito. Chega-se enfim à interpretação da religião pré-histórica egípcia como derivada do culto da fecundidade, baseado em um deus celestial gerador da chuva fecundante[87] ou em uma deusa-mãe colocada em relação com o céu, a morte e a tumba[88]. Pirenne[89] colhe na origem da religião pré-histórica egípcia o culto da deusa-mãe (primeiramente, divindade ctoniana, depois divindade celeste, em direta relação com a criação), a qual é suplantada pela divindade masculina com o advento da família patriarcal. Os *nomoi* darão origem às divindades locais e, enfim, a cosmologia mostrará como ocorreu a organização do mundo, enquanto a centralização monárquica fará do rei um segundo Hórus. Por último, H. Frankfort[90] abrirá uma nova via para a pesquisa religiosa pré-histórica com uma tentativa de explicação fenomenológica. A religião é um fato social: ela interpreta o cosmo como um universo habitado por forças que são pessoas com a função de manter a ordem. O rei é ele próprio um deus: ocupa um lugar essencial na organização do universo e é a pedra angular da organização religiosa do país.

---

86. *Urgeschichte und älteste Religion der Ägypter*. Leipzig: Deutsche Morgenländische Gesellschaft in Kommission bei F.A. Brockhaus, 1930, XI-196 p. [3 mapas].
87. WAINWRIGHT, G. *The Sky-Religion in Egypt* – Ist Antiquity and Effects. Cambridge: Cambridge University Press, 1938, XVI-122 p. [5 figuras, 2 mapas].
88. BAUMGARTEL, E. *The Cultures of Prehistoric Egypt*. Vol. II. Oxford: Oxford University Press, 1960, XII-164 p. [27 figuras, 13 plantas]. • *The Cultures of Prehistoric Egypt*. Vol. I. 2. ed. Oxford: Oxford University Press, 1948, XI-122 p. [50 figuras, 13 plantas].
89. *La religion et la morale dans l'Égypteantique*. Paris/Neuchâtel: Albin Michel/La Baconnière, 1965, IX-176 p. • *Histoire de la civilisation de l'Égypte ancienne*. Paris/Neuchâtel: Albin Michel/La Baconnière, 1961-1963 [vol. 1: 1962, 366 p.; 104 p. de ilustrações: 9 mapas coloridos. – vol. 2: 1962, 554 p.; 145 p. de ilustrações: 11 mapas coloridos – vol. 3: 1963, 447 p., 110 p. de ilustrações, 9 mapas coloridos] [trad. it.: de R.M. Degli Uberti: *Storia della civiltà dell'antico Egitto*. 3 vols. Florença: Sansoni, 1961-1968].
90. *Ancient Egyptian Religion* – An Interpretation. Nova York: Columbia University Press, 1948, X-172 p. [trad. it.: por L. Fua e pref. de E. de Martino: *La religione dell'antico Egitto*. 2. ed. Turim: Bollati Boringhieri, 1991]. • *Kingship and the Gods* – A Study of Ancient Near Eastern Religion as the Integration of Society and Nature. Chicago: University of Chicago Press, 1948, XXV-444 p. [53 figuras] [trad. fr.: *La royauté et les dieux* – L'intégration de la société à la nature dans la religion de l'ancien Proche Orient. Paris: Payot, 1951, 436 p. [50 figuras]].

3.7 Bibliografia

AMÉLINEAU, E. *Prolégomènes à l'étude de la religion égyptienne*. Paris: Ernest Leroux [1. ed.: 4 vols. 1908, 536 p.; 2. ed. 11 vols. 1916, 432 p. [col. Bibliothèque de l'École des Hautes Études – Sciences Religieuses].

BAEDEKER, H. *Égypt et Soudan*: Manuel du voyageur. 4. ed. Leipzig/Paris: K. Baedeker/P. Allendorff, 1914, CLXXXVI-442 p. [21 mapas, 85 plantas, 55 gravuras].

BAUMGARTEL, E. *The Cultures of Prehistoric Egypt*. Vol. II. Oxford: Oxford University Press, 1960, XII-164 p. [27 figuras, 13 plantas].

_____. *The Cultures of Prehistoric Egypt*. Vol. I. 2. ed. Oxford: Oxford University Press, 1948, XI-122 p. [50 figuras, 13 plantas].

BRUGSCH, H. *Religion und Mythologie der alten Ägypter nach Denkmälern bearbeitet*. 2. ed. Leipzig: Hinrichs'sche Buchhandlung, 1891, XXVI-772 p.

CAPART, J. Recensão de A.H. Gardiner, Horus the Behdetite. In: *Chronique d'Égypte*, 21, 1946, p. 211-212.

_____. Recensão de H. Kees, Der Götterglaube im alten Ägypten. In: *Chronique d'Égypte*, 18, 1943, p. 91-93.

_____. "Le totémisme égyptien". In: *Semaine d'ethnologie religieuse*, 1913, p. 274-278.

CERNY, J. *Ancient Egyptian Religion*. Londres: Hutchinson's University Library, 1905, 159 p.

CHANTEPIE DE LA SAUSSAYE, P.D. *Lehrbuch der Religionsgeschichte*. 2. ed. Tübingen: Mohr (Siebeck), 1905 [trad. fr.: *Manuel d'histoire de religions*. 2. ed. Paris: Armand Colin, 1904, XLVIII-71 p.].

CREUZER, F. *Symbolik und Mythologie der alten Völker*. 4. vols. Leipzig/Darmstadt: K.W. Leske e Heyer-Leske, 1810-1812.

DE BROSSES, C. *Du culte des fétiches*. Paris, 1760 [apresentado à Académie des Inscriptions em 1757, esse livro foi julgado muito audacioso e foi rejeitado; foi publicado anonimamente três anos mais tarde] [trad. it.: Por A. Ciattini e S. Garroni: *Sul culto degli dei feticci, o Parallelo dell'antica religione egiziana con la religione attuale della Nigrizia*. Roma: Bulzoni, 2000].

DE RACHEWILTZ, B. *Egitto magico-religioso*. Turim: Boringhieri, 1961, 211 p. [38 figuras].

DE ROCHEMONTEIX. Compte rendu de la séance du 10 février 1888 de la Société Asiatique. In: *Le Journal Asiatique*, VIII série, 11, 1888, p. 284-285.

DONADONI, S. *La religione dell'antico Egitto*. Bari: Laterza, 1959, XVI-626 p.

_____. *La religione dell'Egitto antico*. Milão: Istituto Editoriale Galileo, 1955, 143 p.

DRIOTON, E. Recension de G.A. Wainwright, The Sky-Religion in Egypt. In: *Revue archéologique*, 14, 1939, p. 213-216.

DRIOTON, E. & VANDIER, J. *L'Égypte Les peuples de l'Orient méditerranéen*. Paris: PUF, 1938, XLIV-639 p.

DUSSAUD, R. "Alexandre Moret et l'histoire des religions". In: *Revue de l'histoire des religions*, 117, 1938, p. 137-151.

ERMAN, A. *Die Ägyptische Religion*. 3. ed. Berlim: Walter de Gruyter, 1934, XVI-483 p. [186 figuras, 10 plantas] [trad. it.: por A. Pellegrini e S. Musitelli: *La religione degli Egizi*. Milão: Messaggerie Pontremolesi, 1989].

FOUCART, G. *Histoire des religions et méthode comparative*. Paris: Alphonse Picard, 1912, CLIV-450 p.

FRANKFORT, H. *Ancient Egyptian Religion* – An Interpretation. Nova York: Columbia University Press, 1948, X-172 p. [trad. it.: por L. Fua, pref. de E. de Martino: *La religione dell'antico Egitto*. 2. ed. Turim: Bollati Boringhieri, 1991].

_____. *Kingship and the Gods* – A Study of Ancient Near Eastern Religion as the Integration of Society and Nature. Chicago: University of Chicago Press, 1948, XXV-444 p. [53 figuras] [trad. fr.: *La royauté et les dieux* – L'intégration de la société à la nature dans la religion de l'ancien Proche Orient. Paris: Payot, 1951, 436 p. [50 figuras]].

GARDINER, A. "Horus the Behdetite". In: *Journal of Egyptian Archaeology*, 30, 1944, p. 23-60.

GOBLET D'ALVIELLA, E. "L'animisme et sa place dans l'évolution religieuse". In: *Revue de l'histoire des religions*, 61, 1910, p. 1-19.

HORNBLOWER, G.D. "Recension to G.A. Wainwright, The Sky-Religion in Egypt". In: *Man*, 1939, p. 134-135.

JÉQUIER, G. *Considérations sur les religions égyptiennes*. Neuchâtel: La Baconnière, 1946, 248 p. [100 figuras].

_____. "Le panthéon de l'ancienne Égypte". In: *Revue d'ethnographie et de sociologie*, 4, 1913, p. 353-372.

JUNKER, H. *Der sehende und der blinde Gott*. Munique, 1942, 93 p. [col. Sitzungsberichte der bayerischen Akademie der Wissenschaften, Ph. Hist. Kl. Abt 7].

_____. *Die Götterlehre von Memphis*. Berlim, 1939 [col. Abhandlungen der preussischen Akademie der Wissenschaften, Ph. Hist. Kl. 23].

KEES, H. *Der Götterglaube im alten Ägypten*. Leipzig: J.C. Hinrichs, 1941, XII-479 p. [14 figuras, 10 plantas].

LANGE, H.O. "Les Égyptiens". In: CHANTEPIE DE LA SAUSSAYE, P.D. *Manuel d'histoiredes religions*. Op. cit., 1904.

LEFÈBVRE, E. "L'étude de la religion égyptienne, son état actuel et ses conditions". In: *Revue de l'histoire des religions*, 14, 1886, p. 26-48.

LEPAGE-RENOUF, P. *Lectures on the Origin and Growth of Religion, as illustrated by the Religion of Ancient Egypt*. Londres: Williams and Norgate, 1884, xxvi-259 p. [ed. alemã: *Vorlesungen über Ursprung und Entwicklung der Religion der alten Ägypter*. Leipzig, 1882].

LIEBLEIN, J. *Egyptian Religion*. Leipzig, 1884, 46 p.

_____. *Gammelägyptisk religion populaert fremstillet*. 3. vols. Kristiania: Aschehoug, 1883-1885.

LORET, V. "L'Égypte au temps du totémisme". In: "Conférences du Musée Guimet", Bibliothèque de vulgarisation, 19, 1906, p. 121-151.

_____. "Quelques idées sur la forme primitive de certaines religions égyptiennes". In: *Revue égyptologique*, 11, 1904, p. 69-100.

_____. "Horus le Faucon". In: *Bulletin de l'Institut Français d'Archéologie Orientale*, 3, 1903.

_____. "Les enseignes militaires des tribus et les symboles hiéroglyphiques des divinités". In: *Revue égyptologique*, 10, 1902, p. 94-101.

MALLET, D. *Les premiers établissements des Grecs en Égypte (VIIe et VIIIe siècles)*. Paris: Ernest Leroux, 1893, p. VI-499 p. [63 figuras] [col. Mémoires publiés par les membres de la mission archéologique au Caire, XII].

MASPERO, G. "Recensione a A. Erman, Die ägyptische Religion". In: *La revue critique*, 1910, p. 218.

_____. "Recension A. Reinach, L'Égypte préhistorique". In: *La revue critique*, 1908, p. 402-403.

_____. *Études de mythologie et d'archéologie égyptiennes*. Vol. 2. Paris: Ernest Leroux, 1893, 480 p.

_____. "La mythologie égyptienne". In: *Revue de l'histoire des religions*, 18, 1888-1889, p. 253-278; 19, p. 1-45.

_____. *Histoire ancienne des peuples de l'Orient*. 3. ed. Paris: Hachette, 1886, 811 p.

_____. "Bulletin critique de la religion de l'Égypte ancienne". In: *Revue de l'histoire des religions*, 5, 1882, p. 89-103.

_____. "Bulletin critique de la religion de l'Égypte ancienne". In: *Revue de l'histoire des religions*, 1, 1880, p. 119-129.

MERCER, S.A.B. *The Religion of Ancient Egypt*. Londres: Luzac, 1949, XIX-460 p. [1 mapa].

_____. *Orus Royal God of Egypt*, Society of Oriental Research. Massachusetts: Grafton, 1942, XX-231 p.

MORENZ, S. *Die Heraufkunft des Transzendenten Gottes in Ägypten*. Berlim: Akademie, 1964, 57 p.

_____. *Ägyptische Religion*. Stuttgart: Kohlhammer, 1960, XVI-309 p. [trad. fr.: *La religion égyptienne*. Paris: Payot, 1962, 349 p.; trad. it.: por G. Glaesser e W. Perretta: *La religione egizia*. Milão: Il Saggiatore, 1968].

MORET, A. *Histoire de l'Orient* – Vol. 1: Préhistoire. Paris: PUF, 1936, XXII-480-VIII p.

_____. *Le Nil et la civilisation égyptienne*. Paris: La Renaissance du Livre, 1926, XVII-573 p. [79 figuras, 3 mapas, 24 plantas].

_____. "Le Ka des Égyptiens est-il un ancien totem?" In: *Revue de l'histoire des religions*, 57, 1913, p. 181-191.

_____. *Mystères Égyptiens*. Paris: Armand Colin, 1913, 326, p.

_____. *Rois et dieux d'Égypte*. Paris: Armand Colin, 1911, 11-318 p. [20 incisões, 16 plantas, 1 mapa].

MORET, A. & DAVY, G. *Des clans aux empires*. Paris: La Renaissance du Livre, 1923, XXVIII-430 p. [47 figuras, 7 mapas].

NAVILLE, E. "La religion des anciens Égyptiens". In: *Annales du Musée Guimet*, 1906, p. 111-273. Paris: Ernest Leroux [Col. Bibliothèque de vulgarisation, 23].

_____. "Origine des anciens Égyptiens". In: *Revue de l'histoire des religions*, 52, 1905, p. 357-380.

PERROT, G. "De la religion égyptienne dans ses rapports avec l'art égyptien". In: *Revue de l'histoire des religions*, 3, 1881, p. 145-166.

PETRIE, F. *The Religion of Ancient Egypt*. Londres: Archibald Constable, 1908, 97 p.

_____. *Religion of the Egyptians* – Aspects of Egyptian Religion. 16 p.

PIERRET, P. *Le panthéon égyptien*. Paris: Leroux, 1881, XVI-112 p. [75 figuras].

PIETSCHMANN, R. "Der ägyptische Fetischdienst und Götterglaube". In: *Zeitschrift für Ethnologie*, 10, 1878, p. 153-182.

PIRENNE, J. *La religion et la morale dans l'Égypteantique*. Paris/Neuchâtel: Albin Michel/La Baconnière, 1965, IX-176 p.

_____. *Histoire de la civilisation de l'Égypte ancienne*. Paris/Neuchâtel: Albin Michel/La Baconnière, 1961-1963 [vol. 1: 1962, 366 p.; 104 p. de ilustrações: 9 mapas coloridos. – vol. 2: 1962, 554 p.; 145 p. de ilustrações: 11 mapas coloridos – vol. 3: 1963, 447 p., 110 p. de ilustrações, 9 mapas coloridos] [trad. it.: de R.M. Degli Uberti: *Storia della civiltà dell'antico Egitto*. 3 vols. Florença: Sansoni, 1961-1968].

_____. *Histoire des institutions et du droit privé de l'ancienne Égypte*. Bruxelas: Fondation Égyptologique Reine Elisabeth, 1932-1935 [vol. 1: 1932, 396 p.; vol. 2: 1934, 568 p.; vol. 3: 1935, 653 p.].

REINACH, A. *L'Égypte préhistorique*. Paris: Geuthner, 1908, 54 p.

SCHOTT, S. *Mythen und Mythenbildung im Alten Ägypten*. Leipzig, 1945 [col. Untersuchungen zur Geschichte und Altertumskunde Ägyptens, 15] [2. ed.: Hildesheim: Georg Olms Verlagsbuchhandlung, X-136 p., 4 mapas].

_____. "Spuren der Mythenbildung". In: *Zeitschrift für ägyptische Sprache und Altertumskunde*, 78, 1943, p. 1-27.

_____. Recensão a G. Wainwright, The Sky-Religion in Egypt. In: *Orientalische Literaturzeitung*, 42, 1939, colunas 674-678.

SETHE, K. *Urgeschichte und älteste Religion der Ägypter*. Leipzig: Deutsche Morgenländische Gesellschaft in Kommission bei F.A. Brockhaus, 1930, XI-196 p. [3 mapas].

STEINDORFF, G. *The Religion of the Ancient Aegyptians*. Nova York: G.P. Putman's sons, 1905, XI-178 p.

VANDIER, J. *Manuel d'archéologie égyptienne* – I. Les époques de formation: 1. La préhistoire. Paris: Picard, 1952, VIII-609 p. [394 figuras].

_____. *La religion égyptienne*. 2. ed. Paris: PUF, 1949, LXIII-253 p.

VAN GENNEP, A. *L'état actuel du problème totémique*. Paris: Ernest Leroux, 1920, 363 p.

_____. "Totémisme et méthode comparative". In: *Revue de l'histoire des religions*, 58, 1908, p. 34-76.

VIREY, P. *La religion de l'ancienne Égypte*. Paris: Beauchesne, 1910, VIII-352 p. [col. Études sur l'histoire des religions, 4].

WAINWRIGHT, G. *The Sky-Religion in Egypt* – Ist Antiquity and Effects. Cambridge: Cambridge University Press, 1938, XVI-122 p. [5 figuras, 2 mapas].

WEILL, R. "Notes sur l'histoire primitive des grandes religions égyptiennes". In: *Bulletin de l'Institut Français d'Archéologie Orientale*, 47, 1948, p. 59-150.

WEISSENBORN, J. "Tierkult in Afrika – Eine ethnologische, kulturhistorische Untersuchung". In: *Internationales Archiv für Ethnologie*, 17, 1904, p. 91-175.

WIEDEMANN, A. "Der Tierkult der alten Ägypter". In: *Der alte Orient*, 14, n. 1, 1912.

_____. "Quelques remarques sur le culte des animaux en Égypte". In: *Le Muséon*, n. s., 6, 1905, p. 113-128.

_____. *Die Religion der alten Ägypter*. Münster: Aschendorff, 1890, 175 p.

_____. "Le culte des animaux en Égypte". In: *Le Muséon*, 8, 1889, p. 211-225, 309-318.

4

O desenvolvimento da religião*

Esse período da história humana corresponde mais ou menos à Idade do Bronze. Em todo caso, os hititas criaram uma indústria do ferro não antes do segundo milênio a.C. e começaram a exportar seus produtos no século XIV a.C. Os antepassados neolíticos da Idade do Bronze os dotaram de uma significativa herança religiosa: a arte da representação simbólica da divindade em estatuetas, figuras e afrescos; a oração com as mãos levantadas ao céu; ritos funerários, megalitos e hipogeus (câmaras sepulcrais subterrâneas); altares, santuários e pictogramas. O *homo religiosus* neolítico não teve apenas simples experiências religiosas; erigiu-se um edifício espiritual que consta de mitos, ritos, símbolos e ideias que dizem respeito à transcendência, ao mistério do além, ao cosmo, ao homem e à vida.

4.1 Síntese

Do período entre 3000 e 7000 a.C., podem ser consideradas características várias grandes temáticas religiosas.

4.1.1 Crenças solares e cultos astrais

Os grandes deuses do céu começaram a aparecer no final do Neolítico, quando os habitantes do Crescente Fértil voltaram com mais insistência o olhar para o céu. Esse movimento religioso foi impulsionado por todos os milênios seguintes, desenvolvendo-se nos grandes cultos solares e lunares da Mesopotâmia e do Egito. A reviravolta religiosa rumo ao culto do sol e da lua foi acompanhada pela ins-

---

* "The Development of Religion". In: DANI, A.H. & MOHEN, J.P. (orgs.). *History of Humanity* – Scientific and Cultural Development. Vol. 1. Paris: Unesco, 1996, p. 98-106.

tituição dos calendários. O culto astral se intensificou desde os inícios da primeira Idade do Bronze, com os seus novos santuários, deuses, mitos, rituais e festas.

O movimento se difundiu para o mundo atlântico e mediterrâneo, ainda que o debate sobre o significado religioso de monumentos megalíticos como os menires está bem longe de ser concluído: eles já eram erigidos no Neolítico, e essa tradição prosseguiu até a Idade do Bronze. Atualmente, a maior parte dos especialistas concorda sobre um desses monumentos megalíticos, Stonehenge, na Planície de Salisbury em Wiltshire, cujo perfeito alinhamento ao sol nascente, no momento do solstício de verão, torna verossímil o fato de que esse extraordinário santuário fosse um templo dedicado ao sol.

Confirmações posteriores de símbolos religiosos correlatos provenientes da Idade do Bronze vêm do grande número de incisões em pedras colocadas diante do sol nascente, achadas na Escandinávia, nos vales alpinos, na Espanha, na África e em outras partes. Figuras com braços e mãos levantados ao sol são mostradas em adoração, enquanto outras seguram os seus utensílios ou armas como se os quisessem oferecer. Recentes descobertas de novos exemplos de arte rupestre parecem indicar uma expansão significativa dos cultos solares nesse período.

4.1.2 *Realeza sagrada e sacerdócio*

Desde o início do III milênio a.C. encontramos a mesma forma de governo da Índia até o Atlântico, seja entre os povos nômades, seja em grupos étnicos sedentários: à frente deles havia um líder de quem se reconheciam os poderes divinos. Os historiadores chamam tudo isso de realeza sagrada.

No Egito, instituiu-se uma teologia real a partir da I dinastia, cuja influência se conservou até o domínio dos Ptolomeus. A "teologia menfita" da pedra de Shabaka (BM n. 797) confirma que Menés, fundador da dinastia, é Hó-rus, o rei divino. Sob a V dinastia, a revolução solar de Heliópolis acrescentou aos títulos do faraó o de "grande deus, filho de Rá"; e, na sequência, a XII dinastia (2000-1788 a.C.), estabelecida em Tebas, acrescentou o título de "filho de Amon". No curso dos séculos, os sacerdotes desenvolveram a doutrina da teogamia, o nascimento divino do faraó, porque no início apenas a coroação investia o faraó da responsabilidade de construir templos e de guiar o ato quotidiano do culto. O faraó estabelecia uma imponente hierarquia de oficiais "da casa de deus" para administrar os templos, frequentemente com funções hereditárias. À época, esse "sacerdócio" adquiriu um poder econômico e político tal que se acreditou em condições de desafiar as decisões do rei, como em Tebas durante a XII dinastia.

A partir do IV milênio a.C., na Mesopotâmia cada cidade-Estado suméria era conduzida por um líder chamado *Lugal*, "grande homem", ou então *ensi*, "príncipe-sacerdote". Era nomeado por deus para governar a cidade e se supunha que vivesse no seu templo. Alguns textos descrevem a realeza como um poder proveniente dos deuses, uma tradição passada aos semitas, como acontece ainda na Babilônia e na Assíria, onde os nomes dos reis têm significados semelhantes. O poder lhes deriva da entronização e da coroação. Um léxico extenso, referido à luz divina e ao divino esplendor, foi usado para descrever os seus atributos. Desde quando o rei era responsável pela construção dos templos, organizando ofertas aos deuses, culto, sacrifícios e festas, os funcionários gradualmente o substituíram e diversas tarefas foram delegadas aos sacerdotes. Gradualmente, os sacerdotes foram convidados a agir como videntes e exorcistas.

No mundo arcaico indo-europeu, a unidade orgânica dos diversos componentes da sociedade, *brahman*, *kṣatriya* e *vaiśya*, era personificada pelo rei, *rajan*, que provinha da aristocracia guerreira. A sua consagração por um *brahman* fazia convergir sobre ele o carisma das outras duas funções, mas o ligava misticamente à primeira; daí o antigo termo *reg*, que significa essa primeira função e se conservou nas línguas indianas, latinas e célticas. O rei "dá a linha", seja na vida religiosa, seja na política. Dumézil[91] demonstrou a ambiguidade dessa função. Na Índia, o rei e o *brahman* formavam uma dupla equivalente àquela do rei e do druida entre os celtas. Em todo caso, a harmonia não dura para sempre, e assim, na Índia, no tempo dos *brahmana*, a casta sacerdotal impôs o seu querer sobre a sociedade. A função religiosa entre os povos germânicos, aliás, foi assumida por guerreiros, relegando o sacerdócio a um papel secundário. A herança indo-europeia reaparece nos primórdios da história de Roma e no Irã, onde foi favorecida pelos Aquemênidas.

A ideologia real indo-europeia e as teologias mesopotâmicas foram convergir na Anatólia, no II milênio a.C. Na época do Império Hitita (séc. XIV-XIII a.C.), o grande rei de Hattuša estava no ápice da hierarquia sacerdotal. Numerosos baixos-relevos de pedra retratam a dupla real que exercia prerrogativas sacerdotais. Em todo caso, a época do rei foi ocupada pela política e por campanhas militares e transmitiu

---

91. *L'ideologie tripartie des Indo-Européens*. Op. cit.

a responsabilidade do culto ao clero, numeroso, instruído e muito hierárquico, clero que, dadas as riquezas dos templos e os privilégios hereditários da classe sacerdotal, com o tempo, faz incursões nas esferas econômicas e diplomáticas.

Em Israel, a monarquia foi instituída tarde, sobre modelo asiático-ocidental e foi, segundo a Escola de Uppsala, uma "realeza divina". Os títulos bíblicos da monarquia davídica colocam o rei em relação com Iahweh: é escolhido por Iahweh, consagrado por Iahweh, filho de Iahweh, sacerdote segundo a ordem de Melquisedeque e salvador do seu povo. Esses vários títulos serão assumidos depois em referência ao Messias. Mesmo que não assumissem o título de sacerdote, os reis tinham autoridade sobre o culto, nomeavam sacerdotes e abençoavam o povo nas festas mais importantes. Abraão paga o dízimo a Melquisedeque, o rei-sacerdote.

Antes do exílio, em Israel a questão do sacerdócio era complicada. Era o chefe da família que oferecia sacrifícios e abençoava as crianças. Na época da Aliança, Moisés era um mediador e aspergia o sangue dos sacrifícios sobre o povo. Aarão, seu irmão, era um sacerdote, e a tribo de Levi tinha uma missão especial, particularmente depois do estabelecimento na Palestina. A transferência da Arca da Aliança a Jerusalém por parte de Davi assegurou a proeminência dos sacerdotes que trabalhavam no novo santuário. A partir desse momento ficaram claras a hierarquia e as funções do sacerdócio, mas a organização real do sacerdócio em Israel ocorreu depois do exílio.

4.1.3 Morte, sobrevivência e rituais funerários

A Idade do Bronze foi marcada por um desenvolvimento substancial das crenças na sobrevivência depois da morte. É o Egito que traz as provas mais evidentes, variando do antigo reino mastaba e as pirâmides até o novo reino *livro dos mortos* e incluindo tumbas de todos os períodos. As necrópoles eram hinos à vida e à vida além da morte. O simbolismo védico da imortalidade tem o sol como eixo, Agni (fogo) e *soma*, um elixir de vida proveniente do céu. O bramanismo enriquece esse significado concedendo ao rito sacrifical o poder de vencer a morte. Procedendo posteriormente, o pensamento dos *Upaniṣads* procura liberar a Índia do ritualismo bramânico, atribuindo aos atos humanos uma força que frutificará depois da morte.

Uma das características sociais do Neolítico ocidental foi a introdução de tumbas comuns. Segundo os arqueólogos, a primeira Idade do Bronze presenciou um retorno a sepulturas individuais ao norte dos Alpes e na Europa Setentrional: é a cultura da tumulação, com suntuosas tumbas ricas de bens sepulcrais, em que os corpos eram postos em ataúdes escavados em troncos de carvalho. No decorrer da Idade do Bronze tardia, apareceu na Europa Central, ao longo do Reno e na França, na Espanha e na Itália, uma inovação: "os campos de urnas" que implicavam a cremação do morto. Esse novo rito funerário deve ser visto ligado às crenças religiosas específicas: capaz de liberar a essência espiritual presa no corpo, de modo que possa alcançar o céu com facilidade. No âmbito da cremação recorrem também símbolos solares. Essas práticas de sepultura ocorreram nos reinos aqueus até o século V a.C.

4.2 As religiões sumérias e babilônicas e sua influência no Oriente

4.2.1 As divindades sumérias e acádicas

Chegando à Mesopotâmia no IV milênio a.C., os sumérios exerceram uma forte influência sobre os povos da região, através de suas cidades-Estado de Nipur, Eridu, Uruk, lagash, Ur e Mari. Os acádios, um povo semítico proveniente do Ocidente, misturaram-se aos sumérios. A escrita cuneiforme suméria foi inventada em torno de 3000 a.C., depois de várias tentativas; a escrita devia se tornar o meio com o qual exprimir o pensamento dos dois povos. Desenvolveu-se uma religião mesopotâmica, formulada em textos sumérios e acádicos. A partir de 2000 a.C. também textos babilônicos se acrescentaram a esses textos; hoje temos acesso a cerca de meio milhão de documentos.

Na língua suméria, o nome do ser divino era *dingir*; em acádico era *ilu* – duas palavras das quais não conhecemos a etimologia, ainda que o sentido dessas palavras é claro graças ao ideograma em estrela que sempre precedia o nome da divindade, que indicava que ele/ela vivia no céu. O divino, assim, era concebido como celeste: o mundo terreno era um reflexo dos céus. Um outro emblema do ser divino era uma coroa em forma de chifre, que simbolizava o touro, encontrada desde 8000 a.C. em Mureybet no Eufrates, como representação da divindade e, ao mesmo tempo, símbolo da mulher fecunda. Essa dupla noção de poder e fertilidade se encontra em toda a história do panteão mesopotâmico, composto por deuses e deusas. Vê-se, ademais, o princípio monárquico transferido do governo do país e refletido no mundo divino, regido por uma tríade: Na, o maior dos deuses; Enlil, deus da atmosfera; Enki, senhor da terra. É evidente que os sumérios vinculavam seu conceito de divino às atividades da natureza e à sua cultura.

Os povos sumérios e semitas dotavam suas divindades de forma humana, atribuindo-lhes a luz e o esplendor como suas características principais. O esplendor se manifesta como brilho que se irradia da estátua ou do templo da divindade; às vezes era semelhante a um manto cintilante. A luz pode também se tornar um halo que circunda a cabeça da estátua; a Índia, o Irã e o Ocidente adotaram essa representação mesopotâmica da divindade. No ritual babilônico, a coroação de estátuas das divindades tinha grande importância, porque se acreditava que conferisse a elas um poder sobrenatural.

4.2.2 Gênero humano, condição humana, realeza

As origens dos homens sobre a terra são explicadas em quatro narrativas míticas, de conclusões idênticas: os deuses criaram os seres humanos para que os servissem. Os decretos divinos (*me* em sumérico) governavam o funcionamento do cosmo e da sociedade: determinavam o destino de todo ser e asseguravam que uma pessoa ou uma função fosse conforme ao modelo desejado pelos deuses. O conceito do modelo foi desenvolvido pelos acádios dentro daquele de um rito a ser praticado. O serviço aos deuses era composto pela totalidade dos deveres humanos, incluindo o culto. Controlada pelos decretos divinos, a vida humana era vivida no tempo linear, terminando na morte que levava o defunto ao reino de Nergal, onde o morto era apenas uma sombra. Acreditando que o destino se revele nos fenômenos naturais, os mesopotâmios organizaram uma ciência e uma prática adivinhatória muito desenvolvidas e diferenciadas.

Para que a humanidade se beneficie disso, o senhor soberano An mandou a realeza à terra. O deus An escolheu o rei sumério com um olhar e o investiu do seu ofício, pronunciando o seu nome em voz alta. Conferiu ao rei a tiara e o trono, junto com as insígnias das suas funções de chefe do seu povo e servo dos deuses. Rei e sacerdote, ele conduzia diariamente serviços de culto nas moradas dos deuses, colocadas sob seus cuidados.

4.2.3 Formas de culto: o serviço aos deuses; a oração: o serviço ao gênero humano

Intimidados pela volta dos deuses dos céus, os mesopotâmios a consideravam a morada celeste dos seus grandes deuses. O rei já construía para eles até casas terrenas: templos e santuários, estruturas para os sacrifícios e as ofertas quotidianas, cujo esplendor é descrito nas tabuinhas, em torno da estátua da divindade. Os deuses eram nutridos, vestidos e cobertos de joias e perfumes. Por ocasião das festas mais importantes da lua nova, celebrando a luz celestial, e durante a festa do *akitu*, festa de ano-novo, os sacerdotes se dispunham a buscar o seu deus que descia do céu, subindo sobre as *ziggurat*, as grandes torres escalonadas [a gradini], providas de escadas que uniam os diversos andares. Era organizada uma grande procissão para obter a renovação da vegetação. Essa narração mítico-ritual de processos cósmicos foi assumida pelos hititas, em Ugarit e no Irã.

Na primeira história inspirada religiosamente – o reservatório da memória da antiga Ásia Ocidental – encontramos uma narrativa mítica do dilúvio, a obra de um gênio semítico sobre a pesquisa da imortalidade (a epopeia de Gilgamesh) e um poema babilônico da criação, o *Enuma Eliš*, escrito provavelmente no século XII a.C. em honra do deus Marduk, que faz se tornar senhor de todos os deuses e do gênero humano. Na esfera religiosa, as tabuinhas mesopotâmicas conservaram as primeiras grandes coletâneas de orações. A oração sumérica, *siskur*, era acompanhada por ofertas e por um gesto particular: o suplicante colocava a mão sobre a boca ou a erguia. Essas orações eram muito breves e os hinos eram normalmente litanias de louvor a deus. A maior parte das orações é em língua acádica: hinos, orações penitenciais, orações contra as calamidades, orações de acompanhamento das ofertas, orações reais pelo país. Junto ao culto oficial, celebrado nos templos, as orações dos indivíduos nos dão uma visão mais íntima da religião mesopotâmica, uma consciência da grandeza dos deuses a quem se dirigiam nos tempos de aflição.

4.2.4 Influências e difusão das religiões mesopotâmicas

a) Os hititas

Desde o VI milênio a.C. a Anatólia era muito ativa em âmbito religioso, como se pode observar nas cidades de Çatal Hüyük, Erbaba e Haçilar: santuários, afrescos, as figuras divinas da deusa e do touro, altares e ritos funerários. Quando nômades indo-europeus chamados hititas invadiram o país no III milênio a.C., adotaram diversos cultos locais áticos, que já eram bastante sofisticados. O sincretismo decorrente deu origem a cultos do sol, de montanhas e de colinas. Na sequência, os hurritas sírios influenciaram os teólogos e escribas de Hattuša, capital do Império Hitita (1380-1180 a.C.), fazendo-os conhecer os conceitos e os ritos religiosos da Babilônia, que foram incorporados no culto nacional. Ao lado dos panteões locais existia um panteão imperial hierárquico em que, como na Mesopotâmia, o mundo dos deuses era governado por um rei-sacerdote, o grande vigário do deus. A ideia de um corpo de sacerdotes como funcionários tem origem na religião sumérico-babilônica. Esses oficiais eram responsáveis pela organização dos templos em que as ofertas quotidianas eram feitas a deuses e deusas, onde a limpeza tinha um valor sagrado. As tabuinhas de Hattuša nos conservaram muitos textos de hinos e orações usados na liturgia ou em cerimônias reais. No mundo assírio-babilônico, os hinos eram sobretudo de louvor ao deus, enquanto os hinos hititas tinham um objetivo claramente utilitarístico: parece que a oração de pura adoração era desconhecida por eles. Sumérios e hititas recorriam às suas divindades quando estavam em grandes dificuldades: os primeiros se submetiam aos caprichos dos deuses, enquanto os hititas tinham uma atitude mais livre diante de suas divindades, talvez com influências indo-europeias.

b) Os cultos dos semitas ocidentais: Fenícia e Canaã

O nome comum da divindade era *el* ou *ilu*; indicava provavelmente a força ou o poder. El se torna a divindade suprema dos cananeus. No final do III milênio a.C., os amorreus – semitas da região do Médio Eufrates – levaram a influência mesopotâmica à Síria e à Palestina. Aparecem depois a deusa Anat e o deus Hadad: as divindades femininas assumem um papel importante nos cultos de fertilidade. Os deuses têm as suas moradas: um templo na cidade, uma simples pedra em outros lugares, o *beyt-el* ao centro de um pátio. O sacrifício era o banquete em honra da divindade. Quem presidia as grandes cerimônias litúrgicas era o rei. Nelas, as estátuas significavam a presença divina. O culto funerário do Neolítico se intensificou, mostrando uma contínua crença na sobrevivência. As tábuas de Ras Shamra são a única coleção de mitos semitas que temos e nos dão uma vaga ideia do pensamento religioso do século XIV ao XIII a.C. Como os mesopotâmicos, os semitas ocidentais acreditavam que a agricultura deveria sustentar a existência de deuses e homens.

c) Religião pré-védica na Índia e no Paquistão

Milhares de selos, uma série de cerâmicas decoradas, estatuetas masculinas e femininas, cenas religiosas e tumbas encontradas em Mohenjo-daro e em Harappa (Paquistão) e na Índia poderiam ser um sinal da influência mesopotâmica no final do III milênio a.C. A grande deusa e o grande deus levam a pensar em uma religião de fertilidade. Os chifres que simbolizam o poder, a coroa que representa o sol, o trono como sinal de majestade: o simbolismo representativo dos deuses babilônicos pode ser encontrado também nos selos do Vale do Indo já a partir do III milênio a.C. Um dia as 3.500 inscrições serão decifradas e darão uma resposta aos mistérios da religião do Vale do Indo.

4.3 A religião do Egito dos faraós

Durante o IV milênio a.C., o Egito mantinha contatos com a Síria e a Palestina e com o mundo sumério. Da Suméria, o Egito herdou o selo cilíndrico, a arte da construção com tijolos e a construção dos navios. Por volta de 3000 a.C., Menés unificou o país e construiu Mênfis, a capital. Os habitantes do Egito observavam com estupor as maravilhas da natureza: a aurora de cada dia; a cheia anual do Nilo; a impressionante regularidade das suas inundações; a abundância de água no tempo de estiagem; o lodo fértil, a vegetação viçosa sob o céu luminoso. A criação era vista como uma Idade do Ouro que dava origem à terra, à luz, ao gênero humano e à transformação do caos em cosmo.

4.3.1 As origens: os deuses e o mundo

Para os teólogos de Mênfis, a criação era obra do deus Ptah, que reunia em torno de si os oito deuses primordiais que tinha criado (enéade). Com as suas palavras e o seu coração criou o universo, visível e invisível. Introduziu as criaturas viventes e estabeleceu a justiça e as artes, as cidades e os santuários do Egito, a realeza, Mênfis e o seu templo. A realeza era uma característica do mundo dos deuses e do mundo dos homens. Ptah era, aliás, aquele que plasma os seres viventes, o autor de toda a criação, trazida à existência pela força da palavra divina.

Durante a terceira dinastia, Djoser fundou o poder real no culto do sol, associando o sacerdócio de Heliópolis ao seu governo. Essa doutrina aparece nos *Textos das pirâmides*, que apresentam Atum-Ra como criador do mundo e pai dos outros deuses. Ele começou criando a colina primordial, sobre a qual colocou a pedra *benben*. Tirava esse poder criativo da sua consciência, simbolizada pelo sol. O deus Ra era o primeiro rei do Egito e pai da enéade divina.

Na teologia de Hermópolis, ligada à capital do décimo quinto *nomo* do Alto Egito, o deus Thoth (criador dos oitos deuses – a octóade – que se fundiu com ele) era o deus primordial que depositou um ovo na colina de Hermópolis. Em uma variante dessa história, o cálice de lótus azul emergia do pântano primordial.

Por três milênios, os conceitos teológicos e a vida religiosa do Egito foram guiados por essas doutrinas sobre as origens, desenvolvidas nos colégios sacerdotais de Mênfis, Heliópolis e Hermópolis durante a primeira dinastia. Havia 753 divindades: deuses locais, deuses e deusas do cosmo, deuses sapientes. Tudo isso tinha um poder – *neter* – que o Egito tentava exprimir por meio das imagens, símbolos ou sinais que faziam suas representações parecerem tão estranhas.

4.3.2 O faraó e a observância religiosa

A maravilha dos egípcios diante da natureza lhes possibilitava perceber o mistério da vida e o seu caráter sagrado: a vida era a criação suprema dos deuses e era representada pelo signo misterioso – *ankh* – encontrado já em tempos pré-históricos e adotado pelos cristãos coptas. Esse sinal era inciso nos muros dos templos, em estelas funerárias e estátuas. Deuses e deusas ofereciam o signo ao faraó e aos mortos. A realeza era uma instituição divina, com o faraó como seu fiduciário em virtude da cerimônia da coroação em Mênfis. A missão soberana era de assegurar a continuidade da vida e a estabilidade do cosmos e a obra harmoniosa do mundo. Cada santuário (*naos*) continha a estátua do deus, diante da qual o faraó (através do sacerdote designado (funcionário)) cumpria ato de adoração ao alvorecer, ao meio-dia e à tarde com purificações, ofertas de alimento e perfumes. Por meio dessa cerimônia, diariamente o sacerdote invocava o poder divino para que descesse na estátua. Cada templo era uma casa de deus, mas também uma construção simbólica identificada com a colina primordial, sendo sua função a conservação da criação. A construção de um templo era privilégio real.

4.3.3 Os seres humanos e o seu destino

A humanidade está nas mãos dos deuses. Os egípcios tinham consciência das vicissitudes da sorte, mas tinham o sentido do sagrado e do amor pela vida. Estavam perfeitamente conscientes da forma linear da existência, tendente à imortalidade simbolizada pela múmia. Cheios de alegria de viver queriam levar para o além as coisas que tinham feito para a própria felicidade terrena. Nesse meio-tempo, tomavam todas as medidas possíveis para prolongar a vida: a coluna *djed* erigida para celebrar os trinta anos do reino do faraó; o sinal da vida; a casa da vida anexa a cada templo; as estatuetas de Osíris. O embalsamamento conferia aos mortos um corpo eterno. A doutrina das pirâmides falava da vocação celeste do rei, que era unido aos deuses. A partir da época do Novo Reino, no momento da morte, todo crente se tornava um Osíris; o ritual de embalsamamento era generalizado. O Livro dos Mortos, iniciado sob a décima oitava dinastia (que começa em 1580 a.C.) e ampliado continuamente até 650 a.C., era envolvido, selado e depositado sobre a cabeça da múmia: deveria ser o eterno companheiro do defunto.

4.3.4 Akhenaton, profeta do deus único e criador

O Novo Reino (1580-1085 a.C.) se baseava na adoração do deus Amon; Tebas se torna a capital política e religiosa do Egito, e o sacerdócio assume um papel central. Amenhotep IV abandonou Tebas para construir Akhenaton (Akhet--Aton, Tell el-Amarna), assumindo o nome de Akhenaton, "esplendor de Aton", e se fez rei-sacerdote e profeta do deus único, criador de todas as coisas, senhor de todos os povos. Uma religião universal do sol, a do deus Aton é representada pelo disco solar e substitui a do deus dinástico Amon. Os dois hinos Amarna que se conservaram mostram que a antiga doutrina de Heliópolis foi transferida de Ra a Aton, o deus único, criador universal. Em um só golpe, esse eliminou a doutrina tradicional, a teologia real e todos os outros deuses. A morte de Akhenaton, em 1352 a.C., marcou o fim da ruptura de Amarna com o passado.

Com o fim do Novo Reino, a criatividade religiosa do Egito faraônico chegou ao fim; na sequência o país se contentou em manter suas velhas tradições.

4.4 A religião de Israel

O nosso conhecimento da história e da religião de Israel deriva principalmente da Bíblia, mas no último século as escavações da Ásia Ocidental colocaram à disposição uma grande quantidade de preciosas informações acerca do aparecimento desse povo que sempre focalizou a própria identidade nacional sobre deus.

4.4.1 *Religião patriarcal*

No início havia uma religião tribal, datável ao fim do III milênio a.C. As tribos adoravam o deus El, chamado também Shaddai, protetor. Frequentavam santuários locais onde os patriarcas erigiam altares sobre os quais eram feitas as ofertas. O nome Abram (Abrão) pertence ao sistema onomástico encontrado no II milênio a.C. na Mesopotâmia. A partir da época em que se estabeleceu em Manbré, o seu nome se torna Abraão (Gn 17,5). Para diversas tradições, ele é o pai da fé de Israel em um deus único. A tardia tradição bíblica encoraja a importância da circuncisão como sinal da aliança de Abraão e da sua heroica obediência. Nasceu assim uma religião para todas as tribos baseada no reconhecimento do deus pessoal de Abraão, protetor dos indivíduos, certeza para os tratados e alianças intertribais. Essa religião implicava formas particulares de culto e um sacerdócio, guardiães locais do lugar sagrado, território de deus. Eles desenvolveram, junto com a religião dos santuários, um culto israelita do deus guerreiro Sebadt ou Sabaoth, que reunia as tribos para a vitória sobre os inimigos.

4.4.2 *Moisés e a religião da Aliança*

Quando os israelitas, ao sair do Egito, pararam para acampar perto do Sinai, a montanha de Deus, Iahweh fez uma aliança com o povo, revelando dez mandamentos a Moisés. A partir dessa época, a Aliança ocupa um lugar central na relação entre Iahweh e Israel. A virtude suprema é a lealdade, a fidelidade – *Khéséd* – da qual Iahweh é modelo. A fidelidade divina de Deus significa piedade e graça para o povo, já que Deus é o pai de Israel. Vista no contexto da aliança, a lei de Iahweh lhe fornece a base. Servir qualquer outro deus significaria que Israel estaria sujeito a outras leis e teria perdido a sua independência. Um componente originário da religião israelita é a proibição de imagens sacras: o que representa uma proibição absoluta da idolatria.

Israel associa Moisés e a sua obra à própria fundação como nação independente. Os historiadores inserem esse evento no século XIV a.C. A frase "O Deus que fez Israel sair do país do Egito" era para sublinhar a intervenção de Iahweh na história dos israelitas, e algumas práticas rituais como a celebração da Páscoa e o repouso no sétimo dia – o sábado – são ligadas a essa declaração. A Arca da Aliança com as tábuas da lei chegou a simbolizar o poder de Iahweh para o povo eleito. O culto era organizado em Silo e em outros santuários, como Betel e Guilgal.

4.4.3 A religião de Israel sob a monarquia

Quando as tribos se fixaram na Palestina, tinham já juízes que exerciam uma limitada autoridade. A realeza de modelo dinástico começou com Saul (c. 1030-1010 a.C.). Escolhido por Deus, o rei era responsável pelos santuários e pela organização do culto: os seus decretos eram dados por Deus. Davi (1010-970 a.C.) se apossou de Jerusalém, tornando-a a capital das tribos e instalou ali a Arca, de maneira a dar à própria autoridade a aura da presença divina, elevando Sião ao patamar de morada escolhida por Iahweh. Foi essa Arca que Salomão instalou no templo que construíra. Foi consagrado durante as festividades de outono, que daquele momento em diante se tornaram as grandes festas reais: na espera da chuva que trazia prosperidade. A era de Davi e Salomão testemunha a assimilação em larga escala dos santuários cananeus. Contíguo ao templo, o palácio real estava simbolizando a natureza divina da autoridade do rei. O sacerdócio permaneceu fiel ao ritual mosaico.

Existiam diversos elementos nessa religião monárquica. O rei era o servo de Iahweh, responsável pela organização do culto do deus nacional. Já havia uma religião popular, concentrada em lugares elevados e ainda influenciada pelos ritos cananeus, especialmente por aqueles ligados à fertilidade. A religião profética queria reagir a esses dois elementos, desenvolvendo as características pessoais e morais da religião do Deus de Abraão. Com Elias (séc. IX a.C.), o conflito entre rei e profetas se tornou aberto e se intensificou a oposição aos deuses fenícios. O movimento profético ganhou espaço. Eliseu, Amós, Oseias e Isaías chegaram a criticar a religião real e a purificá-la. Chamavam à tradição de Moisés e aos dez mandamentos e deram o máximo de si para erradicar os santuários locais.

4.5 Desenvolvimento e expansão das religiões indo-europeias

Durante o III milênio a.c., grupos de povos conquistadores vagaram entre a Índia e o Atlântico. No II milênio a.c. eles se fixaram gradualmente na Europa, nas margens ocidentais da Ásia, no Irã e na Planície do Indo e do Ganges. Falavam dialetos diversos de uma antiga língua comum, que se perdeu, que poderia ser chamada indo-europeu. Essa base comum deu origem a diversas línguas antigas e modernas, incluindo as línguas indo-iranianas, gregas, eslavas, germânicas, itálicas e célticas. Sendo a língua um instrumento do pensamento, o historiador e linguista francês Georges Dumézil (1898-1986) empreendeu um enorme trabalho comparativo, o que lhe permitiu determinar os mecanismos e os equilíbrios que davam forma à religião e à sociedade indo-europeia, e, portanto, às estruturas fundamentais do pensamento na era pré-histórica: uma teologia que dividia os deuses em três categorias, com funções que envolviam, respectivamente, a soberania, o poder ou a fertilidade. Essa teologia é análoga à subdivisão tripartida da sociedade. O léxico religioso usado em todas as línguas indo-europeias associa estritamente a ideia de um deus aos céus: luz, transcendência, soberania, paternidade.

4.5.1 A Índia védica e bramânica

Os indo-europeus alcançaram a Bacia do Indo, depois a do Ganges, por volta de 2000 a.C. Sua sociedade constava de três classes: os *brahman*, sacerdotes responsáveis pelas coisas religiosas; os *kṣatriya*, guerreiros e defensores; os *vaiśya*, que criavam os rebanhos e trabalhavam a terra. A compilação do conhecimento deles, conhecida como *Vedas*, proveniente de tradições imemoriais, trata de trinta e três divindades guardiãs da ordem cósmica. Mitra e Varuṇa eram os deuses supremos, Indra e Marut, os deuses guerreiros; e os Nāsatya ou Aśvin, os deuses da fecundidade e da fertilidade. Hinos, os *Ṛgveda*, eram cantados em louvor dos deuses durante os sacrifícios: a chama vivente era o deus Agni. A um milênio de distância, a conquista da Índia foi completa: as tradições orais védicas foram colocadas por escrito. Os sacerdotes começaram a impor os tratados sobre o sacrifício, o *Brahmana*, e dirigiram o conjunto da atividade religiosa à questão da imortalidade por meio de ritos sacrificais. O deus *soma* era a bebida da "não morte".

Em reação à imposição generalizada desse tipo de ritual, o caminho dos *Upaniṣads*, surgiu aproximadamente em 700 a.C. Ele defendia a obtenção da salvação colocando junto a identidade do *brahman* e do *atman*, o "Eu" com o puro Ser, pura Consciência e Beatitude. A libertação (*moksha*) é a fuga do *samsara*, o eterno retorno sobre essa terra como resultado das ações cumpridas em uma vida anterior. O ciclo do *Karman* deve ser desfeito de maneira que previna a transmigração da alma. Conhecimento, meditação e misticismo preparam o caminho para a salvação. No lugar do ritual, a Índia defendia o desenvolvimento da experiência da luz interior. O *brahman* era revelado tanto como imanente quanto como transcendente.

4.5.2 Zoroastro e o masdeísmo

O nome Irã provém de Irã-shahr, "país dos arianos". Na Índia, como no Irã, os invasores se consideravam "arianos'" (nobres). Antes de eles chegarem, entre 1200 e 1000 a.C., nas várias regiões do Irã Oriental praticavam-se as religiões da Ásia Central: um panteão feminino que constava de deusas, mas em que se pode reconhecer também o símbolo do touro; ritos funerários que atestam a crença em uma vida além da morte; o culto de uma grande deusa da segunda metade do III milênio a.C.; a gradual introdução de um panteão masculino com templos e santuários.

No século IX, no Irã Oriental, Zoroastro (Zaratustra), um *zotoar* – sacerdote e profeta –, empreendeu importantes reformas religiosas, substituindo com o culto de Ahura Mazdā o culto ariano. Essas reformas nos são conhecidas graças à análise dos *Gatha*, uma coleção de hinos composta pelo próprio reformador e conservada no *Avesta*, o livro sagrado do masdeísmo. Aqui Zoroastro declara a própria fé em um único deus supremo, sábio senhor e rei dos céus, guardião das leis.

Os três pares existentes de divindades funcionais – a da autoridade soberana, a do poder e a da fertilidade – foram substituídos por seis arcanjos, que constituem a corte celeste de Ahura Mazdā. São Vohu Manah, o Pensamento Correto; Aša, a Justiça; Khshathra, o Domínio; Armaiti, a Devoção; Haurvatat, a Saúde; Ameretat, a Imortalidade. As relações entre o deus supremo e a humanidade são guiadas por essas seis entidades.

Junto com esse monoteísmo há também um dualismo com dois espíritos que lutaram pelo controle do mundo: um espírito do bem, Spenta Mainyu, que dá origem à vida, que dá a salvação e a imortalidade, e o seu adversário Ahra Mainyu, o espírito do mal, corruptor, mentiroso, que dá origem à morte. Os seres humanos são livres para escolher entre bem e mal e essa escolha determina a salvação de cada um após a morte e o julgamento. Não é mais uma questão de reencarnação, mas trata-se da recompensa na "Casa do Louvor" ou da recompensa com a permanência na "Casa das Sombras". Zoroastro ensinava também a ideia de uma renovação do mundo e substituiu o tempo linear pelo tempo cíclico.

A comunidade masdeísta se formou pouco depois da morte do profeta. O seu credo era a fé em Ahura Mazdā, mas durante esse período misturava-se com crenças populares derivadas da antiga religião ariana. O masdeísta usava um cíngulo, lembrança do fio bramânico [*kusti*]. O elemento central do culto se tornou o ritual do fogo: o fogo simbolizava o sacrifício ancestral, mas também a luz do Senhor Sábio. O masdeísmo era tanto uma comunidade de crentes quanto um esforço solene em prol do bem e da justiça. A comunidade praticava o matrimônio endogâmico como meio de preservação da pureza de sua doutrina e do ideal de sua luta pela verdade.

4.5.3 Os indo-europeus na Europa

Talvez tenhamos poucas informações acerca dos indo-europeus da Idade do Bronze na Europa: os celtas constituíam o ramo mais oriental e se encontravam na Gália e nas ilhas britânicas nos séculos X-IX a.C. Quando os romanos conquistaram essas regiões, encontraram uma estrutura social e religiosa claramente tripartida: a classe dos druidas, que eram sacerdotes, expertos legais e guardiões das tradições; a aristocracia militar, que possuía o país; os agricultores e pecuaristas que possuíam os rebanhos. Essa categorização corresponde àquela das sociedades indo-iranianas e se reflete em todas as tradições religiosas célticas.

Uma série de estátuas-estelas do III milênio a.C. achada nos vales alpinos da Itália (em Valtellina, Vale Camonica e Alto Adige) tinha uma decoração esculpida em três fileiras. No registro mais alto, o artista esculpiu um símbolo solar ou uma figura humana; no registro do meio há representações de punhais; no registro mais baixo, cenas relacionadas à criação de rebanhos, à agricultura ou símbolos da água e da vegetação. Não seriam traços de uma presença indo-europeia nos vales alpinos no início do III milênio a.C.?

A pesquisa de Georges Dumézil levou à descoberta em Roma de uma ideologia trifuncional datada do período arcaico. Essa ideologia tem três figuras principais: Rômulo, o divino filho de Júpiter, para quem são feitas suas promessas; Lucumão, o seu aliado etrusco, estrategista militar; e Tito Tácio, chefe dos sabinos. Isso provocou uma reviravolta no estudo das origens da religião romana, evidenciando a importância da herança indo-europeia no desenvolvimento de tais religiões desde a fundação de Roma em 753 a.C.

Resta agora considerar a presença dos indo-europeus na Grécia durante a Idade do Bronze, particularmente no contexto do seu encontro com a religião cretense.

4.6 Religiões mediterrâneas

4.6.1 A religião minoica

Por volta da metade do III milênio a.C., em Creta, povos que chegavam do Sul e do Leste desenvolveram técnicas de manipulação do bronze. Era o início da cultura minoica (o termo "minoico" vem do nome do lendário Rei Minos). Durante o meio do período minoico (2000-1580 a.C.), a cultura e a religião dependiam do palácio de Cnossos e Mália. Esse período viu o aparecimento da escrita hieroglífica e a chegada dos primeiros grupos de indo-europeus na área. A civilização alcançou o seu ápice na fase minoica tardia (1589-1450 a.C.). A cultura cretense começou seu declínio com a ascensão da hegemonia micena e grega.

Os antigos santuários minoicos se localizavam no alto de colinas e montanhas e em cavernas e labirintos, indicando a importância assumida pela iniciação aos mistérios, confirmada a seguir. Os elementos centrais do culto simbólico eram a deusa da fertilidade e o touro. A "Senhora dos animais selvagens" continuou a viver na mitologia grega. Com a construção dos palácios, o culto da deusa assumiu um significado maior dentro da morada sagrada que lhe foi reservada; a presença do rei-sacerdote que conduzia o ritual; o seu trono como objeto de veneração, a sua epifania; os ritos de iniciação, celebração dos mistérios da vida, da morte e do renascimento; as danças sagradas e as tauromáquias. A religião observada no templo-palácio cretense era uma verdadeira síntese dos cultos da deusa e do touro oriundos da Ásia Ocidental e do mundo mediterrâneo a partir do Neolítico.

4.6.2 A religião aqueia e micena

No início do II milênio a.C., sucessivas ondas de indo-europeus invadiram a Grécia, onde encontraram cultos de fertilidade do mundo mediterrâneo. Os aqueus traziam consigo o cavalo, as suas sofisticadas cerâmicas e um panteão celeste de deuses masculinos submetidos a Zeus, o Dyaus dos arianos. Uma segunda invasão em larga escala deu origem à brilhante civilização micena que dominou no Peloponeso, na Beócia e na Ática, estendendo-se até Creta. Essa civilização floresceu entre 1580 e 1100 a.C.

As tabuinhas achadas em Cnossos, Pylos e Micenas se referem a Zeus, Era, Atena, Poseidon e Dionísio. Em Pylos se desenvolveu em torno do rei uma ampla classe sacerdotal: as suas funções eram especializadas e subdivididas entre os dois sexos, iam do sacerdote responsável pelos sacrifícios aos guardiões do tesouro, e abaixo até o padeiro. Os deuses e as deusas das duas civilizações se encontraram, mas a sociedade indo-europeia foi submetida à influência significativa de Creta. O período miceno construiu os fundamentos da religião grega: a maior parte das divindades, dos cultos e dos mitos, os santuários de Delfos, Olímpia, Elêusis e Delo e a Acrópole de Atenas. As extraordinárias tumbas micenas testemunham a sólida crença na sobrevivência. Nesse período floresceu também a iniciação.

4.6.3 Da religião cretense-micena à religião da cidade

A civilização cretense-micena desapareceu por volta de 1100 a.C. Tribos de guerreiros indo-europeus chegaram na região e ocuparam a Grécia, as regiões costeiras da Anatólia e as ilhas egeias. Eles construíram as primeiras cidades sob a supervisão do tirano. Acentuaram-se os traços indo-europeus do panteão, com Zeus que ocupava o primeiro lugar. O deus lício Apolo apareceu nos santuários de Delo e de Delfos. Afrodite, uma transformação da deusa fenícia Astarte, chegou à Grécia por Creta. Foi adotada a deusa cária Ecate, junto com a deusa frígia Cibele. A iniciação de adolescentes e jovens se tornou cada vez mais importante.

Por volta do ano 800 a.C. ocorreu uma profunda transformação na Grécia. A política de urbanização levou à criação das cidades, e isso causou a erradicação e a transferência dos cultos locais, junto com a transformação da arquitetura religiosa. Os antigos santuários deram lugar aos templos nos quais o prestígio da cidade tinha precedência sobre a fé. A constituição da *polis* – a cidade grega – impulsionou um culto político: era dever das divindades guardiãs vigiar o povo, a propriedade e a cidade. A religião popular era voltada a Dionísio e ao mesmo tempo a Demeter e Core, cujos mistérios eram celebrados em Elêusis.

Desenvolveram-se duas correntes religiosas: de um lado o culto oficial dos deuses da *polis*; do outro os mistérios e as iniciações. O primeiro era político e associado à cidade. O segundo era místico: buscava a salvação pessoal e a imortalidade. Os documentos fundamentais de uma nova tendência no pensamento religioso grego apareceram no século VIII. A *Ilíada* e a *Odisseia*, atribuídas a Homero, trazem o vasto panteão das divindades gregas em suas relações com os seres humanos. Hesíodo, no seu *Os trabalhos e os dias*, apresenta Zeus como protetor do gênero humano e chefe dos juízes. A sua *Teogonia* é o mais antigo relato da mitologia grega.

4.7 A religião chinesa na Idade do Bronze

O documento mais antigo da religião na China se refere à cultura neolítica do Yangshao no V milênio a.C.; os utensílios e os alimentos encontrados nas tumbas indicam a crença em uma vida além da morte. Temos mais documentos a respeito da Idade do Bronze, sob a Dinastia Shang (1751-1028 a.C.): vasos decorados, tumbas reais, inscrições oraculares em ossos de animais. O deus supremo Shang-Ti governava os ritmos do cosmo e os fenômenos naturais. Dava ao rei a vitória em batalha e assegurava uma colheita abundante. Era adorado em dois contextos: nos santuários dos antepassados e nas regiões rurais. Eram cultos agrários, cujas duas pilastras eram a autoridade do rei e a dos antepassados. O primeiro antepassado do rei se acreditava descendente de Shang-Ti. A alternância normal das estações era garantida pelos sacrifícios. Nas tumbas reais, os arqueólogos descobriram ossos de animais, mas também restos de vítimas humanas, provavelmente sacrificadas para acompanharem o rei no outro mundo. As tumbas eram as casas dos mortos. Quando um palácio ou um templo eram construídos, os sacrifícios humanos garantiam sua solidez e durabilidade.

Em 1028 a.C. a Dinastia Zhou testemunhou o início de um período de bastante prestígio sob os auspícios da divindade celeste T'ien (céu) ou Shang-Ti (senhor dos céus) que, da sua posição no centro do céu, via e ouvia todas as coisas. Protegia a dinastia porque o rei era seu filho e, como tal, era a única pessoa com a prerrogativa de oferecer sacrifícios ao deus. O culto dos antepassados continuava; a tabuinha então era posta mais no templo dos antepassados do que nas construções sepulcrais precedentes.

Além do deus supremo, havia uma multidão de outras divindades: os deuses da terra, do vilarejo e do feudo. Textos e mitos descrevem como esse foi um período em que os chineses voltavam os olhos ao céu, especulando sobre a natureza do cosmo e sobre o lugar que aí ocupa o homem, inventando símbolos e ritos que representavam a harmonia universal da tríade formada por céu, terra e gênero humano. A originalidade dessa concepção do sagrado está na alternância, e na complementaridade, entre os dois polos *yin* e *yang*, princípios opostos e correlatos, cuja interação tecia a fábrica da vida. Esse conceito aparece no século V a.C.

4.8 Conclusões

A Idade do Bronze foi uma época fundamental da história das religiões. Viu o desenvolvimento das grandes religiões da Ásia Ocidental e do mundo mediterrâneo: Suméria, Babilônia, Egito, Israel, Índia, Irã e Grécia. Os fundadores dessas religiões, como Abraão, Moisés ou Zoroastro, eram com frequência personalidades que deixaram sua marca na história de seus povos. Os primeiros sistemas religiosos surgidos em larga escala continuarão a oferecer modelos pelos milênios seguintes. Primeiramente a divindade do soberano, que assume formas ligeiramente diferentes no Egito, Mesopotâmia, Índia e no mundo indo-europeu, Israel e Creta. O sacerdócio era também associado às várias culturas, já desempenhando em toda parte uma dupla função: de um lado desenvolvendo um sistema teológico capaz de explicar Deus, os homens e o mundo; e de outra, estabelecendo rituais para o culto dos deuses que fossem dignos deles.

Ademais, esses dois milênios legaram uma herança muito rica para a humanidade: as primeiras grandes teologias e cosmogonias; uma série de doutrinas coerentes sobre a condição humana, sobre o valor das ações, sobre o juízo e a vida depois da morte, sobre o significado do destino humano. A invenção da escrita se tornará um dos eventos mais importantes dessa era: desse momento em diante, daria à humanidade os seus livros sagrados e os seus santuários e templos. Religião e cultura se tornaram inseparáveis.

Em todo caso, o evento central da Idade do Bronze foi a criação de Israel. Consciente da revelação feita a Abrão sobre o único Deus e sobre a aliança entre Iahweh e Moisés sobre o Sinai, o povo de Israel assumirá o seu específico destino entre os povos da antiga Ásia Ocidental.

Em décadas recentes, o estudo da arte rupestre se desenvolveu significativamente. Vemos que os trabalhos em metal tornavam possível a manufatura de carros e armas, novos símbolos de poder que terminam em mudanças culturais de grande alcance. O estudo do Calcolítico e da Idade do Bronze deveria, assim, despertar grande interesse entre os historiadores das religiões. Os primeiros estudos sobre a arte da Idade do Bronze, mais precisamente, incisões de pedra na Europa e na África, revelaram uma série de sinais que testemunharam novas atitudes: uma predileção pelas armas, um número impressionante de cenas de combate, uma multiplicidade de símbolos de força e guerra. Ainda que existam muitos documentos sobre cultos solares, os ritos de fertilidades, bastante comuns no Neolítico, são muito menos conspícuos. A invenção do carro e das armas fez com que a luta e o combate aparecessem como mais importantes do que a agricultura. Os símbolos femininos se tornaram menos comuns. Há de se perguntar se tudo isso representa uma mudança na direção dos mitos do guerreiro e do herói.

Bibliografia

ANATI, E. (org.). *Prehistoric Art and Religion*. Milão: Jaca Book, 1983 [Valcamonica Symposium, 79].

_____. *Les religions de la préhistoire*. Bréscia: del Centro, 1975 [Valcamonica Symposium, 72].

BARGUET, P. *Le livre des morts des anciens Égyptiens*. Paris: du Cerf, 1967.

BARUCQ, A. & DAUMAS, Fr. *Hymnes et prières de l'Égypte ancienne*. Paris: du Cerf, 1980.

BERGAIGNE, A. *La religion védique d'après les hymnes du Rig-Veda*. 2. ed. Paris: Champion, 1963.

BONNEFOY, Y. (org.). *Dictionnaire des mythologies et des religions des sociétés traditionnelles et du monde antique*. Paris: Flammarion, 1981 [trad. it.: *Dizionario delle mitologie e delle religioni* – Le divinità, l'immaginario, i riti, il mondo antico, le civiltà orientali, le società arcaiche. Milão: Rizzoli, 1989].

BOTTERO, J. *Mésopotamie* – L'écriture, la raison et les dieux. Paris: Gallimard, 1987.

BOTTERO, J. & KRAMER, S.N. *Lorsque les dieux faisaient l'homme* – Mythologie mésopotamienne. Paris: Gallimard, 1989 [trad. it.: *Uomini e dei della Mesopotamia* – Alle origini della mitologia. Turim: Einaudi, 1992].

BUDGE, E.A.W. *Osiris*: the Egyptian Religion of Resurrection. 2. ed. Nova York: Kegan Paul, 1961.

BURKERT, W. *Griechische Religion der archaischen und klassischen Epoche*. Stuttgart: Kohlhammer, 1977 [trad. it.: por G. Arrigoni: *La religione greca di epoca arcaica e classica*. 2. ed. Milão: Jaca Book, 2003].

CASAL, J.M. *De la Mésopotamie à l'Inde* – La civilisation de l'Indus et ses énigmes. Paris: Fayard, 1969.

CASSIN, E. *La splendeur divine* – Introduction à l'étude de la mentalité mésopotamienne. Paris/Haia: Mouton, 1968.

CAZELLES, H. *La Bible et son Dieu*. Paris: Desclée de Brouwer, 1989 [trad. it.: por C. Valentino: *La Bibbia e il suo Dio*. Roma: Borla, 1991].

_____. «La religion d'Israël». In: PIROT, L. & ROBERI, A. (orgs.). *Catholicisme hier, aujourd'hui, demain*. Vol. X. Paris: Letouzey et Ané, 1985, col. 240-277.

De VAUX, R. *Les institutions de l'Ancien Testament*. Paris: du Cerf, 1961 [trad. it.: por G. Marocco Arcozzi: *Le istituzioni dell'Antico Testamento*. Gênova/Milão: Marietti, 2002].

DI NOLA, A.M. (org.). *Enciclopedia delle religioni*. Florença: Vallecchi, 1970-1976.

DUCHESNE-GUILLEMIN, J. *La religion de l'Iran ancien*. Paris: PUF, 1962.

DUMÉZIL, G. *L'idéologie tripartie des Indo-Européens*. Bruxelas, 1958 [col. Latomus, 31] [trad. it.: com intr. de J. Ries: *L'ideologia tripartita degli Indoeuropei*. 2. ed. Rímini: Il Cerchio, 2003].

ELIADE, M. (org.). *The Encyclopedia of Religion*. Londres/Nova York: Macmillian, 1987 [trad. it.: por D.M. Cosi, L. Saibene, R. Scagno: *Enciclopedia delle religioni*. Milão: Jaca Book, 1993-2007].

_____. «Les religions de la Chine ancienne». In: ELIADE, M. (org.). *Histoire des croyances et des idées religieuses*. Vol. 11: De Gautama Bouddha au triomphe du christianisme. Paris: Payot, 1978, p. 9-46 [trad. it.: *Storia delle credenze e delle idee religiose*. Vol. II: Da Gautama Buddha al trtonfo del cristianesimo. Florença: Sansoni, 1996].

_____. *Histoire des croyances et des Idées religieuses*. Vol. I: De l'âge de la pierre aux mystères d'Eleusis. Paris: Payot, 1976 [trad. it.: *Storia delle credenze e delle idee religiose*. Vol. I: Dall'età della Pietra ai Misteri Eleusini. Florença: Sansoni, 1996].

_____. "The Sky and Sky Gods". In: *Patterns in Comparative Religion*. Londres/Nova York, 1958, cap. 2.

_____. *Traité d'histoire des religions*. 6. ed. Paris: Payot, 1948 [6. ed.: 1974] [trad. it.: por V. Vacca, G. Riccardo e P. Angelini: *Trattato di storia delle religioni*. 9. ed. Turim: Bollati Boringhieri, 1999].

ERMAN, A. *Die Religion der Ägypter* – Ihr Werden und Vergehen in vier Jahrtausenden. 2. ed. Berlim, 1968.

FAULKNER, R.C. (org.). *The Ancient Egyptian Pyramid Texts*. Oxford: The Clarendon, 1969.

FRANKFORT, H. *Kingship and the Gods* – A Study of Ancient Near Eastern Religion. Chicago: The University of Chicago Press, 1978.

GARELLI, F. *Le Proche-Orient asiatique des origines aux invasions des peuples de la mer*. Paris: PUF, 1969.

GONDA, J. *Religionen Indiens*. I. Veda und älterer Hinduismus. Stuttgart: Kohlhammer, 1960 [trad. it.: *Le religioni dell'India* – Veda e antico Induismo. Milão: Jaca Book, 1981].

GOYON, J.C. *Rituels funéraires de l'ancienne Égypte*. Paris: du Cerf, 1972.

GRANET, M. *La religion des Chinois*. Paris: PUF, 1980 [trad. it.: *La religione dei Cinesi*. Milão: Adelphi, 1994].

GUIART, J. *Les hommes et la mort* – Rituels funéraires à travers le monde. Paris: Le Sycomore, 1979.

International Congress for the History of Religions (Roma, 1955), La regalità sacra — The Sacred Kingship. Leiden: Brill, 1959.

JACOBSEN, T. *The Treasures of Darkness* – A History of Mesopotamian Religion. New Haven/Conn: Yale University Press, 1976.

JAMES, E.O. *The Worship ofthe Sky-God* – A Comparative Study in Semitic and Indo-European Religion Londres: Athlone, 1963.

KEES, M. *Der Götterglaube im alten Ägypten*. Leipzig: Hinrichs, 1941.

KLIMKEIT, H.J. (org.). *Tod und Jenseits im Glauben der Völker*. Wiesbaden: Harrassowitz, 1978.

KÖNIG, F. *Zarathustras Jenseitsvorstellungen und das Alte Testament*. Viena: Herder, 1964.

LABAT, R. et al. *Les religions du Proche-Orient* – Textes et traditions sacrés babyloniens, ougaritiques, hittites. Paris: Fayard-Denoel, 1970.

LAGRANGE, J.M. *Études sur les religions sémitiques*. Paris: Lecoffre, 1903.

LEBRUN, R. Hymnes et prières hittites. Centre d'Histoire des Religions, Louvain-la--Neuve, 1980.

LITTLETON, C.S. *The New Comparative Mythology* – An Anthropological Assessment of the Theories of Georges Dumézil. 3. ed. Berkeley: University of California Press, 1982.

MASPERO, H. *Le taoïsme et les religions chinoises*. Paris: Gallimard, 1971.

_____. *Les religions chinoises*. Paris: PUF, 1950.

MORENZ, S. *Ägyptische Religion*. Stuttgart: Kohlhammer, 1960 [trad. it.: por G. Glaesser e W. Perretta.: La religione egizia. Milão: Il Saggiatore, 1968].

MYLONAS, G. *Ancient Mycenae, the Capital City of Agamennon*. Princeton, 1956.

NILSSON, M.P. *Geschichte der griechischen Religion*. Vol. l: Die Religion Griechenlands bis aus die griechische Weltherrschaft. Vol. 2: Die hellenistische und römische Zeit. 3. ed. Munique: Beck, 1981.

NOTH, M. *Geschichte Israels*. 2. ed. Göttingen: Vandenhoeck & Ruprecht, 1954 [trad. it.: por C. Marocchi Santandrea e G. Odasso: Storia d'Israele. Bréscia: Paideia, 1975.

NYBERG, N.S. *Die Religionen des alten Iran*. 2. ed. Osnabrück: Zeller, 1966.

POUPARD, P. et al (orgs.). *Dictionnaire des religions*. Paris: PUF, 1984 [2. ed.: 1985] [trad. it.: *Grande dizionario delle religioni* – Dalla preistoria ad oggi. 3. ed. Casale Monferrato/Assis: Piemme/Cittadella, 2000].

PUECH, H.C. (org.). *Histoire des religions*. 3 vols. Paris: La Pléiade/Gallimard, 1970-1976 [trad. it.: *Storia delle religioni*. 4 vols. Milão: Mondadori, 1997].

RENOU, L. & FILLIOZAT, J. *L'Inde classique* – Manuel des études indiennes. 2. ed. Paris: Librairie d'Amerique et d'Orient, 1985.

RINGGREN, H. *Israelitiscbe Religion*. Stuttgart: Kohlhammer, 1966 [trad. it.: por M.R. Limiroli, com introdução de G. Ravasi: *Israele* – I padri, l'epoca dei re, il giudaismo. Milão: Jaca Book, 1987].

RIVIÈRE, J.C. *Georges Dumézil à la découverte des Indo-Européens*. Paris: Copernic, 1979 [trad. it.: por A. Campi: *Georges Dumézil e gli studi indoeuropei* – Una introduzione. Roma: Settimo Sigillo, 1993].

SETHE, J.C. *Urgeschichte und ülteste Religion der Ägypter*. Leipzig: Deutsche Morgendländische Gesellschaft, 1930.

SEUX, M.J. (org.). *Hymnes et prières aus dieux de Babylonie et d'Assyrie*. Paris: du Cerf, 1976.

STEPHENSON, C. (org.). *Leben und Tod in den Religionen*. Darmstadt: Wissenschaftliche Buchgesellschaft, 1980.

WATSSON, W. *Early Civilization in China*. Londres: Thames & Hudson, 1966.

WIDENGREN, G. *Die Religionen Irans*. Stuttgart: Kohlhammer, 1968.

Bibliografia complementar (acrescentada pelo autor, 2008)

BAURAIN, C. (org.). *Les Grecs et la Méditerranée orientale* – Des siècles obscurs à la fin de l'époque archaïque. Paris: PUF, 1997 [Nouvelle Clio].

BLASQUEZ, G.M. et al. (orgs.). *Historia de las religiones de la Europa Antique*. Madri: Catedra, 1994.

CAUVIN, J. *Naissance des divinités* – Naissance de l'agriculture: La révolution des symbols au Néolithique. Paris: CNRS, 1994 [trad. it.: *Nascita delle divinità e nascita dell'agricoltura* – La rivoluzione dei simboli nel Neolitico. Milão: Jaca Book, 1997].

FILORAMO, G. (org.). *Historia delle religioni* – Le religioni antiche. Vol. 1. Roma/Bari: Laterza, 1994.

LAFFINEURS, R. & HÄGG, R. (orgs.). "Pornia – Deities and Religion in the Aegean Bronze Age, 8th Intern. Aegean Conference Göteborg (April 2000)". In: *Aegeum*, t. 22, 2001.

MADDOLI, G. *La civiltà micenea*. Roma/Bari: Laterza, 1992.

RIES, J. (org.). *La civiltà del Mediterraneo e il sacro*. Milão: Jaca Book, 1992 [trad. fr.: *Les civilisations méditerranées et le sacré*. Turnhout: Brepols, 2004].

_____. *L'uomo indoeuropeo e il sacro*. Milão: Jaca Book, 1991 [trad. fr.: *L'homme indoeuropéen et le sacre*].

SERGENT, B. *Les Indo-Européens* – Histoire, langues, mythes. Paris: Payot, 1995.

5

Alguns aspectos da ciência das religiões ao final do século XIX*

Lucienne Portier acabou de nos mostrar de maneira objetiva, clara e detalhada as partes essenciais do dossiê Hyacinthe Loyson. Parece-nos útil, além desta apresentação, recordar brevemente alguns elementos referidos ao pano de fundo cultural, político, religioso e histórico desse dossiê. Alguns eventos do final do século XIX são conhecidos por todos: o Concílio Vaticano I, a guerra franco-alemã e suas repercussões na França, a ofensiva da laicidade. Menos conhecidas talvez sejam as peripécias ligadas ao nascimento, no século XIX de uma nova disciplina que, buscando a própria identidade e o seu próprio caminho, se apresentava sob várias etiquetas: história das religiões, ciência das religiões, hierologia, história da religião, hierografia, *Religionswissenschaft*, *History of Religion*[92].

O século XIX é o século da descoberta de uma parte importante do patrimônio religioso e cultural da humanidade: as civilizações antigas da Índia, da Mesopotâmia, do Irã, do Oriente Próximo, do Egito. Assim, assistimos o nascimento do indianismo, da assiriologia, da iranologia, dos estudos indo-europeus, da

---

* Publicado originalmente como: "Quelques aspects de la Science des religions à la fin du XIXᵉ siècle". In: PORTIER, L. (org.). *Christianisme, Église et Religion*: le dossier Hyacinthe Loyson (1927-1912). Lovain-la-Neuve: Centre d'Histoire des Religions, 1982, p. 147-172 [col. Cerfaux-Lefort, 4].
92. BRICOUT, J. *Où em est l'histoire des religions*. Paris [2 vols: 1911; 1912]. • HUBY, J. *Christus, manuel d'histoire des religions*. Paris: Beauchesne, 1912. • PINARD DE LA BOULLAYE, H. *L'étude comparée dès religions*. 2 vols. 3. ed. Paris: Beauchesne, 1929. Para a bibliografia dos autores, dispomos de um instrumento precioso: WAARDENBURG, J. *Classical Approaches to the Study of Religion*. 2 vols. Haia/Paris: Mouton, 1973 [vol. 2 é inteiramente dedicado à bibliografia].

gramática comparada, da pré-história, da egiptologia. Grande época colonial, o século XIX presenciou o desenvolvimento das pesquisas a respeito das culturas e religiões dos povos sem escrita. Há um choque entre as tendências filosóficas subentendidas também no âmbito da ciência das religiões. As concepções de Auguste Comte e de Charles Darwin exerceram notável influência e foram usadas para formular a tese sobre a origem e evolução da religião. As teorias se sucedem e se acumulam: positivismo, manismo, animismo, panbabilonismo, totemismo, magismo[93].

Ao final do século XVIII, delineia-se na Alemanha uma reação contra o *Aufklärung*: é o movimento do *Sturm und Drang*. Sob a influência de J.G. Herder (1744-1803) e de F. Creuzer (1771-1858), o mito e o símbolo são submetidos a uma nova investigação. A poesia é considerada como a língua materna da humanidade. Deus fala aos homens através da natureza. Herder ensina que a mais antiga linguagem hieroglífica na humanidade é a linguagem do sol nascente, que permite ao homem descobrir Deus tanto como luz quanto como perfeição[94]. Creuzer é tomado pelo entusiasmo diante da descoberta do pensamento religioso da Índia, e o situa nas origens da religião da humanidade[95]. Com os seus trabalhos sobre a filosofia da mitologia, F. Schelling exerce uma profunda influência[96]. A seus olhos, o conjunto dos mitos da humanidade representa um movimento profético paralelo ao profetismo de Israel. Mitos e mistérios são expressões da esperança da humanidade: o messianismo ultrapassa as fronteiras de um único povo. As teorias de Schelling constituem a contribuição mais significativa a esse movimento de reação ao *Aufklärung*, para o qual os irmãos Schlegel encontram um nome: Romantismo.

---

93. SCHMIDT, W. *Ursprung und Werden der Religion* – Theorien und Tatsachen. Münster: Aschendorff, 1930 [trad. fr.: *Origine et évolution de la religion* – Les théories et les faits. Trad. de A. Lemonnyer. 4. ed. Paris: Grasset, 1931].

94. Von HERDER, J.G. *Älteste Urkunde des Menschengeschlechts*: Eine nach Jahrhunderten enthüllte heilige Schrift. 2 vols. Stuttgart/Tübingen, Johann G. Müller, 1774-1776 [*Opera Omnia*. 33 vols. 1877-1913] [org. de B. Suphan] [trad. fr. de Max Rouche: *Idées pour la philosophie de l'histoire de l'humanité*. Paris, 1962; *Une autre philosophie de l'histoire*. Paris, 1964].

95. CREUZER, F. *Symbolik und Mythologie der alten Völker*. 4. vols. Leipzig/Darmstadt: K.W. Leske und Heyer/Leske, 1810-1812 [reimpressão: Hildesheim: Olms, 1973] [trad. fr. de J.D. Guigniaut: *Religions de l'antiquité, considérées principalement dans leurs formes symboliques et mythologiques*. Paris, 1825-1841]. Cf. tb. MÜNCH, M.M. *La "symbolique" de Friedrich Creuzer*. Paris: Ophrys, 1976.

96. Von SCHELLING, F.W. Einleitung in die Philosophie der Mythologie. Stuttgart, 1857 [trad. it.: De L. Lotito: *Introduzione filosofica alla filosofia della mitologia*. Milão: Bompiani, 2002].

Alinhando-se com o Romantismo, Benjamin Constant (1767-1830) tenta uma síntese da dupla corrente de pensamento da época[97]. Toma a religião como elemento da alma humana, que tem sua fonte no sentimento e é natural, original e universal. Trata-se de um sentimento comum a todos os homens, e isso constitui o fundamento do caráter coletivo da religião. As religiões primitivas tornaram-se gradativamente religiões sacerdotais. Explica-se dessa maneira a mudança que vai da adoração à exploração. Religião, moral e direito se conjugam. A tentativa de B. Constant de elaborar uma síntese estudando os fatos religiosos na tríplice ótica de sua fonte, de suas formas e dos seus efeitos representa um fator notável na pesquisa do século XIX.

O grupo fundador do Romantismo alemão, animado pelo idealismo de Platão e pela filosofia de Kant, insiste naquilo que não é romano na cultura latina. *Romantisch* é o não clássico, o não racional[98]. Ganham vantagem palavras como *Gefühl, Erinnerung, Sehnsucht*. A tradução francesa do *Werther* de Goethe, em 1777, foi o sinal da chegada à França da literatura alemã. Em 1817, Victor Cousin (1792-1867) faz uma viagem à Alemanha. É iniciado na doutrina de Schelling, de Schleiermacher, de Hegel. Depois de uma segunda viagem para a Alemanha, entre 1819 e 1820, Cousin dá início, na Sorbonne, a um Curso de História da Filosofia no qual recomenda a aliança entre filosofia e religião[99]. Seu discípulo predileto, Edgard Quinet (1803-1875), traduz em 1827 as *Ideen* de Herder, devora as obras de Creuzer e de Schelling e não esconde o entusiasmo pela filosofia da história, uma especialidade dos mestres germânicos[100]. Com Creuzer, Quinet vê na religião o fenômeno central de diversas civilizações. Ateu e liberal, ele publica em 1838 o seu *examen de la "Vie de Jésus" de Strauss* e em 1842 *Le génie des religions*. Em todas as religiões, Quinet encontra o mesmo simbolismo,

---

97. CONSTANT DE REBECQUE, B. *De la religion considerée dans la source, ses formes et ses développements*. 5 vols. Paris: 1824-1831.

98. Para o Romantismo, citamos antes de tudo duas obras recentes, essenciais para o nosso tema: BAUDE, M. (org.). *Romantisme et religion, théologie des théologiens et théologie des écrivains* – Coloque de Metz, 1978. Paris: PUF, 1980. • GUSDORF, G. *Fundements du savoir romantique*. Paris: Payot, 1982 [col. Les Sciences Humaines et la pensée occidentale, 9]. Para as obras mais antigas, cf.: HUCH, R. *Die deutschen Romantiker*. 4 vols. Munique: Langen Müller, 1994 [ed. de G. Stenzel] [trad. fr.: *Les romantiques allemands*. 5. ed. Paris: Grasset, 1932]. • BENZ, E. *Les sources mystiques de la philosophie romantique allemande*. Paris: Vrin, 1968.

99. COUSIN, V. *Introduction à l'histoire de la philosophie*. Paris, 1829.

100. E. Quinet, em 1825, traduz as *Idées sur la philosophie de l'histoire de l'humanité* de Herder; *Le génie des religions*. Paris, 1842.

acreditando que, sob formas diversas, na religião se manifeste a apoteose da natureza. Jules Michelet (1798-1874), amigo de Quinet, faz com ele uma viagem à Alemanha em 1828, lê Herder e Creuzer e, em 1831, na sua *Introduction à l'histoire universelle*, mostra que a sucessão das civilizações é a manifestação progressiva do pensamento divino[101]. Historiador romântico, grande pregador da República, Michelet – cujos estudantes chamam de "Monsieur Symbole" – tenta realizar a interpretação da totalidade das experiências humanas; isso o leva ao projeto de fundar uma Igreja nova para a juventude, que frequenta os seus cursos no Collège de France. Anticlerical, ele denuncia a traição da Igreja romana, proclamando que a fraternidade universal manteve a sua tradição unicamente na Índia[102]. A seus olhos, a Revolução é uma revelação que dá fim ao reino da graça e inaugura a era da justiça. Privado da sua cátedra em 1854, Michelet faz falarem as pedras das igrejas, as montanhas, os palácios, os rios: está em busca da Bíblia da humanidade.

Ernest Renan (1823-1892), historiador romântico e exegeta leigo, se nutre também do pensamento de Herder[103]. Em Schleiermacher e em Herder admira aquilo que chama "maravilhoso florescimento do cristianismo alemão, o desenvolvimento intelectual e religioso mais belo que a consciência reflexa produziu até então". Ama o Herder hebraizante, pensador liberal, filósofo da história e teórico da humanidade. Assim, Cousin, Quinet, Michelet e Renan retomam por sua vez as ideias de Herder e de Creuzer, traduzindo-os em uma linguagem conforme ao pensamento romântico francês e exercem uma influência notável sobre a pesquisa da ciência das religiões. A sua insistência termina no simbolismo como chave de compreensão das religiões, na observação do papel da Índia na formação do pensamento religioso da humanidade, na pesquisa de um fundo comum às teorias que excluem qualquer revelação ao conferir ao pensamento religioso humano o seu dinamismo criador.

---

101. MICHELET, J. Principes de philosophie de l'histoire. Paris, 1827. Trata-se de uma adaptação da *Ciência nova* de G.B. Vico (Scienza nuova. 2 vols. Nápoles, 1725). • *Introduction à l'histoire universelle*. Paris, 1831 [*Oevres complètes*. 40 vols. Paris, 1890-1899].
102. MICHELET, J. *Les Jésuites*. Paris, 1843 [obra em colaboração com E. Quinet]. • *Le peuple*. Paris, 1846. • *La Bible de l'humanité*. Paris, 1864.
103. DUSSARD, R. *L'oevre scientifique de Renan*. Paris, 1951. • POMMIER, J. *La pensée religieuse de Renan*. Paris: Rieder, 1925. • TRONCHON, H. *Ernest Renan et l'etranger*. Paris: Les Belles Lettres, 1981, p. 277-344.

Cite-se aqui uma obra publicada em 1864, fruto de um curso ministrado em 1862-1863 na Faculdade de Letras da Universidade de Estrasburgo, *La cité antique* de N. Fustel de Coulanges (1830-1889)[104]. O autor é tão desconhecido que deve publicar o seu trabalho por conta própria, com apenas 660 exemplares. No seu aparecimento, a obra foi ignorada por aqueles que acreditavam que Fustel de Coulanges trabalhasse pela subordinação do político ao religioso, já que situa a religião, e ela somente, na origem da cidade antiga e vê nela a causa determinante e sempre única das transformações da cidade. *La cité antique* terá sete edições em quinze anos e se tornará logo um clássico da história das religiões. A obra suscita polêmicas e contradições, mas impõe uma lei fundamental que não deixará de repercutir na ciência das religiões. Para Fustel de Coulanges, de fato, o historiador deve "estudar direta e unicamente os textos no mais minucioso detalhe, não acreditar em outra coisa senão naquilo que eles demonstram e, enfim, eliminar resolutamente da história as ideias modernas que um falso método lhe trouxe". Somos-lhe devedores da regra de ouro do método histórico.

5.1 A ciência das religiões na Holanda ao final do século XIX

O pioneiro na ciência das religiões é Cornelius P. Tiele (1830-1902), membro muito ativo da *Remonstrantse Broederschap*, um grupo cismático reformado fundado por Jacobus Arminius (1560-1609) de Leiden. Os remonstrantes continuavam a ser recrutados na burguesia liberal das grandes cidades holandesas. São intelectuais, bem pouco preocupados com a dogmática. Conhecidíssimo pastor e pregador, Tiele se dedica a descobrir o sentido religioso presente na humanidade. Professor no seminário remonstrante de Leiden, Tiele entra em relação com o movimento de teologia moderna dirigido na universidade por Scholten e Kuenen. Em 1876 publica o primeiro manual de história das religiões, logo traduzido em diversas línguas[105]. Para Tiele, a ciência das religiões deveria assumir um nome específico: hierologia. Essa ciência comporta três disciplinas: a primeira é chamada

---

104. LEDOS, E.G. *Fustel de Coulanges*. Paris, 1890. • GUIRAUD, P. *Fustel de Coulanges*. Paris, 1896. • FUSTEL DE COULANGES, N. *La cité antique* – Étude sur le culte, le droit, les institutions de la Gréce et de Rome. Paris: Hachette, 1864 [reed. Paris: Club du Livre, 1959; pref. De W. Seston] [trad. it.: de GE. Calapaj: *La città antica* – Studio sul culto, il diritto, le istituzioni di Grecia e di Roma. Bari: Laterza, 1925].

105. TIELE, C.P. Geschiedenis van den Godsdienst. Amsterdã, 1876 [2. ed.: 1893-1901] [trad. fr. de M.L. Vernes: *Manuel de l'histoire des religions*. Paris, 1880]. Esse manual teve várias edições e traduções.

hierografia, porque descreve as religiões particulares; o segundo setor é a história das religiões propriamente dita cujo objetivo é contar os destinos e mudanças das diversas religiões; enfim, a história da religião deve mostrar como a religião se desenvolveu durante as épocas entre os povos e no seio da humanidade.

Segundo Tiele, a religião é a relação entre o homem e as potências sobre-humanas nas quais crê. Com essa definição, a questão da essência da religião fica sem solução. Sem a mínima hesitação, Tiele percorre o caminho evolucionista do século XIX. Segundo o seu ponto de vista, o historiador das religiões e da religião se propõe a mostrar o modo em que se desenvolveu o fato psicológico que nós chamamos religião e como ele se manifestou, sob diversas formas, entre os povos e raças humanas. Trata-se de notar que todas as religiões, incluindo aquelas das nações mais civilizadas, nasceram dos mesmos gérmens simples e primitivos, sofrendo depois uma evolução e um desenvolvimento. Tal desenvolvimento se caracteriza como um crescimento natural das religiões, com as suas mudanças e as suas reformas, devidas aos caráteres dos povos e das raças e a outras circunstâncias. O fenômeno da evolução se articula em três etapas. A primeira engloba o animismo: aqui estariam as religiões dos povos selvagens, de épocas passadas e de hoje. A segunda etapa comporta as religiões nacionais politeístas, surgidas do animismo: as religiões indo-europeias, as religiões semíticas, a religião egípcia. Esse politeísmo conduz à terceira etapa, a das religiões "nomísticas", i.e., comunidades religiosas fundadas sobre uma lei ou uma escritura sagrada. Nas religiões que denomina nomísticas, Tiele individua três grupos: de um lado o confucionismo, o taoismo, o mosaísmo do século VIII e o seu herdeiro, o judaísmo, o bramanisno, o masdeísmo; e de outro lado as religiões universais, que são o budismo, o cristianismo e o maometanismo. Tiele destaca que a religião é um fenômeno próprio de toda a humanidade. A questão sobre a sua origem não é um fato histórico, mas um fato de caráter psicológico.

Tiele é o líder de um movimento de intelectuais que tenta substituir a teologia pela ciência das religiões. Na Holanda, o terreno foi preparado pela lei de 1857 sobre a neutralidade acadêmica nas escolas do Estado. Em 1876, o governo suprimiu as faculdades de teologia, substituindo-as por cátedras de história das religiões, que abriram as portas no 1º de outubro de 1877[106] e mantiveram a antiga deno-

---

106. Van HAMMEL. L'enseignement de l'histoire des religions en Hollande. In: *Revue de l'histoire des religions*, 1, Paris, 1880, p. 379-385. • Van HAMMEL. Aperçu général des principaux phénomènes religieux. In: *Revue de l'histoire des religions*, 2, Paris, 1880, p. 375-386. • HOOYKAAS, I. Étude générale

minação de "faculdade de teologia". De fato, as faculdades protestantes das quatro grandes universidades dão lugar ao estudo dos fenômenos religiosos, conduzido em Leiden sob a guia de C.P. Tiele; em Utrecht, por Doedes; e em Groninga, por Lamers. Chantepie de la Saussaye se torna o *mâitre à penser* de Amsterdã. Essas antigas faculdades estatais, até 1877 também seminários da Igreja reformada, se tornaram faculdades laicas e independentes, nas quais os cursos de dogmática e de pastoral deram espaço a disciplinas de ciência das religiões. O movimento de laicização atingiu também a educação secundária, onde numerosos pastores liberais organizaram cursos de ciência das religiões destinados à juventude. Sob a direção das quatro universidades, numerosos pastores ministraram cursos sobre a história religiosa da humanidade, sem qualquer ensino dogmático ou confessional. A justificação desse grande movimento de reforma é simples, ou mesmo simplista: "o ensino tradicional da religião não diz mais nada aos jovens diante das descobertas científicas".

Sob a influência de C.P. Tiele elaborou-se uma pesquisa sobre o fenômeno religioso; cujos detalhes exteriores são estudados pela morfologia, enquanto a ontologia deve se dedicar à essência da religião, i.e., à substância comum imanente às várias formas das manifestações religiosas. Nessa substância comum temos os elementos construtivos: a potência sobre-humana onisciente e onipresente; a afinidade entre o homem que pensa o Absoluto e as suas relações com esse Absoluto. É esse absoluto a fundar a sua imortalidade e a salvação. E a salvação é comunhão com o Absoluto. Com os elementos constitutivos ou com as representações religiosas existem as ações ou manifestações religiosas: o culto, as orações, as ofertas, vale dizer: os métodos com os quais o homem estabelece as próprias relações com a divindade. Para Tiele, cada religião tem início com uma impressão emotiva: o ser tomado pelo divino. Essa impressão gera uma representação que, por sua vez, motiva a vontade. Assim, não é a noção que o homem tem da divindade que constitui o elemento central da religião, mas a disposição da vontade que motiva a obediência humana, a submissão, a consagração, a adoração. A origem da religião se situa no homem. A religião surge a

---

des différentes religions. In: *Revue de l'histoire des religions*, 2, Paris, 1880, p. 386-389. Cf. tb. La question de l'instruction religieuse historique dans l'enseignement secondaire en Hollande. In: *Revue de l'histoire des religions*, 2, Paris, 1880, p. 375-386. • HOOYKAAS, I. Étude générale des différentes religions. In: *Revue de l'histoire des religions*, 2, Paris, 1881, p. 243-247.

partir do sentimento ainda inconsciente do infinito que reside no coração humano. Todavia, toda religião acaba se tornando um fenômeno social.

Os trabalhos de Tiele estão na origem da pesquisa sobre a fenomenologia da religião. Pierre D. Chantepie de la Saussaye (1848-1920), um dos quatro pioneiros de 1877, na sequência professor em Amsterdã e depois em Leiden, publica em 1887 o seu *Leherbuch der Religionsgeschichte*, o segundo manual de ciência das religiões no qual dedica um importante espaço à fenomenologia[107]. Esse manual destinava-se aos estudantes de teologia; com o estudo das religiões pretendia consolidar-lhes a fé. Em Berlim, Otto Pfleiderer percorre um caminho parecido, dando grande desenvolvimento à parte histórica da sua filosofia religiosa[108]. Na esteira de Herder, Schelling e Hegel, tenta criar uma aliança entre a filosofia religiosa e a ciência das religiões. A seus olhos, a história das religiões é a história de todas as religiões, consideradas como manifestações do sentimento religioso. É também a história das grandes concepções religiosas, estudadas em um contexto de emancipação total da autoridade das Igrejas. Pfleiderer pretende rejuvenescer a história da dogmática hebraica e cristã, graças à comparação com outras religiões. É uma pesquisa que não se fundamenta mais em documentos que se acredita terem uma origem divina ou em considerações de ordem metafísica. Trata-se de uma filosofia positiva baseada nos fatos da história das religiões.

Esse movimento de pesquisa religiosa da Holanda e da Alemanha progride juntamente com a escola de Ernest Renan: trata-se de uma teologia que, excluindo qualquer perspectiva sobrenatural, trabalha como uma ciência positiva fundada na história da religião e das religiões. Se Tiele se interessa mormente pela religião enquanto fenômeno que aparece na história da humanidade, Chantepie de la Saussaye enfatiza principalmente o culto. Sob a influência da escola dogmática de Harnack, a Alemanha permanece muito reticente diante dessa pesquisa fenomenológica. É em Gottingen que o manual de Tiele alcançará o sucesso, no círculo dos exegetas bíblicos, dando vida a uma escola que, no século XX, terá uma imensa influência: a *religionsgeschichtliche Schule*[109].

---

107. CHANTEPIE DE LA SAUSSAYE, P.D. *Lehrbuch der Religionsgeschichte*. 2. vols. Freiburg i.B., 1887-1889 [trad. fr.: *Manuel d'histoire de religions*. 2. ed. Paris: Armand Colin, 1904, XLVIII-71 p.].
108. PFLEIDERER, O. *Religionsphilosophie auf geschichtlicher Grundlage*. 2. Vols. Berlim: Reimer, 1878 [2. ed.: 1883].
109. WIDENGREN, G. "Les origines du gnosticisme et l'histoire des religions". In: BIANCHI, U. (org.). *Le origini dello gnosticismo*. Leiden: Brill, 1967, p. 27-60.

5.2 A França inspirada pelo modelo holandês

5.2.1 Criação das cátedras oficiais

Diversas atitudes e algumas reações de Hyacinthe Loyson tornam-se mais claras se situadas no âmbito das duas décadas entre 1880, data da criação das primeiras cátedras de história das religiões, e 1900, ano do Congresso de História das Religiões ocorrido em Paris.

Não será inútil repetir que entre os grandes promotores da pesquisa na história das religiões encontramos os artífices da laicidade. Aqui é oportuno lembrar brevemente alguns eventos ocorridos de 1879 a 1886[110]. Os dois grandes mestres da corrente laica foram Jules Ferry e Paul Bert. Chegando ao poder em 1879, os republicanos esperavam realizar seu ideal de sociedade laica e dar ao Estado o controle da formação dos jovens. Jules Ferry (1832-1893) é um habitante dos Vosges, de família católica, mas convertido ao positivismo e anticlerical sob a explícita influência de Auguste Comte. No poder ininterruptamente de 1879 a 1885, ele foi o verdadeiro organizador do ensino laico. Na sua missão, foi assistido por Paul Bert (1833-1886), pensador livre, de tradição voltairiana, materialista e anticlerical da mesma forma. Em 1880, Bert faz com que Ferry crie a cátedra de história das religiões no Collège de France tendo como primeiro titular Albert Réville, chamado da Holanda.

Convém ilustrar brevemente a instituição das leis laicas. Sob a pressão das associações do Livre-Exame e da Liga do Ensino foi votada a lei de 28 de fevereiro de 1880, relativa à composição do conselho superior da educação pública. Essa lei exclui do conselho tanto os membros do Instituto como os membros da Corte de Cassação e do Conselho de Estado, também os bispos e pastores. A lei de 18 de março de 1880 suprime os júris mistos e reserva ao Estado o monopólio na "colação dos graus". O decreto de 29 de março de 1880 leva à dissolução da Companhia de Jesus e à expulsão dos jesuítas. Um segundo decreto do mesmo dia torna obrigatório o processo de autorização para as outras congregações. Em outubro e novembro do mesmo ano são expulsos os dominicanos, os franciscanos, os carmelitanos, os barnabitas e outros. De outubro a dezembro, acontece a laicização

---

110. MARCHASSON, Y. "Laïcité, quelques rappels historiques, autour d'un centenaire". In: *Einseignement catholique* – document 791. Paris, 1981. • MELLOR, A. *Histoire de l'anticléricalisme*. Tours: Mame, 1966.

das escolas primárias públicas de Paris: os crucifixos e todos os símbolos religiosos são removidos.

É numa atmosfera como essa que Albert Réville (1826-1906) é encarregado de ministrar cursos de história das religiões. Nascido em Dieppe aos 3 de novembro de 1826, filho e neto de pastores, fez sua formação teológica em Genebra e Estrasburgo. Em 1851, em Roterdã, é nomeado pastor da Igreja Valona. Seu ministério durará 22 anos. Nesse período, Réville mantém estreito contato com Scholten e Kuenen da Universidade de Leiden, com Tiele, com F.C. Baur (1792-1860), o fundador da Tübinger Schule, e com um grupo religioso progressista de Estrasburgo. Jornalista e historiador, multiplica as conferências. Voltando à França em 1873, combate – com uma série de artigos na *Revue des deux mondes* – a favor de um novo ensino de caráter histórico e religioso. Como Strauss na Alemanha e Renan na França, Albert Réville se interessa pelos problemas das origens cristãs e pela história dos dogmas. Admira o que se realizou na Holanda no âmbito da ciência das religiões.

A publicação, em 1880, do seu curso no Collège de France oferece a orientação à nova ciência[111]. Para Réville, "a religião é a determinação da vida humana pelo sentimento de um vínculo que une o espírito humano ao espírito misterioso do qual o humano reconhece o domínio sobre o mundo e sobre si mesmo e ao qual ama se sentir unido". Réville descarta aquelas que chama hipóteses não verificáveis: a revelação primitiva, a tradição primitiva, uma idade do ouro presente nas origens. Na religião, o elemento substancial e vital é o sentimento. Ciência e filosofia são coisas que dizem respeito à inteligência; à religião concerne o sentimento: o sentimento de dependência, de união, de reciprocidade. Para Réville, a religião teve início em estado embrionário no sentimento do homem. Durante os séculos, sofreu uma evolução cujas causas primeiras foram o crescente conhecimento da natureza, as inclinações das raças, o progresso da razão, o progresso da consciência moral, os eventos de ordem política e social e a ação pessoal dos gênios religiosos. Em toda religião encontramos o símbolo, uma linguagem da qual o homem se serve para exprimir o sentimento religioso que provém da necessidade de objetivar sentimentos e convicções. O rito é um conjunto de símbolos, agrupados em torno de uma ideia ou de um ato religioso, símbolos destinados a valorizar seu caráter solene ou a desenvolver-lhe o sentido. É o símbolo que cria o

---

111. RÉVILLE, A. *Prolégomenes de l'histoire des religions*. Paris: Fischbacher, 1881.

rito e o culto. Réville mostra muito interesse pelo profetismo, que classifica entre os fenômenos da inspiração individual: o entusiasmo religioso, o delírio momentâneo, os oráculos, a exaltação religiosa e a linguagem visionária. Acredita que o profetismo prossiga hoje nas reformas religiosas, na emancipação dos homens das autoridades repressivas, na guerra contra as instituições corruptoras, na poesia religiosa e na filosofia da história.

5.2.2 Instrumentos da pesquisa

5.2.2.1 O Museu Guimet

O Museu Guimet foi fundado em 1879 por Émile Guimet (1836-1918), rico industrial de Lion. Durante uma viagem pela Ásia e pelo Extremo Oriente, esse apaixonado pela história das religiões adquiriu uma quantidade considerável de objetos religiosos: manuscritos, estátuas, livros, objetos de culto. Regressando da missão científica para a qual fora enviado pelo Ministério da Educação Pública, Guimet cria um museu em Lion para hospedar os documentos úteis ao estudo das religiões asiáticas.

Depois de alguns anos, o Estado francês entra em um acordo com ele para transferir essa instituição de utilidade pública a Paris[112]. É interessante uma olhada na ata das reuniões do conselho municipal de Paris tratando da proposta de aquisição de um terreno para a construção do Museu Guimet[113].

O relator Hattat declara que numa época em que os estudos históricos e de crítica religiosa se desenvolvem cada vez mais e que é interessante encorajar, "porque lançam uma luz viva sobre religiões do Extremo Oriente, das quais o cristianismo assumiu os princípios e até mesmo os ritos", acaba sendo indispensável uma despesa como a prevista. A isso Cattiaux responde: "Mesmo achando muito generosa a oferta de M. Guimet, penso que temos coisa melhor a fazer do que gastar um milhão na preparação de um museu de superstições. [...] As religiões e seus amuletos deveriam estar sepultados há séculos; haveria menos estupidez e

---

112. DE MILLOUÉ. "Notice sur le museé religieux fondé à Lyon par M. Émile Guimet". In: *Revue de l'histoire des religions*, 1, Paris, 1880, 2 p. 107-122. • HATTAT, F. "le musée Guimet à Paris". In: *Revue de l'histoire des religions*, 12, Paris, 1885, p. 302-320.

113. PEISSON, Z. "Le musée Guimet e l'enseignement officiel des religions en Europe". In: *Revue des Religions*, 1, Paris, 1889, p. 142-156; 2, 1890, p. 221-138.

menos guerras"[114]. Monteil não está de acordo, porque para ele "é muito útil ao livre-pensamento ter em Paris esse museu, chamado com razão de Museu das religiões, no qual todos os deuses, os antigos e os modernos, são guardados como augúrios". E acrescenta: "Vocês acreditam que não será um grande ensinamento e um grande exemplo reunir em um museu todo que já foi oferecido à superstição humana desde tempos remotos até nossos dias? Acreditam que será curioso ver Ísis com uma dupla coroa, a primeira forma da nossa Imaculada Conceição, ao lado da própria Imaculada Conceição? Ou mesmo ver cristos que aparecem bem antes dos pobres dezoito séculos da religião cristã?"[115]

Ao seu amigo Monteil, Hubbard replica: "É uma ilusão acreditar que montar o Museu Guimet em Paris seja útil para a propagação das doutrinas do livre-pensamento [...]. Não é com o estudo dessas antigas civilizações que se criarão pensadores livres; há de se convidar os espíritos a olhar para frente e não para trás". Todavia, Millerand pensa o contrário: "colocar sob os olhos do público o passado das religiões desaparecidas é o melhor modo, acho, para combater com eficácia as religiões atuais"[116].

Diante da combativa desordem do livre-pensamento convém reler as linhas escritas pelo Abade Z. Peisson, fundador da *Revue des Religions*. Depois de congratular Guimet, cujo museu foi fundado em Paris em 1888, Peisson escreve: "Não há estudo mais importante do que a história das religiões. Há tempo os historiadores intentaram fazer passar sob os olhos do leitor a vida real dos povos, com todos os elementos que a constituem. Graças a Deus, o reino da história entendida como batalha terminou. O que particularmente queremos conhecer do passado é a condição material e moral dos povos, suas ideias políticas e filosóficas, seus gostos artísticos e literários, em suma, toda a manifestação da vida desses povos. No entanto, numa sociedade há algo ainda mais íntimo, algo que é como que a alma dessas gentes, o eco autêntico de todos os sentimentos e de todas as aspirações: a religião. Ela, queira-se ou não, é o eixo em torno do qual giram o indivíduo, a família e a sociedade inteira. Eis por que os estudos de que falamos, do ponto de vista puramente histórico, têm tão grande importância"[117].

---

114. Ibid., p. 152.
115. Ibid.
116. Ibid., 153.
117. Ibid. p. 143-144.

5.2.2.2 A *Revue de l'histoire des religions*

Em 1880 é criada em Paris a *Revue de l'histoire des religions*, com o objetivo de fornecer "sem qualquer fanatismo ou dogmatismo" uma crítica histórica indispensável à história religiosa[118]. Essa crítica é considerada uma tarefa a ser cumprida fora de qualquer crença religiosa. De fato, lendo os numerosos artigos publicados na revista nas duas décadas das quais nos ocupamos, devemos admitir que a luta contra "a teologia tradicional" encontra no periódico uma tribuna de primeiro nível[119]. Assim, em 1882, M. Vernes, diretor da *Revue de l'histoire des religions* discute um artigo de Franck d'Arvert publicado na *Revue de l'enseignement*, segundo o qual a teologia deve ser erradicada do ensino universitário quando é fechada nos limites confessionais[120]. Vernes concorda com a exclusão. A sua argumentação, porém, é diferente. Para ele, a teologia não é uma ciência positiva, porque entre as diversas igrejas ela se baseia em premissas sobrenaturais, incompatíveis com os procedimentos da pesquisa moderna. Devem ser mantidas apenas as partes exegéticas, críticas e históricas que representam os elementos da história das religiões. Franck d'Arvert, por sua vez, é favorável a uma teologia autônoma que seria a ciência dos fenômenos religiosos: a fenomenologia deve assumir o lugar da dogmática. Essa fenomenologia cuidará de estudar a prevalência do fenômeno religioso nas primeiras épocas da humanidade e as manifestações religiosas presentes na arte.

Com numerosos artigos científicos sobre as diversas religiões, enquanto se discute no parlamento sobre a laicização do ensino primário, a *Revue de l'histoire des religions* apresenta diversos argumentos a favor de uma reforma do ensino religioso.

---

118. *Revue de l'histoire des religions*, publicada sob a direção de Maurice Vernes (Paris, 1880; cf. *Introduction* de M. Vernes, p. 1-17). A um século de distância, o periódico continua como uma das mais prestigiadas revistas de história das religiões.

119. VERNES, M. Quelques observations sur la place qu'il convient de faire à l'histoire des religions, aux différents degrés de l'enseignement public. In: *Revue de l'histoire des religions*, 3, Paris, 1881, p. 1-30. • VERNES, M. Paul Bert et l'enseignementde l'histoire des religions. In: *Revue de l'histoire des religions*, 6, Paris, 1882, p. 123-128. • OORT, H. Le rôle de la religion dans la formation des États. In: *Revue de l'histoire des religions*, 3, Paris, 1881. • RÉVILLE, J. L'enseignement de l'histoire des religions aus États-Unis et en Europe. In: *Revue de l'histoire des religions*, 20, 1889, p. 209-216 (Paris). • Cf. na *Table générale de la Revue de l'histoire des religions 1880-1901* (Paris, 1902), os artigos de A. Réville, J. Réville e M. Vernes.

120. VERNES, M. Encore l'nseignement supérieur de l'histoire des religions. In: *Revue de l'histoire des religions*, 6, Paris, 1882, p. 357-369. Cf. tb. RÉVILLE, J. L'histoire des religions et les Facultés de théologie. In: *Revue de l'histoire des religions*, 44, Paris, 1901, p. 423-438.

Em 1881, M. Vernes dedica um longo artigo ao problema[121]. Depois de expressar sua admiração pelo que ocorreu na Holanda e, imitando a Holanda, no Collège de France, Vernes discute a reforma do ensino. Partindo do fato que o novo programa de ensino secundário suprime a história sagrada na sexta série para inserir a Bíblia e o hebraísmo no contexto religioso do Egito, da Assíria e da Síria, Vernes exige um curso de história comparada das religiões nas aulas de filosofia. Ademais, a supressão da história sagrada e do catecismo no ensino primário parece-lhe jogar a favor da introdução de um curso de história sagrada laicizado que não teria mais lugar sob a égide do sobrenatural. Explique-se aos alunos que as religiões variam segundo os povos, adaptando-se aos seus estados civilizatórios.

Aos 6 de dezembro de 1877, Paul Bert entregou à comissão da câmara um relatório que propunha colocar as crianças de ambos os sexos em condições de adquirir "um conjunto de conhecimentos elementares no âmbito das ciências positivas, excluindo qualquer hipótese religiosa e qualquer ensinamento dogmático". Essa laicização dos programas continua em escalões sucessivos. Enfim, aos 29 de março de 1882, é aprovada a lei sobre a laicização e sobre a obrigação escolar.

Os poucos aspectos que encontramos revelam as tensões em que, na França e na Holanda, em torno de 1880, se encontrava a jovem ciência das religiões, chamada à baila frequentemente em discussões de caráter filosófico e político. Por sorte, nem todos os pesquisadores se aventuraram por esse caminho. É mister, todavia, constatar que a nova disciplina serviu de trampolim a alguns historiadores da religião perfilados sob o livre-pensamento, impulsionados por sua oposição às Igrejas. Um artigo, publicado em 1882 na *Revue de l'histoire des religions* e relacionado à história das religiões na Bélgica, ilustra essa tendência. O artigo, sem assinatura, retoma alguns textos de Goblet d'Alviella, um dos líderes do partido liberal belga, criador de cursos de história das religiões na Universidade de Bruxelas em 1884[122]. O autor desse artigo deseja vivamente que as ideias propostas pela Liga do Ensinamento sejam seguidas.

---

121. VERNES, M. Quelques observations sur la place qu'il convient de faire à l'histoire des religions, aux différents degrés de l'enseignement public. In: *Revue de l'histoire des religions*, 3, Paris, 1881, p. 1-30.
122. L'histoire des religions em Belgique. In: *Revue de l'histoire des religions*, 6, Paris, 1882, p. 113-122. Sob esse título a revista publica "alguns extratos de um interessante e essencial livreto do Sr. Conde Goblet d'Alviella": *de la necessite d'introduire l'histoire des religions das notre enseignement public*. Bruxelas, 1882. De fato, trata-se de uma fase da guerra *scolaire* belga.

Logo depois da supressão das faculdades católicas francesas de teologia, com a lei de 21 de março de 1885, Louis Liard, com um decreto de 30 de janeiro de 1886, cria a seção de ciências religiosas na École Pratique des Hautes Études de Paris. É nos espaços da antiga Faculdade de Teologia da Sorbonne que se instala a quinta seção. Essa fundação faz parte da obra de laicização da Terceira República. Ela tem como dever retomar no ensino das matérias teológicas a parte a ser relacionada com a ciência contemporânea: o estudo dos fenômenos religiosos[123].

5.3 A universidade católica e a ciência das religiões

5.3.1 O Institut Catholique de Paris

Fundado em 1875, o Institut Catholique é herdeiro da tradição religiosa da antiga Sorbonne, a prestigiosa universidade medieval criada no século XIII, que até 1880 carrega o nome de "Universidade Católica". A partir de 1880, o nome "universidade" é reservado ao Estado. O decreto assinado por Jules Ferry aos 10 de janeiro de 1880 nomeia Albert Réville para o Collège de France, onde o ensino da história das religiões debuta aos 24 de fevereiro do mesmo ano. O Institut Catholique antecipou a abertura dos próprios cursos, do momento que, a partir de 29 de janeiro de 1880, Auguste Paul de Broglie (1834-1895) começa a ministrar ali os seus cursos sobre os cultos não cristãos[124].

Oficial da marinha, ordenado sacerdote em 1870, A.P. de Broglie é encarregado em 1873 de um curso de teologia na École Libre des Hautes Études, dirigida pelo abade de Hulst. Em 1879, a universidade católica confia a ele a cátedra de apologética, de onde oferece uma aula magistral sobre o positivismo e a ciência experimental. Encarregado do novo curso de história das religiões, de Broglie dedica-se à religião de Zoroastro, à religião védica, ao budismo, à religião muçulmana, à história religiosa de Israel e do amplo problema do profetismo. Deve, aliás,

---

123. *Problèmes et méthodes d'histoire des relions*, École Pratique des Hautes Études, V^e section. Paris, 1968 [cf. *Préface*, p. vii-xi]i.
124. Cf. *Le mémorial du centenaire* [n. esp. De *Nouvelles de l'Istitut Catholique de Paris*, 1976, 1].
• KANNENGIESSER, C. & MARCHASSON, Y. *Humanisme et foi chrétienne* – Mélanges scientifiques du centenaire de l'Institut Catolique de Paris. Paris: Beauchesne, 1976. • BAUDRILLART, A. *L'Institu Catholique*. Paris, 1930. • INSTITUT CATHOLIQUE. *Le livre du centenaire* – 1875-1975. Paris: Beauchese, 1975.

afrontar as grandes questões controversas; o sobrenatural nos cultos não cristãos, o monoteísmo, o henoteísmo, o politeísmo.

Em 1885, depois de cinco anos de magistério, ele publica uma síntese que permitiria aos cristãos colocarem-se diante de religiões não cristãs e das controvérsias[125]. Esse volume mostra que de Broglie dispõe de informações de ótimo nível. Tenta manter um equilíbrio entre a escola racionalista holandesa e francesa de um lado e a já ultrapassada escola tradicionalista de Lamennais, de Bonald e August Nicolas, de outro. Estes últimos buscavam na tradição dos povos pagãos tudo o que tem paralelo no cristianismo. Aos olhos dos tradicionalistas, a religião cristã não fez outra coisa senão restaurar as religiões primitivas, dado que a verdadeira religião fora revelada nas origens. Diante das doutrinas evolucionistas de um lado e das tradicionalistas de outro, A.P. de Broglie afronta o problema da formação das religiões. Para ele, as religiões pagãs se explicam com a ação de profetas, messias, taumaturgos que se fizeram notar para proclamar uma mensagem. A verdadeira religião, ao contrário, se constituiu porque Deus enviou profetas autênticos e um Salvador aos homens.

5.3.2 A Revue des Religions

Em 1889, Z. Peisson funda no Institut Catholique a *Revue des Religions*[126]. No lançamento, o fundador do periódico explica as várias motivações que originaram o empreendimento, partindo da situação das cátedras oficiais de ciência das religiões e afirmando: "que não se pode iludir: a corrente que criou essas cátedras de história das religiões é a mesma que suprimiu as faculdades de teologia e proibiu o catecismo nas escolas primárias. A religião, doravante, deve ser ensinada cientificamente, excluindo qualquer dogma ou confissão. Já foram elaborados programas nesse sentido para os três graus da educação primária, secundária e superior". Acrescenta que os protestantes e os racionalistas agem juntos e com entusiasmo[127].

---

125. DE BROGLIE, P. *Problèmes et conclusions de l'histoire des religions*. Paris: Putois-Crette, 1885 [2. ed.: 1886]. • DE BROGLIE, P. *La réaction contre le positivisme*. Paris: Plon, 1894. • DE BROGLIE, P. *Religion et critique*. 3. ed. Paris: Lecoffre, 1906 [obra póstuma]. No âmbito da crítica bíblica misturada à controvérsia de história das religiões, de Broglie publicou numerosos artigos; cf. tb. a coletânea *Questions bibliques* (Paris, 1897) e *Les profetes messianiques* (Paris, 1904), texto de conferências de 1892 a 1893. Cf. tb. LARGENT, A. *L'abbé de Broglie, as vie, ses œuvres*. Paris: Bloud et Barral, 1900.
126. *Revue des Religions*, 1-8, 1889-1896 [a partir de 1897, o periódico se funde com *Le Muséon*, de Lovaina].
127. *Revue des Religions*, 1, 1889, p. v.

Peisson acredita que a Igreja não tenha nada a temer, mas tudo a esperar dessa ciência, que muitos chamam hierografia, mas da qual alguns eliminam uma parte notável do fenômeno religioso. "O clero católico não ficará para trás. Quererá também ele se especializar nessa ciência, que tão perfeitamente se enquadra entre os conhecimentos que lhes convêm"[128]. O objetivo desse periódico é tríplice; expor as diferentes religiões que existiram ou ainda existem e são um espetáculo imponente; demonstrar e refutar os erros das diversas escolas e responder aos artigos que manifestem um espírito anticristão; enfim, tomar consciência das obras de história das religiões. Assim, cada fascículo é duplo, com uma parte expositiva e uma parte crítica. O grupo da redação era de alto nível: de Broglie, Loisy, Peisson, Vigourox e Félix Robiou, correspondente do Institut.

A *Revue des Religions* publicou excelentes trabalhos. Mas depois de oito anos cessou as publicações. Por motivo de saúde, Z. Peisson deixa Paris. A partir de 1897 se funde com *Le Muséon*, criado em 1881 na Universidade Católica de Lovaina.

5.3.3 A história das religiões em Lovaina

Uma ordenança da administração central do Departamento de Dyle, datado aos 4 brumaio do IV ano da República Francesa (25/10/1797), suprimira a Universidade de Lovaina, que permaneceu fechada sob o regime napoleônico. Em 1816, o Rei Guilherme da Holanda criou as duas universidades estatais de Gand e de Liegi e tentou fazer reviver a de Lovaina. Bispos e professores se fizeram de rogados. Depois da revolução de 1830, inspirando-se no princípio da liberdade de ensino, os bispos belgas decidiram restaurar Lovaina. Com o breve de 13 de dezembro, o Papa Gregório XVI erigiu canonicamente a Universidade Católica de Lovaina que se religava à tradição da universidade criada aos 9 de dezembro de 1425 pelo Papa Martinho V.

Nessa universidade, que já conta seus quatro séculos, prontamente se restabelecem as pesquisas orientais, iniciadas em 1520 com a fundação do *Collegium Trilingue*, que então serviu de modelo ao *Collegium Corporis Christi* de Oxford, criado pelo bispo Richard Fox, formado em Lovaina e no Collége Royal de Paris – o atual Collège de France –, fundado por Francisco I em 1530[129]. Em 1834,

---

128. *Revue des Religions*, 1, 1889, p. vi.
129. RIES, J. "Regards sur l'orientalisme louvaniste (1519-1979)". In: *L'Institut orientaliste*, Lovain--la-Neuve, 1980, p. 1-15.

os estudos bíblicos retomam o desenvolvimento, seguidos imediatamente pelos estudos armênios e pelo indianismo, nos quais distingue-se particularmente Félix Nève (1816-1893).

É com Charles de Harlez (1832-1899), doutor em direito, teólogo, orientalista e historiador das religiões, que a ciência das religiões se estabelece em Lovaina[130]. Em 1875-1877 publica a primeira tradução francesa do *Avesta*, cuja segunda edição apareceu em 1881[131]. A introdução dessa segunda edição constitui o primeiro trabalho completo sobre a religião avéstica, sobre suas origens e sobre sua história. As opiniões e as traduções do professor lovaniense se impuseram rapidamente na Europa, na América e entre os parses, onde serviram algumas vezes para resolver controvérsias de caráter religioso. A partir de 1883, de Harlez estuda a China antiga e a sua religião. Em 1882, em *La Bibl dans l'Inde*, refuta as fantasias de Jacolliot, que construíra um monumento de ignorância e má-fé[132]. A sinologia leva de Harlez ao estudo do budismo. Filólogo esclarecido, ele se interessa de maneira especial pela história das religiões e mostra que algumas teorias filosóficas e antropológicas correm o risco de provocar a falência da ciência das religiões. Com Casartelli, van den Gheyn, Hebbelynck e Colinet, outros membros da escola lovaniense, de Harlez contribuiu para dar à história das religiões uma base mais científica e uma orientação mais segura. O rigor científico dos seus trabalhos, alheios a qualquer polêmica, ajudou muito para que houvesse mais serenidade nas pesquisas da última década do século XIX[133].

5.3.4 Le Muséon

Em 1881, C. de Harlez decide fundar um periódico científico dedicado às letras, ao orientalismo e à ciência das religiões: *Le Muséon*[134]. Publicado primeiramente

---

130. RIES, J. "La tradition louvaniste". In: RIES, J. (org.). *L'expression du sacré dans les grandes religions*. Vol. I: Proche-Orient ancien et traditions bibliques. Louvain-la-Neuve: Centre d'Histoire des Religions, 1978, p. 25-32.

131. DE HARLEZ, C. (org.). *Avesta* – Livre sacré des sectateurs de Zoroastre. 3 vols. Paris/Lovaina, 1875-1877. A bibliografia traz cerca de 300 títulos.

132. DE HARLEZ, C. *Védisme, brahmanisme et christianisme* – la Bible dans l'Inde et la vie de Jezeus Christna d'après M. Jacolliot. 2. ed. Paris/Bruxelas/Genebra, 1882 [obra traduzida ao alemão, ao espanhol e ao português].

133. RÉVILLE, A. *Les phases successives de l'histoire des religions*. Paris: Leroux, 1909.

134. *Le Muséon* – Revue des sciences et des lettres, 1, 1882. Em 1897, *Le Muséon et la Revue des Religions*, I e XVI. Em 1900, *Le Muséon* – Études philologiques, historiques et religieuses, n. s. I. Atual-

com *La Revue Catholique*, dirigida pelo professor lovaniense, *Le Muséon* absorveu rapidamente essa última, muito voltada à popularização. Revista internacional de orientalismo, de linguística, de história e de filosofia dedicada particularmente à Ásia, *Le Muséon* se abre aos semitizantes, à egiptologia e logo dará muito espaço ao Oriente cristão. Nas duas difíceis décadas para a história das religiões (1880-1900), *Le Muséon* se opõe ao sucesso e às modas. Não refuta, mas estuda os textos e mostra assim a banalidade de certas posições. Sob a direção de de Harlez, o periódico mantém ainda certo caráter enciclopédico, exercitando assim uma excelente influência sobre os estudos do clero. A partir de 1891, o conteúdo se amplia, com a disponibilização de importantes estudos religiosos da Ásia e da América.

Em 1897, quando Z. Peisson se aposenta, obrigado a deixar Paris, o periódico lovainense aparece sob o título *Le Muséon et la Revue des Religions*. O tomo XVI anuncia a mudança nestes termos: "Doravante... *Le Muséon* e a *Revue des Religions* aparecerão unidos, mas essa fusão não tirará nada do caráter estritamente científico da nossa publicação. O seu esforço principal será dar maior extensão aos estudos históricos. Retomaremos e continuaremos a crônica das publicações relacionadas às religiões antigas e modernas que conferia à revista parisiense um interesse todo peculiar"[135].

Em 1900, logo após a morte do fundador, sob a direção de P. Colinet (1853-1917) e de L. de la Vallée-Poussin (1869-1938), a revista tomará o título *Le Muséon – Études philologiques, historiques et religieuses*.

5.4 O Parlamento das Religiões (Chicago, 1893)

De 11 a 23 de setembro de 1893, por ocasião do quarto centenário da descoberta da América e da segunda exposição internacional do Novo Mundo, deu-se em Chicago um congresso das religiões, o *World's Parliament of Religions*[136]. O

---

mente o periódico se intitula *Le Muséon – Revu d'études orientales*, Louvain-la-Neuve. A coleção de todo um século foi reimpressa e está disponível.

135. *Le Muséon*, I e XVI, 1897, p. v-vi.

136. BARROWS, J.H. *The world's Parliament of Religions* – An illustrated an popular Story of The World's first Parliament of Religions, held in Chicago in Connection with the Columbian Exposition of 1893. 2 vols. Londres: Review of Reviews Office, 1893 [N.T.: referência errada no orig. italiano e corrigida nesta versão]. • BONET-MAURY, G. *Le Congrès des religions à Chicago en 1893*. Paris: Hachette, 1893. • BONET-MAURY, G. "Le parlement des religions à Chicago". In: *Revue de l'histoire des religions*, 28, 1893, p. 187-197; 325-346.

objetivo desse encontro foi reunir os representantes das grandes religiões para troca de ideias e sentimentos. A organização do congresso foi confiada a John Henry Barrows, pastor da Igreja Presbiteriana de Chicago. Esse encontro entre as religiões constituía a primeira experiência do gênero. A teologia das religiões e o encontro das religiões têm aqui o seu protótipo. Organizando esse congresso, a América queria dar ao mundo uma lição de tolerância: mostrar que as questões que se perpetuaram na Europa na época da emigração desapareceram; mostrar que a compreensão entre as religiões é possível e desejável; mostrar que a irreligião e o materialismo são contrários às ideias fundamentais dos homens.

O congresso se abriu diante de oito mil pessoas. Os representantes das principais religiões do mundo fizeram seu ingresso em procissão e com vestes religiosas. O Pai-nosso era a oração oficial do congresso. Toda forma de religião era chamada a mostrar com clareza o que tinha a oferecer à educação da humanidade e para a felicidade temporal e eterna dos homens. Para deixar tempo ao estudo dos diversos aspectos, estabeleceu-se que os trabalhos durariam 17 dias: cada dia tinha o seu tema. Paralelamente ao congresso, houve uma série de conferências, nas quais se dedicava um dia específico a cada religião.

Depois dos discursos de acolhida, o congresso estudou as grandes temáticas começando com Deus, a sua existência e os seus atributos. Na sequência, vieram o homem e a religião. A partir do quinto dia, abordaram-se os sistemas religiosos. O dia foi marcado por uma comunicação sobre o estudo comparado das religiões, redigido por de Harlez e lido por D.S. Riordan de Chicago, um velho estudante de Lovaina. Na base de qualquer estudo dos sistemas religiosos, de Harlez colocava duas condições. É mister, primeiramente, agir de maneira que esses estudos sejam sérios e estritamente científicos, fundados em um conhecimento aprofundado das fontes e numa lógica rigorosa: há que se desconfiar das generalizações. Depois, trata-se de penetrar no espírito dos povos e de ver pelos seus olhos. Satisfeitas essas duas condições, trata-se de estudar as religiões com perfeita imparcialidade e benevolência. Na perspectiva da verdade, deve-se relevar a presença de erros nas religiões. O que é essencial e a caridade que deve subsistir entre os discípulos das diversas religiões. O programa de pesquisas comparadas apresentado por de Harlez impressionou profundamente todos os membros do congresso.

As outras temáticas tratadas abordavam os grandes problemas inerentes ao encontro entre as religiões: os livros sagrados, a família, os líderes religiosos, a religião em sua relação com as artes e as ciências; a religião e os costumes; a religião e os problemas sociais; a religião e a sociedade civil; a religião em sua relação com o amor da humanidade; a condição atual da Cristandade; a união religiosa de toda a família humana; enfim, o futuro da religião.

Nesse Parlamento das Religiões estavam oficialmente representadas com os seus ministros e teólogos 16 religiões. Além da extraordinária manifestação de tolerância, destaque-se a impressão do sentimento religioso e a insistência em elementos fundamentais do fenômeno religioso. Dezenas de bispos americanos participaram ativamente desse congresso, no qual Keane, reitor da Universidade Católica de Washington, teve um papel fundamental. Ele pôde falar longamente do evento por ocasião do terceiro congresso científico internacional dos católicos, ocorrido em Bruxelas de 4 a 8 de setembro de 1894. Não hesitou em sublinhar o tema da verdade contida nas doutrinas de Buda, de Confúcio, de Zoroastro, de Sócrates, instrumentos da Providência Divina. Devemos, afirma, apreciar o bom e o verdadeiro que se encontra nas suas religiões e que devem, logicamente, levar à plenitude do bem e do verdadeiro.

5.5 Do Parlamento das Religiões (1893) ao Congresso de Paris (1900)

O Congresso de Chicago teve profundas repercussões em âmbito religioso. Do ponto de vista científico, demonstrou a importância dos encontros internacionais. A Europa tinha compreendido a lição americana. Logo nasceu a ideia de repetir na Exposição Universal de Paris, em 1900, um Parlamento das Religiões análogo àquele de Chicago. O papel assumido por J. Keane, reitor da Universidade Católica de Washington e da própria universidade, bem como da relação de C. de Harlez de Lovaina sobre a natureza e utilidade do estudo das religiões, levarão o grupo de história das religiões do Institut Catholique de Paris a formular um projeto importantíssimo de encontro internacional[137]. Félix Klein publicou no boletim do Institut o relatório apresentado por Keane aos bispos americanos[138]. A *Revue des Religions* reproduziu para seus leitores a conferência do professor de Lovaina[139].

---

137. KLEIN, F. "Le parlement des religions et l'abbé Charbonnel". In: *La route du petit Morvandiau, Souvenirs* III – À l'Institut Catholique et in Angleterre. Paris, 1948, p. 189-303.
138. CHARBONNEL, V. *Congrés Universel des religions en 1900* – Histoire d'une idée. Paris: Colin et Cie, 1897, p. 18-29 [tradução francesa do relatório].
139. DE HARLEZ, C. " De la nature et de l'utilité de l'étude des religions". In *Revue des Religions*, VI, Paris, 1894, p. 413-438.

Félix Klein se colocou em contato com J.M. Barrows, o organizador de Chicago, com G. Bonet-Maury, também ele um ativo promotor do projeto parisiense e com Brunetière, formando um grupo favorável à ideia de um parlamento das religiões em Paris em 1900[140]. Segundo Klein, "uma intervenção tão funesta quanto imprevista acabou comprometendo, ou melhor, arruinando tudo: a fala de um padre infeliz, o Abade Victor Charbonnel, cujo único dote era a facilidade na escrita e, como ele não tardou a demonstrar, a facilidade de consciência"[141].

Sem a menor consulta e de forma totalmente arbitrária, V. Charbonnel publica na *Revue de Paris* no dia 1º de setembro de 1895 um longo artigo intitulado "Um congrés universel des religions em 1900". O artigo chama a atenção pela ousadia das afirmações: a insistência na tolerância, na união religiosa, no acordo de dois cardeais franceses[142]. Aos 15 de setembro, Charbonnel publica em *La Liberté* um artigo em que anuncia "o primeiro concílio em que não haverá anátemas"[143] e no qual "os crentes submeterão seus ensinamentos à prova das necessidades atuais"[144]. Nesses textos, Charbonnel anuncia o concurso das Igrejas reformadas francesas e do consistório israelita e a aprovação do Cardeal Gibbons, que abrira o Parlamento de Chicago. Nesse meio-tempo já fizera chegar a Roma uma "*Memoire pour le Project d'un Congrès universel des religions à Paris en 1900*". Confia no acordo tácito do Papa Leão XIII sobre o projeto.

A imprensa soube desse projeto. Alguns artigos favoráveis a ele aparecem em *Le Temps, Les Débats, Le Gaulois, Le Figaro, L'Écho de Paris, Le Journal*. Avaliando o projeto segundo os textos de Charbonnel, *La Croix, La Vérité, L'Autorité, La Libre Parole* manifestam animosidade e oposição. O projeto se torna objeto de um conflito, atiçado por diversas posições filosóficas, rancores pessoais e várias imprudências. F. Klein resume assim a situação: "Por causa de rumores, de intervenções e artigos, o Abade Charbonnel acabou por estender sobre toda a situação essa sombra nefasta de sua pessoa e fazendo acreditar que a a verdadeira ideia do

---

140. KLEIN, F. *La route, III*. Op. cit., p. 291-292.
141. Ibid., p. 292. O Abade Charbonnel não demorará a deixar a Igreja e a escrever numerosos artigos anticlericais.
142. Cf. o artigo em V. CHARBONNEL, *Congresso...* Op. cit., p. 38-59.
143. A expressão "anátema", ausente na terminologia teológica do último grande concílio do catolicismo foi muito frequente na tradição cristã e, no Concílio de Trento, foi amplamente utilizada. Ficou consagrada a expressão com a qual se concluíam vários artigos *"Anatema sit"* [N.T.].
144. Ibid., p. 59-65.

congresso projetado fosse exatamente aquela que ele exprimia. Ora, suas declarações foram além de qualquer medida"[145]. Charbonnel prossegue sozinho com sua campanha anticlerical e usa um léxico que não deixaria de escandalizar um bom número de cristãos. De Harlez já o tinha alertado contra a possibilidade que a sua iniciativa fosse manipulada: "O senhor gostaria da minha opinião sobre a possibilidade de se promover em Paris um segundo parlamento das religiões. Eu respondo à confiança com a qual o senhor me honra dizendo-lhe o meu pensamento com total franqueza e simplicidade. Se essa segunda sessão parecerá inteiramente com a primeira, se os representantes da religião católica poderão assumir, na grande cidade europeia, o mesmo papel que assumiram em Chicago, parece-me que, sem dúvida, os resultados do segundo congresso deverão ser bons, talvez melhores do que os do primeiro. É, pois, necessário, em primeiro lugar, tomar medidas tais que na nossa desafortunada Europa e sob o domínio das influências a que a França e principalmente Paris hoje estão expostas, os livres-pensadores não assumam a direção de uma assembleia de homens religiosos"[146].

Victor Charbonnel continua a sua campanha assumindo uma posição cada vez mais hostil à Igreja que está por abandonar. Casa-se, lança-se em conferências anticlericais, colabora com os jornais mais liberais e dá vida a contendas com grupos nos quais, a seguir, ingressa. Faz conferências em toda a França, multiplicando os escândalos até nas igrejas. O Parlamento das Religiões de Paris não acontecerá. No seu lugar, Paris obterá, em 1900, o primeiro congresso internacional de história das religiões[147].

Esse congresso internacional ocorreu em Paris de 3 a 8 de setembro 1900, sob a presidência de Albert Réville[148]. O objetivo dos trabalhos é descrito nestes termos: nestes termos: "coordenar os resultados obtidos pelos estudiosos de cada país no campo da história religiosa". A partir da abertura dos encontros, o congresso toma

---

145. KLEIN, F. *La route... III.* Op. cit., p. 298. O autor alude ao livro publicado por Charbonnel em 1897, com diversas provas em mãos, mostra que a interpretação dos documentos é tendenciosa e que eles estão "envolvidos por afirmações mentirosas" (p. 299).
146. CHARBONNEL, V. *Congresso.* Op. cit., p. 174-175, carta de 1º de novembro de 1895.
147. KLEIN, J. *La route, III.* Op. cit., p. 302.
148. RÉVILLE, J. "Le Confrès international d'histoire des religions". In: *Revue de l'histoire des religions*, 42, 1900, p. 143-145 (Paris). No mesmo tomo (42) figuram os *Procès-Verbaux* das sessões (p. 146-177), o *Discours d'ouverture du président Albert Réville* (p. 182-194) e o *Discours de clôture prononcé par A. de Gubernatis: L'avenir de l'histoire des religions* (p. 197-219).

distância do Parlamento das Religiões de Chicago, do qual G. Bonet-Maury, menos entusiasta do que em 1893, afirma: "Propunha-se a alcançar todos os crentes no campo da adoração a Deus e da fraternidade humana, em uma santa cruzada contra o materialismo e a imoralidade. Realizou, por alguns dias, essa grande coisa: a paz religiosa, a harmonia das crenças na variedade das concepções dogmáticas e das formas litúrgicas... Um congresso assim teria sido impossível entre nós nas condições dos partidos em campo, e caso se tentasse fazê-lo, acabaria sendo mais funesto do que útil à causa da paz religiosa"[149].

Em 1893 o mesmo autor, professor da Faculdade de Teologia protestante de Paris, descrevera o congresso das religiões como um evento de considerável importância pela sua novidade, pela importância dos discursos e pela repercussão nos Estados Unidos e na Europa. A seus olhos, houve um vento pentecostal nesse congresso. Em Paris, em 1900, Bonet-Maury fala em nome do ministro da educação pública da França[150].

O congresso de Paris é uma etapa: A ciência das religiões começa a encontrar seu próprio caminho. Os conflitos diminuem. A pesquisa histórica mostra que é necessário se libertar de generalizações precipitadas. Nesses primeiros meses do século XX, os historiadores das religiões podem meditar sobre estas palavras de Dom Ireland, pronunciadas logo depois do evento de Chicago: "O século está pronto para grandes atos. Na verdade, se somos leais operários do progresso, nossos caminhos são todos pavimentados de esperança"[151].

---

149. "Discours de M.G. Bonet-Maury". In: *revue de l'histoire des religions*, 42, Paris, 1900, p. 195-197.
150. BONET-MAURY, G. "Le Parlement des religions à Chicago". In: *Revue de l'histoire des religions*, 28, 1893, p. 187-197; 325-346.
151. IRELAND, J. & KLEIN, F. *L'Église et le siècle*. Paris: Lecoffre, 1894 [Citação da 11. ed.: Paris, 1914, p. 218].

Parte II
Problemas e métodos na pesquisa em história das religiões

1
As origens da religião e das religiões

1.1 A pesquisa e as tentativas de explicação*

1.1.1 Tentativa de definição da religião

Cícero relaciona *religio* ao verbo *relegere*. A religião é a retomada diligente das tradições ancestrais (*mos maiorum*) relacionadas ao culto dos deuses, mas é também o culto dos deuses, com seus ritos transmitidos pela tradição e acuradamente conservados (*De natura deorum*, II, 28, 72). Para os cristãos Tertuliano, Arnóbio, Lactâncio e Agostinho, *religio*, do verbo *religare*, designa o conjunto das ligações entre o homem e Deus. Assim, o vínculo de dependência do homem de Deus toma o lugar da observância dos ritos da *pietas* romana.

O conceito de religião continuará marcadamente ocidental. A partir do século XIX a descoberta e o estudo das religiões da Ásia e de outros países possibilitam uma ampliação do conceito de religião e de numerosas definições ligadas a contextos culturais e religiosos, mas também influenciados pela ideologia dos seus autores.

Os sociólogos individuam três elementos essenciais na religião: um sistema de crenças, o sagrado e a comunidade. Assim, segundo É. Durkheim (1912), a religião é "um sistema sólido de crenças e de práticas relacionadas a coisas sagradas...,

---

* In: *Le origini*. Milão: Jaca Book, 1992, p. 7-23. Cf. WAARDENBURG, J. *Classical approaches to the Study of Religion*. Haia/Paris: Mouton, 1973 [cf. "1. *Introduction and Anthropology*" e "2. *Bibliography*"].

171

crenças e práticas que unem em uma mesma comunidade moral chamada Igreja todos aqueles que aderem a ela".

Os psicólogos destacam outros três aspectos: a aspiração a valores; a dependência consciente de uma força que mantém tais valores; o comportamento do homem para conseguir transmiti-los através do recurso a essa força.

A orientação histórica e fenomenológica da pesquisa se voltará bem cedo às diversas religiões e iniciará o estudo do fenômeno religioso, da experiência religiosa, da experiência do sagrado. Segundo N. Söderblom, R. Otto e M. Eliade, a religião é para o homem a percepção de um "totalmente outro"; o que tem como consequência uma experiência do sagrado que por sua vez dá lugar a um comportamento *sui generis*. Essa experiência, irredutível a outras, caracteriza o *homo religiosus* das diversas culturas históricas da humanidade.

Em tal perspectiva, toda religião é inseparável do *homo religiosus*, porque ela subentende e traduz a sua *Weltanschauung* (G. Dumézil). A religião elabora uma explicação do destino humano (G. Widengren) e conduz a um comportamento que através de mitos, ritos e símbolos atualiza a experiência do sagrado. Essa perspectiva tem a vantagem de levar em consideração os aspectos histórico, teológico, sociológico e antropológico inerentes a qualquer religião.

1.1.2 *A diversidade das religiões*

A pesquisa histórico-comparativa iniciada por Max Müller e continuada pelas diversas escolas de história das religiões permitiu a compilação de dois mapas: o primeiro divide geograficamente as religiões do mundo, o segundo as classifica por tipologia.

Cada classificação parte de uma série de princípios enquanto negligencia alguns elementos considerados secundários. Muitas tipologias baseadas em ideologias em voga no século XIX caíram em desuso. É o caso das tipologias evolucionistas influenciadas pelo positivismo de Auguste Comte (1798-1857), que subdividiam o desenvolvimento das religiões em três etapas: as religiões animistas teriam dado origem ao politeísmo, o qual, por sua vez, teria gerado o monoteísmo.

Uma classificação baseada no método comparado, modificado de acordo com a teoria das influências socioculturais, tentou estabelecer uma tipologia coerente com os "horizontes religiosos" (J. Murphy). Na ótica do horizonte profético e monoteísta teremos o zoroastrismo, o judaísmo, o cristianismo, o islamismo, o budismo e o confucionismo. Reflexos da organização política e social dos povos, as grandes religiões antigas: Roma, Grécia, Egito, Sumério-Babilônia, Indo. O horizonte agrícola estaria na origem das assim chamadas religiões "monistas", enquanto o horizonte tribal teria gerado os animistas. Uma outra tipologia procede, segundo três dados: a importância do pensamento etnológico e do desenvolvimento das civilizações; o evento da revelação na história religiosa da humanidade; a originalidade do cristianismo (A. Anwander). Uma primeira categoria compreende as religiões chamadas naturais: as dos povos sem escrita da Ásia Central. Depois, vêm as religiões das grandes civilizações do mundo baseadas na escrita. A seguir, as religiões mundiais: o budismo, o judaísmo e o islã. Enfim, há o cristianismo, religião que goza de total originalidade.

R.C. Zaehner (1913-1974) em Oxford estabelece uma distinção entre as grandes religiões místicas e as grandes religiões proféticas. Nas religiões místicas o acento está na experiência interior da Transcendência: é o caso do hinduísmo, do budismo e do taoismo. As religiões proféticas são, por sua vez, caracterizadas por uma revelação acolhida como palavra de Deus. O zoroastrismo, o judaísmo e o islã são de tipo profético. No cristianismo, convergem a mística e o profetismo.

Dando continuidade à pesquisa histórico-comparativa de Raffaele Pettazzoni (1883-1959), Ugo Bianchi, de Roma, estabelece uma dúplice tipologia histórica. Na primeira se evidenciam os fenômenos constituintes da religião: crenças, mitos, ritos, instituições. Deve, depois, seguir uma tipologia baseada em processos histórico-culturais que agem nas várias religiões. A essa tipologia interessam as formas religiosas próprias de determinadas épocas e culturas: politeísmo, religiosidade dos homens da pré-história, dualismo, gnosticismo. O resultado claro dessa pesquisa é a repartição das religiões em dois grupos: as religiões étnicas que nascem de determinadas culturas e não descendem de um fundador; as religiões que têm um fundador, como o budismo, o zoroastrismo, o judaísmo, o cristianismo e o islã. Na impostação dessa tipologia dupla, entra em jogo a noção de analogia, continuamente revista a partir de tais documentos históricos.

A recente pesquisa comparada colocou o acento em dois fatores importantes na história religiosa da humanidade: a cultura e a revelação. Os eventos religiosos são ligados aos eventos culturais e, mais particularmente, ao seu aspecto simbólico, já que, desde a mais remota pré-história, o *homo religiosus* é um *homo symbolicus*.

Assim temos um número impressionante de religiões nas quais o *homo religiosus* está na busca do Divino, da transcendência, e nos vestígios de Deus. A partir de Abraão, alguns documentos nos mostram o *homo religiosus* em relação com Deus, do qual ele recebe uma mensagem, uma revelação destinada a orientar a sua vida, o seu comportamento, a sua salvação. Cultura e revelação são dois dados fundamentais para a tipologia das religiões e para o estudo da origem das religiões.

1.1.3 A descoberta das religiões

As conquistas de Alexandre Magno (356-323 a.C.) foram decisivas para dar início a um primeiro processo de encontro do mundo grego com as religiões do Oriente Próximo e do Oriente Médio: as religiões do Egito, da Anatólia, da Síria, de Canaã, do Irã e da Índia. A expansão do Império Romano marcou uma segunda etapa de tal processo, favorecendo os contatos com cultos da Europa Central, da Gália e da Germânia. Graças aos apologistas cristãos, aos Pais da Igreja e aos escritores dos primeiros séculos de nossa era, conservaram-se numerosos documentos e textos de várias religiões. A evangelização dos francos, dos germânicos e dos escandinavos preservou fragmentos das suas crenças e dos seus cultos. Através das Cruzadas o Ocidente obteve um conhecimento inicial do islã, enquanto as universidades medievais contribuíram muito para uma primeira valorização de toda a documentação recolhida.

Logo após a publicação da obra de Pico della Mirandola, *De omni re scibili* (1486), que recolhia numerosas informações antigas, os humanistas do Renascimento deram início a um grande movimento de retorno à Antiguidade com uma atitude crítica quanto às religiões, enquanto o ano de 1492 marca o início da descoberta do Novo Mundo, com as suas culturas e os seus cultos. No século XVII, a atividade missionária da Companhia de Jesus se abre às culturas da China, da Índia e da América do Norte, trazendo para a Europa uma grande quantidade de documentos que, na França, serão utilizados cientificamente pelas *Memoires de Trévoux*, na ótica de uma pesquisa comparada com as religiões antigas. Em 1701, o Rei Luís XIV confia à Académie Française a tarefa de estudar o pensamento religioso antigo. A continuidade do movimento iniciado pelos humanistas florentinos é garantida pelos estudiosos de Paris. Essa ciência das religiões ainda nos primórdios dará seus primeiros passos graças à importante contribuição das missões cristãs na Ásia, na África e na América durante o século XVIII e graças às controvérsias suscitadas pelos debates passionais do Século das Luzes. J.F. Lafitau (1681-1746) e C. de Brosses (1709-1777) fundam a etnologia religiosa e, baseando-se em uma ampla documentação mitológica, G.B. Vico (1668-1744) apresenta a sua *Scienza nuova* uma primeira hermenêutica dos mitos, das culturas e das civilizações. Durante o século XVIII, duas grandes descobertas darão rumo livre ao desenvolvimento do orientalismo. Em 1730, o jesuíta Jean Calmette descobre dois *Veda*, e, em 1732, encontra os outros dois. Já em 1739, esses primeiros manuscritos ingressam na Biblioteca Real de Paris. Esse foi o impulso que gerou uma série contínua de descobertas, levou ao nascimento do indianismo e à fundação de sociedades asiáticas na Índia, em Paris e em Londres. Em uma viagem, A.H. Anquetil-Duperon consegue entrar na comunidade dos parses de Mumbai (Bombaim), em 1762 leva a Paris um grupo de 180 manuscritos e, em 1771, publica a primeira tradução do *Zend Avesta*: assim é revista a tradição masdeísta.

Na esteira da expansão colonialista e do desenvolvimento da atividade missionária da Igreja, a Europa do século XIX redescobre uma parte importante do patrimônio religioso da humanidade. Como no caso do hinduísmo, foi uma descoberta missionária do budismo que preparou a sua descoberta científica. Os manuscritos *pāli* do Siam, do Tibete, da China, do Nepal e os trabalhos de Chézy, de Eugène Burnouf e de Abel Rémusat em Paris, de B.H. Hodgson em Londres e de muitos outros pesquisadores, conferem ao budismo o seu verdadeiro rosto. Por volta da metade do século XIX termina a confusão entre hinduísmo e budismo.

Em 1822 Jean-François Champollion decifra a famosa estela de Rosetta e dá voz novamente ao Egito faraônico: as estelas, os sarcófagos, as pirâmides e as tumbas revelam o segredo das suas inscrições. Na Alemanha, os irmãos Wilhelm e Alexander von Humboldt contribuem para a redescoberta das religiões ameríndias. Em 1840, têm início as escavações na Mesopotâmia, enquanto se seguirão as descobertas dos arqueólogos: milhares de tabuinhas cuneiformes vão para os museus, até que em 1857 H. Rawlinson, E. Hincks e I. Oppert conseguem decifrar a escrita cuneiforme e conferem um estatuto à assiriologia. Continua o estudo do *Avesta*, enquanto na França, Abel Rémusat e S. Julien começam o estudo do confucionismo e do taoismo. A sinologia entrará na sua fase decisiva com Paul Pelliot. Na região do Mediterrâneo começam as escavações na Palestina e na Síria. No Egito cresce o número de exploradores, enquanto no mundo greco-romano empreendem-se novas pesquisas arqueológicas e epigráficas. Na França, Jacques Boucher di Perthes descobre alguns seixos esculpidos como utensílios e, em 1846, afirma que a existência do homem pré-histórico é contemporânea das grandes espécies de animais desaparecidas: é o nascimento da pesquisa pré-histórica. A etnologia religiosa conhece um novo impulso graças às contínuas descobertas de populações sem escrita na Ásia, na África, na Austrália.

Depois do início do século XIX, a ciência das religiões está em busca do seu próprio caminho; nas últimas duas décadas desse século se assistirá à fundação de uma verdadeira história das religiões, graças às cátedras e aos periódicos criados na Inglaterra, na Holanda, na França, na Bélgica. Entre as dezenas de especialistas, emerge a figura de Friedrich Max Müller (1823-1900), fundador de uma verdadeira ciência comparada das religiões. Pioneiro dos estudos indo-europeus, ele publicou a imponente coleção *Sacred Books of the East* (51 vols., 1872-1895).

1.1.4 Os povos sem escrita e sua religiosidade

Em 1724, na obra *Moeurs les sauvages amériquains compares aux mœurs des premiers temps*, J.F. Lafitau convida ao estudo dos primitivos ainda vivos em nossos dias para compreender o homem arcaico e a sua religião; ele sublinha a importância da natureza humana, o papel dos mistérios e da iniciação e a importância da religião nas sociedades primitivas. Seguindo o mesmo método, em 1760, C. de Brosses publica *Du culte des dieux fetiches*. Segundo esse estudioso, o fetichismo estaria na origem das religiões, consequentemente na perda da revelação divina: trata-se da adoração de bétilos, animais, árvores, plantas, rios, sol e astros. O fetiche não é um símbolo como no politeísmo, mas é uma presença ativa para o homem arcaico que, angustiado, espera obter do fetiche a salvação.

Durante o século XIX, a descoberta de centenas de populações ainda privadas da escrita impulsionou a etnologia e a antropologia religiosa, como também várias teorias sobre "a religião dos primitivos" e sobre a origem da religião. Auguste Comte, o pai do positivismo, não faz outra coisa senão repreender a tese fetichista de C. de Brosses. Já no decorrer do século XVIII, J.-J. Rousseau (1712-1778), na França, e o movimento *Sturm und Drang*, na Alemanha, se opuseram ao *Aufklärung*, exaltando a natureza e os direitos do coração, e viram na religião um reflexo da linguagem da natureza. Todos os estudiosos da corrente romântica seguirão o mesmo caminho: C.F. Dupuis (1742-1809), J.G. Herder (1744-1803), F. Creuzer (1771-1858), J.J. Görres (1776-1848). F. Schleiermacher (1768-1834) considera a intuição do universo e a experiência do infinito como origens comuns de todas as religiões. A escola de mitologia comparada de Max Müller trabalha com os mitos indo-europeus. Persuadido que os homens sempre tiveram a intuição do divino e a ideia do infinito, Müller acredita que os grandes fenômenos da natureza tenham desempenhado a função de símbolos voltados a suscitar nos homens um sentimento do infinito. A religião dos povos "primitivos" encontraria a sua própria origem e a própria explicação nos mitos naturalistas. Ao final do século XVIII, a escola alemã de mitologia astral (H. Winckler, E. Stucken, F. Delitsch) se inspira nos mitos babilônicos e valoriza a astrologia mesopotâmica: a unidade surpreendente da mitologia constituiria a prova de que, em todos os povos primitivos, os mitos do céu e dos astros constituem os elementos fundamentais das religiões primordiais.

Em uma série de consideráveis obras, Lucien Lévy-Bruhl (1857-1939) tenta explicar a religião dos primitivos a partir da mentalidade desses povos, que, segundo ele, se constitui de representações coletivas, de relações primordiais fundadas na emoção, de tentativas de participação nas forças misteriosas do antepassado mítico e de uma uniformidade de emoções diante dos seres invisíveis. Máscaras, ritmos, danças e cânticos criam uma emoção coletiva destinada a estabelecer uma comunhão com as potências "sobrenaturais". A função do mito é assegurar a presença do antepassado mítico do clã para, assim, poder imitá-lo e participar da sua vida.

Em *L'expérience mystique et les symboles chez les primitifs* (Paris, 1938) Lévy-Bruhl tenta compreender a experiência religiosa dos primitivos pelo simbolismo. A função simbólica é uma função de representação do ser invisível, e isso explica a permanência de lugares sagrados, a multiplicidade das inscrições rupestres e das pinturas pré-históricas, dos desenhos, das inscrições, das pedras misteriosas e dos símbolos dos antepassados. É pelos símbolos que os primitivos se unem às forças misteriosas, a realidades que não pertencem ao plano da natureza.

Lévy-Bruhl atribui ao homem primitivo uma mentalidade pré-lógica que o diferencia do homem civilizado: trata-se de um pensamento mágico-religioso que não se encaixa em nossas categorias e não se deixa desorientar pela contradição. Quando o autor fala de sobrenatural ou de místico, não se trata de transcendência, mas de suprassensível. Sob um olhar mais atento, Lévy-Bruhl coloca a religião em um plano horizontal, sem pensar em alguma transcendência. O interesse dessa pesquisa, conduzida por um filósofo que trabalhou somente com coletas de informações e nunca em contato direto com a matéria, está na insistência no símbolo como meio de participação em "forças místicas". Esse dado continua útil para compreender o *homo religiosus* privado da escrita e a sua experiência do sagrado; todavia a posição do autor é falseada pelas suas concepções positivistas que o levam a considerar toda religião como uma superstição.

Paralelamente a essas pesquisas, condicionadas por concepções ideológicas, já a partir do final do século XIX iniciou-se o desenvolvimento de um movimento histórico em etnologia. Os autores desse movimento preferiam o trabalho de campo, o estudo das várias populações sem escrita, a publicação de monografias e as investigações sobre o comportamento humano e sobre as instituições. Entre esses etnólogos e antropólogos é mister citar, pela Inglaterra, Summer Maine (1821-1881), A. Lyall (1835-1911), FW. Maitland (1850-1906) e W.R. Rivers (1864-1928); pela França, A. de Quatrefages (1810-1892), elaborador da "demonstração por convergência de indícios"; pela Alemanha, F. Ratzel (1844-1904) – autor da teoria das migrações – e Léo Frobenius (1873-1938), o pai do conceito de "círculo natural" em etnologia, conceito que terá repercussão extraordinária nos estudos etnológicos.

1.1.5 Mana, totem e tabu

1.1.5.1 O vocabulário

Mana: termo da língua falada na Polinésia, introduzido no Ocidente primeiramente por W. Williams em 1814, depois por R. Codrington, etnólogo na Melanésia, que o transmite a M. Müller e o considera de uso generalizado no Pacífico. Mana indica um poder, uma influência, uma força impessoal possuída por espíritos que podem comunicá-la servindo-se da água, de uma pedra, de um osso. A partir de 1892, o vocábulo é retomado por alguns etnólogos e antropólogos (J.H. King, R.R. Marett) e considerado uma categoria importante nas experiências religiosas dos primitivos. Assim é identificado com *manitu* dos algonquinos, com *orenda* dos iroqueses ou com o *Brahman* hindu. O movimento evolucionista o considera um conceito essencial no desenvolvimento da religião. As recentes pesquisas arqueológicas demonstram o erro de interpretação cometido no início do século: hoje, na Melanésia, *mana* indica o poder eficaz de uma pessoa com a capacidade de cumprir coisas extraordinárias.

Totem: termo utilizado pelos Ojibwa, uma tribo dos algonquinos da América Setentrional, que indica uma relação de parentesco e designa o clã exogâmico em relação com um animal "protetor". O termo *totem* indica também o animal protetor atribuído a uma pessoa. Trata-se de fenômenos etnográficos. O totemismo australiano supõe uma relação entre uma espécie natural e um grupo de parentela; o totemismo polinésio interessa a relação de um animal com um grupo de parentela. Em *Le totémisme aujourd'hui* (Paris, 1962), C. Lévy-Strauss demonstrou que o assim chamado totemismo escapa de qualquer definição geral e que os fenômenos considerados são recolocados no âmbito específico das etnias sem escritura. Na Oceania e na América, os paus totêmicos postos na entrada das aldeias representam a sucessão dos antepassados do clã. Em história das religiões o totemismo é o conjunto das teorias que pretenderam individuar no *totem* a origem da religião ou a base dos comportamentos e das instituições das sociedades arcaicas.

Tabu é um termo melanésio e polinésio. Ele indica os limites com os quais são circundadas determinadas pessoas (reis, sacerdotes), coisas (alimentos, objetos rituais), atividades, santuários e lugares sagrados, e define as regras a serem observadas caso se deva aproximar ou distanciar de tais elementos, com objetivo tanto de proteção como de proibição. Introduzido no Ocidente pelo Capitão Cook em 1777, esse termo começa a fazer parte das pesquisas de J.G. Frazer que, em 1911, o utiliza como categoria religiosa universal para indicar a dimensão negativa do sagrado compreendido como proibido: *tabu* indica a separação entre o mundo do sagrado e o mundo do profano. Freud retoma esse conceito em 1913 em *Totem e tabu*. Os estudos etnológicos atuais se tornaram muito críticos acerca dessas posições e mostram que na Polinésia *tabu* possui muitos significados não religiosos. Os defensores do evolucionismo em religião utilizam simultaneamente *mana*, *totem* e *tabu* para desenvolver suas hipóteses sobre a origem e o sentido das religiões primitivas. Esse período de confusão sobre a experiência do sagrado já passou.

1.1.5.2 As teorias

Em 1866, em *Primitive Marriage*, J.F. McLennan revela ao mundo científico o fenômeno da exogamia, ao qual atribui um caráter religioso e, em 1869, em

The Worship of Animals and Plants, esforça-se em demonstrar que o totemismo é uma religião, origem de todos os cultos dos quais são objetos os animais e as plantas. J.G. Frazer (1854-1941) se apodera dessa teoria. Convicto da absurdidade das crenças primitivas, o antropólogo inglês, que trabalha apenas na biblioteca, faz do totemismo um sistema religioso que engloba as diversas crenças arcaicas (*Totemism and Exogamy*. 4 vols. Londres, 1911). Segundo o que escreve Frazer, essa religião primitiva era um amálgama composto pela organização do clã, pela denominação totêmica do clã e pela crença em um parentesco entre o *totem* e os membros do clã e pela proibição de comer o animal ou a planta *totem*, exceto no rito do sacrifício. Ele tira essa última ideia de W. Robertson Smith (*The Religion of the Semites*. Londres, 1889). No fim de longas discussões e oposições, em 1927, Frazer publica a síntese do seu pensamento sobre a religião totêmica (*Man, God and Immortality*. Londres). A primeira etapa da evolução da religião seria a magia, i.e., a personificação das forças naturais e a criação de uma multidão de espíritos. Através da criação de reis, sacerdotes e divindades teria ocorrido a passagem para uma religião politeísta e para cultos dos quais mais tarde nascerá o monoteísmo. Na França, Salomon Reinach (1858-1932) difundirá o frazerismo em *Orpheus – Histoire générale des religions* (Paris, 1909 – 2. ed., 1931) e em *Cultes mythes et religions* (3 vols. Paris, 1905 – 2. ed. 1922). Na Alemanha, essa mesma obra é realizada por W. Wundt (1832-1920) no seu monumental volume *Völkerpsychologie* (10 vols., 1910-1920).

Émile Durkheim (1858-1917) faz do totemismo o sistema religioso dos povos primitivos e nele procura individuar a origem da religião (*Les formes élémentaires de la vie religieuse*. Paris, 1912). Na sua concepção influenciada por A. Comte, por H. Spencer e por W. Wundt, a sociedade é uma realidade metafísica superior, um mecanismo que transcende o indivíduo e que é animado por uma consciência coletiva criada pelo conjunto das crenças e dos sentimentos comuns a uma coletividade. Ele vê na religião uma manifestação natural da atividade humana. Positivista, Durkheim exclui do fenômeno religioso, determinado pelo comportamento social, três elementos: o sobrenatural, o mistério e a divindade. Para o pensamento religioso, o mundo é dividido em dois âmbitos, o sagrado e o profano, e a causa objetiva, universal e eterna das experiências religiosas é a sociedade. Emanação da consciência coletiva, a religião é um fato universal e um fenômeno necessário. A sua função consiste na administração do sagrado.

Propondo-se a individuar a religião mais primitiva e mais elementar, Durkheim opta pelo totemismo, a religião do clã, no meio do qual o totem representa o sagrado por excelência. A fonte, o coração e o motor da religião totêmica é o *mana*, o princípio do sagrado, a energia anônima e impessoal presente em qualquer um dos seres do clã. O *mana* constitui a matéria-prima de todas as religiões, e é a partir dele que as sociedades criaram os espíritos, os demônios, os gênios e os deuses. O *totem* exprime e simboliza o *mana*; ele é a hipóstase do clã. Este último, para uma transferência de poder, cria o sagrado e é destinado a administrá-lo. O sagrado gera o culto, com os seus ritos e as suas práticas que reconstroem incessantemente a sociedade. Marcel Mauss (1873-1950) e Henri Hubert (1872-1927), discípulos de Durkheim, se dedicam ao estudo das funções sociais do sagrado, fazem coincidir o *mana* com o sagrado e estendem o conceito totemista a todas as religiões, inclusive às religiões do livro. Por duas décadas, suas ideias inspiram certo número de historiadores das religiões.

Sob a influência de Frazer e Wundt, S. Freud empreende o estudo do *tabu*, no qual ele vê uma analogia com a neurose obsessiva; a transgressão de um *tabu* provoca de fato um remorso que está na origem da consciência moral. Passando de um argumento a outro, Freud chega ao totemismo, que acolhe como explicação da religião e da sua origem. Retomando a ideia de Robertson Smith sobre a importância do sacrifício e da refeição totêmica, Freud a coloca na origem do gênero humano, vinculando-a à primeira festa da humanidade, ocorrida quando a horda primitiva dos filhos assassinou o pai para apossar-se das mulheres. A religião totêmica deriva do sentimento de culpa dos filhos: ela consistiria em um esforço em vista de sufocar tal sentimento e, ao mesmo tempo, uma tentativa de conciliação. Tal evento primordial, colocado na origem da religião totêmica, tem repercussões, segundo Freud, em todas as religiões da humanidade (*Totem e tabu*, 1913).

1.1.6 O evolucionismo como explicação das origens

Interesse primário dos estudiosos do século XVIII era o progresso da humanidade e objeto das suas reflexões eram o processo de desenvolvimento humano e as suas fases. Na *Fenomenologia do espírito* (1807), G.W.F. Hegel (1770-1851) explica como a história revela um incessante progresso do espírito. Retomando e transformando ideia de G.B. Vico (1668-1744), que na *Scienza nuova* (1725) transferia à história as três idades da vida humana, A. Comte (1798-1857) afirma que a lei dos três estágios (teológico, metafísico e positivista) é a lei da evolução do espírito e da sociedade. Desvencilhando-se dos mitos e das especulações sobre Deus, o homem poderia então se dedicar inteiramente à ciência e ao culto da humanidade. Os sacerdotes, os sacramentos laicizados e o novo dogma, que é a filosofia positivista assegurariam a unidade orgânica da sociedade. Comte colocava assim os fundamentos do positivismo e fazia da evolução a lei da história religiosa da humanidade.

Interessado nas relações entre ciência, sociedade e religião, Herbert Spencer (1820-1902) assume a evolução biológica como modelo da sua pesquisa sobre a sociedade e sobre a religião. Nos seus *Principles of Sociology* (3 vols., 1876-1896), ele explica como, após um ateísmo radical, tenha se seguido uma religião primitiva fundada no culto dos ancestrais, antes de passar ao politeísmo e depois ao monoteísmo para, então, dissolver-se no positivismo. Na sociedade primitiva o homem pensa no mundo do além como em um lugar no qual os antepassados formam uma sociedade de espíritos. Estes exercitarão a sua influência sobre os viventes e, na evolução da sociedade, os homens os transformarão em deuses. Segundo Spencer, o culto aos antepassados está na origem de toda religião, e a influência que ela exerce sobre o homem teria como origem o medo dos mortos, considerados como espectros capazes de agir no mundo dos vivos. Para esconjurá-los, o homem teria inventado a oração, a expiação, as ofertas de alimentos e todos os ritos cultuais.

Já em 1767, N.S. Bergier expressara a ideia de que o fetichismo e a idolatria encontrassem sua explicação na mentalidade primitiva que via a natureza habitada por gênios e espíritos (*Les dieux du paganisme*). Um século mais tarde, essa ideia é retomada por E.B. Tylor (1832-1917), o fundador da antropologia inglesa. Grande viajador e inteligente explorador, ele recolhe uma documentação abundante, analisa-a com perspicácia e a classifica ordenadamente. Tylor estuda os vestígios das culturas antigas para compará-las com os costumes do seu tempo e, em 1865, publica as próprias pesquisas sobre o início da história do homem, nas quais contrapõe a teoria do transformismo elaborada por Darwin à teoria da degradação. Em *Primitive Culture* (1871), ele defende que o homem primitivo se coloque no início de uma série que evoluiu psiquicamente sem interrupções do estágio arcaico ao estágio do homem civilizado: é o manifesto do evolucionismo cultural e religioso e do animismo visto como explicação integral das religiões. O seu ponto de partida é a descoberta, por parte do homem primitivo, da noção de alma, que teria ocorrido, segundo Tylor, através da observação do sono, da doença e da morte e, de outra maneira, por meio de sonhos e visões. A mentalidade primitiva aplica tal noção a todos os seres do cosmos: é esse o animismo que, partindo do culto dos antepassados, desembocará no politeísmo. O politeísmo gera os panteões das grandes culturas e termina confluindo no monoteísmo. O animismo de Tylor obterá a adesão de muitos etnólogos e historiadores das religiões – até mesmo de biblistas – que acreditavam que esse estágio religioso estivesse na origem da religião e das religiões.

A obra de Tylor apresenta aspectos muito meritórios: a insistência na descoberta da alma pelos povos primitivos, que explica a importância das práticas funerárias que apareceram muito cedo e continuam os sinais de uma fé na vida ultraterrena; a aquisição da ideia de um espírito separado da matéria, que permitirá que o homem descubra o Ser supremo como Deus pessoal; a pesquisa da unidade psíquica da humanidade; a teoria das permanências do passado, que permite uma pesquisa comparada; a eliminação do abismo intransponível, que separava o homem civilizado do homem primitivo. A pesquisa tyloriana dá início a um importante movimento de investigação entre as populações sem escrita e à publicação de numerosas monografias. No século XX, a noção de animismo se manterá, mas com numerosas contribuições e importantes correções.

O ponto fraco da obra de Tylor – como também de Spencer – está no nível da teoria transformista. Tomando como base o esquema darwiniano da evolução biológica, Tylor traça uma linha direta e rígida que marca a evolução do animismo até o monoteísmo. Tal evolução é concebida como um determinismo que não considera as numerosas influências culturais em cujo interior se desenvolveu o *homo sapiens*. Os discípulos e os sucessores de Tylor farão do evolucionismo um dogma e uma ideologia, cujo fruto é o totemismo de Frazer, de Durkheim e de Freud. O *Golden Bough* de Frazer, de 1890, em 1911-1915 se comporá de doze volumes: segundo o que se expõe nessa obra, a religião e a cultura teriam evoluído a partir do *totem* de maneira determinística e uniforme. Toda a obra de Wundt, Durkheim e Mauss é concebida na mesma ótica evolucionista.

1.2 Herança indo-europeia e religião romana – A propósito de *La religion romaine archäique* de Georges Dumézil*

Georges Dumézil recentemente ofereceu à imprensa uma segunda edição, revista e corrigida, de sua imponente obra *La religion romaine archäique*[152]. Consciente das possibilidades e dos limites do método comparativo, trinta anos depois da publicação de *L'héritage indo-européen à Rome*, retomou as suas investigações acerca dos diversos aspectos da religião romana, comparada com as religiões de outros povos indo-europeus[153]. Depois da sua notável descoberta da presença em Roma de uma estrutura ideológica e teológica indo-europeia, Dumézil elaborou uma ampla síntese das suas pesquisas sobre Roma, reorganizando *in situ*, no quadro romano, todos os pedaços indo-europeus e observando seu comportamento nas diversas épocas da religião romana, como sobreviveram ou definharam ou como se transformaram. Pela primeira vez temos uma história da religião romana que estabelece uma continuidade entre a herança indo-europeia e as realidades romanas. Explorando as potencialidades do método comparativo e os resultados da pesquisa indo-europeia e associando a esse novo instrumento os tradicionais instrumentos de conhecimento, Dumézil ilustra a religião romana na sua organização primitiva e na sua evolução até os inícios da restauração de Augusto. No âmbito dos estudos latinos, na história das religiões e na pesquisa indo-europeia essa obra marca uma época seja pelo método utilizado, seja do ponto de vista dos resultados. Antes de falar destes, parece-nos útil apresentar brevemente Dumézil e a sua investigação indo-europeia, dizendo algo sobre seu método.

Georges Dumézil nasceu em Paris em 1898. Depois de uma adolescência itinerante ingressou na École Normale em 1916. Em 1924 apresentou uma tese de doutorado intitulada *Le festin d'immortalité – Étude de mythologie comparée indo-européenne*. Depois de alguns anos ensinando história das religiões em Istambul (1925-1931) e em Uppsala (1931-1933), foi chamado à École des Hautes Études de Paris, onde, em 1935, recebe a cátedra de estudos comparados das religiões e dos

---

* "Héritage indo-européen et religion romaine. À propos de La religion romaine archaïque de Georges Dumézil". In: *Revue Théologique de Louvain*, 7, 1976, Louvain-la-Neuve 1976, p. 476-489.

152. DUMÉZIL, G. *La religion romaine archaïque, suivi d'un appendice sur la religion des Étrusques*. Paris: Payot, 1966, 680 p. [Coleção "Les religions de l'humanité"] [2. ed. rev. e corrigida: Paris: Payot, 1974, 700 p.] [trad. it: *La religione romana arcaica*. Milão: Rizzoli, 2001].

153. DUMÉZIL, G. *L'héritage indo-européen à Rome*. Paris: Gallimard, 1949, 256 p.

povos indo-europeus. Em contato com o sinólogo Marcel Granet, compreendeu a necessidade de abandonar um comparativismo exclusivamente onomástico para orientar-se de maneira crescente para um comparativismo de caráter conceitual. É a descoberta da noção de estrutura, peça principal dessa pesquisa comparativa, estendida a todo o âmbito indo-europeu: a teologia, a sociologia, o simbolismo, a mitologia e a literatura. Em 1948, o Collège de France criou para ele a cátedra de civilização indo-europeia arcaica. Depois de se tornar professor emérito, em 1968, além de uma série de cursos em Princeton, Chicago e Los Angeles, dedicou-se às suas publicações, retomando, criticando e dando maior precisão a alguns pontos do seu método. Grande trabalhador, desconhecido do público, ele produziu uma obra prodigiosa. Depois de quarenta anos de pacientes e minuciosos estudos no âmbito da filologia, da linguística, da etnologia e da história das religiões, Georges Dumézil de um lado trouxe à tona a antiga ideologia indo-europeia, e de outro conseguiu um resgate espetacular das línguas e das civilizações caucasianas em vias de extinção[154].

1.2.1 O dossiê indo-europeu de Dumézil

Graças à descoberta dos quatro *Veda* e do *Avesta*, o século XIX presenciou o nascimento de duas novas disciplinas: a filologia comparada e a mitologia comparada indo-europeia. Quando a corrente romântica guiada por Schlegel, Herder, Creuzer e Görres se dedicou ao estudo das sabedorias iranianas, gregas e indianas para ali individuar a ideia de um mesmo deus e de uma doutrina comum, expressa em línguas diferentes pelos sacerdotes desses povos, K. Otfried Müller criou a crítica histórica. Opondo, por sua vez, aos românticos dedicados no estudo do simbolismo a pesquisa sobre a morfologia comparada indo-europeia. Uma vez criados esses instrumentos, as pesquisas de paleontologia linguística fizeram com que rapidamente se dominasse parte importante da civilização ariana arcaica. Neste trabalho distinguiram-se duas escolas: dentro da escola francesa, inaugurada pelo sanscritista de Chezy, os Irmãos Darmesteter e os três Burnouf, linguistas orientalistas e historiadores das religiões, renovaram os trabalhos sobre o pensamento

---

154. A bibliografia de G. Dumézil foi publicada em *Hommages à Georges Dumézil*, Col. Latomus, 45 (Bruxelas: Latomus, 1960), p. xi-xxiii e em *Nouvelle École*, 21-22, 1972-1973, p. 115-120. • COUTAU-BÉGARIE, H. *L'oeuvre de Georges Dumézil* – Catalogue daisonnée. Paris: Economica, 1998.

indo-iraniano, enquanto Michel Bréal, fundador da semântica, corrigia o sistematismo dos comparativistas alemães, descobrindo as causas intelectuais e sociais que levaram à transformação das línguas. Na escola alemã, os Irmãos Grimm criaram a mitografia alemã. A. Kuhn ampliou os horizontes deles, unindo-se, para além da mitologia dos alemães, à teologia ariana [aria], enquanto J.W. Mannhardt recusava toda a pesquisa naturalista e solar dos mitógrafos comparativistas para insistir na mitologia agrícola germânica e indo-europeia. A dúplice corrente da gramática e da mitografia comparada, lançada à pesquisa dos elementos culturais e religiosos comuns à civilização indo-europeia, procedia conjuntamente com o estudo do panteão indo-europeu e das crenças da família ariana arcaica. Toda essa pesquisa culminará na criação, por parte de Max Müller (1823-1900), de uma nova disciplina, a história comparada das religiões. É conhecido o seu lema: *nomina sunt numina*. Sobre a base da filologia comparada – segundo ele, a chave que abre para a história das religiões – Müller construiu a sua mitografia comparada, penetrou no pensamento védico e tentou uma primeira interpretação da religião ariana arcaica. Na sua tentativa de ultrapassar a pesquisa filológica e mitográfica comparada, Fustel de Coulanges (1830-1889) insistia no papel essencial das crenças na cidade antiga indo-europeia. Para ele, foi a religião, e somente ela, que estava na base da formação da cidade. Para descobrir essa religião arcaica existe um único caminho: estudar as instituições do mundo indo-europeu.

É todo esse dossiê que Dumézil retoma e coloca sob um novo prisma. Os primeiros passos são dados com James Frazer (1884-1941). Nos doze volumes de *O ramo de ouro* o etnólogo inglês conduziu uma longa pesquisa de mitografia comparada. Através dos mitos do rei-sacerdote de Nemi, que lhe serve de apoio, Frazer recolhe numerosos fatos religiosos de aparência análoga – narrativas, lendas, práticas, fatos culturais –, procurando reconstituir a evolução do pensamento e dos costumes religiosos do mundo ariano. Dumézil acredita primeiramente que equações onomásticas como *Urano-Varuṇa*, *flaman-brahman*, assim como o confronto entre a mitologia grega e a indiana, revistos à luz da explicação frazeriana podem ajudar a compreender as realidades sociais, culturais e religiosas principais. Quando se sente em um beco sem saída, ele individua uma solução na pista traçada pelas pesquisas de Joseph Vendryes (1875-1960) sobre as correspondências lexicais entre o indo-iraniano e o ítalo-céltico. Entre os povos que se tornaram mais tarde os indianos, os iranianos, os itálicos e os celtas estão presentes termos religiosos comuns. Esse léxico sagrado, idêntico entre os indo-iranianos e os ítalo-célticos, e somente entre eles, deve sua conservação, eminentemente, aos colégios sacerdotais que esses povos foram os únicos a manter: os brâmanes, os druidas, os sacerdotes avésticos e os pontífices romanos. Esses corpos sacerdotais conservaram os termos místicos arcaicos que designam a fé no ato sagrado, a pureza ritual, a oferta ao deus, a prosperidade devida à proteção divina, a santidade, a oração, as funções sacerdotais. Assim, a partir de 1938, Dumézil está certo de que a maior parte das investigações sobre a religião indo-europeia deva começar com uma comparação entre as realidades indo-iranianas e as realidades ítalo-célticas. Nesse âmbito, "La préhistoire des flamines majeurs" abre caminho a uma pesquisa de importância decisiva[155]. Dumézil nota que, com a ideologia real *flamen-brahman*, caracterizada em Roma pelo *rex* e pelo *flamen Dialis*, existe a hierarquia dos três *flamines maiores* e consequentemente dos deuses que esses sacerdotes servem: Júpiter, Marte e Quirino. Essa estrutura teológica tripartida, que ninguém notou antes de Dumézil, parece-lhe paralela à estrutura dos *Varna*, as três classes sociais da Índia. Dumézil adquire uma certeza: os romanos mais antigos, os umbros, levaram consigo à Itália a mesma concepção dos indo-iranianos. É sobre essa concepção que os indianos fundaram a sua ordem social. Estamos diante da herança de uma teologia e de uma ideologia trifuncional e hierarquizada. A ideologia social tripartida – soberania mágica e jurídica, força, fecundidade – correspondia a uma teologia tripartida: um deus dispensador do poder e do sagrado, um deus da força e da guerra, um deus da fertilidade, da agricultura e da fecundidade. Dumézil encontrou uma chave para a sua pesquisa. Agora, resta-lhe estender essa ideologia e essa teologia aos tempos arcaicos, rastreando sua sobrevivência ou os seus vestígios entre os povos indo-europeus. Aqui se inicia a pesquisa comparada.

1.2.2 *Matéria e objeto da pesquisa*

A matéria desse estudo é a realidade indo-europeia. No III e no II milênios a.C., alguns bandos de conquistadores se deslocaram rumo ao Atlântico, ao Mediterrâneo e na Ásia. Sua força é o cavalo domesticado. Todas essas populações falam a mesma língua, que rapidamente se diferencia a partir do momento em

---

155. DUMÉZIL, G. "La préhistoire des flamines majeurs". In: *Revue de l'histoire des religions*, 118, Paris, 1938, p. 188-200.

que esses grupos migratórios se desenvolvem celeremente. Dessa civilização arcaica comum, restam-nos alguns vestígios, particularmente documentos religiosos e diversos traços da língua, que constitui a técnica fundamental de todo grupo humano. Mas uma religião não pode ser reduzida a gestos ou palavras. Ela explica o mundo, a origem, o passado, o futuro. Assim, a partir desses vestígios, devemos pesquisas as tradições religiosas. Matéria dessa pesquisa são, portanto, a civilização, o pensamento e a religião dos indo-europeus arcaicos.

As realidades religiosas e institucionais, com suas correspondências entre os diversos povos arianos, constituem o objeto da pesquisa dumeziliana. Trata-se sobretudo de não cometer o mesmo erro dos linguistas ou dos mitógrafos do século XIX, que acreditavam reconstituir respectivamente a língua e os mitos desses povos. O estudo comparativo das realidades religiosas ou institucionais indo-europeias, de um lado, deve buscar colocar em evidência precisas e sistemáticas correspondências naquilo que foi descoberto entre os diversos povos; e de outro, baseando-se nessas correspondências, deve tentar determinar cada mito ou cada ritual na sua tipologia, as suas articulações e o seu significado lógico. O esquema que se obtém dessa maneira é projetado na pré-história, permitindo apreender as evoluções desse período. Em outras palavras, trata-se de oferecer meios objetivos para se visualizar uma parte da pré-história das diversas civilizações indo-europeias. Para se ter uma noção dessa pré-história, por exemplo, da pré-história religiosa dos indianos, dos iranianos, dos itálicos, é necessário ver tanto o ponto de chegada – os mais antigos documentos conhecidos – quanto o ponto de partida, i.e., a situação indo-europeia que a comparação permitirá definir na sua tipologia.

O método comparativo dumeziliano tem caráter genético. Ele se distingue, assim, do método tipológico. É essa a sua especificidade. Com a comparação tipológica, utilizada em sociologia e em etnologia, encontra-se um protótipo comum que pertence a uma tipologia de realidades sociais amplamente difundidas na humanidade e nos níveis mais diversos de civilização. Com a sua comparação genética, Dumézil tenta obter, no âmbito indo-europeu, no que tange aos fatos religiosos, aquilo que a linguística comparada conseguiu obter no que lhe diz respeito: "uma imagem o mais precisa possível de um sistema pré-histórico particular, do qual sobrevive em boa parte certo número de sistemas historicamente atestados"[156]. Como é possível

---

156. DUMÉZIL, G. *Servius et la Fortune*. 3. ed. Paris, 1943, p. 26.

perceber, a noção de sistema é essencial. Além disso, para ser válida a comparação deve levar ao conhecimento dos povos, cujo parentesco originário se nos revela pela língua. A história da religião pré-histórica do mundo indo-europeu não pertence nem à etnologia religiosa, nem à sociologia religiosa, nem à história das instituições. O que é decisivo é a pesquisa do sistema, das estruturas, dos mecanismos, dos equilíbrios constitutivo no interior da mitologia, da teologia e da liturgia. Dumézil está longe do *mana* de Durkheim e das miragens de Max Müller. Aproxima-se mais dos círculos culturais de Wilhelm Schmidt. Prolongando objetivamente a história, ele quer ganhar de um a dois milênios sobre os *tempora ignota* de uma religião arcaica que é um pensamento articulado, do qual restitui a ideologia e a teologia por meio de fatos religiosos e as suas correspondências.

1.2.3 Estrutura e técnicas comparativas

Nesse tipo de método é essencial a pesquisa de um sistema. As conclusões tiradas da comparação de dois elementos isolados são de pouco interesse. Mas se um grupo de concepções relativas a elementos bem-articulados uns com os outros se deixa relacionar com um grupo de conceitos, o de deuses de um outro povo indo-europeu, articulados uns com os outros de modo homólogo, estamos diante de uma correspondência. A multiplicação das correspondências leva à ideia de uma herança. Essa pesquisa de um sistema faz com que Dumézil insista na noção de estruturas presentes nas civilizações e na religião indo-europeia. O que é importante não são os elementos, mas as ligações existentes entre esses elementos. Como todo homem, o indo-europeu tinha um sistema de pensamento. Também a sua religião era um sistema, cujas articulações fundamentais devem ser buscadas. São essas articulações, e não os seus elementos desmembrados, que é necessário comparar. O que Dumézil chama de estrutura é definitivamente a representação lógica e coerente que o indo-europeu tem das realidades que constituem a própria vida, a sociedade, o cosmo. O que lhe interessa é o caráter ideológico das estruturas de pensamento que encontra no panteão, nos mitos, na liturgia e nos ritos, nas instituições e nas classificações sociais. Para ele, a coerência interna de um sistema de representações é de importância capital. É evidente que nesse método a arqueologia pré-histórica e proto-histórica ocupa um espaço reduzido, dado que tem pouco ou nada a afirmar sobre as estruturas. A arqueologia não oferece nada além de indícios de natureza material. Trata-se então de manter unido o que se oferece unido. Daí a insistência de Dumézil na comparação genética e na pesquisa da estrutura e do sistema.

Uma segunda regra metodológica exige a utilização de todo o âmbito acessível à comparação. Um sistema religioso se exprime em diversos planos: no da estrutura conceitual, mesmo inconsciente; no plano dos mitos articulados sobre esses conceitos; no plano dos ritos; e, enfim, no plano da organização da sociedade e do sacerdócio. Dumézil insistiu na solidariedade presente no mundo indo-europeu entre estes cinco setores: conceitos, mitos, ritos, divisões sociais, sacerdócios. Ademais, cada um desses cinco setores pode ser sublinhado de uma maneira específica entre os diferentes povos, um insistindo mais no mito, outro no rito, outro ainda na organização sacerdotal. Também o comparativista deve fazer uso de estruturas homólogas, em qualquer nível se encontrem. O objetivo final será sempre enuclear o sistema e a sua ideologia que preside à unidade. A ideologia é a concepção e a avaliação das grandes forças que animam o mundo e a sociedade.

Com seu método, Dumézil pretende dar um impulso sem precedentes à história comparada das religiões. Em sua opinião, os mitos ocorrem no todo, revelando uma mentalidade e uma organização social. A mitografia comparada reúne todos os fenômenos ligados aos mitos e torna-se uma ciência auxiliar da história e da história das religiões. No entanto, o estudo comparado não pretende explicar tudo. Não reconstrói eventos; ele não fabrica a história. Não substitui a busca de fatos históricos ou o estudo de fatos linguísticos que ilustram a religião. Sua contribuição mais preciosa estará sempre no estudo das origens. Ela é, de algum modo, uma arqueologia do comportamento e das representações, pois permite reconhecer estruturas de pensamento e iluminá-las. Na prática, o método de Dumézil se diversifica de acordo com diferentes orientações: o estudo das oposições dentro de um sistema religioso, a comparação propriamente dita, a pesquisa do esquema mítico nas grandes obras literárias indo-europeias, a explicação de alguns textos religiosos ou épicos, o estudo da liturgia e dos rituais. Dumézil falou de estruturas, mas também se distanciou do estruturalismo. "Eu não sou, não devo ser ou não ser, estruturalista. Meu esforço não é tanto o de um filósofo; quer ser o de um historiador, um historiador da história mais antiga... Eu não sei nada sobre estruturas teológicas, mitológicas, institucionais etc. – que se trate das três funções, das estações, dos fogos ou das águas – senão daquelas detectáveis a partir dos documentos indianos, iranianos, romanos, irlandeses etc.; e, em relação às épocas que precedem tais documentos, daquelas que resultam da comparação deles"[157].

1.2.4 A ideologia tripartida dos indo-europeus

A descoberta da ideologia é certamente o resultado mais importante e espetacular desta pesquisa sobre a civilização indo-europeia do espírito[158]. Durante os cinquenta anos dos laboriosos estudos comparados, Dumézil conseguiu descobrir um patrimônio considerável de elementos comuns, organizados em estruturas complexas, e terminou por enuclear com clareza a noção de herança de uma ideologia funcional e hierarquizada. Não cessou de submeter a críticas e precisar essa ideologia, fundada no jogo das três grandes funções: a soberania mágica e jurídica, a força física aplicada à guerra e à fecundidade, submetida às outras duas, mas indispensável ao desenvolvimento de ambas. Os resultados da sua ampla investigação, conduzida no nível dos mitos e das epopeias, dos ritos e das liturgias, dos textos sagrados e da teologia, lhe permitiram mostrar que antes da dispersão os povos indo-europeus concebiam a realidade cósmica e social, celeste e terrena, segundo esse esquema trifuncional, que parece ser a estrutura fundamental do espírito indo-europeu.

A ideologia tripartida se encontra nas três classes sociais de numerosos povos arianos. Na Índia pós-védica temos três classes consideradas puras: os *brahmana*, sacerdotes encarregados da ciência sagrada e do culto; os *kṣatriya* ou *rajanya*, guerreiros que protegem o povo; os *vaiśya*, encarregados da criação de animais, do cultivo da terra e do comércio. A sociedade hierarquizada dessa forma é presidida pelo *rajan*, o rei que provém da segunda classe, mas é elevado acima de todas as classes. A análise do *Ṛgveda* mostra que os nomes das três classes já eram concebidos no nível dos arianos invasores. Cada um desses grupos está fechado

---

157. DUMÉZIL, G. *Mythe et épopée*. Vol. III. Paris: Gallimard, 1973, p. 14-15 [trad. it.: Mito e epopee. Turim: Einaudi, 1982].
158. DUMÉZIL, G. L'Ideologie tripartite des Indo-Européens. Col. "Latomus" 31. Bruxelas, 1958 [trad. it.: *L'ideologia tripartita degli indoeuropei*. Ensaio introdutório de J. Ries. 2. ed. Rimini: Il Cerchio, 2003]. O autor retomou uma série de pesquisas em *Mythe et épopée*. Vol. 1. Paris: Gallimard, 1968; vol. II. Paris: Gallimard, 1971.

em si mesmo graças à endogamia e à hereditariedade. Também no Irã, o Avesta menciona três classes como constitutivas da sociedade: os *athaurvan*, sacerdotes avésticos; os *rathaestar*, montadores de carros, os *vastryofsuyant*, agricultores-criadores. Encontramos esses três grupos na história iraniana sem, no entanto, encontrar sua concepção fossilizada como na Índia. A lenda sobre a origem dos citas, contada por Heródoto (IV, 5-6) e por Quinto Cúrcio (VII, 8, 18-19), alude aos iranianos. Dumézil estudou de perto os descendentes dos citas, ramo aberrante da família dos povos iranianos. Foram os ossetas, um pequeno povo do Cáucaso, original e cheio de vitalidade, que mantiveram a língua, as tradições e o pensamento trifuncional, particularmente nas lendas dos próprios heróis de tempos antigos, os nartos. As mesmas classes sociais se encontravam também entre os indo-europeus ocidentais, especialmente entre os celtas e os romanos. Entre os celtas da Gália e da Irlanda, sob o *rig* (rei) que governa a sociedade, repartem-se os druidas, sacerdotes, juristas muito sapientes, depositários da tradição; a *flaith* irlandesa, aristocracia militar proprietária de terra; os *boairig* irlandeses, homens livres e possuidores de rebanhos. A lenda das origens de Roma nos fala de três tribos – *Rammes, Luceres, Titienses* – e nos leva na realidade a três elementos étnicos. A república ideal de Platão (*Timeu*, 24a) também apresenta três classes: os filósofos que governam, os guerreiros que defendem, e o terceiro estamento que cria a riqueza.

Semelhante tripartição social será buscada em vão entre os fino-úgricos, os siberianos, os chineses, os semitas ou os antigos egípcios. A comparação dos mais antigos documentos indo-iranianos, celtas, itálicos e gregos nos mostra entre os indo-europeus, e apenas entre eles, a concepção de uma estrutura social fundada na distinção e na hierarquização das três funções. Ademais, entre esses mesmos povos, os documentos arcaicos nos ajudam a perceber tríades de calamidades e delitos e todo um simbolismo ligado aos três grupos sociais: o simbolismo dos objetos, das cores, dos rituais.

Dumézil mostrou que a teologia, o discurso sobre os deuses, ocupa um lugar central no pensamento religioso dos povos indo-europeus. Nessa teologia é fácil reconhecer um grupo central de divindades solidárias que dividem o sagrado entre si de acordo com o plano trifuncional. Em outras palavras, a ideologia corresponde a uma teologia. Na Índia védica aparece claramente uma associação de três pares [casais] de deuses, disposta em três níveis. Os deuses

Mitra-Varuṇa, senhores do primeiro nível, dividem entre si a soberania deste e do outro mundo. Indra, acompanhado dos Marut, um batalhão de jovens guerreiros, proclama a bravura e a vitória. Os Nāsatya ou Aśvin são os dispensadores de saúde, juventude e fecundidade que proporcionam a abundância entre os homens e os rebanhos. Estamos diante de uma teologia articulada e estruturada de maneira tripartida. A estrutura da teologia védica pode ser encontrada também em outros lugares, sendo assim certamente anterior aos Vedas. A esse respeito, o documento mais iluminador vem dos arquivos de Bogazköy, a antiga Hattuša, a capital dos hititas, arianos conservadores de arquivos. Trata-se de um tratado concluído por volta de 1380 a.C. entre o rei hitita e o rei do Mitani. Nesse tratado, descoberto em 1907, entre os deuses garantidores da aliança figuram os deuses dos hititas, i.e., Mitra-Varuṇa, Indra e Nāsatya. Esses deuses das três funções estão presentes não como notários de atos diplomáticos, mas pelo fato de serem os deuses principais da sociedade hitita. Além disso, Dumézil demonstrou de maneira magistral que no Irã Zaratustra operou a sua reforma monoteísta sobre a base do velho paganismo ancestral dos deuses indo-iranianos das três funções, onde encontramos os três casais [duplas] Mitra-Ahura, Vayu e Indra e a deusa Anahita acompanhada pelos gêmeos Nāsatya, associados à fecundidade. Na teologia zoroastriana encontramos o mesmo esquema trifuncional, relatado e transposto aos seis arcanjos de Ahura Mazdā. Assim, na sua reforma, Zaratustra conserva o esquema dos deuses arianos, agrupando os seis arcanjos em torno do deus supremo Ahura. Para Dumézil, esse é o sinal da ligação a uma estrutura de pensamento trifuncional, seja entre os sacerdotes, seja entre o povo do antigo Irã. A reforma zoroastriana consistia na substituição de cada divindade da lista trifuncional por outra divindade equivalente que conservava a própria categoria, mas era teologicamente esvaziada da sua substância e encarregada de proclamar o louvor do Deus único. Uma teologia das três funções como essa pode ser encontrada entre os povos itálicos e escandinavos. Assim, os sistemas teológicos indo-iranianos, itálicos, germânicos exprimem todos a ideologia das três funções. Trata-se realmente de uma herança comum indo-europeia, cujos vestígios encontramos concomitantemente na teologia, na mitologia, na épica e em toda a organização social: a soberania e o sagrado, a força e a defesa, a fecundidade e a riqueza.

1.2.5 Herança indo-europeia e religião romana arcaica

Para suas análises e para a pesquisa sobre a herança indo-europeia, Dumézil sempre considerou Roma como um terreno privilegiado[159]. É assim que, no ambiente da religião romana, se manifesta de modo mais evidente a reviravolta nos dados tradicionais. Em sua obra magistral *La religion romaine archaïque*, ele apresenta um ensaio que sintetiza as suas numerosas pesquisas e descobertas romanas. Falando do fio condutor do seu trabalho define o objetivo do livro, que, a seus olhos, deve "manifestar as diretrizes do pensamento religioso dos romanos, as grandes articulações da estrutura religiosa que presidiu o desenvolvimento de Roma, os mecanismos pelos quais essa estrutura se enriqueceu, se sobrecarregou, depois se enfraqueceu e se decompôs enquanto se reuniam os elementos de um novo equilíbrio"[160].

Partindo do princípio de que não existe religião sem teologia ou discurso sobre os deuses, Dumézil começa precisando a noção de deus no pensamento romano arcaico. Ele destaca, entre outras coisas, a abordagem ruim de alguns historiadores da religião romana. Para ele, o método por extrapolação utilizado pelos filólogos e pelos arqueólogos que acreditam prolongar a história na direção da pré-história é um método voltado ao fracasso. O mesmo vale para o comparatismo etnológico que considera os antepassados dos romanos como primitivos semelhantes aos povos sem escrita da nossa época que teriam vivido sob o signo do *mana*, o sagrado difuso e impessoal que teria dado vida a uma religião pré-deísta. Em Roma, afirma Dumézil, são duas as palavras que designam a divindade: *numen* e *deus*. Até a época de Augusto e de Cícero, *numen* é utilizado como genitivo de um nome divino e unicamente para exprimir a vontade particular de um deus. A partir de Augusto, *numen* se tornará o nome poético da divindade. Designará assim os diversos âmbitos do deus ou o invisível misterioso. Em Roma, aliás, é a palavra *deus* antiga e importante. Esse velho termo ariano se encontra

---

159. DUMÉZIL, G. *Flamen-Brahman*. Paris: Geuthner, 1935. • DUMÉZIL, G. *Jupiter, Mars, Quirinus*. Paris: PUF, 1941 [trad. it.: *Jupiter, Mars, Quirinus*. Turim: Einaudi, 1955]. • DUMÉZIL, G. *Naissance de Rome*. Paris: Gallimard, 1944. • DUMÉZIL, G. Horace et les Curiaces. Paris: Gallimard, 1942. • DUMÉZIL, G. Servius et la Fortune. Op. cit. • DUMÉZIL, G. l'héritage indo-européen à Rome. Op. cit. • DUMÉZIL, G. *Idées Romaines*. Paris: Gallimard, 1969 [trad. it.: *Idee romane*. Gênova: Il Melangolo, 1987]. • DUMÉZIL, G. *Histoires romaines*. Vol. III de Mythe et épopée. Op. cit. • DUMÉZIL, G. *Fêtes romaines d'été et d'automne*. Paris: Gallimard, 1975 [trad. It.: *Feste romane*. Gênova: il Melangolo, 1989].

160. DUMÉZIL, G. *La religion romaine archaïque*. Op. cit. p. 147.

na maior parte das línguas indo-europeias designando sempre um ser pessoal e não um sagrado difuso. A conservação em Roma do vocábulo *deus* é a realidade da herança indo-europeia e mostra claramente que os romanos da pré-história, do mesmo modo que os seus antepassados arianos, consideraram os seus deuses como seres pessoais. Eis que cai por terra aquela teologia pré-deísta que pretende que os romanos tenham encontrado a noção de deuses pessoas meditando sobre as cinzas do *mana*.

Afrontando o estudo do pensamento religioso propriamente dito, Dumézil insiste na própria noção de religião. Ela não pode ser concebida senão como um sistema no qual a teologia ocupa o lugar central e cujo conjunto dá razão ao funcionamento do mundo. Assim, detalha, caso se queira compreender a Roma arcaica, é necessário procurar apreender a religião como um sistema e situá-la no contexto indo-europeu, marcado pela concepção fundamental do jogo harmonioso das três funções. Ademais, há que se saber que o simbolismo é o impulso de qualquer pensamento religioso, assim como de qualquer linguagem articulada ou gestual. O símbolo permite abordar mais adequadamente e circunscrever a natureza das coisas. No caso de Roma, é necessário dedicar-se à pesquisa [busca] de uma teologia, a das três funções, ao invés de tentar a explicação daqueles numerosos deuses secundários, os *Sundergötter*, dos quais Varrão elaborou a lista e que os pré-deístas consideram muito antigos, como se derivados do *mana*. Para Dumézil, essa impressionante lista dos pequenos deuses é um produto originário de rituais rurais. Esses deuses são agentes secundários, *indigitamenta* ocupados em diversas pequenas funções. Não têm nem culto, nem sacerdotes. Chegaram tarde à religião romana.

Depois desses estudos preliminares (p. 21-151), Dumézil dedica uma parte considerável do seu livro à tríade arcaica Júpiter, Marte e Quirino, expressão romana da ideologia ariana das três funções (p. 152-290). Para entrar na estrutura teológica dessa tríade divina estuda as funções dos *flâmines*, consagrados a esses deuses. O *flamen* é o oficiante oficial do culto. Em Roma, entre quinze *flâmines*, três são chamados *maiores*: o *flamen Dialis*, o *flamen Martialis* e o *flamen Quirinalis*. O *flamen Dialis* é um *assiduus sacerdos*, ligado à cidade de Roma e submetido a obrigações. Não pode se ausentar por mais de três dias; nunca tira seu barrete *sub divo*, sob o céu. Para assegurar a sua comunicação física com o solo, os pés do seu leito são recobertos de terra. O *flamen Dialis* tem direito à sédia cúria, uma cadeira de marfim reservada aos primeiros magistrados. É precedido por um lictor e se senta no Senado. Sobre si não traz nós ou laços. Também é proibido que veja o exército. Claramente, afirma Dumézil, encontramos aqui a figura do Júpiter arcaico, deus celeste, fulgurante, mas real, ativo nas zonas do poder e do direito, distante da guerra e do contrato, sagrado e fonte do sagrado. O *flamen Martialis*, por sua vez, deixou poucos vestígios. O elemento mais claro é a sua presença ativa no sacrifício de um cavalo de guerra, aos 15 de outubro. O *flamen Quirinalis* intervinha em três cerimônias: os *quirinalia* de 17 de fevereiro, festa da torrefação dos grãos; os *robigalia* de 25 de abril, sacrifício de um cão e de um carneiro para impedir que a ferrugem atacasse o trigo; os *consualia* de 21 de agosto, festa do armazenamento dos celeiros subterrâneos. Estamos em pleno âmbito do aprovisionamento de nutrientes para o povo.

Junto com as três funções sacerdotais dos três flâmines maiores, Dumézil encontra um segundo elemento arcaico da presença de uma teologia trifuncional. Analisando as *Elegias romanas* de Propércio (IV, I, 9-32), ele nota a presença de três chefes na origem de Roma: Rômulo, filho divino e beneficiário das promessas de Júpiter; Lucumão, o seu aliado etrusco, técnico da guerra; Tito Tácio, líder dos sabinos[161]. Assim, a lenda das origens nos permite ver em Roma, antes dos etruscos, três tribos: os *Ramnes*, companheiros latinos de Rômulo e Remo, presentes ao lado do *rex-augur* Rômulo, fundador da cidade; os *Luceres*, aliados etruscos, especialistas na arte militar, conduzidos por Lucumão; os sabinos de Tácio, ricos de rebanhos. Eis-nos diante de um componente trifuncional que assegura as três atividades fundamentais do mundo ariano.

Esse dúplice ponto de vista, proveniente dos três flâmines maiores e das três tribos originárias, permite uma pesquisa aprofundada sobre a tríade arcaica. Júpiter é o bem comum dos povos itálicos. Seu nome latino corresponde ao Dyauh védico e ao Zeus grego. É o céu, é a paternidade universal. Na Roma Arcaica, Júpiter desempenha as funções de soberania: testemunha e garantidor dos pactos na vida pública e dos juramentos da vida privada, deus da paz no ritual fecial, deus soberano que recebe as *summa* aos deuses de cada mês, soberano celeste e luminoso, ligado ao *rex*, mas excluído de qualquer contexto bélico. O deus da guerra,

---

161. Dumézil retomou essa notável análise em *Mythe et épopée* (op. cit., vol. I: Naissance d'un peuple, p. 304-437).

deus da segunda função, é Marte. O primeiro ciclo anual das festas de Marte abre na primavera a estação marcial, que terminará com o sacrifício do cavalo, previsto no ritual de outubro. Uma regra que não prevê exceção alguma proíbe a construção dos santuários ao deus Marte dentro de Roma, onde existia somente, na *Via Regia*, o *sacrarium Martis*, santuário dos objetos sagrados do deus. Todos os templos do deus Marte se encontravam no Campo de Marte. A separação das funções de Júpiter e Marte resulta claramente do *indictio belli* feita pelos feciais. Embaixadores encarregados de ir em busca da reparação de um dano, os feciais primeiro colhem a erva no templo de Júpiter. Sacerdotes e magistrados, eles se apresentam ao povo inimigo atestando sua qualidade jurídica e moral de enviados do grande deus garante do direito. Eles mesmos não penetram no território inimigo: mantêm-se na fronteira. Se o processo de reconciliação falha, os feciais atiram uma lança sobre a terra dos inimigos. Esse ato continua jurídico: a declaração de guerra. Aqui termina a missão dos feciais. Com a guerra, é o deus Marte que entra em ação. Quanto ao deus da terceira função, Quirino, ele trazia problemas já aos romanos da época histórica. Todavia, alguns vestígios arcaicos o mostram como o deus dos *covirites*, i.e., o deus dos cidadãos considerados na sua organização civil e política. Na época histórica vemo-lo se fundindo com o Rômulo divinizado. Essa fusão Rômulo-Quirino, afirma Dumézil, é uma fusão de gêmeos. Ora, o conceito de gemelaridade é um conceito ariano fundamental no nível da abundância, da vitalidade, da fecundidade. No conjunto do mundo indo-europeu arcaico, os deuses da terceira função são deuses gêmeos.

Eis que agora evidencia-se essa tríade divina arcaica – Júpiter, Marte, Quirino –, a seção venerável e a parte central da teologia romana. Agora Dumézil é obrigado a explicar a substituição dessa tríade arcaica pela tríade divina que encontramos no Campidólio na época histórica: Júpiter, Juno, Minerva (p. 291-398). Sabemos que o templo de Júpiter Ótimo Máximo deve ser datado pelos idos de setembro, 245º aniversário da urbe. Foi obra de Tarquínio, rei etrusco portador da ideologia real ariana. Esse templo, dedicado ao deus da soberania, continuará a cidadela política e religiosa da antiga Roma. Quanto a Juno, ela se instala no Campidólio somente no início da República, portanto depois de 509. De origem etrusca evidente, Juno é *Mater Lucina*, a deusa dos partos, encarregada de levar o recém-nascido à luz. Trata-se de uma função de fecundidade, o terceiro nível. Além disso, ela é *Regina*, senhora política e religiosa: é a função de soberania. Por fim, ela recebe o título de *Juno Seispes*, deusa guerreira. Assim Juno é qualificada ao mesmo tempo nas três funções da velha ideologia indo-europeia, realeza sagrada, força guerreira e fecundidade, *Regina*, *Lucina* e *Seispes*. Para Dumézil, tudo isso não surpreende. Aliás, reforça as suas conclusões. De fato, os indo-iranianos e os germânicos fornecem-nos exemplos de deusa com três funções: Sarasvati na Índia, Anahita no Irã, Freia entre os germânicos. Como se vê, Juno toma lugar em uma linha secundária, mas muito antiga do panteão ariano. Sua chegada a Roma é uma contribuição do mundo etrusco. Quanto à deusa Minerva, que encontramos no Campidólio na época histórica, o seu dossiê é simples: ela é encarregada de proteger todas as profissões. Trata-se das atribuições da terceira função. Assim, à época, no período etrusco a tríade capitolina Júpiter, Juno, Minerva, também essa de origem ariana, foi substituindo a tríade arcaica indo-europeia: Júpiter, Marte, Quirino.

Para concluir esse balanço impressionante, do qual discutiu uma grande quantidade de detalhes nos onze capítulos da terceira parte intitulada *Extension et mutations* (p. 399-544), Dumézil aborda o *culto* (p. 545-610) e termina com um apêndice sobre a religião dos etruscos (p. 611-698). Alinhado com toda a pesquisa precedente dizemos algumas palavras sobre os fogos do culto público. Na Índia védica, o fogo *garhapatya* é o fogo do dono da casa. Situado ao oriente, está na origem de todo o sacrifício porque é dele que são acesos os outros dois fogos. Esse fogo é obtido da pedra, por fricção. Pode também vir de um sacrifício precedente ou da casa de um *vaiśya*. Próximo dele fica a esposa do dono da casa. O fogo é redondo. É o fogo da fecundidade. A leste se encontra o *ahavaniya*, o fogo que tem por função levar ofertas aos deuses. Junto a ele, situam-se os *vedi*, a erva sarada sobre a qual os deuses misticamente tomam lugar. Próximo a esse fogo quadrangular, orientado aos quatro pontos cardeais, fica o bramam, o sacerdote responsável pelo sagrado. Ao sul do eixo dos outros dois e disposto em forma de semicírculo queima o fogo *daksinagni*, sentinela competente para afastar os inimigos dos deuses e dos homens. A prática romana dos fogos sagrados tem notáveis correspondências com a prática da Índia e nos orienta para a estrutura da tríade dos fogos. Talvez, na época da qual estamos informados, o *modus vivendi* dos romanos sedentarizados é muito diferente daquele no nomadismo indiano dos tempos védicos; todavia, em todo lugar de culto e por qualquer operação sagrada, encontram-se dois fogos, o do dono da casa e o das ofertas. Sobre o altar, *ara, altaria*, a oferta é queimada e transmitida aos deuses. Junto ao altar, para receber o incenso e o vinho, há um fogo portátil, o *foculus*, lembrança do fogo doméstico. Mas é no nível da cidade que a velha doutrina dos fogos é particularmente significativa. Na casa das vestais queima o *ignis vestae*, um fogo que não deve extinguir-se jamais porque é o símbolo do enraizamento de Roma sobre a terra. Caso se apague, é mister reacendê-lo, obtendo-o da pedra. A casa das vestais onde queima esse fogo é redonda, a forma do fogo doméstico na Índia. Essa casa tem por nome *aedes*, enquanto os santuários dos deuses são templos quadrangulares, sobre cujos altares arde o fogo da oferta. Assim, afirma Dumézil, em Roma reaparece a oposição entre redondo e quadrado que a doutrina indiana explica com o simbolismo desse mundo e do outro, da terra (redonda) e do céu (quadrado). Além desses dois fogos, Roma conhece um terceiro fogo, o fogo que destrói e devora. É *Volcanus*, o deus encarregado de receber, para destruir, as armas arrancadas dos inimigos. Aqui estamos certamente no contexto da segunda função. Assim, pois, em Roma, os três fogos recordam as três funções arianas: o fogo das vestais é o fogo doméstico da fecundidade; o fogo das ofertas nos templos é o fogo sagrado do culto; o fogo de Vulcão é a recordação do fogo guerreiro.

A presença, na Roma arcaica, de uma herança indo-europeia parece impor-se. Enucleando as grandes articulações do pensamento religioso do povo romano, Dumézil evidenciou a importância fundamental de uma teologia tripartida e a sua repercussão sobre a sociedade. Essa descoberta derruba as teorias pré-deístas, animistas e todas as especulações sobre o *mana*. Chegando à península, os itálicos possuíam uma ideologia e uma teologia, legado de um passado ariano distante. Na época mais antiga e antes de qualquer atividade mágico-ritual, os romanos tinham um verdadeiro pensamento religioso relacionado com a ideologia das três funções: soberania, força, fecundidade. Todavia, se existe correlação entre o social e o religioso, não há redução do religioso ao social. A teologia e a ideologia são, ambas, expressão de uma estrutura fundamental do pensamento indo-europeu que organiza a realidade no quadro das três funções. É a teologia trifuncional que estrutura e equilibra toda a organização social.

Uma segunda conclusão se destaca pela pesquisa dumeziliana. Na Roma antiga, os três deuses, Júpiter, Marte e Quirino, são os garantes do equilíbrio harmonioso das três funções. É nesse contexto de caráter indo-europeu que toma lugar a ideologia real romana. Na sua pessoa, o rei reúne as três funções: é soberano, e guerreiro, é aquele que nutre o seu povo. Soberano, ele entra em contato com o céu, que por meio dos augúrios lhe dá os sinais do mundo invisível. No nível da função guerreira, ele comanda o exército; pede ao deus "*Mars, vigila*". Com as suas funções reais é também responsável pelo aprovisionamento alimentar da cidade: é aquele que nutre o seu povo. O rei encarna harmoniosamente as três funções. Como na Índia védica, em que o brâmane é capelão do *rajan*, em Roma são ligados ao *rex* os três flâmines maiores, servidores dos deuses Júpiter, Marte e Quirino. Dentro da estrutura trifuncional, cada flâmine é ligado a um deus apenas. Esses flâmines não vivem uma colegialidade sacerdotal. Não agem em conjunto. Cada flâmine é identificado com um terço do invisível. No seu ser, ele detém o sagrado das potências místicas que constituem as suas funções. Daqui deriva para ele toda uma série de obrigações e proibições permanentes. Com a ideologia real a que são associadas as três funções sacerdotais, estamos diante da segunda ala [lado] do pensamento religioso romano: uma teologia simbólica e um culto que regulam os relacionamentos entre o mundo e os deuses.

Mais de quarenta anos de pesquisas comparadas permitiram individuar, do húmus da Roma arcaica esse pensamento religioso, dentro do qual existe um equilíbrio notável entre teologia e ideologia, entre o discurso sobre os deuses e a relação entre os homens e os seus deuses, entre o *rex* encarregado das três funções e cada um dos três *flamines maiores* em contato com uma parte do misterioso invisível. No plano dos povos antigos da Ásia e da Europa, através dos mitos, das epopeias, dos rituais e das suas instituições, Georges Dumézil conseguiu realizar uma síntese dos vestígios da civilização e da religião indo-europeia e ampliar mais de um milênio sobre os *tempora ignota*.

1.3 Origens da religião – O homem: animal em busca do infinito[*]

1.3.1 *A discussão sobre a origem da religião*

A questão das origens da religião foi colocada na segunda metade do século XIX, quando se estava diante da descoberta do patrimônio religioso da humanidade. Em poucas décadas redescobriram-se o hinduísmo, o budismo, as religiões da Mesopotâmia, a dos sumérios, dos babilônicos, da Ásia Menor, de Canaã e a re-

---

[*] *L'origine de la religion. L'homme: um animal em quête d'infini*. Conferência. Módena, 01/06/1989. Centro cultural de Módena, p. 1-11.

ligião dos egípcios. As primeiras escavações trouxeram à luz os restos do homem antigo, esqueletos, tumbas e utensílios. Os colonizadores e os missionários saídos da Europa encontraram os povos sem escrita da África, da Ásia e da Oceania, vendo-se diante de suas práticas cultuais e de seus costumes religiosos.

Por volta da metade do século XIX, coloca-se uma nova questão: De onde provém a religião? Defensores e adversários da religião se chocaram. Para os discípulos de Auguste Comte, na França, era necessário considerar, na história da humanidade, três etapas: a primeira etapa era a mítica, durante a qual o homem, ainda selvagem, tinha criado os deuses: a segunda etapa era filosófica, período no qual o homem refletia sobre a origem das coisas; a terceira etapa era a do homem adulto que, pela ciência, percebia os mistérios da natureza; a etapa da ciência, a etapa positiva em que a religião seria abolida. O homem moderno não precisa mais de inventar Deus. Na Alemanha, Karl Marx e os seus discípulos consideravam a religião como uma alienação do homem, que foge deste mundo e posterga seus problemas para negar a realidade: daí o tema marxista da religião como ópio dos povos [sic]. A descoberta das populações da Oceania leva os etnólogos e os sociólogos a buscar as origens da religião no totem, símbolo do clã, um objeto ou animal que emana uma força, o *mana*. A origem da religião é, portanto, o totem, e a religião não é outra coisa senão totemismo. Eis três grandes teorias sobre a origem da religião, que reinaram até por volta de 1920 e além[162]. Mas com o fim do século XIX, os exploradores, os colonizadores e os missionários partidos da Europa constataram uma evidência: entre todos os povos verifica-se a crença num ser supremo. Uma vasta investigação em âmbito mundial, promovida pela Escola Etnológica de Viena, sob a direção do etnólogo Wilhelm Schmidt e publicada em 12 grandes volumes, confirmou essa unânime crença[163]. As regras mais elementares da pesquisa científica obrigavam os pesquisadores a aceitarem esse dado de fato. Daí a questão: Como explicar a crença de todos os povos na existência de um ser supremo? Assim, a questão das origens da religião se colocava de forma diferente do passado.

---

162. DURKHEIM, É. *Les formes élémentaires de la vie religieuse*. 5. ed. Paris: Félix Alcan, 1968 [trad. it.: *Le forme elementari della vita religiosa*. 3. ed. Milão: Communità, 1982]. • SCHMIDT, W. *Handbuch der vergleichenden Religionsgeschichte Ursprung und Werden der Religion*. Münster, 1930 [trad. franc.: *Origine et évolution de la religion*. Paris: Grasset, 1931].
163. SCHMIDT, W. *Der Ursprung der Gottesidee* – Eine historisch-kritische und positive Studie. 12 vols. Münster: Aschendorf, 1912-1955.

Quais foram as respostas? Para uns, era necessário partir dos primeiros capítulos do Livro do Gênesis, aceitando literalmente a doutrina de uma revelação primitiva feita por Deus e parcialmente mantida pelos povos arcaicos. Para outros, era necessário aceitar o fato de que o homem abriu os olhos sobre a natureza e sobre as criaturas e procurou o Criador. Juntamente com o homem que escuta uma revelação, juntamente com o homem filósofo que reflete sobre as causas, alguns historiadores da religião, como Raffaele Pettazzoni, recorreram à imaginação do homem criador de mitos. A função do imaginário é uma dimensão do espírito. No homem arcaico essa dimensão foi criadora de mitos. É nessa linha que deve ser buscada a crença universal no Ser Supremo[164].

A seguir, com brevidade, porém com clareza, as duas grandes fases de um século de discussões sobre as origens da religião. A primeira fase é situada no século XIX. A questão é colocada diante da descoberta do imenso patrimônio religioso da humanidade, que, de tão abundante, ainda não conseguimos inventariar nem estudar totalmente. A questão era: Como explicar a extraordinária atividade do homem religioso durante os milênios? A segunda fase parte de uma segunda descoberta: a crença de todos os povos primitivos descobertos no século XIX na existência de um ser supremo. A nova questão era: Por que essa unanimidade nas crenças de povos próximos às origens da humanidade? Centenas de livros e milhares de artigos de revista são tentativas de resposta a esses dois inegáveis dados de fato. Mas um século de discussões entre etnólogos, sociólogos, teólogos, filósofos e historiadores das religiões não chegou a um acordo. Mas por quê?

1.3.2 A descoberta das origens do homem

Um provérbio inglês diz: "Uma corrente vale o que vale o seu anel mais frágil". Ora, na grande corrente do patrimônio religioso da humanidade e da crença universal num ser supremo faltava um elo, i.e., o homem das origens, o homem arcaico. Podia-se reler a história do paraíso terrestre, a história de Adão e Eva. Não se conseguira encontrar os rastros dos primeiros humanos. Eis o que se fez então.

---

164. PETTAZZONI, R. *Formazione e sviluppo del monoteismo nella storia delle religioni*. Vol. 1: L'essere celeste nelle credenze dei popoli primitivi. Roma: Athenaeum, 1922. • PINARD DE LA BOULLAYE, H. *L'étude comparée des religions*. 2 vols. 3. ed. Paris: Beauchesne, 1929.

1.3.2.1 As prodigiosas e inesperadas descobertas da África

Há uns trinta anos os paleontólogos estão em busca do homem, do Adão bíblico, da Eva bíblica, na África Oriental. Os promotores dessa pesquisa vêm de uma família americana, os Leakey, uma família devotada à paleontologia: Louis Leakey, Mary Leakey e os seus três filhos Jonathan, Richard e Philippe. Com eles, convém mencionar Yves Coppens, diretor do Musée de l'homme de Paris, e algumas equipes internacionais de especialistas franceses, americanos, ingleses, quenianos e etíopes. Essas equipes trabalharam no Quênia e na Etiópia[165].

Em 1959 os desfiladeiros africanos de Olduvai trazem à luz os restos do *homo habilis*, datado a 1.750.000 anos e associado a uma indústria extremamente primitiva. Em 1967, Camile Arambourg descobre no Lago Turkana a mandíbula de um *australopithecus* que teria vivido há um milhão e meio de anos. Em 1968, a equipe francesa confirma essas descobertas com achados no Vale de Omo. Seguem as campanhas de 1969 e 1972: estava-se em busca do berço da espécie humana. Chega-se a dois milhões e meio de anos. Em janeiro de 1975, é descoberta Lucy, o fóssil mais célebre do mundo. Lucy viveu na Etiópia três milhões de anos atrás: era uma mulher pequena de 20 anos, com um metro de altura. Assim, o primeiro ser humano encontrado é uma mulher que vivia no Vale do Afar, no leste da atual Etiópia[166]. Chega-se à conclusão de que o berço da humanidade estaria na África Oriental, onde os hominídeos se separaram das linhas dos grandes símios antropoides. De descoberta em descoberta, delineia-se um outro elemento: o *homo erectus* apareceu na África por volta de um milhão e meio de anos atrás. Muito rapidamente saiu da África e o encontramos na China, na Europa Meridional, em Java. Segundo a expressão de Yves Coppens, "o antigo mundo se encheu como um vaso". O segundo congresso internacional de paleontologia humana, reunido em Turim de 28 de setembro a 3 de outubro de 1987, permitiu que seiscentos especialistas de 35 países fizessem um balanço dessas descobertas. Deixo a um eminente

---

165. COPPENS, Y. *Le singe, l'afrique et l'homme*. Paris: Fayard, 1983 [trad. it.: *La scimmia, l'Africa, l'uomo*. Milão: Jaca Book, 1985]. • COPPENS, Y. Les horizons de la paléoanthropologie. In: *L'aventure humaine*. Milão/Paris: Jaca Book/Payot, 1986, p. 45-56. • COPPENS, Y. *Le grandi tappe della preistoria e della paleoantropologia*. Milão: Jaca Book, 1986. • PIVITEAU, J. *L'apparition de l'homme*. Paris: ŒIL, 1986.

166. REBEYROL, Y. *Lucy et les sien* – Chroniques préhistoriques. Paris: La découverte/Le monde, 1988. • FACCHINI, F. *Il cammino dell'evoluzione umana* – Le scoperte e i dibattiti della paleontologia. Milão: Jaca Book, 1985 [2. ed. atualizada e ampliada: 1994].

especialista, como o Professor Vandermeersch, a tarefa de dar outros detalhes sobre essas descobertas verdadeiramente espetaculares[167].

1.3.2.2 O aparecimento do homem religioso

Baseando-se nas descobertas dos paleoantropólogos, o historiador das religiões busca rasgar o mistério da *consciência* desse homem arcaico, de cujo trabalho deixou apenas vestígios. O pensamento não é fossilizável, mas os utensílios fabricados pelo *homo habilis* e pelo *homo erectus* nos revelam alguns elementos da consciência de quem os fabricou. Um milhão e meio de anos atrás, o *homo erectus* fabricou os primeiros objetos simbólicos. Corta os utensílios de todos os lados; busca, portanto, a simetria, assim como as cores e a beleza da matéria que utiliza para seu trabalho. Estamos diante de um elemento importante: a *descoberta da estética* e os *inícios da cultura*. O homem em pé, despertado para os símbolos e o simbolismo, está consciente da própria existência[168]. A paleontologia nos mostra um desenvolvimento rápido do cérebro e do encéfalo e sérias modificações na alimentação. Segundo o Professor Yves Coppens, o homem sabe que sabe e é consciente de criar, i.e., de realizar algo que antes não existia. Mas eis que em depósitos do Extremo Oriente datados a um milhão de anos atrás foram encontrados crânios quebrados na base com uma notável regularidade[169]. Não seria talvez um vestígio de um comportamento ritual, sinal da angústia dos viventes diante da morte?

A posição vertical foi determinante na história do homem, porque marcou a passagem decisiva rumo à hominização. Colocado sobre um eixo central "alto-baixo", o homem ereto, em pé, com as mãos livres, descobriu a orientação. Fez a experiência do centro. Aos utensílios bifaciais foi acrescentado um elemento importante, a invenção do fogo e a sua domesticação, 700 mil anos atrás. Os depósitos de Choukoudian, na China, parecem indicar que ali o fogo tenha sido alimentado constantemente, e isso permitiria pensar no nascimento de rituais do

---

167. Esta frase aparece assim no original italiano, possivelmente o texto seria uma transcrição, o que explicaria essa quebra [N.T.].
168. COPPENS, Y. "Commencements de l'homme". *Le débat*. Paris: Gallimard, 1982, p. 30-53. • COPPENS, Y. L'origine de l'homme: le milieu, la découverte, la création. *Revue des sciences morales et politiques*, 142, 1987, p. 507-532 (Paris).
169. COPPENS, Y. "Commencements de l'homme". *Le débat*. Paris: Gallimard, 1982, p. 51.

fogo já vários milênios atrás. O fogo tem certamente um papel importante na formação da vida social dos homens.

1.3.2.3 Os dados paleontológicos derivados dessas descobertas

Um primeiro dado é a descoberta do *homo habilis* em Olduvai: encontrou-se o antepassado do homem. Um projeto, tantas vezes formulado por André Leroi-Gourhan, que se concretizou. Na evolução do reino animal, o homem é único. Eis por que podemos falar do homem, "um animal em busca do infinito".

Um segundo fator importante presente nessas descobertas é o *homo erectus*. A evolução do homem começou pelos pés. De pé, o homem tinha as mãos livres para empunhar o utensílio e assim fabricar. A esse nível, são importantes os arquivos do *homo erectus*: o entalhe dos utensílios com outros utensílios; o entalhe bifacial, que mostra uma tomada de consciência da simetria e, portanto, a existência de uma consciência, de uma inteligência; a escolha das cores e dos materiais, sinal da descoberta da estética, origem da cultura. Os utensílios, arquivos do *homo erectus*, não podem nos mostrar vestígios de linguagem, já que a palavra não é fossilizável. Todavia, os expertos paleontólogos das equipes que trabalhavam na África, no Vale Rift, acreditam que o *homo erectus* tenha elaborado meios para transmitir a mensagem pelo entalhe dos utensílios, a escolha de materiais e a escolha das cores.

Chegamos a um terceiro elemento muito importante: o *homo erectus*, fabricante de utensílios, descobriu o *simbolismo*. É um *homo symbolicus*. M. Vandermeersch oferecerá importantes precisações sobre o tema do *homo erectus*, que já seria um *sapiens*, mas ainda muito arcaico. Tudo isso que eu disse nos leva ao terceiro nível desta comunicação: o aparecimento do *homo religiosus*.

1.3.3 O aparecimento do homem religioso

1.3.3.1 O nosso método de pesquisa

Buscar a origem da religião consiste em buscar as primeiras experiências do sagrado no homem. Trata-se de uma pesquisa aplicada e não de uma teoria, como se acreditou por dois séculos. Para fazer essa pesquisa era necessário achar o homem arcaico e os seus arquivos. Os únicos especialistas capazes de fazer essa descoberta são os paleontólogos e os paleoantropólogos. Sem eles, o historiador das religiões não pode fazer nada de sério. O historiador das religiões deve começar estudando a documentação dos [paleontólogos e paleoantropólogos], aplicando depois o próprio método de pesquisa, um método fenomenológico e hermenêutico. Explico-me em duas palavras: o historiador das religiões começa observando de perto tudo aquilo que os paleoantropólogos descobriram e o que eles afirmam sobre tal descoberta. Depois, o historiador das religiões observa essas descobertas buscando suas dimensões religiosas: a gruta de Lascaux não é uma simples caverna, mas um santuário. Um santuário, vale dizer, um fenômeno religioso. Por exemplo: O que queria dizer e o que pensava o pintor, o artista que pintou o arco--íris em Lascaux?

Qual método pode ser utilizado para encontrar a origem da religião? Graças a Georges Dumézil e a Mircea Eliade, os dois maiores historiadores das religiões do século XX, ambos falecidos em 1986, dispomos de um novo método: o *método comparativo genético*.

Explico-vos brevemente e de maneira muito simples o que esse método representa para todos nós aqui. Partimos dos primeiros textos redigidos pelo homem depois da invenção da escrita: as tabuinhas sumérias, babilônicas, hititas e cananeias, os textos dos Vedas, do antigo Egito etc. Nesses textos, que são arquivos do *homo sapiens sapiens*, buscamos individuar o modo em que o homem falou da sua experiência religiosa: aí descobrimos o seu léxico do sagrado, o seu uso dos mitos e dos símbolos e os ritos que usou para concretizar a própria experiência do sagrado. Símbolos, mitos e ritos constituem as três estruturas fundamentais da experiência vivida do sagrado. Fizemos este trabalho: vinte especialistas redigiram mais de mil páginas em três volumes: *L'expérience du sacré dans les grandes religions*[170].

Em posse dessa documentação, criteriosamente classificada, estudada, comparada, vamos percorrer um longo caminho no sentido inverso à história para encontrar o homem do Neolítico e do Paleolítico e para dialogar com ele. Encontramos o homem de Vale Camonica, o homem do Natufiano na Palestina, que de caçador se torna sedentário; o homem de Lepenski Vir, no Danúbio; o homem das cavernas, os artistas-pintores da catedral pré-histórica de Lascaux e de numerosas

---

170. RIES, J. (org.). *L'expression du sacré das les grandes religions*. 3 vols. Lovain-la-Neuve: Centre d'Histoire des Religions, 1978-1986 [col. Homo religiosus]. • RIES, J. *Il sacro nella storia religiosa dell'umanità*. Milão: Jaca Book, 1982 [2. ed.: 1989; 3. ed.: 1995] [trad. bras.: *O sagrado na história religiosa da humanidade*. Petrópolis: Vozes, 2017].

outras grutas, os homens que escavaram e construíram as tumbas e tantos outros homens da Ásia, da Europa, da África. Eles estão diante de nós graças aos seus arquivos: as incisões rupestres, os santuários, as pinturas das abóbadas e das paredes das cavernas, as estatuetas de deuses e deusas, o ocre vermelho das tumbas, substituto do sangue, as conchas enfiadas nas órbitas dos crânios no lugar dos olhos, os ornamentos dos crânios, a mobília funerária, a posição dos cadáveres nas tumbas. Essa etapa do nosso retorno às origens dura 100 mil anos. É a etapa que nos leva do *homo sapiens sapiens* moderno ao *homo sapiens* de 100 mil anos atrás.

Tendo alcançado essa etapa, retomamos o nosso percurso rumo às origens do homem. Ela nos conduz aos sítios arqueológicos do Rift Valley africano, onde acabaremos por encontrar Lucy, a nossa "Eva" dos paleontólogos. No caminho, conversamos com o homem arcaico sentado em torno do fogo, que ele mesmo inventou, entramos nas cabanas que construiu e nas quais preparou um lugar para esquartejar os animais abatidos durante a caça, um outro para trabalhar seus utensílios, um outro ainda para repousar. Ele nos mostrou seus utensílios, entalhados por ambos os lados. Fez uma escolha estética da matéria e das cores. A nossa viagem nos levou a um milhão e meio de anos atrás, e não é tudo. Mas paremos aqui. O *homo habilis* está de pé, é um *homo erectus*, com as mãos parecidas com as nossas; abre os olhos sobre o cosmos e tem consciência de ter um lugar ali. No seu trabalho, nas suas palavras ainda rudimentares e na sua vida joga com o simbolismo: *homo ludens, homo symbolicus*. Ele olha para as quatro direções. Mas, e isso é capital, volve seu olhar também para a abóbada celeste. Ereto, em pé, como nós, ele assiste maravilhado ao nascer do sol, ao seu curso celeste e ao ocaso. De noite, olha o céu estrelado e contempla a lua, da qual acompanha o crescente e o minguante. É nesse *homo habilis, erectus, ludens, symbolicus* de um milhão e meio de anos que nos baseamos para tentar compreender a sua experiência religiosa.

1.3.3.2 A contemplação da abóbada celeste, primeira experiência do sagrado

À luz de todas as descobertas recentes, a hipótese formulada por Eliade mais de trinta anos atrás adquire um novo valor[171]. Ela se funda na contemplação da abóbada celeste por parte do homem.

---

171. ELIADE, M. *Traité d'histoire des religions*. Paris: Payot, 1948 [2. ed.: 1953; 3. ed.: 1959; 4. ed.: 1968; 5. ed.: 1970; 6. ed.: 1974], p. 46-48 [trad. it.: por V. Vacca, G. Riccardo com intr. de P. Angelini:

As descobertas recentes representam uma importante base científica para a abertura praticada por Eliade, que orientou as pesquisas ao simbolismo da abóbada celeste. O homem arcaico, de pé, não deixou de contemplar a abóbada celeste. Dela imaginou a altitude, a cor, a profundidade, a imensidão. Sentiu-se na presença do infinito. No verdadeiro sentido da palavra, ele é um animal, mas em pé, consciente da própria existência, consciente de ocupar um lugar específico no cosmo. O olhar direto à abóbada celeste de dia e de noite constitui para ele uma experiência mais importante, mais misteriosa até mesmo do que a caça aos animais. Interrogando-se todo dia e toda noite de novo sobre o curso do sol, sobre o crescente e o minguante, sobre o cintilar das estrelas, sobre o trajeto das estrelas cadentes, o homem arcaico se torna um buscador do infinito e toma consciência da existência de um infinito misterioso.

A esse homem despertado para o simbolismo, que soube fazer a escolha estética da cor e da matéria e colheu o sentido da simetria como mostra o entalhe bifacial dos utensílios, o céu revela, segundo a expressão de Eliade, "a sua *transcendência*, a sua *força* e a sua *sacralidade*". Essa revelação, essa experiência humana do infinito é uma experiência religiosa, a primeira experiência religiosa, que vincula o homem a uma realidade infinita de cuja existência ele tem um pressentimento. Não se trata ainda da descoberta de Deus. Não se trata de uma teologia rudimentar e nem mesmo de uma primeira tentativa de filosofia. Trata-se da tomada de consciência da existência de uma realidade totalmente outra em relação ao homem e às realidades quotidianas. Com Eliade afirmamos que esse "simbolismo é um dado imediato da consciência total, i.e., do homem que se descobre" como homem no universo. A hipótese científica que elaboramos é construída sobre fatos, sobre provas fornecidas pela atividade do *homo erectus* uns 1.500.000 anos atrás: a sua consciência de ser, a sua consciência de criar, a sua tomada de consciência do simbolismo, vale dizer da existência de uma realidade que transcende a realidade imediata.

1.3.3.3 Da primeira experiência do sagrado ao nascimento das religiões

O homem arcaico, um milhão e meio de anos atrás, encontrava-se diante da primeira hierofania, i.e., da primeira manifestação do sagrado. Foi uma grande

---

Trattato di storia delle religioni. 2. ed. Turim: Bollati Boringhieri, 1999, p. 42-45]. • ELIADE, M. *Religions australiennes*. Paris: Payot, 1972, p. 26-32 [trad. it.: *La creatività dello spirito*. Milão: Jaca Book, 1979, p. 22-31]. • RIES, J. & SPINETO, N. (orgs.). *Esploratori del pensiero umano* – Georges Dumézil e Mircea Eliade. Milão: Jaca Book, 2000.

descoberta na história da humanidade. Essa descoberta foi feita pelo *homo erectus*, que rapidamente apareceu na África, na Europa e na Ásia. O seu comportamento "como animal buscador do infinito" foi o mesmo em toda parte. Trata-se de um comportamento religioso, fundado na experiência do sagrado. O homem não é um sonhador, mas um ser marcado pelo realismo da fraqueza da própria condição no cosmo. Retomamos o nosso percurso: desta vez, seguindo a história. A descoberta do fogo nos mostra os primeiros ritos, os primeiros rituais. É a partir das primeiras tumbas descobertas que vemos a obra do homem, que, com o rito, busca transcender a condição humana para alcançar uma realidade infinita. As tumbas nos mostram a crença do homem em uma sobrevivência e as tentativas rituais de sobreviver depois da morte: o ocre vermelho, o ornamento do crânio, os olhos indestrutíveis feitos de conchas. A experiência da morte se torna uma das grandes experiências religiosas do homem[172].

O longo percurso que acabamos de refazer nos mostrou o homem religioso, *homo symbolicus*, um homem que criou ritos para viver a experiência do sagrado. Ao se tornar *sapiens sapiens*, o homem das cavernas cria a primeira religião, que constitui uma experiência pessoal e social, a experiência do sagrado na comunidade do Paleolítico superior: Lascaux, catedral da pré-história, nos mostra ritos de fecundidade nas pinturas retocadas na primavera, ritos de iniciação dos quais são provas os numerosos vestígios de passagens de jovens e de tentativas de junção com o céu, representados pelas pinturas que figuram o arco-íris. O *homo religiosus* adulto, o *homo sapiens sapiens* cria os próprios santuários, lugares sagrados de peregrinação e de iniciação, verdadeiros laboratórios do sagrado[173].

A partir do Neolítico superior se afirma um verdadeiro edifício religioso. Por volta de 9000 a.C., no Oriente Próximo, o *homo sapiens sapiens* começa a elaborar e a estruturar uma autêntica religião, através de crenças, mitos, ritos, santuários que ele mesmo constrói[174]. A sedentarização e a agricultura assumirão um papel essencial. O homem consciente de ser um "eu" busca um "Tu" na transcendência. Identifica as divindades, e a primeira dessas é o deus Céu, Urano, Ur no Egito. E

---

172. GAMPS, G. *La préhistiore* – À la richerche du paradis perdu. Paris: Perrin, 1982, p. 371-445 [trad. it.: *La preistoria*. Milão: Bompiani, 1985].
173. RUSPOLI, M. *Lascaux*. Paris: Bordas, 1986.
174. CAUVIN, J. *Religions néolithiques de Syro-Palestine* – Documents. Paris: Maisonneuve, 1972. • VALVA, F.R. *Le Natoufien* – Une culture préhistorique en Palestine. Paris: Gabalda, 1975.

eis-nos diante dos deuses celestes: céu, sol, lua, astros, deuses e deusas da fecundidade. Perfila-se diante de nós uma imensa gama de religiões da Ásia e do mundo mediterrâneo. Chegam os tempos históricos. Depois de inventar a escrita, o homem registra por escrito a experiência do sagrado. Sabemos com clareza o que ele afirma da própria experiência religiosa e das próprias crenças.

No início do II milênio, um nômade da civilização de Ebla, achado pelos pesquisadores italianos Matthiae e Pettinato, um nômade que a Bíblia chama de Abraão, recebe uma mensagem[175]. Essa mensagem não chega por uma simbologia da abóbada celeste, mas por meio daquele que diz "eu sou Iahweh". Dessa vez é Deus que fala com o homem. É a grande reviravolta histórica que já prepara uma segunda. De fato, 2000 anos depois de Abraão, Deus se apresenta homem, nascido em Belém que na história dos homens recebe o nome de Jesus de Nazaré. Aos homens buscadores do infinito se apresenta como "Palavra viva de Deus, o caminho, a verdade e a vida". Acontece a grande revolução religiosa na humanidade.

Conclusões

É nos arquivos [sítios, achados] da terra que encontramos o nascimento do homem. Graças a esses mesmos arquivos, esse homem se revela a nós como um animal de um gênero único, um buscador do infinito. Em um duplo itinerário, o primeiro em direção oposta à história; o segundo seguindo seu curso, encontramos as origens da religião nascida dentro da consciência do *homo erectus* e *symbolicus*, que contempla a abóbada celeste. Tal hipótese científica se fundamenta em documentos irrefutáveis e encontra sua confirmação nos primeiros textos que o *homo religiosus* nos deixou acessíveis depois da criação da escrita, cujas primeiras tentativas se encontram na arte rupestre franco-cantábrica. *Ex Oriente lux*. Os primeiros textos escritos anunciam a aceleração da história e lançam uma nova luz nos arquivos do homem antigo que a terra nos conservou.

---

175. LEBRUN, R. *Ébla et les civilizations du Proche-Orient Ancien*. Louvain-la-Neuve: Centre d'Histoire des Religions, 1984 [col. Conférences et travaux, 7].

2

A abordagem histórica das religiões

2.1 Ciências humanas e ciência das religiões*

Durante o século XVII, seguindo Pascal, Malebranche, Descartes, Galileu, Hobbes, o discurso científico busca a própria independência da religião. Diante das ciências divinas, que se dedicam ao problema da salvação, constituem-se as ciências humanas, que abordarão o saber humano distanciando-se da filosofia e da teologia. No primeiro eixo, o da ciência rigorosa, desenvolvem-se as matemáticas, a física, a mecânica, ciências que acabarão dando vida à civilização das máquinas. Sob influência das pesquisas de Lineu e de Buffon, afirma-se um segundo eixo científico, o da biologia, cujas orientações se diversificarão: zoologia, antropologia, física, anatomia, biologia humana, paleontologia, depois, no século XIX, seguindo Boucher de Perthes, as ciências pré-históricas. Em 1859 Darwin publica a *Origem das espécies*. É um evento importante, já que o esquema biológico de Darwin será largamente explorado por diversas abordagens científicas.

A partir do século XVIII um terceiro eixo das ciências humanas, o eixo da cultura e da história, é subentendido às pesquisas sobre a especificidade da espécie humana. O Século das Luzes é tributário das ideias de Rousseau, de Herder, de Voltaire, de Leibniz, de Vico, de Montesquieu, de Lessing, de Kant. Com a insistência sobre os temas do progresso, da civilização, da cultura, da natureza humana, encontram-se as pesquisas sobre a linguagem, sobre a sociedade, sobre as institui-

---

* "Sciences humaines et Science des religions". In: *Civiltà delle macchine*: Religione e Cultura, tomo 27, n. 4-6, Roma, 1979, p. 39-44.

ções, consideradas como elementos específicos do homem. No alvorecer da Revolução Francesa, em meio à perda social e com a mercê de um olhar nostálgico sobre o passado, começam a se desenvolver as ciências históricas. Elas começam a redigir um amplo inventário do patrimônio da humanidade: povos, línguas, artes, técnicas, ciências, instituições. A pesquisa histórica procurava alcançar uma compreensão mais completa e cada vez mais profunda da realidade humana, estudada no espaço e no tempo[176]. A fratura religiosa do século XVI e a progressiva libertação de qualquer autoridade religiosa desemboca por um lado na crítica da religião oficial, e por outro na ampliação do estudo do fenômeno religioso, favorecido pelas descobertas dos novos mundos e das investigações etnográficas.

Juntamente a uma reflexão filosófica sobre a religião natural e sobre a sua essência, conduzida a partir de diversos pontos de vista, particularmente entre os deístas ingleses, que insistem na possibilidade de conhecer Deus através da razão humana prescindindo de qualquer contribuição da revelação, a partir do século XVIII ganha espaço uma pesquisa sobre diversas religiões. Assim, insistindo no sentimento religioso, J.G. Herder se mostra muito atento às religiões como elemento essencial na educação dos povos[177]. A pesquisa histórica realmente toma corpo durante o século XVIII. Com o auxílio do desenvolvimento da arqueologia, da filologia, do orientalismo, da filologia comparada, da etnografia, os estudos históricos partem para a descoberta dos documentos religiosos da humanidade. De década em década, o patrimônio encontrado se revela cada vez mais impressionante: monumentos, inscrições, tumbas e vestígios fúnebres, objetos de culto, textos, representações figurativas, ritos, práticas cultuais, livros sagrados. Essa vasta documentação é submetida à crítica histórica, uma das conquistas do século XIX.

Na onda das pesquisas históricas, a filologia comparada permite que Max Müller dê vida a uma primeira tentativa de comparativismo religioso[178]. A descoberta dos textos religiosos da Índia e do Irã abre o caminho aos estudos indo-europeus. O parentesco entre as línguas arianas deu aos inventores da gramática comparada a ideia de se colocarem na busca da língua primitiva falada pelos indo-europeus

---

176. Cf. o magistral estudo: GUSDORF, G. *Les sciences humaines et la pensée occidentale*. 6 vols. Paris: Payot, 1969-1973. Cf. tb. GUSDORF, G. Sciences humaines. In: *Encyclopaedia Universalis*. Vol. XIV. Paris, 1972, p. 767-772.
177. HERDER, J.G. Älteste Urkunde des Menschengeschlechts. 4 vols. Stuttgart, 1774-1776.
178. MÜLLER, F.M. *Comparative Mythology*. Oxford, 1856 [reimpressão: Nova York: Arno, 1977].

antes da separação deles. Max Müller acredita que um método idêntico possa ser aplicado aos mitos. Tenta-se encontrar o pensamento religioso a partir das comparações filológicas. O princípio de Müller, *nomina sunt numina*, goza de uma aplicação muito ampla, às vezes fantasiosa. Os comparativistas estão em busca de uma religião ariana primitiva, cujos vestígios estariam presentes entre diversos povos da Ásia e da Europa. A ideia de uma pesquisa das origens se afirma em medida cada vez maior através de ensaios comparativos. Por volta da metade do século XIX, a história das religiões *strictu senso* se explica em duas direções. De um lado, graças a monografias elaboradas por especialistas, a pesquisa histórica e crítica faz o conhecimento das religiões da humanidade progredir de maneira impressionante. De outro, alguns autores se dedicam à elaboração de uma história geral das religiões. Tendo como base as várias monografias e com o auxílio do método comparativo, na busca do próprio caminho, a história geral das religiões deságua nas primeiras tentativas de tipologia.

Paralelamente ao trabalho dos historiadores, os estudos pré-históricos e etnográficos concentram cada vez mais a atenção sobre os fenômenos religiosos que parecem estranhos ao homem ocidental e que ele tenta explicar. Além disso, prossegue a reflexão iniciada por Auguste Comte sobre a sociedade e sobre o seu desenvolvimento no decorrer das três etapas sucessivas: mítica, metafísica e positivista. Ademais, a questão das origens das religiões, colocada pelos comparativistas indo-europeus, suscita a atenção dos etnólogos e dos sociólogos. Entre esses, vários se apropriarão do esquema biológico de Darwin para explicar o fenômeno religioso a partir de suas origens. As teorias evolucionistas se desenvolverão livremente no animismo de Tylor, no totemismo de Frazer e depois na pesquisa sociológica de Durkheim e de Mauss. Esses dois estudiosos englobam a religião em uma nova ciência do homem: a sociologia. Fenômeno social sob o mesmo título de todos os fenômenos humanos, a religião é considerada como um sistema de crenças e de práticas por meio das quais os indivíduos mantêm relações com a sociedade da qual são membros[179]. Duas palavras-chave guiam a teoria animista, a teoria totêmica ou a teoria sociológica: origem e evolução. Assim, o esquema evolucionista de Darwin passou da biologia ao estudo das religiões.

---

179. DURKHEIM, É. *Les formes élémentaires de la vie religieuse*. Paris: Felix Alcan, 1912 [trad. it.: *Le forme elementari della vita religiosa*. 3. ed. Milão: Comunità, 1982] [trad. bras.: *As formas elementares da vida religiosa*. São Paulo: Martins Fontes, 1996].

A pesquisa da segunda metade do século XIX sobre as origens e o desenvolvimento das religiões é alimentada pela etnologia, que continuamente traz outros fatos provenientes das religiões arcaicas ainda existentes entre os povos sem escrita. Fortalecidos pelos princípios evolucionistas, o animismo, o totemismo e a explicação sociológica formulam, na evolução religiosa da humanidade, um esquema idêntico: formas elementares, politeísmo, monoteísmo. Constatando que tais teorias estavam longe de considerar todos os fatos etnológicos, A. Lang, W. Schmidt e logo numerosos defensores dos círculos histórico-culturais e do difusionismo viram "de cabeça para baixo" a visão de uma evolução religiosa dos povos. Também esses, preocupados com o problema das origens, refletem sobre a infância da humanidade, da qual encontram vestígios em uma *Urkultur*, uma civilização primitiva testemunha da crença em um ser supremo. Freud tenta explicar esse monoteísmo primitivo da consciência religiosa do homem por meio da *libido* e formula uma hipótese sobre as origens religiosas baseada no assassinato do pai cometido pela horda primordial.

Esse breve esboço, dedicado a mais de dois séculos de pesquisas, mostra como a nascente ciência das religiões tenha progressivamente tomado um lugar no eixo histórico-cultural das ciências humanas. Todavia, foi do eixo da biologia que numerosos pesquisadores do século XIX emprestaram o esquema evolucionista para explicar a origem e o desenvolvimento da religião e das religiões. No início do século XX o conflito dos métodos e das interpretações se revela muito agudo. Fiéis ao próprio método histórico-crítico, os defensores de uma verdadeira história das religiões rejeitam sair da própria linha de pesquisa. Ao contrário, os pesquisadores que tomam emprestados princípios, técnicas ou mesmo um esquema interpretativo das ciências como a biologia, a filosofia, a sociologia, a psicologia, até mesmo a teologia, reivindicam para si o direito de ultrapassar os fatos para explicar a origem e o desenvolvimento da religião. Nesse conflito, aparece Rudolf Otto.

Numa obra que continua importante, *Das Heilige* (1917), R. Otto quer romper com as perspectivas puramente históricas ou deliberadamente evolucionistas e reconduzir o estudo do fenômeno religioso ao homem e à sua experiência vivida no encontro com o sagrado. Essa experiência começa com a descoberta do numinoso, primeiro aspecto do sagrado, tido como transcendência. A descoberta do *sacer* acontece durante quatro etapas, descritas por Otto como *Kreaturgefühl*, *tremendum*, *mysterium* e *fascinans*. A experiência do numinoso leva o homem a colher o segundo aspecto do sagrado, o *sanctum*. É esse valor que faz com que o sagrado se oponha ao profano. Há um terceiro aspecto do sagrado: o sagrado como categoria *a priori*, uma faculdade especial que permite ao espírito humano colher o numinoso e obter uma revelação interior. O postulado da revelação interior do divino substitui o postulado durkheimiano da consciência coletiva proveniente da sociedade. Além dessa manifestação interior, o sagrado se manifesta na história. Graças à divinização, o homem pode fazer de si mesmo um leitor dos sinais do sagrado no mundo, dos quais o profeta é o leitor por excelência.

Para Otto, o papel da história das religiões é enuclear os valores religiosos presentes no caminho da humanidade. Ele insiste assim na especificidade do fenômeno religioso e na multiplicidade das experiências vividas. É a experiência do sagrado que fornece a escala, as dimensões do fenômeno religioso. Essa experiência *sui generis* que o homem vive é irredutível às outras experiências humanas: não é nem sociológica, nem puramente psicológica, nem uma experiência comum. É uma experiência vivida no encontro com o sagrado. Otto não aceita ver as religiões com olhos profanos e limitar o fenômeno religioso a um fenômeno histórico-cultural. O estudo do fenômeno religioso é inseparável do estudo do *homo religiosus* e do seu comportamento. Para a ciência das religiões, essa é a descoberta de uma nova dimensão de pesquisa.

A partir dos trabalhos de Otto, constitui-se a fenomenologia da religião, inspirada por Husserl e prosseguida [continuada] por numerosos pesquisadores. A fenomenologia é a explicação de uma relação de alteridade entre o sujeito e o objeto, no nível de uma experiência vivida. A ciência das religiões – que é uma ciência humana e não uma fé – pode colher o fenômeno religioso somente no homem que vive tal experiência. Um fenômeno é uma experiência vivida na sua estrutura global: intencional, linguística, sociológica e cultural. No fenômeno religioso encontramos crenças, ações, mitos e ritos, um conjunto de comportamentos da parte do homem. A ciência das religiões é a ciência dos fenômenos religiosos na história da humanidade, a ciência de uma pluralidade de religiões ligadas por um lado a diversas culturas, e de outro à diversidade dos homens.

A fenomenologia tem a missão de nomear e classificar os fenômenos que colhe: sacrifício, oração, purificação, oferta etc. Ademais, ela faz um inventário das estruturas, tentando chegar à essência das coisas: oferece uma tipologia. O seu papel não se limita, porém, a estabelecer uma tipologia, porque correria o risco de reduzir o fenômeno religioso. Ela se esforça por compreender o sentido dos fenômenos, de recuperar seu conteúdo integral a partir do homem. A fenomenologia entra na ciência das religiões como um método de análise para descobrir o sentido profundo de cada fenômeno. O seu grande mérito é ter mostrado como se realiza a inserção do objeto na experiência do sujeito. O homem tem uma experiência de fé, mas a exprime com um discurso que é objeto de ciência. Para o fenomenólogo, o *homo religiosus* e o seu discurso sobre a experiência vivida constituem o objeto da pesquisa.

A rápida passagem sobre a pesquisa acabou de nos mostrar que a partir do século XIX e durante as primeiras décadas do século XX utilizaram-se diversos esquemas de inteligibilidade. Cada um desses contribuiu para uma compreensão mais aprofundada dos diversos aspectos das religiões da humanidade. Os conflitos que os opuseram têm origem menos na pluralidade dos esquemas do que na exclusão recíproca desses esquemas. De fato, cada método parecia querer colocar-se no centro do campo de pesquisa. Além disso, muito frequentemente os pesquisadores trabalhavam sem considerar o essencial: o *homo religiosus*. Depois de muitas tentativas e hesitações, é ele quem acabará no centro das preocupações da história das religiões. Em qualquer ciência das religiões, a abordagem fundamental é necessariamente histórica. Os primeiros passos são a heurística e a crítica, dado que não existe fenômeno religioso que não esteja situado em um contexto histórico. O pesquisador se vê diante de uma multiplicidade de experiências vividas no espaço e no tempo, que ele reencontra graças a uma ampla documentação: textos, livros, lugares de culto, ritos, mitos, inscrições, incisões, pinturas, pessoas consagradas. Esses documentos representam as fontes da ciência das religiões. Cada documento deve ser colocado em relação com o seu ambiente histórico-cultural. É, antes de tudo, uma operação de especialistas: estudiosos da pré-história, arqueólogos, historiadores da arte, orientalistas, filólogos, etnólogos, sociólogos, historiadores. Baseado nesse trabalho, o historiador das religiões precisa a morfologia dos seus documentos. Isso supõe que ele seja competente em diversos âmbitos. Deve utilizar um método crítico e dominar a filologia. Deve saber analisar um texto e ser capaz de situá-lo no seu contexto: língua, história, cultura. Semelhante trabalho requer uma capacidade de elaborar sínteses de caráter histórico-cultural e de usar criticamente as sínteses existentes que é mister saber ampliar ou também ultrapassar.

A abordagem histórica coloca o especialista das religiões diante da vasta gama da morfologia do sagrado. Frequentemente a documentação é fragmentária, sobretudo para as religiões arcaicas. Ela é sempre heterogênea: textos, monumentos, vestígios funerários, vários rituais, costumes, tradições orais, pinturas, inscrições, ritos de passagem, mitos e livros sagrados. Também o ambiente de proveniência desses diversos documentos é heterogêneo: literatura sacerdotal, anotações de viajantes, materiais recolhidos por missionários, textos de fundadores religiosos ou de líderes de comunidades, textos jurídicos, litúrgicos ou doutrinais, documentos de controvérsias, realizações de artistas. Com essa heterogeneidade de natureza e de proveniência, encontraremos uma heterogeneidade de estruturas. Assim, uma árvore sagrada pode apresentar-se como uma planta que se encontra em um santuário, a estação de uma peregrinação, uma árvore de primavera, uma árvore genealógica, uma árvore do conhecimento do bem e do mal ou como a árvore da cruz[180]. Uma vez precisada a morfologia dos documentos, trata-se de situá-los na diacronia. Se faltam pontos de referência, é necessário elaborar hipóteses de trabalho. Essas diversas operações exigem mais de uma técnica. É necessário um bom método de trabalho que permita iluminar adequadamente cada documento. Um documento não pode ser considerado completo senão quando é bem colocado em seu contexto. Assim, um santuário rupestre ou uma gruta mitríaca será um documento completo para o historiador das religiões quando se estabelecerem as relações entre as figuras, o conjunto dos personagens, a dimensão humana, o uso dos materiais, a disposição dos lugares. De fato, como afirma justamente Eliade, a compreensão de um fenômeno religioso acontece sempre no quadro da história. Se a cronologia representa um aspecto importante da pesquisa, é mister saber também que os indivíduos vivem em sociedade. Consequentemente, o fato social é um elemento da inserção histórica de qualquer fenômeno religioso. É mérito da escola sociológica ter colocado em evidência este aspecto: práticas religiosas, mitos e ritos estão ligados a contextos sociais. Além disso, uma religião representa um elemento de coesão social. Assim, na configuração da documentação, o historiador da religião deve considerar as condutas, as modalidades de representação, as ideologias, os quadros da vida social, os imperativos linguísticos, os fenômenos de adesão ou de contestação, os crentes e os não crentes, de grupos religiosos socialmente diversificados.

---

180. ELIADE, M. *Traité d'histoire des religions*. Paris: Payot, 1948 [6. ed.: 1974]. • BIANCHI, U. *Problema di storia delle religioni*. Roma: Studium, 1986.

As estruturas religiosas exercem uma influência não negligenciável sobre os fenômenos religiosos. Em uma religião de autoridade, o papel do clero é assaz importante, e esse não será o caso do budismo. Existe uma sociologia do islã, do hinduísmo, do budismo, do cristianismo. A vida religiosa é submetida a fenômenos de regulação, a relações entre o homem e o seu semelhante. A sociedade influencia a formulação da linguagem e a organização da vida: dias de repouso, dias festivos ou atitudes coletivas como a guerra santa no islã. Há também grupos de iniciados ou de consagrados e corpos sacerdotais.

O que dissemos mostra com clareza que o historiador das religiões deve se basear em diversas disciplinas. Se estuda pinturas e inscrições rupestres, precisa do estudioso de pré-história e do historiador de arte. Rituais de festas tribais exigem o concurso do etnólogo. Para decifrar inscrições e grafites é necessário recorrer à epigrafia; vestígios de templos, de altares, de mosteiros se estudam somente com o auxílio dos arqueólogos. Os livros sagrados das religiões devem passar pelas mãos expertas dos filólogos, dos orientalistas, dos paleógrafos, dos papirólogos. O estudo do simbolismo religioso requererá o psicólogo. Qualquer pesquisa sobre a vida comunitária fará recorrer à sociologia, que a ajuda a compreender atitudes, permanências, coerências. Em suma, na sua abordagem o historiador das religiões deve apelar para diversas ciências humanas, como a pré-história, a arqueologia, a história da arte, a filologia, o orientalismo, a etnologia, a psicologia, a sociologia. Assim se colocou a questão: Qual é a especificidade da ciência das religiões? Com a sua análise da experiência religiosa, vista como experiência irredutível a qualquer outra experiência humana, Otto abriu um novo caminho para o estudo das religiões. No centro de qualquer fenômeno religioso há um homem que vive um encontro com o sagrado. Progressivamente se delineia a figura desse homem, o *homo religiosus*, que Eliade tentou definir mais de perto. Com o seu comportamento, esse homem mostra que acredita em uma realidade absoluta, que a seus olhos transcende este mundo, mas aqui se manifesta[181]. O *homo religiosus* pretende que seu contato com o sagrado seja benéfico a ponto de constituir aos seus olhos a realidade essencial. Com as suas ações e as suas palavras, com os seus gestos simbólicos, com mitos e ritos, ele mostra que acredita nessa trans-

---

181. ELIADE, M. *Le sacré et le profane*. Paris: Gallimard, 1965, p. 171 [orig.: *Das Heilige un das Profane* – Vom Wesen des Religiösen. Hamburgo: Eowolt, 1957] [trad. it.: *Il sacro e il profano*. Turim: Boringhieri, 1984].

cendência. Eliade defende que a ciência das religiões deva manter o olhar no ator principal do fenômeno religioso. "O objetivo último do historiador das religiões é compreender e esclarecer aos outros o comportamento do *homo religiosus* e o seu universo mental"[182].

Aos olhos desse homem se mostra algo de diferente no que se refere ao profano. A infinita multiplicidade das experiências feitas pelo *homo religiosus* durante os milênios da história torna-se presente para o historiador das religiões através dos documentos religiosos. A cada um dos seus documentos corresponde uma dimensão única, a que lhe conferiu o *homo religiosus*, que atesta a sua experiência do sagrado. Além disso, graças aos documentos preservados até nós, chegamos a redescobrir o comportamento do *homo religiosus*. Por muito tempo a história das religiões ficou parada em ideias e objetos. O método histórico analisava os textos, os vestígios arqueológicos ou os dados etnográficos. A sociologia concentrava toda a sua atenção na sociedade. Não se sublinhava a experiência vivida do sagrado. Talvez essa experiência seja sempre parcial e limitada. E ainda, a cada vez ela se apresenta com uma estrutura análoga: o homem colhe [apreende] uma hierofania. Assim, a estrutura fundamental da experiência é a mesma seja para o homem arcaico seja para o fiel das grandes religiões: trata-se de um encontro com o sagrado; um encontro que determinará um conjunto de atitudes. O historiador das religiões restabelece a conexão entre o documento e o seu autor, e isso lhe permite valorizar extraordinariamente o comportamento do homem durante os milênios, da pré-história aos nossos dias. Assim, o homem arcaico nos diz que o mundo existe, que foi criado pelos deuses, que a vida tem um sentido. É graças aos mitos, a símbolos, a ritos que ele manifesta a sua crença.

A figura central do *homo religiosus* e do seu comportamento permite estabelecer uma distinção entre magia e religião. Por várias décadas, afrontaram-se as teorias da magia como pré-ciência e fonte da religião, desenvolvida por Frazer, e a teoria sociológica de Durkheim e Mauss sobre o *mana*, fonte comum do sagrado (religião) e da magia. Schmidt e Freud, de maneira diferente, tentaram proceder por vias indiretas, mas sem chegar a estabelecer um esclarecimento dos âmbitos. Essa pesquisa continuava ligada por demais a uma ótica de pesquisa [busca] das origens. Mauss, todavia, distinguiu a magia da religião, destacando particular-

---

182. Ibid. p. 137.

mente a ausência de mitos nos ritos mágicos e a orientação da magia ao malefício. A escola funcionalista de Malinowski insistiu nas funções mágicas utilitarísticas. Graças à insistência no papel do *homo religiosus* encontramos uma linha de demarcação entre atos mágicos e ações religiosas. De fato, ainda que a magia seja ligada a crenças em forças que são diferentes daquelas usadas na vida quotidiana, ela é totalmente orientada pelo homem a objetivos e à aquisição de resultados que não têm nada a ver com a fé em um mundo transcendente. Para precisar o comportamento do *homo religiosus* que vive uma experiência de encontro com o sagrado, Eliade colocou o homem, sujeito da sua experiência, diante do objeto dessa experiência, que ele chama de hierofania. Como Durkheim e Otto, Eliade faz do sagrado o fundamento da ciência das religiões. Durkheim identificava o sagrado com o *mana*, produzido pela consciência coletiva, mas oposto ao profano. Enucleando os três aspectos do sagrado – *sacer*, *sanctum* e sagrado enquanto categoria do intelecto –, Otto fez do sagrado um princípio vivente que constitui a parte mais íntima das religiões. Retomando e ultrapassando esses elementos, Eliade insistiu na natureza específica do sagrado, que "se manifesta sempre como uma potência do que é totalmente outro em relação às forças naturais"[183]. A hierofania é um ato de manifestação do sagrado, um documento que revela uma modalidade do sagrado. Porque se manifesta, o sagrado entra no âmbito dos fenômenos; é percebido pelo homem que faz a experiência do sagrado vivido. Enfim, todo fenômeno religioso se situa no quadro de uma hierofania.

A abordagem histórica nos colocou na presença da morfologia do sagrado. Todavia, trata-se de dar um passo à frente e estabelecer a escala do fenômeno religioso, fenômeno *sui generis*, com sua modalidade própria e irredutível a qualquer outro fenômeno humano. O testemunho do homem sobre a própria experiência do sagrado vivido nos consente estabelecer essa escala específica. É aqui que se coloca o problema de colher os traços do comportamento do homem. É a segunda etapa da ciência das religiões; é a abordagem fenomenológica, que tenta penetrar até o coração da experiência religiosa humana e decifrar o comportamento do homem diante do sagrado. Essa abordagem não pode se limitar à constituição de uma tipologia dos fenômenos religiosos. Para além dessa tipologia, indispensável para

---

[183]. ELIADE, M. *Mythes, rêves et mystères*. Paris: Gallimard, 1957, p. 166 [trad. it.: *Miti, sogni e misteri*. 3. ed. Milão: Rusconi, 1990].

a descrição dos fenômenos, há a compreensão do sagrado vivido na experiência hierofânica, porque é o comportamento do *homo religiosus* o ponto de referência e o lugar de cristalização do encontro com o sagrado. Esse comportamento nos mostra a crença do homem nessa realidade transcendente. Uma pesquisa como essa implica o estudo das diferentes atitudes e a formação dos juízos de valor.

Nessa abordagem, o historiador das religiões deve fundamentar-se em diversas disciplinas. Söderblom, Otto e Heiler utilizaram, cada um a sua maneira, a contribuição da filosofia da religião. Eliade insistiu particularmente na utilidade da psicologia. O seu encontro com Jung lhe permitiu confrontar as próprias descobertas no âmbito do simbolismo, do arquétipo e do mito, pensando que poderia isolar aquilo que é transconsciente na massa do inconsciente que encontra no homem. Assim, para ele, o simbolismo é suscetível de revelar modalidades do real que não são evidentes por si mesmas, já que o pensamento simbólico precede a linguagem e pertence à essência da vida religiosa. Mais do que da filosofia e da psicologia, o historiador das religiões deve considerar o grupo humano no qual se insere o *homo religiosus*. O seu comportamento sofre necessariamente a influência da vida social.

Realizada em tal ótica, a abordagem fenomenológica não é uma operação reducionista dos fatos religiosos. Contrariamente aos esquemas de inteligibilidade que reduzem o estudo dos fenômenos religiosos a uma abordagem psicológica, sociológica, filosófica ou histórica, o enfoque fenomenológico propugnado por Eliade se fundamenta no comportamento do *homo religiosus* na sua experiência vivida do sagrado e tenta compreender e interpretar corretamente as diversas hierofanias. Eliade faz sua uma das conclusões de Pettazzoni: "A fenomenologia religiosa é a compreensão religiosa da história; é a história na sua dimensão religiosa"[184]. Para a ciência das religiões não é certo que, enquanto não se estabelece a morfologia dos fatos religiosos, graças a uma abordagem histórica e enquanto a pesquisa não tenha permitido, por um lado, estabelecer uma tipologia dos fatos e, por outro, compreender em si mesmo o comportamento do *homo religiosus* no seu encontro com o sagrado. Por causa de sua implicação nesse comportamento humano, as diversas hierofanias têm um significado mais profundo; elas trazem à

---

184. ELIADE, M. *La nostalgie des origines*. Paris: Gallimard, 1971, p. 32 [orig.: *The Quest* – History and Meaning in Religion. Chicago/Londres: The University of Chicago Press, 1969; trad. it.: *La nostalgia delle origini* – Storia e significato della religione. Bréscia: Morcelliana, 1980].

luz uma verdadeira mensagem. A ciência das religiões tenta colher a mensagem e enuclear o sentido para o homem e para a sociedade. Por conseguinte, ao fim da abordagem fenomenológica, a nossa ciência se coloca diversas perguntas. Qual é a mensagem religiosa do sagrado vivido? Qual é o significado dessa mensagem para o homem e para a sociedade? Qual é o significado trans-histórico dessa mensagem? Em outras palavras, depois da abordagem histórica, e da fenomenológica intervém uma abordagem de caráter hermenêutico.

A hermenêutica é a ciência da interpretação. Como a hermenêutica bíblica, que tenta ir além dos problemas de crítica e interpretação dos textos, na ciência das religiões a hermenêutica se ocupa do sentido profundo dos fenômenos, considerando a relação vital existente entre o *homo religiosus* e o seu comportamento existencial. Um aspecto importante do problema é o enxerto da hermenêutica na fenomenologia[185].

Entre os historiadores da nossa geração foi Mircea Eliade quem melhor circunscreveu a questão hermenêutica. Mostrou como, depois de uma pesquisa morfológica e depois da reconstrução da história da forma religiosa, seja necessário situar o fenômeno religioso enquanto tal no contexto dos outros objetos do espírito[186]. Trata-se de descobrir o que quer dizer cada fenômeno religioso, não somente na própria experiência vivida, mas no seu desenvolvimento histórico. Consequentemente, o historiador das religiões "por um lado se aterá à concretude histórica, mas de outro se dará à decifração do que um fato religioso, através da história, revela de super-histórico"[187].

Um primeiro caminho hermenêutico consiste em compreender a mensagem no nível do *homo religiosus* que vive a experiência hierofânica. Na sua abordagem, Eliade não hesitou em se voltar ao homem arcaico para compreender como, graças ao mito, esse homem viveu a própria vida social e religiosa. Eliade e Ricoeur se encontram para ver no mito um evento primordial, que constitui um ato fundamental e arquetípico. O mito dá ao homem de uma parte um conhecimento da

---

[185]. RICOEUR, P. *Le conflit des interprétations* – Essai d'herméneutique. Paris: De Seuil, 1969 [trad. it.: por R. Balzarotti, F. Botturi, G. Colombo, com prefácio de A. Rigobello: *Il conflito delle interpretazioni*. Milão: Jaca Book, 1977]. • DUPUY, B.D. Herméneutique. In: *Encyclopaedia Universalis*. Vol. VIII. Paris, 1970, p. 364-367.

[186]. ELIADE, M. *Traité d'histoire des religions*. Op. cit. • ELIADE, M. *La nostalgie des origines*. Op. cit.

[187]. ELIADE, M. *Le chamanisme et les techniques archäiques de l'extase*. Paris: Payot, 1968, p. 12 [trad. it.: J. Evola e F. Pintore: *Lo sciamanismo e le tecniche dell'estasi*. Roma: Mediterranee, 1974].

origem e das estruturas do mundo e, de outra, modelos para a sua vida pessoal, religiosa e social[188].

Composto de imagens e símbolos, o mito faz parte de um sistema de pensamento que não carece de coesão e que, fundado numa lógica não conceitual, já contém correspondências das nossas ideias de valores. Sobre a base dessa escala de valores se enucleia a história santa da tribo. A abordagem hermenêutica nos permite descobrir o modo em que o homem arcaico colhe as origens e a relação entre tempo atual e tempo primordial. Para ele, a ação humana se refere a um arquétipo, que lhe serve de modelo e lhe confere a sua eficácia. A comunicação da mensagem representa para o homem arcaico a aquisição de um novo conhecimento que culmina na estrutura do mundo e numa experiência de vida que está em relação com a transcendência. Com o rito, esse homem tenta realizar na própria vida o modelo arquetípico. A sua ação se conforma aos paradigmas constituídos da ação dos personagens míticos, que conferem valor e sentido à existência humana. Mitos, ritos e símbolos são elementos constitutivos dessa experiência espiritual, que, através de um retorno às origens e à primordialidade, representa para o homem arcaico uma verdadeira experiência de salvação.

A hermenêutica do mito nos mostra como Eliade compreende a decifração do sentido profundo dos fenômenos religiosos, colhidos na experiência do sagrado vivido. O historiador das religiões não terá terminado o seu trabalho enquanto não tiver elucidado a mensagem, enquanto não tiver concluído um estudo integral das realidades religiosas, "quer se trate de manifestações históricas de não importa que tipo de 'religião' (tribal, étnica, supranacional) ou de estruturas específicas da vida religiosa (formas divinas, concepções da alma, mitos, rituais etc.; instituições etc.; tipologia das experiências religiosas etc.)"[189].

A via hermenêutica conduz à descoberta do sentido que os fatos religiosos têm para o *homo religiosus*. Eliade não quer se contentar com uma hermenêutica que nos coloque à disposição a mensagem que a hierofania revela ao homem

---

188. ELIADE, M. *Le mythe de l'éternel retour* – Archétipes et répétition. Paris: Gallimard, 1949 [trad. it.: por G. Cantoni: *Il mito dell'eterno ritorno*. Milão: Rusconi, 1975]. • ELIADE, M. *Mythe, rêves et mystères*. Op. cit. • ELIADE, M. *Aspects du mythe*. Paris: Gallimard, 1963. • RICOEUR, P. *Finitude et cumpabilité*. Vol. II. Paris: Aubier, 1960 [trad. it.: M. Girardet, e intr.. de V. Melchiorre in: *Finitudine e colpa*. Bolonha: Il Mulino, 1970].

189. ELIADE, M. *La nostalgie des origines*. Op. cit., p. 117.

que dela se beneficia. Ele recomenda uma segunda via hermenêutica: a da mensagem que o *homo religiosus* transmite ao homem da civilização das máquinas, ao homem moderno.

A psicologia do profundo fez conhecer *terrae ignotae* e deu lugar a conflitos dramáticos. Eliade compara as descobertas do inconsciente com as descobertas marítimas do Renascimento e com as descobertas astronômicas subsequentes à invenção do telescópio. De um lado, a psicanálise, a exemplo da espeleologia, atualizou as modalidades arcaicas da vida psíquica tratando-as como "fósseis viventes", escondidos nas trevas do inconsciente; enquanto, de outro lado, numerosos povos arcaicos muito vivos tomam lugar no horizonte da grande história. Assistimos o despertar político, cultural e espiritual desses povos da Ásia, da Austrália, da África. Somos obrigados a dialogar com eles, a nos confrontarmos com os seus valores culturais. "A hermenêutica é a resposta do homem ocidental, a única resposta inteligente às solicitações da história contemporânea, ao fato de que o Ocidente seja forçado (estaríamos por dizer: está condenado) a confrontar-se com os valores culturais dos 'outros'"[190]. Nesse sentido, o nosso autor fala de uma hermenêutica total, chamada a decifrar e explicitar todos os encontros do homem com o sagrado, da pré-história aos nossos dias. Numa ótica assim, a hermenêutica se coloca entre as fontes vivas da cultura contemporânea e se torna criadora de um novo humanismo. Ela opera uma série de interpretações e de valorizações, que revelam assim uma nova dimensão humanística.

Aos olhos de Eliade, a via histórico-religiosa da hermenêutica constitui ao mesmo tempo uma pedagogia suscetível de mudar o homem e uma fonte criadora de valores culturais. A operação se anuncia complexa. Não se trata apenas de compreender e de interpretar os fatos religiosos. A partir desses fatos é necessário pensar de maneira criativa. De fato, numa cultura os hermenêuticos têm tanta importância quanto os escritores, os poetas. Eliade pensa na importância cultural do Renascimento italiano para a transformação do Ocidente. Cita assim o exemplo de Erasmo, que, com as suas edições críticas, com uma erudição filológica, com os seus comentários e com a sua correspondência exerceu influência considerável na renovação cultural da Europa. Assim, a história do homem, do Paleolítico aos

---

190. ELIADE, M. *Méphistophélès et l'androgyne*. Paris: Gallimard, 1962, p. 10 [trad. it.: E. Pinto: *Mefistofele e l'androgino*. Roma: Mediterranee, 1971].

nossos dias, é chamada a se colocar no centro da educação humanística, quaisquer que sejam suas interpretações locais ou nacionais. Nesse esforço rumo a uma planetarização da cultura, a história das religiões pode assumir um papel essencial: pode "contribuir na elaboração de uma cultura de tipo universal[191].

A via hermenêutica, a visão da unidade espiritual da humanidade, fundada na experiência do sagrado vivido pelo *homo religiosus* se opõe à visão da unidade da história humana desenvolvida por A. Brelich[192]. Essa unidade espiritual nasce de uma hermenêutica que num primeiro momento enucleia a mensagem proveniente dos documentos religiosos da humanidade e no segundo momento traduz e torna inteligível ao espírito do homem de hoje o sentido profundo desses documentos. Tal hermenêutica postula uma pesquisa comparada dos fenômenos religiosos[193].

A pesquisa comparada em história das religiões não é de hoje, porque definitivamente qualquer história das religiões é comparativa, dado que se trata de colher um universo espiritual com diversas modalidades. Todavia, depois de décadas, um novo método comparado, laboriosamente desenvolvido por Georges Dumézil, está renovando a pesquisa e sublinhando as novas perspectivas hermenêuticas[194].

Dumézil retomou e prosseguiu pacientemente o estudo do dossiê indo-europeu, constituído a partir do século XIX graças aos trabalhos de Max Müller, de Fustel de Coulanges, de Frazer e sobretudo dos filólogos comparativistas, a descoberta feita por Vendryes lhe revela uma identidade na terminologia do sagrado entre os indo-iranianos e entre os ítalo-célticos; identidade obscurecida pelo léxico místico e conservada graças aos corpos sacerdotais. Dumézil compreende a necessidade de abandonar o comparativismo onomástico para se orientar para um comparativismo de caráter conceitual. É a descoberta da noção de estrutura, componente importante da pesquisa comparada.

---

191. ELIADE, M. *La nostalgie des origines*. Op. cit. p. 145.
192. BRELICH, A. Prolégomènes à une histoire des religions. In: PUECH, H.C. *Histoire des religions*. Vol. 1. Paris, 1970, p. 1-59 [vers. it.: Prolegomeni a una Storia delle religioni. In: PUECH, H. *Storia delle religioni* – Perché? Napoles: Liguori, 1979].
193. Esse caminho de Eliade está longe de ser seguido pela pesquisa atual. Cf. MESLIN, M. *Pour une Science des religions*. Paris: Du Seuil, 1973 [trad. it.: Per una scienza delle religioni. In: BACCHIARELLO, L. *Per una scienza delle religioni*. Assis: Cittadella, 1975]. Tomamos de Meslin a feliz expressão "sagrado vivido".
194. DUMÉZIL, G. *L'héritage indo-européen à Rome*. Paris: Gallimard, 1949. Cf. a bibliografia de Dumézil na coleção Latomus (vol. 45, Bruxelas, 1960). • COUTAU-BÉGARIE, H. *L'oeuvre de Georges Dumézil*. Paris: Economica, 1998.

Existe uma realidade indo-europeia. No III e no II milênios a.C. bandos organizados se deslocam em direção ao Atlântico, rumo ao Mediterrâneo e através da Ásia. Eles falam a mesma língua, mas rapidamente se diferenciarão, deixando sinais de sua passagem. Dumézil agora opera o estudo comparado dos fatos religiosos e dos fatos institucionais, evidenciando precisas e sistemáticas correspondências. Com base nessas correspondências determina cada fato, cada mito, cada ritual na sua tipologia, nas suas articulações e no seu significado lógico. Dumézil insiste na língua, a técnica mais fundamental de qualquer grupo humano. Se a língua se conserva como léxico da organização social é porque se mantiveram importantes fragmentos do antigo sistema de pensamento. Ademais, a religião não se reduz a gestos e palavras, ela explica o mundo: é teologia e ideologia. Toda religião é inicialmente um sistema no qual há articulações fundamentais. Dumézil faz um estudo comparado dos fatos religiosos para descobrir aí as correspondências. Não busca um protótipo comum, como faria um estudo tipológico. Procura o sistema, as estruturas: para fazer isso utiliza todo o âmbito acessível à comparação: conceitos, mitos, ritos, divisões sociais, sacerdócio. O objetivo desse estudo comparado dos fatos de civilização é encontrar o sistema religioso com as suas articulações, as suas intenções, o seu significado, os seus mecanismos e os seus equilíbrios constitutivos. A comparação genética culmina em uma verdadeira hermenêutica: a pesquisa do sentido do sistema religioso dos povos indo-europeus arcaicos.

O método de Dumézil dá uma extraordinária extensão à religião comparada. O campo de estudo é ampliado até tocar toda a civilização indo-europeia e todos os seus vestígios. Também os mitos têm espaço no conjunto do pensamento e das suas estruturas. Assim, a mitografia comparada encontra o seu verdadeiro lugar na ciência das religiões. Acrescentamos que uma tal pesquisa comparada não substitui a pesquisa histórica, mas a supõe. Funda-se na filologia, na arqueologia, na sociologia, na mitografia, na etnologia. Seu objetivo é descobrir as estruturas de pensamento e as grandes articulações religiosas e sociais e compreender a arqueologia do comportamento do *homo religiosus* indo-europeu arcaico.

O método comparativo genético dumeziliano produziu resultados espetaculares, dos quais o mais importante é a descoberta da ideologia tripartida[195]. Essa

---

195. DUMÉZIL, G. *L'idéologie tripartite des Indo-Européens*. Col. Latomus, 31, Bruxelas, 1958 [trad. it.: *L'ideologia tripartita degli indoeuropei*. Op. cit. • *Mythe et épopée*. Op. cit.

ideologia é encontrada entre todos os povos indo-europeus. Fundamenta-se no jogo harmonioso e hierarquizado de três grandes funções: a soberania mágica e jurídica, a força física aplicada à guerra e à fecundidade, submetida às outras duas, mas indispensável ao desenvolvimento de ambas. O fato de encontrar essa ideologia nos textos, nos mitos e nos ritos mostra que antes de sua dispersão os povos indo-europeus concebiam a realidade cósmica e social, celeste e terrena segundo esse esquema. Do qual Dumézil enucleou uma noção muito importante para o estudo do mundo indo-europeu: a existência de uma ideologia funcional e hierarquizada que, em cada povo, se conservou como uma herança recebida dos antepassados comuns.

Dumézil traçou as grandes articulações sociais da ideologia. É a tripartição da sociedade. Encontramos essas três classes arianas na Índia pós-védica, no Irã avéstico, entre os citas, entre os ossetas do Cáucaso, entre os celtas e entre os romanos: sacerdotes encarregados da ciência sagrada e do culto; guerreiros que protegem o povo; agricultores e criadores, aqueles que nutrem a sociedade. A religião assume um papel essencial na sociedade, da qual oferece a justificação mitológica, filosófica e teológica. Ademais, a teologia *stricto sensu* – o discurso sobre os deuses – ocupa um lugar central no pensamento religioso dos povos indo-europeus. Nessa teologia, um grupo central de divindades solidárias divide entre si o sagrado segundo o plano trifuncional. Esses três pares de deuses se estabeleceram em três níveis e se encontram na Índia védica, nos arquivos de Bogasköy, na antiga Hattuša, a capital dos hititas, na reforma de Zaratustra, entre os povos itálicos e escandinavos. Assim, os sistemas teológicos arcaicos indo-iranianos, itálicos, germânicos e escandinavos exprimem todos a ideologia das três funções. Trata-se de uma herança verdadeiramente indo-europeia, da qual temos traços na teologia, na mitologia, na épica, em toda a organização social: a soberania e o sagrado, a força e a defesa, a fecundidade e a riqueza.

Ao fim desta breve pesquisa sobre o lugar assumido pela ciência das religiões na senda das ciências humanas, podemos chegar a uma síntese e a uma conclusão. Durante o século XIX, depois da descoberta das grandes religiões não cristãs e das religiões arcaicas tradicionais, constituiu-se progressivamente uma ciência das religiões. Com a implementação da heurística e da crítica, o método histórico assumiu um papel essencial no estudo das religiões, já que a nova ciência tendia a escolher a nomenclatura "história das religiões". Todavia, na ótica da pesquisa das origens sublinhada pelo esquema evolucionista de Darwin, multiplicaram-se as tentativas de interpretação dos fenômenos religiosos. Esses emprestavam os próprios princípios ou o próprio esquema de inteligibilidade de ciências como a biologia, a sociologia, a filosofia, a psicologia, até mesmo da teologia. A tendência ao exclusivismo de um bom número de autores no uso desses princípios ou desses modelos de inteligibilidade provocou um sério conflito de métodos, no centro do qual a pesquisa histórica, fundamentada nas sólidas conquistas do século XIX, impôs definitivamente a abordagem histórica como a abordagem fundamental de uma ciência das religiões.

Contrariado seja pela tendência positivista de numerosos historiadores, seja pela ótica evolucionista de uma parte importante da pesquisa, R. Otto traz de volta o estudo da religião e das religiões à experiência vivida pelo homem em seu encontro com o sagrado. Para Otto, é a descoberta e a experiência do sagrado que dá ao fenômeno religioso a sua dimensão específica. Consequentemente, o papel da história das religiões consiste em enuclear os valores religiosos presentes no caminho da humanidade. O estudo do fenômeno religioso sublinhado por Otto prossegue e o caminho da fenomenologia não para de se ampliar. A nova abordagem mostra que para além da morfologia dos fatos religiosos é necessário estabelecer a sua tipologia, para penetrar finalmente no coração da experiência religiosa, de maneira a decodificar o comportamento do homem. Um dos méritos de Mircea Eliade é o de ter feito do comportamento do *homo religiosus* o ponto de referência e o lugar de cristalização do encontro com o sagrado.

Os trabalhos de Eliade e de Ricoeur abrem uma terceira via para a ciência das religiões, a abordagem hermenêutica. De fato, a pesquisa morfológica e tipológica não é exaustiva, nem mesmo ao final de uma reta compreensão do comportamento do *homo religiosus*. Resta colher a mensagem que se revela no homem durante a experiência hierofânica. O historiador das religiões não terminou seu trabalho enquanto não tiver elucidado essa mensagem. Depois dessa primeira etapa hermenêutica e como coroamento da ciência das religiões, Eliade sugere uma segunda: a valorização de todos os encontros entre o homem e o sagrado, da pré-história aos nossos dias. Tal abordagem deveria provocar o despertar do homem hodierno e renovar o seu universo mental, fazendo-o tomar consciência da unidade espiritual da humanidade. Graças a essa hermenêutica total, a ciência das religiões seria a fonte vivente de um novo humanismo. Toda abordagem hermenêutica deve se basear numa pesquisa comparada. Retomando o vasto dossiê indo-europeu constituído no século XIX, Dumézil primeiro o reelabora e o completa, depois o analisa por meio de um método comparativo genético e integral, que se tornou um modelo para o futuro do comparativismo. Um dos espetaculares resultados da pesquisa dumeziliana é a descoberta de uma herança comum, cujos traços encontramos na teologia, na mitologia, na épica e na organização social dos diversos povos indo-europeus. Eliade e Dumézil abrem novas perspectivas para a ciência das religiões.

2.2 O sagrado nas religiões arcaicas e etnológicas – Problemas e métodos de pesquisa*

Em 1866, J.F. McLennan revela ao mundo da nascente pesquisa etnológica o fenômeno da exogamia, ao qual atribui um caráter religioso. Em 1887, J.G. Frazer publica o seu artigo *Totemism*, inspirado nos documentos australianos de Spencer e Gillen. Segundo Frazer, o totemismo é um fenômeno em parte religioso e em parte social.

W. Robertson Smith lança na discussão as suas pesquisas sobre o culto dos animais entre os árabes e no Antigo Testamento (1889). Ele vê no totemismo o ponto de partida de toda religião, incluindo a religião hebraica. A sua teoria do sacrifício entre os semitas apresenta a vítima como animal totem, do mesmo sangue do deus ao qual é ofertado, da mesma tribo do sacrificador. A refeição é uma comunhão com o deus-totem, que dá novo vigor e forças vitais ao clã. Coloca-se assim o problema do sagrado nas religiões arcaicas e etnológicas.

2.2.1 A interpretação sociológica do sagrado

Émile Durkheim, fundador da escola sociológica francesa, elabora um método de explicação dos fatos sociais e se orienta logo à sociologia religiosa, na qual se torna um conceito-chave a noção de consciência coletiva. Para Durkheim, o fato social exerce uma constrição exterior sobre o indivíduo. A consciência coletiva é o conjunto das crenças e dos sentimentos comuns à média dos membros de uma

---

* *Le sacré dans les religions archaïques et ethnologiques* – Problèmes et méthodes de richerche. Conferência de Calcutá, 1976, p. 1-10.

mesma sociedade. É um sistema determinado que tem vida própria, um ser metafísico que transcende as consciências individuais. O fenômeno religioso tem lugar no coração dessa consciência coletiva. Dissociando-se e recombinando-se, as manifestações desse fenômeno oferecem as diversas expressões da vida coletiva. O religioso não se define nem com o sobrenatural, nem com o misterioso, nem com a divindade, nem com o ser espiritual. O traço distintivo do pensamento religioso para Durkheim é a divisão do mundo em dois âmbitos: o profano e o sagrado.

Buscando tanto a religião mais elementar quanto a fonte do sagrado, Durkheim chega ao totem, que confere ao clã o seu caráter sagrado. O totemismo é uma religião propriamente dita, porque oferece uma autêntica concepção do universo, que implica uma classificação das coisas em sagradas e profanas. O totemismo é uma religião que se funda numa força anônima e impessoal, que reside em todo ser do clã sem se confundir com nenhum em particular: é o *mana*. Consequentemente, o que, em última análise, domina todo o sistema religioso é a potência do *mana*, dispersa nos seres e nas coisas, mas que transcende esses seres e essas coisas. O *mana* é a fonte do sagrado.

Se o totem é um emblema que reúne os membros do clã numa coesão simbólica, ele é também princípio de classificação de tudo em sagrado e profano. É fonte de vida. O *mana* se concentra no totem e representa a força da consciência coletiva. A natureza do sagrado é, portanto, essencialmente social. Graças ao *mana*, o homem experiencia um universo sagrado: é o aparecimento da religião, um sistema solidário de crenças e práticas relativas a coisas sagradas. Assim, não existem fenômenos religiosos sem sagrado; assim, não existe sagrado sem o exercício coletivo de ritos. A religião é a administração do sagrado. Ela tem a tarefa de reconhecê-lo, de fazer com que os membros do grupo adiram a ele, de salvaguardar a sua originalidade diante do profano. Nascida do sagrado, a religião é encarregada de administrá-lo. A sua função é a coesão social. O sagrado é uma categoria fundamental da consciência coletiva. Proveniente do *mana*, o sagrado culmina na noção de consciência coletiva. Definitivamente, na origem do sagrado encontra-se a sociedade, a única força capaz de elevar o indivíduo para além de si mesmo. *Mana* e sagrado constituem a explicação última das religiões arcaicas e etnológicas.

O livro *Les formes élémentaires de la vie religieuse* (Paris, 1912) retoma a obra de Durkheim e da sua equipe, na qual Marcel Mauss, seu sobrinho, ocupa o primeiro lugar. Mauss se esforça por esclarecer a terminologia, por estudar as manifestações típicas da vida religiosa, por considerar as relações de solidariedade que unem os fatos mentais aos fatos sociais e por elaborar uma teoria geral do sagrado. O termo *sagrado* substitui o termo *religioso*. O sagrado se define como a esfera do social por excelência. As coisas sagradas são sociais: "é concebido como sagrado tudo que para o grupo e seus membros caracteriza a sociedade".

O *mana* é uma categoria peculiar do pensamento primitivo e ainda a forma primária das categorias de substância e de causa. À categoria do *mana* acrescentar-se-ão as categorias de tempo e de espaço, essenciais para a compreensão dos mitos e dos ritos. O exame das festas religiosas dos povos primitivos leva Mauss a divisar uma estreita relação entre o sagrado e o tempo, e a considerar o sagrado como uma noção em função da qual se classificam todas as outras. Para Mauss, a noção de sagrado é "a mãe e a geradora das representações religiosas".

Retomando o estudo de Robertson Smith, Mauss se confronta com uma manifestação social essencial da religião primitiva: o sacrifício. O sacrifício "estabelece uma comunicação entre o mundo sagrado e o mundo profano com a intermediação de uma vítima, i.e., de uma coisa destruída durante a cerimônia". É o sacrifício que confere a natureza religiosa à vítima. O rito coloca em movimento o conjunto das coisas sagradas às quais se endereça.

Na sua pesquisa, Mauss definiu a vida social como um mundo de relações simbólicas e ainda subordinou o psicológico ao sociológico. Trata-se de um verdadeiro esforço em transcender a observação empírica e definir os fenômenos sociais enquanto elementos significativos. Tentando individuar a função simbólica do espírito humano, Mauss mostrou que o símbolo está ligado à própria estrutura do grupo, à totalidade das atividades do grupo. O fato social é para Mauss um sistema eficaz de símbolos, uma rede de valores simbólicos. O sagrado, ideia-mãe da religião é, em suma, o resultado da ação psíquica coincidente dos indivíduos de uma mesma sociedade. Mauss traça assim a via estrutural. Mas para por aqui.

2.2.2 A interpretação filosófica do pensamento primitivo

Amigo de Durkheim e de Mauss, Lucien Lévy-Bruhl aborda como filósofo o estudo da mentalidade pré-lógica, segundo a qual para o primitivo tudo é regido pela crença em forças, influências, ações imperceptíveis aos sentidos, mas reais. Mágico-religioso, incompatível com um pensamento científico, o pensamento primitivo se baseia em representações coletivas provenientes da sociedade. Daí a lei fundamental da participação. Para Lévy-Bruhl, o sagrado reside na experiência mística dos primitivos. Provém do sentimento que eles têm de um contato imediato com as realidades invisíveis, cuja presença ou proximidade os preocupa. Esse contato coloca em ação a categoria efetiva do sobrenatural. Essa categoria é uma estrutura que regula a uniformidade da emoção do primitivo.

O problema do sagrado é assim ligado ao problema do símbolo. Com o símbolo, o primitivo atinge a sua participação nos seres do mundo sobrenatural. Assim o primitivo cria uma dupla rede de símbolos, uns articulados com a prefiguração que permite a experiência mística, os outros baseados na participação: efígies, relíquias, traços de passos, magia agrária. O sagrado se situa na relação entre o mundo natural e o mundo sobrenatural.

2.2.3 A interpretação do sagrado nas religiões etnológicas na ótica da etnologia religiosa

No início do século XX, Andrew Lang formula uma teoria sobre o sagrado nas religiões primitivas. "Desde que o homem teve a ideia de que as coisas foram feitas, apresenta-se ao seu espírito a ideia de um criador." Também Lang partiu de elementos australianos. A sua teoria sobre o sagrado entre os primitivos, integralmente orientada à descoberta dos seres supremos, serviu como ponto de partida para a doutrina do grande Deus dos primitivos ilustrada pela pesquisa de W. Schmidt, *Der Ursprung der Gottesidee* (12 vols. 1912-1955). O sagrado entre os povos primitivos se concretiza na ideia de um monoteísmo primitivo.

Essa ótica da etnologia religiosa é defendida por um historiador das religiões, R. Pettazzoni, numa tese célebre sobre o Deus do céu entre todas as populações primitivas do globo. Sublinha-se a importância da civilização dos pastores nômades. A escola histórico-cultural acaba exercendo a sua influência na pesquisa etnológica e na concepção do sagrado entre os povos sem escrita. Uma pesquisa muito aprofundada oferece uma documentação muito abundante, submetida a uma interpretação teológica. Nathan Söderblom de Uppsala, historiador das religiões, preocupado com o problema da crença em um Deus presente em todas as religiões, busca na organização sacral das sociedades primitivas os primeiros delineamentos de uma fé monoteísta.

2.2.4 O sagrado em ótica psicológica e mística

Para Rudolf Otto, o sagrado é uma categoria de interpretação e de avaliação *a priori*. É, pois, o elemento fundamental de todas as religiões. Graças a essa categoria, o homem colhe o numinoso em quatro etapas:

- o sentimento de ser criatura;
- o *tremendum*: é a origem do terror místico;
- o *myterium*, a irrupção do "totalmente Outro";
- o *fascinans*, elemento de beatitude.

O sagrado enquanto categoria *a priori* está na origem da revelação interior que se realiza em todo homem. Para Otto, a religião é o resultado dessa revelação interior. Entre os primitivos, o primeiro estágio é uma pré-religião que descobrimos nos atos mágicos, nas cerimônias funerárias, na crença nos espíritos. Essas primeiras formas são de caráter grosseiro por conta dos sentimentos assaz elementares desses homens e também pelo fato de o *tremendum* englobar o essencial na apreensão do numinoso.

A pesquisa de Otto é a de um historiador, de um filósofo, de um psicólogo e de um místico. Nele encontramos a primeira tentativa de descrição do *homo religiosus* tirada das pesquisas sobre o conjunto das religiões do mundo, incluindo as religiões etnológicas. Depois de enuclear o conteúdo das religiões, Otto tentou colher o comportamento religioso do homem através do fenômeno fundamental: o sagrado. Limitando a própria pesquisa a um estudo teórico do sagrado, Otto não fez uma aplicação direta às religiões primitivas, mas pode-se dizer, sem hesitação, que abriu o caminho para a fenomenologia. A sua originalidade reside na vontade de demonstração de que toda religião está em relação com o sagrado, elemento irracional e específico.

2.2.5 O sagrado na ótica fenomenológica

Na sua *Phänomenologie der Religion* (Tubinga, 1933), G. van der Leeuw se dedica primeiramente ao estudo do ambiente sagrado: pedra sagrada, árvore sagrada, água e fogo sagrados, mundo sagrado dos céus, animais sagrados. Passa a seguir ao estudo do sujeito da religião: vida sagrada, rei, mago e sacerdote, comunidade sagrada, o sagrado no homem. Van der Leeuw busca o que se mostra como sagrado, o fenômeno sagrado. Depois de ter dado nome aos fenômenos (sacrifício, oração, salvador, mito), eles são inseridos na vida, são descritos. Chega-se em suma ao *homo religiosus*. Com esse método, van der Leeuw esclarece de maneira nova os fenômenos etnográficos.

Mircea Eliade toma Otto e van der Leeuw como pontos de partida. Como van der Leeuw, busca o fenômeno. Ele vê o que se manifesta do sagrado: uma hierofania é o ato de manifestação do sagrado. Toda hierofania é uma separação radical de valor ontológico entre um objeto qualquer e o mundo sacral. Distanciando-se do mundo profano, o objeto adquire uma dimensão nova, a "sacralidade". Assim, em qualquer hierofania, encontra-se algo de profano e algo de sagrado. O símbolo leva o *homo religiosus* ao limiar do inexprimível e lhe abre a via da realidade imediata. Já que funciona por analogia, a linguagem simbólica permite exprimir a experiência do sagrado respeitando a transcendência enquanto tal.

Como Otto, Eliade vê no sagrado uma experiência humana fundamental. Impulsionando a própria pesquisa em todas as direções, do homem da pré-história ao fiel das religiões reveladas, Eliade procura colher o sagrado na sua totalidade. Definitivamente, a experiência do sagrado é a referência vital do homem ao cosmos. Segundo Eliade, desde os primeiros momentos da história são presentes todas as posições religiosas. O homem primitivo foi tocado pelo vínculo que une as estruturas da existência humana e as do cosmos. O sagrado está presente nas sociedades etnológicas. O sagrado funda o mundo e o faz subsistir.

Eliade sublinha duas funções do sagrado: o sagrado exalta metafisicamente a existência humana graças à valorização da ligação entre o homem e o cosmos; o sagrado dá assim sentido à existência humana valorizando de maneira única o tempo.

A pesquisa de Eliade sobre o sagrado deu um sentido religioso novo às sociedades etnológicas. Ele não aceita separar o conhecimento sacral dos primitivos do conhecimento dos civilizados. Não existe uma mentalidade pré-lógica. É só à primeira vista que alguns aspectos das religiões primitivas parecem aberrantes. Definitivamente, vistas na morfologia do sagrado, as religiões arcaicas e etnológicas encontram uma dimensão nova, a sacralidade. A experiência do sagrado entre os primitivos liga-se a uma concepção cíclica do tempo, ao mito do eterno retorno, à repetição dos arquétipos originários. Mas o homem que vive essa experiência do sagrado é também ele *homo religiosus*.

2.2.6 A religião indo-europeia arcaica e o recurso à filologia comparada

Em 1918, J. Vendryes tem a ideia genial de confrontar os dialetos extremos no âmbito indo-europeu e de estabelecer uma comparação entre o indo-iraniano e o ítalo-céltico. O seu trabalho de estudioso de etimologia o leva a encontrar uma lista de palavras que se relacionam com o sagrado, atestadas nos dois grupos de línguas: termos cultuais, expressões litúrgicas, léxico do sacrifício, nomes de funções, designação de atos religiosos, nomes de objetos e de instrumentos. A sua investigação lhe faz descobrir uma comunhão de termos religiosos entre os povos que mais tarde se tornaram os indianos, os iranianos, os itálicos, os celtas. Explica-se assim a religião da pré-história indo-europeia.

Os termos estudados revelam a presença de um léxico do sagrado, e a sua conservação faz descobrir a existência, na Índia, no Irã, na Itália e na Gália, de algumas tradições religiosas provenientes da pré-história comum desses povos, conservada graças aos ancestrais colégios sacerdotais, cujos descendentes são os brâmanes, os druidas, os sacerdotes do vedismo e do avestismo. Essas organizações sacerdotais arcaicas supõem um ritual, uma liturgia do sacrifício, em suma, um léxico e tradições do sagrado. A filologia comparada esclarece assim a pré-história religiosa do mundo indo-europeu.

O mesmo método, aplicado às pesquisas sobre a expressão do sagrado na língua latina, permitiu que Huguette Fugier lançasse luz sobre o valor primitivo do sagrado no pensamento romano e mostrasse que estamos diante de uma herança indo-europeia. Indo da ruptura religiosa de 509 a.C. ao período sagrado da realeza romana (753-509), e depois penetrando no período anterior aos etruscos, H. Hugier descobre o significado arcaico do termo *sakros* escrito na pedra preta do Fórum. É a noção fundamentalmente indo-europeia: conforme ao cosmos, existência estruturada da ordem do mundo.

2.2.7 Sagrado e estruturas sociais arcaicas: a obra de Georges Dumézil

Na pesquisa sobre o pensamento religioso indo-europeu arcaico, Dumézil começa o seu estudo com a investigação mitológica retomada do ponto em que Frazer a tinha deixado. Informado das descobertas de Vendryes, depois de uma série de trabalhos que mostravam as equações onomásticas indo-romanas, Dumézil, graças ao seu novo método de mitografia comparada, descobre tanto a importância da ideologia real no mundo indo-europeu arcaico quanto uma estrutura teológica comum: a ideologia das três funções – soberania, força e fecundidade – correspondentes às três classes sociais do mundo ariano primitivo. Graças a essa chave, Dumézil desenvolve a sua exploração em todas as partes do mundo indo-europeu, e sobre todos os tipos de obras que produz frequentemente o mesmo pensamento humano: a teologia, a mitologia, os rituais, as instituições e a literatura. Nessa pesquisa, o elemento essencial se constitui da noção de herança de uma ideologia trifuncional e hierarquizada.

Conduzida incessantemente por cinquenta anos, a pesquisa de Dumézil lhe permitiu esclarecer de modo notável uma série de âmbitos do sagrado indo-europeu: a insuficiência da hipótese do pré-deísmo fundada no *mana*, a importância da velha palavra *deva*, que designava a divindade como um ser pessoal, a noção capital de símbolo e de simbolismo no sistema religioso arcaico indo-europeu, a correspondência entre a trilogia divina e a trilogia social das funções, a colocação em evidência da função do sagrado com dois senhores soberanos, Mitra (o sagrado jurídico) e Varuṇa (o mundo do divino). Segundo Dumézil, o sagrado se situa na ótica de uma estrutura, vale dizer de uma representação coerente e lógica que os indo-europeus fazem das realidades nas quais vivem. O exemplo de Dumézil parece essencial para o estudo das religiões arcaicas. Ele mostrou, de fato, como é possível empreender uma minuciosa análise filológica e histórica de textos através de conhecimentos tirados da sociologia e da filosofia. Provou que a decifração do sistema ideológico fundamental, base das instituições sociais e religiosas, é indispensável para compreender uma figura divina, um mito ou um ritual. O seu método estrutural comparado lhe consentiu determinar o sentido da evolução e avançar um ou dois milênios sobre os *tempora ignota*. Restituindo o seu lugar à ideologia, mostrou que a religião primitiva indo-europeia era um pensamento articulado, uma verdadeira *Weltanschauung*.

* * *

Dos primeiros dias da etnologia religiosa até os nossos dias assistimos o desenvolvimento de um século de pesquisas. Uma vez colocado o problema do sagrado, foram utilizados sete métodos para iluminar a noção, as funções e o lugar exato do sagrado nas religiões arcaicas e etnológicas. Uma primeira etapa foi superada graças à pesquisa sociológica, filosófica e teológica. Aos estudiosos que o precederam, Rudolf Otto opõe a sua concepção da religião, insistindo na perspectiva psicológica e mística: o sagrado coloca o homem na presença do *mysterium tremendum et fascinans*. A fenomenologia prossegue esse caminho graças a essa reviravolta, buscando compreender o sagrado colhido no comportamento do *homo religiosus*. Um recurso ao método histórico e filológico permite penetrar por meio dos dados positivos nos mistérios da pré-história.

Através dos mitos, dos ritos e das instituições, Dumézil busca descobrir o caráter ideológico das estruturas. Para ele, a chave se encontra na coerência interna do conjunto de significados.

2.3 O método comparado na história das religiões segundo Georges Dumézil e Mircea Eliade*

Nas origens do método comparativo na história das religiões se encontra o nome de Max Müller (1823-1900), linguista, orientalista e mitógrafo, criador do primeiro dossiê indo-europeu. Some-se a esse nome o de James Frazer (1854-1941), com o seu célebre *O ramo de ouro*. Paralelamente a essas pesquisas, baseadas em documentos, desenvolveu-se, na esteira de Cornelius Petrus Tiele (1830-1902), um comparativismo em cuja base estava a filosofia religiosa e cujo objetivo é o estudo do fenômeno religioso. Gradualmente, a fenomenologia religiosa precisou o seu método comparativo tipológico: classificação dos materiais, estudo dos cultos, das doutrinas, dos tipos de comportamento dos fiéis. A contribuição da etnologia religiosa conduzida por Léo Frobenius (1873-1938), por Robert Fritz Graebner (1877-1934) e por Wilhelm Schmidt (1868-1954) estabeleceu um método histórico-cultural que tentava comparar as diversas culturas arcaicas. Raffaele Pettazzoni (1883-1959), fundador em 1924 da cátedra de história das religiões de Roma, tentou fazer uma síntese dessas orientações. Sob seu ponto de vista é necessário privilegiar a história, base indispensável da pesquisa na ciência das religiões. Todavia, Pettazzoni também se preocupou com o sentido, estabelecido

---

* *La méthode comparée en histoire des religions selom Georges Dumézil et Mircea Eliade*. In: BIANCHI, U. (org.). *The Notion of Religion in Comparative Research* – Selected proceedings of the XVI IAHR Congress. Roma, 1990. L'erma di Bretschneider, 1994, p. 713-719.

na comparação dos documentos; sentido também da história. Esse método histórico-comparativo engloba três elementos: a história das diversas religiões; a história dos fatos religiosos em sua relação histórica entre si e com os fatos literários, artísticos, sociais e culturais.

2.3.1 Georges Dumézil (1898-1986): da comparação tipológica à comparação genética

2.3.1.1 A descoberta de uma hipótese científica

Aconselhado por Michel Bréal (1832-1915), que insistia nos fatos de pensamento e de civilização e no problema do sentido, Georges Dumézil retomou o dossiê indo-europeu e, especializado no conhecimento das línguas indo-europeias, empreendeu trabalhos de mitografia comparada na linha da onomástica e da tipologia. Vendo que o método não lhe permitia chegar a um autêntico conhecimento do pensamento ariano arcaico, lançou-se sobre os vestígios da herança indo-europeia.

Quatro princípios guiavam a pesquisa dumeziliana:

1) Toda religião é uma *Weltanschauung* que professa ideias sobre Deus, sobre o cosmo, sobre a sociedade e sobre o homem.

2) Toda comparação onomástica ou tipológica constitui uma etapa útil, mas não conduz ao coração do pensamento religioso.

3) Um estudo das sociedades aparentadas deve se lançar na pesquisa dos vestígios de uma herança cultural e religiosa.

4) Toda pesquisa comparada na história das religiões deve ser uma pesquisa orientada à descoberta do pensamento religioso.

Vinte anos de trabalho lhe permitiram descobrir três fatos importantes: a existência, em diversas populações arianas, de um sistema de três classes sociais; a presença em Roma de uma estrutura teológica trifuncional paralela à estrutura das classes sociais na Índia; a conservação do léxico do sagrado nas duas extremidades do mundo indo-europeu, i.e., entre os povos indo-iranianos e entre os ítalo-célticos. Esses fatos conduziram à hipótese da herança de um pensamento comum arcaico, veiculado por uma linguagem comum. Trata-se de uma herança representada por uma ideologia trifuncional e hierarquizada: soberania religiosa e jurídica; força física, aplicada particularmente na guerra; fecundidade, submetida às outras duas funções, mas indispensável ao desenvolvimento de ambas e à vida da sociedade. A partir de 1936 Dumézil acredita que essa hipótese constitua a chave que permite penetrar nos enigmas do pensamento ariano. Por meio século as suas pesquisas serão dedicadas à verificação dessa hipótese.

2.3.1.2 O estabelecimento de um novo método comparativo

Qualquer comparação requer documentos que são os seus materiais de base. Neste caso, trata-se de povos que durante o III e o II milênios se deslocaram na Ásia e na Europa, da Índia ao Cáucaso passando pelo Irã, depois rumo à Anatólia, na direção do Mediterrâneo e rumo ao Atlântico. Na origem, tinham uma língua comum, para transmitir seus pensamentos, suas técnicas, seus rituais. Povos de tradição oral, os indo-europeus deixaram pouca coisa registrada – e alguns grupos saíram do palco do mundo. Estabelecidos na Anatólia no início do II milênio, os hititas adotaram nesse lugar a escrita cuneiforme, que possibilitou a conservação de arquivos. Em outros grupos, conservou-se um léxico religioso ligado à organização social, a atos, a comportamento e a práticas religiosas, e isso supõe a presença de fragmentos importantes de pensamento anterior e se explica com a ação de colégios sacerdotais.

O primeiro trabalho de pesquisa deve evidenciar correspondências precisas e sistemáticas. Para fazer isso, Dumézil se lança na busca de grupos de conceitos, de divindades, de mitos, de ritos, de fragmento de organização social. Examina o corpo sacerdotal, o seu funcionamento, a administração do sagrado e a distribuição do trabalho. O conjunto dessa documentação constitui uma arqueologia do comportamento que toma o lugar da arqueologia dos vestígios materiais, dado que esses são muito raros. De fato, trata-se de um trabalho enorme, porque a documentação é repartida entre dezenas de povos ou de grupos de línguas com algum parentesco, mas diferentes. O conhecimento de umas quarenta línguas consentiu que Dumézil executasse o trabalho gigantesco de sistematização dos documentos, da crítica das tradições, da evidenciação do parentesco e das influências. Duas grandes características do mundo antigo atraíram particularmente a atenção do pesquisador. A primeira é a organização das três funções sociais na Índia entre os celtas em Roma, no mundo germânico e escandinavo. A segunda é a teologia das três funções, presente na Índia védica, visível de modo evidente entre os deuses arianos do Mitani, conhecidos graças a uma famosa tabuinha de Bagazköy; uma teologia encontrada também no Irã nos *Gatha*, em Roma, entre os povos itálicos e na Germânia-Escandinávia.

2.3.1.3 A organização de uma comparação genética

Em cinquenta livros e aproximadamente duzentos e cinquenta artigos, Dumézil abordou os setores mais diversos: línguas e dialetos; história, sociedade, mitos, epopeias, literatura, economia, guerra, panteão e religiões. No âmbito religioso ele se deteve em vários aspectos do fenômeno: as concepções do divino e das divindades, as crenças e as ideias religiosas, o sagrado e o ritual, o sagrado na vida social, o sacerdócio e a realeza, mito e símbolo.

Com uma piada, Dumézil afirma que "o método é a descoberta do caminho depois de já o termos percorrido". Mas ainda por percorrê-lo ele tinha princípios firmes e antes de tudo três operações tidas como indispensáveis: a evidenciação das correspondências, o mais precisa e sistemática possível; graças às correspondências descobertas em um mito ou em um ritual, a determinação do tipo, das articulações, do significado lógico, de maneira a obter um esquema; enfim, a projeção desse esquema na pré-história, de modo a discernir as diferentes evoluções. Essas três operações constituem um duplo objetivo, porque se trata de abordar a pré-história religiosa indo-europeia a partir das duas extremidades, o ponto de chegada, mas também o ponto de partida, graças ao esquema projetado na pré--história, e isso para ter os dois termos [as duas pontas] da evolução. O estudioso parisiense acrescenta duas regras de método à gama dessas três operações: a primeira das quais é a noção de sistema, dado que se trata de herança: sistema de representações com as suas articulações fundamentais. A segunda regra é o uso de todo o âmbito acessível à comparação.

Dumézil deu uma denominação ao seu método: método comparativo genético. Com essa denominação ele o distingue do método comparativo geral, do comparativismo onomástico e do método tipológico em uso na fenomenologia, na sociologia e na etnologia. Para ele, a comparação tipológica culmina na descoberta de um protótipo comum que pertence a um tipo de fatos largamente difundidos na humanidade. É o método inaugurado pelos primeiros fenomenólogos. O método genético dumeziliano tenta obter no âmbito indo-europeu e para as realidades religiosas o que a linguística obteve para as realidades que lhe dizem respeito: "a imagem mais precisa possível de um sistema pré-histórico particular, do qual certo número de sistemas atestados historicamente é em boa parte a sobrevivência".

Para Dumézil, o método genético não é uma condenação ao método tipológico. Ele se situa em outro nível e abre outras perspectivas, o que nos leva a falar de Eliade e de seu método.

2.3.2 Mircea Eliade (1907-1986): a história das religiões e a experiência do sagrado

No retorno de sua estada na Índia, Mircea Eliade tomou conhecimento dos primeiros trabalhos de Dumézil, mas foi depois de 1945 que o exilado romeno gozou do apoio e da amizade do cientista francês, de quem apreciava o rigor científico, a riqueza das pesquisas, a vasta cultura, a contribuição para uma ciência das religiões autônoma e o respeito pelos fatos religiosos como gérmens de cultura. No seu trabalho científico, Eliade se voltou aos fatos religiosos, mas de maneira diferente de Dumézil: através da história, tentou explorar o comportamento do homem religioso na sua experiência do sagrado.

2.3.2.1 Os três caminhos da história das religiões

a) História

Abordagem científica do fenômeno religioso, a história das religiões deve se dedicar ao estudo das experiências religiosas vividas no espaço e no tempo, do Paleolítico aos nossos dias. No seu *Traité*, Eliade insiste na abordagem histórica que deve tentar enquadrar adequadamente os documentos religiosos: textos, monumentos, rituais, costumes, tradições orais, mitos, ritos, notas de viajantes, documentos missionários, literatura sacerdotal, hinos e orações. O historiador das religiões é um historiador que coloca em ação todos os recursos da heurística e da crítica e, não sabendo fazer tudo por si mesmo, devem unir-se à corrente dos trabalhos dos historiadores, dos arqueólogos, dos orientalistas, dos etnólogos. No vasto campo da disciplina, Eliade privilegiou dois âmbitos para sua pesquisa: as grandes religiões da Ásia e as tradições orais dos povos sem escrita.

b) Fenomenologia

Cada fenômeno religioso deve ser apreendido segundo a sua própria modalidade, que é a escala religiosa. Nessa ótica, que ele defendeu continuamente, desviou-se das grandes teorias sobre a religião, que se esqueceram por demais da especificidade do fenômeno religioso. Agradava-lhe uma fórmula de Pettazzoni: "a fenomenologia é a compreensão religiosa da história". A fenomenologia tem início com a taxonomia. Trata-se de identificar e classificar: sacrifício, oração, oferta, conversão, purificação, pecado, adoração. Nessa pesquisa é necessário colher as estruturas de todo fenômeno, mas também situá-lo no seu condicionamento histórico e na ótica do comportamento do homem que viveu a experiência do sagrado. Para Eliade, é necessário ir além da tipologia, avançando em direção do sentido e buscando decifrar os fatos religiosos enquanto experiências do homem feitas nos seus esforços de transcender a própria condição e para entrar em relação com a Realidade última.

c) Hermenêutica

A hermenêutica é a ciência da interpretação. A estada de Eliade em Paris o fez encontrar Paul Ricoeur, que, contudo, o encontrava regularmente em Chicago para uma colaboração científica contínua. A partir da publicação do *Traité*, Mircea Eliade precisou a sua concepção da hierofania, ou manifestação do sagrado ao *homo religiosus*. Sagrado e *homo religiosus* são inseparáveis. Eliade considera a história das religiões como o estudo de todas as hierofanias conhecidas graças aos múltiplos testemunhos do *homo religiosus*. A hermenêutica tem a missão de examinar os fenômenos religiosos enquanto significantes. Estamos no nível da mensagem.

O *homo religiosus* é por definição o homem que faz uma experiência do sagrado, uma experiência da qual é consciente, às vezes apenas de maneira relativamente confusa. O historiador das religiões deve buscar identificar as situações existenciais do homem no seu contexto sociorreligioso, de modo a decifrar a mensagem, i.e., o significado de cada hierofania para o *homo religiosus* e para os seus contemporâneos. A celebração de um mito de fecundidade por uma tribo africana ou australiana tem um sentido e um significado para essa tribo e para os seus membros. O mesmo vale para os ritos de iniciação. Essa mensagem deve ser compreendida *in situ*; tem seu lugar na história dessa tribo. Trata-se de uma hermenêutica descritiva.

Eliade crê que seja necessário ir além e tentar uma hermenêutica normativa, que não é uma teologia do sagrado na ótica de Otto ou de Heiler, mas uma via aberta pela antropologia filosófica. Essa hermenêutica, escreve em *La nostalgie des origines* (p. 32-33), leva à "permanência daquilo que foi chamado de a específica condição existencial do 'ser no mundo'". Tal hermenêutica revela novos significados e cria valores culturais sobre os quais se poderá fundar um novo humanismo. Eis uma das grandes ideias de Eliade.

2.3.2.2 O *homo religiosus* à luz da comparação genética

a) O homo religiosus *como hipótese de trabalho*

Seguindo passo a passo as pesquisas de Dumézil, Eliade olhava na direção de Ricoeur para compreender melhor que o historiador das religiões não deve se comportar como filólogo, mas como intérprete. Como Dumézil, ele falou pouco do próprio método, que devemos colher à luz dos seus trabalhos. Com o auxílio do método comparativo genético, Dumézil tentou encontrar as grandes articulações do pensamento religioso e social indo-europeu arcaico. Eliade, por sua vez, estendeu o significado de um método comparativo genético a todo o âmbito da história das religiões. Não se colocou na pesquisa de uma herança comum, mas dedicou-se a descobrir o *homo religiosus*, o seu comportamento, as estruturas do seu pensamento, a sua lógica simbólica e o seu universo mental. Para Eliade, o *homo religiosus* "crê que exista uma realidade absoluta, o *sagrado*, que transcende este mundo, mas aqui se manifesta e, por isso, o santifica e o torna real" (*Le sacré et le profane*, p. 171). Como Dumézil, que formulara em 1936 a sua hipótese de trabalho sobre a tripartição religiosa e social do mundo indo-europeu, Eliade formula a hipótese do *homo religiosus*, personagem central da história, onipresente no espaço e no tempo. O que caracteriza esse homem é a experiência do sagrado.

b) A religião como experiência do sagrado

A estrada dessa pesquisa foi aberta por Nathan Söderblom e continuada por Rudolf Otto e por Gerard van der Leeuw. O homem religioso deixou numerosos testemunhos e vários traços da sua experiência vivida. O léxico utilizado pelo homem para falar dessa experiência e para explicitar a sua relação com o sagrado representa um documento capital para o historiador das religiões. Também Mircea Eliade traçou o caminho de abordagem do *homo religiosus* tentando enuclear as estruturas do seu pensamento e do seu comportamento. Daí a importância que conferiu ao estudo do sagrado, do símbolo, do mito e do rito. Ele considera o sagrado como fundamento da pesquisa na ciência das religiões. O sagrado se manifesta aos olhos do homem lançado no mundo. O homem o percebe. É na consciência da percepção dessa manifestação do sagrado que se elabora o *homo religiosus*. Para falar do ato de manifestação do sagrado, Eliade forjou um vocábulo que se tornou clássico, "hierofania". Segundo Eliade, "a história das religiões, das mais primitivas às mais elaboradas, se constitui de uma acumulação de hierofanias, de manifestações das realidades do sagrado" (*Le sacré et le profane*, p. 15).

A estrutura e a dialética das manifestações são sempre idênticas, e isso mostra, afirma Eliade, que a experiência religiosa tem sempre a mesma especificidade, no espaço e no tempo. Para compreender o método de Eliade é necessário colher adequadamente o seu conceito de hierofania e a natureza de cada hierofania. São três os elementos que intervêm aqui. Existe uma realidade invisível e misteriosa que o homem chama de Transcendência, o Divino, Deus. Essa realidade misteriosa não se manifesta em estado puro, mas por meio de seres ou objetos: árvores, pedras, homem etc. Isso constitui o elemento mediador, que continuará conforme à sua natureza. Mas existe uma hierofania quando, aos olhos do *homo religiosus*, esse elemento mediador é revestido de sacralidade. Dizemos "aos olhos do *homo religiosus*" porque a história das religiões se funda no conjunto dos testemunhos que o *homo religiosus* nos transmitiu, portanto funda-se no conjunto das hierofanias.

O elemento mediador, revestido de sacralidade, é visível aos olhos do homem, e é este último quem se apresenta como testemunha da visão dessa sacralidade. Nesse nível, encontramos os elementos que assumem um papel fundamental na percepção e na expressão da sacralidade; trata-se dos símbolos, dos mitos e dos ritos aos quais Eliade dedicou numerosas pesquisas. Não apenas o símbolo, o mito e o rito tiveram um papel de primeira importância para o *homo religiosus*; mas, para o historiador das religiões, constituem uma vasta documentação, graças à qual podemos compreender o comportamento do *homo religiosus*. Segundo Eliade, o homem é capaz de ser um leitor do sagrado, segundo a expressão de Rudolf Otto, pelo fato de que o símbolo atualiza a solidariedade entre o homem e o sagrado. Símbolo, sagrado, *homo religiosus* são inseparáveis.

2.3.3 Breve resumo

Sempre que Georges Dumézil teve a oportunidade de falar sobre seu método comparativo genético, qualificou-o como método "dos assuntos que nos permitem vislumbrar uma origem comum seguida de evoluções divergentes". Ele ofereceu alguns esclarecimentos úteis: esse método não pretende substituir os outros métodos de investigação, como os da arqueologia, da filologia, da história ou outras formas de comparativismo, como a do método tipológico, que é sempre necessário. Esse método não pretende explicar tudo; mas, como se situa na origem e no final do trabalho, oferece uma segurança. Se observarmos o balanço dumeziliano temos de deduzir sua rica variedade: a ideologia tripartida, as grandes obras de síntese sobre a religião romana arcaica, sobre os indo-europeus, sobre a mitologia e sobre a épica. Além disso, há balanços parciais, como o estudo da reforma de Zaratustra ou o estudo do deus Mitra e do deus Loki.

Eliade e Dumézil afirmaram e reiteraram sua oposição aos sistemas que distorceram a pesquisa por muitas décadas: evolucionismo, animismo, totemismo. Estes sistemas impuseram às sociedades antigas, ao homem antigo e à história pontos de vista artificiais trazidos do exterior. Ambos enfatizavam fatos religiosos, a arqueologia de representações e comportamentos. Como Dumézil, Eliade começou dedicando-se a inúmeras pesquisas sobre as partes do dossiê do *homo religiosus*: a morfologia e a tipologia do sagrado e do símbolo, a análise das hierofanias, a exploração dos mitos, o estudo dos ritos e rituais, especialmente os de iniciação. Nesta extensa documentação, ele procurou não uma herança comum, mas a arqueologia do comportamento, as estruturas do pensamento, a coerência dos símbolos, a instrumentação psicológica e mental do *homo religiosus*. Para compreender a riqueza do balanço de sua pesquisa há que se ler os três volumes de sua *Histoire des croyances et des idées religieuses*, que representam o desfecho feliz dos dois elementos essenciais estabelecidos no seu *Traité*: por um lado a unidade básica dos fenômenos religiosos, e por outro, sua inesgotável novidade, manifestada no curso da história. A originalidade da pesquisa está na perspectiva. Através das situações existenciais, diferentes de acordo com as culturas, ele se esforça para compreender a unidade espiritual do *homo religiosus*. Um estudo comparativo onipresente destaca o significado das hierofanias, seu valor simbólico e a mensagem do homem religioso. Um trabalho no formato da *Encyclopedia of Religion*, que ele concebeu e dirigiu, é um monumento erigido à memória do cientista e seu método.

Para concluir essa exposição, gostaria de dizer uma última coisa. Isso diz respeito ao futuro. Depois de duas décadas, as descobertas africanas do Vale do Rift ampliaram extraordinariamente os horizontes da paleoantropologia. Essas descobertas desafiam os historiadores das religiões em busca dos primeiros traços do *homo religiosus*. Graças ao método comparativo genético, Dumézil recuperou um milênio e meio em dados indo-europeus. Eu acredito que seu método nos permite um novo impulso, rumo aos *tempora ignota*, e nos leve ao *homo erectus* e aos primeiros balbucios do *homo sapiens*.

Bibliografia

1) Sobre Dumézil

"Georges Dumézil, mythes et épopée. Un dossier, un entretien, un inédit". In: *Magazine littéraire*, 229, abr./1986.

LITTLETON, C.S. *The new comparative mythology*. 3. ed. Berkeley/Londres: Univ. California Press, 1982.

RIVIÈRE, J.C. *Georges Dumézil à la découverte des Indo-Européens*. Paris: Copernic, 1979.

2) Sobre Eliade

ALLEN, D. *Mircea Eliade et le phénomène religieux*. Paris: Payot, 1982.

CULIANU, J.P. *Mircea Eliade*. Assis: Cittadella, 1978.

RIES, J. & SPINETO, N. (orgs.). *Esploratori del pensiero umano* – Georges Dumézil e Mircea Eliade. Milão: Jaca Book, 2000 [trad. fr.: *Deux explorateurs de la pensée humaine* – Georges Dumézil e Mircea Eliade. Turnhout: Brepols, 2003].

SPINETO, N. *Mircea Eliade, storico delle religioni*. Bréscia: Morcelliana, 2006.

2.4 Fundamento e objetivo da comparação na história das religiões*

Numa contribuição destinada a honrar o nosso estimado colega Dario Sabbatucci, da Universidade La Sapienza de Roma, escolhi escrever sobre um tema que representou uma preocupação constante da escola fundada por Raffaele Pettazzoni, vale dizer, o método comparativo na história das religiões, ponta de lança na nossa pesquisa.

Depois das primeiras tentativas de comparativismo, empreendidas pelos humanistas (Marsílio Ficino, 1433-1499, e Pico della Mirandola, 1463-1494), e depois no alvorecer dos trabalhos sobre as religiões antigas conduzidos pelos membros da Académie des Inscriptions et Belle Lettres de Paris por todo o século XVIII, os pesquisadores do século XIX tomam duas direções divergentes. Seguindo Johann G. Herder (1744-1803), Friedrich Creuzer (1771-1858) e F. Schelling (1775-1854) seguem a mesma linha romântica e até a uma pesquisa comparada da simbologia dos mitos, enquanto sob influência de William Jones (1746-1794), Karl Otfried Müller (1797-1840) inaugura os trabalhos de uma mitografia histórica comparada. Já que a arqueologia amparava a pesquisa filológica e a história, F. Max Müller (1823-1900) pôde criar as bases de uma ciência comparada das religiões. A partir de 1876 são instituídas algumas cátedras de história das religiões na Holanda, na França e na Bélgica, multiplicam-se as discussões sobre a nova disciplina: essas se referem à sua especificidade, à sua autonomia, aos seus métodos de investigação no âmbito do fenômeno religioso. Essas questões têm acompanhado a pesquisa durante todo o século XX.

2.4.1 O método histórico-comparativo: Raffaele Pettazzoni (1883-1959)

Nascido em 1883, Raffaele Pettazzoni se laureia em 1905 em Letras na Universidade de Bolonha, o diploma na Escola Italiana de Arqueologia em 1909, a livre-docência em História das Religiões em 1913 e é encarregado do Curso de História das Religiões na Universidade de Bolonha em 1914, cargo que retoma depois da guerra, durante a qual é oficial de infantaria na Grécia, ao lado do francês Charles Picard. Conhecido e estimado graças às suas publicações, em 1923 é titular de uma cátedra

---

* "Fondement et but de la comparaison en histoire des religions". In: *Omaggio a Dario Sabbatucci Studi e materiali di storia delle religioni*, vol. 62, L'Aquila-Roma, NS XX, ½ ano 1996, p. 459-470, publicado em 1998.

ordinária de história das religiões na Universidade de Roma. Dedicada ao método, a sua aula inaugural de janeiro de 1924 denota no seu autor, já familiarizado com o comparativismo, um autêntico domínio da matéria, que para ele tem como objetivo evidenciar as diferenças entre os fatos religiosos examinados. No mesmo ano publica *I miteri – Saggio di una teoria storico-religiosa* [Os mistérios – ensaio de uma teoria histórico-religiosa], uma obra na qual coloca em evidência como os mistérios de origem agrícola se desenvolvem segundo linhas paralelas e independentes.

Pettazzoni levou a sério as dimensões da própria disciplina e se entendia como historiador das religiões no verdadeiro sentido da palavra; sabe-se que Eliade o considerava seu mestre, escrevendo a respeito que "aspirou sempre a uma interpretação histórico-religiosa, articulou os resultados das diversas investigações dentro de uma perspectiva geral... Pettazzoni considerou a religião como um fenômeno puramente histórico. Ele insiste justamente na historicidade de toda criação religiosa"[196]. Todavia, na sua correspondência com Eliade, constatamos que Pettazzoni considerava também o fenômeno religioso, que deve ser pensado e avaliado enquanto tal[197].

É a natureza peculiar e o próprio caráter dos fatos religiosos enquanto religiosos que lhes confere o direito de constituir o objeto de uma ciência especial, a ciência das religiões. Essa posição é regularmente afirmada pelo nosso autor, que valoriza mostrar a sua oposição a qualquer tentativa de reducionismo. A essa ciência das religiões eminentemente construtiva atribui tarefas precisas: analisar os fatos religiosos, coordená-los entre si, estabelecer relações e agrupar os fatos de acordo com essas relações. A classificação dos fatos em tipos culmina num trabalho descritivo; a classificação deles em série com desenvolvimento interno dá lugar a uma ciência histórica, a história das religiões, cuja missão consiste, segundo Pettazzoni, em estudar "os fatos religiosos em suas relações históricas, não apenas com outros fatos religiosos, mas também com fatos não religiosos, sejam esses literários ou artísticos ou sociais etc."[198]

---

196. ELIADE, M. *La nostalgie des origines*. Paris: Gallimard, 1971, p. 70-71.
197. ELIADE, M. *Pettazzoni, L'histoire des religions a-t-elle un sens?* Correspondance 1926-1959. Paris: Du cerf, 1994 [organização de N. Spineto]. Esse livro é precioso para conhecer melhor o pensamento dos dois cientistas. A publicação da correspondência é precedida por um excelente estudo de Natale Spineto.
198. PETTAZZONI, R. *Aperçu introductif*. In: *Numen*, I, 1954, p. 3-4.

Todo esse trabalho tem lugar com o auxílio de um método histórico-comparativo. Todavia, não é suficiente conhecer os fatos e as relações; é mister procurar pelo sentido disso. A Eliade, que lhe enviou o seu *Traité*, ele responde aos 4 de fevereiro de 1949: "Eis um tratado de história das religiões escrito de um ponto de vista religioso"[199]. Pettazzoni busca esse conhecimento mais profundo na fenomenologia. Ele ignora o desenvolvimento histórico das religiões, mas se dedica às estruturas, alcançando uma universalidade que a história das religiões não consegue apreender.

Pettazzoni se colocou, assim, a questão de saber se seria necessário sacrificar "para esse sistema dualista a unidade da nossa ciência fundada na unidade do fenômeno religioso[200]. A sua resposta é muito matizada. Para ele, os fenômenos religiosos não deixam de ser realidades historicamente condicionadas, e isso significa que a fenomenologia religiosa depende da história. Consequentemente, segundo Pettazzoni, "a duplicação da ciência das religiões em fenomenologia e história não representaria nada além de uma etapa no caminho da fundação da única ciência das religiões sobre as suas bases essenciais e sob a sua forma integral[201].

A publicação da correspondência entre Eliade e Pettazzoni nos ajuda a compreender melhor o modo em que o "mestre" refletia sobre a questão do fundamento e do objetivo da comparação. Pettazzoni aos evidentes, sem colocar o problema da transcendência, mas sem rejeitar a ideia de uma dimensão trans-histórica, que também não toma em consideração. Ele quer valorizar o sentimento do infinito, e na fenomenologia atribui, de uma parte um valor à experiência como base de qualquer análise (Otto, van der Leeuw) e aos símbolos religiosos, mas de outra parte, ao menos no início, desconfia do trabalho de classificação da fenomenologia, que ordena os fatos religiosos subsumindo-os em "tipos ideais". A partir de 1933, vê duas fenomenologias: uma, estática, que busca o significado dos fatos fazendo abstração da história; a outra, dinâmica, que estuda as estruturas e o seu desenvolvimento histórico. Começa a falar de interpretação sem, contudo, precisar seu pensamento.

---

199. SPINETO, N. "Introduction". In: ELIADE, M. *Pettazzoni, L'histoire des religions a-t-elle un sens?* Op. cit., p. 42.
200. PETTAZZONI, R. *Aperçu introductif.* Op. cit, p. 4.
201. Ibid., p. 6.

Confrontando-se com a fenomenologia, Pettazzoni defende que todo fenômeno religioso permanece um fenômeno religioso, condicionado pela história, mas "quer garantir à história das religiões um objeto autônomo e um método próprio"[202]. Em 1959, no seu último discurso, dedicado às diferentes concepções de história no Oriente e no Ocidente, o nosso autor alude à ciência histórica comparativa, que se baseia no reconhecimento de uma "condição humana comum"[203].

Na sua correspondência com Eliade, Pettazzoni indicou "o que nos une e o que nos separa". Ele pretende fundamentar por um lado a autonomia da religião e da história, mas de outro se reserva a possibilidade de recorrer a estruturas com o objetivo de apreender o significado dos dados religiosos. N. Spineto constata esse fato e percebe também o recurso de Pettazzoni a van der Leeuw e a Eliade para encontrar pontos de referência. Aceita a fenomenologia na medida em que ela submete os seus resultados ao controle rigoroso da história; aceita-a porque ela postula a existência de um objeto religioso irredutível; e aceita também a experiência religiosa ligada à situação existencial do homem, coisa que traduz com a expressão condição humana comum", com o seu mistério. Durante os últimos meses da sua vida, leu e releu as obras de Eliade, mas a morte o surpreendeu antes de redigir a última síntese de seu pensamento[204].

2.4.2 Um método fundado na unidade da história humana: as posições de Angelo Brelich (1913-1977)

Formado na escola de K. Kerényi e de A. Alföldi, A. Brelich foi primeiramente assistente de R. Pettazzoni, ao quem sucedeu em 1958. Por caminhos pessoais, talvez até mesmo diferentes daqueles de seu mestre, ele tentou desenvolver o método histórico-comparativo esboçado pelo seu predecessor. Afirma vigorosamente o papel da razão e a validez da história das religiões como disciplina com uma autonomia de método e uma autonomia epistemológica fundada na unidade dialética da história. O comparativismo histórico, segundo Brelich, é o instrumento adequado para esclarecer de um lado as analogias e semelhanças, e de outro as

---

202. SPINETO, N. *Introduction*, p. 67.
203. Ibid., p. 66-67.
204. Cf. as páginas esclarecedoras, ibid, p. 68-74.

diferenças específicas presentes nos processos de formação e desenvolvimento e nas formas das diversas civilizações religiosas em relação com as estruturas socioeconômicas, com os elementos das respectivas culturas e com as influências externas. Eis como V. Lanternari sintetiza sua orientação geral[205].

2.4.2.1 O que é a religião?

Qual é o objeto específico da história das religiões? Procedendo por eliminação, Brelich rejeita o fenômeno religioso e a experiência do sagrado de R. Otto, a fenomenologia de G. van der Leeuw com a tese *homo religiosus* universal, porque a essas duas posições, diz nosso autor, subjaz a doutrina filosófica do fenômeno religioso universalmente humano ou teses de caráter psicológico.

A realidade histórica conhece apenas uma pluralidade de religiões. Além disso, o conceito de religião é um conceito ocidental moderno, um produto histórico de nossa civilização cristã. Para chegar à descoberta do que pode ser entendido como religioso, Brelich recomenda uma abordagem empírica, seguida por uma abordagem crítica. Ele tenta circunscrever o que distingue as crenças religiosas das crenças profanas. Historicamente, descobre seres sobre-humanos em diferentes culturas: divindades, ancestrais protetoras, espíritos tutelares, Ser supremo, Deus único. Então vem os mitos. A crença na existência desses seres leva os fiéis ao cumprimento de rituais que são inseridos em cultos. Tabu, sacrifício e festas completam as atividades consideradas religiosas. A partir desse caminho parece possível enquadrar o fenômeno "religião", composto de crenças, ações, instituições, condutas, produto de um esforço criativo das diferentes sociedades humanas, para adquirir o controle do que lhes foge ao controle. Essa criação é obra de grupos humanos e de sociedades, porque a religião é a realidade da sociedade. O homem dela participa com a sua religião pessoal. Como se vê, Brelich estabeleceu o conceito de religião com base no puro empirismo histórico.

---

205. BRELICH, A. *Storia delle religioni* – Perché? Nápoles: Liguori, 1979. É uma coletânea póstuma de artigos publicados sob a organização de Vittorio Lanternari, que também escreve a introdução (p. 11-18), na qual oferece uma avaliação das posições do autor. • BRELICH, A. Prolégomènes à une histoire des religions. In: PUECH, H.C. *Histoire des religions*. Tomo I: "Pléiade". Paris: Gallimard, 1970, p. 1-59 [versão it.: Prolegomeni a una storia delle religioni. In: *Storia delle religioni* – Perché? Nápoles: Liguori, 1979, p. 137-183].

2.4.2.2 O que é a ciência das religiões?

Brelich examina e refuta as objeções feitas contra a especificidade da história das religiões, e desta forma ele se concentra na fenomenologia; útil, mas insuficiente. Sua utilidade é fazer com que os especialistas de qualquer civilização compreendam que todo fenômeno religioso transcende seu setor especializado. É insuficiente porque considera fenômenos religiosos concretos num plano horizontal como variações de fenômenos fundamentais presumidos, sem resolver a questão histórica da sua origem. Brelich rejeita os erros fundamentais da evolução: a evolução linear da religião, a identificação das civilizações primitivas com as da pré-história, a ignorância das diferenças qualitativas, as construções prematuras.

No final dessa crítica, nosso autor está aberto à etnologia moderna, que tomou uma orientação histórica e trabalha no campo das religiões primitivas, baseando-se no método histórico e comparativo. Está estabelecido que numerosas mudanças foram produzidas das origens até o Neolítico que, graças à pesquisa histórica comparada, pode-se reconstruir a história de uma religião primitiva atual. A partir desse dado, Brelich esboça um esquema de trabalho histórico-comparativo: o estudo dos elementos religiosos pré-neolíticos, depois a pesquisa desses elementos transmitidos às religiões dos primeiros cultivadores, e enfim às religiões das civilizações superiores; o exame das novas criações neolíticas e a sua reutilização nas grandes civilizações urbanas; a consideração da força criadora original dessas civilizações. Definitivamente, poder-se-á interpretar as formas politeístas como um produto da civilização superior.

2.4.2.3 Fundamento da comparação e objetivo da história das religiões

A. Brelich rejeita como fundamento uma evolução uniforme da religião e como objetivo estabelecer as leis dessa evolução. No fim da vida, Pettazzoni falara de uma natureza humana comum e de experiência religiosa. O seu sucessor exclui claramente a pretensa natureza humana como fundamento da comparação e rejeita a ideia de que seu objetivo possa ser demonstrar que a religião faça parte disso. Enfim, ele afirma que ela se fundamenta na unidade da história humana[206].

Para sustentar sua tese, Brelich desenvolve uma teoria sobre as origens do homem, da cultura, da civilização e da condição humana no contexto da expansão

---

206. BRELICH, A. *Prolégomènes...* p. 47-48.

da humanidade na superfície da Terra, com suas lutas, as separações de grupos humanos, a sobreposição de uma nova unidade original. É a reação em cadeia de um duplo movimento, de integração, de um lado, e de adaptação à inovação, de outro. Esse processo de difusão da cultura e das culturas seria a base da unidade da história humana[207]. Herança de heranças comuns e inovações criativas, propagação e revisões, este foi o esquema sobre o qual trabalha a comparação para reconstruir a história das diferentes religiões e para conseguir evidenciar os substratos que são o cerne das religiões mais elevadas. Essas últimas estão ligadas a um fundador, que aproveitou a desintegração da ordem arcaica.

Qual é o propósito da comparação histórica? Segundo Brelich, é claro: iluminar a história das religiões do ponto de vista estritamente científico. Se nos colocamos na ótica cultural, a comparação histórica, ao contrário da comparação evolutiva e da comparação fenomenológica, "ajuda a explicar a originalidade de cada religião", a compreender seu processo criativo, sua essência e sua dignidade.

Uma figura de prestígio da Escola Romana e um grande virtuoso do método histórico-comparativo, Ugo Bianchi († 1995) é o autor de um trabalho que marcou um ponto de virada na pesquisa. Referimo-nos ao artigo dedicado à sua carreira científica.

2.4.3 *História e estrutura – A comparação genética de Georges Dumézil (1898-1986)*

2.4.3.1 A elaboração de um novo método comparativo

Linguista vindo do estudo do dossiê indo-europeu de mitologia comparada onomástica de Max Müller e James Frazer, Georges Dumézil recorre a Michel Breal (1832-1915), que insiste sobre os fatos do pensamento e da civilização, a importância da pesquisa histórica aplicada à linguagem e à religião, sobre o problema do significado e sobre as causas intelectuais que regeram a transformação das línguas. Ele procura o seu próprio caminho na escola dos mestres parisienses, distanciando-se

---

207. Exposta nas p. 48-52 dos *Prolégomènes* e nas p. 250-253 de *Storia delle religioni – Perché?*, essa teoria foi superada pelas extraordinárias descobertas da paleoantropologia das últimas décadas e não pode mais ser aceita como hipótese científica válida. Cf. COPPENS, Y. *Le singe, l'afrique et l'homme*. Paris: Fayard, 1983 [trad. it.: *La scimmia, l'Africa, l'uomo*. Milão: Jaca Book, 1985].
• FACCHINI, F. *Il cammino dell'evoluzione umana – Le scoperte e i dibattiti della paleontologia*. Milão: Jaca Book, 1985 [2. ed. atualizada e ampliada: 1994].

gradativamente da comparação tipológica e onomástica para se voltar à comparação de temas, ciclos, sequências, montagens complexas e articuladas, cuja recorrência entre as diferentes populações indo-europeias não é acidental.

As pesquisas realizadas desde 1920 fazem-no gradualmente descobrir a noção de herança indo-europeia, marcada por traços específicos: a concepção da sociedade que resultou no sistema indiano das *varna*, as três classes sociais dos brâmanes, dos guerreiros e dos agricultores-criadores, presentes também entre os iranianos, os citas e os ossetas do Cáucaso; em Roma, uma estrutura teológica trifuncional paralela à estrutura das classes sociais da Índia; o léxico do sagrado, preservado nas duas extremidades do mundo dentro de casa, ou seja, nas comunidades religiosas indo-iranianas, por um lado e, de outro, nas ítalo-celtas. Ele procura as razões para isso, e encontra-as na manutenção de colégios sacerdotais entre esses povos: brâmanes, sacerdotes avésticos, druidas, pontífices romanos. Para Dumézil, termos idênticos que relacionam fatos de cultura, de civilização e de religião são sinais de conceitos religiosos idênticos, e isso pressupõe um legado de um pensamento arcaico comum[208].

A partir deste primeiro estágio, alcançado após vinte anos de trabalho histórico comparado, quatro grandes princípios guiam a pesquisa dumeziliana:

a) Uma religião não é um conglomerado de ritos ou práticas, mas antes de tudo uma *Weltanschauung* que professa ideias sobre a divindade, o cosmos, a sociedade e o homem.

b) Toda comparação onomástica e tipológica é útil, mas não conduz ao coração do pensamento religioso.

c) Uma pesquisa a respeito de sociedades com algum parentesco linguístico deve se orientar à busca de uma herança cultural e religiosa. A noção de herança aparece como sendo um objetivo importante para o comparativista.

d) Enfim, toda pesquisa comparativa deve conduzir à descoberta do pensamento.

---

208. DUMÉZIL, G. *L'ideologie tripartie des Indo-Européens*. Bruxelas, 1958 (col. Latomus, 31) [trad. it.: *L'ideologia tripartita degli indoeuropei*. 2. ed. Rímini: Il Cerchio, 2003 (Introdução de J. Ries)].

2.4.3.2 Pensamento religioso e concepção social dos indo-europeus

Desde 1938, a noção de uma herança indo-europeia que funde uma ideologia social e religiosa funcional e hierarquizada se torna o *pezzo forte*, o verdadeiro fundamento em torno do qual se articula a comparação dumeziliana: a soberania religiosa e jurídica; a força física aplicada particularmente à guerra; a fecundidade-fertilidade, submetida às outras duas funções, mas indispensável ao desenvolvimento de ambas e à vida da sociedade. Por quatro décadas, através de um método comparativo incessantemente submetido à crítica e adaptado, ele se confronta com toda a documentação disponível.

A matéria sobre a qual tem lugar a pesquisa é a realidade indo-europeia, conhecida desde o III e o II milênios, cujos únicos arquivos se conservaram entre os hititas, beneficiários de uma escritura cuneiforme tomada dos antigos bancos comerciais mesopotâmicos. Em outros lugares, encontram-se ritos, elementos míticos, alguns fragmentos arqueológicos. Sociólogo, etnólogo, linguista, filólogo e historiador, G. Dumézil estava em condições de dominar a arqueologia, a mitologia, textos redigidos em quarenta línguas e dialetos e, graças à sua experiência de comparativista, conseguia enuclear progressivamente as estruturas de pensamento e as concepções religiosas e sociais dos antigos arianos.

Na concepção indo-europeia, os deuses ocupam um lugar central. Na Índia védica, no topo do panteão se encontra um grupo de deuses hierarquizados em três funções: dois deuses soberanos, Mitra-Varuṇa e Indra, o deus da guerra, com os seus associados, os Nāsatya ou Aśvin, gêmeos curadores e dispensadores de fecundidade. A pesquisa comparativa fez com que se descobrissem os deuses dos arianos do reino Mitani e as três funções presentes no Irã antes da reforma de Zaratustra. Uma teologia idêntica pode ser encontrada entre os povos itálicos e deixou sinais entre os germânicos e escandinavos.

Na Índia, no Irã, no mundo céltico e nas origens de Roma manifestam-se claros elementos de uma tripartição social que se encontra descrita no *Ṛgveda* VIII, 35 e é mencionada no *Avesta*. Assim, nessa estrutura religiosa e social estão presentes três funções, três atividades fundamentais, asseguradas por três grupos de homens que formam uma hierarquia repartida em três classes. Proveniente da segunda função, o rei encarna uma síntese harmoniosa, útil e eficaz para a sociedade ariana [aria].

2.4.3.3 Especificidade e objetivo do método comparativo genético de Dumézil

Em 50 livros e cerca de 250 artigos, G. Dumézil abordou os setores mais diversos do mundo indo-europeu: línguas, história, sociedade, mitos, literatura, religião[209]. Concentrou-se em diversos aspectos do fenômeno religioso e nos seus componentes principais, cujos contornos e originalidade destacou. Na sua pesquisa comparada começa colocando em evidência as correspondências, delas analisando a tipologia das articulações e o significado lógico, e isso lhes confere um esquema. Na sequência, procedendo em direção oposta à história, projeta esse esquema na direção dos *tempora ignota*, nos quais descobre alguns elementos pré-históricos. Depois, retomando o caminho paralelo à história, tenta discernir as evoluções divergentes. Graças a esse trabalho de comparação genética ele obtém os meios para representar uma parte da pré-história das civilizações do pensamento indo-europeu, "a imagem mais precisa possível de um sistema pré-histórico, do qual um certo número atestado de sistemas é em grande parte a sobrevivência"[210]. Eis o método e o objetivo da comparação genética.

Para Dumézil, a estrutura é a representação coerente e lógica das realidades. Entre os indo-europeus, a estrutura fundamental é a tripartição, elemento determinante, modalidade de relação que confere coerência interna e coesão ao pensamento e à sociedade. Importante é a pesquisa das estruturas e dos equilíbrios constitutivos. Com o método comparativo genético, o nosso autor busca estabelecer uma arqueologia das representações e dos comportamentos que considera os conceitos e o pensamento. Mas a comparação sistemática das diversas realidades em relação com a estrutura trifuncional delimita um campo específico, no qual toda relação se define na própria história. Daí a importância da pesquisa diacrônica, que evidencia a reinterpretação da herança comum. Graças a Dumézil, o historiador das religiões vê a religião romana arcaica, o pensamento religioso dos antigos germanos, o culto de Mitra no Irã, a reforma de Zaratustra e a religião védica com outros olhos.

---

209. RIVIÈRE, J.C. (org.). *Georges Dumézil à la découverte des Indo-Européens*. Paris: Copernic, 1979. Obra coletiva com toda a bibliografia de Dumézil. • GARCÍA QUINTELA, M.V. *Dumézil – Une introduction, suivie de l'Affaire Dumézil*. Crozon: Armeline, 2001.
210. DUMÉZIL, G. *Servius et la Fortune*. 3. ed. Paris, 1943, p. 29. Cf. tb. DUMÉZIL, G. *L'heritage indo-européen à Rome*. Paris: Gallimard, 1949, p. 29-49.

2.4.4 Fenômeno religioso e perspectivas hermenêuticas – homo religiosus e experiência do sagrado: Mircea Eliade (1907-1986)

Mircea Eliade deve a Pettazzoni a descoberta da história das religiões. Nas suas cartas, assim, chama-o de seu "mestre", e seguindo esse mestre afirma a autonomia dessa disciplina específica, a irredutibilidade do fenômeno religioso e no seu ser e no seu devir, a avaliação dos fatos religiosos enquanto tais e a necessidade de um método comparativo[211]. Sua estada em Paris depois de 1945 lhe oferece o privilégio da amizade de G. Dumézil e Paul Ricoeur, o que o ajudará de um lado a precisar a própria pesquisa histórica e comparativa, e de outro, a colocá-la a serviço de uma hermenêutica[212].

2.4.4.1 A história das religiões e as suas dimensões

Publicado em 1949, o seu *Traité* se apresenta como o manifesto do programa de uma nova orientação. A história continua sem dúvida uma etapa importante para apresentar a gama das crenças religiosas da humanidade, mas o seu papel é conduzir a uma compreensão profunda das estruturas, dos mecanismos e do equilíbrio constitutivo de cada religião. Ademais, já que o fenômeno religioso é irredutível a qualquer outro fenômeno humano e se encontra ligado a uma experiência vivida, a exploração do pensamento, da consciência e do comportamento do *homo religiosus* representa um elemento importante nos objetivos do historiador das religiões: "o objetivo último do historiador das religiões é compreender e esclarecer para os outros o comportamento do *homo religiosus* e o seu universo mental"[213]. Eis que afirma a complexidade dessa ciência, na qual estão inseridos a pesquisa histórica, mas também o homem e a sua experiência vivida. Eliade afirmou a dimensão histórica dessa disciplina e ele próprio realizou uma importante obra de história comparada das religiões[214]. Mas essa é

---

211. SPINETO, N. *Introduction*. Op. cit., p. 40-43.
212. ALLEN, D. *Structure and Creativity in Religion* – Hermeneutics in Mircea Eliade's Phenomenology and New Directions. Haia: Mouton, 1978 [trad. fr.: *Mircea Eliade et le phénomène religieux*. Paris: Payot, 1982].
213. ELIADE, M. *Le sacré et le profane*. Paris: Gallimard, 1965, p. 137 [orig.: *Das Heilige un das Profane – Vom Wesen des Religiösen*. Hamburgo: Eowolt, 1957] [trad. it.: *Il sacro e il profano*. Turim: Boringhieri, 1984].
214. ELIADE, M. *Histoire des croyances et des idées religieuses*. 3 vols. Paris: Payot, 1976-1983 [trad. it.: *Storia delle credenze e delle idee religiose*. 3 vols. Florença: Sansoni, 1996]. Acrescente-se a sua *Encyclopaedia of Religion*. 16 vols. Nova York: MacMillan, 2005.

também "uma hermenêutica total, porque chamada a decifrar e explicar todo tipo de encontro do homem com o sagrado, da pré-história aos nossos dias"[215].

2.4.4.2 Morfologia e fenomenologia; sagrado e símbolo

No seu *Traité*, evidenciou o aspecto simbólico, o lado espiritual e a coerência interna dos fenômenos religiosos. Retomando a fórmula de Pettazzoni, segundo a qual "a fenomenologia é a compreensão religiosa da história", ele reivindica uma compreensão da essência e das estruturas dos fenômenos religiosos, apreendidos tanto no seu condicionamento histórico quanto na ótica do comportamento do *homo religiosus* que vive a experiência do sagrado. Para Eliade, todo documento revela uma modalidade do sagrado enquanto hierofania e enquanto momento histórico, uma situação do homem em relação com o sagrado[216]. Toda hierofania é ligada a uma experiência religiosa. Graças à fenomenologia da manifestação, a história das religiões chega a enquadrar a natureza e as funções do sagrado, e é sobre esse terreno que trabalha o comparativismo. A morfologia do sagrado nos insere no quadro da história e, consequentemente, diante da extrema heterogeneidade dos documentos religiosos. Ao historiador das religiões cabe a difícil tarefa de perscrutar os documentos em seu processo, de modo a verificar sua coerência interna e as modalidades do sagrado que esses exprimem. Toda hierofania revela uma modalidade do sagrado presente no universo mental do *homo religiosus* que dela é testemunha. Segundo Eliade, "tudo quanto o homem empregou, sentiu, encontrou ou amou, pôde se tornar hierofania"[217].

Dez anos depois da publicação do *Traité*, Eliade escreve no seu *Journal*: "A história das religiões tem o objetivo de identificar a presença do transcendente na experiência humana"[218]. Para ele, a experiência do sagrado ligada às hierofanias denota um comportamento do *homo religiosus* que crê na transcendência. Ele insistiu ainda na diferença de grau entre as hierofanias, das mais elementares às supremas. Essa diferença qualitativa pode ser detectada nas experiências religio-

---

215. ELIADE, M. *La nostalgia delle origini*. Op. cit., p. 124-125.
216. ELIADE, M. *Traité d'histoire des religions*. 5. ed. Paris: Payot, 1974, p. 4 [trad. it.: *Trattato di storia delle religioni*. 2. ed. Turim: Boringhieri, 1999].
217. Ibid. p. 24.
218. ELIADE, M. *Fragments d'unjournal*. Paris: Gallimard, 1973, p. 315 [trad. it.: do vol. I: *Giornale*. Por L. Aurigemma. Turim: Boringhieri, 1976].

sas e no *homo religiosus* que se manifestou durante a história humana nas diversas culturas. Depois de ter estendido sua investigação às grandes religiões da Ásia e ao pensamento religioso arcaico e etnológico, Eliade constituiu uma tipologia e uma morfologia fundadas no sagrado e no símbolo. Partindo dessa documentação e com a ajuda do método comparativo, ele se colocou na pesquisa de articulações e correspondências para descobrir as linhas diretivas do comportamento, as estruturas do pensamento, a lógica simbólica e o universo mental do *homo religiosus*.

2.4.4.3 Método comparativo e hermenêutica: a busca do sentido

M. Eliade considera a ciência das religiões como uma disciplina total "que deve usar, integrar e articular os resultados obtidos através dos vários métodos de aproximação de um fenômeno religioso". Nessa "concepção integral" ele reserva um lugar especial para a hermenêutica, ou ciência da interpretação, à qual confere a missão de examinar os fenômenos religiosos enquanto *significantes*. Esse trabalho acontece com o auxílio do método comparativo, utilizado para tentar decifrar as hierofanias e para enuclear-lhes o sentido e a mensagem. É ainda necessário apelar ao autor dos documentos e ao sujeito que se apresenta como testemunha das experiências vividas do sagrado, i.e., o *homo religiosus*. Retomando, por sua vez, a ideia dumeziliana de herança cultural e religiosa através da ótica da onipresença do *homo symbolicus* e do *homo religiosus* (símbolo, mito e rito), Eliade procurou revelar a arqueologia do comportamento, as estruturas de pensamento, a lógica simbólica e o universo mental do *homo religiosus* das culturas arcaicas e das grandes civilizações antigas[219].

A partir dos fenômenos religiosos considerados como significantes e com o auxílio do seu método comparativo, ele também tentou colocar em evidência vários significados capazes de suscitar discussões, senão controvérsias: o valor do método hermenêutico *descritivo*, que busca revelar a mensagem percebida pelo *homo religiosus in situ*; a hermenêutica *normativa*, em condições de revelar aspectos essenciais da condição humana e de desvelar significados ainda não percebidos; a criação de valores culturais suscetíveis de gerar um novo humanismo, fundado na unidade espiritual da humanidade; a abertura da via de uma antro-

---

219. ELIADE, M. *La nostalgie des origines*. Op. cit., p. 17-36.

pologia filosófica fundada no sagrado como dimensão universal. Eliade não teve oportunidade de discutir tais questões hermenêuticas com Pettazzoni, falecido já em 1959. Está em contato com G. Dumézil, P. Ricoeur e o Círculo Eranos de Ascona, particularmente com G. Durand, H. Corbin e C.G. Jung, cujas pesquisas foram continuadas pelo nosso estudioso, tematizando primeiramente a questão da hermenêutica na ciência das religiões.

2.5 Ciência das religiões e ciências humanas – A obra de Mircea Eliade (1907-1986)*

Mircea Eliade morreu em Chicago aos 22 de abril de 1986. Preparava-se para terminar o quarto volume da sua *Histoire des croyances et des idées religieuses*. Em dezembro de 1985 um incêndio devastou o seu escritório na Universidade de Chicago, destruindo diversos manuscritos. Mas para a ciência das religiões essa não pareceu uma perda irreparável porque se limitava a narrações incompletas e ao *Journal* do ano de 1983.

2.5.1 Juventude e formação

Nascido em Bucareste aos 9 de março de 1907, filho de um oficial do exército romeno, Mircea Eliade, desde os anos do liceu, faz vislumbrar as "promessas do equinócio". A sua curiosidade por todos os âmbitos do saber, o seu interesse pelo comportamento dos homens, a sua imaginação criativa ligada a uma pesquisa incessante pela verdade e o seu talento de escritor fizeram dele um jovem inteligente já conhecido em toda a Romênia quando começa a sua formação universitária em Bucareste. De fato, aos 18 anos tem uma bibliografia com uma centena de títulos[220].

O interesse sempre crescente de Eliade pela história do pensamento humano o aproxima dos renomados mestres de Bucareste, Nae Ionesco, sob cuja direção obtém a sua láurea em filosofia em 1928. Durante as viagens na Itália encontra

---

* RIES, J. "Science des religions et sciences humaines – L'ouevre de Mircea Eliade" (1907-1986). In: *Revue Théologique de Louvain* XVII, Louvain-la-Neuve, 1986, p. 329-340.

220. ELIADE, M. *Mémoire* I. 1907-1937 – Les promesses de l'équinoxe. Paris: Gallimard, 1980 [trad. it.: *Le promee dell'equinozio* – Memorie I, 1907-1937. Milão: Jaca Book, 1995]. Ao final de sua vida, Eliade trabalhava no volume *Mémoire II*. Publicou outras duas obras autobiográficas: *Fragments d'un journal*. Paris: Gallimard, 1973 [trad. it.: *Giornale*. Turim: Boringhieri, 1976] e *Fragments d'un journal* II. 1970-1978. Paris: Gallimard, 1981.

Pettazzoni e Ernesto Buonaiuti. Em maio de 1928, na sua permanência de estudos em Roma, descobre uma obra cuja leitura marca a sua vida de maneira decisiva: *History of Indian Philosophy*, de Surendranath Dasgupta. Aos 20 de novembro de 1928, Eliade embarca para a Índia. Por três anos, sob a direção de Dasgupta, recolhe uma vasta documentação para redigir a sua tese de doutorado dedicada ao yoga. Na realidade, as suas pesquisas se estendem a numerosos âmbitos do pensamento indiano. Durante diversas estadas nos célebres *aśram* tem a oportunidade de ser iniciado no pensamento hindu contemporâneo. Retornando à Europa, entra na Universidade de Bucareste como assistente de Nae Ionesco. Em 1936 publica a sua dissertação doutoral, intitulada *Yoga – Essai sur l'origine de la mystique indienne*, uma obra que atualmente continua uma passagem obrigatória para quem queira se aproximar do pensamento da Índia.

A guerra bagunça a vida de Mircea Eliade. Em 1940, o governo romeno lhe confia um lugar de *attaché* cultural em Londres, depois, a partir de 1941, em Lisboa. Logo após esses eventos, a Romênia cai sob os golpes do regime comunista. Conhece as represálias, perseguições religiosas, a caçada aos intelectuais. Eliade escolhe o exílio e se estabelece em Paris. Para viver, leciona na École Pratique des Hautes Études e conferências em diversas instituições da Europa Ocidental[221].

Prosseguindo com a redação de obras literárias – contos e novelas – coloca-se a explorar a ampla documentação epigráfica, arqueológica, literária, artística e as numerosas pesquisas no âmbito da história das religiões. Ao patrimônio religioso da humanidade, que vai do Paleolítico aos nossos dias, Eliade contrapõe as ideologias negativas dos séculos XIX e XX. Um dos seus contos de juventude começa com esta frase: "Girando a estrada, vi-me face a face com Deus". Pouco a pouco, essa intuição se precisa e concretiza. Eliade distingue dois tipos de homem: o religioso e o arreligioso. O *homo religiosus* "crê sempre que exista uma realidade absoluta, o *sagrado*, que transcende este mundo, mas nele se manifesta e por isso o santifica e o torna real" (*Le sacré et le profane*, p. 171). Na história da humanidade, o homem religioso assume a modalidade específica de existência que se exprime em um número considerável de formas religiosas. O homem arreligioso, ao contrário, "rejeita a transcendência, aceita a relatividade da realidade e chega

---

221. Na sequência, em 1956, aceitou a oferta de uma cátedra de professor visitante na Universidade de Chicago. Em 1957, Chicago lhe conferirá a cátedra de história das religiões, tornada alguns anos atrás "cátedra Mircea Eliade".

também à dúvida do sentido da existência". Esse homem se afirma nas sociedades modernas ocidentais.

2.5.2 O início de uma reviravolta na história das religiões

Aos 18 de janeiro de 1949 aparece nas vitrinas das livrarias parisienses o *Traité d'histoire des religions*, livro logo traduzido em diversas línguas e continuamente reeditado. Toda a obra de Eliade é embrionária no *Traité*, ao qual é necessário sempre se referir caso se queira colher as estruturas próprias do seu pensamento. Com essa obra, Mircea Eliade inicia uma verdadeira reviravolta na ciência das religiões. Para ele, trata-se de ultrapassar a simples pesquisa histórica, que se contenta em colocar em evidência as crenças religiosas nas diversas populações. De fato, todo fenômeno religioso está intimamente ligado a uma experiência vivida pelo homem. É este último que se encontra no centro das pesquisas de história das religiões. Consequentemente, a exploração do pensamento, da consciência, do comportamento e da experiência do *homo religiosus* constitui o fim último do trabalho do historiador das religiões. Dez anos depois da publicação do *Traité*, Eliade escreverá que a história das religiões tem o objetivo "de identificar a presença do transcendente na vida humana"[222]. Tal perspectiva vai além da pesquisa histórica e fenomenológica; aventura-se com decisão numa hermenêutica da mensagem do *homo religiosus* e faz parte disso a ciência da religião, a pedra angular das ciências humanas.

2.5.3 O homo religiosus *arcaico*

A partir de 1950, a exploração do comportamento, do discurso e da consciência do homem religioso levou Eliade a se voltar aos povos sem escrita, testemunhas vivas das origens. O encontro com C.G. Jung mostra uma série de interpretações comuns, descobertas através de diferentes caminhos. Está persuadido de que os numerosos fenômenos histórico-religiosos são apenas variações expressivas de al-

---

222. *Frragments d'un jornal*. Op. cit., p. 315. A primeira edição do *Traité d'histoire des religions*, com o prefácio de G. Dumézil, é datada de 1949 (8. ed. Paris: Payot, 1975) [trad. it.: *Trattato di storia delle religioni*. 2. ed.: Turim: Boringhieri, 1999]. A bibliografia de Eliade foi publicada em: KITAGAWA, J.M. & LONG, C.H. *Myths and Symbol* – Studies in Honor of Mircea Eliade. Londres/Chicago, 1969, p. 413-433. • TACOU, C. *Mircea Eliade*. Paris: l'Herme, 1978, p. 391-409 [col. Cahiers de l'Herme].
• HANDOCA, H. *Biobibliographie de Mircea Eliade*. 3 vols. Bucareste: Jurnalul Literar, 1998-1999.

gumas experiências religiosas fundamentais. Para ele, há quatro dados essenciais: o sagrado, o símbolo, o mito e o rito. Graças a um método comparativo genético, semelhante ao que permitiu que Georges Dumézil descobrisse o pensamento religioso e a civilização arcaica dos indo-europeus, Eliade integra a vasta documentação arqueológica da pré-história em um sistema de significados simbólicos[223]. Sua teimosa recusa em deixar um longo período na história do espírito humano em branco leva-o a destacar o fato de que o *homo faber* pré-histórico era também *homo ludens, sapiens* e *religiosus*. De fato, os depósitos de ossos, as sepulturas, a domesticação do fogo, as inscrições rupestres, as pinturas das cavernas – os santuários da pré-história – mostram a intencionalidade religiosa do homem arcaico.

Neste período ocorre a mais longa revolução religiosa da humanidade: o Mesolítico e o Neolítico. E talvez, durante o Mesolítico, tenha sido especificada a ideia de um ancestral mítico, solidário com os mitos cosmogônicos e aos mitos das origens da caça, do homem e da morte. Logo as aldeias são formadas: é o nascimento da vegetocultura, seguido pela fabricação de cerâmica. O homem se torna um produtor de seu próprio alimento. Constitui-se um verdadeiro edifício espiritual: mitos cosmogônicos e mitos de origem; esclarecimentos em crenças de sobrevivência além da morte; solidariedade mística entre homem e vegetação; sacralidade feminina e materna; mistério de nascimento, morte e renascimento. O mistério da vida e da fertilidade ocupa um lugar central: as deusas-mães, a santidade sexual, a hierogamia, o simbolismo astral, o sol e a lua. A religião neolítica é uma religião cósmica centrada na renovação periódica do mundo: árvore cósmica, tempo circular, simbolismo do centro e lugares sagrados, sacralização do espaço. Neste edifício espiritual arcaico, o simbolismo ocupa o lugar central. Após a invenção da escrita, a partir do surgimento dos primeiros textos, nos unimos a este universo, cheio de significados profundos. A humanidade flui para uma nova civilização: a Idade do Ferro, a cidade, a realeza, o sacerdócio organizado.

A paciente pesquisa de Eliade pôs fim ao mal-entendido que surgiu no século XIX através do positivismo e do evolucionismo[224].

---

223. Cf. RIES, J. In: TACOU, C. *Mircea Eliade*. Op. cit., p. 81-87. • RIES, J. *Revue Théologique de Louvain*, VII, 1976, p. 476-489, 499-504. • RIES, J. (org.). *L'expression du sacré dans les grandes religions*. Louvain-la-Neuve: Centre d'Histoire des Religions, 1978, vol. 1, p. 71-95; vol. 2, p. 7-23.

224. RIES, J. Quelques aspects de la science des religions à la fin du XIXe siècle. In: PORTIER, L. *Christianisme, Églises et religions*: le dossier Hyacinthe Loyson (1827-1912). Louvain-la-Neuve: Centre d'Histoire des Religions, 1982, p. 147-172.

2.5.4 Mircea Eliade e o sagrado

Nós falamos de Eliade como "filósofo do sagrado" e como "espeleólogo do sagrado". Por outro lado, considerou-se que "a fábula do sagrado" foi fabricada pela ciência das religiões no início do século XX. Um dos grandes méritos de Eliade foi retomar o estudo do sagrado iniciado por É. Durkheim e M. Mauss, depois continuados por N. Söderblom, R. Otto e G. van der Leeuw, e por ter sido o pilar central da ciência das religiões[225]. Durkheim definiu o sagrado como um produto da consciência coletiva criada pela sociedade. Ao contrário desta concepção, R. Otto vê no sagrado, considerado como *numinosum*, um valor divino, o princípio vivo de todas as religiões: sua manifestação na história estaria na origem das diferentes religiões.

M. Eliade não hesita em ir além da perspectiva reducionista dos sociólogos. Por outro lado, os dados psicológicos da experiência numinosa, destacados por R. Otto, constituem em seus olhos uma base muito reduzida. Seguindo G. van der Leeuw, ele está interessado no comportamento e na atitude do homem na presença do sagrado, que "sempre se manifesta como um poder de ordem totalmente diferente das forças naturais"[226]. Ao longo de toda sua obra, Eliade mostra que o comportamento do *homo religiosus* é organizado em torno da manifestação do sagrado. Depende de uma ordem diferente da ordem natural, mas nunca se apresenta no estado puro. Ela se manifesta por meio de algo diferente de si: seres, objetos, mitos ou símbolos. Para indicar a ação da manifestação do sagrado, Eliade escolhe um termo cômodo, que se tornou clássico na ciência das religiões: a hierofania. O homem compreende a irrupção do sagrado no mundo e, ao fazer essa descoberta, torna-se consciente da existência de uma realidade transcendente que dá ao mundo sua dimensão autêntica de realização. Esta dimensão não é evidência. É descobrindo essa dimensão que o homem se torna

---

225. DURKHEIM, É. *Les formes élémentaires de la vie religieuse*. 5. ed. Paris: Félix Alcan, 1968 [trad. it.: *Le forme elementari della vita religiosa*. 3. ed. Milão: Communità, 1982.]. • SODERBLÖM, N. "Holiness". In: HASTINGS, J. & SELBIE, J.A. (orgs). *Encyclopedia of Religion and Ethics*. Vol. 6. Edimburgo: Clark, 1913, p. 731-741. • OTTO, R. *Das Heilige* – Über das Irrationale in der Idee des Göttlichen und sein Verhältnis zum Rationalen. Gotha: Klotz, 1917 [35. ed.: Munique: Beck, 1963] [trad. fr.: *Le Sacré*. Paris: Payot, 1929; trad. it.: *Il Sacro* – L'irrazionale nell'idea del divino e la sua relazione al razionale. 5. ed. Milão: Feltrinelli, 1994]. • VAN DER LEEUW, G. *Phänomenologie der Religion*. Tubingen: Mohr (Siebeck), 1933 [2. ed. 1956] [trad. it.: *Fenomenologia della religione*. Turim: Boringhieri, 1975. • Cf. RIES, J. *Les chemins du sacré dans l'histoire*. Paris: Aubier, 1985, p. 11-84.
226. ELIADE, M. *Mythes, rêves et mystères*. Paris, 1957, p. 14.

homo religiosus. Ao aceitar essa descoberta em sua vida, ele começa a assumir um comportamento específico.

Toda hierofania é um fenômeno religioso percebido pelo homem. Este fenômeno é inseparável da experiência do *homo religiosus*. Em cada hierofania, três elementos intervêm: o objeto ou ser natural, a realidade invisível, o objeto ou ser mediador coberto de sacralidade. A realidade invisível é o "totalmente outro". Essa realidade vai conferir uma nova dimensão, um caráter sagrado, a um ser ou objeto. O objeto ou ser pelo qual a realidade transcendente se manifesta continua a fazer parte do mundo natural, mas graças a sua nova dimensão torna-se um mediador: árvore sagrada, xamã, sacerdote. Aos olhos de Eliade, a suprema hierofania, para o cristão, é "da encarnação de Deus em Jesus Cristo"[227].

Em seu estudo sobre o sagrado, Eliade permanece no terreno da história das religiões. É graças à fenomenologia da manifestação que o historiador das religiões tenta compreender a natureza do sagrado: é precisamente o contexto histórico das hierofanias, sujeito aos limites da espacialidade e temporalidade. Como resultado, a mãe do comparativismo continua sendo a história. Aos olhos do *homo religiosus* das diferentes religiões, o sagrado aparece como um poder de uma ordem diferente da ordem natural. É o discurso através do qual o homem refere sua experiência que se torna objeto de pesquisa do historiador das religiões. Ao concentrar a ciência das religiões nas hierofanias, Eliade evita a pedra na qual tropeçou Heiler, que viu na história das religiões uma teologia do sagrado baseada na fé na revelação divina presente em todas as religiões[228]. Tal abordagem cria confusão entre teologia e ciência das religiões. A ciência das religiões não interroga as revelações; ela interroga o *homo religiosus*. Em Eliade, o estudo do sagrado é uma pesquisa que gira em torno da antropologia. Em várias ocasiões, nosso autor destaca as diferentes modalidades do sagrado vivido pelo homem religioso arcaico, pelo adepto das religiões ligadas às grandes culturas ou pelo fiel dos grandes monoteísmos. Nestes últimos, o homem se encontra na presença de um Deus pessoal, que intervém na história e na vida do fiel.

---

227. ELIADE, M. *Le sacré et le profane*. Paris, 1965, p. 15.
228. HEILER, F. *Erscheinungsformen und Wesen der Religion*. Stuttgart: Kohlhammer, 1962 [trad. it.: *Le religioni dell'umanità* – Volume di introduzione generale. Milão: Jaca Book, 1985]. Cf. a crítica feita por U. Bianchi, *Après Marbrg* – Petit discours sur la méthode. In: *Numen*, VIII, 1961, p. 65-80.

"Espeleólogo do sagrado", Eliade mergulha nas profundidades da consciência e do comportamento do *homo religiosus* e na sua experiência existencial do sagrado vivido. Abre assim uma nova estrada, colocando algumas balizas úteis para as pesquisas sucessivas operadas no imenso âmbito das hierofanias.

2.5.5 Os três caminhos da história das religiões

2.5.5.1 História

A história das religiões é uma abordagem científica ao fenômeno religioso. Enquanto disciplina histórica ela deve se dedicar ao estudo das experiências religiosas vividas no espaço e no tempo, do Paleolítico aos nossos dias. No seu *Traité d'histoire des religions* (1948), Eliade insiste longamente na abordagem histórica, sobre as suas dificuldades e os seus imperativos que decorrem particularmente da extrema heterogeneidade dos documentos religiosos: textos, monumentos, rituais, costumes, tradições orais, mitos e ritos, notas de viajantes, documentos missionários, literatura sacerdotal, hinos e orações. O historiador das religiões deve desdobrar todos esses recursos da heurística e da crítica: coletas de matérias, análises do contexto sociocultural, história das formas religiosas. Nos seus trabalhos, Eliade tende a privilegiar duas categorias de documentos: as grandes religiões da Ásia, de um lado, e, de outro, as tradições orais dos povos sem escrita. O historiador das religiões não pode substituir os diversos especialistas do vasto campo das pesquisas históricas, sobre cujos trabalhos deve se manter atualizado.

2.5.5.2 Fenomenologia

Desde a primeira fase do seu *Traité*, Eliade enuncia o que define como um princípio fundamental da ciência moderna: "É a escala que cria o fenômeno". Daí conclui que todo fenômeno religioso deve ser colhido na sua própria modalidade, que é a escala religiosa. Eliade recrimina as grandes teorias religiosas por terem reduzido a ciência das religiões a abordagens ou puramente históricas ou sociológicas ou etnológicas, ou ainda psicológicas. Tais teorias perderam de vista a especificidade do fenômeno religioso. Essas constatações o levam a evidenciar o papel simbólico, o aspecto espiritual e a coerência interna dos fenômenos religiosos. Reabrindo a fórmula de Pettazzoni segundo a qual "a fenomenologia é a compreensão religiosa da história", ele visa a uma compreensão da essência e das estruturas dos fenômenos religiosos, colhidos tanto em seu condicionamento histórico quanto na ótica do comportamento do *homo religiosus*[229]. O comportamento do homem que vive a experiência do sagrado é um elemento estável da vasta gama dos fatos religiosos.

A fenomenologia começa nomeando e classificando os fenômenos: sacrifício, oração, oferta, purificação, pecado etc. Ela faz ainda o inventário das estruturas. Mas essas várias operações não ultrapassam a tipologia. O historiador das religiões é convidado a progredir no aprofundamento dos significados e das articulações do comportamento do homem religioso. Essa segunda fase da abordagem fenomenológica é uma tentativa de decifração dos fatos religiosos enquanto experiências do homem nos seus esforços por transcender o temporal e entrar em contato com a Realidade última.

2.5.5.3 Hermenêutica

Mircea Eliade insiste em outro aspecto da pesquisa: "o historiador das religiões não se comporta como um filólogo, mas como um exegeta, um intérprete"[230]. A hermenêutica é a ciência da interpretação. Com o auxílio dos documentos recolhidos, fixados, submetidos à crítica e classificados, o hermeneuta procede com um trabalho comparado para explicitar a mensagem, revelar sua dimensão trans-histórica e torná-lo inteligível e acessível ao homem de hoje. Se, como mostra Eliade, a história das religiões é o estudo de todas as hierofanias conhecidas, realizado por meio de múltiplos testemunhos do *homo religiosus*, a abordagem hermenêutica é necessária. Ela tem a missão de indagar os fenômenos religiosos enquanto *significantes*.

A hermenêutica *descritiva* tenta observar a mensagem percebida pelo *homo religiosus in situ*. Esse homem fez uma experiência religiosa da qual é consciente. Ainda que essa consciência seja relativamente obscura, graças ao universo simbólico das hierofanias conseguimos compreender a essência da mensagem. Nessa

---

229. Cf. ELIADE, M. *La nostalgie des origines*. Paris: Gallimard, 1971, p. 67 [orig.: *The Quest* – History and Meaning in Religion. Chicago: 1969] [trad. it.: *La nostalgia delle origini*. Bréscia: Morcelliana, 1980].

230. ELIADE, M. *Méphistophélès et l'androgyne*. Paris: Gallimard, 1962, p. 245 [trad. it.: *Mefistofele e l'Androgino*. Por E. Pinto. Roma: Mediterranee, 1971].

ótica, Eliade insiste na coerência das ideias religiosas e na unidade presente em toda a história espiritual da humanidade, dado que a condição humana é a mesma em todas as épocas[231].

Preocupado com a pesquisa dos valores presentes no pensamento dos povos, Eliade tenta lançar os fundamentos de uma hermenêutica *normativa* que tem como objetivo revelar aspectos essenciais da condição humana. Tal hermenêutica revela significados que não foram apreendidos. Ela é criadora de valores culturais novos, capazes de orientar o homem de hoje a um novo humanismo. Essa hermenêutica normativa se baseia na unidade espiritual da humanidade, que o historiador das religiões enucleia a partir da milenar experiência do sagrado percebido e vivido pelo *homo religiosus*.

2.5.6 O símbolo, o mito e o rito

Em toda hierofania, o sagrado é mediador, e é ao nível da mediação que está presente o mistério. Graças a essa mediação, o *homo religiosus* está consciente de entrar em relação com a Realidade transcendente. Na condição humana é realizável, normalmente, só a experiência medida do sobrenatural. Consequentemente, na vida do *homo religiosus* e na sua experiência do sagrado vivido, um papel importante é reservado ao símbolo, ao mito e ao rito.

O último capítulo do *Traité* é dedicado *à estrutura dos símbolos*. O símbolo prolonga a dialética da hierofania. Às vezes, ele a substitui ou se torna ele mesmo uma hierofania que revela uma realidade sagrada. O simbolismo realiza a solidariedade permanente entre o homem e o sagrado. Os símbolos são, portanto, suscetíveis de revelar uma modalidade do real ou uma estrutura do mundo que não são evidentes no plano da experiência imediata. Assim, na vida do *homo religiosus*, o simbolismo tem uma função de revelação e confere um significado novo à existência. Eliade não para de repetir que o símbolo faz parte da substância da vida espiritual. Ele acredita que a função mais importante do simbolismo religioso seja "a sua capacidade de exprimir situações paradoxais ou algumas estruturas

---

231. Cf. ALLEN, D. *Mircea Eliade et le phénomène religieux*. Paris: Payot, 1982 [orig.: *Structure and Creativity in Religion* – Hermeneutics in Mircea Eliade's Phenomenology and New Directions. Haia: Mouton, 1978]. Essa obra, com prefácio do próprio Eliade, representa uma excelente aproximação ao método eliadeano.

da realidade última, impossíveis de exprimir de outra forma"[232]. Em *Images et symboles* dedica um capítulo muito denso ao simbolismo cristão[233].

Pode-se afirmar sem titubeio que a pesquisa de Eliade renova realmente o estudo do mito. Depois de ter interrogado "os mitos viventes" das populações sem escrita e os mitos "desarticulados" dos povos que assumiram um papel histórico importante, traz à tona o significado do mito e a sua função na vida religiosa. O mito é uma história verdadeira, sagrada e exemplar, que fornece modelos à vida do homem e o coloca em relação com o sobrenatural. Segundo Eliade, os mitos cosmogônicos representam a história santa dos povos. Trata-se de uma história coerente, que revela o drama da criação do mundo e do homem e exprime os princípios que regem o cosmos e a vida humana. Esse mito mostra a irrupção do sagrado no mundo e, com ininterrupta ritualização dos gestos divinos, convida o homem a conservar o sagrado no cosmos. Um dos grandes méritos de Eliade é ter colocado em evidência o comportamento mítico: o despertar e a conservação da consciência do mundo divino; a imitação de um modelo trans-humano; a repetição de um esquema exemplar; a referência da ação humana a um arquétipo que lhe confere eficácia. Eliade mostra também o erro da perspectiva de Bultmann, que de um lado compreendeu o sentido do mito e de outro não apreendeu o fato de que o cristianismo é uma valorização da história enquanto manifestação direta e irreversível de Deus no mundo[234].

Do *Traité* até os últimos anos, Mircea Eliade não deixou de retornar à natureza e às funções do rito e do ritual. Para ele, os inúmeros gestos de consagração dos espaços, dos objetos e dos homens traem a obsessão do real. De fato, com os ritos, o *homo religiosus* se refere a um arquétipo que lhe confere força e eficácia, todo ritual tem um modelo divino. Nas suas numerosas investigações sobre os ritos de iniciação presentes nas religiões arcaicas e nas grandes religiões, o professor de Chicago mostrou incessantemente o lugar assumido pelo rito na revalorização da vida religiosa. Ademais, escreveu páginas excepcionais acerca da liturgia cristã[235].

---

232. ELIADE, M. *Méphistophélès et l'androgyne*, p. 259.
233. ELIADE, M. *Images et symboles:* Essais sur le symbolisme magico-religieux. Paris: Gallimard, 1952, p. 198-235 [trad. it.: *Immagini e simboli:* Saggi sul simbolismo magico-religioso. Milão: Jaca Book, 1980 [2. ed.: 1984]].
234. ELIADE, M. *Mythes, rêves et mystères*. Paris: Gallimard, 1957, p. 24-28 [trad. it.: *Miti, sogni e misteri*. Milão: Rusconi, 1990]. • ELIADE, M. *Aspects du mythe*. Paris: Gallimard, 1963, p. 197-219.
235. ELIADE, M. *Le sacré et le profane*. Paris: Gallimard, 1965, p. 21-98 [trad. it.: *Il sacro e il profano*. 3. ed. Turim: Boringhieri, 1984]. • ELIADE, M. *Images et symboles*. Op. cit., p. 197-235.

2.5.7 A história das religiões segundo Mircea Eliade

Neste capítulo não prestamos atenção à outra fase da obra eliadeana: as análises artísticas, os romances, as obras literárias. No entanto, essa fase também interessa ao historiador das religiões, já que Eliade, livremente e com grande imaginação, desenvolve muitas ideias e temas míticos e simbólicos[236]. Por outro lado, no entanto, deve-se dar grande importância a seus ensaios autobiográficos, que são considerados preciosos pontos de referência.

Como vimos, na ciência das religiões o maior mérito de Eliade reside no estudo do *homo religiosus*, o homem em sua totalidade, um homem ao mesmo tempo histórico e trans-histórico. Em toda a sua pesquisa, nosso autor mostra esse homem em busca do sagrado, que vive sua experiência existencial hierofânica e realiza a mediação do sagrado através de símbolos, mitos e ritos. Graças a essa perspectiva, subjacente a todo o trabalho de Eliade, a ciência das religiões encontrou uma dimensão que permite pôr fim às ideologias e aos vários reducionismos do fenômeno religioso. Vemos uma valorização significativa da ciência das religiões no âmbito das ciências humanas.

Um segundo grande mérito é o de ter destacado três formas de pesquisa: a história, a fenomenologia e a hermenêutica. O método de Eliade põe fim ao conflito entre história e fenomenologia, que persistia desde o final do século XIX. Insistindo na pesquisa histórica como caminho obrigatório, Eliade responde a todas as críticas dirigidas à fenomenologia e à hermenêutica. Mostrando, na esteira de Pettazzoni, que a fenomenologia é a compreensão religiosa da história, ele confere ao fenômeno religioso seu significado específico.

À luz dos trabalhos de Paul Ricoeur sobre a hermenêutica, Eliade compreendeu de modo mais adequado que o historiador das religiões não deve comportar-se como filósofo, mas como exegeta e intérprete. Além disso, ele seguiu Georges Dumézil passo a passo, estudando o uso do dossiê indo-europeu usando de um método comparativo genético e integral, que trata dos textos de caráter mitológico, épico, histórico, linguístico ou arqueológico. Ele pôde, assim, testemunhar a descoberta da herança indo-europeia e viu se delinearem a teologia e a ideologia arianas arcaicas. Depois de estender o próprio dossiê às grandes religiões da Ásia e

---

236. Cf. MARINO, A. *L'herméneutique de Mircea Eliade*. Paris: Gallimard, 1981.

ao pensamento religioso arcaico e etnológico, Eliade constituiu inicialmente uma morfologia e uma tipologia baseadas no sagrado e no símbolo. A partir dessa documentação e usando o método comparativo, colocou-se na busca das articulações-chave e jogos, a fim de descobrir as linhas diretrizes de comportamento, as estruturas de pensamento, a lógica simbólica e o universo mental do *homo religiosus*. A pesquisa hermenêutica de Eliade abriu claramente novas perspectivas dentro da ciência das religiões.

A hermenêutica é o aspecto mais original da obra eliadeana. Como dissemos, a hermenêutica descritiva visa a revelar a mensagem percebida pelo *homo religiosus in situ*, enquanto a hermenêutica normativa procura desvelar os aspectos essenciais da condição humana. A hermenêutica de Eliade está ligada à pesquisa comparativa. Diz respeito tanto à literatura comparada quanto à religião comparada. Nosso autor concebe a história das religiões como uma disciplina total, que engloba todas as crenças e ideias religiosas percebidas e estudadas à luz do discurso e do comportamento do *homo religiosus*. Mas também volve o seu olhar para a literatura, já que, assim salientou A. Marino, "a história literária se torna por sua vez, uma disciplina não menos total, tanto no sentido interdisciplinar como no sentido universal, como a história universal da literalidade no tempo e no espaço"[237].

Em um estudo muito importante, intitulado *Mircea Eliade et le phénomène religieux*, Douglas Allen dedicou páginas muito densas à perspectiva hermenêutica eliadeana, seus objetivos, seus fundamentos e as objeções levantadas no mundo dos historiadores das religiões[238]. Essas objeções não levam diretamente à hermenêutica descritiva, uma vez que ela é essencialmente dedicada ao estudo do homem religioso que vive em condições históricas e culturais específicas. A hermenêutica normativa leva ao modo de ser no mundo. Nos seus posicionamentos, ela é muito severa no que se refere a certas abordagens do fenômeno religioso, como a positivista, a historicista, a existencialista, a marxista, a materialista e a reducionista. Essa hermenêutica normativa culmina em uma antropologia filosófica. Eliade não cansou de insistir no aspecto criativo dessa pesquisa, na qual vê a fonte de um novo humanismo.

---

237. Cf. ibid., p. 405-406.
238. As objeções feitas a Eliade se referem particularmente aos juízos de valor sobre o significado dos fenômenos religiosos (cf. ALLEN, D. *Mircea Eliade et le phénomène religieux*. Op. cit., p. 187-213).

2.5.8 História das crenças e das ideias religiosas

Em 1949, no seu *Traité*, Eliade destacara dois dados essenciais para a história das religiões: de um lado a unidade fundamental dos fenômenos religiosos e, de outro, a sua inexaurível novidade, manifestada no curso da história. Reservava-se de retomar na sequência o estudo das diversas hierofanias do *Traité*, situando-as nas perspectivas históricas de cada uma. A publicação da *Histoire des croyances et des idées religieuses* representa o feliz resultado desse projeto[239]. Os três volumes disponibilizam ao público uma parte importante dos cursos ministrados por Mircea Eliade em Bucareste, em Paris e em Chicago. Essa trilogia não é uma "história das religiões" em sentido clássico, a ser acrescentada às enciclopédias publicadas a partir do início do século XX. A originalidade da obra está em sua perspectiva. Eliade pôde desdobrar todos os recursos do seu método, do qual falamos longamente. Ele tem continuamente diante de si a unidade profunda e indivisível da história do espírito humano. Por meio de situações existenciais diferentes segundo as culturas, ele se esforça por colher essa unidade espiritual que lhe consente aceder à compreensão do *homo religiosus*. Um estudo comparado onipresente evidencia o significado e o valor simbólico das hierofanias e a mensagem do homem religioso.

O primeiro volume conduz o leitor da idade da pedra aos mistérios de Elêusis. A parte mais nova do percurso é o estudo do *homo religiosus* durante os milênios da pré-história. O estudo comparado dos documentos arqueológico e dos diversos traços, à primeira vista opacos, permite que Eliade desenhe os traços principais do edifício religioso pré-histórico e faça vislumbrar o aparecimento do homem religioso. No pensamento dos *paleoantropos* descobre dados que acredita serem certos: o papel dos utensílios na mitologia e na vida; as crenças e os mitos relativos ao domínio da distância; as mitologias articuladas em torno das lanças; a simbologia funerária; as pinturas rupestres, representações de uma caça primordial; os mitos cosmogônicos e os mitos da origem. A revolução neolítica dá vida a uma verdadeira religião cósmica, que tem como eixo a renovação periódica do mundo. Nela estão presentes embrionariamente as cosmologias, as escatologias e

---

239. ELIADE, M. *Histoire des croyances et des idées religieuses*. Paris: Payot: Vol. 1: De l'âge de la pierre aux mystères d'Éleusis, 1976, 494 p.; Vol. 2: De Gautama Bouddha au triomphe du christianisme, 1978, 519 p.; Vol. 3: De Mahomet à l'âge des Réformes, 1983, 361 p. Esses três volumes foram traduzidos em inglês, italiano e alemão [trad. it.: *Storia delle credenze e delle idee religiose*. 3 vols. Florença: Sansoni, 1996].

os messianismos que dominarão por dois milênios o Oriente e o mundo mediterrâneo. A maior parte do volume passa em revista a esses dois milênios (p. 68-387), iluminando primeiramente os momentos criadores das diversas tradições religiosas e as maiores contribuições das ideias e das crenças à história. Ao final do volume, a insistência na iniciação eleusina e nos ritos órficos tem o objetivo de chamar a atenção ao papel dos mistérios na formação do pensamento europeu.

O segundo volume tem como subtítulo "De Gautama Bouddha au triomphe du christianisme". Depois de um capítulo dedicado às religiões da China antiga, o autor aborda um tema privilegiado, ao qual retornará várias vezes no volume: o bramanismo e o hinduísmo, que dão vida às primeiras filosofias e técnicas de salvação. O aparecimento da doutrina da libertação é retomado e desenvolvido na mensagem de Buda. Este último é marcado pelo terror do eterno retorno, que leva o homem à descoberta da beatitude do indizível. Eliade acreditou que fosse possível tratar brevemente da religião romana, à qual o seu amigo G. Dumézil dedicou um imponente dossiê[240]. Mas se concentra longamente nos celtas, nos germânicos, nos trácios e nos getas, povos nos quais encontramos uma parte não desprezível da herança indo-europeia e uma presença muito ativa dos "especialistas do sagrado". Dois dados chamaram particularmente a atenção de Eliade: entre os celtas, o papel principal dos druidas; entre os getas a importância dos rituais de imortalização. Com Orfeu, Pitágoras e Platão se desenha uma nova escatologia que marcará visivelmente o pensamento mediterrâneo. Depois de uma sugestiva descrição da criatividade religiosa na época helenística, o professor de Chicago apresenta as orientações religiosas iranianas sob os arsácidas e passa ao nascimento do cristianismo, que anuncia o crepúsculo dos deuses.

O terceiro volume, publicado cinco anos mais tarde, refaz o caminho religioso da humanidade, desde Mohamed até o tempo dos reformadores. Eliade continua a história das Igrejas cristãs até o Iluminismo. Dedica quatro capítulos à história de crenças, ideias e instituições religiosas da Europa entre os séculos IV e XVII, com especial ênfase em fenômenos muitas vezes minimizados, i.e., as heterodoxias, as heresias, as mitologias e práticas populares, a feitiçaria, a alquimia e o esoterismo. Este desenvolvimento é interrompido por

---

240. DUMÉZIL, G. *La religion romaine archaïque, suivi d'un appendice sur la religion des Étrusques*. Paris: Payot, 1966, 680 p. [2. ed. rev. e corrigida: Paris: Payot, 1974, 700 p.] [trad. it: *La religione romana arcaica*. Milão: Rizzoli, 2001].

uma apresentação do Islã e sua mística. É precedido por um estudo comparativo das religiões antigas da Eurásia: turco-mongóis, fino-úngricos, balto-eslavos, o mundo privilegiado do xamanismo, ao que Eliade dedicou uma obra já clássica[241]. O volume termina com um capítulo sobre o judaísmo, da revolta de Bar-Kokhba ao hassidismo e uma apresentação das religiões tibetanas. Para nossa grande tristeza, e por razões de saúde, M. Eliade adiou o volume final, ainda não publicado, o desenvolvimento do hinduísmo, o pensamento religioso da China e do Japão medieval e o estudo das religiões arcaicas e tradicionais da América, África e Oceania. No final do quarto esperado volume também haveria uma discussão sobre a crise provocada pelos mestres do reducionismo – Marx, Nietzsche e Freud – e um estudo sobre as contribuições da antropologia, da fenomenologia e da nova hermenêutica ao estudo do *homo religiosus*. Como nos volumes anteriores, o terceiro termina com uma extensa bibliografia crítica. Nas 1.372 páginas da *Histoire des croyances*, 293 são notas bibliográficas dedicadas ao estado da pesquisa. Este é um fato eloquente: mostra que Mircea Eliade tinha uma documentação extraordinária, estudada por ele, submetida a críticas e assimilada[242].

Graças a uma documentação de primeira linha, graças a uma perspectiva baseada no sagrado vivido pelo *homo religiosus*, graças às aberturas praticadas pela hermenêutica eliadeana, a *Histoire des croyances et des idées religieuses* é um notável trabalho de síntese e uma valiosa ferramenta de trabalho.

A verdadeira coroação da obra científica de Mircea Eliade será *The Encyclopaedia of Religion*, que ele próprio empreendeu já há vários anos. Cerca de quatrocentos colaboradores redigiram dezesseis volumes, cuja publicação por MacMillan está prevista para 1987, em Nova York. Até a sua morte, Eliade assumiu as funções de *Editor in Chief* dessa publicação magistral.

---

241. ELIADE, M. *Le chamanisme et les techniques archäiques de l'extase*. Paris: Payot, 1968, p. 12 [trad. it.: de J. Evola e F. Pintore: *Lo sciamanismo e le tecniche dell'estasi*. Roma: Mediterranee, 1974].

242. Para estudar o símbolo e o mito, M. Eliade e E. Jünger publicaram o periódico *Antaios* (12 vols. Stuttgart: Klett, 1960-1971). A partir de 1961, surge em Chicago *History of Religions* – An International Journal for Comparative Historical Studies, sob os cuidados de M. Eliade, J.M. Kitagawa e C.H. Long.

Bibliografia

ALLEN, D. *Mircea Eliade et le phénomène religieux*. Paris: Payot, 1982.

MESLIN, M. *Pour une science des religions*. Paris: du Seuil, 1973.

PINARD DE LA BOULLAYE, H. *L'étude comparée des religions*. 2 vols. Paris: Beauchesne, 1922 [vol. 2: 1929]. O vol. 1 é inteiramente dedicado à história da pesquisa.

RÉVILLE, J. *Les phases successives de l'histoire des religions*. Paris: Leroux, 1909.

SCHMIDT, W. *Origine et évolution de la religion* – Les théories et les faits. 4. ed. Paris: Grasset, 1931.

VAN BAREN, T.P. & DRIVERS, H.J. (orgs.). *Religion, Culture and Methodology*. Haia/Paris: Mouton, 1973.

2.6 A contribuição de Georges Dumézil ao estudo comparado das religiões*

Georges Dumézil morreu em Paris aos 12 de outubro de 1986. Nascido aos 4 de março de 1898, ele descobrira a Grécia aos seis anos de idade, graças a livros que ganhou. Mais tarde, aluno de uma escola secundária provinciana, ele iniciou o estudo do sânscrito, passando depois para a Índia védica e o vasto mundo indo-europeu, que o entusiasmou até sua morte. Historiador, arqueólogo, linguista, etnólogo, orientalista, eminente especialista em pensamento indo-europeu, ele deixa um trabalho extraordinário, que tem mais de cinquenta livros e não menos de duzentos e cinquenta artigos. Um trabalho cotidiano que durou setenta anos lhe possibilitou descobrir as estruturas de pensamento ariano arcaico e fornecer-nos a chave das civilizações e das religiões da Índia, Irã, Anatólia, o mundo celta, Roma, Grécia e a Germânia, e encontrar diferentes culturas desaparecidas.

A imensa gama dessa pesquisa só foi possível graças a um método comparativo laboriosamente desenvolvido, constantemente revisto e adaptado para servir como um instrumento para penetrar os mistérios do pensamento, da sociedade e da religião do mundo indo-europeu arcaico. O trabalho científico de Dumézil é inseparável do método que levou à sua realização. Repetindo a linha de seu Professor Marcel Granet, "o método é o caminho depois de ter sido percorrido", o

---

* L'apport de Georges Dumézil à l'étude comparée des religions. *Revue Théologique de Louvain*, 20, Louvain-la-Neuve, 1989, p. 440-466.

cientista comparativista não hesitou em mostrar a rota de seu itinerário e apontar os obstáculos encontrados no caminho. Em nosso ensaio sobre a obra dumeziliana procuraremos compreender as diversas etapas das suas descobertas e vislumbrar as novas perspectivas que se abriram para o estudo comparado das religiões.

2.6.1 A progressiva preparação do dossiê indo-europeu

2.6.1.1 De Nicolau de Cusa (1401-1464) a Vico (1668-1744)

Os humanistas do Renascimento decidiram encontrar um modelo de perfeição humana e, para esse fim, voltaram-se para o mundo antigo. Redescobrindo Platão, eles lançaram um novo olhar para as religiões antigas. Filósofo platônico, teólogo e jurista, o Cardeal Nicolau de Cusa publica em 1432 sua obra *De concordia catholica*, seguida em 1453 pelo *De pace fidei*, no qual relaciona *universitas* e *humanitas*, cuja pedra angular é a encarnação, a uniformidade em Cristo de todas as individualidades divergentes da humanidade. Para ele, graças aos profetas enviados por Deus para as diferentes nações e em diferentes épocas, foram fundadas as religiões do mundo[243].

O ano de 1474 anuncia novos tempos. Contemporâneo de Nicolau de Cusa, de Pico della Mirandola e de Leonardo da Vinci, o humanista Marsílio Ficino (1433-1499) completa simultaneamente dois livros, cujos títulos são significativos[244]: *Liber de christiana religione* e o tratado intitulado *Theologia platonica*. Sublinhando a transcendência do cristianismo, o florentino coloca Moisés, Zaratustra, Hermes Trismegisto, Pitágoras, Platão, Plotino e Proclo entre os que revelam a verdadeira sabedoria. Em 1486, Pico della Mirandola publicou suas novecentas teses *De omni re scibili*. Aproveitando-se de Dante e Boccaccio, ele vê a convergência de todas as sabedorias para a religião de Cristo.

O ano de 1492 é uma das grandes datas da história. As caravelas de Cristóvão Colombo chegam à orla da América e os confins geográficos dos homens espetacularmente se deslocam. Em 1549, graças a Francisco Xavier, ocorre o primeiro

---

243. NICOLAU DE CUSA. *La paix de la foi*. Sherbrooke: Université, 1977 [organização de J. Doyon, R. Galibois, M. de Gandillac] [vers. it. *La pace della fede*. Milão: Jaca Book, 1991] [Introd. de J. Ries].
• NICOLAU DE CUSA. *Concordance catholique*. Sherbrooke/Paris: Université/Vrin: 1977 [org.: J. Doyon, Tchao, R. Galibois, M. de Gandillac].

244. MARCEL, R. *Marsile Ficin*. Paris: Les Belles Lettres, 1958.

encontro entre cristianismo e budismo. Alguns anos mais tarde, Matteo Ricci chega à China, onde começa a estudar o taoismo e o budismo. A Índia vem a seguir e, a partir de 1605, Roberto de Nobili entra em diálogo com os brâmanes[245].

Iniciado pelos humanistas, o movimento de encontro entre o cristianismo e as outras religiões começa a se estender e diversas tendências começam a se estabelecer: em Paris é a pesquisa sobre a mitologia dos povos, um trabalho científico conduzido por membros da Académie des Inscriptions et Belles-Lettres; por iniciação de Jean-Françoise Lafitau (1681-1746) e de Charles de Brosses (1709-1777) a etnologia religiosa dá seus primeiros passos; impulsionada pela Congregação da Propaganda, instituída em 1622, os missionários começam a estudar as culturas da Ásia, da África e da América. Mitografia comparada, etnologia religiosa e aculturação nos esforços dos missionários católicos são três elementos da época das Luzes. Todavia, uma outra corrente, oposta às ideias do *Aufklärung* ganha vida na hermenêutica das culturas iniciada pela obra que Giambattista Vico (1668-1744) publica em Nápoles em 1725: *La scienza nuova*[246]. Para Vico, os mitos têm um sentido profundo: significam uma condição da consciência humana. Com os mitos, penetra-se até o coração das culturas, dado que são produtos do pensamento religioso. A religião se baseia numa verdade eterna, na consciência de Deus imanente ao homem. Em oposição à filosofia do Iluminismo, Vico insiste na consciência humana compenetrada pelo divino. O homem não consegue viver sem crenças e sem ritos. De passagem por Nápoles, em 1787, Goethe conhece a obra de Vico; essa descoberta está na origem de sua oposição ao Iluminismo.

2.6.1.2 A tensão entre a escola histórica e a escola romântica

No século XVI, os humanistas efetivaram um retorno ao mundo antigo greco-romano e aos deuses do Egito e da Fenícia. No século XVII, preocupados com a origem dos deuses e dos mitos, os autores iniciam estudos comparados entre as religiões pagãs e a religião bíblica. Sob a influência de Herbert Cherbury, do

---

245. DELACROIX, S. (org.). *Histoire universelle des missions*. 4 vols. Paris: Grund, 1956-1958. Cf. o segundo volume.
246. VICO, G. *Principes d'une Science nouvelle relative à la nature commune des nations*. 2. ed. Paris: Nangel, 1986 [orig.: *La scienza nuova*. Milão: Fabbri, 2006 [introdução e notas de P. Rossi]]. A partir de 1971 é publicado em Nápoles um *Bollettino del Centro di Studi vichiani* [Boletim do Centro de Estudos Viqueanos] e, a partir de 1983, em Nova York, uma coleção *"New Vico Studies"*.

qual, em 1663, tem lugar a publicação póstuma do *De religione gentilium*, o estudo comparado entre as religiões pagãs e o hebraísmo-cristianismo leva à evidenciação de um teísmo oposto ao Deus dos cristãos[247]. A *Religion des Lumières* segue esse caminho, que Voltaire (1694-1778) amplia posteriormente. A grande obra de C. Dupuis, *Origine de tous les cultes ou religion universelle* (4 vols. 1794-1795), é o tipo representativo dessa obra teísta[248].

À filosofia do *Aufklärung*, J.G. Herder (1744-1803) opõe a filosofia do olhar e do sinal. Nos seus *Archives de l'humanitè* tenta mostrar que os mitos do Egito, da Fenícia e do Irã são expressão de uma visão poética, religiosa e popular do mundo: trata-se de uma leitura do divino presente na natureza[249]. À concepção das religiões como ligação entre os povos", G.F. Creuzer (1771-1858), o melhor discípulo de Schiller, oferece sua contribuição sobre o simbolismo, criação do espírito humano. Os seus estudos comparados, fundados no símbolo, procuram demonstrar a origem comum e a unidade das diversas religiões antigas[250].

Na encruzilhada entre o *Aufklärung* e o romanticismo, Benjamin Constant (1767-1830) empreende o estudo do politeísmo antigo[251]. Excluindo a pesquisa de uma origem histórica, psicológica ou sobrenatural da religião, ele tenta fazer uma síntese dos fatos religiosos a partir de suas fontes, das suas formas e dos seus efeitos. Nascida no sentimento, a religião reveste-se de formas históricas ligadas às

---

247. HERBERT DE CHERBURY, E. *De religione gentilium errorumque apud eos causis*, 1663. Cf. GUSDORF, G. "De la mythologie comparée à l'histoire des religions". In: *Dieu, la nature, l'homme au siècle des lumières*. Paris: Payot, 1972, p. 168-182. Cf. tb. GUSDORF, G. *Les sciences humaines et la pensée occidentale*. 12 vols. Paris: Payot, 1966-1985.

248. DUPUIS, C. *Origine de tous les cultes ou religion universelle*. 4 vols. Paris, 1794-1795 [republicado em 10 vols: 1834-1837, edição reduzida: Paris, 1797] [reimpressão das edições, Rennes: Awac, 1978].

249. Von HERDER, J.G. *Älteste Urkunde des Menschengeschlechts: Eine nach Jahrhunderten enthüllte heilige Schrift*. 2 vols. Stuttgart/Tübingen, Johann G. Müller, 1774-1776 [*Opera Omnia*. 33 vols. 1877-1913]. • ROUCHÉ, M. *Idées pour la philosophie de l'histoire de l'humanité*. Paris: Aubier, 1962. • ROUCHÉ, M. *Herder, Une autre philosophie de l'histoire*. Paris, 1964. • Von HERDER, J.G. *Idées pour la philosophie de l'histoire de l'humanité*. Paris: Aubier, 1962 [texto alemão, texto francês e comentário].

250. CREUZER, F. *Symbolik und Mythologie der alten Völker* – Besonders der Griechen. 4. vols. Leipzig/Darmstadt: Heyer/Leske, 1810-1812. • MÜNCH, M.M. *La "symbolique" de Friedrich Creuzer*. Paris: Ophrys, 1976.

251. MAURIER, R. Benjamin Constant, historien des sociétés et des religions. *Revue de l'histoire des religions*, 102, 1931, p. 99-113. • BASTID, P. *Benjamin Constant et sa doctrine*. 2 vols. Paris: Armand Colin, 1966. • GOUHIER, H. *Benjamin Constant*. Paris: Desclée de Brouwer, 1967. GOUHIER, H. *Études sur l'histoire des idées en France depuis le XVIIe siècle*. Paris: Vrin, 1980.

culturas. B. Constant acredita que o estudo das formas históricas deva ser objeto das pesquisas sobre as religiões.

Por volta de 1820, F. von Schelling (1775-1854) iniciou seus cursos sobre a filosofia da mitologia como introdução à compreensão da revelação[252]. Para ele, o politeísmo não é nem um ateísmo nem um monoteísmo atomizado, nem mesmo uma revelação obscura. É uma história necessária, que ocupa um período específico entre a queda e o advento de Jesus Cristo. Como um todo, a mitologia é análoga a uma profecia que se integra ao messianismo que está no coração da história humana.

Na Alemanha e na França, o movimento romântico progride. Sob a influência de Hegel († 1831), marcado pelo estudo da história espiritual e religiosa dos povos, Victor Cousin (1792-1867) é defensor da aliança entre filosofia e religião[253]. Leitor assíduo de Creuzer e Schelling, Edgard Quinet († 1875) traduz o trabalho de J.G. Herder *Idées sur la philosophie de l'histoire*, em busca de um simbolismo idêntico em todas as religiões, que se encontra na apoteose da natureza[254]. Em 1827, Jules Michelet traduz Vico com o título *Philosophie de l'histoire*, e nesse caminho ele planeja fundar uma nova Igreja, cuja doutrina seria a *Bíblia de l'humanité* (1864)[255].

Durante o século XIX, a oposição entre o movimento histórico e a corrente romântica só aumentou. Mesmo no rescaldo da Revolução Francesa, em meio à confusão e às ruínas, um olhar nostálgico se voltou para o passado. Agora, de década em década, ocorre a descoberta da herança religiosa da humanidade: as religiões da antiga Índia, as civilizações e religiões do Egito, da Mesopotâmia, do antigo Oriente Próximo e do Irã. Em 1825, em sua *Prolegomena zu einer wissenschaftli-*

---

252. SCHELLING, F.W. *Introduction à la philosophie de la mythologie*. 2 vols. Paris: Aubier, 1945 [orig. *Einleitung in die Philosophie der Mythologie*. Darmstadt, 1856] [trad. it.: In: PROCESI, L. *Filosofia della mitologia*. Milão: Mursia, 1990]. • TILLIETTE, X. *Schelling: Une philosophie en devenir*. 2 vols. Paris: Vrin, 1970.

253. V. Cousin, fundador do ecletismo, buscava apresentar os grandes fatores de caráter espiritual como a expressão de uma razão universal imanente à consciência humana.

254. QUINET, E. *Le génie des religions*. Paris, 1842. • CHASSIN, C. E. *Quinet, sa vie et son œuvre*. Genebra: Slatkine [reimpressão do livro publicado em 1859] [trad. it.: *Vita di Edgardo Quinet*. Prato: Giachetti, 1868].

255. MICHELET, J. *La Bible de l'humanité*. Paris, 1864. • MONOD, G. *La vie et l'Œuvre de J. Michelet*. 2 vols. Paris, 1923 [reimp. Genebra: Slatkine, 1975]. • CORNUZ, J.L. *J. Michelet – Un aspect de la pensée religieuse au XIX*[e] *siècle*. Paris, 1955.

chen Mythologie, Karl Otfried Müller (1797-1840) reagira às posições românticas, falando em favor de uma pesquisa histórica mais crítica sobre os mitos. Diante da nova documentação, essa corrente se estende, dando vida a diversas disciplinas: a pré-história, a arqueologia, a filologia, a orientalística, a etnografia. O estudo dos textos encontrados na Ásia e no Egito leva à filologia e à gramática comparada, duas áreas importantes da descoberta do pensamento dos povos antigos[256].

2.6.1.3 A elaboração do dossiê indo-europeu

Aos 15 de março de 1762, A.H. Anquetil-Duperron (1731-1805) traz a Paris cento e oitenta manuscritos escritos em zend, em pálavi arsácido e sânscrito, relatados por uma bem-sucedida viagem à Índia: foi encontrado o *Avesta*. Em 1730, Jean Calmette descobriu os dois primeiros livros dos *Vedas*, aos quais os outros dois foram logo acrescentados. Fundador da Asiatic Society of Bengale, William Jones, em 1786, faz um discurso programático sobre o parentesco entre o sânscrito e o grego. O estudo comparativo do mundo indo-europeu começa.

O século XIX está profundamente interessado pelo pensamento da Índia e sua disseminação ao longo dos milênios. Na Alemanha, procedemos à reconstituição da antiga mitologia germânica e escandinava, caída no esquecimento após a conversão ao cristianismo[257]. A França lida com os textos da Índia e do Irã, elabora a filologia comparada indo-europeia e, com Michel Bréal (1832-1915), concentra-se sobre os fatos do pensamento e da civilização[258]. Alguns historiadores da religião procuram compreender o pensamento da Índia e do Irã, dando-lhe um papel fundamental no estabelecimento da religião da humanidade. Na ampla gama desta pesquisa um papel decisivo é tomado por F. Max Müller (1823-1900)[259].

---

256. Cfr. PINARD DE LA BOULLAYE, H. *L'étude comparée des religions*. 2 vols. e índice. 3. ed. Paris: Beauchesne, 1929. • RIES, J. *Les chrétiens parmi les religions* – Des actes des Apòtres à Vatican II. Paris: Desclée de Brouwer/Tournai, 1987 [trad. it.: *I cristiani e le religioni* – Dagli Atti degli Apostoli al Vaticano II. Milão: Jaca Book, 2006 [*Opera Omnia*, 1]].
257. KUHN, A. *Zuriltesten Geschicbte der indogermanischen Völker*, 1845. Em 1858, A. Kuhn cria a revista *Zeitschrift für vergleichende Sprachforschung*, e em 1855 J.W. Mannhardt se torna diretor da *Zeitschrift für deutsche Mythologie und Sittenkunde*.
258. BRÉAL, M. *Essai de sémantique*: Science des significations. Paris, 1897 [Limoges: Lambert Lucas, 2005] [trad. it.: *Saggio di semantica*. Nápoles: Liguori, 1990].
259. Bibliografia de F. Max Müller: In: WAARDENBURG, J. *Classical Approaches to the Study of Religion*. II. Bibliography. Paris/Haia: Mouton, 1974. • DE GOEJE, M.J. *Notice sur la vie et les travaux de M. Max Müller*. Paris: Académie, 1902. • REGNAUD, P. "Max Müller et les origines de la my-

Formado em filosofia com Schelling, em sânscrito com Brockhaus (Leipzig), em gramática comparada com Bopp (Berlim), em zend e em indianística com Eugène Burnouf (Paris), M. Müller lecionou em Oxford e em Estrasburgo. Sua obra principal é a edição dos cinquenta volumes de *The Sacred Books of the East*, concluída em 1895. Linguista, orientalista, historiador, é o fundador da escola filológica da história das religiões e iniciador dos estudos de mitologia comparada.

M. Müller publicou uma primeira tradução dos *Vedas* (6 vols., 1849-1873), um trabalho que, segundo ele, contém o pensamento ariano original e é a chave que lhe permite entrar no interior do bramanismo, budismo, zoroastrismo e do pensamento grego e romano. De seus estudos védicos, obtemos a ideia de uma explicação para a origem da religião: a ideia intuitiva de Deus, o sentimento de fraqueza do homem, a crença na providência, a consciência do bem e do mal, a esperança de uma vida melhor. Graças à história das religiões, é possível remontar às origens do pensamento religioso. Este caminho é um retorno realizado com o método do caçador indígena de peles, atento às pegadas. Para M. Müller, essas pegadas correspondem à linguagem, testemunha do pensamento. *Nomina sunt numina*: a filologia comparada é a base da história das religiões e do estudo dos mitos.

É deste método comparativo, baseado na linguagem, que o autor procede ao estudo dos mitos da Índia, do Irã, da Grécia, de Roma e do mundo germânico. Então, para ele, a linguagem é a expressão fonética dos atos, e isso leva Müller a explicar os mitos recorrendo a uma deficiência da linguagem. O primeiro mito, um mito solar, criado pela observação diária do sol, daria aos arianos a noção de *deva*, o deus brilhante. Segundo Müller, os povos que falaram as mesmas línguas têm mitos idênticos: é o caso dos indo-europeus.

A obra de M. Müller é considerável: edições de textos orientais; pesquisa sobre a origem da religião; ensaios sobre o nascimento da mitologia, especialmente a mitologia solar; pesquisa sobre a relação entre pensamento e linguagem; ensaios de hermenêutica do pensamento religioso da Índia. Mestre da elaboração de uma ciência das religiões, no final do século XX, ele foi, acima de tudo, o criador do primeiro dossiê relacionado ao pensamento religioso indo-europeu. Apesar das

---

thologie". *Revue de l'histoire des religions*, 17, 1888, p. 46-51. • MOLLER, F.M. *Essay on Comparative Mythology*. Londres: 1856 [trad. fr.: Paris, 1856].

deficiências devidas às teorias filosóficas (idealismo kantiano, mística de Schleiermacher), o seu método comparativo, com base em pesquisa linguística e filológica, permitiu-lhe oferecer uma base histórica para o fato indo-europeu.

2.6.2 Religião e sociedade indo-europeias à luz das pesquisas de Georges Dumézil

2.6.2.1 Na esteira da mitologia comparada onomástica

As pesquisas indianistas e mitográficas são apenas um dos componentes do estudo das religiões da segunda metade do século XIX. A nova disciplina ingressa em universidades, com a criação de cadeiras na Holanda (1877), em Paris (1880), em Lovaina (1880), em Bruxelas (1884) e da fundação da *Revue de l'histoire des religions* em Paris em 1880 e de *Le Muséon* em Lovaina em 1881. Graças ao trabalho de filólogos, orientalistas, arqueólogos e dos primeiros etnógrafos as pesquisas históricas passam por um verdadeiro impulso. Mas na Holanda, sob o impulso de C.P. Tiele (1830-1902), o governo substituiu em 1877 as faculdades de Teologia do Estado com o ensino da ciência das religiões e do fenômeno religioso[260]. É o começo de um novo caminho na pesquisa: a fenomenologia. Em seus inícios, sofrerá a influência das ideologias da época. Assim, em Berlim, Otto Pfleiderer introduz sua filosofia e tenta estudar as grandes concepções religiosas, destacando-as de qualquer ideia de sobrenatural ou de revelação. Essa corrente operará a junção com "uma teologia positivista" baseada na comparação das diferentes religiões[261]. Na Holanda, P.D. Chantepie de la Saussaye publica um manual em que recomenda trilhar um caminho triplo: a história deve fornecer documentos religiosos; a filosofia buscar a essência e a origem da religião. Entre esses dois caminhos, a fenomenologia é a responsável pela classificação de fenômenos como oração, adoração e sacrifício. O fenomenólogo deve implementar uma comparação tipológica[262].

---

260. RIES, J. "Quelques aspects de la science des religions à la fin du XIXe s." In: PORTIER, L. *Christianisme, Églises et religions*: le dossier Hyacinthe Loyson (1927-1912). Louvain-la-Neuve: Centre d'Histoire des Religions, 1982, p. 147-172 [trad. bras.: "Alguns aspectos da ciência das religiões no final do século XIX", no cap. 5 deste livro].

261. PFLEIDERER, O. *Religionsphilosophie auf geschichtlicher Grundlage*. 2 vols. Berlim: Reimer, 1878 [2. ed.: 1883].

262. CHANTEPIE DE LA SAUSSAYE, P.D. *Lehrbuch der Religionsgeschichte*. 2 vols. Freiburg i.B., 1887-1889 [trad. fr.: *Manuel d'histoire de religions*. 2. ed. Paris: Armand Colin, 1904, XLVIII-71 p.].

Continuando a estrada aberta por Max Müller, a jovem escola comparativa das línguas indo-europeias buscava a língua primordial, alcançando ao indo-europeu, que se falava, acreditava-se, na época da dispersão dos povos. Os linguistas entenderam rapidamente que isso era uma ilusão, já que a diferença entre os dialetos era evidente desde os tempos pré-históricos. É, então, um etnólogo quem se apropria da mitologia comparada: J.C. Frazer (1854-1941). Formado na escola de E.B. Tylor, o pai do animismo, e W. Robertson Smith, ele elabora uma teoria do totemismo como a origem de todas as religiões. Mais tarde, começa a estudar o mito do ramo de ouro do sacerdote de Nemi, procurando vestígios na literatura indo-europeia. Publicada em dois volumes em 1889, a sua obra *The Golden Bough* comportará doze volumes na terceira edição (1911-1915)[263]. Frazer explicou pela primeira vez o mito romano do assassinato ritual da floresta da aldeia de Nemi, localizada à beira de um lago nos Montes Albanos (Lácio). O sacerdote, rei da floresta, matou seu antecessor, e nesse ritual é fundada a transmissão do sacerdócio real. Antes de executar seu ato, o assassino deve colher, em uma árvore sagrada, um ramo mítico, o ramo de ouro, cujo poder divino abre o acesso ao reino dos mortos. Na sequência, Frazer liga o mito romano de Nemi ao mito nórdico do deus Baldr, invulnerável, mas assassinado com o visco. Nesses dois mitos ele procura por elementos homólogos, eventualmente identificando o deus do bosque Nemi com o deus nórdico Baldr. Ele deduz a equação onomástica Zeus = Júpiter = Baldr.

Baseado no mito do ramo de ouro, a obra de Frazer leva seu autor a fazer uma panorâmica dos problemas próprios da ciência das religiões: magia, religião, totens, tabus, o tema do sacrifício, o deus que morre e ressuscita, mitos de Adônis, de Átis, de Osíris e dos outros deuses da vegetação. Andrew Lang definiu esse trabalho como "mitologia do mercado de legumes". As reflexões de Frazer sobre o bode expiatório, transferência do espírito maligno de uma comunidade para um indivíduo, inspirarão o primeiro trabalho de Freud e René Girard sobre o sagrado[264].

---

263. FRAZER, J.G. *The Golden Bough*. 2 vols. Londres, 1890 [trad. fr. *Le cycle du rameau d'or – Études comparées d'histoire des religions*. 12 vols. Paris: Geuthner, 1930. • *Le rameau dor*. 4 vol. Paris: L. Laffont, 1981] [trad. it.: *Il ramo d'oro - Studio sulla magia e religione*. 2 vols. Turim: Boringhieri, 1981].

264. GIRARD, R. *La violence et le sacré*. Paris: Grasset, 1972 [trad. it.: *La violenza e il sacro*. 3. ed. Milão: Adelphi, 1992]. • FREUD, S. *Totem und Tabu*. Leipzig, 1913 [trad. it.: *Totem e tabù* – Concordanze nella vita psichica dei selvaggi e dei nevrotici. Turim: Bollati Boringhieri, 2006].

Sob a influência das teorias evolucionistas, lidando com mitos e ritos agrícolas da renovação anual da natureza e do caráter mágico da realeza, garante da fertilidade, Frazer – como, aliás, Salomon Reinach (1858-1932) – se dedica a uma comparação onomástica que justapõe, sem fazer uma crítica séria, os dados míticos coletados de diferentes povos. O mesmo método de justaposição aproxima as divindades indo-europeias. Tal comparação onomástica é apenas uma aplicação do adágio de Max Müller: *nomina sunt numina*.

Aconselhado por Micheal Bréal (1832-1915), que não cessa de insistir nos fatos de pensamento e de civilização, na importância das pesquisas históricas aplicadas à linguagem e à religião, no problema do sentido e nas causas intelectuais que presidiram a transformação das línguas, G. Dumézil decide retomar o dossiê indo-europeu da mitologia comparada reunido por Müller e agora por Frazer[265], começa colocando-se na escola dos grandes mestres parisienses, A. Meillet para a linguística, M. Mauss para a etnologia, P. Boyer para o russo, e vai a Uppsala para se familiarizar com as línguas escandinavas. É dessa época o seu conhecimento verdadeiramente único das línguas indo-europeias que lhe consente abordar com tranquilidade os textos do imenso âmbito ariano arcaico.

Durante esse período, Dumézil redige trabalhos de mitologia comparada ainda marcados pela influência frazeriana, ainda que a sua comparação onomástica seja mais crítica e não hesite em sublinhar os erros cometidos, de Max Müller a James Frazer[266]. Ao invés de se limitar aos deuses indo-europeus, Dumézil aborda as temáticas, as sequências e os ciclos. Mesmo consciente do fato de que os mitos exprimam realidades profundas, ainda não vê nem a natureza dessas realidades nem o método para alcançá-las. Todavia, o jovem cientista compreendeu que as comparações tipológicas e onomásticas não eram instrumentos capazes de conduzir ao conhecimento do pensamento ariano arcaico, à *Weltanschauung* primordial desses povos. Ele vê a necessidade de comparar conjuntos complexos e articulados, cuja recorrência, entre as diversas populações, não é casual[267].

---

265. DUMÉZIL, G. *Mythe et épopée*. Vol. 1. Paris: Gallimard, 1968, p. 9-15.
266. Ibid., p. 16-22. • DUMÉZIL, G. *Le festin d'immortalité* – Etude de Mythologie comparée in-do-européene. Paris: Geuthner, 1924.
267. DUMÉZIL, G. *Ouranos Varuṇa* – Essai de mythologie comparée indo-europeenne. Paris: Maisonneuve, 1934. • DUMÉZIL, G. *Flaman-Brahman*. Paris: Geuthner, 1935.

2.6.2.2 Na trilha da herança indo-europeia

Em meio às tentativas que deixavam intuir os erros da mitologia comparada de Müller, de Frazer e de seus discípulos, G. Dumézil vislumbra um primeiro elemento importante: "a concepção da sociedade que culminou no sistema indiano dos *varna*, das classes sociais – *brahmans*-sacerdotes, *kṣatriya*-guerreiros, *vaiṣya*--criadores-agricultores – já era indo-iraniana e podia ser encontrada não somente entre os iranianos da Ásia, mas entre seus irmãos europeus, os citas, e também até a nossa época, entre os descendentes deles, os ossetas do Cáucaso do Norte[268].

Para ele, revela-se um segundo fato, que passou completamente despercebido pelos historiadores de Roma: a existência, ao longo do órgão duplo formado pelo *Rex* e pelo *flamen Dialis*, de um conjunto hierárquico dos três flamens maiores e dos deuses que esses são chamados a servir, i.e., Júpiter, Marte e Quirino. É uma estrutura trifuncional "teológica", que parece ser paralela à estrutura de classes sociais da Índia, e em que, sob a forma sacerdotal, ocorrem três tipos de homens, os três flamens. É mister, portanto, admitir que os Umbros, ancestrais dos romanos, trouxeram consigo uma concepção social e religiosa idêntica à que os indo-iranianos tinham. Assim, revela-se a noção de herança indo-europeia. Daí a pergunta: Existe alguma sobrevivência entre os outros povos arianos? Depois de Roma, Dumézil cuida dos germânicos e dos escandinavos[269]. Mais tarde, ele estenderá sua exploração a todo âmbito indo-europeu, examinando entre os diferentes povos a mitologia, os rituais, as instituições, a literatura e a concepção do mundo divino.

A fim de verificar, confirmar e continuar suas primeiras descobertas de uma herança, G. Dumézil usa a linguística e a filologia comparadas assim como fizera seu Professor Antoine Meillet (1866-1936). Já em 1918, Joseph Vendryes (1875-1960) havia destacado a correspondência entre as palavras indo-iranianas de um lado e as ítalo-célticas de outro: essas palavras designam a adoração, o sacrifício, a religião. Este é o léxico do sagrado: termos místicos relacionados com a eficácia dos atos sagrados, com a pureza ritual, com a precisão dos ritos, com as oferendas

---

268. DUMÉZIL, G. *Mythe et épopée*. Op. cit., p. 13.
269. DUMÉZIL, G. *Tarpeia* – Essais de philologie comparative indo-européenne. Paris: Gallimard, 1947. • DUMÉZIL, G. *L'héritage indo-européen à Rome*. Paris: Gallimard, 1949. • DUMÉZIL, G. *Les dieux des Indo-Européens*. Paris: PUF, 1952. • DUMÉZIL, G. *Les dieux des Germains*. Paris: PUF, 1959 [trad. it.: *Gli dei dei Germani* – Saggio sulla formazione della religione scandinava. 6. ed. Milão: Adelphi, 1994].

feitas aos deuses e a aceitação dessas pelos deuses, com a proteção divina, com a prosperidade, com a santidade. A isto devem ser acrescentadas as palavras que designam qualidades e nomes de diferentes funções[270]. Houve, portanto, uma comunhão de termos religiosos entre os povos que mais tarde se tornaram os indianos, os iranianos, os itálicos, os celtas.

Esse terceiro fato marca Dumézil. O léxico do sagrado se conservou nas duas extremidades do mundo indo-europeu. Seguindo o caminho aberto por Vendryes, ele procura pelos motivos disso. A história dos povos arianos nos ensina que as comunidades religiosas indo-iranianas e ítalo-célticas foram as únicas a manter colégios sacerdotais: brâmanes, sacerdotes avésticos, druidas, pontífices romanos. Por outro lado, o sacerdócio é inconcebível sem rituais, sem liturgias sacrificais, sem objetos sagrados, sem textos, sem orações. Desses dados, evidenciados primeiramente por Vendryes, Dumézil tira uma conclusão que servirá como orientação para a sua pesquisa: termos idênticos referidos a fatos de cultura, de civilização e de religião são os sinais de idênticos conceitos religiosos, o que significa um *minimum* de pensamento entre os povos que os conservaram e utilizaram. O fato de encontrar esses dados nas duas extremidades do mundo indo-europeu supõe uma herança oriunda de um pensamento comum arcaico. Em outras palavras, o mundo ariano antigo dispunha de conceitos religiosos veiculado por uma linguagem comum.

2.6.2.3 Pensamento religioso e concepção social dos indo-europeus

Depois de um quarto de século, Dumézil descobriu o dado fundamental que constituirá a chave que permite entrar nos arcanos do pensamento ariano. Trata-se de uma herança compartilhada por uma série de povos indo-europeus e visível graças aos rastros que nos restaram. Essa herança é representada por uma ideologia trifuncional e hierarquizada: a soberania religiosa e jurídica; a força física aplicada particularmente à guerra; a fecundidade submetida às outras duas funções, mas indispensável ao desenvolvimento de ambas e à vida da comunidade. Por quatro décadas, por meio de um método comparativo continuamente submetido a crítica e adaptado, aborda toda a documentação disponível.

---

270. VENDRYES, J. "Les correspondances de vocabulaire entre l'indo-iranien et l'italo-celtique". *Mémoires de la Société Linguistique de Paris*, 20, 1918, p. 265-285.

a) Os documentos

A matéria sobre a qual ocorre a pesquisa é a realidade indo-europeia, assim como a história nos propõe. Durante o III e o II milênios, alguns povos conquistadores se deslocaram na Ásia e na Europa, da Índia ao Cáucaso passando pelo Irã, avançando depois rumo à Anatólia, o Mediterrâneo e o Atlântico. Originalmente, tinham uma língua comum, e isso lhes permitiu transmitir o próprio pensamento, as próprias técnicas e os próprios rituais. Consequentemente, na vida e nos rituais desses povos estava subentendido um *minimum* de civilização comum, acompanhado de um idêntico fundo intelectual, religioso e moral.

Povos sem escrita, os antigos arianos deixaram poucos registros. Não é, porém, o caso dos hititas que se estabeleceram na Anatólia no início do II milênio e beneficiários de uma escrita cuneiforme tomada dos bancos comerciais mesopotâmicos instalados nas terras anatólicas. Outros transmitiram um léxico ligado a ritos, práticas religiosas e comportamentos sociais. Disso restam fragmentos arqueológicos pouco numerosos, enquanto os dados místicos, conservados nos textos de quando as tradições orais foram colocadas por escrito na Índia, no Irã, em Roma, são bem mais numerosos. Sociólogo, etnólogo, linguista, filólogo e historiador, G. Dumézil era o estudioso capaz de dominar ao mesmo tempo a arqueologia, a mitologia, os textos redigidos em quarenta línguas e dialetos e, graças à sua experiência comparativista e ao seu espírito crítico, estava em condições de enuclear progressivamente as estruturas de pensamento e as concepções religiosas e sociais dos antigos arianos.

b) A teologia das três funções

O discurso do homem sobre os deuses tem um nome: teologia. Na concepção indo-europeia, os deuses ocupam um lugar central. Na Índia védica, encabeçando o panteão, há um grupo de deuses hierarquizados em três funções: Mitra-Varuna, dois deuses soberanos; Indra, o deus da guerra, associado às vezes a Vayu, Agni, Surya, Viṣṇu; os Nāsatya ou Aśvin, gêmeos curadores e dispensadores da fecundidade.

Os deuses arianos do Mitani nos são conhecidos graças a uma tabuinha de Bogazköy, Hattuša, a antiga capital do Império Hitita. O texto nos permite conhecer os termos exatos de um tratado concluído em 1380 a.C. entre o rei do Mitani

Matizawa e o rei hitita Suplulliuma. Entre os deuses invocados pelo rei do Mitani se encontram Mitra-Varuna, Indra e os Nāsatya, que figuram no tratado como deuses principais da sociedade ariana. Segundo Dumézil, a forma e o caráter antigo desse documento o tornam o precioso e fundamental testemunho da teologia das três funções[271].

No Irã, essa teologia é subentendida na reforma religiosa de Zaratustra. Reunidos em torno do deus Ahura Mazdā, os seis "benfeitores imortais" assumem o lugar das divindades arianas nas três funções. Vohu Manah, Bom Pensamento, e Aša, Ordem, correspondem aos deuses soberanos Mitra e Varuṇa. Khshathra é o padroeiro dos metais e representa a função guerreira. Três "imortais" ocupam a terceira função, da fecundidade-fertilidade: Ārmaiti, o pensamento piedoso; Haurvatāt, a saúde; e Ameretāt, a não morte.

A teologia das três funções também se encontra entre os povos itálicos, tanto na Úmbria como em Roma, e numerosos traços dela aparecem entre os germânicos e os escandinavos. O quadro trifuncional tem toda a aparência de um quadro conceitual e de uma categoria de pensamento religioso. A literatura védica prova que essa definição dos três níveis do Divino é rigorosa.

c) A tripartição social

Toda a história da Índia nos faz descobrir três classes, os *brahmana*, sacerdotes encarregados do sacrifício e da ciência sagrada; os *kṣatriya*, guerreiros e protetores do povo; os *vaiśya*, agricultores-criadores responsáveis pela subsistência do povo. Segundo o *Ṛgveda* (VIII, 35), essas três classes remontam às origens da sociedade indiana, uma sociedade equilibrada e dirigida pelo *rajan*, oriundo da classe dos guerreiros.

No Irã, o *Avesta* menciona três grupos de homens: os sacerdotes ou *āthaurvan*; os *rathaēštar*, montadores de carros, os guerreiros; os agricultores-criadores, cujo nome é vastryo-fsuyant; mas essas classes desapareceram na época histórica. Dumézil encontrou essas três funções entre os ossetas, descendentes dos Citas, dos quais se fala em Heródoto (*Histórias*, IV, 5-6) e Quinto Cúrcio (VIII, 18-19).

---

271. DUMÉZIL, G. *L'idéologie tripartie des Indo-Européens*. Bruxelas, 1958 [col. Latomus, 31] [trad. it.: *L'ideologia tripartita degli Indoeuropei*. 2. ed. Rímini: Il Cerchio, 2003].

Elementos sociais idênticos caracterizam o mundo céltico e a Roma das origens. Dumézil mostrou que a herança indo-europeia é muito rica nesse contexto: língua, elementos religiosos, fatores políticos, esquemas narrativos da tradição das origens. O volume *La religion romaine archaïque* faz o balanço romano da herança legada, consentindo medir o papel dessa herança na vida do homem e da sociedade.

Os dados sobre a pesquisa e sobre a religião dos indo-europeus permitem compreender o que Dumézil chama de ideologia tripartida. Trata-se de uma concepção do universo, do mundo divino e do mundo dos homens que guiou esses povos desde tempos remotíssimos, permitindo-lhes manter o equilíbrio e superar as tensões. Nessa estrutura religiosa e social existem três funções, três atividades fundamentais asseguradas por três grupos de homens que dão forma a uma sociedade ordenada em três classes. No nível da teologia, a mesma estrutura reparte as divindades, define as relações entre elas e distribui suas atividades. Retirado da segunda função, o rei representa uma síntese harmoniosa, útil e eficaz para o conjunto da sociedade ariana.

2.6.3 A contribuição do método comparativo genético na história das religiões

Como assinalamos acima, Georges Dumézil nos legou 50 livros e aproximadamente 250 artigos[272]; na sua pesquisa se deparou com os setores mais variados do mundo indo-europeu e dos povos que o constituíam: línguas e dialetos, história, sociedades, mitos, epopeias, literaturas, economia, guerra, panteão e religiões. É esse último setor que nos interessa por enquanto: sozinho, ele representa um verdadeiro universo, dado que Dumézil examinou os dados e os componentes religiosos, as estruturas e as modalidades da herança ariana entre as populações indo-europeias: Roma, Germânia, Escandinávia, mundo céltico, Anatólia, Cítia, Índia, Irã e Cáucaso. Ele se deteve ademais em diversos aspectos do fenômeno religioso e nos seus componentes principais a fim de sublinhar os seus perfis e a sua originalidade: as concepções do divino e das divindades, as crenças e as ideias religiosas, o sagrado no ritual, no culto, na vida social, o sacerdócio e a realeza, as relações entre o mito e o ritual, as diversas faces do simbolismo. Esse gigantesco

---

272. RIVIÈRE, J.C. (org.). *Georges Dumézil à la découverte des Indo-Européens*. Paris: Copernic, 1979 [bibliografia organizada por BENOISTE, A.: p. 239-257]. Cf. a coletânea: *Georges Dumézil-Cahiers pour un temps*. Paris: Pandora, 1981 [Bibliografia: p. 339-349]. Também é possível encontrar uma bibliografia crítica e atualizada em *Magazine littéraire*, 29, abril/1986, p. 51-52.

trabalho subentende uma ótica sempre presente: a do comparativismo. Depois de retomar os dossiês recolhidos por seus predecessores, que se preocuparam em reunir as narrativas, as lendas, os mitos, as práticas, os rituais sem submetê-los ao crivo da crítica, Dumézil se aproximou primeiramente das explicações evolucionistas, primitivistas e naturalistas da mitologia. Depois de utilizar o método comparativo etimológico dos filólogos e do comparativismo onomástico dos mitógrafos, notou o impasse, procurando outro caminho.

2.6.3.1 A comparação genética

Depois de um primeiro percurso através das realidades romanas e indianas, Dumézil aborda os mitos e os deuses dos germânicos, encontrando três orientações – soberania, guerra, vitalidade; retornando ao estudo da Roma arcaica descobre as três funções dos *flâmines maiores*. O passo decisivo foi dado. Ao termo de um longo caminho de duas décadas, ele encontrou um caminho seguro.

a) Os princípios dumezilianos

Em *L'héritage indo-européen à Rome*[273], Dumézil enuncia uma série de princípios para o estudo comparado dos fatos religiosos indo-europeus: a evidenciação das correspondências, o mais precisas e sistemáticas possível; graças às correspondências descobertas num mito ou num ritual, a determinação da tipologia, das articulações, do significado lógico, de maneira a obter um esquema; a projeção desse esquema na pré-história para discernir as evoluções divergentes. Essas três aspirações se revelam indispensáveis.

Trata-se de oferecer os meios objetivos para visualizar uma parte da pré-história das civilizações indo-europeias. É, portanto, necessário abordá-la nas duas extremidades: o ponto de chegada, mas também o ponto de partida. Assim, um fato romano será estudado segundo os mais antigos documentos romanos (ponto de chegada) e, para comparação, segundo a situação indo-europeia arcaica reconstruída (ponto de partida). O erro dos predecessores, no estudo da religião romana, foi pretender que Roma tivesse sido um início absoluto, enquanto no

---

273. DUMÉZIL, G. *L'héritage indo-européen à Rome*, p. 29-49.

ponto de partida existia, já constituído numa civilização precedente, um sistema articulado de deuses pessoais.

b) As regras do método

Depois de definir o duplo objetivo do estudo – a evidenciação das correspondências e, depois da determinação do esquema, a projeção deste na pré-história, de modo a ter as duas pontas da evolução –, Dumézil oferece duas regras de método. A primeira é a noção de sistema. No caso de uma pesquisa comparada entre um grupo de conceitos ou de deuses romanos e um grupo de conceitos ou de deuses indianos ou germânicos, sendo os dois articulados uns com os outros de modo homólogo, a correspondência entre os dois sugere assim a ideia de estrutura, pelo fato que uma religião é inicialmente uma *Weltanschauung*, um sistema de representação dotado de articulações fundamentais.

A segunda regra consiste em explorar o máximo possível todo o âmbito acessível à comparação: a estrutura conceitual, os mitos, os ritos, a organização social, o corpo sacerdotal. Se se compara um fragmento religioso romano a um fragmento védico, é necessário saber quais conceitos, mitos, ritos, classes sociais e sacerdotais são unidas. A diferença entre os dois será marcada pelo fato de que os romanos têm uma orientação muito positiva, enquanto os indianos são imaginativos. É necessário saber ainda que o mito é inseparável da épica. Assim, os indianos são dirigidos ao maravilhoso, ao cósmico, ao eterno, enquanto os romanos são fundados no nacional [o texto original traz a palavra "*nazionale*", caberia pensar em erro e ler ali a palavra "*razionale*", "racional", que faria todo sentido no contexto] e na cronologia.

c) Um método genético

Dumézil deu um nome a esse procedimento de comparação progressivamente elaborado e estabelecido no estudo dos documentos: método comparativo *genético*. Com essa qualificação, ele o distingue do método comparativo geral, utilizado pelos fenomenólogos, pelos sociólogos e pelos etnólogos.

A comparação tipológica leva à descoberta de um protótipo comum, que pertence a uma tipologia de fatos amplamente difundidos na humanidade e nos mais diferentes níveis de civilização. Com seu método genético, Dumézil tenta obter, no contexto indo-europeu e em referência a fatos religiosos, o que a linguística comparada obteve para seus próprios dados, i.e., "uma imagem tão precisa quanto possível de um sistema pré-histórico, do qual vários sistemas historicamente comprovados são em grande parte a sobrevivência"[274].

A noção de sistema é de suma importância. Para ser válida, a comparação deve atingir os povos cuja linguagem nos revela um parentesco original. A história da religião pré-histórica do mundo indo-europeu não pertence nem à etnologia religiosa, nem à sociologia religiosa, nem à história das instituições. O que importa é a busca das estruturas, mecanismos e equilíbrios constitutivos presentes na mitologia, na teologia e na liturgia, pois toda religião é um sistema que se distingue dos elementos isolados que a compõem: é um pensamento articulado, que oferece uma concepção do divino, do mundo, da sociedade e do homem.

G. Dumézil falou frequentemente de estrutura, mas afirma claramente que quer se distanciar de qualquer estruturalismo erigido em teoria e método. O que chama de estrutura é a representação coerente e lógica que os indo-europeus fazem da realidade. A estrutura fundamental é a tripartição, que é o elemento determinante de um todo. Essa estrutura trifuncional não é uma ideologia, mas um método de relacionamento, um sistema de múltiplas variações, que fornece às representações uma coerência interna e coesão à sociedade e ao pensamento.

Desde a década de 1950, nosso autor esclareceu algumas características da disciplina, a fim de prevenir ambiguidades[275]. Como situar o comparativismo genético? Em primeiro lugar, não pretende explicar tudo, nem chegar a resultados definitivos. Além disso, esse método não pretende substituir os outros métodos de investigação, como arqueologia, filologia ou história, ou as outras formas de comparativismo. É justaposto a essas modalidades e oferece uma certeza, pois se coloca na origem e no final do trabalho, como dado e como produto, como suporte e benefício. Junto com a arqueologia dos objetos e dos sítios, ele introduz uma arqueologia das representações e dos comportamentos que considera o pensamento e os conceitos.

G. Dumézil reafirmou incansavelmente a sua oposição aos sistemas que por várias décadas falsearam a pesquisa: o evolucionismo, o animismo e o totemis-

---

274. DUMÉZIL, G. *Servius et la Fortune*. Paris: Gallimard, 1943, p. 29.
275. DUMÉZIL, G. *L'héritage indo-européen à Rome*, p. 39.

mo. Tais sistemas impuseram às sociedades antigas, ao homem antigo e à história modos interpretativos de caráter artificial e externos a essas realidades. Ele, aliás, insistiu nos fatos religiosos e no papel que assumem nas pesquisas. De fato, a religião compenetrava toda a vida dessas sociedades antigas e tinha uma função de reservatório, de receptáculo para a conservação da herança arcaica[276].

2.6.3.2 Balanço da pesquisa dumeziliana

a) A ideologia tripartida

A descoberta verdadeiramente central é "a ideologia indo-europeia". Em sentido dumeziliano, ideologia significa uma concepção global do cosmos e das forças a ele subjacentes. Trata-se de uma visão da realidade, do divino e do ser humano, visão que não reconstrói o universo, mas dele analisa a estrutura para compreender equilíbrios e tensões. Essa ideologia é uma estrutura tripartida que vê três funções, três atividades fundamentais entre os deuses, entre os homens e na sociedade. A primeira função é expressa com clareza: o sagrado, relações dos homens com o sagrado e entre si, sob o olhar e com a garantia dos deuses, sob o poder do rei que tem o favor dos deuses; a ciência e a inteligência, inseparáveis da meditação e da manipulação das coisas sagradas. A segunda função é a da força e dos seus usos: guerra, proteção, governo. O rei é originário da segunda função. A terceira função comporta a fecundidade humana, animal e vegetal; o alimento, a saúde, a paz, a beleza, a volúpia, a abundância de homens e de bens. Essa tripartição não se conservou com clareza entre os indo-europeus durante a história desses povos, dado que as culturas se diversificaram conforme vários fatores. Mas essa tripartição impregnou os diversos âmbitos da vida e da sociedade[277].

b) Análise e síntese

Graças a essa descoberta, G. Dumézil realizou um trabalho imenso no estudo das religiões dos povos indo-europeus. Ele explorou sistematicamente quatro seto-

---

276. DUMÉZIL, G. *Entretiens avec Didier Eribon*. Paris: Gallimard, 1987. Esse documento representa um testemunho de grande valor sobre a obra de Dumézil. Ler-se-á com interesse também o discurso de recepção de G. Dumézil à Académie Française de 14/06/1979 e a resposta de C. Lévi-Strauss (Paris: Gallimard, 1979).
277. Cf. nota 271. RIVIÈRE, J.C. *Georges Dumézil à la découverte des Indo-Européens*. Paris: Copernic, 1979, p. 35-66.

res principais: a Índia, o Irã, Roma, a Germânia e a Escandinávia. Em cada uma dessas áreas, sua pesquisa resultou em dois níveis, o da análise e o da síntese. A análise dumeziliana, sempre pontual, é dividida em dezenas de artigos dedicados à épica, aos mitos, aos rituais, aos termos religiosos, às tríades divinas, aos semideuses, às virtudes, às cores das funções, às armas dos deuses, ao folclore religioso e a trabalhos sobre o método comparativo em relação ao estudo das religiões indo-europeias[278].

Os trabalhos de síntese são verdadeiros balanços. O próprio autor dividiu sua obra em três etapas. A primeira durou de 1924 a 1938: dedicada à investigação sobre o processo de mitografia comparada e estudo dos velhos problemas – problemas que eram parcialmente falsos –, leva ao desenvolvimento do método comparativo genético. A segunda etapa permitiu-lhe realizar sínteses provisórias dedicadas às três funções na religião romana, nas religiões germânicas e escandinavas, uma primeira síntese dos indo-europeus, e um estudo sobre a reforma de Zaratustra[279]. Essas sínteses provisórias se caracterizam como pilares do período mais importante de sua obra, que começou em 1966 com *La religion romaine archaïque*, uma obra magistral, traduzida e reeditada várias vezes. A trilogia *Mythe et épopée* é um verdadeiro panorama da literatura épica, mitológica e religiosa dos povos indo-europeus: a ideologia das três funções na Índia, em Roma e no Cáucaso; as tríades teológicas; o nascimento de Roma[280]. Um terceiro balanço é dedicado a uma questão teológica essencial, daí o título *Les dieux souverains des Indo-Européns*[281]. Essas três grandes obras são seguidas por pesquisas que confirmam e explicitam vários pontos da pesquisa dumeziliana: esboços de mitologia, ideias e festas romanas, casamentos indo-europeus[282].

---

278. Diversos dossiês fornecem uma boa análise dessas pesquisas: "Georges Dumézil et les études indo-européennes". In: *La nouvelle école*, n. 21-22, 1972-1973. • "Georges Dumézil – Mythes et épopées". In: *Magazine littéraire*, n. 229, abril/1986. • "Georges Dumézil". In: *Études Indoeuropeennes*, VI, n. 21-24, Lyon 1987.

279. DUMÉZIL, G. "La préhistoire desflamines majeurs". In: *Revue de l'histoire des religions*, 118, 1938, p. 188-200. • DUMÉZIL, G. *Mythes et dieux des Germains*. Paris: PUF, 1939. • DUMÉZIL, G. *Jupiter-Mars-Quirinus*. Paris: Gallimard, 1941 [trad. it.: *Jupiter, Mars, Quirinus*. Turim: Einaudi, 1955]. • DUMÉZIL, G. *Naissance d'archanges* – Essai sur la formation de la théologie zoroastrienne. Paris: Gallimard, 1945. • DUMÉZIL, G. *L'héritage indo-européen...* Op. cit. • DUMÉZIL, G. *Les dieux des Germains*. Op. cit.

280. DUMÉZIL, G. *Mythe et épopée*: Vol. 1: L'idéologie des troisfonctions dans les épopées des peuples indoeuropéens. Paris: Gallimard, 1968; Vol. 2: Types épiques indo-européens: un héros, un sorcier, un roi. Paris: Gallimard, 1971; Vol. 3: Histoires romaines. Paris: Gallimard, 1973.

281. Paris: Gallimard, 1977 [trad. it.: *Gli dei sovrani degli Indoeuropei*. Turim: Einaudi, 1985].

282. DUMÉZIL, G. *Idées romaines*. Paris: Gallimard, 1969 [trad. it.: *Idee romane*. Gênova: Il Melangolo, 1987]. • DUMÉZIL, G. *Fêtes romaines d'été et d'automne*. Paris: Gallimard, 1975 [trad. it.: *Feste romane*. Gênova: Il Melangolo, 1989]. • DUMÉZIL, G. *Romans de Scythie et d'alentour*. Paris: Payot,

c) Balanços "provinciais"

Se a obra dumeziliana oferece um equilíbrio geral do ponto de vista da análise e síntese do pensamento religioso indo-europeu, também apresenta balanços "provincianos", muitos dos quais foram recentemente completados por autores verdadeiramente qualificados. A obra que para o próprio Dumézil fornece a melhor visão do dossiê, do método e do balanço é o trabalho de Scott Littleton[283].

No contexto romano, é o próprio Dumézil quem fez o balanço: *La religion romaine archaïque*. Nesse livro, o autor ordena seus trabalhos dividindo-os por um período de mais de trinta anos. A interpretação da religião de Roma à luz do comparativismo indo-europeu mostra que, em suas manifestações mais antigas, essa religião obedece a uma estrutura tripartida de caráter ideológico e teológico. Mas a herança ariana aqui sofreu profundas transformações, as quais carregam o sinal específico do gênio romano. A análise meticulosa dos dados permitiu retirar a hipoteca que pesava sobre o período arcaico e destacar a permanência de rituais que, em tempos históricos, surpreenderam pela eliminação da mitologia[284].

G. Dumézil sempre demonstrou grande interesse pela religião germânica e nela se esforçou por descobrir a herança antiga e por determinar os deslocamentos que ocorrem dentro das três funções. Isso explica seu trabalho sobre mitologia, sobre Æsir e Vanir, sobre o par de deuses soberanos de Odin e Týr e sobre a interpretação de Odin/Wotan. Ao contrário da interpretação de numerosos germanistas, Odin é parte integrante de uma estrutura divina, a tripartição funcional, em cujo seio ocupa um lugar eminente, o da soberania e, com o deus soberano-jurista Týr, forma uma estrutura binária herdada dos tempos indo-europeus. No entanto, Odin mantém relações ambíguas com o deus da guerra, Thor. De fato, nesse patrocínio guerreiro há aspectos do Varuṇa indiano: magia, poderes secre-

---

1978 [trad. it.: *Storie degli Sciti*. Milão: Rizzoli, 1980]. • DUMÉZIL, G. *Mariages indo-européens*. Paris: Payot, 1979 [trad. it.: *Matrimoni indoeuropei*. 2. ed. Milão: Adelphi, 1995]. • DUMÉZIL, G. *Apollon sonore*. Paris: Gallimard, 1982. • DUMÉZIL, G. *La courtisane et les seigneurs colorés*. Paris: Gallimard, 1983. • DUMÉZIL, G. *L'oubli de l'homme et l'honneur des dieux*. Paris: Gallimard, 1985.

283. SCOTT LITILETON, C. *The New Comparative Mythology* – An anthropological Assessment of the Theories of Georges Dumézil. Berkeley: University of California Press, 1966 [2. ed.: 1973; 3. ed.: 1982].

284. SCHILLING, R. *La nouvelle école*, n. 21-22, 1972-1973, p. 91-96. • SCHILLING, R. In: RIVIÈRE, J.-C. (org.). *Georges Dumézil*. Op. cit., p. 149-155. Sobre as origens de Roma, cf. RICHARD, J.-C. "Rome: mythe, histoire et héritage". In: *La nouvelle école*, n. 21-22, 1972-1973, p. 96-100. • POUCET, J. "Georges Dumézil et l'histoire des origines et des premiers siècles de Rome". In: TERNES, C.M. (org.). *Actes du Colloque international Eliade-Dumézil*. Luxemburgo, 1988, p. 27-49.

tos, engano. A análise dumeziliana destacou a antiguidade de Odin na formação da religião germânica, mas também a mudança da função de soberania para a guerra, um elemento especificamente germânico. Na Alemanha, ao longo dos séculos, o sagrado invadiu a função guerreira e levou ao eclipse do corpo sacerdotal para o benefício dos guerreiros[285]. O próprio Dumézil resumiu sua descoberta mostrando como a função guerreiro é penetrada pela soberania, o que explicaria o caráter inquieto, trágico e pessimista ausente entre os celtas e entre os italiotas ou os indianos védicos. Além disso, a escatologia do Ragnarök germânico, a fratura e destruição do mundo, está ausente no mundo celta[286].

É na Índia que a pesquisa encontrou os dados em condições mais favoráveis: natureza religiosa, antiguidade e abundância de materiais. No *Rgveda*, as três funções aparecem claramente, tanto pelos deuses quanto pela sociedade ariana dividida em três classes. Além disso, os deuses indianos das três funções são onipresentes na Índia em rituais e hinos védicos. Eles se encontram no Mitani e na lista de Bogazköy e fazem sua aparição na reforma do Zaratustra como "arcanjos", o Amesha Spenta, um dos elementos essenciais da teologia zoroastriana. Esses "Imortais benéficos" são adotados pelo masdeísmo com uma ordem de enumeração fixa e sempre têm um lugar de honra. No contexto iraniano, ao lado das correspondências, as divergências se manifestam muito claramente no campo ideológico dos reis aquemênidas, que adotaram Mitra como deus dinástico e reuniram nele as três funções. Dumézil lançou luz sobre a figura iraniana de Mitra, oferecendo-nos uma chave para compreender a passagem do culto de Mitra do Irã a Comagena, seguida do nascimento no Ocidente dos mistérios de Mitra[287].

---

285. DILLMANN, F.X. "Georges Dumézil et la religion germanique". In: RIVIÈRE, J.-C. *Georges Dumézil*. Op. cit., p. 157-178.

286. DUMÉZIL, G. "Les dieux souverains des Scandinaves". In: *Les dieux souverains*. Op. cit., 1977, p. 183-203. A tese dumeziliana foi adotada por J. de Vries, em *Altgermanische Religionsgeschichte* (2 vols. Berlim, 1970), e, com algumas nuanças por R. Boyer, em *La religion des anciens Scandinaves* (Paris: Payot, 1981) e "Latter contre l'absurde" (in: *Georges Dumézil-Cahierspour un temps*. Op. cit., p. 239-247).

287. WIDENGREN, G. *Die Religionen Irans*. Stuttgart: Kohlhammer, 1965 [trad. fr.: *Les religions de l'Iran*. Paris: Payot, 1968], abunda no sentido de Dumézil. Cf. tb.: VARENNE, J. *Zarathustra et la tradition mazdéenne*. Paris: du Seuil, 1966. • VARENNE, J. *Zoroastre*. Paris: Seghers, 1975 [trad. it.: *Zarathustra* – Storia e leggenda di un profeta. Florença: Convivio, 1991]. A respeito de Mitra, indicamos TURCAN, R. "Sous les rocs de l'antre persique". In: TURCAN, R. *Les cultes orientaux dans le monde romain*. Paris: Les Belles Lettres, 1989, p. 193-241. • RIES, J. "Le culte de Mithra en Iran". In: TEMPORINI, H. & HAASE, W. (orgs.). *Aufstieg und Niedergang der römischen Welt*, II, 18, 3. Berlim: De Gruyter, 1989.

d) O sagrado

Juntamente com a descoberta da ideologia tripartida, o destaque de uma herança indo-europeia e os balanços provinciais dos quais acabamos de falar, é um quarto aspecto que chama a atenção: a busca pelo sagrado. Dumézil atualizou o sagrado identificando-o nas funções teológicas e sociais da soberania, nos mitos, nos rituais, no simbolismo, na vida do homem e da comunidade[288]. Em algumas frases, Régis Boyer dá um sinal de percebê-lo falando do espírito, que ele considera ser "o aspecto mais excitante da imensa obra de Dumézil. Este espírito consiste precisamente em uma fé viva na primazia do Espírito: ele venera o sagrado em toda parte, investiga todas as manifestações em mitos, nos ritos, na organização social, reflexo desajeitado da ordem divina. O *logos* é resolvido em uma mentalidade inalienável, quaisquer que sejam os números localizados e datados. Ritos carregados de significado, mitos necessariamente complementares, tanto na sua formulação religiosa como em inúmeras expressões literárias, tudo dá testemunho de um pensamento articulado que traduz uma *Weltanschauung* coerente, na qual o homem não está sozinho, onde sua vida assume um significado, em que o mundo, em última análise, escapa do absurdo"[289].

2.6.3.3 As perspectivas abertas pelo método dumeziliano

O mestre parisiense sempre trabalhou sozinho, com discrição de um estudioso. Ele se dissociou aberta e repetidamente daqueles que sonham ainda hoje com "uma alma indo-europeia" e daqueles que pretendem elevar sua pesquisa a "sistema", qualificando-os como fantasmas. Ele se recusou a fazer escola e não buscava discípulos. Quando se lhe falava do método, ele respondia que toda pesquisa supõe um método, i.e., "regras que nos obrigam a não negligenciar nada". Essa posição nos leva a questionar as perspectivas abertas por G. Dumézil para a pesquisa comparativa na história das religiões.

---

288. Por diversas vezes, durante a publicação de *L'expression du sacré dans les grandes religions*, G. Dumézil nos expressou seu assentimento, sua satisfação e os seus encorajamentos.
289. BOYER, R. "Dumézil (Georges)". In: *Encyclopaedia universalis*, vol. VI. Paris, 1985, p. 459.

a) Georges Dumézil e Mircea Eliade

M. Eliade descobriu os primeiros trabalhos de Dumézil em seu retorno da Índia[290]. Depois de 1945, durante o seu exílio em Paris, o jovem intelectual romeno beneficiou-se do apoio e da amizade do cientista francês, que escreveu o prefácio do seu *Traité d'histoire des religions* (1948). De Dumézil, Eliade aprecia o rigor, a riqueza das pesquisas, a cultura universal, a contribuição para uma ciência das religiões autônoma e o respeito pelos fatos religiosos como componentes essenciais, "germinais", das culturas. Vendo a obra de Eliade, Dumézil acredita que a pesquisa sobre as constantes fenomenológicas do espírito humano, "espécie de intuições que, sob diversas formas, podem ser encontradas em todos os lugares" e que Eliade chamou arquétipos, são de extrema importância, uma vez que tocam realidades profundas. Mas ambos estudam fatos religiosos como fatos, Dumézil seguindo as realidades geneticamente relacionadas, derivadas do mesmo protótipo e observáveis num âmbito limitado. Segundo Eliade, sobre a importância da hermenêutica, ele acredita que seu trabalho comparativo deve permanecer no estágio de exploração.

Eliade falou sobre o trabalho de Dumézil. Nele viu um exemplo capital para a história das religiões como disciplina científica. Ficou impressionado com a contribuição do conhecimento extraído da sociologia e da filosofia para fazer uma análise filológica e histórica mais adequada dos textos[291].

Sempre que ele teve a oportunidade de falar sobre o seu método de comparação, Dumézil insistiu em seu caráter genético, ou seja, "exatamente matérias que permitem vislumbrar uma origem comum seguida de evoluções divergentes"[292]. Acreditava, contudo que o método tipológico fosse necessário, por consentir que se melhorem alguns resultados obtidos com o método genético. Lamentava a carência de tempo, que o impediu de ver a contribuição, em termos de precisão, que a comparação "geral", implicando outras considerações, teria dado aos resultados adquiridos pelo método genético.

---

290. "Diálogo Dumézil-Eliade". In: *Les Nouvelles Littéraires*, 27/10/1978.
291. ELIADE, M. *La nostalgie des origines*. Paris: Gallimard, 1971, p. 78-79 [orig.: *The Quest* – History and Meaning in Religion. Chicago/Londres: The University of Chicago Press, 1969] [trad. it.: por A. Crespi Bortolini: *La nostalgia delle origini* – Storia e significato nella religione. 2. ed. Bréscia: Morcelliana, 1980].
292. *Georges Dumézil-Cahiers pour un temps*. Op. cit., p. 21-22.

Praticando, como Dumézil, a história das religiões sob o signo do *logos*, também Eliade se voltou aos fatos religiosos, mas explorando, através da história, o comportamento do homem religioso na sua experiência do sagrado. Atribui três abordagens à ciência das religiões: histórica, fenomenológica e hermenêutica. Já tivemos a oportunidade de explicitar essa pesquisa e sua contribuição em três ocasiões[293]. Baste-nos aqui afirmar que se Dumézil ganhar mais de um milênio sobre os *tempora ignota*, Eliade, com um método inspirado na obra dumeziliana, contribuiu para desvelar a arqueologia do comportamento, as estruturas de pensamento, a lógica simbólica e o universo mental do *homo religiosus*.

b) Perspectivas futuras

Ao final deste esboço sobre a obra do maior especialista nas religiões indo-europeias e sobre o método que propiciou a descoberta do pensamento religioso ariano arcaico, queremos colocar a questão das perspectivas de futuro do método de comparação genético relativas a outros setores da história das religiões. Uma obra de preparação tentará dar uma resposta, estabelecida com base nas partes do dossiê submetidas a nova análise; as regras enunciadas por Dumézil para uma pesquisa válida; a dupla abordagem imposta pelo método genético, a partir do ponto de partida e do ponto de chegada; a natureza dos fatos religiosos submetidos a uma análise comparada; a utilização do método dumeziliano por Eliade e a sua adaptação à pesquisa sobre os documentos religiosos do Neolítico, do Mesolítico e do Paleolítico[294].

A resposta a essas perguntas é importante. Trata-se, de fato, de fazer uma nova exploração dos dados da pré-história, para, como fez Dumézil, avançar rumo aos

---

293. RIES, J. "Histoire des religions, phénoménologie, herméneutique – Un regard sur l'oeuvre de Mircea Eliade". In: *Cahier de l'Herne*, 33, 1978, p. 81-87 (Paris) (Eliade nos reportou este ensaio sobre o seu método que lhe proporcionou grande satisfação). • RIES, J. "Science des religions et sciences humaines. "L'oeuvre de Mircea Eliade (1907-1986)". In: *Revue théologique de Louvain*, XVII, 1986, p. 329-340 [trad. bras.: cap. 5 deste livro]. • RIES, J. "La méthode comparée en histoire des religions selon Georges Dumézil et Mircea Eliade". In: TERNES, C.M. (org.). "Actes du Colloque international Eliade-Dumézil, Luxembourg, 1988". In: *Courrier de l'éducation nationale*, n. spec., 1988, p. 9-24.

294. ELIADE, M. "Au commencement... comportements magico-religieux des paléoanthropiens – La plus longue révolution: Mésolithique et Néolithique". In: *Histoire des croyances et des idées religieuses*. Vol. 1. Paris: Payot, 1976, p. 13-67 [trad. it.: *Storia delle credenze e delle idee religiose*. Vol. 1. Florença: Sansoni, 1996]. • CAMPS, G. "Homo religiosus". In: CAMPS, G. *La préhistoire – À la recherche du paradis perdu*. Paris: Perrin, 1982, p. 371-448 [trad. it.: por M.C. Pacinotti, R. de Marinis: *La preistoria*. Milão: Bompiani, 1985].

tempora ignota dos milênios do Paleolítico até o *homo habilis* e o *homo erectus*. Há duas décadas, as descobertas do Rift Valley (sítio de Olduvai, Lago Turkana, Lago Natron, Lago Baringo, Vale do Omo, Vale do Awash) ampliaram extraordinariamente os horizontes da paleoantropologia[295]. Essas descobertas interpelam o historiador das religiões à pesquisa dos primeiros rastros do *homo religiosus*.

* * *

A descoberta de Platão pelos humanistas estava na origem do estudo dos mitos gregos no século XVI e resultou progressivamente em uma pesquisa comparada mais ampla, que floresce no Século das Luzes. Na esteira de Vico, o século XIX se interessou pela mensagem dos mitos, cuja hermenêutica levou a uma nova concepção da religião e da história. Reagindo a essa corrente romântica, a mitografia histórica se orientou à crítica das fontes e dos textos. No coração do debate está a Índia. A convergência entre as pesquisas linguísticas, filológicas e religiosas leva à constituição do dossiê indo-europeu, no qual trabalham Max Müller e, na sequência, James Frazer. Evidentemente, chega-se a um impasse.

Georges Dumézil retoma o volumoso dossiê e por um quarto de século procura uma chave que lhe permita entrar nos mistérios do pensamento religioso ariano. Em 1938, depois de provas, tentativas, aproximações e uma longa série de clarificações dos documentos, encontra esta chave: a ideologia tripartida. A implementação de um método comparativo genético leva à descoberta de um esquema que, projetado na pré-história, permite assimilar a curva evolutiva e precisar um elemento de suma importância, a herança indo-europeia presente no período histórico na sociedade e na religião dos povos ítalo-célticos, germânico-escandinavos e indo-iranianos.

O balanço se revela muito rico, e malgrado algumas reticências e diversas oposições ele suscita a aprovação, até mesmo o entusiasmo do mundo científico. É no âmbito do pensamento religioso que as novas perspectivas aparecem particularmen-

---

295. PIVETEAU, J. *L'apparition de l'homme* – Le point de vue scientifique. Paris: Oeil, 1986 [trad. it.: por A. de Lorenzi: *La comparsa dell'uomo* – Il punto di vista della scienza. Milão: Jaca Book, 1994]. • COPPENS, Y. *Le singe, l'Afrique et l'homme*. Paris: Fayard, 1983 [trad. it.: por C. Mattioli: *La scimmia, l'Africa e l'uomo*. 2. ed. Milão: Jaca Book, 1996]. • NOUGIER, L.R. *Premiers éveils de l'homme*. Paris: Lieu commun, 1984. • FACCHINI, F. *Il cammino dell'evoluzione umana*. Milão: Jaca Book, 1985.

te esclarecedoras. Graças a Dumézil, o historiador lança um olhar diferente sobre a religião romana arcaica, sobre o pensamento religioso dos antigos germânicos, sobre o culto de Mitra no Irã, sobre a reforma de Zaratustra, sobre a religião védica e sobre a sociedade indiana, sobre a experiência do sagrado do homem ariano. A descoberta do antigo pensamento ariano, o deslocamento das fronteiras da antropologia social e cultural e o uso do método dumeziliano por Mircea Eliade levam o historiador das religiões a refletir de uma maneira nova sobre o estudo comparado e sobre a sua aplicação nas pesquisas no âmbito da experiência religiosa do homem pré-histórico.

2.7 Arqueologia, mitologia, filologia e teologia nos vestígios do pensamento indo-europeu arcaico*

Em 1730, o jesuíta francês Jean Calmette descobre os primeiros dois livros dos *Veda*, cujos manuscritos faz chegar a Paris em 1739, o que permitirá a Hamilton, prisioneiro de Napoleão em 1802, iniciar a tradução[296]. Aos 15 de março de 1762, A.H. Anquetil-Duperron (1731-1805) leva à Biblioteca Real de Paris 180 manuscritos em zend, pálavi arsácido e sânscrito, graças aos quais encontra o *Avesta*, do qual prepara uma primeira tradução em 1771[297].

Em 1767, um outro jesuíta francês, Padre Coeurdoux, faz uma comunicação à *Académie des Inscriptions* em Paris, mostrando a semelhança entre palavras sânscritas e algumas línguas indo-europeias. Enfim, em 1786, num erudito discurso diante da Asiatic Society of Bengale, William Jones (1746-1794) demonstra a existência de um antepassado comum do sânscrito e do grego. O trabalho de Jones, publicado em 1788, sublinha os paralelismos entre o sânscrito, o grego, o latim, o gótico e o céltico europeu. Ademais, a Asiatic Society, fundada em Kolkata (Calcutá) por W. Jones, publica de 1788 a 1816 doze volumes de trabalhos que representam os primeiros documentos importantes para a pesquisa indo-europeia[298].

---

* "Archéologie, mythologie, philologie et théologie sur les traces de la pensée indo-europénne archaïque". In: RIES, J. (org.). *L'expression du sacré dans les grandes religions*. Tomo 2: Peuples indo-européens et asianiques, hindouisme, bouddhisme, religion égyptienne, gnosticisme, islam. Louvain--la-Neuve, 1983, p. 7-23 [col. Homo Religiosus].
296. CARNOY, A. *Les Indo-Européens* – Préhistoire des langues, des mœurs et des croyances de l'Europe. Paris/Bruxelas: Vromant, 1921.
297. SCHWAB, R. *Vie d'Anquetil-Duperron*. Paris: Leroux, 1934.
298. YOSHIDA, A. & JUCQUOIS, G. "Indo-Européens". In: *Encyclopaedia universalis*. Vol. 8. Paris, 1968, p. 928-933.

2.7.1 O dossiê indo-europeu do século XIX

2.7.1.1 Mitografia romântica e pensamento indo-europeu

O trabalho dos pioneiros é seguido pela pesquisa comparada dos mitógrafos da corrente romântica e simbolista. Eles suscitam grande interesse e simpatia pelo pensamento asiático. Em 1808 é publicado o livro intitulado *Ober die Sprache und die Weisheit der Inder*.

Nele Friedrich Schlegel, fundador do Romantismo alemão, trabalha uma popularização das principais ideias de Jones. Com a colaboração de seu irmão, Schlegel fundou o periódico *Athenäum*, destinado a disseminar ideias marcantes no campo artístico e literário[299]. Na Alemanha, o terreno foi preparado após a publicação, em 1774, da famosa obra *Alteste Urkunde des Menschengeschlechts*, na qual J.G. Herder (1744-1803), mais pregador do que homem da ciência, buscava na poesia antiga oriental, na religião dos persas, no culto de Mitra e no pensamento grego e asiático, o berço da religião da humanidade[300]. Herder viu os registros da criação do mundo nas ideias religiosas dos povos da Ásia, do Egito e da Grécia.

Dois trabalhos do início do século XIX contribuíram amplamente para sensibilizar o Ocidente acerca do pensamento asiático. O primeiro é o famoso *Symbolik und Mythologie der alten Völker* de G.F. Creuzer (1771-1858), cuja introdução dos dois volumes, feita em Paris em 1825 por Guigniaut sob o título *Religions de l'antiquité considérées principalement dans leurs formes et symboliques et mythologiques*, marcará profundamente os inícios da pesquisa francesa sobre a história das religiões[301]. O segundo trabalho é o *Mythengeschichte der asiatischen Welt*, publicado em 1810 por J.J. Görres (1776-1848), no qual o autor apresenta a famosa teoria da *Mythenwanderung*: os mitos religiosos da Índia, do Irã e da Grécia ensinam uma

---

299. F. Schlegel funda *Athenäum* em 1798. Cf. ULLMAN, R. & GOTTHARD, H. *Geschichte des Begriffes "romantisch" in Deutschland*. Berlim: Ebering, 1927 [col. Germanische Studien, 50].

300. Von HERDER, J.G. *Alteste Urkunde des Menschengeschlechtes*. Stuttgart/Tübingen, 1774-1776. *Opera Omnia*. 33 vols. Berlim, 1877-1913. Cf. tb. Von HERDER, J.G. *Idées pour la philosophie de l'histoire*. Paris: Levraut, 1962. • Von HERDER, J.G. *Une autre philosophie de l'histoire*. Paris: Aubier/Montaigne, 1964.

301. CREUZER, F. *Symbolik und Mythologie der alten Völker, besonders der Griechen*. Leipzig/Darmstadt, 1810-1812, 1836-1843 [Reimp. em 6 vols.: Hildesheim: Olms, 1973]. Cf. MÜNCH, M.M. *La "symbolique" de Friedrich Creuzer*. Paris: Ophrys, 1976.

doutrina comum sobre Deus, sobre a alma e sobre a imortalidade[302]. A corrente de mitografia romântica representa a primeira tentativa de interpretação do pensamento indo-europeu. Na mesma linha encontramos de um lado os trabalhos de Charles Dupuis, de Arold Kanne, de G. Walcker, e de outro duas coleções fundadas em Göttingen por Christian G. Heyne (1729-1812): as "Commentationes Gottingenses" e os "Opuscula Academica"[303].

A motivação profunda dos estudos feitos pelos românticos é dupla. De um lado esses autores estão em busca das primeiras ideias religiosas da humanidade, ainda na sua infância. (Qual é a religião primitiva da humanidade?) De outro, suas preocupações giram em torno da expressão da mensagem religiosa e da sua transmissão. Essa dupla interrogação os conduz às fontes orientais, particularmente ao *Avesta* e aos *Vedas*, recentemente descobertos. As ideias religiosas ocidentais, e mais especificamente o pensamento greco-romano, são reconsideradas no espelho dos mitos e das doutrinas indo-iranianas.

2.7.1.2. O trabalho explorativo histórico-filológico

A pesquisa romântica suscita a reação daquele que será considerado o fundador da escola histórica, Karl Otfried Müller (1797-1840). Na sua obra de 1825, *Prolegomena zu einer wissenschaftlichen Mythologie*, Müller utiliza os recursos da arqueologia, da filologia e da história[304]. A sua pesquisa versa sobre as antiguidades gregas, a história da população e das migrações, os elementos históricos dos mitos. Pela primeira vez assistimos a uma crítica das fontes, uma crítica de caráter externo por meio do estudo dos gêneros e das tradições e uma crítica de caráter interno inerente aos diversos estratos de cada mito. Depois do historiador, entra em cena o filólogo. É o alemão Franz Bopp (1791-1832). Na sua *Grammaire*

---

302. VON GÖRRES, J.J. *Mythengeschichte der asiatischen Welt*. Heidelberg, 1810 [reimpressão Nova York, 1978].

303. Para a pesquisa dos românticos, cf. BAUDE, M. & MÜNCH, M.M. *Romantisme et religion. Théologie des théologiens et théologie des écrivains* – Colloque de Metz, 1978. Paris: PUF, 1980. • GUSDORF, G. *Fondements du savoir romantique*. Paris: Payot, 1982. Uma documentação preciosa foi recolhida e pode ser encontrada em GRUPPE, O. *Geschichte der klassischen Mythologie und Religionsgeschichte*. Leipzig: Teubner, 1921.

304. MÜLLER, K.O. *Prolegomena zu einer wissenschaftlichen Mythologie*. Göttingen: Vandenhoeck & Ruprecht, 1825 [trad. it.: de L. Andreotti, apresentação de F. Tessitore, introdução de A. Garzya: *Prolegomeni ad una mitologia scientifica*. Nápoles: Guida, 1991].

comparée des langues sanscrite, zende, grecque, latine, lituainne, slave ancienne, gothique et allemande, Bopp tenta penetrar no sentido religioso do mundo indo-europeu por meio da morfologia do nome e do verbo[305].

Três autores ocupam uma posição importante na sociedade da metade do século XIX. Trata-se, principalmente, de James Darmesteter (1849-1894), especialista do mundo iraniano e tradutor do *Avesta*[306]. Na sua obra *Haurvatât et Ameretât* (Paris, 1875), o autor mostra a existência de uma antiga crença ariana: a faculdade das águas de darem saúde e evitar doenças. Em *Ormazd et Ahriman*, Darmesteter submete os mitos do *Avesta* a procedimentos comparativos, descobrindo no masdeísmo a presença do velho fundo religioso ariano. A publicação em 1879 de *The Supreme God in the Indo-european Mythology* permite que Darmesteter demonstre a presença de um Deus supremo entre os povos indo-europeus: Ahura Mazdâ no Irã, Varuṇa na Índia, Zeus entre os gregos, Júpiter em Roma.

Émile Bornouf (1821-1901) busca precisar o papel da filologia comparada a serviço da história das religiões. Ele se opõe à tese, que considera excessiva, *nomina sunt numina*, mas acredita que uma prática sadia da filologia comparada, que no passado remonta além dos mais antigos testemunhos escritos, permita reconhecer noções religiosas que naqueles tempos remotos constituíram o vínculo comum entre os povos arianos. As suas obras *La Science des religions* (Paris, 1870) e *Étude de mythologie comparée* (Paris, 1872) são um marco na pesquisa sobre o pensamento indo-europeu[307]. Um lugar de destaque é ocupado pelo professor lovaniense de línguas e literaturas sânscritas e iranianas Charles de Harlez de Deulin (1832-1899), não apenas pela sua tradução do *Avesta* de 1877 a 1878 e pelos seus numerosos trabalhos dedicados ao mundo indo-iraniano, mas sobretudo pela fundação, em 1881, da já centenária revista *Le Muséon*, que teve papel preponderante no estudo científico do mundo indo-europeu e do seu pensamento[308].

---

305. VAN DEN GHEYN, J. *Essais de mythologie et de philologie comparée*. Bruxelas/Paris: Société Belge de Libraire, 1885.
306. DARMESTETER, J. *Études sur l'Avesta*. Paris, 1883. Cf. REINACH, S. *James Darmesteter*. Paris, 1894. • BARBIER DE MEYNARD. *James Darmesteter*. Paris, 1894.
307. BURNOUF, É. *Essai sur le Vêda ou études sur les religions, la littérature et la constitution sociale de l'Inde*. Paris: Dezobry, 1863. • BURNOUF, É. *La science des religions*. Paris: Maisonneuve, 1872. • BURNOUF, É. *Étude de mythologie comparée*. Paris: Maisonneuve, 1873.
308. DE HARLEZ, C. *Avesta, livre sacré des sectateurs de Zoroastre*. 3 vols. Paris/Lovaina: Maisonneuve, 1875-1877. De Harlez dirigiu *Le Muséon* de 1881 a 1899.

O final do século XIX é marcado pela influência de Michel Bréal (1832-1915), filólogo e linguista que se interessa sobretudo pelos fatos do pensamento e da civilização[309]. Depois da publicação, em 1877, dos seus *Mélanges de mythologie et de linguistique*, nos quais insiste na importância das pesquisas históricas aplicadas à religião e à linguagem, Bréal, professor no Collège de France, tenta corrigir o sistematismo dos comparativistas alemães, insistindo principalmente no problema do sentido e buscando as causas intelectuais que presidiram a transformação das línguas. Em 1897 publica o seu *Essai de sémantique*, base de um estudo científico do sentido das palavras. O fundador da semântica destaca três elementos: as causas sociais dos movimentos do léxico, o empréstimo das línguas estrangeiras e a transformação das instituições.

Na Alemanha, Otfried Müller e Franz Bopp formatam uma escola de estudos indo-europeus cujos membros se dedicarão particularmente à religião germânica. Se os irmãos Jakob (1785-1863) e Wilhelm Grimm (1756-1859) continuam fiéis a Görres e a Schlegel nas suas obras *Kinder und Hausmärchen* (2 vols., 1812-1814) e *Deutsche Sagen* (1816-1818), dedicadas à mitologia germânica[310], Adalbert Kuhn (1812-1881) se embrenha no estudo comparado das mitologias germânica e indo-europeia. Comparativista formado com Bopp e mitógrafo influenciado pelos Irmãos Grimm, Kuhn estuda a formação dos mitos que se sobrepõem em estratos sucessivos a partir de um fundo primitivo[311]. A sua obra de 1845, *Zur ältesten Geschichte der indogermanischen Völker*, é o primeiro esboço acerca da civilização ariana anterior às migrações. Kuhn exerce uma influência bastante profunda com o periódico, que cria em 1858, *Zeitschrift für vergleichende Sprachwissenschaft*. Johan Wilhelm Mannhardt (1831-1880), nascido em Friedrichstadt no ducado de Schleswig, uma cidadezinha de

---

309. BRÉAL, M. *Étude des origines de la religion zoroastrienne*. Paris, 1862. • BRÉAL, M. *Mélanges de mythologie et de linguistique*. Paris: Hachette, 1877.

310. Para a história da pesquisa sobre a religião e a mitologia germânicas, cf. DE VRIES, J. *Altgermanische Religionsgeschichte*. 2 vols. Berlim: De Gruyter, 1956 [3. ed.: 1970]. Nessa edição, cf. "Geschichte der Forschung", I, p. 50-82. Cf. tb. MEYER, R.M. *Altgermanische Religionsgeschichte*. Leipzig: Quelle und Meyer, 1910 [reimp. Nova York, 1978]. Cf. tb. o artigo do mesmo autor: "Mythologische Fragen". In: *Archiv für Religionswissenschaft*, 9, 1906, p. 417-428. • GRIMM, J. *Deutsche Mythologie*. Gütersloh: Bertelsmann, 1835 [4. ed.: 1876] [org. de E.H. Meyer] [trad. it.: in: FORNELLI, G. (org.). *Marchen Sage Deutsche Mythologie* – Novelle e leggende scelte. Milão: Signorelli, 1964].

311. KUHN, A. *Die Herabkunft des Feuers und des Göttertranks* – Ein Beitrag zur vergleichenden Mythologie der Indogermanen. Berlim: Dümmler, 1859 [2. ed.: Gütersloh: Bertelsmann, 1886].

contos e lendas, passa a sua vida percorrendo os campos e recolhendo, entre os camponeses, tradições e narrativas populares[312]. Sob a influência dos Grimm e de Kuhn, dedicou-se à mitologia comparativa, em particular ao estudo das grandes divindades da Germânia pagã em relação com os deuses indo-europeus. Como diretor do "Zeitschrift für Deutsche Mythologie und Sittenkunde" desde 1855, Mannhardt intensificou sua pesquisa sobre a origem mítica das tradições folclóricas alemãs. A ele se devem *Germanische Mythen* (1858) e *Götterwelt der deutschen und nordischen Völker* (1860). Os seus últimos trabalhos, publicados postumamente, são dedicados aos mitos indo-europeus.

2.7.1.3 Línguas indo-europeias e mitologia aérea comparativa

No estudo do pensamento indo-europeu no século XIX há que se dar um lugar especial a Friedrich Max Müller (1823-1900)[313]. Ele começa com o estudo do sânscrito em Leipzig sob a direção de Hermann Brockhaus e da gramática comparada em Berlim com Franz Bopp. Amigo de Schelling, refletiu por muito tempo sobre a filosofia do mito. Müller vai a Paris, entra para a escola de Burnouf e começa a traduzir o Ṛgveda. Em 1850, ele está em Oxford: é o início de uma carreira extraordinária que imprimirá com sua marca a pesquisa indo-europeia.

Max Müller começa seu trabalho do lado da filologia comparativa. A publicação de sua *History of Ancient Sanskrit Literature*, em 1859, rendeu-lhe a cátedra oxoniense de sânscrito. Ele rapidamente se orienta para os problemas da influência da linguagem no pensamento e na mitologia e de 1861 a 1864 publica as *Lectures on the Science of Langage*. Depois de um primeiro ensaio em 1856, *Essay on Comparative Mythology,* Müller iniciou um vasto trabalho de mitografia

---

312. MANNHARDT, J.W. *Wald- und Feldkulte*. Berlim: Bornträger, 1875. • MANNHARDT, J.W. *Mythologische Forschungen.* Estrasburgo, 1884 [obra póstuma: Hildesheim: Olms, 1998]. Cf. tb. suas obras anteriores: MANNHARDT, J.W. *Germanische Mythen.* Berlim: Schneider, 1858. • MANNHARDT, J.W. *Die Götterwelt der deutschen und nordischen Völker.* Berlim: Schindler, 1860. • MANNHARDT, J.W. *Roggenwulf und Roggenhund.* Danzig: Zimssen, 1865. • MANNHARDT, J.W. *Die Korndämonen.* Berlim: Dümmler, 1868.

313. DE GOEJE, M.J. *Notice sur la vie et les travaux de M. Max Müller.* Paris: Académie des Inscriptions et Belles Lettres, 1902. • BERKENKOPF, P. *Die Voraussetzungen der Religions philosophie F.M. Müllers.* Langensalza: Bayer, 1914. • RAU, H. F. *Max Mueller* – What he can teach us? Mumbai (Bombaim): Shakuntala, 1974. • NEUFELDT, R.W.F. *Max Müller and the Rig Veda.* Kolkata (Calcutá): Minerva, 1980.

indo-europeia comparada. Os dois volumes de *Chips from a German Workshop* reverberam no mundo dos historiadores das religiões[314].

Para ele, a filologia comparada é a chave que permite abrir as portas da história das religiões, pois a língua é um testemunho irrefutável, o único que vale a pena ouvir quando se trata de pré-história. Na linguagem, Müller vê uma expressão fonética dos atos: é o ato que dá vida à palavra. O homem se serve da linguagem elaborada em torno de seus atos para designar objetos. Assim, os rios se tornam corcéis, as nuvens são barcos, o sol é um brilhante. Essa linguagem metafórica deu vida aos mitos. A mitologia é a personificação de objetos, devido à incapacidade original da linguagem de expressar algo que não seja atos ou estados do sujeito pensante. Os mitos resultam, portanto, de um acidente da linguagem. O primeiro mito é um mito solar, e isso levou os arianos a criar a noção de *deva*, o deus brilhante. Assim, por meio dos *nomina*, chegamos ao conhecimento dos *numina*.

Müller prossegue com a sua pesquisa de religião comparada. Em 1867 aparece *Essay on the Science of Religion*; em seguida, em 1876, em Estrasburgo, o *Einleitung in die Vergleichende Religionswissenschaft*, e, em 1878, em Londres, as *Lectures on the Origin and Growth of Religion*. Sua pesquisa comparativa começa nos *Veda*, um estudo publicado de 1849 a 1865 (6 vols.). No sagrado livro védico, Müller descobre o primeiro pensamento indo-europeu e a chave para entender a religião das origens do povo ariano. A partir dos *Vedas*, ele faz uma classificação de religiões arianas e empreende, na esfera religiosa, uma pesquisa semelhante àquela da filologia comparada indo-europeia. Os *Vedas* lhe permitem compreender o bramanismo, o budismo e o zoroastrismo, três religiões das quais representa o substrato. Assim, a Pérsia, a Grécia e Roma encontram-se todas as três nos poemas védicos. A edição dos *Sacred Books of the East* (50 vols.), que ele conseguiu terminar antes de sua morte, é o carro-chefe de sua pesquisa[315].

---

314. MÜLLER, F.M. *Chips from a German Workshop*. 4 vols. Londres: Longmans, 1867-1875 [em parte retomados em MÜLLER, F.M. *Essais sur l'histoire des religions*. Paris: Didier, 1872. • MÜLLER, F.M. *Lectures on the Origin and Growth of Religion*. Londres: Longmans, 1878 [trad. fr. por J. Darmsteter: *Origine et developpement de la religione étudiés à la lumière des religions de l'Inda Leçon faites à Westminster Abbey*. Paris: Reinwald, 1879].

315. MÜLLER, F.M. (org.). *The Sacred Books of the East*. 50 vols. Oxford, 1879-1910. Uma nova edição dos 50 vols. foi capitaneada pela Unesco e publicada pela Editora Motilal Banarsidas, em Nova Delhi, nos anos de 1964, 1967 e 1973. Para a bibliografia dos autores que contribuíram para esse primeiro dossiê, cf. WAARDENBURG, J. *Classical Approaches to the Study of Religion*. 2 vols. Paris/Haia: Mouton, 1973-1974.

O dossiê indo-europeu do século XIX é rico. O caminho de filólogos e gramáticos entre as grandes massas de correspondências lexicais entre as línguas indo-europeias faz com que eles percebam a existência de uma cultura e uma civilização da qual as línguas são veículo. O que é essa civilização comum e como redescobri-la?

Para dar uma resposta, os mitógrafos multiplicam as abordagens. Os mitos são numerosos. Alguns se encontram em diversos povos surgidos dos indo-europeus. O estudo comparado dos mitos reforça década após década a convicção da existência de uma civilização comum e de um pensamento religioso idêntico, numerosos elementos que podem ser achados entre vários povos. Com a conjugação das doutrinas dos *Veda* e da linguística comparada, Max Müller tenta uma abordagem do tipo *nomina sunt numina*, identificando as doutrinas a partir dos nomes. Todavia, as conclusões continuam decepcionantes e os linguistas acabam abandonando o campo da pesquisa, conscientes de que elas representam os confins da própria disciplina.

2.7.2 O pensamento indo-europeu arcaico à luz das pesquisas de Georges Dumézil

2.7.2.1 Ultrapassando equações onomásticas

Chega-se claramente a um impasse[316] que J.G. Frazer (1854-1941) tentou desfazer com uma pesquisa sobre o mito romano do rei-sacerdote de Nemi, que dá consistência à sua grande obra *The Golden Bough*[317]. Ele realiza uma conexão entre o mito romano do homicídio ritual da Floresta de Nemi e o mito nórdico do deus Baldr, invulnerável, mas morto pelo visco. Nesses dois mitos Frazer encontra numerosos elementos homólogos, o que o leva a identificar o deus da floresta de Nemi com o deus nórdico Baldr, sendo levado à equação Zeus = Baldr.

---

316. DUMÉZIL, G. "Préface". In: DUMÉZIL, G. *Mythe et épopée*. Vol. 1: L'idéologie des trois fonctions dans les épopées des peuples indo-européens. Paris: Gallimard, 1968, p. 9-27 [trad. it.: *Mito e epopea* – Terra alleviata: L'ideologia delle tre funzioni nelle epopee dei popoli indoeuropei. Turim: Einaudi, 1982].

317. FRAZER, J. *The Golden Bough*. 2 vols. Londres: 1890 [2. ed. 3 vols. Londres, 1900] [trad. fr.: *Le rameau d'or*. Paris, 1903-1911] [trad. it.: *Il ramo d'oro* – Studio sulla magia e religione. 2 vols. Turim: Boringhieri, 1981]. A terceira edição em 12 vols. (Londres, 1911-1915) foi traduzida em francês com o título *Le cycle du rameau d'or* – Études comparées d'histoire des religions (Paris: Geuthner, 1921-1935). • FRAZER, J. *Le rameau d'or*. Paris, 1981 [edição com uma nova introdução e organizada por N. Belmont, M. Izard, Laffont].

Dumézil prossegue no caminho das equações onomásticas[318]. Assim, *Le festin d'immortalité – Étude de mythologie comparée indo-eurepéene* (Paris, 1924) é dedicado ao ciclo da ambrosia [alimento da imortalidade] na Índia, na Germânia, no Irã, na Grécia, na Gália céltica, no mundo latino, eslavo e armênio. Em *Le crime des Lemmiennes* (Paris, 1924) acredita estar diante de cerimônias agrícolas arcaicas transformadas em cerimônias de expiação. O livro *Ouranos-Varuna* (Paris, 1934) se desenvolve igualmente no contexto da realeza sagrada de Frazer.

Também esse caminho lhe parecia ser um impasse. Dumézil recorre à linguística e à filologia comparada[319]. O estudo de A. Meillet, o primeiro a ter a ideia de colocar em paralelo os termos que designam as divindades entre os povos indo-europeus, parece-lhe melhor. Continuado, precisado e ampliado por Vendryes, o percurso das correspondências coloca Dumézil no caminho certo. Num artigo intitulado *Les correspondances de vocabulaire entre l'indo-iranien et l'italo-celtique*[320], Vendryes destaca a correspondência que existe entre palavras indo-iranianas de um lado e ítalo-célticas de outro: palavras que designam o culto, o sacrifício, a religião; termos místicos relacionados à eficiência dos atos sagrados, à pureza ritual, à perfeição do rito, às ofertas aos deuses, à aceitação destas pelos deuses, à proteção divina, à prosperidade, à santidade, aos nomes das diversas funções e características. Entre os povos que se tornaram mais tarde os indianos, os iranianos, os italiotas e os celtas houve, portanto, uma comunhão de termos religiosos. Esse léxico do sagrado se conservou graças às duas extremidades do mundo indo-europeu, porque a Índia e o Irã de um lado, a Gália e a Itália do outro são os únicos países do âmbito indo-europeu que mantiveram colégios sacerdotais: brâmanes, sacerdotes avésticos, druidas, pontífices. Quem diz sacerdócio supõe

---

318. DUMÉZIL, G. *Le festin d'immortalité* – Étude de mythologie comparée indo-européenne. Paris: Geuthner, 1924. • DUMÉZIL, G. *Le crime des Lemniennes* – Rites et légendes du monde égéen. Paris: Geuthner, 1924 [trad. it.: M.P. Nappi, B. Leclercq-Neveu: *Riti e leggende del mondo egea* – Il crimine delle donne di Lemno. Palermo: Sellerio, 2005].
319. Sobre a pesquisa de Georges Dumézil, cf.: SCOTT LITTLETON, C. *The new comparative Mythology* – An anthropological Assessment of the Theories of Georges Dumézil. Berkeley/Los Angeles: University of California Press, 1966 [3. ed.: 1982]. • SCOTT LITTLETON, C. "Georges Dumézil et les études indo-européennes". In: *La Nouvelle Ecole*, 21-22, Paris, 1972-1973. • LARSON, G.J.; SCOTT LITTLETON, C. & PUHVEL, J. (orgs.). *Myth in Indo-European Antiquity*. Berkeley/Los Angeles/Londres: University of California Press, 1974. • RIVIÈRE, J.-C. (org.). *Georges Dumézil* – À la découverte des Indo-Européens. Paris: Copernic, 1979. • BONNET, J. (org.). "Georges Dumézil". In: *Cahiers pour un temps*, vol. 1, Paris, 1981.
320. VENDRYES, J. "Les correspondances de vocabulaire entre l'indo-iranien et l'italo-celtique". In: *Mémoires de la société linguistique de Paris*, 20, 1918, p. 265-285.

um ritual e uma liturgia sacrifical com objetos sagrados, textos e orações. Estamos longe da mitografia comparada. No lugar das simples equações onomásticas, descobrem-se conceitos religiosos idênticos, expressos por meio de uma língua comum. Dumézil intui a existência de um pensamento indo-europeu arcaico.

2.7.2.2 A descoberta das equivalências

Em *Flamen-Brahman* (Paris, 1935), Dumézil apresenta os primeiros importantes dados de fato do caráter comparativo[321]. No Ṛgveda o brâmane aparece inserido em dois sistemas: de um lado o grupo sacrifical, do qual é o técnico, de outro lado, a casta em formação, dado que a profissão de brâmane é a matéria-prima na qual ganha vida a casta indiana. Especialista em sacrifício, o brâmane parece ser o verdadeiro depositário da força sagrada, o único capaz de guiá-la e orientá-la. É o funcionário do sagrado. O *rajan* está ligado ao brâmane: os dois se completam e constituem duas engrenagens da sociedade védica. Os ritos da consagração real são representativos de uma mística muito antiga: durante a coroação, o brâmane entorna água sacral sobre o rei, apresenta o rei ao povo e proclama que ele, o rei, é *soma*. Assim, o brâmane é conatural ao sacrifício, e o *rajan* que governará o povo recebe a consagração das mãos do brâmane.

Dumézil se dirige a Roma e tenta descobrir elementos homólogos: *La préhistoire des flâmines majeurs*[322]. Aqui a semelhança é surpreendente. Como o brâmane-*rajan* na Índia, *flamen-rex* constituem, em Roma, as duas metades inseparáveis de um único órgão: a soberania. Como na Índia, em Roma o *rex* e o *flamen* formam uma dupla. Nas festas de purificação, o *flamen* intervém juntamente com o *rex*. Ainda na República, o *flamen* veste um manto púrpura e tem direito à cadeira curul. O *flamen dialis*, a serviço de Júpiter, está submetido aos vínculos que mostram que a sua pessoa é sagrada e assume um papel capital na vida romana: é um *homo sacer*.

Na Índia, na sociedade, há três classes e três *status*: a classe dos brâmanes, uma classe sacerdotal; a classe dos *kṣatriya* ou guerreiro; a classe dos *vaiśya* ou

---

321. DUMÉZIL, G. *Ouranos-Varuna*. Paris: Maisonneuve, 1934. • DUMÉZIL, G. *Flamen-Brahman*. Paris: Geuthner, 1935. • DUMÉZIL, G. *Mitra-Varuna* – Essais sur deux représentations indo-européennes de la souveraineté. Paris: Leroux, 1940.
322. DUMÉZIL, G. "La préhistoire des flamines majeurs". In: *Revue de L'Histoire des Religions*, 118, Paris, 1938, p. 188-200.

agricultores-criadores. O *Ṛgveda*, X, 90, cita três regiões do universo e três classes sociais. Uma situação análoga deixou seus vestígios entre os celtas, entre os iranianos, entre os romanos, onde não temos mais três castas, mas três funções. Para Dumézil, esses fatores mostram que sociedades com algum parentesco na origem e na sequência separadas conservaram tradições pré-históricas comuns.

2.7.2.3 A herança indo-europeia

Depois de vinte anos de pesquisas, em 1938, Dumézil criou uma chave para penetrar nos mistérios do mundo indo-europeu primitivo[323]. Ele descobriu uma herança representada por uma ideologia trifuncional e hierarquizada: a soberania religiosa e jurídica, a força física aplicada à guerra; a fecundidade, submetida às outras duas, mas indispensável ao desenvolvimento de ambas. Então é por meio de um estudo comparado que deve ser abordada toda a documentação disponível.

O objeto desse estudo comparado é a realidade indo-europeia. Durante o III e o II milênios a.C., bandos de conquistadores se deslocam rumo ao Atlântico, rumo ao Mediterrâneo e para a Ásia. Inicialmente, esses povos falam dialetos provenientes de uma mesma língua, conservada em suas estruturas essenciais. A língua é a técnica primária de qualquer grupo humano. Com ela se transmite o pensamento. Uma língua comum supõe um *minimum* de civilização comum e um idêntico fundo intelectual e moral. Dumézil acredita na existência de uma civilização indo-europeia no III milênio a.C.[324]

Os indo-europeus deixaram poucos registros. Possuíam uma tradição oral. Alguns desses grupos desapareceram do cenário mundial. Um desses grupos, os hititas, estabelecidos na Anatólia, no início do II milênio conservou os seus registros graças à presença de uma escrita cuneiforme. Em outros grupos, que demoraram a deixar algum registro, manteve-se um vocabulário religioso fortemente ligado à organização social, a atos e atitudes, às vezes a práticas religiosas. A manutenção desse léxico supõe a presença de fragmentos importantes do sistema de pensamento pré-histórico e se explica com a ação dos colégios sacerdotais, com

---

323. DUMÉZIL, G. *L'ideologie tripartie des Indo-Européens*. Bruxelas, 1958 (col. Latomus, 31) [trad. it.: *L'ideologia tripartita degli indoeuropei*. 2. ed. Rímini: Il Cerchio, 2003 (Introdução de J. Ries)].
324. DUMÉZIL, G. *L'heritage indo-européen à Rome*. Paris: Gallimard, 1969. • DUMÉZIL, G. *Mythe et épopée*. 3 vols. Paris: Gallimard, 1968-1973 [trad. it.: FABBRI, P. (org.). *Mito ed epopea*. Turim: Einaudi, 1982].

seus rituais e liturgias. Tudo isso supõe, portanto, uma religião, e isso não significa apenas a presença de uma série de gestos e de palavras, mas representa uma doutrina coerente capaz de explicar o mundo, as origens, o passado e o futuro.

2.7.2.4 Uma arqueologia do comportamento e das instituições

Não se trata do fato de pretender encontrar a religião originária dos indo-europeus, não mais encontrar, no caso dos linguistas, uma língua primitiva desses povos. O primeiro trabalho consiste em evidenciar as correspondências precisas e sistemáticas de maneira a fixar o esquema do ritual: os mitos, os ritos, o significado lógico, as articulações essenciais. Esse esquema representa uma espécie de andaime, que, projetado na pré-história, permite que se perceba a curva da evolução religiosa, que se encontre também o tipo religioso arcaico, com as suas articulações essenciais e o seu significado lógico. Essa comparação não é uma comparação tipológica que oferece um conhecimento de diversos tipos sociais, mas uma comparação genética que utiliza todos os elementos disponíveis – a arqueologia, a mitologia, a filologia, a sociologia, a liturgia, a teologia – para determinar o sistema de pensamento, as estruturas, os mecanismos e os equilíbrios constitutivos da sociedade e da religião. Em posse de correspondências precisas, sistemáticas e suficientemente numerosas, o historiador das civilizações e das religiões trabalha da mesma forma que o linguista: por indução rumo às origens. Comparando idênticas formas religiosas entre os povos que já sabemos ter algum parentesco, podemos fazer induções e colher em linhas gerais o pensamento e a evolução desses povos, até o limiar da história[325].

No trabalho comparativo é importante primeiramente buscar o sistema, a estrutura: para fazer isso, trata-se de comparar grupos de conceitos e de deuses, dado que uma religião não é um amontoado de elementos, mas um sistema coerente. Em segundo lugar, é necessário utilizar todo o material disponível: os conceitos, os mitos, os ritos, a organização social, a distribuição do trabalho, o corpo sacerdotal, a administração do sagrado. A comparação deve, além disso, levar ao conjunto desses elementos. Enfim, chega-se a estabelecer uma arqueo-

---

325. DUMÉZIL, G. *L'heritage indo-européen à Rome*. Op. cit. • BONNET, J. & PRALON, D. "Entretien avec G. Dumézil". In: VV.AA. *Georges Dumézil*. Paris: Pandora, 1981, p. 15-44. • DESBORDES, F. *"Le comparativisme de Georges Dumézil"*. In. VV.AA. *Georges Dumézil*. Paris: Pandora, 1981, p. 45-71.

logia do comportamento e das representações. Tal arqueologia toma o lugar da arqueologia que frequentemente estuda os vestígios materiais. Porque estes são escassos, é necessário se dedicar à arqueologia das palavras, dos mitos, dos ritos e das instituições.

2.7.2.5 As três funções sociais

Na civilização indo-europeia do espírito por ele mesmo descoberta, Dumézil encontra sobretudo uma estrutura articulada em três funções. São os três *varna* da Índia: os brâmanes, sacerdotes encarregados do sacrifício e da ciência sagrada; os *kṣatriya*, guerreiros encarregados de proteger o povo; os *vaiśya*, prepostos à agricultura e à pecuária, i.e., à produção dos bens materiais. Essa sociedade equilibrada é presidida pelo *rajan*, oriundo da classe dos guerreiros. O *Ṛgveda* (VIII, 35) mostra a existência e os nomes dessas três classes já no período arcaico[326].

No Irã, o *Avesta* fala de três grupos de homens dos quais se compõe a sociedade: os sacerdotes ou *āthaurvan*; os guerreiros, *rathaēštar*, montadores de carros; os agricultores-criadores, chamados de *vāstryo-fšuyant*. No Irã não haverá castas. A lenda da origem dos Citas, um ramo da família iraniana, cujos herdeiros em nossos dias são os ossetas, ilustra os símbolos das três funções: a agricultura, representada por um arado e um jugo; a guerra, representada por uma machadinha; a soberania, representada por um cálice de ouro (Heródoto, *Histórias*, IV, 5-6; Quinto Cúrcio, VIII, 18-19)[327].

No mundo céltico, no topo da escala social, encontram-se os druidas: sacerdotes, juristas, depositários da antiga tradição. Na sequência, vem a aristocracia militar, proprietária das terras: *flaith* na Irlanda, *Gewalt* na Germânia. Enfim, há os *boaring*, homens livres, criadores de bovinos[328].

A análise dos documentos sobre a origem de Roma permite que Dumézil evidencie três elementos étnicos: os companheiros latinos de Rômulo e Remo, os

---

326. DUMÉZIL, G. "Les 'trois fonctions' dans le Rg Veda et les dieux indiens de Mitani". In: *Bulletin de l'Académie Royale de Belgique*, "Lettres", 1961, p. 265-298.
327. Cf. DUMÉZIL, G. *L'idéologie tripartie...* Op. cit., p. 40-46. • DUMÉZIL, G. *Naissance d'archanges*. Paris: Gallimard, 1945.
328. DUMÉZIL, G. *L'idéologie tripartie...* Op. cit., p. 26-27. • DUMÉZIL, G. "La tradition druidique et l'écriture – Le vivant et le mort". In: *Georges Dumézil "Cahiers pour un temps"*, 1, Paris 1981, p. 325-338. No mesmo volume, cf. REES, B. "Georges Dumézil et les traditions celtiques", p. 271-282.

aliados etruscos de Lucumão e os inimigos sabinos de Rômulo, comandados por Tito Tácio. A primeira elegia romana de Propércio (IV,1) fala de três tribos: Ticienses, Ramnes, Luceres[329].

As três funções são atividades fundamentais que, para possibilitar a subsistência da comunidade, devem assegurar três grupos de homens: os sacerdotes, os guerreiros e os produtores. A primeira função é inerente ao sagrado: a relação dos homens entre si sob a garantia dos deuses (direito e administração); o poder soberano exercido pelo rei e pelos seus delegados em favor dos deuses; a ciência e a inteligência, inseparáveis da meditação e do uso das coisas sagradas. A segunda função é a força física e dos seus usos. A terceira função diz respeito ao vasto âmbito da fecundidade humana, animal, vegetal e à alimentação, à riqueza, à saúde, à volúpia, à beleza. Nessas três funções encontramos a ideologia indo-europeia arcaica.

2.7.2.6 A teologia das três funções

A teologia é o discurso sobre os deuses. Esse discurso oferece as orientações fundamentais de uma religião. Segundo Dumézil, a teologia representa um aspecto capital, pois no mundo indo-europeu os deuses ocupam um lugar central.

Na Índia védica, encontramos encabeçando o panteão uma associação de deuses, hierarquizados em três funções: Mitra-Varuna, os deuses soberanos; Indra, o deus da guerra, às vezes associado a Vayu, Agni, Surya, Viṣṇu; os Nāsatya ou Aśvin, deuses gêmeos, deuses guerreiros, doadores de descendência ou de bens. Essa teologia é articulada e estruturada em três planos, três níveis, três funções.

Os deuses arianos do Mitani nos são conhecidos por meio de um documento arqueológico que Dumézil, no âmbito das suas pesquisas, considera um testemunho essencial e um verdadeiro ponto de junção. Trata-se da lista dos deuses arianos, escrita numa tabuinha de Bogazköy, a antiga capital Hattuša dos hititas, descoberta em 1907. Essa tabuinha nos oferece o texto de um tratado concluído em 1380 entre o rei hitita Supilulliuma e o rei do Mitani, Ma-

---

329. DUMÉZIL, G. "Les trois composantes de Rome". In: DUMÉZIL, G. *Mythe et épopée*. Vol. 1. Paris: Gallimard, 1968, p. 285-303, 304-437. • DUMÉZIL, G. *Mythe et épopée*. Vol. 3. Paris: Gallimard, 1973.

tiwaza. Os garantidores da aliança são os deuses dos dois reis. O rei do Mitani invoca uma série de deuses, entre os quais um grupo: Mitra-Varuna, Indra, os Nāsatya. Esses deuses figuram no tratado como deuses principais da sociedade ariana. Nomeando os deuses nessa ordem, o rei se empenha juntamente com todo o seu reino e evoca os três grandes âmbitos do destino e da providência. A forma e a antiguidade do documento representam um testemunho preciosíssimo da teologia das três funções[330].

No Irã, a teologia das três funções assume todo o seu interesse no contexto da reforma zoroastriana. Diversos documentos arqueológicos recentemente descobertos, com os *Gāthā* do Avesta, nos fazem conhecer o Irã Oriental no momento dessa reforma. Aí encontramos a dupla divina Mitra-Ahura, os deuses guerreiros Vayu e Indra e, para a fecundidade, a deusa Anahita. Na reforma monoteísta de Zaratustra, seis entidades divinas, os imortais benfeitores, assumirão o lugar dos deuses das três funções, agrupados em torno de Ahura Mazdā, o Senhor Sábio. As duas entidades da soberania são Vohu Manah, o Bom Pensamento, que corresponde a Mitra e Aša, a ordem, o Arta védico – ordem cósmica, ritual, social, moral, regido por Varuna na Índia. A terceira entidade é Khshathra, a força [ou potência]. Ela patrocina o metal, corresponde à terminologia védica que caracteriza a segunda função e se encontra em oposição a Saurva, o Saurva védico, pai dos Mārut. A terceira função é representada por três entidades: de uma parte Ārmaiti, o pensamento pio que patrocina a terra enquanto nutridora e mãe, de outra parte Haurvatāt e Amerātāt, saúde e imortalidade, que lembram os gêmeos Nāsatya, indissociáveis, doadores de saúde e de vida. As seis entidades do zoroastrismo foram claramente inspiradas na lista dos deuses das três funções[331].

A apresentação dos deuses da Índia, do Mitani e do Irã no quadro das três funções tem todas as aparências de um dado conceitual, de uma estrutura de pensamento, de uma categoria fundamental do saber teológico arcaico. A definição dos três níveis divinos é rigorosa e isso é demonstrado pela literatura védica. Durante a história religiosa do povos indo-europeus insistiu-se na solidariedade entre os deuses dos três níveis. Tal teologia das três funções se encontra entre os

---

330. DUMÉZIL, G. "Les theologies triparties". In: *L'idéologie tripartie*. Op. cit., p. 34-61.
331. DUMÉZIL, G. *Naissance d'archanges*. Op. cit. • DUMÉZIL, G. *Les dieux souverains des Indo-Européens*. Paris: Gallimard, 1977 [trad. it.: *Gli dei sovrani degli indoeuropei*. Turim: Einaudi, 1985].

povos itálicos com duas tríades: a tríade Jun-Lart- ufiune em Iguvium (Gúbbio), na Úmbria; a tríade Júpiter-Marte-Quirino, tríade pré-capitolina de Roma que permaneceu ligada a diversos rituais[332]. Também o mundo germânico conservou numerosos traços das três funções[333].

2.7.3 Conclusões

A descoberta das estruturas essenciais da língua, da cultura, do pensamento religioso e social dos indo-europeus da pré-história é distribuída entre dois séculos. Durante o século XIX, os pesquisadores encontram os elementos mais importantes da estrutura linguística indo-europeia, bem como os principais mitos e os grandes textos religiosos desses povos. No século XX, depois de uma ampla pesquisa comparada feita sobre esse dossiê, durante sessenta anos, Georges Dumézil consegue demonstrar as articulações fundamentais do pensamento social e religioso indo-europeu arcaico.

Depois das primeiras tentativas, filólogos e linguistas do século XIX chegaram à essência do problema e ao método para alcançar uma solução. Graças à gramática comparada, o método histórico filológico pôde determinar as grandes leis que regem a criação, a difusão e as mutações das línguas indo-europeias portadoras de uma cultura e de uma civilização com numerosos elementos comuns. A semântica permite abordagens do sentido, muito úteis para descobrir traços de cultura e de pensamento. Um outro caminho de pesquisa se encontra na mitologia. Os autores românticos, em busca da mensagem subjacente aos mitos asiáticos, acreditavam chegar à descoberta dos registros da criação do mundo. A mitografia histórica reage a essa tendência, começando a destacar os diversos estratos dos mitos e determinando as analogias entre os mitos dos povos. A escola histórico-comparativa de Max Müller tenta conjugar os esforços desses dois caminhos. Graças à filologia e à mito-

---

332. DUMÉZIL, G. *La religion romaine archaïque, suivi d'un appendice sur la religion des Étrusques*. Paris: Payot, 1966, 680 p. [col. "Les religions de l'humanité"] [2. ed. rev. e corrigida: Paris: Payot, 1974, 700 p.] [trad. It.: *La religione romana arcaica*. Milão: Rizzoli, 2001]. • DUMÉZIL, G. *Idées Romaines*. Paris: Gallimard, 1969 [trad. it.: *Idee romane*. Gênova: Il Melangolo, 1987].

333. DUMÉZIL, G. *Mythes et dieux des Germains* – Essais d'interprétation comparative. Paris: Leroux, 1939. • DUMÉZIL, G. *Les dieux des Germains*. Paris: PUF, 1959 [trad. ingl.: *Gods of the Ancient Northemen*. Berkeley/Los Angeles: University of California Press, 1977] [trad. it.: *Gli dei dei Germani*. Saggio sulla formazione della religione scandinava. 6. ed. Milão: Adelphi, 1994].

grafia comparada, no contexto dos grandes textos sagrados da Índia e do Irã, M. Müller testa uma nova abordagem, as equações onomásticas estabelecidas com base no princípio *nomina sunt numina*. Depois de um século de trabalho, constitui-se o dossiê indo-europeu; agora é preciso interpretá-lo. Será esse o mérito de Georges Dumézil.

Seguindo Max Müller e James Frazer, Georges Dumézil busca primeiramente uma série de equações onomásticas no âmbito do culto e das divindades, mas se vê diante de um impasse. A via das correspondências do léxico do sagrado entre os povos indo-iranianos e dos ítalo-célticos de outro, os únicos que conservaram por numerosos séculos os seus colégios sacerdotais, guardiães dos rituais, dá ao cientista francês a ideia de estudar mais de perto as equivalências relacionadas às divindades e aos portadores do sacerdócio. Esse itinerário se revela iluminador e resulta na descoberta de uma herança indo-europeia, ainda visível no início da história entre os povos italiotas, célticos, germânicos, iranianos e indianos. A chave foi encontrada. O seu valor é confirmado por uma tabuinha de Bogazköy datada do século XIV a.C., um dos raros documentos dos arquivos dos indo-europeus.

A ausência de vestígios arqueológicos materiais leva Dumézil a criar um método comparativo genético, fundado na arqueologia das representações e do comportamento. Utilizando os mitos, os ritos, os restos da organização social, os traços do sacerdócio e do sagrado encontrados entre os diversos povos indo-europeus da história, Dumézil chega a determinar os mecanismos e os equilíbrios constitutivos da sociedade e da religião, e por indução, em direção às origens, a mostrar a estrutura do pensamento indo-europeu e a sua evolução até o limiar da história. E eis que se nos revelam os elementos fundamentais desse pensamento na época pré-histórica: uma teologia trifuncional que reparte o mundo divino em deuses da soberania, deuses da força e deuses da fecundidade. A semelhante teologia corresponde à tripartição da sociedade: uma classe sacerdotal depositária da ciência e do sagrado; uma classe de guerreiros encarregada da defesa da sociedade de uma classe de agricultores-criadores, responsável pela subsistência necessária à manutenção da sociedade ariana.

2.8 Reflexões sobre a helenização dos cultos orientais*

2.8.1 A problemática helenismo-helenização[334]

2.8.1.1 Uma concepção fusional

O termo "helenismo" aparece no início do século XIX. Em 1820, na sua obra *Essai historique sur l'école d'Alexandrie*, I (Paris, 1820), J. Matter escreve: "Os estudos aos quais se dedicaram os judeus no Egito produziram esse modo de pensar e de escrever, designado com o nome de helenismo" (p. 203). Seguindo Matter, o helenismo é um modo de pensar ordinariamente fundado em Alexandria pelos judeus.

Em 1833, surge a obra do grande estudioso Johann Gustav Droysen, *Geschichte Alexanders des Grossen*, e em 1834-1836 a sua *Geschichtdes des Hellenismus*[335]. Com essa ideia de helenismo, Droysen circunscreveu a época da conquista do reino dos persas por Alexandre (331 a.C.) até o domínio do Império Romano (31 a.C.). A consequência desses eventos é a criação da essência helenística, i.e., a "mistura entre vida ocidental e vida oriental", afirma Droysen. Essa mistura está na origem de uma nova época do mundo. Droysen era um discípulo de Hegel. A "helenicidade" lhe parecia ser a antítese do Antigo Oriente e o helenismo era, portanto, a síntese que se realizava no cristianismo. Por um século e meio essa ideia de Droysen permaneceu o conceito-guia no estudo do helenismo. Encontramo-la ainda em M. Rostovtzeff, na sua obra *Die hellenistische Welt*[336].

> Por mundo helenístico entendo o mundo criado através da conquista do Oriente por Alexandre, que subsistiu enquanto os estados nos quais decaiu não afirmaram a própria independência política e os gregos nesses estados conserva-

---

* "Gedanken zur Hellenisierung der orientalischen Kulte". In: ZINSER, H. (org.). *Der Untergang von Religionen*. Berlim: Dietrich Reimer, 1986, p. 51-64.

334. Sobre o problema do helenismo, cf. KIESSLING, E. (org.). *Der Hellenismus in der deutschen Forschung 1938-1948*. Wiesbaden: Harrassowitz, 1956. • BICHLER, R. *Hellenismus* – Geschichte und Problematik eines Epochenbegriffs. Darmstadt: Wissenschaftliche Buchgesellschaft, 1983, 219 p. [com bibliografia].

335. DROYSEN, J.G. *Geschichte Alexanders des Grossen*. Berlim, 1833 [trad. it.: L Alessio: *Alessandro il Grande*. Milão: Corbaccio, 1940]. • DROYSEN, J.G. *Geschichte des Hellenismus* [vol. 1: Geschichte der Nachfolger Alexanders. Hamburgo, 1836; vol. 2: Geschichte der Bildung des hellenistischen Staatensystems. Hamburgo, 1843] [em três volumes: *Geschichte des Hellenismus*. Gotha: Perthes, 1877-1878] [nova edição: BAYER, E. (org.). *Wissenschaftliche Buchgemeinschaft*. Tübingen, 1952-1953].

336. ROSTOVTZEFF, M. *Die hellenistische Welt* – Gesellschaft und Wirtschaft. 3 vols. Stuttgart: Kohlhammer, 1955-1956.

ram em todos os âmbitos da vida o seu papel de dirigentes, i.e., mais ou menos de Alexandre até Augusto (I, p. V).

O que significa helenismo no mundo helenístico? Segundo Grant, os traços fundamentais da helenização são a fusão e a recíproca compenetração das diversas culturas em contato com a vida e o pensamento dos gregos, sendo este último em primeiro lugar:

> O helenismo é a cultura da época de Alexandre, de quando a língua, os costumes, os objetos de uso, a arte, a literatura, a filosofia e a religião dos gregos se difundiram no Oriente Próximo e no Oriente Médio, da Macedônia até o subcontinente subsaariano, das costas setentrionais do Mar Negro e das margens do Danúbio até a Núbia e o Saara[337].

Em âmbito religioso, fala-se de sincretismo. A religião e a mentalidade helenísticas são fortemente influenciadas pelas forças provenientes do Oriente. Esse processo, afirma Grant, se difundiu de tal forma sob o âmbito romano que até os séculos III e IV era possível observar sinais de um "orientalismo" que permeava completamente a religião, a política, a arte, a filosofia, a língua e a mentalidade cotidiana.

2.8.1.2 A concepção dos traços dinâmicos

Recentemente, a concepção fusional foi refutada por Claire Préaux, que na obra *Le monde hellénistique* rebate o tema da fusão considerando-o como um mito da época romântica[338]. Droysen via dois grandes exemplos de fusão: o primeiro, a Grécia e o Oriente; o segundo, os povos germânicos e os latinos. "Imaginando também as vastas fusões das quais nascem mundos novos, Droysen se revela discípulo de Hegel"[339].

No helenismo, Claire Préaux, como Droysen e Grant, vê uma época unitária, mas para compreender essa época devemos encontrar as caraterísticas de caráter contínuo e marcante da época helenística. Quais são os traços dominantes? Esses traços não têm o sentido de uma fusão dos elementos antagônicos. Não são uma

---

337. GRANT, F.C. "Hellenismus". In: *Religion in Geschichte und Gegenwart*, vol. III, p. 209.
338. PRÉAUX, C. *Le monde hellénistique* – La Gréce et l'Orient. 2 vols. Paris: PUF, 1978 [com bibliografia].
339. Ibid., p. 7.

civilisation mixte. Para Claire Préaux, os traços dominantes são a realeza helenística (o culto do rei), as cidades, as guerras, o pluralismo das culturas e das religiões. Esse método se enraíza "em um ou mais fenômenos tidos como eficazes e típicos", i.e., os traços dinâmicos da época.

Claire Préaux pergunta também sobre a religião helenística. Primeiro desenvolve a tipologia da religiosidade, individuando um elemento importante de tal religiosidade na *interpretatio graeca* dos deuses orientais. Para Claire Préaux essa *interpretatio* se baseia na predileção dos gregos pelo exótico. É uma tendência que renova o sentimento religioso e leva o homem ao contato pessoal com o divino e à busca de uma salvação. Um segundo traço é a atitude do homem religioso: religião dos filósofos, encontro do culto de Dionísio com Serápis, Ísis e Osíris.

2.8.2 *Helenização e* homo religiosus hellenicus

A fusão no sentido de Droysen e os traços dinâmicos da época no sentido de Préaux são dois caminhos para chegar à compreensão da helenização dos cultos orientais. Mas o historiador das religiões pode escolher apenas entre esses dois caminhos? Há somente essas duas vias para a interpretação da helenização dos cultos orientais?

Toda religião é uma visão do mundo. Uma parte dessa visão do mundo se baseia numa teologia. Ao lado dessa teologia subsiste uma antropologia religiosa: Deus e o homem. O portador da visão do mundo é o homem. Para compreender uma religião devemos olhar para o *homo religiosus* e estudar o seu comportamento. Com o seu comportamento, o *homo religiosus* mostra a sua visão do mundo e de Deus. Com esse método, Siegfred Morenz renovou a compreensão da religião egípcia[340]. Ele começa a sua pesquisa individuando o *Sitz im Leben* do *homo religiosus* egípcio. Acredito que o trabalho de Morenz represente um modelo para o historiador das religiões no seu estudo das reli-

---

340. MORENZ, S. *Ägyptische Religion*. Stuttgart: Kohlhammer, 1960 [2. ed.: 1976] [trad. it.: G. Glaesser e W. Perretta: *La religione egizia*. Milão: Il Saggiatore, 1968]. Sobre o método, cf. ELIADE, M. *Traité d'histoire des religions*. Paris: Payot, 1948 [2. ed.: 1953; 3. ed.: 1959; 4. ed.: 1968; 5. ed.: 1970; 6. ed.: 1974], p. 46-48 [trad. it.: V. Vacca e G. Riccardo, com intr. de P. Angelini: *Trattato di storia delle religioni*. 2. ed. Turim: Bollati Boringhieri, 1999]. • ALLEN, D. *Structure and Creativity in Religion* – Hermeneutics in Mircea Eliade's Phenomenology and New Directions. Haia: Mouton, 1978.

giões e dos cultos helenísticos. Nessa direção, há as pesquisas de A.J. Festugière, J. Hani e R. Turcan[341].

2.8.2.1 A moldura histórica e religiosa do *homo religiosus hellenisticus*

a) Os eventos religiosos da época helenística

Um primeiro traço que caracteriza os eventos religiosos é a profunda mutação que ocorre, na ordem da *polis* grega, nas monarquias helenísticas. A partir de 338, a *polis* grega está sob a jurisdição do *synedrion*, cujo comandante é o *hegemon*. A antiga cidade grega era, ao mesmo tempo, Estado e Igreja. *Nomos* significa lei e aplicações religiosas. O cidadão era também um *homo religiosus*. Nas monarquias helenísticas, a *polis* assume um valor cosmopolítico. O *homo religiosus* perdeu sua moldura, e busca uma outra. Nascem associações de culto, os *thiasoi* e os *eranoi*. Festugière ilustrou admiravelmente a atmosfera e a vida religiosa dos *thiasoi* e do *eranoi* no seu *Religion grecque*, sob o título *L'avènement de l'individu*[342]. No âmbito da helenização dos cultos orientais, os *thiasoi* e *eranoi* assumiram um importante papel. Assim, a imigração de deuses estrangeiros ganha novo impulso; o aumento dos contatos com o Oriente, concomitantemente, tem como resultado um afluxo crescente de cultos estrangeiros: Amon, Serápis, Ísis, Adônis, a grande Mãe, a Afrodite siríaca, Héracles-Melcarte de Tiro. Entre os deuses estrangeiros, na Grécia aparecem sobretudo os egípcios.

Um terceiro traço é representado pelo encontro entre gregos e não gregos. Festugière aponta diversos eventos. Em 324, em Opis, na Babilônia, macedônios e persas são convidados a um banquete. Adivinhos e magos gregos oriundos da Pérsia inauguram a festa sagrada. No mesmo ano se festeja um casamento comunitário entre macedônios e mulheres persas. A ideia de Alexandre de fundar uma monarquia mundial se completa com a ideia de uma religião mundial que tem origem no culto do Deus cósmico. Nesse sentido, Hans Jonas

---

341. FESTUGIÈRE, A.J. "La Grèce, la religion". In: *Histoire générale des religions, Grèce-Rome*. Paris: Quillet, 1944, p. 25-147. • FESTUGIÈRE, A.J. *La religion grecque*. Paris: Quillet, 1960, p. 465-575. • FESTUGIÈRE, A.J. *Études de religion grecque et hellénistique*. Paris: Vrin, 1972. • HANI, J. *La religion égyptienne dans la pensée de Plutarque*. Paris: Les Belles Lettres, 1976. • TURCAN, R. *Mithras Platonicus* – Recherches sur l'hellénisation philosophique de Mithra. Leiden: Brill, 1975.

342. FESTUGIÈRE, A.J. In: *Histoire générale des religions*. Paris, 1960, p. 549-575.

fala da "ideologia cosmopolita" na qual a posse do *logos* significa o *principium distinctivum*[343].

b) *O fator religioso no mundo oriental*

A "helenicidade" formava uma unidade política, cultural e religiosa. O mesmo não se pode dizer do mundo oriental. Antes de Alexandre, na Ásia havia uma unidade política conquistada graças ao poder dos Aquemênidas. Mas entre os diversos povos que formam o reino dos Aquemênidas dominava a apatia política e um certo imobilismo cultural. Os dominadores babilônicos e assírios com frequência transplantaram e deportaram a população, total ou parcialmente. Enfraqueceram-se dessa forma muitas forças culturais e religiosas. Esse fato explica, em parte, o rápido progresso da cultura helenística depois de Alexandre. O extermínio dos povos teve uma outra e dupla consequência: uma parte do conteúdo cultural escapou do terreno pátrio e pode ser usado como patrimônio geral; deuses e cultos assumiram feições universais encontrando outros deuses e outros cultos.

No seu livro *The Gnostic Religion*, Hans Jonas nos faz atentar para outra consequência: o início da abstração teológica dentro do judaísmo[344] e das religiões babilônicas e persas. A essência das culturas locais se transforma em ideologia. Ele toma a religião babilônica como exemplo. Depois da vitória dos persas, na Babilônia poder político e religião são separados. Essa separação leva à libertação da essência religiosa. A substância espiritual tem efeitos posteriores e no período helenístico encontramos a astrologia babilônica em contato com outras religiões e outros cultos, não como culto, mas como sistema. O mesmo processo pode ser encontrado no masdeísmo depois da queda do reino dos Aquemênidas: o antigo dualismo iraniano se conserva como sistema, sendo recuperado por Plutarco no *De Iside et Osiride* para explicar o mito egípcio.

---

343. JONAS, H. *The Gnostic Religion*. Boston: Beaco, 1958 [2. ed.: 1963; 3. ed.: 1970] [trad. it.: R. Farina e M. Riccati di Ceva, com apresentação de M. Simonetti.: *Lo gnosticismo*. Turim: SEI, 1995]. Cf. QUISPEL, G. *Gnostic Studies*. 2 vols. Istambul: Nederlands Historisch-Archaeologisch Instituut in het Nabije Oosten, 1974. • RIES, J. (org.). *Gnosticisme et monde hellénistique*. Louvain-la-Neuve: Institut Orientaliste, 1982.

344. Na helenização é mister considerar o judaísmo, particularmente o judaísmo alexandrino. HENGEL, M. *Judentum und Hellenismus* – Studien zu ihrer Begegnung anter besonderer Berücksichtigung Palästinas bis Mitte des 2 Jht. v. Chr. Tübingen: Mohr, 1969. • HENGEL, M. *Christen und Barbaren* – Aspekte der Hellenisierung des Judentums in vorchristlicher Zeit. Stuttgart: KBW, 1976. • MOMIGLIANO, A. *Alien Wisdom* – The Limits of Hellenization. Cambridge: Cambridge University Press, 1975 [vers. it.: *Saggezza straniera* – Ellenismo e le altre culture. Turim: Einaudi, 1980].

2.8.2.2 O *homo religiosus hellenisticus* no seu mundo

a) Festugière caracteriza o período helenístico com as seguintes palavras: "O homem saiu do seu quadro". O homem não vive mais na sua moldura. Isso vale para o homem grego, cuja *polis* perdeu as suas antigas estruturas; e também vale para o oriental, arrancado da sua cultura. O homem helenístico tem o sentimento da solidão.

b) *Soter, sozo, soteria*. *Soteres* são os deuses de cuja ação e de cuja intervenção o homem é dependente. No período helenístico, o termo *Soter*[345] ganha muita importância. São mencionados como auxiliadores sobretudo Esculápio, salvador dos doentes, Héracles, Ísis e Serápis. O homem busca um contato pessoal com os deuses, que vê como salvadores. Mistérios e oráculos passam ao primeiro plano. Os mistérios de Elêusis conservam a sua força vital e a sua atratividade: o segredo dos mistérios deve ser guardado. Os mistérios dos Cabiros são venerados e espalhados com grande dedicação: muitas pessoas se fizeram iniciar em Samotrácia. "Do fato que os escritores tenham se ocupado dos mistérios", afirma Nilsson, "resulta claramente que os mistérios gregos, na época helenística, multiplicaram a sua força de atração, se desenvolveram e se difundiram posteriormente"[346]. Os lugares sagrados, que na verdade eram lugares de oráculos, florescem e as histórias de milagres se tornam um gênero literário. Deuses salvadores do corpo e da alma, iniciação e cultos dos mistérios, com os quais os deuses tornam conhecidos aos homens a sua vontade e as suas manifestações, são sinais da pesquisa de uma *soteria*.

c) *Thiasoi, eranoi. Koinon ton thiasoton* toma o lugar dos *orgeontes*. A época helenística é o tempo do florescimento das associações. As associações, em grande parte, aparecem com frequência como associações de culto e assumem o nome de algum deus. Na helenização dos cultos orientais, os *thiasoi* e *eranoi* assumem um papel importante porque o traço característico dessas associações é a mistura dos membros: gregos e não gregos, homens e mulheres, escravos e cidadãos, anciãos e jovens. Como já se disse, observar os deuses venerados pelos *thiasoi* e *eranoi* é muito instrutivo: Apolo, padroeiro natural das associações, Afrodite, sob cujo nome se esconde uma deusa oriental, Hermes, Poseidon, Dionísio, Esculá-

---

345. FOESTER, W. & FOHRER, G. "Sôter". In: KITTEL, G. (org.). *Theologisches Wörterbuch zum Neuen Testament*. Vol. 7. Stuttgart: Kohlhammer, 1964, p. 1.004-1.022 [trad. it.: F. Montagnini, G. Scarpat e O. Soffritti: *Grande lessico del Nuovo Testamento*. Vol. 12. Bréscia: Paideia, 1979].
346. NILSSON, M.P. *Geschichte der griechischen Religion*. Vol. 3. Munique: Beck, 1961, p. 102.

pio, Adônis, Serápis, Ísis, Harpócrates. A popularidade dos deuses egípcios aumenta. Nos *thiasoi* e *eranoi* se torna significativa a *interpretatio graeca* dos deuses orientais. Os cultos de iniciação já existiam na época clássica, mas a novidade, na época helenística, é representada pela influência dos deuses orientais nos ritos de iniciação: Adônis, Ísis e Serápis.

d) *Interpretatio graeca* e polimorfismo. Os deuses com o maior número de seguidores no âmbito grego são os mais adaptáveis à *intepretatio graeca*: Ísis, Deméter, Osíris, Dionísio. Aqui, de novo, é a busca da salvação no mito e no rito que merece destaque. Podemos assim compreender o encontro entre os cultos de Osíris e os mistérios de Elêusis. O *homo religiosus hellenisticus* tem um interesse peculiar pelos deuses com vocação universal: Ísis, Osíris, Dionísio, Esculápio. Mas nestes deuses encontramos "empregos duplos" (C. Préaux). Um aspecto helenizante é visível no fato de que as pequenas divindades sejam agrupadas sob a pessoa dos deuses universais. Assim, o *logos* grego assume o lugar da simbologia oriental. Esse processo de desenvolvimento conduz ao polimorfismo: Ísis, Esculápio, Osíris são *theoi polyonymoi*, deuses de dois mil nomes, deuses supremos, *theoi hypsistoi*. Na helenização dos deuses orientais temos, portanto, um duplo processo de desenvolvimento: de um lado uma pulverização do divino nos *thiasoi* e *eranoi*; de outro uma elevação das divindades universais, *hypsistoi* e *polynymoi*.

2.8.3 Exemplos de helenização

2.8.3.1 O culto real dos Ptolomeus no Egito

A realeza egípcia é uma instituição divina. O rei não é somente aquele que usa a coroa, por graça dos deuses e por eles guiado. Ele pertence a eles por essência. Na sua natureza divina se fundamenta o seu direito de domínio. O rei é Hórus; ele é filho do deus Ra, do deus Amon. Enquanto filho, o rei traz em si o modo do seu pai divino, tem parte com sua alma, participa de sua potência e de sua força. No reino antigo não se pode falar de um culto real. A veneração que recebe um rei defunto se alinha com a fé geral nos mortos. No novo reino multiplicam-se os testemunhos de um culto real, por exemplo as estátuas presentes nos templos. Amenhotep III e Ramsés II construíram templos, consagrados, não somente a grandes deuses, mas também a si mesmos. Nesse culto, o rei aparece em forma complemente peculiar.

Visitando o oásis de Amon, Alexandre é saudado pelo sacerdote como filho do deus. O Amon do oásis é ouvido como deus grego e chamado de Zeus. Daquele momento em diante, Alexandre se considera seriamente filho de Zeus. Esse oráculo, escreve Nilsson, pode ser provavelmente colocado em relação com a fundação de um culto de Alexandre. A exigência de reconhecimento de sua divindade por parte das cidades gregas remonta ao ano 324[347].

Em 323, Alexandre morre na Babilônia. De Mênfis, o seu cadáver foi conduzido à cidade de Ptolomeu II, fundada por ele e batizada com seu nome. Assim, nasce aqui o culto citadino do fundador, *ktistes tes poleos*, organizado pela comunidade há pouco fundada. Em 311 fala-se de um culto imperial, cujo caráter oficial é demonstrado pela eponimidade do sacerdote. Nesse culto, Alexandre tem o nome de *theos*: tem um templo próprio. O culto dizia respeito tanto aos macedônios quanto aos egípcios.

Logo aparece um terceiro culto: o culto real dos deuses dos Ptolomeus. Ptolomeu I e a sua esposa Berenice foram divinizados: *theoi soteres*. Um templo foi construído para eles e ali foram colocadas estátuas. Um passo decisivo foi dado por Filadelfo, quando ainda vivo elevou a divindade a si e a esposa Arsinoe com o nome de *theoi adelphoi*. No culto grego, Arsinoe é em parte venerada como Arsinoe Filadelfo, em parte no culto privado, identificada com Afrodite. Arsinoe foi venerada também como deusa egípcia e depois da sua morte, por ordem do rei, colocada em forma de carneiro em todos os templos egípcios.

Um quarto culto é o culto de Serápis, fundado por Ptolomeu Lago. Se Ptolomeu, escreve Nilsson, "queria ligar os gregos, tanto no Egito como em outros países também do ponto de vista religioso ao seu reino egípcio, isso provavelmente não pôde ocorrer na medida em que foi pressionado para tolerar um deus explicitamente egípcio, mas também helenizado, de modo a não resultar repugnante"[348]. Serápis era esse deus. Jeanmarie demonstrou que o culto do novo Serapeum de Mênfis ligou Dionísio e Osíris-Apis. Assim, a helenização ficou completa[349]. O

---

347. WILCKEN, U. "Zur Entstehung des hellenistischen Königskultes". In: *Sitzungsberichte der Preussischen Akademie der Wissenschaften*, n. 28, Berlim, 1938, p. 298-321. • NILSSON, M.P. "Königskult und Religionspolitik". In: *Geschichte der griechischen Religion*. Vol. 2. 4. ed. Munique: Beck, 1988, p. 154-185. • CERFAUX, L. & TONDRIAU, J. *Le culte des souverains dans la civilisation gréco-romaine*. Paris/Tournai: Desclée de Brouwer, 1957.
348. NILSSON, M.P. *Geschichte der griechischen Religion*. Vol. 2. Munique: Beck, 1961, p. 158.
349. JEANMAIRE, H. *Dionysos* – Histoire du culte de Bacchus. Paris: Payot, 1970, p. 417-453.

culto real dos Ptolomeus tem, pois, o significado de uma helenização progressiva da realeza egípcia.

2.8.3.2 As reformas cultuais de Comagena

Comagena, uma província do reino dos Selêucidas, se tornou em 162 um reino autônomo com capital em Samósata. Na época mesopotâmica, o nome desse país era Kummuh. A posição era muito favorável, à margem do Eufrates entre o Irã e a Anatólia. Faz um século que as descobertas arqueológicas nos ofereceram uma rica coleta de materiais: santuários, lugares de culto do fogo, tumbas, estelas em relevo, epígrafes[350]. Sobre o tema da helenização, temos inscrições importantes do Rei Mitrídates I Kallinikos e do seu filho e sucessor Antíoco I (69-38). Essas inscrições documentam o encontro entre duas ideologias reais, a aquemênida-iraniana e a macedônica-selêucida, e testemunham ainda o encontro em Comagena entre duas religiões, o masdeísmo e a religião grega. Sob Mitrídates e Antíoco ocorreram duas importantes reformas cultuais[351]. Mitrídates I Kallinikos dotou Comagena de uma rede de lugares de culto. Como mostram as inscrições, ele reconduziu as próprias origens à casa real persa e à selêucida. Seu filho, Antíoco I, fundou um santuário central do culto oficial em Nemrud Dag e um segundo santuário sobre a montanha real de Arsameia, mais baixa, sobre o ninfeu. As leis de culto e as regulamentações dos deuses são muito importantes para a compreensão da helenização dos cultos orientais.

Outros estratos das inscrições da reforma cultual nos mostram o significado assumido pela helenização em Comagena[352].

a) Numa estela em relevo, escreveu o Rei Antíoco:

> Quando assumi o reino paterno e expus a imagem de Zeus-Oromasdes, de Apolo-Mitra-Hélio-Hermes e de Artagnes-Héracles-Ares – imagens de venerável forma – tornei coetânea do meu jovem destino a honra dos grandes deuses... (Waldmann, p. 18).

---

350. DÖRRIE, H. *Der Königskult des Antiochos in Commagene im Lichte neuer Inschriftenfunde.* Göttingen: Vandenhoeck & Ruprecht, 1964 [col. Abhandlungen der Akademie der Wissenschaften in Göttingen, 60].

351. WALDMANN, H. *Die kommagenischen Kultreformen unter König Mithridates.* Vol. 1: Kallinikos und seinem Sohne Antiochos I. Leiden: Brill, 1973. • GAGÉ, J. *Basiléia* – Les Césars, les rois d'Orient et les magesy. Paris: Les Belles Lettres, 1968.

352. Cf. WALDMANN, H. *Die kommagenischen Kultreformen.* Op. cit. [No original italiano, foi utilizada a tradução deste autor].

b) Na grande inscrição do Hierothesion no Nemrud dag, o Rei Antíoco quer que o seu reino continue comum a todos os deuses.

> Quando assumi o senhorio paterno, declarei morada comum a todos os deuses, a partir do meu temor de Deus, o reino submetido aos meus tronos. As imagens das formas desses deuses, produzidas nos mais variados modos, como nos transmitem as antigas notícias de persas e gregos – a feliz raiz da minha estirpe – eu as honrei com sacrifícios e festas... (linhas 24-26 da inscrição, Waldmann, p. 72).
>
> Assim, como vês, erigi imagens que na verdade honram a esses deuses: a de Zeus Oromasdes, a de Apolo Mitra, de Hélio Hermes, de Artagne Héracles Ares, da Comagena que a todos nutre, a minha pátria... (linha 53, Waldmann, p. 72).
>
> Os sacerdotes que encarreguei para esses deuses e antepassados divinizados [...] e o sacerdote que nos anos seguintes assumirá essa ordem, [...] nos dias da revelação dos deuses [...] com vestes persas, que a minha graça e o estatuto paterno da nossa estirpe conferiu aos sacerdotes, deve coroar com guirlandas de ouro todos aqueles que consagrei à pia veneração dos deuses (Waldmann, p. 74).

Ao final da lei da festa e da liturgia o Rei Antíoco pede:

> [...] Rogo que todos os deuses paternos da Pérsia e da Macedônia e da pátria Comagena continuem graciosamente bem-dispostos a toda benevolência (linha 223, Waldmann, p. 75).

c) Na inscrição do terceiro alicerce do Hierothesion de Arsameia no ninfeu, Antíoco I afirma: "Mas eu prometi a mim mesmo que tornaria maiores e mais belas todas as consagrações feitas pelos meus antepassados como conveniente homenagem" (linha 35, Waldmann, p. 90). E então vem a ordem da liturgia; o sacerdote,

> com vestes persas, que a minha graça e o estatuto paterno da nossa estirpe conferiu aos sacerdotes, deve coroar com guirlandas de ouro todos aqueles que consagrei à pia veneração dos antepassados (linha 113, Waldmann, p. 92).

No final da lei, há os nomes dos deuses: Zeus Oromasdes, Apolo e Héracle, Hera Teleia, Artagne Héracles, Mitra Apolo, Hélio Hermes.

d) Na grande estela de Mitra, II alicerce do Hierothesion de Arsameia no ninfeu, está escrito:

> O sacerdote que encarreguei do culto de Mitra-Hélio Apolo-Hermes (linha 77, Waldmann, p. 104).
>
> O sacerdote que conduz os sacrifícios e as reuniões se vista de roupas persas que a minha graça e o paterno estatuto da nossa estirpe lhe conferiu [...] (linha 88, Waldmann, p. 104).

Sobre esse texto, convém algumas reflexões. Uma história da religião de Comagena deve ser escrita e é muito importante no âmbito da helenização dos cultos orientais, particularmente do culto de Mitra[353]. Como seu pai, Mitrídates, Antíoco recorda as duas raízes da sua estirpe, os persas e os helênicos. Todos os deuses devem ser venerados. O rei acentua a igualdade entre os deuses dos gregos e dos persas. As estruturas fundamentais da teologia de Antíoco são o culto familiar, o culto dos antepassados, a ideologia real aquemênida e o culto dinástico grego. A esses se acrescentam a teologia astral e o panteão comágeno. Na ordem dos deuses são citados em primeiro lugar Zeus e Oromasdes: ambos pertencem à galeria dos antepassados. Depois vem a tétrade: Apolo-Mitra-Hélio-Hermes ou Mitra-Hélio--Apolo-Hermes. Essa tétrade divina é posteriormente destacada pelos achados iconográficos. Aqui não queremos aprofundar a origem da combinação dos nomes[354]. O que parece importante na ordem dos deuses é o desejo de Antíoco de identificar cada deus segundo sua essência com um nome grego e persa. Em geral, os historiadores das religiões falam de um "sincretismo persa-helenístico", "um sincretismo das entidades divinas". A questão é: O que significa sincretismo? Neste caso, falar de igualdade entre os deuses persas e os gregos seria melhor para se referir à helenização dos deuses persas. Mas a isso se acrescenta a ênfase nos elementos masdeístas. Na lei cultual se fala do sacerdote que usa vestes persas "que a minha graça e o estatuto paterno lhe conferiu". As observações iconográficas mostram a tiara persa na cabeça dos deuses Zeus, Oromasdes, Apolo, Mitra, Hélio, Hermes[355]. A isso ainda se acrescenta o *baresman* nas mãos de mitra. A helenização consiste somente na igualdade entre os deuses. O ritual faz parte do masdeísmo.

2.8.3.3 O *De Iside et Osiride* de Plutarco

Encontramos um terceiro exemplo de helenização dos cultos orientais em Plutarco, no seu *De Iside et Osiride*[356].

---

353. DUCHESNE-GUILLEMIN, J. "Iran and Greece in Commagene". In: *Études Mithriaques*, Leiden, 1978, p. 187-204. • DÖRNER, F.K. "Mithras in Kommagene". In: *Études Mithriaques*, Leiden, 1978, p. 123-133.
354. Cf. WALDMANN, H. *Die kommagenischen Kultreformen*. Op. cit., p. 165-172.
355. Cf. DUCHESNE-GUILLEMIN, J. "Iran and Greece in Commagene". Op. cit., p. 189.
356. PLUTARCO. *Über Isis und Osiris*. 2 vols. Praga: Orientalisches Institut, 1941 [2. ed.: Darmstadt: Wissenschaftliche Buchgesellschaft, 1967].

No capítulo 45, Plutarco inicia com uma interpretação dualística do mito. Seth é tudo o que de danoso e deletério existe na natureza, i.e., o princípio do mal. Osíris personifica o princípio do bem. "O mal, de fato, não pode estar presente lá onde Deus é somente a causa de tudo". Aqui Plutarco explica o dualismo filosófico, uma doutrina, afirma, que foi defendida por teólogos e legisladores. Pensa nos órficos, nos pitagóricos, em Empédocles.

Na sequência, no capítulo 46, se dedica ao dualismo religioso. Ele personifica o bem e o mal em dois inimigos recíprocos, como a religião egípcia personifica o bem e o mal em Osíris e Seth. E assim Plutarco chega à doutrina de Zoroastro, que conhecia Horomazes, Deus bom, e Aremaneios, demônio malvado. "Ora, Zoroastro chamava um de Horomazes e o outro de Aremanios; e acreditava que o primeiro fosse aquele que, entre as coisas perceptíveis, mais se assemelhasse à luz; o segundo, ao contrário, às trevas e à incerteza, e que entre eles estivesse Mitra; por isso os persas chamam Mitra também como aquele que está no meio (*Mesitèn*)". Mitra é aqui o *trait d'union* entre as duas partes cósmicas, o mundo inferior e o mundo superior, aquele que está no meio, entre trevas e luz. Mitra aparece assim como *Logos Demiourgos*. Plutarco heleniza o deus iraniano Mitra[357].

No capítulo 49, Plutarco apresenta a interpretação platônica do mito de Osíris.
> O nascimento e a permanência desse universo é o misto de duas forças contrapostas, mas não da mesma força, porque a melhor prevalece; é, todavia, impossível que a força malvada seja completamente suplantada, porque é entrelaçada tanto integralmente com o corpo quanto com a alma do universo e, com a melhor, está em dura e contínua batalha. Nessa alma do mundo, a razão (*nous*) e o intelecto (*logos*) são chefe (*hegemon*) e senhor de tudo aquilo que é melhor; são o próprio Osíris. Na terra, nas estrelas, o que é organizado e fixo e, nas estações, [...] o que é sadio é um efluxo de Osíris e a sua imagem visível. Tifão (Seth) é, ao contrário, tudo o que é passional, titânico, irracional e insensato na alma e, no corpóreo, o que é perecível, o que é mórbido. E isso é dito pelo próprio nome Seth, com o qual esses chamam Tifão.

Plutarco explica [o fato de] o deus Osíris ser a razão e o intelecto na alma humana. É também o deus universal, o deus da ordem cósmica. A imagem corresponde com a teologia egípcia. Já nos textos das pirâmides, Osíris aparece como

---

357. HANI, J. "Plutarque en face du dualisme iranien". In: *Revue des Etudes Grecques*, Paris, 1964, p. 489-525. • PHILLIPS, M.E.D. "Plutarque interprète de Zoroastre". In: ASSOCIATION GUILLAUME BUDE (org.). *Actes du 8ᵉ Congrès*. Paris: Les Belles Lettres, 1969, p. 506-511.

senhor da Maāt. Mas na interpretação dos mitos, Plutarco heleniza a teologia osírica. Voltando até Zaratustra, explica o sentido da batalha entre Osíris e Seth. A sua argumentação se fundamenta numa base platônica. O deus egípcio Osíris aparece como um deus universal, mas em Plutarco se torna um *Osiris platonicus*. A via da helenização é a filosofia platônica[358].

2.8.4 Resumo

O encontro entre religião grega e religiões orientais é característico da época helenística. Na helenização dos cultos orientais, a religião helenística sofre também uma forte influência de forças provenientes do Oriente. O conceito hegeliano de fusão não é suficiente para explicar a helenização dos cultos orientais, porque a religião helenística não é simplesmente uma "religião mista" ou um sincretismo. É necessário considerar também os traços dinâmicos, particularmente os do culto real, da *interpretatio graeca* dos deuses orientais e da atitude do homem religioso.

A compreensão dessa helenização deve pressupor um fator: as relações do *homo religiosus hellenisticus* no seu mundo. Os eventos religiosos da época helenística são: a profunda mutação que ocorre na ordem da *polis* grega; a difusão da teologia do deus cósmico; a dominação dos povos e a utilização do seu pensamento cultural como patrimônio geral; o início da abstração teológica no judaísmo e nas religiões babilônica e persa. O *homo religiosus* da época helenística não vive mais no seu âmbito. O associacionismo se torna muito importante: nos *thiasoi* e *eranoi*, a *interpretatio graeca* dos deuses orientais assume um papel significativo. O *logos* grego assume o lugar da simbologia oriental. Três exemplos nos mostraram que a helenização dos cultos orientais tem um rosto variegado.

Bibliografia

Problemas e métodos na pesquisa em história das religiões [acrescentada pelo autor em 2008]

BIANCHI, U. *Problemi di storia delle religioni*. Roma: Studium, 1986.

---

358. HANI, J. *La religion égyptienne dans la pensée de Plutarque*. Op. cit. • RIES, J. "Plutarque historien et théologien des doctrines dualistes". In: RIES, J. (org.). *Gnosticisme et monde hellénistique*. Op. cit., p. 146-163. RIES, J. *Osirisme et monde hellénistique*. Louvain-la-Neuve: Centre d'Histoire des Religions, 1980.

BIANCHI, U.; BLEEKER, J. & BAUSANI, A. *Problems and Methods of the History of Religion*. Leiden: Brill, 1972.

ELIADE, M. *La nostalgie des origines* – Méthodologie et histoire des religions. Paris: Gallimard, 1971 [trad. it.: *La nostalgia delle origini*. 2. ed. Bréscia: Morcelliana, 1980].

ELIADE, M. & KITAGAWA, J.M. (orgs.). *The History of Religion* – Essays in methodology. Chicago: Univ. Press, 1959 [4. ed.: 1969].

MESLIN, M. *Pour une science des religions*. Paris: du Seuil, 1973 [trad. it.: *Per una scienza delle religioni*. Assis: Cittadella, 1975].

SABBATUCCI, D. *La prospettiva storico-religiosa* – Fede, religione e cultura. Milão: Il Saggiatore/Mondadori, 1990.

Parte III
O fato religioso e a fenomenologia das religiões

1

Magia e religião no comportamento do *homo religiosus**

1.1 Introdução

A leitura das obras dos historiadores das religiões frequentemente nos coloca diante da expressão "mágico-religioso". O uso dessa expressão revela que o seu autor não distingue o que atém à magia do que se atém à religião, por falta de precisão epistemológica ou por falta de uma documentação que permita a distinção entre magia e religião. Mas quais são os critérios que possibilitam essa distinção?

1.1.1 A magia: magoi *dos gregos,* magi *dos latinos*

1) Segundo Lalande, *Vocabulaire philosophique*, o termo magia designa originalmente a ciência e a arte dos Magos, uma tribo da Média, uma casta sacerdotal dos medos e depois dos persas. Daí, segundo Lalande, "na linguagem corrente dos gregos e dos romanos, quem quer que aparecesse dotado do poder de produzir, fora dos ritos oficiais das próprias religiões nacionais, fenômenos que saíssem do ordinário da natureza, como encantamentos, sortilégios, invocações, divinizações" é chamado mago. Nessa ótica, a magia não se situa dentro da religião, mas produz efeitos que não pertencem ao curso normal das coisas.

---

* "Magie et religion dans le comportement de *l'homo religiosus*". In: RIES, J. *Science des religions et sciences humaines*. Louvain-la-Neuve: Centre d'Histoire des Religions, 1979, p. 7-16 [col. Information et Enseignement, 11].

335

2) Ainda segundo Lalande, *Vocabulaire philosophique*, "entre os povos ocidentais, arte de agir sobre a natureza com procedimentos ocultos, produzindo efeitos extraordinários. A Idade Média se ocupou muito de magia, ligando, com efeito, a magia ao ocultismo".

O problema que se coloca, em nosso curso sobre a salvação, é começar a distinguir magia e religião. Qual é a natureza da diferença entre ambas? Quais são as estruturas da magia de um lado e da religião de outro? Quais são os fins perseguidos e os meios utilizados?

Essas perguntas nos mostram que o problema é ao mesmo tempo vasto, difícil e importante. Não procuraremos resolvê-lo, mas nos contentaremos em colocá-lo. É importante para a questão da salvação que estamos estudando. É também importante na ótica de uma metodologia das abordagens científicas das religiões.

Esse problema foi colocado pelos missionários nos séculos passados. Seguindo-os, os etnólogos se dedicaram à magia no final do século XIX. Foi através dos etnólogos que a documentação se tornou mais consistente. A ciência chamada primeiramente de etnografia, depois de etnologia e, finalmente, de antropologia social e cultural procurou definir a magia.

Entre os etnógrafos e etnólogos, encontramos E.B. Tylor e A. Lang, que evidenciam as conexões entre a magia e a religião. A primeira obra monumental sobre a magia é a do etnólogo inglês James G. Frazer, que coloca a magia no centro do seu *The Golden Bough* [O ramo dourado].

1.2 Os dados e as teorias da etnologia: Frazer (1854-1941)

1.2.1 *Definição de magia*

1) Frazer[359] vê na arte dos primitivos australianos "o simples auxílio da magia". "É empregada como instrumento do mago totemista para assegurar um estoque de alimento ou qualquer outra empresa desejável". Segundo Frazer, a magia é "a mãe fecunda da arte"[360]. Na sua ótica evolucionista, coloca a religião como sucessora da magia. Nota em todas as religiões uma idade da magia.

---

359. *L'homme, Dieu et l'immortalité*. Paris, 1928, p. 74.
360. Ibid.

2) Frazer vê na magia uma lei de semelhança e uma lei de contato ou contágio. A semelhança faz com que semelhante chame o semelhante; a lei do contato requer que as coisas que estiveram por um tempo em contato continuem a agir umas sobre a outras, mesmo quando o contato termina[361]. "A magia é uma falsificação sistemática da lei natural e é tanto uma regra de conduta falaciosa quanto uma ciência mentirosa e uma arte infecunda"[362]. Assim, Frazer divide a magia simpática (lei de simpatia) em magia homeopática (lei de semelhança) e magia contagiosa (lei de contato).

Eis o sistema:

1.2.2 Passagem da magia à religião

1) Segundo Frazer, existe uma passagem da magia à religião. Ele constata um amálgama entre magia e religião em diversas épocas. Para ele, esse amálgama não é de caráter primitivo. "A magia não é outra coisa senão uma aplicação errônea dos processos mais simples e elementares do espírito, vale dizer, da associação de ideias por semelhança ou contiguidade. [...] A religião supõe a ação dos agentes conscientes ou pessoais, superiores ao homem, escondidos por trás da tela visível da natureza"[363].

2) Houve, portanto, uma época da magia que deu espaço à idade da religião. Segundo a hipótese de Frazer, a magia foi abandonada quando os espíritos mais esclarecidos constataram o insucesso da magia. Mas como surgiu a religião? Segundo Frazer (influenciado pelo Romantismo do final do século XIX), quando o homem descobre a existência de seres poderosos através do suntuoso e variado espetáculo

---

361. Ibid., p. 163.
362. Ibid., p. 164.
363. Ibid., p. 184.

da natureza: florestas, luzes do céu, fecundidade e fertilidade etc. Os espíritos mais inteligentes da humanidade professam a sua submissão a esses seres, implorando por ajuda, pela defesa contra os perigos e pela condução à eterna beatitude.

"A religião, começando com uma simples e parcial admissão da existência de forças sobre-humanas, leva o homem, na sequência, graças aos progressos do seu saber, a reconhecer a sua total dependência do ser divino"[364].

3) Frazer estabelece a seguir o percurso da evolução da humanidade: da magia, o homem procede rumo à ciência; mas no meio existe a etapa da religião. É a religião que sucede à magia. A religião não é outra coisa senão uma explicação provisória, que será substituída pela ciência. Com o seu léxico, Frazer evidentemente substitui os três estágios de Auguste Comte: o místico, o filosófico e o positivista. Para Frazer, a magia tenta explicar e utilizar a natureza. Diante do seu fracasso, o homem formula a hipótese "deus", explica assim a natureza por meio da vontade, da paixão e do capricho dos seres espirituais superiores em poder. Mas eis que o progresso da pesquisa mostra uma ordem no mundo. Consequentemente, a hipótese "deus" é abandonada. "A religião, enquanto explicação da natureza, é destronada pela ciência"[365].

4) Lalande, *Vocabulaire philosophique*, ofereceu uma síntese muito breve da doutrina frazeriana da magia, exposta longamente na obra em doze volumes *The Golden Bough*. "A magia é o conjunto das práticas baseadas na crença de que entre os seres da natureza existam relações regulares, leis (que são, neste caso, de correspondência por simpatia e antipatia); ela é o primeiro rudimento da ciência. A religião é o conjunto das práticas que nos permitem obter o beneplácito de seres de força superior ao homem, dotados de personalidade e consciência."

Segundo Lalande, na magia está presente uma coação absoluta, exercida sobre forças ocultas, enquanto na religião o Deus fica livre.

Sob influência da leitura de *Primitive Culture* de Tylor, Frazer recorreu à antropologia e à etnologia. Toda a sua vida transcorreu entre as prateleiras de sua biblioteca, mesmo tendo alcançado, com os seus escritos, uma influência enorme.

Na concepção de Frazer, a magia é uma pseudociência e uma pseudoarte, da qual o homem arcaico se serve para manipular a natureza. O mago domina a na-

---

364. Ibid., p. 187.
365. Ibid., p. 255.

tureza. Não recorre a deuses, mas a leis. É, em última análise, o homem poderoso que dominará o clã. Daí as origens mágicas da realeza, segundo Frazer.

A religião é bem outra coisa. É a conciliação e a propiciação das forças superiores ao homem para alterar o curso dos eventos. Aqui não se trata de se impor por meio de leis, mas de conciliar-se com as forças.

Duas conclusões da teoria de Frazer:

- A magia precedeu a religião. Esta nasce do fracasso da magia, fracasso que leva a acreditar em seres sobrenaturais.
- A magia se funda no determinismo e se aproxima da ciência. É uma pré-ciência.

Bibliografia

Cf. a bibliografia de Frazer em: WAARDENBURG, J. *Classical approaches to the study of religion*. Vol. 2. Paris/Haia: Mouton, 1974, p. 59-65. • FRAZER, J.G. *The Golden Bough*. 2 vols. Londres, 1890 [trad. fr.: *Le cycle du rameau d'or* – Études comparées d'histoire des religions. 12 vols. Paris: Geuthner, 1930. • *Le rameau dor*. 4 vol. Paris: L. Laffont, 1981] [trad. it.: *Il ramo d'oro* – Studio sulla magia e religione. 2 vols. Turim: Boringhieri, 1981].

1.3 A escola sociológica de Durkheim e Mauss

1.3.1 *Teoria de Durkheim sobre magia e religião*

Durkheim buscou individuar uma origem social da religião. Ademais, a sua ótica é de caráter evolucionista, já que ele deduz a religião de uma forma muito elementar, criada pela sociedade primitiva: o totemismo. A explicação sociológica de Durkheim não concorda com a explicação antropológica de Tylor e Frazer.

Para Durkheim, a magia não precede a religião, mas dela deriva. O mago fundamenta a sua arte nas ideias religiosas. Mas entre magia e religião há uma oposição. No seu curso de 1907[366], Durkheim estabelece uma distinção muito clara entre magia e religião: inclusive vendo repugnância e hostilidade entre ambas.

---

366. Cf. *Oeuvres*, vol. 2, p. 70.

O mago se serve, é verdade, dos ritos e das crenças das religiões, mas o faz profanando-os e invertendo-os: a magia é essencialmente antirreligiosa. Trata-se de um caráter através do qual essas se distinguem claramente: as crenças religiosas são comuns aos membros de uma coletividade que a elas professam adesão; uma sociedade, cujos membros ligam-se uns aos outros porque se representam do mesmo modo as coisas sagradas em suas relações com as coisas profanas, é isso que chamamos uma igreja, e não existem religiões sem igreja. Completamente diferente é a situação das crenças mágicas; mesmo que com muita frequência sejam muito difundidas, nunca servem para unir mutuamente os indivíduos que as adotam e não se ligam a um grupo; não existe uma igreja mágica; um adivinho, um bruxo, tem uma clientela flutuante análoga àquela de um médico, não tem uma igreja.

Durkheim acrescenta a própria definição de religião: "É um sistema de crenças e de práticas relacionadas a coisas sagradas, crenças e práticas comuns a uma determinada coletividade".

Uma outra definição de Durkheim: "Uma religião é um sistema solidário de crenças e de práticas relativas a coisas sagradas, i.e., separadas, proibidas, crenças e práticas que reúnem numa mesma comunidade moral, chamada igreja, todos aqueles que a ela aderem"[367].

1.3.2 Religião e magia segundo Mauss

Também Mauss se situa numa ótica diferente se comparado àquela da pré-ciência de Frazer. Ele considera a magia como um fenômeno religioso, mas que age com o auxílio de forças imanentes à natureza, enquanto a religião supõe a transcendência do sagrado. Para Mauss, a magia é também um fato social.

a) Componentes da magia

Mauss chama de mago o indivíduo que executa atos mágicos. As representações mágicas são as ideias e as crenças que correspondem aos atos mágicos. Os atos são os ritos mágicos. Como distinguir ritos mágicos e ritos religiosos? Segundo Mauss são religiosos os ritos solenes, públicos, obrigatórios, regulares, como as festas e os sacramentos: é o polo do sacrifício. São mágicos os ritos maléficos: ilícitos, proibidos, punidos. É a proibição que marca o caráter mági-

---

367. DURKHEIM, É. *Les formes élémentaires de la vie religieuse*. Paris: Felix Alcan, 1912, p. 65.

co dos malefícios. Assim, diante do polo do sacrifício, que é religioso, temos o polo do malefício. Entre esses dois polos, existe um conjunto bastante confuso de gestos e de atos.

Os ritos mágicos têm outro ponto de partida: não é o sacerdote que os executa; esses ritos não são executados no templo, mas na sombra. O rito mágico era a luz. O ato e o ator se transformaram em mistério. O rito mágico não faz parte do culto. Mauss dá a seguinte definição: "Chamamos assim todo rito que não faz parte de um culto organizado, um rito privado, secreto, misterioso que tenda ao limite, ao proibido"[368].

b) O mago e os seus ritos
A magia é obra do mago. Alguém se torna mago por revelação, por consagração ou por tradição. Por revelação quando ocorre uma relação com espíritos. Por consagração quando outros magos intervêm: ocorre uma ordenação neste caso. Por tradição quando há um iniciador. A revelação, a consagração ou a tradição agregam um novo membro ao corpo dos magos. Os magos formam um corpo, uma sociedade secreta.

Os atos do mago são os ritos. As condições dos ritos são bem-determinadas: a astrologia é muito próxima da magia. Os lugares são qualificados; com frequência são lugares pouco interessantes, mas ligados ao rito. Condições de tempo, de lugar, de matéria; o todo carrega a marca da rejeição. Os instrumentos são especiais; os agentes da cerimônia também: busca-se o estado especial do mago e do cliente.

A natureza dos ritos: existem manuais e ritos orais. Ritos manuais: esculpe-se, pinta-se, desenha-se, tece-se, corta-se. Em suma, um conjunto de ocupações. Os ritos orais são os encantamentos. Mauss nota que os ritos mágicos não remontam a mitos, mas se recorre a narrativas ou mitos de origem[369]. Os encantamentos são feitos em linguagem especial: a linguagem dos deuses, dos espíritos, da magia.

---

368. MAUSS, M. *Sociologie et anthropologie*. Paris: PUF, 1968, p. 16.
369. Ibid., p. 49.

c) As forças coletivas na magia

A crença. A magia requer a fé no sucesso dos ritos, seja da parte do mago, seja da parte do público. Mauss acredita que estejamos diante de forças coletivas, as ideias de um grupo.

Mauss faz com que o *mana* intervenha, aquela força misteriosa que se encontra no coração dos indivíduos e das coisas. O *mana* é sobretudo uma qualidade, mas também é uma substância, transmissível por natureza. O *mana* é contagioso. O *mana* pode ser ligado a um espírito. Pode ser também a força de uma coisa não espiritual. O *mana* é a força do mago, a força do rito, a força por excelência. Na Melanésia, sobretudo, o *mana* se encontra deste modo:

> O *mana* é primeiramente uma ação de certo tipo, i.e., a ação espiritual a distância que se produz entre seres simpáticos. É também uma espécie de éter, imponderável, comunicável, e que se expande por si mesmo. O *mana* é, ainda, um ambiente, ou mais precisamente funciona num ambiente que é *mana*. É uma espécie de mundo interno e especial, em que tudo acontece como se somente o *mana* estivesse em jogo. É o *mana* do mago que age por meio do *mana* do tíndalo, o que iniciará outros *mana*, e assim sucessivamente. Nessas ações e reações não intervêm outras forças senão o *mana*[370].

Segundo Mauss, essa força é universal: Índia, Grécia, Américas, México etc. Além disso, a noção de *mana* é mais geral do que a de sagrado. O *mana* seria o gênero, o fundador tanto do mágico quanto do sagrado.

d) Mana, estados coletivos, forças coletivas

Na magia existe uma dupla irredutível que dá forma a uma sociedade: o mago que faz o rito e o interessado que nele acredita. Esse juízo mágico dá uma síntese coletiva. As mesmas associações se criam entre diversos indivíduos; chegamos assim a um consenso social que inicia uma série de fenômenos de psicologia coletiva. Consequentemente, para que o mago exista é necessário que a sociedade esteja presente.

Como está presente a sociedade? Aqui Mauss se liga novamente a Lehmann, que explicou a magia por meio de erros de percepção, ilusões, alucinações de uma parte e estados emotivos, agudos ou subconscientes, de outra: para Lehmann a

---

370. Ibid., p. 105.

magia deve ser conectada a um estado de psicologia individual. Para Mauss, a um estado de psicologia coletiva: refere-se a todo um ambiente social. É o caso da sociedade quando o mago é um mago da chuva, é o caso da família quando é um curandeiro. Opera-se assim uma síntese, que implica a noção de *mana*. Por trás da magia, há os fenômenos sociais. A magia é um fenômeno social. Esse fenômeno é feito por um lado de crenças e por outro de técnicas. Assim, a magia se liga novamente às ciências e às descobertas técnicas. Se para Mauss a magia não é pré-ciência como para Frazer, ela, no entanto, está na origem de numerosas descobertas científicas, a ponto de ele ver nas escolas dos magos as primeiras academias. A magia é um fenômeno coletivo que se reveste de formas individuais.

e) Uma vez que o *mana* é a fonte da magia e do sagrado (religião), qual é a diferença entre magia e religião? Mauss exprime essa diferença em termos de tendências: a religião tende ao polo do sacrifício, a magia tende ao polo do malefício; a religião tende à adoração, a magia crê na eficácia dos ritos; a religião tende à oferta e à oração, a magia continua um puro mecanismo operativo; a religião tende à Igreja, a magia se individualiza.

f) Concluindo estas poucas considerações sobre Durkheim e Mauss, convém uma palavra sobre Lévy-Bruhl, que estudou profundamente a mentalidade primitiva: ele situa a magia na mentalidade pré-lógica. A magia ajuda o homem primitivo a realizar a participação na vida de um mundo que ultrapassa o seu mundo natural. Sem querer e sem saber, Lévy-Bruhl, distinguindo dois mundos, deu início à pesquisa atual sobre o *homo religiosus*, do qual trataremos nos capítulos seguintes.

Bibliografia

DURKHEIM, É. *Textes*. 3 vols. Paris, 1965.

_____ . *Les formes élémentaires de la vie religieuse*. Paris: Felix Alcan, 1912 [trad. it.: *Le forme elementari della vita religiosa*. 3. ed. Milão: Comunità, 1982] [trad. bras.: *As formas elementares da vida religiosa*. São Paulo: Martins Fontes, 1996].

MAUSS, M. & HUBERT, H. "Esquisse d'une théorie générale de la magie". In: *L'Année Sociologique*, 1902-1903 [reed. In: MAUSS, M. *Sociologie et antropologie*. Paris: PUF, 1968, p. 1-141 [trad. it.: *Teoria generale della magia*. Turim: Einaudi, 1991]. Cf. o artigo "Magie" (*Encyclopaedia Universalis*).

1.4 Novas tendências

1) O estudo das duas grandes teorias sobre a magia, a teoria da magia como pré-ciência e como fonte da religião de Frazer de uma parte e de outra a teoria sociológica de Durkheim e Mauss sobre o *mana* como fonte do sagrado (religião) e da magia, cada uma das quais orientada de forma diferente, nos mostra a importância da metodologia do problema magia-religião. As teorias sobre a magia se alternaram. Para o Padre W. Schmidt e a sua *escola histórico-cultural*, a magia representa uma degeneração da humanidade logo após a revelação primitiva. Para a *escola funcionalista* de Malinowski e de Marett é necessário ver a magia na ótica das funções da sociedade, funções de defesa, de alimentação etc. Nela encontramos a magia ofensiva, a magia protetora, a magia adivinhadora, a magia sacrifical. A insistência de Malinowski na categoria "função utilitária" da magia ajudou a enuclear um aspecto importante, por cuja transversal chegamos a situar melhor a magia e a religião[371].

1.4.1 O conflito magia-religião[372]

Não nos deteremos no problema da psicanálise. Freud abordou o problema da magia no seu estudo *Libido-désir* e na sua pesquisa *Totem e tabu* (1912), na qual deduz a religião do homicídio cometido dentro da horda primitiva. Para Freud, a investigação gira em torno de *magia-desejo*.

O seu discípulo Geza Roheim fez a magia funcionar baseada numa experiência elementar de propriedade ou de posse. C.G. Jung entende que magia e *mana* remetem aos próprios estratos vivos do psiquismo profundo. Todo homem seria portador de um *mana*. A magia colocaria em circulação um inconsciente coletivo. A magia aparece como um processo de individuação: um esforço do homem para desenvolver toda a sua dimensão. Ela traria à luz a potência enigmática do si num grupo em relação a algumas circunstâncias. Na magia poderíamos ter um arquétipo do eros.

---

371. Para o estudo das diversas doutrinas, cf. DI NOLA, A.M. "Magia". In: *Enciclopedia delle Religioni*. Vol 3. Florença: Vallecchi, 1974, col. 1.823-1.841. Excelentes textos sobre a magia do Oriente Próximo são oferecidos pelo *Supplément au Dictionnaire de la Bible* (art. "Magie", vol. 5: LARGEMENT, R. "La magie suméro-akkadienne", col. 706-721. • MASSART, A. "La magie égyptienne", col. 721-732. • LEFÈVRE, A. "La Bible et la magie", col. 732-739).

372. Cf. VIDAL, J. "Magie". In: *Catholicisme*, vol. IX, col. 141-156. O artigo oferece também algumas indicações sobre a pesquisa histórica no âmbito da magia.

Os meios utilizados pela magia são numerosos. Aí a arte ocupa um lugar importante. Nesse âmbito, trata-se de decidir, na arte primitiva, o que é magia e o que é religião. Nas cavernas pré-históricas quem está agindo, o *homo magicus* ou o *homo religiosus*? Ao lado da arte rupestre, sobretudo as pinturas, há a música, o gesto, a palavra: disso temos apenas sinais. A astrologia representou um ambiente importante da magia; também aqui é necessário distinguir magia e religião. As grandes culturas orientais e mediterrâneas conheceram a divinização: oráculos, presságios, pitonisas; tudo isso representa uma atividade às vezes mágica, às vezes religiosa. Quando é mágica? Quando é religiosa?

1.4.2 A Bíblia se opõe à magia

O pentateuco trata da magia dos egípcios, dos cananeus e dos babilônicos. O êxodo opõe Moisés ao faraó. As pragas do Egito são uma ilustração da vitória do Deus de Israel sobre a magia egípcia. Todo o Antigo Testamento está cheio dessa oposição. Os profetas multiplicam as advertências ao povo: na magia não há salvação. No Novo Testamento temos uma condenação total de Simão o Mago (At 8,9), que queria utilizar o poder religioso em proveito de suas próprias práticas. A Bíblia acentua a distância imensa entre magia e culto ao Deus verdadeiro. Podemos dizer que a Bíblia exclui qualquer salvação obtida com o auxílio da magia.

1.4.3 A Igreja cristã e a magia

É impossível, em poucas linhas, dar uma ideia da oposição radical entre a Igreja e o mago. Os Pais da Igreja viram a magia como obra do demônio. A Idade Média conheceu retumbantes processos contra feiticeiros e bruxas. Os processos foram abolidos na Holanda a partir de 1610; em Genebra, em 1632; na Suíça, em 1649; na Inglaterra, em 1682[373].

1.5 Conclusões

Abordando o conceito de salvação nas religiões, pareceu-nos necessário dedicar um capítulo à problemática da magia. Este capítulo deve colocar a questão das

---

373. Para a discussão "magia e religião" na ótica da teologia cristã, cf. "Magie". In: *Dictionnaire de théologie catholique*, vol. 18, col. 1.510-1.550.

relações entre magia e religiões. É a razão pela qual lançamos um olhar geral às grandes teorias acerca da magia.

a) Das diversas teorias resulta uma primeira conclusão. A magia não é orientada a uma salvação ligada a uma transcendência. Enquanto Frazer e a escola etnológica do século XIX a veem tão somente como uma pré-ciência, a escola sociológica considera a magia como uma atividade individual que deriva de um contexto social. Todavia, a escola sociológica distingue a magia e a religião. Mauss sublinha dois elementos importantes: a ausência de mitos nos ritos mágicos e a orientação da magia ao malefício. A escola etnológica funcionalista vê na magia uma série de funções úteis à vida do homem e da sociedade. Assim a magia, mesmo que ligada a uma série de crenças em forças diferentes daquelas utilizadas na vida cotidiana, é totalmente orientada a resultados e objetivos que não têm nada a ver com um mundo transcendente.

b) Não abordamos os problemas dos ritos nem o das diversas atividades do mago ou da magia. Colocamos simplesmente a questão da natureza da magia em relação à religião, e isso numa ótica de pesquisa sobre a salvação. A questão metodológica nos parece importante. Trata-se de saber se, no contexto das ciências humanas, o historiador das religiões chega a encontrar critérios que lhe permitam ver mais claramente na problemática magia-religião, observada do ponto de vista da salvação do homem. Essa questão se coloca depois do nosso primeiro capítulo.

c) Também evitamos a discussão sobre a magia em suas relações com a religião, assim como se iniciou a discutir no âmbito do conflito acerca da origem da religião. Essa discussão ocupou a primeira metade do século XIX. Escolas de etnologia religiosa como a do Padre Schmidt se opuseram, tendo a documentação a mão, às diversas teses evolucionistas, sociológicas e etnológicas que ligavam o problema da magia ao problema filosófico da "origem da religião". A discussão foi causada sobretudo pelo impasse ao qual Frazer e os seus discípulos haviam conduzido o problema. A discussão se tornou difícil porque se acumulavam questões que não dependiam de uma metodologia de história das religiões: Origem da religião? Origem da ideia de Deus? Revelação primitiva? Degeneração das crenças?[374]

---

374. Cf. "Magie". In: *Dictionnaire de théologie catholique*. Op. cit.

Bibliografia

BANDLER, R. & GRINDER, J. *La struttura della magia*. Roma: Astrolabio, 1981.

BASTIDE, R. *Sogno, trance e follia*. Milão: Jaca Book, 1976.

CHOCOD, L. *Storia della magia*. Milão: Mursia, 1979.

DE MARTINO, E. *Magia e civiltà*. Milão: Garzanti, 1976.

_____. *Il mondo magico*. 4. ed. Turim: Boringhieri, 1973.

DURKHEIM, É.; HUBERT, H. & MAUSS, M. *Le origini dei poteri magici*. 2. ed. Turim: Boringhieri, 1972.

ROHEIM, G. *Animismo, magia e il re divino*. Roma: Astrolabio, 1981.

VV.AA. "Magia". In: POUPARD, P. (dir.); VIDAL, J.; RIES, J.; COTHENET, É.; MARCHASSON, Y. & DELAHOUTRE, M. (red.). *Grande dizionario delle religioni*. Casale Monferrato/Assis: Piemme/Cittadella, 1990, p. 1.200-1.214.

2

O fenômeno religioso e as abordagens fenomenológicas à religião*

2.1 O fenômeno religioso em si mesmo

2.1.1 Um fenômeno visível

O fenômeno religioso faz parte das experiências humanas, múltiplas no espaço e no tempo. As experiências humanas são descobertas a partir de teses colocadas *a priori*, mas a partir da experiência vivida pelo homem no curso de sua longa história; as experiências religiosas fazem parte dessa história do homem. Todo homem vive sua experiência religiosa. Ele exprime essa experiência vivida: daí os mitos, os ritos, os símbolos, as crenças, os conceitos. A expressão dessa experiência vivida é devedora do ambiente sociocultural no qual vive o homem religioso. Assim, o estudo das numerosas e variadas expressões religiosas coloca em movimento um conjunto de disciplinas que, por meio da convergência dos métodos e das pesquisas, iluminam o aspecto religioso da humanidade. A ciência que estuda essas expressões recebeu diversos nomes: hierologia, ciência das religiões, história das religiões, *History of Religions, Religionswissenschaft*. A pergunta que surge é: Trata-se de uma disciplina autônoma? Tem um método específico? Um fenômeno é algo que se mostra a alguém. Trata-se de um objeto com o qual alguém entra em

---

* "*Le phénomène religieux et les approches phénoménologiques de la religion*". In: RIES, J. *Sciences des religions et sciences humaines*. Louvain-la-Neuve, 1979, p. 17-28 [col. Information et Ensegnement, 11].

relação. O sujeito que entra em relação com o objeto não fabrica esse objeto, mas o colhe e se coloca em relação com ele. O sujeito vê um objeto que se mostra e que, portanto, pôde se esconder; esse objeto se mostra progressivamente, assumindo um significado para aquele ao qual se mostra.

2.1.2 Uma experiência vivida

No ponto de partida há uma experiência vivida. Os alemães chamam essa experiência de *Erlebnis*. Essa experiência é vivida por alguém que demonstra viver essa experiência. Essa experiência vivida tem um significado. Ela não é um fenômeno puramente histórico. É histórico porque é vivido por alguém que é condicionado pelo tempo, pelo lugar, pelo contexto, pelo ambiente. Mas esse fenômeno tem uma forma particular, da qual encontramos analogias, paralelismos. Assim, o homem que adora Deus vive uma experiência que se deixa apreender por gestos (genuflexão, mãos unidas). Encontramos esses gestos entre várias pessoas que adoram a Deus: o judeu, o cristão, o muçulmano, o hindu. Daí a coerência e a permanência, que mostram a estrutura de tal fenômeno religioso, uma estrutura que tem um significado. A fenomenologia quer estudar os fenômenos religiosos na sua expressão, na sua estrutura e no seu próprio significado. Assim, a partir dos dados concretos e por meio de comparações, ela pontua as estruturas fundamentais dos diversos fenômenos religiosos.

2.1.3 Importância do estudo das formas religiosas

A história das religiões estudou profundamente os problemas da *genesi* dos dados religiosos. A escola sociológica tentou ver na sociedade a origem da religião e dos diversos fenômenos religiosos: Durkheim, Mauss e seus discípulos se confrontaram com esses problemas. A escola etnológica de Viena (Schmidt) fez uma parte da própria pesquisa culminar na origem da ideia de Deus (*Ursprung der Gottesidee*). A psicologia religiosa insistiu muito no sentimento religioso.

A tendência se modificou. Um elemento muito importante é aquele evidenciado por Dumézil. Com o seu trabalho de comparação genética ele tentou colher as *estruturas*, os *mecanismos* e os *equilíbrios* que constituem o antigo pensamento religioso indo-europeu. O método tipológico de comparação utilizado em sociologia e em etnologia busca um protótipo comum a diversos fatos sociais das culturas e das civilizações. O método genético de Dumézil procede diferentemente. Dumézil pesquisa o sistema: os grupos de concepção de deuses, de comportamento social; mas tudo isso considerado num sistema de conexões. Dumézil buscou a representação lógica e coerente que o indo-europeu elabora das realidades que constituem a vida, a sociedade e o cosmos. O trabalho de Dumézil conferiu uma nova orientação aos estudos de história das religiões: a pesquisa da *estrutura* e do *sistema* que se encontram na base da teologia, da mitologia, da liturgia e da organização social.

2.2 Uma experiência vivida do sagrado

2.2.1 A experiência do sagrado segundo Rudolf Otto

Na sua obra *Das Heilige*, R. Otto buscou demonstrar a especificidade da experiência do sagrado. Ele situou essa experiência no homem, mas através da experiência humana revelou o nascimento da religião e das religiões. Tentou demonstrar a existência concomitantemente subjetiva, histórica e objetiva do sagrado. Para Otto, o fenômeno religioso é uma experiência que o homem faz do sagrado. O sagrado é sobretudo uma categoria de intepretação e de avaliação que existe somente no âmbito religioso e que é descoberta pelo homem enquanto testemunha do sagrado. O homem colhe o numinoso durante quatro etapas: *Kreaturgefühl, tremendum, mysterium, fascinans*. O sagrado é o numinoso por excelência, colhido como transcendência; o *sanctum* é o *numinoso* apreendido como valor que se opõe ao profano. O sagrado como categoria *a priori* é uma faculdade especial por meio da qual o espírito colhe o *numinoso*: há, portanto, uma revelação interior do divino que substitui o postulado durkheimiano da consciência coletiva proveniente da sociedade. A manifestação do sagrado na história por meio dos sinais, para Otto, é um dado de fato. Graças à divinização, o homem se torna leitor dos sinais: o profeta é o leitor por excelência. A história das religiões deve enuclear os valores religiosos presentes no caminho da humanidade.

2.2.2 O sagrado segundo Otto e a história das religiões

1) Antes de Rudolf Otto, a história das religiões era feita em função de algumas tomadas de posição dos autores. Uma tomada de posição, a do racionalismo po-

sitivista, estudava o fenômeno religioso no mesmo plano dos outros fenômenos humanos. Devedora do positivismo de Comte, a escola de Durkheim via a religião na ótica da sociedade. Os fatos sociais explicariam os fatos religiosos. A religião provém da sociedade; ela é a administração do sagrado. Este último é uma força que se resume a uma projeção da sociedade. A origem é encontrada no *mana* e no totem das sociedades primitivas. Durkheim identifica o religioso com o coletivo. Mauss, seguindo as críticas de Lévy-Bruhl, que chama a atenção para o pensamento simbólico e sua importância nas sociedades primitivas, direciona mais o estudo da religião e das crenças religiosas para o contexto social vivido e não apenas para uma teoria da sociedade. Mauss relaciona as crenças aos contextos sociais que as sustentam ou enquadram. Mauss, no entanto, relaciona a religião a um fenômeno de origem coletiva. É a perspectiva evolucionista, com seus problemas ligados à origem, que orienta toda essa pesquisa.

2) Rudolf Otto quer romper com essa perspectiva coletivista, trazer de volta o estudo do fenômeno religioso ao sentimento religioso vivido pelo homem religioso. Daí a oposição ao racionalismo: não apenas ao racionalismo positivista do coletivismo sociológico de Comte, Durkheim, Mauss e Wundt, mas também ao racionalismo teológico. Otto ataca a teologia conceitual que procede das abstrações e acaba apresentando um Deus criador, organizador do cosmos, legislador supremo, grande executor. Para Otto, a teologia conceitual não diz nada sobre Deus. Não é necessário dizer nada; é necessário descobri-lo e se aproximar dele.

3) Daí o trabalho sobre o sagrado, *Das Heilige*. Otto descobre o *numinoso* como o primeiro aspecto do sagrado; o *sanctum* como segundo aspecto do sagrado, que permite determinar a escala dos valores e fazer a distinção entre o sagrado e o profano; o sagrado *a priori*, que é a faculdade da alma que dá ao homem a força para se tornar um leitor do sagrado ou discípulo dos leitores do sagrado.

4) O sagrado oferece a escala, a dimensão do fenômeno religioso. O fenômeno religioso é um fenômeno *sui generis*, típico do homem religioso, que o percebe em sua própria experiência. É através da experiência vivida que o sagrado é descoberto. Essa experiência religiosa é irredutível a outras experiências humanas. Não é apenas uma experiência psicológica como as outras; não é uma simples experiência sociológica; não é uma experiência genérica e comum. É uma experiência humana, *sui generis*, que é vivida pelo homem. Otto insiste, portanto, na especificidade do fenômeno religioso e na multiplicidade de experiências religio-

sas vividas. Na experiência presente, o fenômeno externo e o fenômeno interno: trata-se do sagrado-vivido usado, terminologia usada por Meslin. Trata-se de um dado que passa através de uma experiência vivida.

2.2.3 A contribuição de Rudolf Otto

1) Otto teve o mérito de mostrar o que o fenômeno religioso representa. Ele se recusa a observar as religiões com olhos profanos e a ver no fenômeno religioso um fenômeno exclusivamente histórico-cultural. Ele também se recusa a fazer como os sociólogos, que consideram a religião como um fato natural, deduzido da busca por uma consciência religiosa da humanidade. Otto coloca o fenômeno religioso enquanto fenômeno religioso no centro da história das religiões. O estudo desse fenômeno é inseparável do estudo do homem religioso e de seu comportamento. A experiência do sagrado torna-se o fundamento da história das religiões. É o fundamento do *homo religiosus*.

2) A esta maneira de ver o fenômeno religioso, um mau ponto de partida tem sido objetado: a religião seria inata ao homem. Neste caso, explica-se fazendo uso da psicologia, portanto das leis naturais. Se alguém insiste na universalidade do psiquismo, questiona-se como explicar a variedade de religiões. De fato, a história conhece uma pluralidade de religiões e não "uma religião". Consequentemente, o fenômeno religioso é um fenômeno complexo que não pode ser apresentado de uma única maneira. Otto explicou a variedade de religiões através da diferença na leitura dos sinais entre os profetas.

3) O estudo da experiência do sagrado requer uma série de distinções pelo historiador das religiões. Inicialmente, há que se distinguir os três aspectos do sagrado: o numinoso, expresso pelo termo *sacer*; o *sanctum*, que é a consideração dos valores; o sagrado *a priori*, ou os elementos psicológicos que o homem religioso põe em movimento. Do sagrado, sob os três aspectos descritos por Otto, é necessário distinguir os sinais do sagrado no mundo: isso constitui o conjunto de manifestações externas, que podem ser interpretadas pelos leitores do sagrado. Assim, há uma linguagem do sagrado. Otto preparou o caminho para a hermenêutica dos sinais e dos símbolos religiosos. É o problema da mediação, ao qual Eliade se dedicará.

Esse problema não foi estudado por Otto. Ele permaneceu devedor de sua pesquisa, focada no fenômeno religioso vivido pelo homem das grandes religiões: o judaísmo, o cristianismo e o hinduísmo em particular. Otto é devedor da filosofia kantiana e da teologia luterana. Ele não abordou o fenômeno religioso dos povos sem escrita. Tampouco insistiu no sagrado vivido pelo homem religioso dentro de uma sociedade. Tudo isso será realizado pelas investigações que ele inspirou, particularmente pela pesquisa de Eliade.

2.3 Hierofania e fenômeno religioso

2.3.1 As abordagens fenomenológicas da religião

1) O filósofo alemão E. Husserl (1859-1938) desenvolveu uma fenomenologia que consiste em analisar algo que se mostra à consciência de alguém que está ciente disso. Na fenomenologia, a noção de intencionalidade é decisiva: a intencionalidade é o modo de acesso da consciência à realidade. A fenomenologia é a explicação de uma relação de alteridade entre o sujeito e o objeto no nível de uma experiência vivida.

A ciência das religiões, que é uma ciência e não um credo, só pode apreender o fenômeno religioso no homem que vive fenômenos ou ações religiosas. A ciência das religiões pode decifrar o que o homem diz ser o objeto de sua fé. Consequentemente, para a ciência das religiões, é o comportamento do homem religioso que é importante. Um fenômeno é uma experiência vivida. O historiador das religiões deve compreender essa experiência vivida pelo homem.

A fenomenologia nomeia e classifica os fenômenos que apreende: sacrifício, oração, purificação etc. Faz o inventário das estruturas e, portanto, considera atingir a essência das coisas sem recorrer ao contexto histórico. Ela fala de oração em estado puro, de sacrifício em estado puro. É aí que surgem sérios problemas, já que o fenômeno religioso puro não existe. A oração existe somente quando alguém ora. Há, sim, o tipo oração, mas este tipo não existe, de fato, a não ser na oração vivida.

2) Em sua crítica da fenomenologia, Meslin escreve o que se segue falando sobre o sagrado vivido em sua estrutura global, ao mesmo tempo cultural, institucional, linguística, sociológica, definida por um tempo e um ambiente particulares.

Todos os fenômenos que se relacionam com ela não podem, portanto, ser percebidos, senão através da experiência histórica. Não estando ligados às características específicas dessas experiências religiosas, condicionadas por sua própria época e pelo ambiente sociocultural em que se desenvolvem, relacionando cada fenômeno com uma essência geral, a análise fenomenológica atribui significados idênticos às diferentes formas de expressão dotadas de estruturas análogas. Rejeitando a história, ela, no entanto, localizada dentro da experiência vivida, faz extrapolações perigosas, muitas vezes beirando o absurdo. Seu ideal de compreensão, portanto, é comprometido por seu método reducionista[375].

Meslin mostra como van der Leeuw justapõe, como termos iguais, os trajes régios de diferentes países, terminando com uma redução fenomenológica para o menor denominador comum. Trata-se de realezas sagradas. A fenomenologia reduz tudo isso a uma essência comum, enquanto é uma questão de experiências vividas a cada vez. Assim, a fenomenologia deve realizar seu próprio ideal de compreensão, permanecendo ligada à pesquisa histórica. A história e a fenomenologia devem estar unidas: duas ferramentas interdependentes.

3) *O primeiro esboço de fenomenologia*. É Chantepie de la Saussaye quem em 1887 considerou pela primeira vez que a ciência da religião tinha como tarefa o estudo da religião, sua essência e suas manifestações. A essência pertence ao escopo da filosofia. As manifestações são perceptíveis na história. Segundo Chantepie, o que é típico da fenomenologia é a possibilidade de, por um lado, escolher manifestações essenciais e, por outro, compreender intuitivamente seu significado. As manifestações são próprias de tempos e lugares específicos: os significados são atemporais. As manifestações se repetem: portanto, pode-se estabelecer uma tipologia. O *homo religiosus* é único, as manifestações são diferentes; a tipologia das manifestações permite limitar a multiplicidade. Nas edições seguintes, Chantepie deixa de lado a fenomenologia.

4) *Os esclarecimentos de van der Leeuw*. Ele retoma a dupla de manifestações essenciais. Sua obra tem o título francês: *La religion dans essences et ses manifestations*. Aqui estamos lidando com um certo modo de apreender os fenômenos, de compreender a experiência vivida. Para o autor, o fenômeno é o que se mostra, e isso é observado em três etapas:

---

375. MESLIN, M. *Pour une science des religions*. Paris: du Seuil, 1973, p. 143-144 [trad. it.: *Per una scienza delle religioni*. Assis: Cittadella, 1975].

Três etapas da manifestação:

1ª) é relativamente *escondido*

2ª) revela-se *progressivamente*

3ª) é relativamente *transparente*

Três etapas da experiência:

1ª) experiência vivida

2ª) compreensão

3ª) testemunho

O fenômeno se torna manifestação na medida em que o significado se abre para nós. Nesse ponto de vista, os eventos estão situados em uma perspectiva, uma maneira de capturá-los. Para o autor, a fenomenologia consiste em colocar-se com compreensão ao lado do que se mostra e olhá-lo. O fenomenólogo toma a crença na existência da divindade como objeto, tentando entender essa crença. O fenomenólogo tenta recuperar o conteúdo integral da religião *a parte hominis*. Portanto, ele não estuda Deus, mas o modo pelo qual o homem se comporta em sua crença em Deus.

Van der Leeuw oferece quatro prescrições metodológicas em relação à atividade fenomenológica:

• Esforçar-se em se comunicar com aqueles dos quais tentamos interpretar as atitudes, os comportamentos e as representações.

• Comunicar-se com outros possíveis intérpretes, procurando uma expressão apropriada na linguagem.

• Fazer uma escolha em vista da compreensão: escolher apenas as *estruturas*, ou seja, conjuntos de relacionamentos dos quais seja possível definir as conexões.

• As estruturas estão em um nível de generalidade maior do que cada caso estudado. Elas constituem tipos: sacrifício, realeza. Van der Leeuw insistiu muito na estruturação da relação entre sujeito e objeto religioso, ação exterior e ação interior. A estruturação da relação entre sujeito e objeto caracteriza de maneira peculiar a fenomenologia de van der Leeuw.

2.3.2 Experiência religiosa e expressão

1) Van der Leeuw precisou o método de pesquisa fenomenológica iniciado por Chantepie de la Saussaye. Ele tenta evitar uma redução do fenômeno religioso e manter a natureza desse fenômeno, ao contrário do método sociológico de Durkheim, que reduziu o fenômeno religioso a um fenômeno social. A fenomenologia quer entender o significado de uma religião, o significado do fenômeno religioso. Não busca nem a causa nem o propósito da religião ou das religiões.

A fenomenologia deve, no entanto, ter cuidado para usar uma terminologia bem ponderada. Assim, Caillois fala do sagrado operando uma série de distinções muito curiosas: sagrado de transgressão, sagrado de respeito, sagrado de poder. Talvez este léxico tente definir algumas orientações humanas, mas a questão é se Caillois faz ou não uma fenomenologia religiosa ou não se trata, na verdade, de uma sociologia. Caillois permanece na perspectiva de Durkheim, reduzindo o religioso ao social. A "transgressão sagrada" define uma atitude social típica do homem primitivo envolvido num partido tribal. O fato de vincular essa atitude a algo sagrado não significa fazer fenomenologia, uma vez que o sagrado, segundo Caillois, não é uma essência. Do sagrado, considerado como uma expressão da sociedade, Caillois faz uma substância.

2) O que nos parece essencial é a experiência religiosa. O verdadeiro fenomenólogo tenta observar a experiência religiosa que alguém realiza. Não analisa a experiência em si, que seria um ato do psicólogo, mas a expressão dada pelo homem que vive essa experiência. O fenomenólogo conhece a experiência religiosa desse homem graças à mediação da expressão. O fenomenólogo se distingue do historiador. Este último tenta descrever com precisão uma experiência religiosa vivida. Por exemplo, descreve a cerimônia de iniciação dos jovens em uma tribo primitiva. Descreve a cerimônia, dando detalhes sobre os rituais e explicando seu impacto na vida do clã. Para o historiador, o contexto histórico e social é muito importante. O fenomenólogo reduz o contexto histórico, de modo a atingir a essência do fenômeno da iniciação. Desenvolve uma teoria do fenômeno, não o descreve. Assim chegamos a uma encruzilhada onde o historiador e o fenomenólogo devem se encontrar. O fenomenólogo não pode escapar do real, da realidade histórica.

Isso nos leva a perguntar: O historiador das religiões estuda a religião ou as religiões? De fato, a realidade histórica não é a religião, mas as religiões.

2.4 A religião e as religiões

2.4.1 Rumo a uma definição de religião

A expressão "religião" é às vezes usada pelo fiel de uma religião que fala de sua própria religião, entendida como a religião por excelência, ao menos para ele. Este léxico é também o da filosofia, da fenomenologia e da psicologia. Nesta perspectiva, ocorre uma certa redução do objeto, e não é mais considerado o fenômeno religioso.

O método de redução é útil para aproximar-se metodologicamente das religiões. Para estudar o homem ou o cavalo é necessário a noção, o conceito de homem ou cavalo. Agora, na natureza, não há cavalo teórico em lugar algum. Cavalos existem. A redução fenomenológica da religião é necessária para abordar o estudo das religiões: ela nos permite criar conceitos, apresentar tipos.

Essa redução ofereceu definições extremamente diferentes de religião. Se nos basearmos em uma única religião ou em um único tipo de religião, damos uma definição baseada num conjunto: por exemplo, uma definição tirada de uma religião muito rica em doutrina (cristianismo) ou da religião vista pelo sociólogo (definição de Durkheim) ou de um aspecto considerado essencial. Este é o caso da definição dada por Mauss: "A religião é a administração do sagrado". Isso evidencia a razão pela qual não é possível dar uma definição coerente e satisfatória aos olhos de todos os historiadores das religiões.

2.4.2 A formação do conceito de religião

1) O termo religião foi forjado no Ocidente a partir do termo latino *religio*, usado por Cícero e depois por autores cristãos. Opondo os *superstitiosi* aos *religiosi*, Cícero escreve: "*Nam qui totos dies precabantur et immolabant ut sibi sui liberi superstites essent, superstitiosi sunt appellati*" ("Aqueles que passaram o dia inteiro em oração, em sacrifício, para que seus filhos sobrevivessem, foram chamados de supersticiosos").

Então Cícero continua: "*Qui autem omnia quae ad cultum Deorum pertinerent, diligentes retractarent et tamquam relegerent sunt dicti religiosi ex relegendo*" ("Mas aqueles que são chamados religiosos são pessoas que são pontuais para cumprir todos os deveres que estão relacionados com o culto divino")[376].

A etimologia antiga de Cícero é, portanto, deduzida de *relegere*. Segundo Cícero, essa palavra indica a ação daqueles que seguem as regras relativas à adoração dos deuses. "Culto" é o termo central. A religião, nesse sentido, é, portanto, a observância das prescrições relativas ao culto dos deuses.

Lactâncio dá outra etimologia, que será usada pelos padres latinos: *religio* vem de *religare*: o fato de se ligar aos deuses[377].

2) O termo religião, portanto, pode ser considerado forjado por nós a partir da religião romana e da religião cristã. Nenhuma religião antiga possuía esse conceito. O que é importante para nossa pesquisa é dar ao conceito de religião um conteúdo que corresponda aos critérios da pesquisa científica e permita que os pesquisadores falem a mesma língua. Ora, isso acaba sendo muito difícil, já que o termo religião significa atividades muito diferentes: crenças em divindades, mitos e rituais os mais diversos, cultos que vão desde os mais primitivos até os mais evoluídos e solenes. Devemos, portanto, encontrar critérios que nos permitam distinguir entre o que é uma atitude religiosa no homem e o que é simplesmente uma atitude profana.

Tomemos a caverna mitríaca como um exemplo. Os Pais da Igreja mostraram sua surpresa diante dessa caverna, que em um culto ao deus da luz se apresentou como "*vere castra tenebrarum*", uma verdadeira trincheira de trevas. Agora, o exame das cavernas mitrais encontradas nos permite fazer algumas observações essenciais: o uso do *pumex*, uma rocha pontiaguda e pedregosa que lembra a caverna; o uso de mosaicos e conchas; o arranjo arquitetônico, que permite tanto a celebração quanto a iniciação; os numerosos simbolismos cósmicos. Estamos na presença de elementos que nos permitem traçar uma dupla conclusão: de um lado, do fenômeno dos fiéis de Mitra, que encontra nesses elementos a expressão de sua fé; por outro lado, das cavernas, uma tipologia da caverna mitríaca é enucleada.

---

376. II, 28, 72.
377. *Istituzioni*, 4, 28, 2.

2.4.3 O uso do conceito de religião

Partir de uma definição de religião significa arriscar uma aventura de êxito incerto. As definições são construídas a partir de alguns fatos, mas eliminam outros. Por conseguinte, é necessário encontrar os meios para mudar o ponto de partida: devemos partir de uma realidade concreta, a da religião praticada pelos fiéis. Vamos colocar o fenômeno religioso no centro da nossa pesquisa. Nesse fenômeno religioso encontramos crenças, ações, mitos e rituais, um conjunto de comportamentos humanos.

Quando dizemos homens, queremos dizer homens vivendo em sociedade. A pesquisa do século XX foi capaz de desenvolver o duplo aspecto da religião vivida. A escola sociológica francesa tem o mérito de ter insistido no aspecto social das religiões. Quando se fala de crenças, mitos, rituais, fala-se de homens que vivem tudo isso através da participação em um grupo elaborado e vivido por um grupo. Assim, para Durkheim, a noção da Igreja é uma noção essencial para a religião. Rudolf Otto, por outro lado, insistiu no nascimento da religião dentro da consciência humana: o sagrado se revela. No entanto, nem mesmo Otto poderia ignorar a sociedade, uma vez que nela existem sinais visíveis do sagrado. Existem diferentes religiões. Consequentemente, dois aspectos devem ser levados em conta: o aspecto social e o aspecto pessoal das religiões.

2.5 Uma ciência das religiões

"Ao contrário da física, a história da humanidade e da cultura não conhece leis rígidas de causalidade, mas apenas relações flexíveis de probabilidade entre tipos de situações e tipos de reação por parte das sociedades humanas"[378].

2.5.1 Objeto dessa ciência das religiões

Estas palavras de Brelich nos mostram que a ciência do fenômeno religioso é muito complexa. Esta ciência tem um objeto específico: é a ciência dos fenômenos religiosos na história da humanidade. De fato, há uma pluralidade de religiões

---

378. BRELICH, A. "Prolégomènes à une histoire des religions". In: PUECH, C.H. (org.). *Histoire des religions*. Vol. 1. Paris: Pléiade, 1970, p. 35 [vers. it. In: BRELICH, A. *Storia delle religioni* – Perché? Nápoles: Liguori, 1979].

ligadas de um lado a culturas diferentes e de outro à diversidade dos homens. O objeto da ciência das religiões é, portanto, o conjunto dos fenômenos religiosos. Este objeto é muito vasto, como acabamos de ver.

a) Crenças

Neste objeto temos primeiro as crenças. Em todas as religiões existem crenças religiosas específicas. Acredita-se em seres que não são humanos, seres sobre-humanos: Deus, deuses, deusas, ancestrais míticos, senhores da natureza ou dos animais. Esses seres são pessoais ou de contornos indefinidos, como o *mana*. É, portanto, um poder pessoal ou impessoal. Das crenças nos seres sobre-humanos e transcendentes, resultam as religiões primitivas, politeístas e monoteístas. Não entramos na discussão *mana* ≠ *numen*, potência ≠ deus.

Juntamente com crenças em seres sobre-humanos, existem crenças em mitos, ou melhor, crenças contidas em mitos. Muito se tem discutido sobre a questão dos mitos. Ela é muito importante para a história das religiões.

b) Os ritos

Os rituais estão ligados a crenças e mitos. O rito é a colocação em prática de mitos e crenças. Através do rito toda a questão da adoração surge.

As diferentes instituições estão localizadas dentro da organização social que pratica a religião. O objeto da ciência das religiões é, portanto, muito complexo. Este objeto consiste em um número muito impressionante de formas: é toda a morfologia do sagrado. Trata-se de um objeto preciso.

2.5.2 O método ou os métodos

Como abordar esse objeto? É uma questão de definir e especificar o problema específico da ciência que lida com o estudo dos fenômenos religiosos.

1) O estudo dos fenômenos religiosos pressupõe diferentes e múltiplas competências: pré-história, arqueologia, história da arte, psicologia, sociologia, filosofia. A formação em pesquisa histórica e etnológica é muito importante. Nesse âmbito, ainda, o historiador das religiões frequentemente se encontra com especialistas. Ainda hoje há faculdades de Letras nas quais o historiador clássico dá sua palestra

sobre a religião romana ou a religião grega, nas quais o germanista leciona sobre a religião dos germânicos, na qual o orientalista estuda, numa lição de seu próprio curso, a religião da civilização estudada. Diante de um método assim, o historiador das religiões está muito perplexo.

2) O historiador das religiões acredita que existe uma maneira precisa de lidar com os fenômenos religiosos: crenças, mitos, rituais, sacrifícios, orações, tabus, sacerdócio, realeza, salvação, oferendas às divindades.

Nas religiões existem sacrifícios e oferendas: o sacrifício védico, os sacrifícios das religiões siríacas, as oferendas nos templos do Egito faraônico, os sacrifícios da religião asteca. Esses sacrifícios exigem estudos realizados por indigenistas, orientalistas especializados no estudo do Oriente Próximo, egiptólogos, americanistas. No entanto, cada um desses especialistas deve saber que existe uma noção religiosa de sacrifício: daí a necessidade da fenomenologia. Isso mostra que, para o historiador das religiões, dentro dessa abordagem, duas orientações se encontram: orientação histórica e orientação fenomenológica.

3) No século XIX tentou-se fazer uma história da evolução religiosa da humanidade. A doutrina dos três estágios da humanidade de Comte (mítica, metafísica, positiva) é combinada com o esquema evolucionista de Darwin; procurou-se fazer a história das religiões da humanidade: pré-história, animismo, totemismo, politeísmo, henoteísmo, monoteísmo. O evolucionismo fracassou e foi abandonado porque trouxe o esquema biológico de Darwin da evolução das espécies para a história das religiões. É determinismo. Neste método buscava-se, em particular, encontrar os resíduos primitivos. Nesta pesquisa a etnologia tem sido usada: entre os evolucionistas, para descobrir a origem da religião na sociedade ou na cultura; entre os difusionistas, para encontrar suas origens em um monoteísmo primitivo.

O desenvolvimento de estudos etnológicos realizados com base nas pesquisas histórico-comparativas questionou toda a doutrina do evolucionismo. Alguns métodos assumiram um papel útil: o funcionalismo (Malinowski) e o estruturalismo (Lévi-Strauss) tornaram possível ver melhor, por um lado, a importância das funções sociais dentro da religião dos primitivos e, por outro, a noção de estrutura dentro do funcionamento do pensamento humano.

4) Outra grande tentativa feita no século XIX foi o comparativismo, iniciado por Max Müller em 1856 em seu trabalho sobre mitologia comparada. Ele apli-

cou suas descobertas linguísticas à mitologia das línguas indo-europeias. Como o sânscrito era para ele a língua-chave das línguas indo-europeias, também a mitologia védica estava, para ele, na origem dos mitos indo-europeus. Ele acreditava que na origem dos povos indo-europeus havia uma unidade religiosa. Procurava por uma religião primária e comum. Aqui não é mais o esquema de Darwin que serve de modelo, mas a gramática comparativa: o modelo é um modelo linguístico.

Assim, o século XIX elaborou dois métodos comparativos: de um lado, o método da mitologia comparativa, baseado na pesquisa linguística indo-europeia, e, de outro, o comparativismo histórico, baseado no postulado de uma evolução assimilável de todos os sistemas religiosos de humanidade: o esquema evolutivo.

2.6 Conclusões

O segundo capítulo tentou abordar o fenômeno religioso. Esse fenômeno é descoberto apenas graças à experiência vivida do homem que quer entrar em contato com um mundo transcendente. Daí a importância do estudo das formas religiosas, da morfologia religiosa.

O fenômeno religioso é uma experiência vivida do sagrado. R. Otto mostrou de maneira extremamente lúcida o que significa a experiência humana do sagrado. Ele parte de um postulado: a universalidade do psiquismo humano. Para Otto, a religião é inata para o homem: o sagrado é uma categoria *a priori*.

Se o fenômeno religioso não pode ser concebido senão como vivido pelo homem, se esse fenômeno representa um elemento capital da vida humana, é necessário abordar as religiões para entender tanto o fenômeno religioso quanto suas diferentes expressões. A fenomenologia procurou entender o que a religião significa em sua essência e suas manifestações. O perigo de reducionismo é grande. Para evitar isso é necessário o encontro entre o historiador e o fenomenólogo, uma vez que as religiões existem na humanidade. Nosso conceito de religião é um conceito ocidental. Usamos isso para elaborar nossa ciência das religiões. Por isso, colocamos seriamente a questão metodológica: Se a ciência das religiões tem como objeto as religiões, como podemos lidar com o objeto de nosso estudo?

Bibliografia (acrescentada pelo autor em 2008)

PETTAZZONI, R. *Essay on the History of Religion*. Leiden: Brill, 1954.

VAN DER LEEUW, G. *La religion dans son essence et ses manifestations* – Phénomenologie de la religion. 2. ed. Paris: Payot, 1970 [3. ed.: 1974].

3

As ciências da religião no contexto das ciências humanas*

3.1 As grandes linhas das ciências humanas

3.1.1 Os três eixos históricos

A partir do século XIX, as ciências humanas ou ciências do homem se esforçam para estudar os diversos problemas relacionados ao homem, à sua vida e ao seu comportamento. A partir do século XVII, pensadores como Pascal ou Malebranche falam das ciências humanas opondo-se às ciências divinas. Estas últimas lidam com a salvação do homem. As ciências humanas lidam com pesquisas independentes da Revelação, não relacionadas à salvação: a matemática, a física. Como grandes nomes: Galileu, Descartes, Gassendi, Hobbes. O discurso científico torna-se independente da religião. A consequência imediata dessa situação é que o discurso sobre o conhecimento perdeu sua unidade e sua síntese, conseguida em outros casos através da filosofia e da teologia.

1) Primeiro eixo: ciência rigorosa; que compreende matemática, física, mecânica. É o nascimento da civilização das máquinas, que alcançou o apogeu com a cibernética e computadores que assumiram a gestão das sociedades humanas. A física matemática preside a um vasto campo e tende a impor seus princípios à vida

---

* "Les sciences de la religion au milieu des sciences humaines". In: RIES, J. *Science des religions et sciences humaines*. Louvain-la-Neuve: Centre d'Histoire des Religions, 1979, p. 29-39 [col. Information et Enseignement, 11].

do homem na sociedade. O espaço externo ao homem é submetido ao modelo galileano ou newtoniano. A referência matemática serve como base para todo o desenvolvimento da ciência rigorosa.

2) Segundo eixo: biologia. Com Lineu e Buffon, a biologia é colocada em movimento. As linhas são diversificadas: zoologia, antropologia física, anatomia, biologia humana, paleontologia. A pré-história [como campo de pesquisa autônomo] começa com Boucher de Perthes no século XIX. Em 1859, Darwin (*A origem das espécies*) fornece uma estrutura de interpretação que é amplamente explorada pela etnologia e pela moral (evolucionismo). Nesse eixo biológico encontramos conceitos-chave: natureza, organismo, evolução. O esquema de Darwin, a analogia biológica, é encontrado em várias ciências. O evolucionismo biológico servirá de modelo para alguns pesquisadores de etnologia e sociologia, até mesmo para o estudo das línguas e também das religiões. O esquema biológico transfere a noção de regulação interna e determinismo para essas diferentes disciplinas. Isso impõe um sentido.

3) Terceiro eixo: cultura e história. A partir do século XVIII, começamos a insistir na especificidade da espécie humana: línguas, sociedades e instituições são encontradas apenas no homem. É o século das Luzes, é Rousseau, é Herder. É a mobilização da condição humana: Voltaire, Leibniz, Vico, Montesquieu, Lessing, Kant. Os temas são: progresso, civilização, cultura humana e natureza. A Revolução Francesa marca brutalmente o fim desse sonho de progresso cultural.

Em meio à frustração e ao retorno nostálgico ao passado pelo Romantismo, a ciência histórica se impõe. O século XIX é o século da história. Testemunhamos um desenvolvimento extraordinário das várias ciências históricas.

Juntamente com a pesquisa histórica, no entanto, ainda encontramos o tema do progresso, algumas ideias do Iluminismo e a nostalgia romântica. As ciências da história se multiplicam e se especializam. A história enucleia uma finalidade: "A verdade é a filha do tempo" (F. Bacon). No século XIX, as ciências históricas deram início a um imenso inventário do patrimônio da humanidade: povos, línguas, artes, técnicas, ciência, instituições. A história visa chegar a uma compreensão da realidade humana como um todo, tanto no espaço como no tempo. A história tenta dar uma explicação total da humanidade. É a ciência humana por excelência.

As três perspectivas das ciências são assim delineadas ao longo de dois séculos. Entre as três perspectivas havia competição e conflito na medida em que uma disciplina avançava sobre o campo da outra.

3.1.2 A problemática atual

A perspectiva da ciência rigorosa tende a reduzir o fenômeno humano a um esquema algébrico: é o triunfo da cibernética e da tecnologia. O estruturalismo procura descobrir a racionalidade subjacente "mascarada pelas superestruturas de sentimentos e pensamentos, para a consciência humana, restaurada a um conjunto de fantasmas sem consistência real"[379]. Na perspectiva estrutural, "não existem mais as ciências humanas propriamente ditas: a ordem do comportamento e das ideias, completamente submetidas à inteligência matemática, constitui-se como uma imensa rede que desenha a espinha dorsal de um universo de discurso totalitário"[380]. A ciência do homem é feita sem o homem.

a) A perspectiva vitalista (G. Gusdorf)

Para Gusdorf "a redução axiomática nada mais é do que um brilhante paradoxo de espíritos abstratos que perderam contato com a realidade humana. O homem não pode ser entendido se *a priori* é negado o que está na base de sua especificidade. A existência não pode ser analisada como o funcionamento de um código algébrico ou de um automatismo mecânico"[381].

Portanto, é necessário levar em conta a vida que estabelece uma finalidade imanente. Existe um conjunto de necessidades primárias que surgem da vida.

> As ideias de vida e morte, de desenvolvimento e decadência, da infância, da juventude, da maturidade e da senescência, do amor e da agressão, da alegria e da tristeza, do dinamismo, da saúde, da doença, do equilíbrio na vida, de plenitude ou desequilíbrio, pertencem, entre outros, a esse léxico dos dados imediatos da consciência vital[382].

---

379. GUSDORF, G. "Sciences humaines". In: *Encyclopaedia Universalis*, p. 70.
380. Ibid.
381. Ibid.
382. Ibid.

Isso mostra que uma hermenêutica da vida é necessária. É necessário orientar a interpretação, o sentido da vida. Mas isso não é suficiente. Os erros, nesse contexto, foram numerosos. Na onda dessa perspectiva vitalista, da teoria darwinista surgiu a doutrina do evolucionismo, que pretendia fornecer as chaves da psicologia, da moral, da história e da sociologia.

A psicanálise de Freud pretendeu explicar tudo, inclusive a origem da religião: complexos, conflitos, sublimações, libido etc. permitiriam entender a existência pessoal e social, portanto, a inteligibilidade biológica não pode explicar toda a realidade humana.

b) A perspectiva histórico-cultural

"A era humana, orgânica em sua estrutura, é cultural em seu desenvolvimento. Há uma ruptura entre o animal e o homem; o limiar do humano coincide com o advento da linguagem, que estabelece uma nova relação com o mundo e uma nova relação com o homem. A palavra não traz apenas uma nova forma de expressão; desperta uma consciência da consciência"[383].

A humanidade percorreu uma longa caminhada, a da civilização. Na humanidade existe uma herança natural, mas também uma herança cultural, com uma memória coletiva. Todas as ciências do homem devem passar pelo caminho cultural. Existe, portanto, uma inteligibilidade histórica. Essa inteligibilidade se volta ao passado. Quando os teóricos pretendem tirar a filosofia da história, como fizeram Hegel e Marx, são desmentidos pelos fatos. Segundo Gusdorf, "o estudioso segue os traços da história; não lhe é permitido precedê-la"[384].

O autor chega a conclusões importantes para a pesquisa:

• Ciências humanas: espaço com diferentes dimensões.

• Todo especialista deve estar ciente do pequeno âmbito em que trabalha.

• Todo especialista deve possuir uma cultura geral que lhe permita ir além de seu horizonte pessoal.

• Um programa de propedêutica global é necessário para as ciências humanas.

---

383. Ibid.
384. Ibid., p. 771.

- O sentido de correlação e convergência das ciências humanas deve ser afirmado, inicialmente, como um princípio heurístico para cada disciplina e deve ser mantido como um requisito constante no desenvolvimento do conhecimento.

- É necessário desenvolver uma epistemologia geral e válida do ambiente humano em sua totalidade.

> Ao contrário das ciências da natureza, as ciências humanas põem em questão não apenas as verdades, mas também e ao mesmo tempo os valores, i.e., o estudioso não pode se contentar com um extrato da realidade; é necessário que esteja alinhado, conscientemente ou não, em relação ao seu objeto. No fim das contas, é ele mesmo quem deve, diuturnamente, questionar a própria pesquisa[385].

Neste primeiro parágrafo seguimos G. Gusdorf no notável artigo de síntese "Sciences humaines"[386]. O segundo parágrafo será inspirado no final de seu artigo, intitulado "A suposição humana".

3.1.3 As ciências humanas e o homem

a) A coexistência dos modelos

G. Gusdorf destacou a pluralidade de esquemas de inteligibilidade dentro das ciências humanas. A coexistência dos modelos é indispensável. Agora, em vez de coexistir com os outros, cada modelo procede como se fosse verdade sem os outros. Isso faz com que Gusdorf diga que o quanto um modelo pretende impor excluindo outros, "a certeza degrada à ilusão e a ciência à retórica"[387]. Nós testemunhamos extrapolações abusivas. Em particular, Gusdorf aponta, como extrapolações abusivas, o modelo de evolução de Darwin, o modelo dialético de Hegel-Marxista, o modelo freudiano ou o modelo estruturalista.

Com efeito, existem diferentes abordagens nas ciências humanas. Há também um resíduo irredutível às tentativas de análise: estamos lidando com o ser humano. Mesmo que os procedimentos das ciências humanas sejam objetivos, o homem continua sendo homem. Ele é ao mesmo tempo sujeito, objeto e autor das ciências humanas.

---

385. Ibid.
386. *Encyclopaedia Universalis*. Vol. 14. Paris 1972, p. 767-772.
387. Ibid., p. 771.

O problema fundamental das ciências humanas é definido mais claramente pela multiplicidade contraditória de tentativas de sistematização, cada uma das quais afirma realizar a ciência das ciências do homem; toda vez que o objetivo perseguido escapa no aprofundamento indefinido de um jogo de espelhos que se refletem um no outro. Assim, natureza e cultura são negadas, compreensão e explicação, diacronia e sincronia, porque toda tentativa colide com as demais. Em vez de esperar pelo estabelecimento de uma síntese milagrosa e definitiva, é preciso reconhecer nessa contradição intrínseca uma característica inevitável do *status* das ciências humanas[388].

b) Irredutibilidade do homem a objeto

Mesmo as disciplinas mais abstratas não podem prescindir de preliminares de caráter externo. As ciências humanas pressupõem a realidade do homem. Essa realidade é complexa. O homem é o ponto de partida e de chegada da pesquisa. Toda pesquisa deve levar em conta a presença do homem no mundo.

Gusdorf usa a imagem do espelho e cita o texto de Goethe que fala do *Urphänomen*:

> Aqui está o limite. Mas geralmente não é suficiente para os homens verem o fenômeno supremo; eles acreditam que podem ultrapassá-lo, eles são como crianças, que depois de terem olhado em um espelho, giram-no para ver o que há por trás dele[389].

Nas ciências humanas, o pressuposto humano define o foco e, portanto, o espelho, no qual as abordagens das ciências humanas convergem. "Todas as abordagens são válidas e eficazes em si mesmas, mas elas se desmentem por si mesmas a partir do momento em que querem atravessar o espelho para dominar seu objeto; elas não captam nada além de um fantasma. Não existe, não poderia existir uma ciência das ciências do homem, uma vez que o ser humano, na plenitude de sua inteligibilidade, habita a realidade de ordem escatológica"[390].

Esse artigo de Gusdorf situa claramente o problema das ciências humanas em toda a pesquisa científica ocidental desde o século XVII. Especialista em sociologia e ciências humanas, professor da Universidade de Estrasburgo, Gus-

---

388. Ibid.
389. Ibid.
390. Ibid., p. 772.

dorf publicou, em particular, seis volumes intitulados *Les sciences humaines et la pensée occidentale* (Paris, 1966-1973). O autor mostra claramente que as ciências humanas são as ciências do homem. Ao situar as ciências humanas numa tríplice visão ou em três eixos, ele mostra que o conflito atual e a crise social que vivemos vêm do fato de as três orientações viverem em uma situação de conflito: nossa sociedade tem privilegiado as ciências exatas (ciência rigorosa) e as ciências do eixo biológico. As universidades têm se articulado com base nesse modelo, conferindo enormes créditos de pesquisa às ciências dos dois primeiros eixos e muito menos à pesquisa histórico-cultural. Assim, a crise da sociedade só aumenta.

3.2 Ciências das religiões

No segundo capítulo, estudamos o fenômeno religioso em si mesmo. Vimos como esse fenômeno foi enucleado pouco a pouco pela pesquisa, sem se tornar um objeto real de pesquisa religiosa, exceto com Rudolf Otto, que, com seu estudo do sagrado, deu uma dimensão religiosa autêntica à história das religiões. Após esse ajuste, nosso estudo tentou destacar a fenomenologia religiosa e entender sua posição em relação à pesquisa histórica sobre religiões. O segundo capítulo nos permitiu ver a maneira pela qual a ciência das religiões foi formada.

O terceiro capítulo deve nos orientar em nossa pesquisa metodológica, mostrando-nos como as ciências humanas foram formadas e qual é o lugar exato que a ciência das religiões ocupa entre elas. As orientações de Gusdorf nos permitem situar melhor as abordagens atuais do fenômeno religioso.

Quando falamos aqui das ciências humanas, usamos o termo no sentido estrito que diz respeito apenas ao terceiro eixo da divisão de Gusdorf. Estas são as ciências que caracterizam o homem em oposição ao resto da natureza. Essas ciências estudam "os caracteres aparentemente observáveis da maneira como os homens se comportam, individual ou coletivamente"[391]. Resumimos muito brevemente algumas abordagens atuais das religiões no âmbito das ciências humanas.

---

391. LALANDE. "Sciences humaines". In: *Vocabulaire de la philosophie*.

3.2.1 Abordagem sociológica das religiões

Já falamos sobre a abordagem sociológica de Durkheim e Mauss. Para eles, a religião tem sua origem na sociedade e serve à sociedade. Religião é a administração do sagrado. Não voltemos ao que dissemos sobre o *mana*, a magia e o sagrado de acordo com a escola sociológica francesa.

a) Max Weber (1864-1920)

Outra abordagem é a do sociólogo alemão Max Weber. Weber analisou em particular o confucionismo, o hinduísmo, o budismo, o cristianismo, o islamismo e o judaísmo para compreender a ética econômica dessas religiões e seu impacto na vida cotidiana[392]. Para Weber, não são as ideias que guiam as ações dos homens, mas os interesses materiais e morais. Seu amigo Ernst Troeltsch (1865-1923) dedicou-se sobretudo ao estudo das relações entre fatos sociais e ideias cristãs.

b) Joachim Wach (1898-1955)

Sociólogo e historiador das religiões, Wach atribui três áreas à ciência das religiões: a hermenêutica, a experiência religiosa e a sociologia da religião. Ele insistiu particularmente no estudo do significado sociológico das diferentes formas de expressão religiosa: mitos, orações, sacrifícios, ritos. Analisa a sociologia dos grupos religiosos, insistindo nas doutrinas que regem o comportamento.

3.2.2 Psicanálise e religião

a) Freud (1856-1939)

Em *Totem e tabu* (1912), Freud desenvolve sua teoria do assassinato do pai dentro da horda primitiva. Disso ele deduz o totemismo e toda a evolução da religião. Em outros lugares, faz uma analogia entre processos neuróticos e fenômenos religiosos. Para Freud, a religião é "a neurose obsessiva universal da humanidade". Religião não é senão uma ilusão.

---

392. WEBER, M. "La morale économique des grandes religions". In: *Archiv für Sozialwissenschaft*, 1915-1919, p. 41-46 [trad. fr. in: *Archives de sociologie des religions*, IX, 1960, p. 1-30].

b) Jung (1875-1961)

Com um importante trabalho para a compreensão de atitudes religiosas, mitos e símbolos, Jung tentou capturar as características do inconsciente – dividido em inconsciente individual (memórias esquecidas) e inconsciente coletivo (memórias herdadas, mitos, inconsciência inata). Nossa alma, como o nosso corpo, traz vestígios do passado ancestral. Esse inconsciente coletivo é preenchido com arquétipos misteriosos. Tais arquétipos são as manifestações de conteúdos psíquicos e esquemas simbólicos. Com o inconsciente coletivo, a unidade do gênero humano se manifesta.

Para Jung, o inconsciente é independente do sujeito: é autônomo. O inconsciente coletivo se manifesta por meio de alguns símbolos, em torno dos quais os sonhos são cristalizados. Com esses sonhos, alcançamos a experiência realizada através do inconsciente coletivo. Os elementos desses sonhos são materiais, padrões, temas provenientes do inconsciente coletivo. Nós os encontramos nos mitos. Esses materiais, imagens e formas são *arquétipos*: são categorias.

Esses arquétipos são como ideias primordiais transmitidas de maneira hereditária: resíduos de estados mentais experimentados pela humanidade. Jung contribuiu significativamente para a análise da experiência religiosa, especialmente na esfera do símbolo e do mito. Ele se concentrou em analisar as manifestações das funções religiosas. Para ele, a experiência religiosa tem um caráter irredutível.

3.2.3 Fenomenologia: tipologia e experiência vivida

Tivemos a oportunidade de falar sobre fenomenologia no segundo capítulo. Retomamos aqui apenas algumas noções. A fenomenologia supõe um objeto que se manifesta e um sujeito ao qual esse objeto se manifesta. Esse sujeito é consciente do fenômeno-objeto. A fenomenologia tende a explicar a relação entre o sujeito e o objeto no nível da experiência vivida. É o *homo religiosus* diante do objeto religioso (o sagrado).

Nesta pesquisa, é importante a obra de Max Scheler, publicada em 1926, *Vom Ewigen im Menschen*, na qual estuda o ato religioso, a experiência religiosa em sua relação com a transcendência. Para ele, a fenomenologia deve chegar a conhecer o significado do fenômeno-objeto que é revelado à consciência. Daí a classificação tipológica de sacrifício, oração, jejum, rito. Assim, a fenomenologia deve, acima de tudo, fazer uma classificação dos tipos religiosos.

Segunda etapa: a inserção do objeto na experiência vivida do sujeito. O homem faz uma experiência de fé, mas exprime-a com um discurso que é o objeto da ciência. É esse discurso do *homo religiosus* que interessa ao fenomenólogo. É necessário, portanto, distinguir, na experiência do *homo religiosus*, o que é nele uma experiência de fé e o que é um discurso sobre essa experiência. O historiador das religiões chega a estudar esse discurso sobre a experiência. Estuda-o para entender a experiência do homem religioso. Ele não lida com o estudo do objeto (o Ser) capturado pelo homem em sua própria experiência; volta-se ao que o homem lhe diz sobre suas relações com esse objeto (o Ser). A fenomenologia apreende o que o homem lhe diz sobre sua experiência religiosa. Ela não é nem uma teologia (que examina o objeto, o Ser), nem uma filosofia (que elabora princípios); é um estudo das religiões, da religião através do estudo do discurso que o homem religioso faz em sua própria experiência vivida. Para a fenomenologia, enfim, são o *homo religiosus* e o seu discurso sobre a experiência vivida que constroem o objeto de pesquisa.

E. Husserl (1859-1938) fez progredir de maneira relevante essa pesquisa, mas de um ponto de vista filosófico. Max Scheler codificou tal pesquisa, mas Rudolf Otto, em sua obra *Das Heilige*, de 1917, já havia oferecido as estruturas essenciais da pesquisa fenomenológica. Além disso, como dissemos, em 1887, Chantepie de la Saussaye chamou a atenção para o estudo da essência e das manifestações da religião, estudo retomado por van der Leeuw.

No segundo capítulo, dedicado ao fenômeno religioso, abordamos detalhadamente essa pesquisa fenomenológica, que define uma tipologia e se dedica à experiência vivida.

3.2.4 Pesquisa comparada

A pesquisa comparada assumiu uma nova orientação no século XIX. Desde então, diferentes métodos foram usados.

1) Max Müller (1823-1900) cria uma história comparada baseada na gramática comparada, no parentesco entre as línguas indo-europeias e na origem comum do sânscrito e do grego. A gramática comparada tenta encontrar a língua que seria a

origem das línguas indo-europeias. Mesmo as mitologias – que, para M. Müller, são o resultado de uma má interpretação dos fenômenos da natureza, portanto, uma patologia da linguagem – estão relacionadas. A mitologia védica parece estar na origem das mitologias indo-europeias. Daí a ideia de Müller – com base na linguística comparada e na mitologia comparada – de um Deus supremo comum à família ariana. *Nomina sunt numina*. Filologia e linguística levam à teologia.

2) Método comparado baseado no evolucionismo. É o método das escolas que, no início do século XX, adotam o esquema evolucionista: animismo, etnologia, sociologia. Esse método é baseado no esquema evolucionista de então. Observam-se as identidades, interpretando-as a partir do esquema totemismo-politeísmo-henoteísmo-monoteísmo.

3) Método comparado, no qual a sociologia e a fenomenologia são baseadas. Com esse método comparam-se as diferentes manifestações, de modo a enuclear uma tipologia das religiões: a tipologia da oferta, do sacrifício, da oração, dos ritos de iniciação. A constituição de uma tipologia é muito útil para a pesquisa.

4) O método comparativo genético de Dumézil, que sugere estruturas de pensamento similares, estabelecidas a partir de uma vasta documentação religiosa dos povos indo-europeus. Vamos falar sobre isso no quarto capítulo.

5) O método comparativo recomendado por Brelich[393]. Para Brelich, a comparação não se baseia em uma alegada "natureza humana" comum à qual a religião pertenceria; nem sequer se baseia numa suposta "evolução" da religião e não visa a estabelecer "leis". Brelich, portanto, rejeita tanto o evolucionismo quanto toda fenomenologia baseada na natureza humana.

a) Brelich fundamenta a comparação na unidade da história humana. No início, o homem é caracterizado pela cultura. Daí a crise, já que o homem se opõe a outras espécies. Graças a essa crise, o homem começa a criar novas culturas. Expansão, separações, contatos entre grupos humanos: daí trocas e assimilações. Assim, a história se sobrepõe a uma unidade devido a trocas e assimilações. Houve uma separação dos grupos, mas os grupos mantêm uma base cultural comum. Brelich conta com um difusionismo histórico e cultural.

---

393. Cf. BRELICH, A. "Prolégomènes à une histoire des religions". In: PUECH, C.H. (org.). *Histoire des religions*. Vol. 1. Paris: Pléiade, 1970, p. 3-59 [vers. it. in: *Storia delle religioni* – Perché? Nápoles: Liguori, 1979.

Ele vê a criação de diferentes civilizações, a separação de grupos que evoluem a cada um à sua maneira, sobre uma base que permanece comum. É o que ele chama de visão da unidade da história humana.

b) Brelich toma como exemplo as religiões pré-históricas da América do Norte e do norte da Ásia: semelhanças e diferenças. Semelhanças: provêm do fundo comum primitivo antes da separação. As diferenças são produtos históricos posteriores.

c) Povos primitivos: conhecemos seu estado atual pelo fato de serem ainda viventes.

d) Há as religiões dos povos civilizados: as religiões históricas. São religiões de civilização que encontramos já elaboradas. O problema para Brelich é revelar seu núcleo original, até mesmo suas origens concretas e sua evolução por separação e contato. Também é necessário procurar ver os caráteres morfológicos comuns às religiões de tendência universal.

Brelich acredita que todo este estudo só pode ocorrer através do método comparativo, baseado na unidade da história humana. Para ele, não há necessidade de uma comparação evolutiva, nem de uma comparação fenomenológica, mas de uma comparação de caráter histórico.

No entanto, Brelich não dá muitos detalhes sobre o método das comparações históricas. Não está claro como se procede para fazer a sua comparação.

3.2.5 A abordagem estruturalista

1) Esta abordagem se baseia no esquema linguístico. Este parte do princípio de que toda cultura é baseada num sistema de comunicação entre as pessoas. Consequentemente, a comunicação é um elemento muito importante na religião. C. Lévi-Strauss tentou fundar uma ciência exata, uma espécie cibernética na dimensão do espírito. Ele a experimentou no contexto dos mitos. Para Lévi-Strauss, o mito é definido como um modo de comunicação humana, assim como trocas econômicas ou laços de parentesco. Para ele, o significado do mito é trazido e expresso por sua própria estrutura; é uma sintaxe. Para Lévi-Strauss, o significado dos mitos está situado no nível do espírito, do cérebro, do trabalho mental. O mito não dá mensagens. O mito é, sobretudo, um sistema de classificação; seu significado não é encontrado em eventos ou seus elementos. Seu significado é encontrado

na classificação dos elementos. O mito é um modo de comunicação humana que Lévi-Strauss coloca no mesmo nível de trocas econômicas e laços de parentesco. É uma álgebra de relações estruturais entre os diferentes elementos que a compõem. O mito não tem mensagem. Ele não faz outra coisa senão remeter a fantasias e técnicas. A estrutura do mito reflete os elementos fundamentais da sociedade em que esses mitos foram constituídos. Eles também são um reflexo de atitudes, de comportamentos dos homens que inventaram mitos. Eles também refletem preocupações especificamente humanas: as oposições entre instintos, desejos humanos, obrigações intransigentes da natureza e da sociedade.

2) Toda análise estrutural é baseada na concepção de modelos abstratos, obtidos pela quebra dos mitos e refazendo uma construção baseada em seus elementos. Para Lévi-Strauss, o espírito humano age inconscientemente, impondo formas a um conteúdo. Segundo o autor, todas essas formas são sempre as mesmas. A pesquisa deve tentar alcançar a estrutura inconsciente que está na base das várias instituições sociais. Indivíduos e sociedades não criam nada: eles operam combinações de elementos. A originalidade está na combinação, na composição. A partir disso, fica claro que o importante é a busca por estruturas.

Para Lévi-Strauss, o sagrado não existe. O estruturalismo nega qualquer abordagem científica da religião, nega "a validade de uma verdadeira antropologia religiosa científica" (Meslin). Consequentemente, o estruturalismo não pode ser considerado como um método de história das religiões, porque nega a especificidade da religião.

> O estruturalismo reintegra o homem na natureza, e se ele nos permite fazer abstração do sujeito – criança mimada insuportável que ocupou por muito tempo a cena filosófica e impediu todo trabalho sério, reivindicando atenção exclusiva –, não prestou atenção suficiente a outras consequências, cujas implicações, aos olhos daqueles que criticam linguistas e etnólogos em nome de uma fé religiosa, deveriam ter sido mais bem ponderadas e avaliadas. De fato, o estruturalismo é resolutamente teleológico; depois de uma longa proscrição, devido a um pensamento científico ainda imbuído de mecanicismo e empirismo, ele restituiu o seu lugar ao finalismo e o tornou respeitável novamente. Crentes que nos criticam em nome dos valores sagrados da pessoa humana, se fossem fiéis a si mesmos, argumentariam de forma diferente: Se, deveriam dizer, o finalismo que postulam todas as vossas abordagens não se encontra nem na consciência nem no sujeito para aquém de onde tentais colocá-la, onde ele poderia estar senão fora de vós? E eles nos convidariam a

tirar as consequências [...]. O fato de que eles não o façam mostra que, para esses espíritos tímidos, seu ego importa mais do que o seu deus[394].

3.3 Bibliografia

Já mencionamos uma série de trabalhos. O estudo do fenômeno religioso e sua abordagem pelas ciências humanas tem sido realizado recentemente por diversos autores, que tentaram situar a ciência das religiões na atual perspectiva de pesquisa e que nós consultamos para o segundo e o terceiro capítulos desta parte.

Obras francesas

BRELICH, A. "Prolégomène à une histoire des religions". In: PUECH, C.H. *Histoire des religions*. Vol. 1. Paris: Pléiade, 1970, p. 3-59 [vers. it. in: *Storia delle religioni* – Perché? Nápoles: Liguori, 1979].

DESROCHE, H. & SEGUY, J. (orgs.). *Introduction aux sciences humaines des religions*. Paris: Cujas, 1970, 280 p.

MESLIN, M. *Pour une science des religions*. Paris: Éditions du Seuil, 1973, 270 p. [trad. it.: *Per una scienza delle religioni*. Assis: Cittadella, 1975].

MESLIN, M. "L'histoire des religions". In: PUECH, C.H. *Histoire des religions*. Vol. 3. Paris: Pléiade, 1976, p. 1.277-1.327. Neste artigo, o autor resume e completa parcialmente a sua obra de 1973.

Essas quatro obras abordam diretamente o problema da ciência das religiões do ponto de vista histórico.

Obras e artigos em inglês e alemão

BIANCHI, U. *The History of Religions*. Leiden: Brill, 1975 [trad. ingl. da introdução italiana da enciclopédia *Storia delle religioni*. 5 vols. Turim: UTET, 1970].

BIANCHI, U.; BLEEKER, C.J.; BAUSANI, A. et al. *Problems and Methods of the History of Religions*. Leiden: Brill, 1975, 122 p.

BLEEKER, C.J. *The Rainbow* – A Collection of Studies in the Science of Religion. Leiden: Brill, 1975, 256 p.

---

394. LÉVI-STRAUSS, C. *L'homme nu*. Paris: Plon, 1971, p. 614-615 [trad. it.: *L'uomo nudo*. Milão: Il Saggiatore, 1983].

_____. *The sacred Bridge* – Researches into the Nature and Structure of Religion. Leiden: Brill, 1963.

ELIADE, M. & KITAGAWA, J.M. *The History of Religions* – Essays in Methodology. Chicago: University of Chicago Press, 1959, 163 p. [trad. it.: *Studi di storia delle religioni*. Florença: Sansoni, 1985].

PETTAZZONI, R. *Essays on the History of Religions*. Leiden: Brill, 1954, 225 p.

Esses numerosos estudos, que se dividem nas últimas décadas, nos mostram o interesse suscitado pela ciência das religiões e a importância do problema metodológico.

4

As abordagens científicas ao fenômeno religioso*

Depois de observar a diferença entre magia e religião (primeiro capítulo), abordamos o fenômeno religioso para destacar sua especificidade (segundo capítulo). Esse estudo nos deu a oportunidade de ver a fenomenologia religiosa e alguns aspectos da pesquisa de história religiosa. Num terceiro capítulo, enquadramos as ciências humanas, de modo a compreender o lugar exato ocupado pela ciência das religiões. Agora podemos definir nossa posição na abordagem científica do fenômeno religioso.

4.1 Uma pesquisa histórica

4.1.1 História, diacronia, evolução

1) Quem fala em pesquisa histórica fala em pesquisa diacrônica. O ponto de partida é mostrar a grande diferença que existe entre a pesquisa diacrônica e a história evolucionista. Esta partiu de postulados como estes: na humanidade há uma evolução religiosa do tipo biológico; assim, a religião nasceu sob uma forma elementar, desenvolvendo-se a partir da forma elementar para as várias formas evoluídas que encontramos hoje; a origem da religião deve ser encontrada em formas elementares, como o animismo ou o totemismo. Nesse tipo de perspectiva

---

* "*Les approches scientifiques du phénomène religieux*". In: RIES, J. *Science des religions et sciences humaines*. Louvain-la-Neuve: Centre d'Histoire des Religions, 1979, p. 40-52 [col. Information et Enseignement, 11].

não há escala religiosa; o fenômeno religioso é reduzido a um fenômeno social ou cultural. A ciência das religiões está a reboque das ideologias.

2) Uma pesquisa de natureza histórica aborda as diferentes experiências religiosas da humanidade. Ela estuda essas experiências vividas no espaço e no tempo, que encontramos graças a uma vasta documentação: textos, templos, livros sagrados, mitos, ritos, símbolos, pessoas consagradas. Esses documentos religiosos são fontes que nos permitem perceber uma multiplicidade de experiências religiosas. Essas experiências são as experiências de homens que entraram em uma vida social, sofrendo e exercendo influência. Coloca-se, consequentemente, o grande problema do contexto religioso. O mundo das religiões é um verdadeiro universo, com múltiplos contornos. Neste universo, encontramos frequentemente documentos idênticos. Assim, temos oferendas nas diferentes religiões. O que é importante é a oferenda ligada ao seu contexto, em uma determinada cultura: as placas de oferendas dos túmulos egípcios, a apresentação de um bebê recém-nascido no templo, as ofertas das primícias das colheitas, a oferta de pão e vinho por Melquisedeque. A cada vez vemos a oferenda relacionada a uma cultura, com um contexto que lhe confere seu significado específico. Isso nos revela que cada fenômeno religioso está relacionado a um todo. Daí a importância de estudar o fenômeno dentro desse todo. A necessidade de um estudo diacrônico é evidente. Diacronia significa método histórico inserido na realidade; o evolucionismo corresponde a uma doutrina baseada em postulados filosóficos.

3) Erros a serem evitados

a) Na pesquisa histórica é necessário cuidar para não misturar na investigação os princípios extraídos de outra disciplina, que correm o risco de distorcer a pesquisa. Eis um exemplo: o princípio dos deístas ingleses sobre a possibilidade de a razão humana chegar ao conhecimento de Deus, que, exatamente por isso, colocou os documentos históricos das religiões em segundo plano. O estudo racionalista da religião no *Aufklärung* não foi um estudo estritamente histórico, pois "confundiu a forma e a essência do fenômeno religioso" (Meslin). Para isso, toda forma religiosa histórica não é senão o acidente de uma essência comum.

b) A necessidade de enraizar o fenômeno religioso dentro da história se desenvolveu muito rapidamente. Schleiermacher já insistia nas diferentes formas religiosas. A escola de Durkheim, por sua vez, acentuou o papel da sociedade na realização dos fatos religiosos, enfatizando esse papel, uma vez que considera a sociedade como a criadora da religião. Sua pesquisa continua devedora de Comte, i.e., de uma interpretação religiosa da sociedade, já que a religião é considerada um simples elemento constitutivo da sociedade. Durkheim analisa os fatos religiosos como sociólogo, não como historiador. Ele está certo em colocar os fatos em seu contexto social, mas está errado em interpretar os fatos sem levar em conta o homem. De fato, para Durkheim, todo fato religioso é uma resposta para uma necessidade social. Ele identifica o religioso com o coletivo, subentendendo a sua pesquisa a uma filosofia social relacionada às leis do desenvolvimento humano. O racionalismo sociológico de Durkheim corria o risco de extrapolar fenômenos religiosos de seu contexto e colocá-los em uma fenomenologia social que reduziu o fenômeno religioso a um fenômeno puramente social. Ele vinculava crenças e práticas religiosas e mágicas às estruturas sociais: para ele, também o fundamento da religião e de toda atividade religiosa se encontra na vida coletiva. O erro a ser evitado, e que não foi evitado pela escola sociológica, é uma ênfase tão forte no social para enfraquecer o elemento individual. O *homo religiosus* é absorvido pela sociedade.

4.1.2 As primeiras abordagens metodológicas no século XIX

1) A abordagem fundamental para uma ciência das religiões tem caráter histórico. As disciplinas criadas no Collège de France em 1880 foram intituladas "cursos de história das religiões", e o periódico fundado nessa ocasião assumiu e manteve o título *Revue de L'Histoire des Religions*. Em suas palestras no Collège de France em 1907, Jean Réville revisou *Les phases successives de l'histoire des religions* (vol. 33, dos *Annales du Musée Guimet*, Paris, 1909). Depois de falar sobre Herder, Schleiermacher, Hegel, o homem do idealismo absoluto, Creuzer, fundador da escola simbólica, Strauss e sua crítica negativa, Réville aborda a escola filológica.

2) Com esta última, pretende-se pôr fim à história das religiões dominada pela filosofia ou psicologia. Essa escola histórica, no entanto, será influenciada pelo positivismo de Comte, um defensor da teoria dos três estágios (teológico, filosófico e positivista). Mas o progresso da arqueologia e o advento da filologia comparada vão exercer uma grande influência na pesquisa histórica: arqueologia, filologia, filologia comparada, história, orientalismo, etnografia, etnologia.

No decorrer de 1907, Réville oferece uma definição do método histórico na história das religiões: "O método histórico ou crítico, que é o mesmo nos estudos da história religiosa e em outras áreas de estudos históricos..."[395] Ele especifica o objetivo deste método histórico: "pesquisa e comparação de todos os documentos relacionados ao tema estudado, análise meticulosa e precisa desses documentos, que são objetos materiais, monumentos, inscrições ou textos literários, nomes, representações figurativas, rituais ou práticas de culto. Estes testemunhos devem ser estudados pelo historiador de maneira direta, em sua língua original, tanto quanto possível recolocados no ambiente geográfico, social e mental de onde provêm"[396].

3) Réville ressalta o mérito de K. Otfried Müller, adversário da escola simbólica, que estabeleceu as regras para um método de investigação histórica nos estudos da mitologia. É o método analítico histórico. Para Réville, esse método vai em duas direções: por um lado, para a história geral das religiões; por outro lado, para o estudo meticuloso, crítico e preciso de cada religião. Essa escola histórica não tem um sistema. Aplica-os todos de acordo com os casos, apelando à ajuda de outras ciências.

A escola histórica francesa marcou fortemente a pesquisa histórica no campo das religiões. Apesar de estar impregnada de um espírito positivista, ela prestou grandes serviços graças à aplicação rigorosa da pesquisa histórica na esfera das religiões: religiões, crenças, rituais, dogmas, instituições, inventário e classificação de fatos religiosos, descrição do ambiente sociocultural.

4) As contribuições obtidas graças às outras ciências devem ser acrescentadas a essa pesquisa histórica. Assim, o orientalismo foi um ramo essencial para o estudo das religiões da Ásia. Nesse contexto, a França, a Alemanha, a Inglaterra, os Estados Unidos, a Bélgica, a Itália e muitos outros países produziram uma documentação considerável sobre o estudo da história das religiões. Devemos dizer o mesmo da pré-história, da arqueologia, da história da arte, das diferentes filologias. Sem essa contribuição, a história das religiões não avançaria. O século XIX foi o século por excelência do estudo histórico e positivo das religiões. O século XX continuou esta pesquisa.

---

395. RÉVILLE, J. "Les phases successives de l'histoire des religions". In: *Annales du Musée Guimet*, 33, 1909, p. 226.
396. Ibid., p. 227.

4.1.3 A pesquisa histórica como primeira etapa de uma ciência das religiões

a) Condicionamento histórico

A abordagem histórica continua a ser a primeira abordagem de uma ciência das religiões. Não há fenômenos religiosos fora de um contexto histórico, assim como não existe uma árvore que não seja uma árvore bem precisa e identificada numa determinada situação. Uma experiência religiosa é vivida em um contexto histórico, cultural e socioeconômico bem preciso. Todo fenômeno religioso é, portanto, historicamente condicionado. O historiador das religiões deve começar por traçar a perspectiva histórica de sua documentação. A ciência das religiões se fundamenta em uma ampla base histórica.

b) Uma extensa documentação

Essa base histórica supõe uma documentação, que é coletada por especialistas. A documentação pré-histórica foi coletada por estudiosos de pré-história. Documentos arqueológicos e artísticos, por arqueólogos e historiadores da arte. É indispensável a documentação de orientalistas, filólogos e etnólogos. Isso pressupõe textos, livros sagrados, documentos, tradições religiosas. Essa documentação foi estudada por especialistas. Mas devemos acrescentar que não é suficiente estudar esses documentos como se estuda um documento qualquer. Quando se estuda o documento é necessário estar ciente da natureza do documento: ele faz parte de uma situação humana. Portanto, a abordagem histórica que se confronta com ele deve levar em conta a sua morfologia.

c) Um método crítico indispensável

O historiador das religiões deve necessariamente dominar a filologia. Ele deve ser capaz de analisar um texto e reposicioná-lo em seu contexto: a língua, a história e a cultura das sociedades das quais a religião é estudada. Isso supõe que o historiador e o filólogo sejam capazes de elaborar sínteses histórico-culturais, criticar e utilizar aquelas que já existem e também superá-las.

d) A morfologia do sagrado

Tudo isso coloca o vasto problema da morfologia do sagrado diante do qual se encontra o historiador das religiões. É a dificuldade fundamental da pesquisa.

Em primeiro lugar, a documentação é frequentemente muito fragmentária. Não se dispõe de inscrições, nem de algumas peças arqueológicas. É o caso de algumas religiões arcaicas. Além do problema da fragmentação, encontramos uma documentação heterogênea: textos, monumentos, rituais, costumes, tradições orais, ritos e mitos. Também o ambiente de origem desses documentos pode ser muito heterogêneo: fragmentos de literatura sacerdotal, anotações de viajantes, materiais coletados por missionários, documentos arqueológicos. Se há uma heterogeneidade de documentos e de sua origem, há também uma heterogeneidade de estruturas: árvores cósmicas, árvores da vida, árvores do mal. Este último é um elemento de adoração popular, enquanto a árvore da vida alude a um pensamento metafísico. A dupla heterogeneidade deve ser sublinhada: heterogeneidade histórica dos documentos e heterogeneidade estrutural. É assim que Eliade as vê[397].

e) O trabalho do historiador

Diante dessa documentação fragmentária e heterogênea, o historiador começa a trabalhar. Depois de detectar a existência dos materiais, ele deve inseri-los na diacronia. Se ele não possui pontos fundamentais, deve estabelecer hipóteses de trabalho. Assim, o historiador das religiões não deve possuir apenas uma técnica, mas um método de trabalho que lhe permita progredir. O método é indispensável para realizar hipóteses de trabalho. O técnico cuida dos elementos materiais. Mas isso não é suficiente. Existe o problema do contexto histórico-cultural. O documento está completo quando se possui uma análise do contexto. Isso pressupõe uma abordagem na qual um método de trabalho é baseado. Por exemplo: as relações entre as figuras, o conjunto de uma caverna, a moldura de cada figura, o clima, a dimensão humana do *habitat* etc. Assim, em Rouffignac, todos os animais saem das cavernas; eles se dirigem para a abertura, em direção à luz, exceto as cobras, que vão em direção à escuridão, aos buracos escuros. O estudioso pré-histórico deve apresentar tudo isso, porque, para o historiador das religiões, talvez, seja um elemento muito importante: Significa que os animais vão à vida, exceto o animal que simboliza a morte, a cobra? Assim, Eliade está certo quando diz que a compreensão do fenômeno religioso sempre acontece dentro da estrutura da história. É necessário fazer uma descrição tanto das figuras isoladas como do seu conjunto.

---

397. ELIADE, M. *Traité d'histoire des religions*. Paris: Payot, 1974, p. 18-19.

f) A cronologia

A questão cronológica é importantíssima para ajustar o documento. Assim, no século XIX, várias hipóteses foram lançadas sobre alguns fatos. A partir desses fatos, uma generalização foi estabelecida. Por exemplo, Durkheim levou em consideração o totemismo, que ele conhecia graças a alguns documentos etnográficos australianos. Com base nessa documentação, ele elaborou uma teoria sobre as formas elementares da vida religiosa. A teoria caiu quando se descobriu que o totemismo é um fenômeno muito limitado na história das sociedades primitivas. A origem desse fenômeno deve, portanto, ser buscada, observando as possíveis conexões que dele resultam. A situação histórica de um documento – isto é, sua inserção no espaço e no tempo – é um elemento essencial para o historiador das religiões.

4.1.4 História e fatos sociais

1) Auguste Comte fizera uma declaração importante: os indivíduos existem na sociedade. Daí a importância do fato social em sua inserção histórica. Comte fez um uso errado de suas descobertas: em vez de uma verdadeira sociologia, ele fez uma filosofia social. Essa orientação filosófica levou a mais do que um impasse por parte de pesquisadores como Durkheim, Mauss e muitos outros. Se o religioso não pode ser simplesmente identificado com o coletivo, devemos insistir na importância da sociedade no estudo dos fenômenos religiosos. A religião e até a magia têm laços sociais muito importantes. Crenças e práticas, mitos e ritos estão ligados a contextos sociais. No fenômeno da magia, esperanças e medos coletivos estão presentes, como Mauss já mostrou. Há um conjunto de fatores sociais relacionados aos fenômenos religiosos.

2) A religião é um elemento de coesão social. Consequentemente, a atividade religiosa do homem tem um impacto na sociedade, na vida de seus semelhantes. O historiador das religiões, ao desenvolver seu documento, deve, assim, analisar a dimensão social. Dos fenômenos de adesão e dos fenômenos de protesto, dois agrupamentos se originam: o grupo de crentes e as seitas. Deve-se ter em conta a conduta, modas, representações, ideologias sociais, quadros de vida social, usos linguísticos. Dentro das religiões existem grupos sociais: crentes e não crentes, praticantes e não praticantes, leigos e sacerdotes, grupos religiosos como os mon-

ges e as monjas. Daí a importância da psicologia social para entender o papel da religião como um fenômeno de coesão ou de divisão.

a) As estruturas religiosas

Cada grupo sociorreligioso tem suas próprias estruturas. As estruturas sociais têm um papel capital. Em uma religião de autoridade, o papel do clero é muito importante. Em uma religião como o budismo, o papel da autoridade é muito limitado. A comunidade e a lei representam o conjunto de estruturas que orientam a vida do monge. Existe uma sociologia do islamismo, uma sociologia do hinduísmo, do budismo, do cristianismo. A vida religiosa em grupo representa uma variedade de fatos que devem atrair a atenção do historiador das religiões: oferendas, sacrifícios, orações públicas, procissões, peregrinações.

b) Os grupos humanos

A vida religiosa é submetida a um fenômeno de regulação da relação do homem com o seu semelhante. A importância dos laços sociais é muito relevante dentro das religiões. A sociedade influencia a formulação da linguagem e a organização da vida social: dias de descanso, dias de festa, atitudes coletivas; por exemplo, a guerra santa no Islã. Existem laços religiosos em diferentes níveis: os grupos de iniciados, os mistérios mistos, os *Männerbünde* do antigo Irã, os fiéis de Mitra.

A etnologia religiosa é de grande importância no que diz respeito aos laços sociais fundamentais presentes nos grupos humanos de sociedades sem escrita: clã, tribo, fratria, exogamia. O estudo das religiões tradicionais representa uma vasta área da história das religiões. Daí a importância de dados sociológicos e etnológicos nas pesquisas do historiador das religiões.

No final desta seção, dedicada à pesquisa histórica na ciência das religiões, podemos lançar o olhar sobre a gama de disciplinas que devem vir à baila. O historiador das religiões deve identificar sua própria documentação, que é ampla e heterogênea. A heterogeneidade das estruturas obriga-o a apelar a diferentes disciplinas. Pinturas rupestres e inscrições requerem uma análise do estudioso de pré-história e do historiador da arte. Rituais de festas tribais exigem a pesquisa etnológica. Inscrições e grafites obrigam a recorrer à epigrafia. As descobertas de templos, de altares, de ruínas de mosteiros fazem o arqueólogo entrar em campo. Os livros sagrados das religiões devem passar pelas mãos expertas dos orientalistas, dos filólogos e dos paleógrafos. A multiplicação de símbolos religiosos requer a intervenção da psicologia para orientar a história das religiões no labirinto de imagens e símbolos. A vida comunitária requer a sociologia para se compreender as permanências, as coerências e as atitudes. Esses vários elementos nos mostram que a história das religiões deve apelar para a pré-história, para a arqueologia, para a história da arte, para a filologia, para a etnologia, para a psicologia e para a sociologia. Isso levanta várias questões. Qual é então a especificidade da ciência das religiões? É uma ciência autônoma? Se apela à sociologia, não é uma simples seção desta disciplina? Qual é o papel da psicologia?

4.2 Em busca da experiência do sagrado – Uma abordagem científica para o homem religioso

4.2.1 *A abordagem fenomenológica*

1) As grandes pesquisas históricas nos permitiram identificar as principais características do condicionamento humano: condicionamento cultural, social e histórico. Essas descobertas fazem desaparecer os últimos vestígios do gnosticismo, que via o homem como uma centelha divina caída na matéria. No âmbito da história das religiões, isso significa o fracasso do naturalismo, do fetichismo e do animismo. Eliade conclui que se começa a ver melhor uma nova dimensão do comportamento do homem: sua atitude em relação ao sagrado.

> A compreensão da experiência religiosa do homem arcaico é o resultado da expansão de nossa consciência histórica. Em última análise, podemos dizer que, apesar dos riscos do relativismo, a doutrina de que o homem é exclusivamente um ser histórico abre caminho para um novo universalismo. Se o homem se criou através da história, tudo o que ele fez no passado é importante para cada um de nós [...]. Para o historiador das religiões, isso significa que ele não pode ignorar nenhuma forma histórica importante, embora, naturalmente, não se espere que ele seja um especialista em cada uma dessas formas históricas[398].

Eliade coloca a questão: Já que não podemos alcançar a origem da religião, não podemos apreender a essência do fenômeno religioso? Certamente o fato de

---

398. ELIADE, M. *La nostalgie des origines*. Op. cit., p. 113-114.

descrever um fenômeno e seu condicionamento histórico não explica a natureza desse fenômeno.

a) A escala cria o fenômeno

Eliade insiste em um princípio da ciência moderna: "É a escala que cria o fenômeno"[399]. Como qualquer fenômeno, o fenômeno religioso deve ser apreendido à sua maneira, i.e., numa escala religiosa. O fenômeno religioso é um fenômeno *sui generis*, original e irredutível.

Consequentemente, devemos começar estabelecendo a morfologia dos fenômenos religiosos, formas religiosas. Todo o *Traité* de Eliade é uma soma de formas religiosas. O historiador das religiões deve estudar muitos fatos religiosos: rituais, proibições, símbolos, mitos, seres sagrados, deuses, deusas, demônios. Atualmente temos uma extraordinária variedade de fatos religiosos, que vêm do mundo arcaico, das religiões etnológicas, das grandes religiões.

A busca por esses fenômenos religiosos ocorre segundo o método histórico. É necessário coletar os fenômenos e situá-los no contexto histórico, social, cultural e econômico. Mas aqui o historiador das religiões deve estar alerta. Não se trata de reduzir o fato religioso ao seu aspecto social ou cultural. Deste ponto de vista, em *Religions australiennes*, Eliade enfatiza o mau caminho em que os fatos religiosos foram tratados. Spencer, Tylor, Frazer e Durkheim viam os fatos religiosos como fatores de origem, colocados no início de uma evolução que deve continuar[400]. Outros, como Lang ou Schmidt, viam uma degeneração de uma situação primitiva ideal. Eliade fala de mau método porque se inspira em concepções preestabelecidas: a busca das origens.

b) Hierofania

Este se tornou o termo-chave de Eliade. "É o ato de manifestação do sagrado. Uma hierofania é um ato de manifestação do sagrado ou um documento que revela uma modalidade do sagrado"[401]. O sagrado é um poder que se manifesta como

---

399. Ibid., p. 11.
400. ELIADE, M. *Religions australiennes*. Paris: Payot, 1972, p. 812.
401. ELIADE, M. *Traité d'histoire des religions*. Op. cit., p. 23.

o que é de uma ordem inteiramente diferente da ordem natural. Eliade chama todo fenômeno religioso de hierofania.

Eliade definiu a estrutura da hierofania, uma estrutura que é a mesma por toda parte, no espaço e no tempo. Para ele, isso é muito importante, pois mostra a unidade da vida religiosa da humanidade. A experiência religiosa é uma experiência específica, cuja especificidade é a mesma no espaço e no tempo. Juntamente com essa homogeneidade da natureza, há uma heterogeneidade de formas: ritos, mitos, objetos, símbolos, animais, plantas, lugares, textos, templos. Essa heterogeneidade mostra a riqueza da morfologia do sagrado.

Como se apresenta uma hierofania? Em primeiro lugar, no alto, há a realidade invisível: o transcendente, um poder percebido como pertencente a uma ordem diferente, a divina. É o elemento misterioso por excelência. Há um segundo elemento, o objeto natural, que continua a se ajustar à sua natureza: a pedra sagrada permanece uma pedra; a água sagrada continua sendo água; a árvore sagrada permanece uma árvore; o padre continua sendo um homem. O terceiro elemento é o elemento mediador: a dimensão sacral. Essa dimensão sacral resulta do fato de que o transcendente se tornou imanente, o elemento mediador é constituído pelo fato da irrupção do sagrado. Assim, portanto, em toda hierofania estão presentes estes três elementos: o objeto natural, a realidade invisível, o objeto mediador ou a dimensão sacral. Um ídolo é uma hierofania. Tem uma forma humana, feita de um material: uma estátua de Osíris. Esta estátua, com o ritual de abertura da boca ou com os gestos do sacerdote no culto diário, é colocada em contato com a divindade. O deus Osíris, graças aos ritos, vai inabitá-la. Realiza-se assim a terceira dimensão, a da mediação. A estátua de Osíris é revestida com a santidade divina, e diante dela o sacerdote realiza seus gestos rituais: incensação, ofertório, veneração, oração. Uma grande pedra cortada é um belo bloco de mármore. Com uma série de ritos de consagração, um bispo faz dessa pedra uma ara consagrada, um altar. Para os fiéis, esse altar representa Cristo. Está coberto de sacralidade. Ele está em contato com a transcendência. Daí a sua dimensão sagrada, inteiramente orientada para a mediação, i.e., para o encontro entre Deus e o homem, graças à celebração eucarística. Esta é uma hierofania: uma manifestação do sagrado que ocorre em três níveis: o divino, o mediador e o profano.

Essa hierofania aparece como tal aos olhos do *homo religiosus*. Na hierofania, o homem é o sujeito que entra em contato com a realidade hierofânica. Daí a importância do homem religioso. Ele é testemunha, declara-se como tal, assume um comportamento e, através dele, demonstra, apreender uma realidade sagrada totalmente alheia ao mundo profano. Esse homem é um *homo religiosus*.

4.2.2 Homo religiosus

a) O homo religiosus e sua experiência do sagrado: Rudolf Otto

A pesquisa sociológica de Durkheim e Mauss, de um lado, e Wundt, de outro, levou Rudolf Otto a empreender sua extensa investigação do fenômeno religioso. Uma longa estada na Índia contribuiu para o seu reconhecimento do homem religioso. Os fatos religiosos estão relacionados aos homens. Se temos a estátua de uma divindade, um templo, um texto religioso, devemos remontar ao realizador: o homem religioso. Talvez ele esteja inserido em uma sociedade, mas pensa de forma autônoma: não é um simples autômato. Fenômenos religiosos são manifestações que têm seu lugar na vida humana. Otto abriu um novo caminho com sua análise da experiência religiosa vista como uma experiência humana irredutível a qualquer outra experiência humana. No centro de todos os fenômenos religiosos, Otto coloca o homem em sua experiência vivida. Com sua pesquisa, o professor de Marburgo pretende oferecer um programa para a geração jovem e barrar o caminho do racionalismo filosófico e sociológico. Sua análise penetrante do sagrado permite-lhe construir uma ciência das religiões dentro da qual os fatos são agrupados em torno da experiência vivida do sagrado. Por outro lado, Otto mostra a importância da mediação de signos e símbolos. A linguagem religiosa é uma linguagem de signos que traduzem a experiência de uma realidade inefável. Otto insistiu nessa experiência e abriu o caminho para uma história das religiões na qual o *homo religiosus* se torna um elemento fundamental para a compreensão do fenômeno religioso.

b) O homo religiosus segundo Eliade

"O *homo religiosus* sempre acredita que exista uma realidade absoluta, o sagrado, que transcende este mundo, mas que nele se manifesta, e por isso o santifica e o torna real"[402].

---

402. ELIADE, M. *Le sacré et le profane*. Op. cit., p. 171.

- No centro da história das religiões está o homem, o homem que se comporta de maneira consistente com sua crença. Esse homem faz uma experiência. No seu modo de ver, ele mostra algo diferente do profano. Esse homem constata que o contato com essa realidade transcendente não é apenas benéfico para ele, mas também o introduz na realidade autêntica. É mister entrar no universo mental desse homem. Para Eliade, este é o elemento essencial na pesquisa da história das religiões. "O objetivo final do historiador das religiões é compreender e esclarecer aos outros o comportamento do *homo religiosus* e o seu universo mental"[403]. Para isso, ele deve analisar a totalidade das situações existenciais do *homo religiosus*. Meslin concorda com Eliade, quando diz: "A questão interessante sobre a origem da religião não é o problema central da nossa disciplina, fundada, sobretudo, no respeito e na compreensão das múltiplas formas de uma compreensão e de expressão do sagrado"[404]. O *homo religiosus* mostra com suas ações e palavras, com seus gestos simbólicos, com os mitos e rituais, que acredita na existência e na ação de uma realidade que vai além do mundo profano.

- O comportamento do *homo religiosus*. Na ampla gama de fatos religiosos há um elemento estável: é o comportamento do homem que faz a experiência do sagrado. É esse comportamento que deve ser enfatizado. A história das religiões se retirou, refletindo sobre ideias e objetos. O método histórico analisava os textos, os documentos arqueológicos e etnológicos. O método sociológico concentrava tudo na ação fundamental da sociedade: todos os documentos eram observados e analisados na perspectiva social. É mérito de Rudolf Otto ter colocado a experiência que o homem faz do sagrado no centro da pesquisa. Essa experiência do homem é sempre uma experiência parcial. Mas toda vez que existe e se apresenta com a mesma estrutura: o homem captura uma hierofania. Faz a experiência do sagrado que se manifesta. Assim, a estrutura fundamental da experiência é a mesma para o homem arcaico que experimenta o contato com os antepassados míticos durante uma festa tribal e para o cristão que experimenta o encontro com Jesus Cristo numa celebração litúrgica. Em ambos os casos, existe uma estrutura idêntica: a experiência de uma hierofania, a experiência do sagrado vivido. As duas hierofanias são extremamente diferentes. A experiência do homem religioso

---

403. Ibid., p. 137.
404. MESLIN, M. *Pour une science des religions*. Op. cit., p. 51.

é idêntica: um encontro com o sagrado, um encontro que determina seu comportamento. Para Eliade esse encontro é essencial. O papel do historiador das religiões é estudar esses encontros.

• Uma tal orientação na pesquisa, que relaciona documento e seu autor (o texto sagrado e seu redator), valoriza o comportamento do homem religioso nos milênios da história humana, a começar pelo homem arcaico: "Para conhecer o universo mental do *homo religiosus* é necessário levar em conta sobretudo os homens dessas sociedades primitivas. Ora, seu comportamento religioso hoje nos parece excêntrico, se não francamente aberrante. De qualquer forma, é difícil de entender. Mas não há outro modo de entender um universo mental estranho senão situando-se, no seu próprio centro, para daí acessar todos os valores que ele dirige"[405].

O que o homem arcaico nos diz?

• Que o mundo existe e que foi criado pelos deuses, que o cosmos vive e fala. Portanto, a vida cósmica tem um sentido, um sentido que vem de sua origem. Rapidamente, o homem se relaciona com esse cosmos e se concebe como um microcosmos.

• A experiência religiosa que nasce disso é uma experiência vivida de homologação do homem ao cosmos. É o jogo do simbolismo cósmico que valoriza a existência. A mulher é comparada com a terra que dá fruto. A árvore se torna um elo entre o céu e a terra. Toda a existência do homem religioso se abre para o cosmos: é uma existência religiosa.

• A vida provavelmente será santificada. Aqui intervêm mitos e rituais. Através deles o homem arcaico vive a experiência da união com o cosmos e com as criaturas do cosmos: a valorização religiosa da vida sexual, do lar e da vida familiar. Com o rito, o homem faz a transição do profano para o sagrado. E aqui essa iniciação assume o seu papel. Com a iniciação, criam-se sociedades religiosas e o *homo religiosus* aprende a viver em sociedade. O que Eliade descobriu no comportamento do homem arcaico também encontra em toda a história religiosa da humanidade.

---

405. ELIADE, M. *Le sacré et le profane.* Op. cit., p. 139.

O homem religioso assume um modo específico de existência no mundo e, apesar do número considerável de formas histórico-religiosas, esse modo é sempre reconhecível. Seja qual for o contexto histórico no qual está imerso, o *homo religiosus* sempre acreditou que existe uma realidade absoluta, o sagrado, que transcende este mundo, mas que nele se manifesta e por isso o santifica e o torna real. Ele acredita que a vida tem uma origem sagrada e que a existência humana atualize todas as suas potencialidades na medida em que é religiosa, vale dizer, partícipe da realidade[406].

No centro da história das religiões está o homem religioso com sua experiência vivida. Com o comportamento desse homem, com os fatos religiosos, com os fenômenos religiosos, sabemos como dar sua dimensão exata. É importante o elemento relacional fato-homem, sagrado-vivido.

4.2.3 A abordagem científica na descoberta do homo religiosus

a) O problema relacionado a essa abordagem

Vimos que a abordagem histórica nos coloca diante da morfologia do sagrado. Com essa abordagem histórica descobrimos os fatos e documentos: inscrições e pinturas rupestres, campos de urnas, túmulos, vestígios arqueológicos, textos sagrados, mitos, ritos e gestos religiosos, todos incluídos em um condicionamento histórico, cultural, social e econômico. O estudo diacrônico destas morfologias do sagrado coloca-nos na presença de uma documentação extraordinária, que o historiador das religiões estuda em colaboração com o erudito pré-histórico, o arqueólogo, o historiador da arte, o filólogo, o orientalista, o historiador das civilizações. Esta abordagem histórica e crítica oferece a configuração das morfologias do sagrado, situando-as historicamente.

Essa abordagem histórica é acompanhada ou seguida pela abordagem fenomenológica. Trata-se de situar adequadamente a morfologia religiosa dos documentos e, portanto, de estabelecer a escala religiosa do fenômeno. Essa abordagem define o tipo de documentação e define os contornos das diversas hierofanias. Como vimos, não se trata apenas de estabelecer uma tipologia de fenômenos;

---

406. Ibid., p. 171.

mas, além dessa tipologia, considerar o fenômeno em sua totalidade, i.e., no contexto vivenciado. É o sagrado-vivido, que definimos como documento graças ao testemunho do *homo religiosus*: testemunho oral ou comportamento. Em outras palavras, chegamos a compreender a escala religiosa do fenômeno graças ao que este nos diz sobre o homem religioso; que nos oferece seu testemunho sobre a própria experiência, sobre o sagrado-vivido.

Aqui surge a questão da problemática dessa abordagem e do seu condicionamento. Como chegamos a descobrir o comportamento, a decifrar atitudes, a ver que essas são atitudes do homem religioso?

b) Elementos do método de abordagem

• *Uso da filosofia*. É o comportamento do *homo religiosus* que atua como ponto de referência e lugar de cristalização do fenômeno religioso. O historiador das religiões observa que o homem, por seu comportamento, afirma sua crença na transcendência. Esse comportamento nos mostra, nesse homem, a sua distinção entre o sagrado e o profano. Para descobrir tal distinção, feita pelo *homo religiosus*, o historiador das religiões compara necessariamente diferentes atitudes. Essa pesquisa comparativa pressupõe necessariamente questões sobre o seu lugar no mundo e juízos de valor. O historiador das religiões, pelo menos implicitamente, usa a filosofia. Söderblom, Heiler e Otto fizeram abordagens semelhantes. A mais explícita é de Rudolf Otto, que utilizou o neokantismo de Fries e a filosofia religiosa de Schleiermacher para analisar a apreensão do sagrado pelo homem.

• *O papel da psicologia*. Eliade insistiu na contribuição de Jung para a descoberta do comportamento do homem religioso. A exploração do pensamento e da consciência do homem religioso levou Eliade a se interessar pelos povos sem escrita. O encontro de Eliade com Jung lhe permitiu comparar as recíprocas descobertas do arquétipo e do simbolismo religioso. As pesquisas sobre o arquétipo mostram que o homem tende periodicamente a um retorno à primordialidade. Isso nos permite entender a continuidade das formas divinas. A partir do arquétipo descobre-se o transcendente na consciência humana. A busca por Eliade e Jung vai além da busca de Otto pela apreensão do numinoso. A pesquisa de Jung sobre o símbolo dá a Eliade uma certeza: imagens e símbolos comunicam sua mensagem mesmo que o indivíduo não esteja consciente disso. Aqui, abre-se uma nova senda para o estudo do mito, do rito e do símbolo. Na massa do inconsciente encontrado no homem, o historiador das religiões deve isolar o que é transconsciente. Aqui, o símbolo assume um papel capital: é um ser, uma forma divina, um objeto, um mito, um rito que, no contexto de uma hierofania, revela ao homem religioso a consciência e o conhecimento de novas dimensões. A função simbólica é importante. Lévy-Bruhl viu nela uma função de participação. Graças às descobertas psicológicas, Eliade vai muito além: para ele, o símbolo é capaz de revelar novas perspectivas, modalidades de realidade que não são evidentes em si mesmas. O pensamento simbólico precede a linguagem e pertence à substância da vida religiosa. O estudo do simbolismo operado pela psicologia do profundo traz assim uma contribuição fundamental para a compreensão do comportamento do homem religioso. Com sua pesquisa analítica, Jung contribuiu amplamente para a elaboração de uma verdadeira antropologia do *homo religiosus*.

- *A vez da sociologia*. Não se pode reduzir a análise do comportamento do homem religioso ao comportamento individual. O homem religioso vive num grupo humano que deve ser levado em conta, pois ele vive em contato com seus semelhantes. Em seu comportamento existem influências provenientes de laços sociais. Afinal, a sociedade pode desempenhar o seu papel na consciência do sagrado: as mudanças sociais, as atitudes coletivas. Consequentemente, a sociologia terá algo a dizer na análise do comportamento do homem religioso.

c) A abordagem do comportamento do homem religioso

Em sua abordagem à descoberta do homem religioso, o historiador das religiões usa a filosofia, a sociologia e a psicologia. No entanto, é o próprio historiador das religiões o mais qualificado para compreender o comportamento do homem religioso. Graças ao seu conhecimento da morfologia do sagrado, graças ao seu estudo das hierofanias, ele está equipado para discernir o fenômeno religioso vivido pelo homem religioso. Com base em seus próprios dados, iluminados pela contribuição da filosofia, psicologia e sociologia, decifra o comportamento do *homo religiosus*.

"A ciência das religiões deve se tornar uma disciplina total, no sentido de que deve usar, integrar e articular os resultados obtidos através dos vários métodos de abordagem de um fenômeno religioso. Não basta apreender o significado de um fenômeno religioso de uma determinada cultura e, consequentemente, decifrar sua 'mensagem' (já que todo fenômeno religioso constitui uma 'cifra'); também é necessário estudar e compreender sua 'história', i.e., desvendar a série de suas mudanças e modificações e, finalmente, explicar sua contribuição para toda a cultura"[407].

Bibliografia (acrescentada pelo autor em 2008)

BLEEKER, J. *The Rainbow* – A Collection of Studies in the Science of Religion. Leiden: Brill, 1975.

_____ . *The Sacred Bridge* – Researches into the Nature and Structure of Religion. Leiden: Brill, 1963.

DELUMEAU, J. (org.). *Le fait religieux*. Paris: Fayard, 1973.

MESLIN, M. "L'histoire des religions". In: PUECH, C.H. *Histoire des religions*. Vol. 3. Paris: Gallimard, 1976, p. 1.277-1.327.

PETTAZZONI, R. (org.). "Il metodo comparativo". In: *Religione e società*. Bolonha, 1966.

---

[407]. ELIADE, M. *La nostalgie des origines*. Op. cit., p. 30-31.

Parte IV
As perspectivas de uma antropologia religiosa

1

Emergência da antropologia religiosa[*]

As ciências exatas, a biologia e as ciências médicas estão experimentando um desenvolvimento extraordinário. Por outro lado, parece que as ciências humanas permanecem tímidas, hesitantes e até incertas. No entanto, incomodam-nos essas ciências humanas que se debatem num beco sem saída, uma vez que os excessos do reducionismo condenaram "as ciências do homem a perder o homem ao longo do caminho"[408]. Uma situação assim exige urgentemente uma coisa: refazer uma grade de leitura dos fenômenos humanos. Em outras palavras, a antropologia é chamada a ocupar um lugar específico na ciência de nossa época.

Seria necessário, inicialmente, esclarecer as terminologias das ciências humanas. Em 1787 o suíço Chavannes introduziu o termo "etnologia" que, no início do século XIX, era considerado sinônimo da ciência da classificação das raças. Durante as primeiras décadas do século XX, a etnologia foi entendida como o complexo das ciências sociais que tinham como objeto as chamadas sociedades "primitivas" e o homem fóssil. Atualmente há uma tendência a restringir a etnologia a estudos sintéticos e teóricos realizados com base em observações feitas *in loco* pelas várias disciplinas da etnociência, en-

---

[*] In: RIES, J. (dir.). *Trattato di antropologia del sacro*. Vol. 1: Le origini e il problema dell'homo religiosus. Milão: Jaca Book/Massimo, 1989, p. 23-29.
408. DURAND, G. *L'imagination symbolique*. Paris: PUF, 1964 [4. ed. 1984] [trad. it.: *L'immaginazione simbolica*. Roma: Il pensiero scientifico, 1977]. • DURAND, G. *Science de l'homme et tradition*. Paris: Berg, 1979, p. 11ss.

tre as quais citamos a etnodemografia, a etnoeconomia, a etnolinguística, a etnossociologia[409].

Na Europa, o termo antropologia designou por um longo tempo a antropologia física, deixando, assim, todo o campo social e cultural do homem para a etnologia. Atualmente, graças ao desenvolvimento da biologia e da genética, a antropologia física está em uma fase de expansão até agora desconhecida. O termo antropologia passou a se encaixar no vasto campo do que era etnologia. Em primeiro lugar, estudou-se os fenômenos da vida humana na sociedade e os fenômenos da cultura e da civilização. Essa disciplina foi chamada de "antropologia social e cultural" e procura o estudo sistemático do comportamento social do homem, tal como se manifesta na sociedade e na cultura. Seguiram-se as várias correntes, tanto em países anglo-saxões como na França: antropologia social da escola de Durkheim, escola funcionalista, antropologia marxista, antropologia estrutural de Lévi-Strauss. Hoje também se fala de antropologia econômica, de antropologia histórica: rótulo de sucesso, que, no entanto, esconde uma grande imprecisão, pois se trata da alimentação, da família, da sexualidade, da infância e da morte. Finalmente, chegamos à última disciplina do grupo, a antropologia religiosa[410].

1.1 Antropologia religiosa

1.1.1 Antropologia e religião

A antropologia religiosa deve ser distinguida da etnologia, da história e da sociologia das religiões. De fato, ela estuda o *homo religiosus* enquanto criador e fruidor do conjunto simbólico do sagrado e enquanto portador de crenças religiosas que guiam sua vida e seu comportamento. Não está longe da etologia, ou ciência do comportamento, que deu os primeiros passos há algumas décadas[411].

Toda religião tem seu próprio posicionamento em relação ao homem, à condição humana, à inserção do homem no mundo e na sociedade. Basta percor-

---

409. Cf. PANOFF, M. & PERRIN, M. *Dictionnaire de l'ethnologie*. Paris: Payot, 1973. • "Ethnologie". In: *Encyclopaedia Universalis*. Vol. 7. Paris, 1985, p. 448-484.
410. BASTIDE, R. "Anthropologie religieuse". In: *Encyclopaedia Universalis*. Vol. 2. Paris, 1985, p. 271-275. Cf. tb., na mesma obra, os artigos "Anthropologie" (Vol. 2, p. 239-271) e, de G. Thinés, "Etimologie" (vol. 7, p. 484-488).
411. THINÉS, G. "Etimologie". Op. cit., ibid.

rer os *Vedas*, os *Upaniṣads*, os textos budistas, os textos sumério-babilônicos, os documentos egípcios da era faraônica ou pensamento religioso greco-romano, para perceber nuanças muito diferentes da antropologia religiosa. Há uma antropologia cristã, enraizada na tradição bíblica, mas caracterizada por uma marca profunda, a de Jesus Cristo, o Deus-Homem, que lança uma nova luz sobre o homem, sobre o mistério do homem, sobre a condição humana. Já descrita no Novo Testamento, e mais particularmente por São Paulo, essa antropologia cristã foi elaborada pelos Padres da Igreja, entusiastas da perspectiva de um novo homem, o cristão. Essa visão foi adaptada à cultura e à ciência hodiernas com a promulgação da Constituição *Gaudium et Spes* do Vaticano II, de 7 de dezembro de 1965. O documento diz: "Trata-se, com efeito, de salvar a pessoa do homem e de restaurar a sociedade humana. Por isso, o homem será o fulcro de toda a nossa exposição: o homem na sua unidade e integridade: corpo e alma, coração e consciência, inteligência e vontade" (GS 3,1).

1.1.2 Nascimento de um novo espírito antropológico

Paralelamente à antropologia religiosa, com suas diversas facetas destacadas pelas doutrinas filosóficas e religiosas das religiões humanas e enraizadas nas culturas originadas dessas religiões, desenvolve-se hoje uma nova antropologia religiosa, centrada no *homo religiosus* e em seu comportamento na sua experiência do sagrado. Essa nova antropologia se interessava pelo homem, que se tornou, enquanto tal, o *homo religiosus*, no decorrer de seu emergir histórico, necessariamente caracterizado pela cultura e pelas culturas. Trata-se de uma pesquisa que se apresenta imediatamente como interdisciplinar na medida em que o homem não pode ser isolado de seu meio cultural, nem pode ser entendido, se não se seguem as várias fases de seu aparecimento biológico e histórico. R. Bastide apontou que a antropologia religiosa envolve uma dinâmica que se evidencia por meio da pesquisa comparada[412].

Uma primeira tentativa de antropologia religiosa feita por Émile Durkheim e seus alunos acabou num beco sem saída. Partia do postulado do totemismo como uma forma elementar de vida religiosa; no sagrado, ele via exclusivamente a marca do social e pretendia encontrar no social arcaico, i.e., nas sociedades ele-

---

412. Cf. BASTIDE, R. "Anthropologie religieuse". Op. cit., p. 271-275.

mentares das tradições orais, a origem e a natureza da religião[413]. No início do século XX, Nathan Söderblom e Rudolf Otto reagiram a essa antropologia religiosa horizontal, que reduziu o religioso ao social. O livro *Das Heilige*, de R. Otto, deve ser considerado o trabalho que fundou a antropologia religiosa moderna[414]. De fato, com o auxílio da história comparada das religiões, da filosofia e da psicologia religiosa, R. Otto realizou uma primeira tentativa de compreensão do homem religioso e de sua experiência do sagrado. Ele mostrou a experiência do sagrado como uma experiência humana do transcendente e do inefável.

Enquanto um novo espírito científico preparava o desenvolvimento da pesquisa interdisciplinar de nosso século, no rescaldo da Segunda Guerra Mundial, o homem se viu atordoado no caos de ideias devido ao colapso das ideologias. Foi o momento da gestação de um novo espírito antropológico, cujos mestres foram grandes estudiosos e homens de vasta cultura. Mencionamos apenas os principais: Mircea Eliade (1907-1986), historiador das religiões, indianista, filósofo, humanista e hermeneuta; Georges Dumézil (1898-1986), sociólogo, orientalista, indianista, mitógrafo e historiador do pensamento; Henry Corbin (1903-1978), islamista, iranólogo, fenomenólogo e explorador do imaginário; Carl G. Jung (1875-1961), psicólogo, explorador do inconsciente coletivo e da alma. Neste tratado, G. Durand dedica-lhes páginas muito densas. A sutileza e a agudeza do pensamento desses autores, a especificidade e a variedade do campo de pesquisa, o valor científico de suas análises, chegaram a uma notável convergência no campo da antropologia religiosa, preparando uma rica "colheita do equinócio" e despertando uma nova geração de pesquisadores que trabalham atualmente.

1.2 A antropologia religiosa e o sagrado

1.2.1 Homo religiosus *e o sagrado*

Aos 18 de janeiro de 1949, o *Tratado da história das religiões* de Mircea Eliade apareceu nas vitrines dos livreiros parisienses: é o anúncio de uma verdadeira reviravolta na ciência das religiões. No prefácio, G. Dumézil escreveu que a his-

---

413. DURKHEIM, É. *Les formes élémentaires de la vie religieuse*. Paris: Felix Alcan, 1912 [trad. bras.: *As formas elementares da vida religiosa*. São Paulo: Martins Fontes, 1996].
414. OTTO, R. *Das Heilige un das Profane* – Vom Wesen des Religiösen. Hamburgo: Rowolt, 1957 [trad. it.: *Il sacro e il profano*. Turim: Boringhieri, 1990].

tória das religiões deve ser feita sob o signo do *logos*, não sob o signo do *mana*. Todo fenômeno religioso está ligado a uma experiência vivida. Segundo Eliade, o homem deve estar no centro das pesquisas. Portanto, o objetivo final do trabalho do historiador deve ser a exploração do pensamento, da consciência, do comportamento e da experiência do *homo religiosus*. Na realidade, trata-se de "identificar a presença do transcendente na experiência humana"[415].

Desde 1950, Eliade se interessava pelos povos sem escrita, testemunhas vivas das origens; e o encontro com Jung lhe mostrava uma série de interpretações comuns obtidas de diferentes maneiras. Retomando os resultados da pesquisa sobre o sagrado de Durkheim e Otto, ele demonstrou que todo comportamento religioso do homem é organizado em torno da manifestação do sagrado, que ocorre através de algo diferente do próprio sagrado. Diante da hierofania, ou irrupção do sagrado no mundo, o homem se torna consciente de uma realidade transcendente que dá ao mundo sua verdadeira e perfeita dimensão.

Para o homem das diversas religiões, o sagrado aparece como um poder de uma ordem diferente da natural. Eliade mexe nas profundezas da consciência e do comportamento do *homo religiosus* enquanto vive a experiência existencial do sagrado e conclui que o sagrado "não é um momento da história da consciência, mas um elemento da estrutura da consciência"[416].

1.2.2 O sagrado e o discurso do homo religiosus

As pesquisas feitas por Eliade, a teoria de que os teólogos da morte de Deus e da secularização pretendiam impor nas décadas dos anos de 1950-1970, a disputa sobre sagrado provocada por discussões e pela oposição nos levaram a uma extensa pesquisa sobre o discurso por meio do qual o homem expressou sua experiência religiosa, e isso nos levou a seguir o caminho do sagrado na história[417]. A nossa pesquisa, feita por cerca de vinte especialistas de religiões, mostra que o sagrado não é uma invenção dos historiadores das religiões, mas

---

415. ELIADE, M. *Fragments d'un journal*. Paris: Gallimard, 1973, p. 315 [trad. it.: *Giornale*. Turim: Boringhieri, 1976].
416. Ibid., p. 555.
417. Cf. RIES, J. *Il sacro nella storia religiosa dell'umanità*. Milão: Jaca Book, 1995, p. 37-47 [trad. bras.: *O sagrado na história religiosa da humanidade*. Petrópolis: Vozes, 2017].

que o *homo religiosus* criou a terminologia do sagrado para comunicar a manifestação para uma realidade diferente das realidades ambientais da vida[418]. E ele realmente se tornou consciente do sagrado a partir de sua própria manifestação. A análise da linguagem do *homo religiosus* mostra claramente que, na percepção de uma hierofania, o homem tem a sensação da presença de um poder invisível e eficiente, que se manifesta por meio de um objeto ou de um ser, de modo que este objeto ou este ser se encontram revestidos de uma nova dimensão, a sacralidade. Essa descoberta faz o homem assumir um modo específico de existência. Nossa pesquisa de semântica histórica produziu resultados surpreendentes, recebidos por especialistas como uma preciosa contribuição para a documentação sobre o sagrado.

1.2.3 Sagrado e comportamento do homo religiosus

A abundante documentação sobre a terminologia do sagrado e a notável convergência do discurso do *homo religiosus* nas diversas culturas e em todas as eras constitui um dossiê impressionante e irrefutável. No século XIX, Max Müller já dizia que a linguagem é a melhor testemunha do pensamento.

Paralelo ao discurso, há o comportamento. Então, a análise do sagrado no comportamento do *homo religiosus* revela-se extremamente interessante do ponto de vista antropológico. De fato, para comunicar sua experiência, a fim de manter a relação com o "numinoso", o homem religioso antigo deu origem a toda uma série de símbolos, recorrendo à luz, ao vento, à água, ao relâmpago, aos astros, à lua, ao sol: nas grandes religiões pagãs vemos a ligação entre o cosmos e o "numinoso". Para tornar eficaz o poder numinoso na vida, o *homo religiosus* antigo mobilizou um verdadeiro universo simbólico de mitos e ritos.

Nas religiões monoteístas vemos uma superação do sentido do sagrado próprio das grandes religiões antigas. Isso depende de um fato fundamental, ou seja, da existência, no judaísmo, no cristianismo, no islamismo, de um Deus único e pessoal, o autor de uma aliança e de uma revelação e que intervém diretamente na vida de seus fiéis e na história. A teofania substitui a hierofania.

---

418. RIES, J. (org.). *L'expression du sacré dans les grandes religions*. 3 vols. Louvain-la-Neuve: Centre d'Histoire des Religions, 1978-1986.

A experiência da experiência do sagrado, desde o Paleolítico até aos nossos dias, é um dado de grande importância para a antropologia. Com base nessa experiência, pode-se prosseguir com a elaboração de uma antropologia do *homo religiosus*. Este é precisamente o objetivo do nosso *Tratado*.

1.3 Por que um tratado sobre a antropologia do sagrado?

1.3.1 A experiência religiosa do homem

Michel Meslin publicou recentemente uma obra intitulada *A experiência humana do divino – Fundamentos de uma antropologia religiosa*[419]. Trata-se de uma análise antropológica do religioso, também baseada na perspectiva que subjaz à pesquisa de Eliade: "o sagrado não pode ser apreendido na própria existência do homem que o define e delimita". Meslin primeiro faz uma reflexão sobre as noções de religião, de sagrado, de puro e de impuro, de experiência religiosa. Em seguida, ele tenta destacar os quadros culturais, rituais e simbólicos ligados a essa experiência. Finalmente, define a relação entre o indivíduo e a divindade, vista no contexto da psicologia humana. Há alguns anos, Henry Clavier, de Estrasburgo, publicou as *Experiências do divino e as ideias de Deus*[420], uma síntese da ciência religiosa realizada em vista de uma teologia das religiões. Essas duas obras, complementares entre si, foram oportunas. Ambas confirmam a necessidade e a utilidade do nosso projeto "O homem e o sagrado".

Este tratado se coloca na esteira do *Trattato di storia delle religioni* ["Tratado sobre a história das religiões"] e nos três volumes da *Storia delle credenze e delle idee religiose* ["História das crenças e ideias religiosas"][421]. Em 1949, Eliade colocara a ênfase em dois dados essenciais para a história das religiões: de um lado, a unidade fundamental dos fenômenos religiosos e, de outro, sua inesgotável novidade manifestada no curso da história. Na *História das crenças*, ele retomou o estudo das várias hierofanias, situando-as em sua perspectiva histórica. Esta não

---

419. MESLIN, M. *L'experience humaine du divin – Fondements d'une anthropologie religieuse*. Paris: Cerf, 1988 [trad. it.: *L'esperienza umana del divino*. Roma: Borla, 1991].

420. CLAVIER, H. *Les expériences du divin et les idées de Dieu*. Paris: Fischbacher, 1982.

421. ELIADE, M. *Traité d'histoire des religions*. Paris: Payot, 1948 [6. ed.: 1974] [trad. it.: *Trattato di storia delle religioni*. Turim: Bollati Boringhieri, 1999]. • ELIADE, M. *Histoire des croyances et des idées religieuses*. 3 vols. Paris: Payot, 1976-1983 [trad. it.: *Storia delle credenze e delle idee religiose*. 3 vols. Florença: Sansoni, 1980-1983; Milão: Rizzoli, 2006].

é uma história de religiões no sentido clássico. A originalidade do trabalho está em sua perspectiva. Eliade apresenta constantemente a unidade profunda e indivisível do espírito humano. Através de situações existenciais, diferentes de acordo com as culturas, ele se esforça para compreender essa unidade espiritual que lhe permite acessar a compreensão do *homo religiosus*. Um estudo comparativo constante destaca o significado das hierofanias, seu valor simbólico, bem como a mensagem do homem religioso.

1.3.2 Sagrado, cultura e humanismo

Nossa trilogia *L'espressione del sacro nelle grandi religioni* ["A expressão do sagrado nas grandes religiões"] interrogou o *homo religiosus* que, por mais de cinco milênios, fixou em pedra, argila, papiro, madeira, pergaminho, a memória de suas crenças e sua experiência religiosa. A criação do vocabulário do sagrado pelo *homo religiosus* sempre será um grande evento histórico. Para conhecer o seu pensamento, submetemos o homem religioso das grandes civilizações dotadas da escrita a um interrogatório preciso e sistemático.

Após essa pesquisa filológica, semântica e histórica, devemos passar a uma segunda investigação sobre o comportamento do *homo religiosus* nas diferentes fases de sua experiência religiosa. Aqui o homem está empenhado em sua inteireza: com a vontade, com a inteligência e com a imaginação em busca do absoluto, com todas as ferramentas do *homo faber* e do *homo symbolicus*. Eliade atribuiu à história das religiões a tarefa de estudar o homem em sua totalidade.

O sagrado é percebido e ao mesmo tempo vivido como mediação significativa da relação do homem com o transcendente, com o divino, com Deus. Essa relação é vivida no quadro de uma cultura, fruto do pensamento e do esforço do homem. Eliade sempre insistiu na origem religiosa das culturas e sempre salientou que essa matriz original também distingue as culturas secularizadas. No atual encontro de religiões e culturas, ele viu a origem de um novo humanismo. Em toda cultura existe um capital simbólico, heranças que são um patrimônio, funções relacionais e comunitárias. O desenvolvimento histórico das culturas está ligado à atividade do *homo symbolicus* e *religiosus*. Assim, sagrado, cultura e humanismo regem-se mutuamente. Além disso, o encontro de culturas é uma das dominantes da nossa época.

Desde suas origens e ao longo dos milênios, o *homo religiosus* foi o criador da cultura. Refinando e desenvolvendo as diferentes capacidades do seu espírito e das suas mãos, prolongadas com instrumentos, esforçou-se por subjugar o cosmos e humanizá-lo. Sua experiência religiosa sempre esteve intimamente ligada à experiência cultural. O nosso *Tratado* terá de especificar essas relações no espaço e no tempo. É um aspecto hermenêutico importante da busca de um grupo de especialistas de religiões e culturas que concordaram em realizar este estudo sobre *L'uomo e il sacro* ["o homem e o sagrado"].

2

O homem religioso e o sagrado à luz do novo espírito antropológico*

As descobertas feitas na África há duas décadas tornaram extraordinários os horizontes da paleoantropologia[422]. A aceleração súbita e inesperada que beneficiou nosso conhecimento do passado remoto da humanidade nos revela uma nova visão do surgimento do homem, de sua evolução, de sua especificidade e de sua história. Também lança nova luz sobre os vários ramos da antropologia e, mais particularmente, sobre a antropologia religiosa. Na esteira dessas descobertas, o historiador das religiões encontra novos sinais para sua jornada no terreno tão obscuro da pré-história e encontra pontos de referência que permitem fixar hipóteses de trabalho sustentadas pela convergência de resultados obtidos graças a uma pesquisa interdisciplinar. O estudo do *homo religiosus* e sua experiência religiosa terá progressos consideráveis e a antropologia religiosa chegará à velocidade de cruzeiro.

2.1 Da sociologia do sagrado à antropologia religiosa

2.1.1 Émile Durkheim: sagrado e sociedade

Émile Durkheim (1858-1917) parte do religioso considerado uma manifestação natural da atividade humana. É a descoberta de um positivista. Dos

---

* In: RIES, J. (org.). *Trattato di antropologia del sacro*. Vol. 1: Le origini e il problema dell'homo religiosus. Milão: Jaca Book/Massimo, 1989, p. 35-58.
422. COPPENS, Y. *Le grandi tappe della preistoria e della paleoantropologia*. Milão: Jaca Book, 1986. • COPPENS, Y. *Le singe, l'afrique et l'homme*. Paris: Fayard, 1983 [trad. it.: *La scimmia, l'Africa, l'uomo*. 2. ed. Milão: Jaca Book, 1996].

fatos observados, Durkheim exclui três noções: o sobrenatural, o mistério e a divindade. Preserva dois elementos, i.e., um sistema complexo de mitos, crenças e rituais, e o aspecto comunitário, a sociedade. Impressionado com as descobertas de Darwin (1809-1882) sobre a origem e a evolução das espécies, segue o esquema da paleontologia e, em seguida, se coloca em busca da origem da religião, ou seja, da religião elementar das origens[423]. Seus estudos em segunda mão sobre as religiões australianas o levaram ao totemismo, para ele a primeira forma religiosa, estruturada a partir de uma força anônima impessoal, chamada *mana*, e presente em cada um dos seres do clã arcaico, mas que não se confunde com esse clã. O *mana* teria representado a matéria-prima da religião elementar e, portanto, no curso da evolução, subjazeria a todas as religiões históricas. Os espíritos, os demônios, os genes e os deuses seriam formas concretas assumidas pelo *mana* ao longo dos milênios.

Durkheim procura, como sociólogo, uma explicação do fenômeno religioso. De acordo com sua perspectiva, ocorre na consciência coletiva, que transcende as consciências individuais, um exercício de divinização da sociedade. Sagrado por excelência, o *mana* totêmico é uma força coletiva anônima e religiosa do clã, uma força imanente e transcendente, um deus impessoal, um produto da sociedade. Fenômeno religioso positivo e social, o sagrado está no coração da religião, cuja finalidade é a sua administração e gestão. O sagrado é uma categoria sociológica e coletiva, o reservatório dos sentimentos do grupo, o elemento da coesão social. Os discípulos de Durkheim, de Marcel Mauss (1872-1950) a Roger Caillois (1913-1978), tentarão esclarecer, desenvolver e aplicar essa teoria do sagrado[424]. Para eles, é a sociedade que desperta no homem a sensação do divino. A sociedade é para os seus membros o que é um deus para seus fiéis. A ação coletiva do clã explica a criação do culto, dos ritos, das práticas, i.e., do sagrado no comportamento do homem.

---

423. DURKHEIM, É. *Les formes élémentaires de la vie religieuse*. Paris: Felix Alcan, 1912 [trad. it.: *Le forme elementari della vita religiosa*. 3. ed. Milão: Comunità, 1982] [trad. bras.: *As formas elementares da vida religiosa*. São Paulo: Martins Fontes, 1996].
424. RIES, J. *Il sacro nella storia religiosa dell'umanità*. 3. ed. Milão: Jaca Book, 1995, p. 14-33 [trad. bras.: *O sagrado na história religiosa da humanidade*. Petrópolis: Vozes, 2017].

2.1.2 Rudolf Otto: a experiência do sagrado

a) Os fundamentos do conhecimento

Um longo caminho leva Rudolf Otto (1860-1937), de uma tentativa de conciliar ciência e religião, à luz de Albrecht Ritschl (1822-1889), até a reflexão do neokantismo sobre o fundamento racional das instituições. Editor dos *Discursos sobre a religião* de Friedrich Schleiermacher (1768-1834), Otto aprofundara algumas ideias essenciais do mestre: a intuição do universo como o centro da experiência religiosa, a percepção do eterno no finito, a ideia de Deus como expressão do sentimento de dependência e, portanto, como uma relação viva entre o homem e Deus. Para Schleiermacher, cujo grande plano era conciliar religião e cultura, a religião é a intuição do universo. O fundamento da religião é uma faculdade especial do espírito que leva o homem a curvar-se diante da sabedoria eterna. Schleiermacher e Ritschl forneceram a Otto um sistema que lhe permitiu construir uma teoria do conhecimento. Encontramos três princípios: a teoria das ideias necessárias, o fundamento racional do conhecimento (Deus, alma, liberdade), a preservação da integridade do mistério, a necessidade do símbolo para um contato com o divino[425].

Nessa análise psicológica, Otto envolve a indução histórica, através da qual ele integra a vida religiosa da humanidade, os poetas, os heróis e os profetas. Ele chega a descobrir o patrimônio religioso histórico: as grandes etapas religiosas, a mística da Índia, os valores das convergências religiosas entre Israel, a China e a Grécia. Para ele, a afinidade das formas e a convergência dos tipos sem filiação entre as religiões constituem uma prova da unidade das atitudes íntimas da alma humana. Otto tem consciência de ter descoberto um elemento essencial e estrutural da alma. De posse desse dado antropológico, aborda o sagrado.

b) Os três aspectos do sagrado

A escola sociológica – Émile Durkheim e seus discípulos na França, W. Wundt na Alemanha – viu no sagrado uma força impessoal vinda da consciência coletiva. Nathan Söderblom (1866-1931) já reagira contra essa redução do religioso ao social e insistira na presença do Deus vivo na história da humanidade. Rudolf Otto

---

[425]. Cf. RIES, J. *Il sacro nella storia religiosa dell'umanità*. Op. cit., p. 37-51.

abordará o problema do sagrado com a ajuda de um instrumento longamente preparado, em que a intuição como conhecimento religioso, a fé como experiência de mistério e o patrimônio religioso como reunião histórica constituem elementos novos para a análise; análise que é realizada a partir do homem religioso, pois o sagrado é explicado apenas pela experiência vivida pelo homem. O método é novo e terminará com a publicação do livro *Das Heilige*, a primeira tentativa de uma antropologia religiosa[426].

Segundo R. Otto, o religioso descobre um elemento especial que foge totalmente à razão e ao conceito e é apresentado como inefável. Nas línguas semíticas, esse elemento é o *qadoš*; em grego, *hagios*; em latim, *sacer*. Nas religiões, apresenta-se como um princípio vivo e constitutivo. Otto chama esse elemento *das Numinöse*, "o Divino". Todo ser e todo sujeito informado ao numinoso não pode ser avaliado senão através dessa categoria especial, o numinoso. Como o homem religioso descobre esse elemento, o *qadoš*, o *sacer*? Para Otto, a única via de acesso é simbólica e mística. Além disso, envolve quatro etapas. A primeira é, no homem, o sentimento de criaturalidade, reação provocada na consciência humana pela presença do objeto numinoso. A segunda fase, que os gregos descreveram com o termo *sebastos*, é a de um místico na presença do terror da majestade do numinoso, inacessível ao ponto de provocar uma reação, tal como a do *trishagion* de Isaías. O homem está diante de um *mysterium*, um transcendente de uma qualidade que faz os místicos proclamarem sua própria nulidade. A esse terceiro estágio segue o *fascinans*, a adoração, a bem-aventurança, a experiência da graça, o nirvāna, o êxtase, a visão beatífica. Eis o primeiro aspecto do sagrado experimentado pelos fiéis das várias religiões e que faz do sagrado uma realidade inefável, única e numinosa. É a experiência do divino. O historiador das religiões o descobre seguindo os traços do discurso com o qual o fiel se dá conta disso.

A essa experiência marcada por quatro estágios está ligada uma segunda descoberta: o valor do numinoso. O homem religioso capta esse valor e, diante disso, apresenta seus atos, seu ser, sua situação como criatura. Para expressar o não valor do que não é o numinoso, o latim fala de *sanctum*, que designa o valor do

---

426. OTTO, R. *Das Heilige un das Profane* – Vom Wesen des Religiösen. Hamburgo: Eowolt, 1957 [trad. it.: *Il sacro e il profano*. Turim: Boringhieri, 1984]. Cf. RIES, J. *Il sacro nella storia religiosa dell'umanità*. Op. cit., p. 33-47. Alguns autores pretenderam que o criador da antropologia religiosa fosse Schleiermacher.

numinoso. Assim, o *sanctum* é o sagrado porque se opõe ao profano. A descoberta desse valor numinoso está na origem do sentido do pecado, da noção de expiação, de um conjunto de dados e atitudes do homem religioso. O *sanctum* é o segundo aspecto do sagrado considerado como um valor para o homem.

Essa dupla descoberta feita pelo homem das diferentes religiões precisa de uma explicação. De onde vem a possibilidade dessa descoberta? Otto se volta para um conjunto de dados antropológicos da teoria do conhecimento de Kant, explicitado por Schleiermacher e Fries: um lugar e uma forma na geografia do espírito humano, que é uma faculdade especial que permite que o espírito apreenda o numinoso. Para Otto, é um terceiro aspecto do sagrado, o sagrado como uma categoria *a priori*, fonte da qual nasce o numinoso. Essa fonte permite um florescimento imediato para os profetas, um florescimento mediado pelos fiéis. Segundo Otto, o religioso não consegue se explicar se não aceita a teoria da existência *a priori* do sagrado, o órgão psicológico do homem. É também a única explicação para a origem da religião e das religiões, porque as religiões são a leitura dos sinais do sagrado. Otto substitui o postulado durkheimiano da consciência coletiva pelo postulado de uma revelação interior e da leitura dos signos do sagrado.

c) O sagrado e a experiência religiosa

A antropologia religiosa estabelecida por R. Otto busca a explicação do sagrado como elemento fundante e dinâmico da experiência religiosa do homem. Através do jogo complexo do racional e do não racional vê-se a formação e o desenvolvimento do pensamento religioso do homem e da humanidade. Com a leitura dos sinais do sagrado, o religioso percebe e descobre o numinoso que se manifesta em fatos, pessoas, acontecimentos. Há, portanto, uma dupla revelação do sagrado: primeiro a revelação interior, depois a revelação do sagrado na história, graças aos sinais que põem em movimento o sentimento do sagrado, despertam-no no homem e o fazem explodir. A religião pessoal é baseada na revelação interior; as religiões da humanidade são formadas graças à leitura humana dos sinais históricos do sagrado. Sagrado, leitura dos sinais da linguagem sagrada e linguagem simbólica são os dados fundamentais do homem religioso. À faculdade de ler os sinais, Otto dá o nome de divinização, um termo emprestado de Schleiermacher e da escola kantiana, mas revestido pela pesquisa de Otto sobre misticismo, oriental e ocidental.

A divinização é um poder de contemplação, graças ao qual o homem religioso adquire uma visão intuitiva do mundo e a faculdade de descobrir o sagrado sob os signos que o manifestam. Aqui está um novo dado antropológico que completa a teoria do sagrado *a priori* e lhe dá uma orientação criativa a serviço da humanidade. Em lugar da consciência coletiva postulada por Durkheim, Otto coloca o gênio criativo dos grandes fundadores religiosos que, com sua faculdade divinizatória, conseguiram decifrar os sinais do sagrado. Eles são os leitores diretos do sagrado, os profetas aos quais o Filho, Jesus Cristo, sucederá na busca de Deus e do sagrado.

Escrevendo essa obra depois de uma longa estada na Índia (1911-1912), R. Otto perseguiu vários objetivos: fazer um contraponto à escola sociológica de É. Durkheim e W. Wundt, mostrando no sagrado uma realidade religiosa e mística, específica do homem religioso; deter a corrente de dessacralização iniciada com Feuerbach (1804-1872) e K. Marx (1818-1883); apresentar um método e um programa para jovens historiadores das religiões. Após setenta anos, *Das Heilige* continua a ser reimpresso e traduzido. Deve-se considerar que esse livro não apenas fundou a antropologia religiosa, mas também marcou um ponto de virada decisivo no estudo do sagrado. Pela primeira vez o perfil do *homo religiosus* se delineava no horizonte. O mestre de Marburgo empregou as duas últimas décadas de sua vida para desenvolver, refinar, ampliar os dados de sua antropologia religiosa e suas pesquisas na história das religiões.

Sem dúvida, os limites desta pesquisa devem, primeiramente, ser esclarecidos. Otto enfatizou o pietismo luterano, as doutrinas da experiência religiosa de Schleiermacher como um campo da alma orientada para o Eterno e uma percepção do Infinito divino, o neokantismo de Fries nas ideias *a priori*, uma fonte de conhecimento para o homem. Essa doutrina específica da escola do neokantismo serviu para elaborar a teoria de Otto sobre o sagrado, considerada como uma categoria *a priori*. Essa posição de Otto é um postulado que ele opõe ao postulado durkheimiano da consciência coletiva como fonte e origem do sagrado e da experiência religiosa. Nesse campo, é mister uma posição crítica, porque permanecemos dentro da estrutura de um postulado dominado pela filosofia do idealismo transcendental que distingue dois mundos, o dos fenômenos e o das ideias.

Um segundo aspecto da pesquisa de Otto gira em torno da experiência do homem religioso em seu encontro com o divino. Aqui entramos no campo do conhecimento do mistério. A religião torna-se a experiência íntima do mistério absoluto: a alma religiosa compreende o eterno, o infinito, o divino. Ao compreendê-los, ela chega a um conhecimento, se não a uma forma superior de conhecimento, e é confrontado com o mistério que ele apresentou pela intuição (*Ahnung*). Aqui estamos no limiar da experiência do divino que encontra, na relação mística do homem com o divino, na intuição do divino, a sua forma mais plena. R. Otto realizou um trabalho de grande importância na preparação do terreno para a ciência antropológica, trabalho que foi então amplamente desenvolvido com a recente pesquisa de M. Meslin sobre "a experiência humana do divino, os fundamentos de uma antropologia religiosa"[427]. O mestre de Marburgo foi um precursor da antropologia religiosa. Como M. Eliade apontou, deparamo-nos com algo novo e original, numa perspectiva em que Otto conseguiu ampliar o conteúdo e as características específicas da experiência religiosa[428].

Um terceiro aspecto da obra de Otto diz respeito ao sagrado como numinoso e o sagrado como valor, ou seja, as duas primeiras faces do sagrado: de um lado o *mysterium tremendum et fascinans*, de outro o valor dessa descoberta para o homem. Também esse aspecto representa um passo decisivo no estudo do sagrado. Otto mostrou que o sagrado sempre se manifesta como um poder de ordem bem diferente da ordem natural. A contribuição é decisiva. Seu autor o completou com um dado antropológico capital, o do símbolo como uma linguagem normal no aprendizado do sagrado, na experiência religiosa.

2.2 O novo espírito antropológico

No rescaldo da Segunda Guerra Mundial, começou, na América e na Europa, uma discussão de teólogos protestantes e católicos sobre o sagrado e a secularização. A discussão foi inspirada por D. Bonhoeffer, que acreditava que a humanidade estava se movendo em direção a uma era não religiosa. Ganhava força

---

427. MESLIN, M. *L'expérience humaine du divin* – Fondements d'une anthropologie religieuse. Paris: du Cerf, 1988 [trad. it.: *L'esperienza umana del divino* – Fondamenti di un'antropologia religiosa. Roma: Borla, 1991].

428. ELIADE, M. *Mythes, rêves et mystères*. Paris: Gallimard, 1957, p. 165-167 [trad. it.: *Miti, sogni e misteri*. 3. ed. Milão: Rusconi, 1990].

uma tese: "Religião e *homo religiosus* correspondem a uma era de humanidade que acabou: à época sacral sucede a época tecnológica". Teólogos da secularização convergem afinal com os teólogos da morte de Deus.

Feuerbach (1804-1872) esvaziara os céus e substituíra o Reino de Deus pelo reino dos homens. Depois dele, Nietzsche (1844-1900) tentou substituir o homem pelo além-do-homem. Ora, a dessacralização é afirmada como especificidade do mundo moderno. A dupla corrente da teologia da morte de Deus e da secularização resultou na disputa pelo sagrado que afetou o Ocidente por duas décadas[429]. Ao mesmo tempo, a história comparada das religiões avançava a passos largos e preparava uma autêntica renovação de métodos e pesquisas.

2.2.1 O homem indo-europeu e o sagrado – A obra de Georges Dumézil (1898-1986)

Raffaele Pettazzoni (1883-1959) interessou-se notavelmente pela discussão sobre a origem da ideia de Deus no pensamento humano. Na discussão com Wilhelm Schmidt (1868-1954) ele, partindo de uma reflexão sobre os fenômenos celestes, elaborou uma teoria sobre a personificação da abóbada celeste[430]. Sob o firmamento, o homem parece ter experimentado a impressão de uma teofania, plenitude cósmica e presença ao homem.

Enquanto isso, Georges Dumézil tinha tomado o estudo do dossiê indo-europeu formado no século anterior por Max Müller (1823-1900), fundador do comparativismo nas religiões. Mitógrafo, historiador, indianista e filólogo, M. Müller mostrara que a linguagem é uma testemunha irrefutável do pensamento. Na linha dos mestres parisienses da filologia e da sociologia, Dumézil dá início ao exame das estruturas sociais e vocabulário em diferentes sociedades indo-europeias[431]. Joseph Vendryes havia destacado a correspondência entre algumas palavras indo-iranianas e outras ítalo-célticas. São palavras que designam a adoração, o sacrifício, a pureza ritual, a precisão do rito, a oferta aos deuses e a aceitação destas pelos

---

429. BISHOP, J. *Les théologiens de la mort de Dieu*. Paris: du Cerf, 1967.
430. PETTAZZONI, R. *Dio – L'essere celeste nelle credenze dei popoli primitivi*. Roma: Athenaeum, 1922.
431. Sobre Dumézil, cf. RIVIÈRE, J.C. (org.). *Georges Dumézil à la découverte des Indo-Européens*. Paris: Copernic, 1979 [trad. it.: A. Campi: *Georges Dumézil e gli studi indoeuropei* – Una introduzione. Roma: Settimo Sigillo, 1993]. • *Georges Dumézil – Cahiers pour un temps*. Paris: Pandora, 1981.

deuses, a proteção divina, a prosperidade, a santidade. Estamos diante de uma comunhão de termos religiosos em um vocabulário do sagrado que se manteve entre os povos arianos, futuros iranianos, indianos, itálicos, celtas, ou seja, as duas pontas do mundo indo-europeu[432].

Isso estimula a reflexão de Dumézil. Esses povos foram, de fato, os únicos a ter preservado colégios sacerdotais: brâmanes, sacerdotes avésticos, druidas, pontífices. Ora, falar em sacerdócio supõe um ritual, uma liturgia sacrificial, objetos sagrados, orações. Eis a descoberta de conceitos religiosos idênticos expressos através de uma linguagem comum. Dumézil intui a existência de um pensamento indo-europeu arcaico.

Após duas décadas de pesquisa, em 1938, Dumézil encontrou a chave para penetrar os mistérios do homem indo-europeu antigo, uma herança representada por uma ideologia funcional e hierárquica: soberania e sacralidade, força física, fecundidade-fertilidade sujeita às outras duas funções, mas indispensável para o desenvolvimento de ambas[433].

Progredindo em seus estudos, Dumézil desenvolveu um novo método comparativo. Para pesquisar o sistema e a estrutura do pensamento, ele comparou grupos de conceitos e de deuses para encontrar um sistema religioso coerente. Para este fim ele usou todo o material disponível: os conceitos, os mitos, os ritos, a organização social, a distribuição do trabalho, o corpo sacerdotal, a administração do sagrado. Tendo baseado a comparação sobre esse conjunto de elementos, ele procurou estabelecer uma arqueologia do comportamento do *homo religiosus* indo-europeu. Assim, atinge um padrão e um esquema projetados na pré-história para conseguir ver a curva da evolução religiosa e também para redescobrir o tipo religioso arcaico com suas articulações essenciais. Dumézil deu um nome ao seu método: "comparação genética". Usando todos os elementos disponíveis, essa comparação permite determinar o sistema de pensamento, os equilíbrios, o pensamento e o comportamento do homem indo-europeu antigo. Nesse método há um elemento a sublinhar: a indução rumo às origens, para conseguir penetrar na penumbra dos *tempora ignota*.

---

432. VENDRYES, J. "Les correspondances de vocabulaire entre l'indo-iranien et l'italo-celtique". In: *Mémoires de la société linguistique de Paris*, 20, 1918, p. 265-285.

433. DUMÉZIL, G. *L'idéologie tripartie des Indo-Européens*. Bruxelas: Latomus, 1958 [trad. it.: *L'ideologia tripartita degli Indoeuropei*. 2. ed. Rimini: Il Cerchio, 2003].

Os resultados do método dumeziliano são realmente extraordinários, começando com a descoberta das três funções, ou seja, as três atividades fundamentais, asseguradas por três categorias de indivíduos em vista da subsistência da comunidade: sacerdotes, guerreiros, produtores. A primeira dessas funções é o sagrado: a relação dos homens entre si sob a proteção dos deuses, poder soberano exercido pelo rei e seus delegados com o favor dos deuses, ciência e inteligência inseparáveis da meditação e da manipulação das coisas sagradas. Esta ideologia tripartida corresponde à teologia das três funções articuladas em três níveis de deuses: soberania, força e fecundidade.

Nosso interesse se volta particularmente para o método de comparação genética, que permitiu a Dumézil dizer que a história das religiões não é feita sob o signo do *mana*, mas sob o signo do *logos*. Mobilizando arqueologia, sociologia, mitologia, filologia e teologia a fim de seguir as pegadas do homem indo-europeu até os mais remotos milênios da pré-história, o estudioso francês ofereceu um exemplo notável do novo espírito científico. Ao fazê-lo, traçou um caminho ao longo do qual podemos agora caminhar para encontrar o homem do Paleolítico. As noções de patrimônio e herança religiosa, cuja importância nas religiões comparadas foi demonstrada por Dumézil, abrem novas perspectivas para o estudo do *homo religiosus*. Toda a sua pesquisa demonstra que as religiões antigas não são um amontoado de mitos ou de ritos, mas sistemas coerentes que não podem ser explicados senão relacionados com a criatividade do espírito humano e do homem religioso, observador do universo, hermeneuta do cosmos e criador da cultura. Enfim, a insistência no comportamento, nos ritos, nos mitos e na dinâmica do simbolismo conduz o historiador das religiões ao *homo religiosus* e à sua experiência do sagrado. O método comparativo genético e integral de Dumézil serviu de modelo para a obra de seu amigo e colega M. Eliade, que se lançou no campo de hierofanias tão vasto e, com uma busca incessante, examinou o comportamento, o pensamento, a lógica simbólica e o universo mental do *homo religiosus*.

2.2.2 O homo religiosus *e o sagrado – A obra de Mircea Eliade (1907-1986)*

a) O nascimento de uma obra

Nascido em Bucareste aos 9 de março de 1907, Mircea Eliade mostrou grande curiosidade por todos os campos do conhecimento e um interesse particular pelo comportamento humano. Aos dezoito anos ele já tinha escrito cerca de cem títulos[434]. Em novembro de 1928, embarcou para a Índia, onde, sob a direção de S. Dasgupta, preparou sua tese de doutorado sobre ioga em três anos[435]. Essa obra lança as bases da antropologia eliadiana: o problema da situação do homem no mundo; a resposta humana à angústia da existência; a estrutura iniciática do conhecimento, a libertação da morte-ressurreição; a equação da existência da dor; imortalidade e liberdade. Como para Otto e Dumézil, a Índia está na origem do trabalho de Eliade.

No final da guerra, o jovem intelectual romeno escolheu o exílio. Em Paris ele conheceu os maiores expoentes do novo espírito científico e antropológico e, em 1949, publicou o *Tratado de história das religiões*, uma obra que mostra a estrutura de seu pensamento, o surgimento de uma nova abordagem para lidar com o fenômeno religioso, o início de uma pesquisa decisiva sobre o sagrado, os elementos essenciais de sua pesquisa antropológica[436]. Trata-se de ir além do simples estudo histórico que se contenta em destacar as crenças religiosas. O fenômeno religioso, de fato, está intimamente ligado à experiência vivida pelo homem. Assim, a exploração do pensamento, da consciência, do comportamento e da experiência do *homo religiosus* torna-se o objetivo final do trabalho do historiador das religiões. No *Tratado*, Eliade mostra a unidade fundamental dos fenômenos religiosos, mas também sua inexaurível novidade ao longo da história. A partir de 1950 voltou-se para o estudo dos povos sem escrita, testemunhas vivas das origens. O encontro com C.G. Jung faz com que ele descubra uma série de interpretações comuns através de diferentes caminhos.

---

434. ELIADE, M. *Mémoire I, 1907-1937* – Les promesses de l'équinoxe. Paris: Gallimard, 1980 [trad. it.: *Le promesse dell'equinozio*: Memorie 1, 1907-1937. Milão: Jaca Book, 1995]. • Cf. tb. *Fragments d'un journal*. Paris: Gallimard, 1973 [trad. it.: *Giornale*. Turim: Boringhieri, 1976]. • *Fragments d'un journal 11*: 1970-1978. Paris: Gallimard, 1981. • *Mémoire II 1937-1960* – Les moissons du solstice. Paris: Gallimard, 1988 [trad. it.: *Le messi del solstizio*: Memorie 2, 1937-1960. Milão: Jaca Book, 1995]. Para a bibliografia de Eliade, cf. KITAGAWA, J.M. & LONG, C.H. *Myths and Symbol* – Studies in Honor of Mircea Eliade. Londres/Chicago, 1969, p. 413-433. • TACOU, C. *Mircea Eliade*. Paris: l'Herme, 1978, p. 391-409 [col. Cahiers de l'Herme]. • CULIANU, J.P. *Mircea Eliade*. Assis: Cittadella, 1978. • MINCU, M. & SCAGNO, R. *Mircea Eliade e l'Italia*. Milão: Jaca Book, 1987, p. 383-399.

435. ELIADE, M. *Le yoga* – Immortalité et liberté. Paris: Payot, 1954, 1967 [trad. it.: *Lo Yoga* – Immortalità e libertà [1. ed: Milão: Rizzoli, 1973; 2. ed.: Florença: Sansoni, 1982].

436. ELIADE, M. *Traité d'histoire des religions*. Paris: Payot, 1948 [2. ed.: 1953; 3. ed.: 1959; 4. ed.: 1968; 5. ed.: 1970; 6. ed.: 1974] [trad. it.: *Trattato di storia delle religioni*. 2. ed. Turim: Bollati Boringhieri, 1999].

b) O emergir do homo religiosus

Eliade se recusa a deixar em branco o longo período do espírito humano durante os milênios da pré-história. Com o objetivo a enquadrar, de acordo com as nossas possibilidades atuais, o surgimento do homem no início do Paleolítico, o seu estudo abrange desde os sítios arqueológicos com ossos das sepulturas até à domesticação do fogo, às inscrições e pinturas rupestres. Ele busca descobrir a intencionalidade religiosa. Ao explorar o método genético de Dumézil, Eliade complementa a documentação arqueológica da pré-história em um sistema de significados simbólicos. Convencido de que os numerosos fenômenos histórico-religiosos são apenas diferentes expressões de algumas experiências religiosas fundamentais, Eliade concentra sua pesquisa em quatro elementos essenciais: o sagrado, o símbolo, o mito e o rito.

Uma longa revolução religiosa acontece no Paleolítico: o Mesolítico e o Neolítico. A ideia do ancestral mítico deve ser especificada, juntamente com os mitos cosmogônicos e os mitos de origem. As aldeias nascem com a agricultura. O homem se torna um produtor de sua própria nutrição. Um verdadeiro edifício espiritual é criado: mitos, crenças mais precisas na sobrevivência, solidariedade mística entre homem e vegetação, sacralidade feminina e materna, o mistério do nascimento, morte e renascimento. A religião neolítica é uma religião cósmica focada na renovação periódica do mundo: árvore cósmica, tempo circular, simbolismo do centro, lugares sagrados, sacralização do espaço. Neste edifício espiritual, o simbolismo ocupa o lugar central. Com o aparecimento dos primeiros textos, descobrimos neles a visão do homem arcaico diante de um universo cheio de significados. A busca paciente por Eliade pôs fim ao equívoco criado pelo positivismo e evolucionismo[437].

c) Tipologia do homo religiosus

Depois de evidenciar o surgimento do homem religioso, Eliade segue suas pegadas nas várias formas religiosas, privilegiando acima de tudo as grandes religiões da Ásia e as tradições orais dos povos sem escrita. Ao mesmo tempo em

---

437. Eliade apresentou uma excelente síntese da sua longa pesquisa sobre o aparecimento do *homo religiosus* em: ELIADE, M. *Histoire des croyances et des idées religieuses*. Vol. 1: De l'âge de la pierre aux mystères d'Eleusis. Paris: Payot, 1976, p. 13-67 [trad. it.: *Storia delle credenze e delle idee religiose*. Vol. 1: Dall'età della pietra ai Misteri Eleusini. Florença: Sansoni, 1979, p. 13-69].

que continua a investigar as formas históricas do comportamento humano, nosso autor tenta destacar o lado simbólico e espiritual dos fenômenos, considerados como experiências humanas em suas tentativas de transcender sua condição e fazer contato com a Realidade última. Essa tipologia eliadeana é uma extensão da pesquisa de Otto. O homem religioso assume no mundo um modo específico de ser, o que leva Eliade a definir o *homo religiosus*: "ele sempre acredita que exista uma realidade absoluta, o sagrado, que transcende este mundo, mas que nele se manifesta, e, portanto, o santifica e o torna real"[438]. Assim, o *homo religiosus* é definido por uma experiência *sui generis*, a experiência religiosa. O homem percebe essa experiência em um contexto socioeconômico e cultural, e isso nos obriga a reconstruir historicamente todas as formas religiosas, para produzir um documento histórico real. Mas esse documento deve ser decifrado em função do *homo religiosus*, da sua intencionalidade e de seu comportamento. Por um lado, há uma tipologia do *homo religiosus*; mas, por outro, há a existência concreta desse homem que carrega a marca da história e da cultura.

Esse dado ambivalente, se esclarece a antropologia religiosa, abre a perspectiva de uma pesquisa diversificada na qual se trate do homem religioso arcaico, do adepto das grandes religiões ligadas às culturas históricas ou dos fiéis das religiões monoteístas (judaísmo, islamismo, cristianismo). Com a fé monoteísta, o fiel se coloca na presença de um Deus pessoal que intervém em sua vida e em sua história, o que distingue sua experiência religiosa daquela de um hindu ou de um budista.

Assim, Eliade insistiu na novidade representada pelo mosaísmo, que enfatiza a fé em Iahweh, Deus transcendente que elegeu um povo, fez promessas e fez aliança com ele. Essa revolução monoteísta, profética e messiânica se opunha aos deuses orientais concebidos como poderes cósmicos. Iahweh é um Deus que se revela na história. Os profetas valorizaram a história e nela descobriram um tempo linear. Fundada em uma revelação divina, a fé do *homo religiosus* de Israel se articula em uma teofania divina, evento histórico e presença ativa de Iahweh[439].

A essa revolução segue-se a encarnação de Deus em Jesus Cristo, a suprema hierofania e a teofania única, já que a própria história se torna teofania. O *homo*

---

438. ELIADE, M. *Le sacré et le profane*. Paris: Gallimard, 1965, p. 171 [trad. it.: *Il sacro e il profano*. 3. ed. Turim: Boringhieri, 1984].
439. ELIADE, M. *Le mythe de l'éternel retour* – Archétipes et répétition. Paris: Gallimard, 1979, p. 155 [trad. it.: G. Cantoni: *Il mito dell'eterno ritorno (archetipi e ripetizioni)*. Turim: Borla, 1968].

religiosus arcaico reconheceu o sagrado em suas manifestações cósmicas. Agora, em Jesus Cristo, Deus se manifesta se encarnando. É o fim do tempo mítico e do eterno retorno. Através da Igreja, Cristo continua presente na história: é a nova aliança que envolve a valorização do homem e da história[440]. Mircea Eliade centrou a história das religiões no *homo religiosus*, em seu comportamento e em sua experiência religiosa. Um método desse tipo confere uma grande dimensão antropológica à ciência das religiões. O *homo religiosus* aparece como uma figura histórica que vemos surgir ao longo dos milênios da pré-história. E conseguimos caminhar com ele ao longo da história humana. Sua natureza e estrutura mostram que há unidade espiritual na humanidade. Essa descoberta é significativa para a antropologia e para a história das religiões.

No entanto, esse personagem que chamamos de *homo religiosus*, onipresente no espaço e no tempo, tem várias faces. De fato, cada cultura lhe atribuiu características específicas. Sua fé, suas crenças, sua experiência de vida, as situações históricas existenciais e o seu comportamento social caracterizam diferentemente cada uma das culturas derivadas de suas crenças. A publicação da notável trilogia *História das crenças e ideias religiosas* permitiu a Eliade revelar o *homo religiosus* em suas dimensões históricas e trans-históricas. Estudando-o em seu comportamento em situações existenciais muito diferentes conforme as várias culturas, cada vez que Eliade definia sua identidade cultural de maneira precisa, mesmo afirmando a unidade espiritual da humanidade[441].

Conclusões

As obras de Dumézil e Eliade são decisivas para o futuro da antropologia religiosa. Dumézil, linguista, comparativista, etnólogo, historiador do pensamento e da religião, realmente renovou os estudos sobre os indo-europeus. Impressionado com a herança, que, graças ao método comparativo tipológico, encontrou no mundo indo-iraniano, na área ítalo-céltica e no campo germânico-escandinavo, ele analisou esse material e comparou os dados. Retomou, então, os resultados obtidos no final dessa etapa. Submeteu-os a seu método comparativo genético, o que lhe permitiu projetá-los ao passado, na direção das suas origens. Uma intui-

---

440. ELIADE, M. *Mythes, rêves et mystères*. Op. cit., p. 203-206.
441. ELIADE, M. *Histoire des croyances et des idées religieuses*. Op. cit.

ção histórica semelhante permitiu-lhe descobrir o pensamento indo-europeu arcaico e o *homo-religiosus* indo-europeu dos *tempora ignota*: a tripartição teológica dos deuses e a tripartição social dos homens. No topo das três funções – soberania, força, fecundidade –, coloca-se o sagrado. São dados antropológicos valiosos que resultam desse estudo: o homem indo-europeu arcaico, o lugar privilegiado do sagrado, o valor científico da indução histórica fundada em bases igualmente mais sólidas do que as da filosofia kantiana e do idealismo transcendental de Schleiermacher e de Otto. Agora o historiador e o antropólogo têm um método e um modelo para o estudo do *homo religiosus* das origens.

Desde os seus primeiros trabalhos, Eliade se interessou pelo homem e pela sua condição no cosmos. As primeiras obras permitiram que ele se familiarizasse com o pensamento indiano e com o dos povos arcaicos. Ao brilhante intelectual romeno exilado em Paris, Dumézil propôs, desde 1945, ministrar cursos na École Pratique des Hautes Études. Eliade aceitou e entregou-se ao esboço de seu *Tratado*, cujos rascunhos Dumézil releu com entusiasmo e Pettazzoni saudará como "uma obra de primeira ordem". Eliade destacou as estruturas e a coerência interna do fenômeno religioso: sua complexidade, a diversidade de seus círculos culturais, a morfologia do sagrado, o conteúdo das hierofanias, cada um dos quais revela uma modalidade do sagrado, seres supremos do patrimônio religioso dos povos primitivos, a morfologia e função dos mitos, a coerência do símbolo e sua função reveladora. A explicação final da riqueza, da estrutura e consistência do fenômeno religioso deve ser encontrada no *homo religiosus*. A contribuição de Eliade à antropologia religiosa torna-se decisiva, uma contribuição que pode ser resumida em poucas palavras: o *homo religiosus* e a sua experiência do sagrado.

Em contato constante com os grandes protagonistas das ciências humanas, atento à pesquisa de C.G. Jung e à hermenêutica de Paul Ricoeur, à pesquisa de Corbin e de G. Durand sobre o símbolo, Eliade percorre o imenso legado de hierofanias transmitidas ao longo dos milênios pelo *homo religiosus*. Recusando-se a deixar em branco o período religioso da pré-história, com a base sólida do valor científico da herança constituída pelas múltiplas hierofanias, Eliade utiliza o método comparativo genético e, contra o fluxo da história, rumo às origens, interroga o *homo religiosus* arcaico e tenta encontrá-lo no momento em que ele emerge. Finalmente, ao implementar a pesquisa hermenêutica, ele faz o *homo religiosus* falar para capturar sua mensagem, decifrar e explicar o encontro desse homem com o sagrado. Tal hermenêutica é criativa porque transmite uma mensagem capaz de mudar o homem de hoje. No projeto de Eliade, a antropologia religiosa deve levar à criação de um novo humanismo.

2.3 O *homo religiosus* e sua experiência do sagrado

Depois de traçar o perfil e o percurso da antropologia religiosa de Otto a Eliade, falta descrever ainda os elementos essenciais da articulação dessa disciplina científica. Limitamo-nos a uma breve apresentação, uma vez que esses dados serão desenvolvidos pelos vários autores ao longo dos seis volumes do *Tratado*[442].

2.3.1 Hierofania: homem e a manifestação do sagrado

a) Hierofania

É. Durkheim e sua escola fizeram do sagrado a base da ciência das religiões. Em sua análise sutil e penetrante, R. Otto destacou o conteúdo específico e as características da experiência religiosa feita pelo homem na descoberta do sagrado, estabelecendo que o sagrado sempre se manifesta como um poder de uma ordem completamente diferente da natural. Eliade propôs designar o ato específico desse evento com uma palavra que se tornou clássica: hierofania[443].

Otto insistiu na descoberta feita pelo homem de um elemento inefável, o numinoso, o divino. É o primeiro aspecto do sagrado, o que as religiões chamam de *qadoš, hagios, sacer*. A partir da análise de Otto e de sua insistência na terminologia, os historiadores das religiões puderam evidenciar o extraordinário legado terminológico do discurso com o qual o *homo religiosus* testemunhou sua experiência religiosa ao longo dos milênios após a invenção da escrita. A palavra *sacer* é a palavra-chave dessa experiência[444].

---

442. Cf. os artigos de G. Durand e R. Boyer no vol. 1 do *Tratatto di antropologia del sacro*. Cf. tb. DURAND, G. *Science de l'homme et tradition* – Le nouvel sprit anthropologique. Paris: Berg, 1979.
443. ELIADE, M. *Traité d'histoire des religions*. Op. cit., p. 15-45 [trad. it.: p. 3-41].
444. FUGIER, H. *Recherches sur l'expression du sacré dans la langue latine*. Paris: Les Belles Lettres, 1963. • BENVENISTE, E. *Le vocabulaire des institutions indo-européennes*. Paris: Minuit, 1975, p. 179-207. • RIES, J. (org.). *L'expression du sacré dans les grandes religions*. 3 vols. Louvain-la-Neuve: Centre d'Histoire des Religions, 1978-1986.

b) Complexidade da hierofania

Em um caminho paralelo ao de Otto, Eliade fez a análise da hierofania. Colocando a questão do elemento "real", do "existente", ele considera que é uma questão de colocar-se no plano do "ser", da "ontologia". Esta é precisamente do numinoso mencionado por Otto: uma realidade invisível, misteriosa, transcendente, transconsciente que o *homo religiosus* percebe e que as diferentes religiões designam com um termo específico. As muitas hierofanias, de fato, colocam diante de nós uma extraordinária variedade de nomes divinos e de nomes do divino. Para falar dessa realidade numinosa, tanto Eliade quanto Otto usam a palavra "sagrado". H. Bouillard, criticando a ambiguidade desse termo, propõe usar o "divino" para evitar qualquer confusão entre o sagrado e o divino[445]. Na realidade, Eliade e Otto conservam a palavra "sagrado" precisamente para mostrar que não estamos em uma esfera conceitual, mas na linha da percepção simbólica de mistério e transcendência. Este é o primeiro elemento de qualquer hierofania.

Outro elemento é o objeto ou ser pelo qual o divino (o sagrado) se manifesta, pois, de fato, a manifestação do sagrado nunca ocorre no estado puro, mas através de mitos, objetos, símbolos, em suma por meio de algo diferente do sagrado em si. É nesse ponto que encontramos a desconcertante heterogeneidade das hierofanias. Cada uma dessas categorias tem sua própria morfologia: árvore, pedra, homem etc. Para implementar sua manifestação, o sagrado, ou divino, precisa de algo real do visível, do que Bouillard chama de profano.

O terceiro elemento é o objeto natural, ou o ser revestido por uma nova dimensão, o sagrado. Graças à mediação do visível, o divino pode se manifestar. Com essa mediação, manifesta-se sem alterar a natureza do mediador, mas dando-lhe uma nova dimensão. Uma árvore sagrada ainda é uma árvore. Mas, graças à sua dimensão sacral, esta árvore, aos olhos do *homo religiosus*, é diferente de uma outra. Um sacerdote continua sempre um homem, mas a investidura sacerdotal dá-lhe uma dimensão sacral, elegendo-o para agir como mediador. Aqui estamos no coração do mistério e do paradoxo. Por irradiação de um ser ou de um objeto, a irrupção do divino o constitui um mediador na medida em que o objeto ou o ser, embora permanecendo em sua natureza específica, se destaca do mundo profano.

---

445. BOUILLARD, H. "La categorie du sacré dans la Science des religions". In: CASTELLI, E. *Le Sacré* – Études et richerches. Paris: Aubier, 1974, p. 33-56.

c) Fenomenologia e hermenêutica das hierofanias

Eliade pôs em evidência os diferentes elementos da estrutura de cada hierofania: o transcendente, a manifestação graças à qual se mostra, a sua manifestação através de algo diferente, a dimensão sacral da qual é revestido o elemento mediador, a permanência da natureza do elemento mediador mesmo após ser investido da dimensão sacral, o ato paradoxal dessa manifestação, a homogeneidade da natureza e a heterogeneidade das formas das várias hierofanias. A tarefa do fenomenólogo é descrever o elemento mediador como uma manifestação do sagrado e mostrar seu significado enquanto fenômeno religioso. Após o trabalho do fenomenólogo, vem o papel do eremita: revelar o conteúdo misterioso, o transconsciente, o transcendente, para chegar a apresentar a mensagem da hierofania. De fato, existem diferentes níveis na experiência do sagrado. Juntamente com as hierofanias elementares, existem hierofanias de alto nível. Na história da humanidade, no cume da hierarquia hierofânica está a encarnação de Deus em Jesus Cristo: é a maior revolução religiosa de todos os tempos e uma experiência única para o cristão[446].

2.3.2 Homo symbolicus – *O símbolo na experiência religiosa*

O símbolo é um elemento de reconhecimento. No significado etimológico, são duas metades de um objeto em posse de duas pessoas, o que permite que elas se reconheçam. O símbolo é um significante concreto e sensível que sugere o significado e o revela com transparência. Pressupõe a homogeneidade do significante e do significado, que permite a ressonância. Segundo G. Durand, a função simbólica surgiu da impossibilidade de o homem parar no sentido próprio das coisas[447].

a) Símbolo e hierofania

Em toda hierofania, o símbolo exerce uma função mediadora. Permite a passagem do visível para o invisível, do humano para o divino. Contribui para realizar

---

446. ELIADE, M. *Méphistophélès et l'androgyne*. Paris: Gallimard, 1962 [trad. it.: *Mefistofele e l'Androgino*. Roma: Mediterranee, 1971].
447. DURAND, G. "L'univers du symbole". In: MÉNARD, J.E. (org.). *Le symbole*. Estrasburgo, 1975, p. 7-23. • DURAND, G. "Les trois niveaux deformation du symbolisme". In: *Cahiers internationaux de symbolisme*, 1, 1962, p. 7-29.

uma epifania do mistério, que possibilita a aventura espiritual do ser humano. Em sua hermenêutica, P. Ricoeur fala do símbolo como revelador da realidade humana e acredita que "todo símbolo é finalmente uma hierofania, uma manifestação do vínculo do homem com o sagrado", e acrescenta: "Enfim, o símbolo nos fala como um índice da situação do homem no centro do ser no qual ele se move, existe e quer"[448]. Essas palavras são densas de uma carga religiosa incomum. Ricoeur, de fato, reconhece que o símbolo é dotado de uma energia que vem da manifestação de um elo entre o homem e o sagrado. Essa posição se relaciona diretamente com as de Eliade e Durand. Este último vê na função simbólica uma função essencial do espírito.

b) Símbolo e linguagem da revelação

Dissemos que, segundo Eliade, o sagrado é "um elemento da estrutura da consciência". Tal afirmação é ambivalente: por um lado, o sagrado é energia constitutiva da consciência e, por outro, um modo de existência, um dado da condição humana. Aqui estamos no caminho que conduz o homem ao divino. Nesta perspectiva, o símbolo é uma linguagem que revela ao homem valores transpessoais e transconscientes. Através do símbolo, o cosmos fala ao homem, torna-o consciente de realidades que não são autoevidentes. Essa visão antropológica está ligada à teologia de Justino Mártir e de Clemente de Alexandria sobre as sementes do Verbo na humanidade antes da Encarnação, e também ao pensamento de Newman e Söderblom sobre a história humana como um laboratório de Deus[449]. O pensamento simbólico é consubstancial ao ser humano e precedeu a linguagem.

Em suas observações sobre o simbolismo religioso, ele insiste nas diferentes funções do símbolo: a possibilidade de revelar um modo de realidade, ou uma estrutura do mundo que não é imediatamente evidente; o fato de que, para os primitivos, os símbolos são sempre religiosos; multivalências, bem como a possibilidade de articular realidades heterogêneas em um todo; a capacidade de expressar situações e estruturas paradoxais da realidade última. Enfim, Eliade enfatizou o

---

[448]. RICOEUR, P. *La symbolique du mal*. Paris: Aubier, 1960, p. 330ss. [trad. it.: In: *Finitudine e colpa*. Bolonha: Il Mulino, 1970].

[449]. RIES, J. *Les chrétiens parmi les religions* – Des Actes des Apôtres à Vatican II. Paris: Desclée de Brouwer, 1987, p. 58-65; 380-384; 400-403 [trad. it.: *I cristiani e le religioni* – Dagli Atti degli Apostoli al Vaticano II. 2. ed. Milão/Bréscia: Jaca Book/Morcelliana, 2006 (vol. I da *Opera Omnia*)].

valor existencial do simbolismo religioso: "um símbolo sempre se refere a uma realidade ou situação que compromete a existência humana", o que lhe confere uma aura "numinosa". O símbolo religioso dá sentido à existência humana[450].

c) O emergir do homo religiosus *segundo a paleoantropologia*

As recentes descobertas no Vale do Rift Africano produziram resultados inesperados[451]. Na África Oriental, há três milhões de anos, o *homo habilis* organizava a caça e cortava utensílios com seixos. Há um milhão e meio de anos, ainda na África Oriental, o *homo erectus*, pronto para embarcar na conquista do planeta, inventa o corte simétrico de ferramentas, busca as cores, escolhe materiais e talvez adote um comportamento ritual antes da morte. De fato, entre os ossos descobertos nos locais habitados pelo *homo erectus*, os crânios foram encontrados quebrados na base com considerável regularidade.

O *homo erectus* viu e observou sinais naturais dotados de informação. Sem dúvida, segundo Y. Coppens, "ele reproduziu esses sinais na forma de traços na terra, na areia, na madeira, na pedra, para transmitir essa mensagem. Então chegou o dia em que ele inventou sinais que não existiam na natureza e os carregou de significado"[452]. Aqui estamos no momento da concepção simbólica. O homem confia uma ideia a um objeto ou à representação de um objeto. Assim, os signos, as ferramentas simétricas, a escolha do material e das cores nos mostram o surgimento do *homo symbolicus*. Descobertas semelhantes, provenientes da paleontologia e da paleoantropologia, estão carregadas de felizes consequências para o estudo do *homo religiosus*.

A documentação coletada permite afirmar que o *homo erectus* já era *homo symbolicus*. Talvez ele já estivesse dando seus primeiros passos como *homo sapiens*. Nós testemunhamos o surgimento do pensamento e provavelmente a formação da linguagem. Esse homem constrói cabanas, dentro das quais ele encontra

---

450. ELIADE, M. *Méphistophélès et l'androgyne*. Op. cit., p. 254-268.
451. FACCHINI, F. *Il cammino dell'evoluzione umana – Le scoperte e i dibattiti della paleontologia*. Milão: Jaca Book, 1985. • COPPENS, Y. "Orizzonti della paleoantropologia". In: *L'umana avventura*, outono/1986, p. 45-56 (Milão: Jaca Book).
452. COPPENS, Y. *Pré-ambules – Les premiers pas de l'homme*. Paris: Odile Jacob, 1988, p. 186-190 [trad. it.: *Preamboli*: primi passi dell'uomo. Milão: Jaca Book, 1990]. • COPPENS, Y. "L'origine de l'Homme – Le milieu, la découverte, la conscience, la création". In: *Revue des sciences morales et politiques*. Paris, 1987, p. 507-532.

um arranjo para ferramentas de corte, outro para o descanso, outro para os animais. "Ele sabe que sabe." Ele tem consciência de ser um criador. Não cessará de criar e ampliar o próprio território.

Com o reflexo da consciência, a angústia da existência aparece. O homem já parece se perguntar pelo problema de sua própria origem e de seu próprio destino. Inventa a primeira fonte de energia, o fogo, uma arte especificamente humana. Nasceu o homem moderno[453].

d) Simbolismo da abóbada celeste e transcendência

Desde o final do século XIX, uma discussão acalorada engajou antropólogos, etnólogos, historiadores e teólogos. A questão era: Como explicar a crença universal em um ser supremo, nas remotas tradições dos povos arcaicos ainda existentes nos séculos XIX e XX? A teoria de uma revelação primitiva formulada por certos teólogos foi descartada pelos cientistas. Além disso, considerando que a tese de um raciocínio lógico-causal do homem arcaico, elaborado pelo etnólogo W. Schmidt, era muito fraca, os historiadores das religiões pensaram que era necessário buscar tal resposta em relação ao mito, como também em relação ao símbolo[454]. R. Pettazzoni pensou na personificação da abóbada celeste, que sugeria a ideia de um deus urânico e, por fim, parou na ideia da afabulação mítica. Eliade formulou uma hipótese brilhante: a descoberta da transcendência feita pelo homem arcaico na contemplação da abóbada celeste. Para Eliade, a abóbada celeste simboliza a transcendência, força, imutabilidade, altura e santidade. O homem tornou-se consciente desse simbolismo primordial, um dado imediato da consciência total. Não se trata, portanto, nem de dedução causal, nem de afabulação mítica, mas de uma tomada de consciência do simbolismo do céu, o que coloca o homem arcaico diante de uma hierofania primordial[455].

À luz das descobertas paleoantropológicas africanas, essa hipótese recebe uma confirmação científica. Deve-se notar, sobretudo, que os filósofos da Antiguidade

---

453. PIVETEAU, J. *L'apparition de l'homme* – Le point de vue scientifique. Paris: Oeil, 1986 [trad. it.: A. de Lorenzi: *La comparsa dell'uomo* – Il punto di vista della scienza. Milão: Jaca Book, 1994].
454. RIES, J. *Le symbole et le symbolisme dans la vie de l'homo religiosus*. Louvain-la-Neuve: Centre d'Histoire des Religions, 1982.
455. ELIADE, M. *Religions australiennes*. Paris: Payot, 1972 [trad. it.: *La cratività dello spirito* – Un'introduzione alle religioni australiane. Milão: Jaca Book, 1979, p. 30-34].

grega, os poetas latinos e os Padres da Igreja enfatizaram o lugar do homem no universo: ereto, em pé, elo de encontro entre o céu e a terra, enquanto os animais estão voltados para o chão. Encontramos a mesma ideia também no Extremo Oriente.

Hoje, graças aos resultados das descobertas no Vale do Rift, compreendemos a importância do *homo erectus*, feito *homo symbolicus*. Erguido, de pé, ele se viu com as mãos livres; prolongou-as por meio de ferramentas, e isso permitiu que ele se tornasse um criador da cultura. De pé, ele contemplou o céu, o movimento diurno do sol, o movimento noturno da lua e das estrelas.

Segundo Eliade, a categoria transcendental de altura e infinito revelou-se à totalidade do homem, à sua inteligência e à sua alma. O céu revelou a transcendência que ele simboliza. A paleoantropologia dá ao *Tratado* de Eliade uma nova dimensão e particularmente aos capítulos sobre os símbolos celestes, sobre o símbolo solar e lunar[456].

2.3.3 Mito, arquétipo e comportamento religioso

Desde os dias de Homero e Hesíodo, o homem se interroga sobre o mito e seu significado. Os filósofos jônicos fizeram a crítica dos mitos. Platão tentou purificar a mitologia. O evemerismo deu uma interpretação histórica tomada pelos Padres da Igreja, enquanto o movimento neoplatônico viu no mito um meio de reflexão e um método de iniciação nos mistérios divinos. O movimento humanista voltou-se para a exegese simbólica do mito, mas o Século das Luzes se entregou a uma pesquisa histórica comparada. Apresentando o mito como a inteligibilidade imanente da cultura, G. Vico (1668-1744) abriu o caminho para uma nova hermenêutica, a dos românticos, para quem mito é linguagem, expressão de verdade e mensagem[457].

a) O mito, narração das origens e do fim do mundo

Mircea Eliade realmente renovou o estudo do mito. Ele começou investigando as mitologias dos povos sem escrita e notou que o mito está ligado ao comporta-

---

456. ELIADE, M. *Traité d'histoire des religions*. Op. cit., p. 46-164 [trad. it.: op. cit., p. 42-192].
457. RIES, J. *Le mythe et sa signification*. Louvain-la-Neuve: Centre d'Histoire des Religions, 1982 [trad. it.: *Il mito e il suo significato*. Milão: Jaca Book, 2005]. • RIES, J. *Le Mythe, son langage et son message*. Louvain-la-Neuve: Centre d'Histoire des Religions, 1983.

mento humano. Mais tarde, examinou as mitologias dos antigos povos do Oriente Próximo e, graças ao extenso trabalho comparativo, ele conseguiu evidenciar a natureza do mito.

O mito é uma narrativa que conta a história das origens, do tempo primordial. Narra como, graças às façanhas de seres sobrenaturais, uma realidade veio à luz. É uma história sagrada, com atores e eventos. É uma história sobre realidades existentes, e isso dá um aspecto da verdade ao mito[458]. G. Durand coloca a ênfase na dinâmica do mito, com seus arquétipos, seus símbolos e seus esquemas[459]. P. Ricoeur, por outro lado, observa que os acontecimentos narrados estão na origem da ação ritual do homem de hoje[460]. A convergência desses três especialistas leva a uma conclusão: o mito determina um comportamento humano e dá o verdadeiro significado à existência humana. A experiência do mito está ligada ao sagrado, porque coloca o homem religioso em relação com o mundo sobrenatural.

No ápice estão os mitos cosmogônicos, que constituem a história sagrada dos povos: história coerente, drama da criação, princípios que governam o cosmos e a condição humana. Esses mitos se referem a uma idade áurea da humanidade. Paralelamente, encontram-se os mitos de origem, que contam e justificam uma nova situação, que não existia originalmente: genealogias, mitos de cura, novas terapias. Depois vêm os mitos da *renovatio mundi*: entronização de reis, ano-novo, estações. Esses mitos particularmente chamaram a atenção de Eliade, uma vez que se encontram no final do Paleolítico e no Neolítico, quando o homem, com a vegetocultura, se torna o produtor da sua própria comida. Nesses mitos temos o esquema dos mitos cosmogônicos. A arte mural franco-cantábrica e a arte rupestre nos fornecem abundantes ilustrações desses mitos de renovação[461].

Os mitos escatológicos narram a destruição do mundo, a aniquilação da humanidade: o dilúvio, o colapso das montanhas, os terremotos. Os mais conhecidos são os mitos da idade do mundo, em que temos o esquema do nascimento de

---

458. ELIADE, M. *Le mythe de l'éternel retour*. Op. cit. • ELIADE, M. *Aspects du mythe*. Paris: Gallimard, 1963 [trad. it.: *Mito e realtà*. Turim: Borla, 1966].
459. DURAND, G. *Les structures anthropologiques de l'imaginaire*. Paris: Bordas, 1973, p. 410-433 [11. ed.: Paris: Dunod, 1992] [trad. it.: *Le strutture antropologiche dell'immaginario* – Introduzione all'archetipologia. 3. ed. Bari: Dedalo Libri, 1984].
460. RICOEUR, P. *La symbolique du mal*. Op. cit., p. 153-165.
461. ELIADE, M. *Le mythe de l'éternel retour*. Op. cit. • ELIADE, M. *Aspects du mythe*. Op. cit. • ELIADE, M. *Traité d'histoire des religions*, p. 344-366 [trad. it.: op. cit., p. 423-451].

um novo mundo. Se com as três categorias – cosmogonia, origem, *renovatio* – estamos no *Urzeit*, os mitos escatológicos nos orientam para o *Endzeit* do cosmos.

b) Arquétipo e mensagem

Jung vê no arquétipo uma energia dominante do inconsciente coletivo: do ponto de vista do gênero, o arquétipo se apresenta como um órgão psíquico. Lévi-Strauss está próximo dessa interpretação[462]. Eliade, por outro lado, concebe o arquétipo como um modelo primordial, cuja origem se encontra no mundo sobrenatural. Para ele, não se trata de inconsciente, mas de transconsciente. O arquétipo apresenta-se como um instrumento mental do *homo religiosus*, uma ferramenta indispensável para compreender a criação do homem e do cosmos. Eliade estudou uma quantidade notável de arquétipos da Mesopotâmia, do Egito e do Oriente Próximo. Entre estes encontramos arquétipos celestes, modelos que derivam da criação, a Jerusalém celeste, os arquétipos cosmogônicos[463].

Deve-se acrescentar que o arquétipo é inseparável do símbolo, sobretudo do simbolismo das águas, do centro, do espaço.

Assim, a imersão na água significa dissolução das formas; a árvore cósmica conecta as áreas do universo; o centro é o lugar sagrado por excelência, a ascensão supõe um rompimento de níveis.

A hermenêutica tenta decifrar os mitos para extrair a mensagem para o homem. Ao longo dos séculos, três encontros paralisaram o mito: o cristianismo, a ciência, a história. O mito está se preparando para um quarto encontro, "das sociedades e culturas não ocidentais, no projeto de um mundo em processo de unificação tumultuada"[464]. O mito cosmogônico contém uma mensagem muito densa: conta uma história sagrada, um evento primordial, o de uma criação. Revela também o mistério da atividade, o criador dos seres divinos. Mostra ainda a irrupção do sagrado no mundo e mostra como essa irrupção fundou o mundo. Mais uma vez, esse mito revela um arquétipo que o homem deve reproduzir em

---

462. LÉVI-STRAUSS, C. *Anthropologie structurale*. Paris: Plon, 1958, p. 205-226 [trad. it.: *Antropologia strutturale*. Milão: Il Saggiatore, 1980].
463. Cf. ELIADE, M. *Le mythe de l'éternel retour*. Op. cit. • ELIADE, M. *Aspects du mythe*. Op. cit. • ELIADE, M. *Traité d'histoire des religions*, p. 344-366 [trad. it.: op. cit., p. 423-451].
464. VIDAL, J. "Aspects d'une mythique". In: RIES, J. (org.). *Le mythe, son lagage et son message*. Louvain-la-Neuve: Centre d'Histoire des Religions, 1983, p. 35-61.

sua vida. Uma mensagem semelhante orienta a atividade do *homo religiosus* e, ao apresentar uma história sagrada exemplar e normativa, convida o homem a manter o mundo do sagrado. Mesmo o mito da queda, presente em todas as tradições religiosas da humanidade, merece atenção especial[465]. A tipologia desses mitos nos fornece quatro dados: a queda está localizada entre o *Urzeit* e o *Endzeit*; temos uma degradação do divino; o acidente cosmogônico é um dilúvio; a atual condição humana é explicada por um erro e uma tragédia. A mensagem desses mitos, de que cada versão é caracterizada por traços culturais específicos, fornece diretrizes essenciais para o homem e para sua compreensão da condição humana: a criação na origem é boa; o mal vem de um erro que envolve a responsabilidade do homem; a condição humana está sujeita a fragilidade, doença e morte; o erro pode ser reparado e a salvação é possível. Essas poucas indicações mostram que o mito tem uma função exploratória que o leva a desvendar o vínculo entre o homem e o sagrado.

c) Mitos e comportamento religioso

O mito apresenta um modelo exemplar para a ação humana, que tem eficácia na medida em que repete a ação primordial. Esse comportamento é um modo de estar no mundo que, segundo Eliade, leva à imitação de um modelo transumano, à repetição de um cenário exemplar e à quebra do tempo profano. Assim, os mitos mantêm a consciência de um mundo diferente do mundo profano, i.e., consciência do mundo divino. O comportamento do homem na vida pessoal e social está relacionado ao evento primordial. A história das sociedades arcaicas de ontem e hoje mostra claramente a importância da teologia do mito e o valor de sua clarificação normativa para a ação humana.

Para Eliade, uma peculiaridade do cristianismo é, por um lado, a fé cristã vivida como experiência religiosa *sui generis* e, por outro, a valorização da história como manifestação direta e irreversível de Deus no mundo. Jesus Cristo é uma pessoa histórica. No entanto, na vida do cristão há aspectos de comportamento mítico, pois trata-se de imitar a Cristo, o arquétipo, de celebrar na liturgia um

---

465. RIES, J. "Fall". In: *Encyclopedia of Religion*. Vol. 5. Nova York: MacMillan, 1987, p. 256-267 [trad. it.: "Caduta". In: *Enciclopedia delle religioni*. Vol. 4. Roma/Milão: Città Nuova/Jaca Book, 1993-2002, p. 84-97].

modelo exemplar, a Paixão e a Ressurreição, e de ritualizar o mistério de Cristo e sua vida[466].

2.3.4 O rito na vida do homo religiosus

Ritu é uma palavra indo-europeia arcaica. No Rgveda (X 124,5) significa a ordem imanente do cosmos. É sinônimo de *dharma*, a fé fundamental do mundo. O significado religioso indo-europeu deriva do significado cósmico: necessidade, retidão, verdade. No significado moderno, rito quer dizer prática regulada: protocolo, sociedade civil, sociedade secreta, religião, liturgia, adoração. O rito pode ser privado ou público, individual ou coletivo, profano ou religioso. Faz parte da condição humana, está sujeito a regras precisas e implica continuidade. Esses diferentes aspectos deram origem a numerosos estudos[467].

a) O rito e o homo religiosus

No *Tratado da antropologia religiosa*, o rito é considerado no âmbito da estrutura da experiência existencial do homem. É colocado dentro de uma expressão simbólica que busca um contato vital com a Realidade transcendente, com o divino, com Deus. O rito é expresso através de gestos e palavras. Está ligado a uma estrutura simbólica através da qual se faz a transição para a realidade ontológica, a passagem do signo para o ser. As ações rituais são meios pelos quais o *homo religiosus* tenta se conectar com o arquétipo, que está fora do mundo natural.

O rito é encontrado no nível do comportamento humano e é colocado na linha da experiência sagrada. Em todas as religiões, o homem que executa um rito faz um gesto significativo para sua própria vida, dele espera eficácia e benefícios. O rito é realizado por meio de elementos retirados do cosmos: água, luz, sal, óleo. Nos rituais, o homem organiza o tempo com referência ao tempo arquetípico, ao *Illud tempus*: rituais festivos, de celebração, sacrificais, de iniciação. Graças ao ritual, o *homo religiosus* está ligado a um tempo primordial ou a um acontecimento arquetípico.

---

466. ELIADE, M. *Aspects du mythe*. Op. cit., p. 197-219.
467. CAZENEUVE, J. *Les rites et la condition humaine d'après les documents ethnologiques*. Paris: PUF, 1958. • CAZENEUVE, J. *Sociologie du rite*. Paris: PUF, 1971 [trad. it.: *La sociologia del rito*. Milão: Il Saggiatore, 1974]. • GREISCH, J. (org.). *Le rite*. Paris: Beauchesne, 1981. • MAISONNEUVE, J. *Les rituels*. Paris: PUF, 1988.

M. Meslin dedicou um capítulo às ações rituais, vistas como "ações coletivas, com as quais o homem tenta experimentar o divino, entrando em relação com o mesmo"[468]. Considera quatro tipos de ações rituais: a sacralização do tempo; o espaço sagrado; os rituais de iniciação; as peregrinações. Para o autor, trata-se de ações "diretamente inspiradas no desejo de se conectar com o divino" e que são consideradas "a expressão prática de uma experiência religiosa". Meslin insiste nos lugares de experiência, em sua expressão social: um elo estreito entre o crente individual e o grupo que professa a mesma fé.

A pesquisa sobre a função mediadora do sagrado, no contexto das hierofanias captadas pelo *homo religiosus*, levou Eliade ao estudo do rito e do ritual. Dedica-se aos ritos de renovação e aos ritos de iniciação, um vasto campo que vai dos ritos de passagem às religiões mistéricas e do xamanismo às várias sociedades secretas[469]. Em toda a pesquisa, ele insiste na referência ao arquétipo, o lugar sagrado, o tempo primordial, a revelação dos mitos e os testes de iniciação. Um primeiro componente arquetípico, tal como tornar os ritos eficazes, é encontrado nos modelos celestes. Depois, há dois outros componentes: o simbolismo do centro e o padrão divino onipresente nos rituais.

b) Iniciação na vida do homo religiosus

Os ritos de iniciação constituem um elemento notável da antropologia religiosa. Sem dúvida, são ritos de passagem no verdadeiro sentido da palavra, uma vez que a iniciação equivale a uma mutação ontológica do regime existencial, introduz o neófito na comunidade e simultaneamente num mundo de valores. Cada rito de iniciação implica um simbolismo da criação, que reativa o evento primordial da cosmogonia e da antropogonia. Iniciação é um novo nascimento[470].

---

468. MESLIN, M. *L'expérience humaine du divin*. Op. cit., p. 135-195. • CHÉLINI, J. & BRAN-THOMME, H. (orgs.). *Histoire des pélerinages non chrétiens*. Paris: Hachette, 1987.
469. ELIADE, M. *Traité d'histoire des religions*. Op. cit., p. 229-280 [trad. it.: op. cit., p. 272-341]. • ELIADE, M. *Le sacré et le profane*. Op. cit. • ELIADE, M. *Naissances mystiques*. Paris: Gallimard, 1959 [reed.: *Initiation, rites, sociétés secrètes*. Paris: Gallimard, 1976] [trad. it.: *La nascita mistica*: riti e simboli d'iniziazione. Bréscia: Morcelliana, 1974].
470. RIES, J. & LIMET, H. (orgs.). *Les rites d'initiations*. Louvain-la-Neuve: Centre d'Histoire des Religions, 1986, bibliogr., p. 503-512 [trad. it.: *I riti di iniziazione*. Milão: Jaca Book, 1989]. • BIANCHI, U. (org.). *Transition Rites*. Roma: L'Erma di Bretschneider, 1986. • BLEEKER, C.J. *Initiation*. Leiden: Brill, 1965.

Depois de Eliade, poderíamos arriscar uma classificação baseada na função dos ritos de iniciação. Um grupo importante é formado pelos ritos da puberdade, já atestados nos antigos documentos da humanidade, como a caverna de Lascaux. Essas iniciações desempenharam um papel essencial na formação de culturas e sociedades. Elas mostram como as sociedades tentaram e ainda tentam operar a plena realização do *homo religiosus*. O cristianismo preservou o mistério iniciático do batismo, que modifica o estatuto ontológico do homem e funda a antropologia cristã. A crisma completa a iniciação batismal.

Uma segunda classe de ritos de iniciação consiste nos ritos de entrada em uma sociedade religiosa fechada, como foi para os mistérios de Mitra e para as religiões mistéricas do mundo grego. A terceira categoria diz respeito à vocação mística: xamã, iniciação ou ordenação sacerdotal, iniciações heroicas. Aqui estamos lidando, por um lado, com a atribuição de poderes espirituais e, por outro lado, com um novo estado de vida.

Ato simbólico destinado a realizar as figuras de uma ordem na encruzilhada da natureza, sociedade, cultura e religião, o rito se relaciona com o homem, considerado tanto como uma pessoa quanto como um membro da sociedade. Nesse sentido, pode-se falar de ritos de integração social e ritos de agregação. Mas todo rito de iniciação é uma transição para uma nova realidade, uma ontologia transcendente. No cristianismo, trata-se da recriação do homem, da ritualização da inocência e da santificação. A ritualidade cristã fundada em Jesus Cristo recapitula a história sagrada e a leva à transfiguração[471].

2.4 Conclusões

O final do século XX é marcado por um novo espírito científico e novas pesquisas antropológicas. O primeiro capítulo do nosso *Tratado de antropologia religiosa* procura delinear as orientações e limites que nos propusemos. A primeira metade do século viu a transição de uma sociologia do sagrado para uma tentativa de antropologia religiosa, a de Rudolf Otto. Enquanto a teologia da morte de Deus e a disputa pelo sagrado se desenvolviam, a ciência das religiões conheceu uma

---

471. VIDAL, J. "Rite et ritualité". In: RIES, J. & LIMET, H. (orgs.). *Les rites d'initiations*. Op. cit., p. 39-85. Cf. tb.: BOUYER, L. *Le rite et l'homme* – Sacralité naturelle et liturgie. Paris: du Cerf, 1962.
• ISAMBERT, F. *Rite et efficacité symbolique*: essai d'anthropologie sociologique. Paris: du Cerf, 1979.

abertura extraordinária, graças à obra de G. Dumézil e M. Eliade. A documentação prodigiosa desses dois estudiosos, bem como a sua vasta cultura, seu olhar sempre atento ao trabalho dos colegas e a adoção de seu método comparativo tipológico deram à fenomenologia uma base científica sólida e permitiram uma nova síntese. Mas eis que o desenvolvimento e o uso de um método comparativo genético lhes permitiu delinear novas perspectivas: um estudo científico do sagrado, de sua expressão e de seu lugar na experiência religiosa, a evidência da figura histórica e trans-histórica do *homo religiosus*, o significado da experiência do sagrado na vida religiosa do homem, a hermenêutica que flui para a mensagem do *homo religiosus* com a perspectiva de um novo humanismo. A elaboração de uma antropologia religiosa, fundada na experiência do sagrado, que está na base de toda a história religiosa da humanidade, já "deixa no lucro" os estudos recentes sobre o sagrado, o símbolo, mito e rito. O grupo científico que empreendeu a realização desse projeto antropológico tem consciência da urgência desta obra.

3

As perspectivas da antropologia religiosa à luz da história das religiões*

3.1 O *homo religiosus* e o sagrado

1) As descobertas feitas na África há vinte anos mudaram os horizontes da paleoantropologia. Essa inesperada aceleração no conhecimento do passado remoto da humanidade nos permite uma melhor compreensão do surgimento do homem, de sua evolução, de sua história e de sua peculiaridade. Também esclarece a antropologia religiosa de uma maneira nova e inesperada. A evidência dada à unidade de origem e à afinidade do comportamento dos homens nos mostra que, desde sua aparência, o homem assumiu um modo específico de existir. Além disso, o *homo religiosus* é reconhecível em cada estágio de sua jornada. De acordo com a definição de Eliade, em qualquer contexto histórico que viveu, o *homo religiosus* deu provas de acreditar em uma realidade absoluta que transcende o mundo em que sua vida se realiza e que, manifestando-se neste mundo, confere-lhe uma dimensão de completude.

Por mais de cinco milênios, o *homo religiosus* fixou em pedra, argila, papiro, madeira, pergaminho, e outros materiais, a memória de sua experiência e de suas crenças. Para esse fim ele criou palavras e idiomas, testemunhas irrefutáveis de

---

* In: RIES, J. (org.). *Trattato di antropologia del sacro*. Vol. 1: Le origini e il problema dell'homo religiosus. Milão: Jaca Book/Massimo, 1989, p. 303-319. • RIES, J. *Una nuova antropologia religiosa fondamentale*. Tomo 2, p. 546-563 [*Opera Omnia*, IV].

seu pensamento. Em seu vocabulário aparece uma palavra chave, *sakros*, derivada da raiz *sak*- e presente em toda a extensão da área de migrações indo-europeias.

Essa raiz e as palavras que ela originou nos introduzem no problema e na esfera do sagrado. A investigação da linguagem do *homo religiosus* explica a maneira pela qual o homem entendeu o sagrado: é uma mediação significativa e expressiva de sua relação com o Divino que a ele se manifesta.

O que impressiona o filólogo que se dedica a uma pesquisa de semântica histórica, bem como o historiador de religiões que examina os significados descobertos, é a notável uniformidade da expressão verbal do sagrado. Um fato como esse seria compreensível se a investigação se referisse à mesma civilização e a culturas idênticas, torna-se particularmente relevante quando se delineia um vasto complexo de convergências e homologias na expressão do sagrado de diferentes religiões. À luz das recentes descobertas, a história das religiões alcança, confirma e explica os resultados da paleoantropologia sobre a unidade da raça humana, e não hesita em falar de uma unidade espiritual. Pode-se de fato notar que, apesar da grande variedade de culturas em que sua vida ocorreu, o *homo religiosus* fez uma experiência similar em todos os lugares. Da mesma forma, a análise da linguagem demonstra que, na percepção de hierofanias, ou manifestações do sagrado, o *homo religiosus* detecta a presença de uma energia invisível e eficiente, que se manifesta através de um objeto, um ser, uma pessoa, revestidos de uma nova dimensão, a sacralidade.

2) Para Régis Boyer, o *homo religiosus* vive uma experiência do sagrado que é pessoal e vem da visitação íntima de um Absoluto. Aquele que a vive adquire uma certeza profunda. Os documentos das diversas religiões nos levam a afirmar que essa experiência do sagrado é universal. Examinando o comportamento do homem em várias culturas, podemos dizer que tudo acontece como se o homem não pudesse viver em um mundo dessacralizado: o contexto em que a vida humana evolui não satisfaz a expectativa do homem. Ao longo do progresso de sua existência e no mais profundo de si mesmo, o homem sente a ascendência de uma realidade misteriosa. É uma experiência que se manifesta de maneira diferente, segundo culturas e épocas, mas é sempre uma tentativa de ultrapassar-se a si mesmo, a existência cotidiana e a condição humana.

3) A experiência do sagrado é inseparável da dimensão simbólica. Todo o trabalho de Gilbert Durand segue esse caminho. Neste volume ele retorna à questão, insistindo, em primeiro lugar, na suspeita de que o *homo religiosus* e o sagrado foram mantidos por três séculos. Filósofo e antropólogo, o autor entende o símbolo como um signo concreto que, por relacionamento natural, evoca algo ausente ou impossível de perceber, uma representação que manifesta um sentido secreto. Em outras palavras, "o símbolo é a epifania de um mistério", coloca-se na ordem da intuição. Nossa época foi por muito tempo devedora do pressuposto herdado do Iluminismo, i.e., "que a verdade científica deve servir de modelo para todas as verdades". Na realidade, o novo espírito científico introduziu uma grande mudança na pesquisa e nos oferece definições muito sutis do símbolo. Assim, os conceitos de imaginário, símbolo e mito são reabilitados e "normalizados". No momento testemunhamos uma extraordinária convergência de toda a pesquisa científica de vanguarda em direção aos confins do conhecimento, para que o símbolo esteja no centro de todo o processo do pensamento contemporâneo. O processo simbólico é a modalidade da epifania de uma transcendência. Assim, a atividade simbólica, agora considerada como uma atividade verdadeiramente específica do *homo sapiens*, permite colocar o *homo religiosus* no centro da humanização, i.e., na vanguarda das conquistas do espírito.

Na primeira parte do século XX, houve consideráveis consequências do positivismo de Auguste Comte no pensamento de Durkheim, de Mauss, de Henri Hubert, de Caillois: o sagrado foi reduzido a motivações sociológicas. Felizmente, o período entre 1930 e 1960 viu o trabalho de Söderblom, Otto, van der Leeuw, Vendryes, Dumézil, Eliade, Corbin e Jung, e isso tornou possível criar uma nova hermenêutica simbólica e a completa reintegração dos valores do *homo religiosus*.

Durand insiste que, com Dumézil, Jung, Corbin e Eliade, estamos na presença de um trabalho monumental de cientistas autênticos, aliás dotados de imensa cultura, a ponto de dominar o comparativismo sem cair no sincretismo. Esses são quatro fundadores, que romperam as *Weltanschauungen* anteriores e abriram novas perspectivas sobre o homem e o homem religioso.

Analisando o trabalho desses quatro inovadores, Durand os agrupa dois a dois. Jung e Dumézil, um como psicólogo, o outro como filólogo, historiador e sociólogo, seguiram os passos do *homo religiosus*, respectivamente, dentro do processo psicológico e de um modelo social. Jung interessou-se pela alma do *homo religiosus* em que se manifesta a *dramatis personae* do sagrado, enquanto Dumézil tirou do seu estudo das sociedades indo-europeias as funções que se baseiam em teofanias precisas. Para Jung, o sagrado é o fundamento último sobre o qual a alma se instaura; para Dumézil, o sagrado tece o enredo da sociedade. Jung restabeleceu o *homo religiosus* nas entidades que fundam o drama e os problemas da alma humana, enquanto Dumézil colocou-o nas estruturas que permitem o funcionamento do contrato social. Graças ao trabalho excepcional desses dois cientistas, descortina-se o universo simbólico do caminho antropológico do *homo religiosus*, i.e., a articulação do sagrado com o psiquismo, por um lado, e, por outro, com a sociedade.

O trabalho de Henri Corbin e de Mircea Eliade nos dá, nas palavras de Durand, "condições *a priori* de toda intuição e todo discurso religioso". Esses dois autores demonstraram que o sagrado, para epifanizar-se em teofanias, "precisa de um espaço e de um tempo que não sejam mais aquele vazio da indiferença geométrica euclideana". Corbin desenhou a "topografia" de um espaço, o *mundus imaginalis*, no qual o *religiosus* pode se desdobrar. Eliade nos devolveu o *Illud tempus*, o tempo da significação. Essa posição, brilhante e inovadora, permitiu a esses dois autores dedicarem-se ao comparativismo, evitando fazer, como diz Durand, "um amálgama reducionista". Graças à pesquisa comparativa sobre o que é visível, eles conseguiram destacar o que está oculto. As faces visíveis do *iceberg* permitem obter toda a configuração. Corbin procurou abolir o dualismo, ele mostrou que o imaginal "é o mundo no qual o espírito é corporificado" e "o mundo no qual o corpo é espiritualizado". É a superação do dualismo espírito-corpo. Em seu trabalho, encontramos uma topologia do sagrado que repousa sobre a função simbólica da alma. Corbin destacou dois espaços: o do observável e o das representações imaginárias.

Se Corbin é dedicado à definição dos dois espaços, Eliade define dois tempos, ou seja, as durações de tempo lineares do tempo contínuo e cíclico, repetitivo, do mito e da celebração litúrgica, com seu poder de comemoração, o *Illud tempus* que permite reviver o evento. O trabalho de Eliade gravita em torno da saída do tempo profano, o tempo do desgaste dos seres. Afirmando que "o sagrado é um elemento na estrutura da consciência e não um estágio na história da consciência", Eliade estabelece a unidade fundamental e a perenidade dos fenômenos religiosos, crises e renovações. Essa posição explica como suas raízes se fincam no pensamento indiano, caracterizado pelo mito do eterno retorno. Mas o dossiê do tempo cíclico é muito mais amplo, pois cabe à teologia patrística, que enfatiza a presença do evento do Gólgota em cada celebração eucarística. O ano litúrgico cristão tem como trama o tempo cíclico, o retorno do *Illud tempus* de Cristo. Graças ao comparativismo, o historiador das religiões pode traçar o perfil do *homo religiosus*, que transcende o tempo histórico.

Em conclusão, Durand observa que "a grande revolução epistemológica que caracteriza os últimos cinquenta anos" culmina no encontro de um novo espírito científico e antropológico. Eis que, na conclusão das mais avançadas descobertas tecnológicas e antropológicas, está-se diante do poder do pensamento simbólico e redescobre-se a estatura religiosa do *homo sapiens*. Nosso autor também recorda as responsabilidades da Igreja ocidental. No momento em que a antropologia de vanguarda redescobre o valor do *homo religiosus*, os líderes do magistério, do cuidado pastoral e da catequese devem buscar modelos fora da *episteme* passada "do Iluminismo, do positivismo, da psicanálise, senão mesmo do marxismo".

4) Para pôr fim a esta primeira parte sobre o *homo religiosus* e o sagrado foi necessário examinar a dimensão estética do sagrado, pouco considerada pelos nossos contemporâneos. O sagrado não é dissociável da arte de fazer e dizer. O homem expressou e expressa sua religiosidade através de formas belas e respeitáveis. Michel Delahoutre tentou definir essa arte sacra: poesia, eloquência, música, arquitetura, iconografia. A expressão não verbal do sagrado constitui um vasto patrimônio das religiões. No entanto, a aliança do sagrado com a arte, da religião com a estética, tem sido questionada com frequência por correntes puristas e iconoclastas.

A arquitetura sacra é relevante para o espaço. O historiador das religiões observa que às vezes a celebração cultual – um aspecto privilegiado da experiência do sagrado – foi satisfeita com uma partícula da Terra, simplesmente organizada como um local de culto. No entanto, estamos mais frequentemente lidando com edifícios construídos para este fim, um templo, uma capela, uma igreja. Junto ao aspecto funcional, esse edifício tem um caráter simbólico, distinguido pela doutrina e espiritualidade de cada culto. As imagens completam a arquitetura. Segundo o iconoclasta, ou purista, as imagens seriam incapazes de representar o divino. O debate bíblico do Antigo Testamento sobre idolatria continuou durante os primeiros séculos cristãos, mas os Pais da Igreja logo assumiram uma posição clara: o mistério da encarnação requer uma arte cristã e determina seus limites.

A arte sacra não é um fim em si mesma. Ela tem uma tarefa de iniciação. Faz o homem passar da figura para a realidade, do templo para a imagem de Deus e, ao lado da dimensão estética, a arte postula uma dimensão religiosa. No cristianismo, ela integra a liturgia, que é atualização e celebração da história da salvação. Com a arte sacra, o homem cria mediações do divino. É essa missão de mediação que confere a grandeza e os limites à arte sacra.

3.2 *Urzeit* e *Endzeit*: origens e escatologia

Neste volume, que procura traçar alguma aproximação ao sagrado, considerado a partir da experiência do *homo religiosus*, acreditamos ser necessário lidar com o *Urzeit* e o *Endzeit*. Não só não foi possível negligenciar os milênios que imediatamente precederam os tempos históricos, mas foi necessário pesquisar as origens, o *Urzeit*.

1) A tarefa de seguir o caminho da evolução humana foi assumida por um eminente especialista de paleontologia e paleoantropologia, o Professor Fiorenzo Facchini, de Bolonha. Um milhão de anos atrás, o *homo erectus* se estabeleceu como *homo symbolicus*. Chegando a prolongar suas mãos com instrumentos, ele se tornou o primeiro artesão do mundo. Com a descoberta do simbolismo e da simetria, ele fez emergir a cultura. A consciência do homem foi formada durante esse longo período que começou com a ereção do corpo. Aventura humana está em andamento. Expressões culturais são o signo dessa aventura, da evolução da consciência do homem e de sua identidade como *homo religiosus*.

O historiador das religiões valoriza as descobertas da paleoantropologia. Ele pode formular hipóteses de trabalho semelhantes às de Eliade sobre a descoberta da transcendência, graças ao simbolismo da abóbada celeste. A partir do Paleolítico Médio (80.000 anos atrás), o simbolismo funerário é um elemento religioso extremamente importante: o ritual de sepultamento dos mortos e o aparecimento do ocre vermelho, substituto do sangue e símbolo de vida. No Paleolítico Superior (de 35.000 a 9.000 anos atrás), a mobília funerária é o sinal da crença em uma atividade *post mortem* do defunto.

2) A transição do *homo sapiens* do Paleolítico Médio para o *homo sapiens* que surge no curso do Paleolítico Superior é particularmente importante. Emmanuel Anati, eminente especialista em Vale Camonica, em posse de toda a documenta-

ção de arte rupestre do mundo, resumiu os resultados da pesquisa atual nos três aspectos essenciais da experiência do sagrado feita pelo *homo sapiens*: simbolização, conceituação e ritualismo. Se o homem de Neandertal é particularmente interessante porque usa um simbolismo estético altamente desenvolvido, o que nos permite ver nele a articulação do sagrado da vida e da morte, o *homo sapiens* do Paleolítico Superior, começando 35.000 anos atrás, acaba por ser uma criatura brilhante no campo da cultura e do pensamento. A arte franco-cantábrica e, especialmente, as cavernas de Altamira e Lascaux, oferecem uma documentação artística que nos permite falar de revolução na experiência das pinturas sagradas parietais, representando animais, arco-íris simbólico que liga o céu e a terra, associação do animal a certos desenhos que representam o alvorecer de uma escrita pictográfica, pegadas de passos de jovens na caverna de Lascaux, sinais claros de peregrinações e práticas de iniciação. Diante dessa vasta documentação, Mircea Eliade não hesitou em dizer que o antigo homem de pedra conhecia uma série de mitos e ritos: mitos cosmogônicos que encenaram as águas primordiais e o Criador; mitos e ritos relacionados à ascensão ao céu; mitos e símbolos do arco-íris; mitos de origem de animais e fogo. Durante o Mesolítico, a ideia do ancestral mítico e dos mitos de origem é especificada. Com a vegetocultura, a revolução neolítica explodirá.

3) A história nos faz constatar que a morte sempre esteve relacionada ao sagrado: concepção da morte, atitudes em relação ao defunto, crença na sobrevivência. Neste volume, L.V. Thomas, um dos melhores conhecedores do assunto, tratou o problema do ponto de vista da antropologia e da sociologia. Em uma primeira parte, ele examinou a concepção da morte e sua ritualização no contexto judaico e cristão, que nos oferece a articulação mais elaborada: morte-ruptura, morte-separação, morte-transformação, morte espiritual. Em nossa época, o modelo tradicional está em plena evolução, pois o sagrado é sistematicamente esvaziado pela dessacralização técnica e pela substituição do rito religioso pelo rito secular. Um segundo aspecto importante da experiência do sagrado no modo de conceber a morte é o espaço *post mortem*: o cadáver purificado e embelezado, o tanatopráxis, a mumificação, a preservação das relíquias. O autor fornece uma série de exemplos, extraídos das várias religiões, sobre a sobrevivência do falecido e sobre a importância do culto à memória como uma estratégia de consolar os sobreviventes. Nos vários estágios da história do *homo sapiens*, o poder da memória e da memória serviu como um paliativo para a angústia humana da morte.

O melhor acesso ao sagrado vivido na experiência da morte abre-se a nós graças ao ritual fúnebre, um ritual antiquíssimo, dado que o homem de Neandertal preservou uma amostra preciosa dele. Em várias culturas, os ritos funerários envolvem a mobilização da comunidade, lugares selecionados, numerosos atores, uma liturgia bem-elaborada e uma longa série de ritos de luto. De acordo com os fatos, devemos notar que, no que concerne ao ritual funerário, o Ocidente opera uma grande tentativa de dessacralização. Mas, na impossibilidade manifesta de derrubar o sagrado, tentamos substituí-lo por um novo sagrado que tem a marca da dessacralização, da neutralidade afetiva e do empobrecimento do simbolismo milenar. O ritual é realmente evitado. Thomas explica como as Igrejas cristãs estão tentando reagir a esta situação: renovação dos ritos, procura de um novo simbolismo, tentativa de represtigiar a celebração litúrgica com a doutrina cristã da ressurreição de Cristo e da teologia paulina.

3.3 O homem africano e o sagrado

Seria necessário repetir que, à luz das descobertas das duas últimas décadas, a origem do homem é colocada na África? As grandes linhas da nossa história tomam forma e as rodas do berço da humanidade, mencionadas pelo Abade Breuil, parecem definitivamente fixadas (Y. Coppens). Não seria isto suficiente porque, num volume que trata das abordagens do *homo religiosus*, uma parte é dedicada em particular ao homem africano? Eliade acrescentaria um segundo motivo. O fato de que certas estruturas originais de civilizações arcaicas ainda não haviam sido identificadas no final do século XIX nos permite afirmar que "civilizações" presas "em um estágio similar ao Paleolítico Superior de alguma forma constituem" fósseis vivos"[472].

1) Vincent Mulago tentou enquadrar a vida do negro-africano no contexto das manifestações do sagrado. Sua pesquisa se abre para a visão africana do mundo: unidade de vida e participação; crença no crescimento, decrescimento e interação dos seres; símbolo como principal meio de contato e união; uma ética derivada da ontologia. A comunidade negro-africana é um circuito vital cujos membros vivem nas dependências e no proveito mútuo. O principal meio de cimentar essa

---

472. ELIADE, M. *Storia delle credenze e delle idee religiose*. Op. cit., p. 35.

união é o símbolo, que se inscreve no esforço do espírito humano para buscar um contato com o poder e constitui uma linguagem ao alcance de todos os membros de uma comunidade.

O Transcendente é o sagrado por definição e a fonte de todo sagrado. Deus não é um ser, mas o Pré-Existente, o Necessariamente Existente, o Totalmente Outro, a origem de todos os seres. A ideia do sagrado é colocada no eterno existente. A paternidade de Deus é comunicada aos homens através da criação, que é a participação na vida de Deus e sua paternidade. O negro-africano coloca a origem de toda a sacralidade no Pré-Existente, que transcende todos os seres e é a sua origem. No centro dos seres criados coloca-se o homem, cuja vida é, aos seus olhos, o primeiro sagrado criado, pois a vida é o bem mais precioso do qual o homem pode dispor.

Essa concepção explica por que na África Negra toda manifestação do sagrado está relacionada à vida e se refere à divindade e ao mundo invisível. O mundo é visto como um grupo de seres que participam da mesma fonte de vida, mas essa participação é alcançada por meio de intermediários, através dos quais o dom sagrado da vida é transmitido e manifestado. No mundo invisível, esses participantes, intermediários e transmissores da vida são os fundadores do clã, os espíritos dos antigos heróis, os parentes e os falecidos membros do clã. No mundo visível, há outra hierarquia de pessoas sagradas: os reis, os patriarcas do clã, os pais da família. Para essas pessoas sagradas é necessário adicionar o ferreiro, que goza de uma condição especial graças à sua familiaridade com os metais extraídos do ventre da terra.

O sagrado africano se limita ao campo religioso, a fim de garantir a vida das pessoas, a continuidade da sociedade e a abundância de bens. Na esfera da vida, o negro-africano coloca a sagrada criação: a tal ponto, que a religião impregna toda a sua vida.

2) A experiência do sagrado está ligada ao símbolo e ao simbolismo.

Era essencial abrir o dossiê do simbolismo africano: a tarefa foi confiada a Madiya Faîk-Nzuji. O autor primeiro passou rapidamente pela semântica que nos introduz no símbolo africano, lugar pelo qual o homem passa tentando estabelecer comunicação com as realidades de uma natureza elusiva no mundo visível. Cada símbolo é o repositório de mensagens e ensinamentos, cujo conhecimento prova ser uma garantia de equilíbrio, ordem, coesão, para os indivíduos e para a sociedade. Além disso, a África Negra teve o cuidado de garantir a conservação, transmissão e circulação do seu simbolismo, que inegavelmente constitui um dos principais meios de comunicação e de representação.

Na África Negra encontramos uma rica veia de iniciação ao simbolismo ancestral, que permite ao negro-africano o acesso a um conhecimento muito específico, que pode atingir um nível muito alto, impondo assim respeito a toda a comunidade. Na realidade, existem quatro graus de aprendizado da linguagem simbólica. Os primeiros rudimentos são ensinados a todas as crianças para prepará-las para entrar mais tarde no grupo. O segundo grau é comumente chamado de iniciação: rituais, mudanças corporais, experiências do sagrado constituem um cenário iniciático que pode ser impressionante. Tendo se tornado adulto, após essa fase, o africano escolhe uma profissão e obtém um lugar na comunidade: aqui também aprendemos uma linguagem e gestos simbólicos. O quarto grau é o da alta iniciação, reservado às confrarias e associações, grupos fechados em que o segredo é obrigatório. Pode-se dizer que essa iniciação superior é reservada àqueles que, por nascimento, ambiente ou posição social, guardam os segredos do simbolismo africano.

O simbolismo é essencialmente religioso, destinado a ajudar o homem a transcender o temporal e a conectar-se com o mundo invisível. O africano primeiro escolhe seus símbolos na criação original, i.e., em seu corpo e na natureza: sol, luz, espaço, altura. Como simbolismo animal, encontramos a cobra, a águia, o crocodilo e, como símbolos de plantas, a palmeira e a bananeira. Esse simbolismo, no qual o homem e a natureza estão ligados, tem um significado preciso: o Criador que estabeleceu que o homem é o senhor das criaturas. Um segundo campo de escolha de símbolos é deixado à faculdade do homem: um vasto campo, que vai das partes do corpo humano às cores, passando por vários aspectos cuidadosamente selecionados da natureza, como madeiras, conchas, máscaras. Finalmente, há o imenso espaço da grafia e da arte abstrata, que acaba culminando em um simbolismo de números.

3) O historiador das religiões apreende o sagrado porque o *homo religiosus* diz que ele percebe sua manifestação. O historiador, portanto, encontra o sagrado através do discurso do homem, que fala de sua própria experiência religiosa. Ele teme isso como uma manifestação de poder, força, eficácia, diferente de qualquer outro poder da ordem natural. A manifestação do sagrado – chamada de hierofa-

nia por Eliade – possibilita que o *homo religiosus* entre em relação com o Transcendente. Relação estabelecida através do símbolo, do mito, do ritual.

Solicitamos a Issiaka-P. Lalèyê que mostrasse a articulação do mito e do rito na experiência religiosa africana. O autor começou por estabelecer o campo de articulação desses dados essenciais da experiência religiosa. A articulação deve estar centrada no Transcendente, já que a redução do fenômeno religioso a uma estrutura horizontal deve ser absolutamente evitada, como aconteceu com certo número de sociólogos e antropólogos, que se condenaram a enfrentar o fenômeno religioso de maneira superficial e periférica.

Lalèyê primeiramente examinou comportamentos altamente ritualizados, mas com base em uma infraestrutura mítica muito reduzida. É o ritual da palavra na saudação, que envolve um certo ritmo da própria palavra, tanto em tom quanto em expressão. Para o africano, a maneira de cumprimentar é o sinal de uma ritualização. Em um segundo momento, o autor passa para o rito de gestos e coisas. Escolhe um gesto trivial: despejar a água no chão. Um gesto que não tem estrutura mítica real, mas repousa sobre o simbolismo da água: umidade, germinação, fecundidade, vida e, na área cultural negro-africana, o simbolismo da terra considerada como receptáculo dos restos dos antepassados. Três exemplos denotam o valor simbólico particular que o gesto da água pode cobrir: a água derramada nos passos de uma noiva que entra pela primeira vez no lar conjugal; a água derramada sobre os passos de um rei depois da cerimônia de entronização; a água que uma mãe de família derrama pela manhã na soleira da porta. Nestes três casos, a eficácia da ritualização deve ser buscada na intenção e na vontade de sacralizar a pessoa que executa o gesto.

Um segundo nível é o do rito das forças, baseado nas relações rito-mito. O autor explica um caso de eficácia do ritual derivado da manipulação de forças. É o caso do ritual pelo qual uma mãe cobre com sua própria tanga o filho abalado de forma assustadora por um pesadelo. É a tanga da nudez que cobre o agitado e restaura a calma. A África nos revela numerosos casos de eficácia ritual atribuídos a ritos simbólicos, nos quais, ao lado de uma densidade simbólica fortemente caracterizada, há a intervenção da força dos seres, das coisas ou dos atos. Aqueles que usam esses rituais devem conhecer bem os modelos, cuja eficácia é garantida pelo seu sucesso no passado.

Nosso autor passa então para outro nível, o do rito do discurso, do mundo e do mito. O discurso não é simplesmente o verbo, a palavra. É um sistema de significados. Este é o caso do mito que não é real, exceto na fase de proclamação. O autor usa todo um ciclo mítico africano, chamado IFA ou FA, que consiste em dezesseis figuras principais, caracterizadas por uma estrita simetria, cada uma das quais pode ser combinada com uma ou mais histórias, de acordo com a erudição do adivinho. Essas histórias contam como as coisas aconteceram nos tempos imemoriais em que viveu IFA, personagem histórico-lendário, cujo comportamento *in illo tempore* permite resolver os problemas atuais.

No final desse percurso, Lalèyê tenta esclarecer o elemento essencial do processo oracular. Esse elemento essencial é o conjunto de atos que processam as coisas e forças que animam o universo e cujas leis profundas e eternas só podem ser reveladas por alguns eventos arquetípicos. É o conjunto de atos que prevalece sobre o verbo e o gesto. Em outras palavras, o rito prevalece sobre o mito.

* * *

Eis que chegamos à conclusão de numerosos encontros com o *homo religiosus*, cujo comportamento seguimos através da experiência do sagrado. As três partes deste volume trataram de três aspectos específicos, graças aos quais somos capazes de enquadrar o problema que nos interessa. Primeiro tentamos entender o lugar do sagrado na vida do homem, a natureza de sua experiência religiosa, o papel do simbolismo em seu comportamento, bem como o aspecto mais particular da expressão estética do sagrado. Esse primeiro itinerário nos mostrou a riqueza dessa experiência, os múltiplos aspectos que a caracterizam e a renovação da antropologia religiosa. O trabalho monumental de autênticos cientistas de cultura excepcional, como Dumézil, Jung, Corbin e Eliade, abriu perspectivas sobre o *homo religiosus* insuspeitas até algumas décadas atrás.

Em um segundo itinerário, tentamos acompanhar o surgimento do homem e especificar as origens de sua consciência religiosa. As extraordinárias descobertas feitas na África ampliaram os horizontes da paleoantropologia e nos permitem formular hipóteses arrojadas sobre as primeiras experiências do sagrado feitas pelo *homo erectus* e *symbolicus*. De etapa em etapa, seguimos esse homem arcaico em seu itinerário pelo Paleolítico, até o alvorecer das civilizações neolíticas. Se existe o *Urzeit*, há também o *Endzeit*: é o evento da morte humana. A história das religiões nos fornece copiosa documentação sobre ritos funerários e a sacralização da morte. Neste campo, nosso Ocidente está se movendo contra a corrente e na direção oposta à história. Estamos testemunhando as últimas repercussões da profanação moderna.

O terceiro itinerário deste volume tratava da experiência do sagrado feita pelo *homo religiosus* das culturas negro-africanas que, presentes no continente que viu o nascimento do homem há cerca de quatro milhões de anos, permaneceram paradas. No final do século passado, essas culturas ainda não haviam sido identificadas e, portanto, são capazes de nos revelar agora certas estruturas originais de civilizações arcaicas. Toda essa parte do trabalho foi escrita por catedráticos africanos que estudam as raízes de sua cultura há muitos anos e lidam com o *homo religiosus*. Existem duas palavras-chave: transcendência e vida. O transcendente é o sagrado por excelência, a fonte do real, a fonte da vida. Toda experiência do sagrado está ligada ao símbolo, i.e., aos meios para acessar o mundo invisível e, para acessá-lo, o africano utiliza um método, a ritualização.

Graças aos traços deixados pela humanidade, desde o Paleolítico até a nossa era, o historiador das religiões e o antropólogo são capazes de identificar as características da face do *homo religiosus*. Descobertas incessantes levam a um aumento constante dessa documentação já rica e variada. Com o seu comportamento ao longo dos milênios, o *homo religiosus* mostra que acredita numa realidade transcendente que se manifesta neste mundo e dá ao próprio mundo uma dimensão de realização. Essa descoberta o leva a assumir um modo específico de existir, pois culmina em valores absolutos, capazes de dar sentido à existência humana. Eliade não hesitou em dizer que a "experiência do sagrado está indissoluvelmente ligada ao esforço feito humano de construir um mundo que tenha um significado".

Bibliografia seletiva geral

Inicialmente, destacamos duas ferramentas bibliográficas úteis:

WAARDENBURG, J. *Classical Approaches to the Study of Religion*. 2 vols. Haia/Paris: Mouton, 1974.

Dictionnaire des Religions. Paris: PUF, 1984, 1985, 1993, p. 1.809-1.820 [bibliografia que oferece as siglas internacionais das revistas e das coleções].

l) Dicionários

Seguimos a ordem cronológica das publicações:

KÖNIG, F. (org.). *Religionswissenschaftliches Wörterbuch* – Die Grundbegriffe. Freiburg i. B.: Herder, 1956 [trad. it.: ROSSANO, P. (org.). *Dizionario delle religioni*. Roma: Herder, 1960].

CHEVALIER, J.; GHEERBRANT, A. & BERLEWI, M. *Dictionnaire des Symboles*. Paris: Laffont, 1969.

CHEVALIER, J. (org.). *Les religions*. Paris: Retz, 1972.

BONNEFOY, Y. (org.). *Dictionnaire des mythologies et des religions des sociétés tradittionnelles et du monde antique*. 2 vols. Paris: Flammarion, 1981 [ilustrado] [trad. it.: *Dizionario delle mitologie e delle religioni* – Le divinità, l' "immaginario", i riti, il mondo antico, le civiltà orientali, le società arcaiche. Milão: Rizzoli, 1989].

POUPARD, P. (dir.); VIDAL, J.; RIES, J.; COTHENET, E.; MARCHASSON, Y. & DELAHOUTRE, M. (red.). *Dictionnaire des religions*. Paris: PUF [2. ed.: 1984; 3. ed.: 1993; 4. ed.: 2008 – rica bibliografia] [trad. it.: *Grande dizionario delle religioni*. 2 vols. Casale Monferrato/Assis: Piemme/Cittadella, 1990 [3. ed.: 2000]].

2) Enciclopédias

Com a disposição alfabética da matéria:

DI NOLA, A.M. (org.). *Enciclopedia delle religioni*. 6 vols. Florença: Vallecchi, 1970-1976 [com várias ilustrações].

ELIADE, M. (org.). *The Encyclopedia of Religion*. Londres/Nova York: Macmillian, 1987 [trad. it.: *Enciclopedia delle religioni*. Milão: Jaca Book, 1993-2007].

FILORAMO, G. (org.). *Storia delle religioni*. 5 vols. Roma/Bari: Laterza, 1994.

3) Histórias das religiões (obras enciclopédicas)

ELIADE, M. *Histoire des croyances et des idées religieuses*. 3 vols. Paris: Payot, 1976-1983 [trad. it.: *Storia delle credenze e delle idee religiose*. 3 vols. Florença: Sansoni, 1979-1983; Milão: Rizzoli, 2006].

KÖNIG, F. (org.). *Christus und die Religionen der Erde*. 3 vols. Viena: Herder, 1951, 1956 [trad. it.: *Cristo e le religioni del mondo* – Storia comparata delle religioni. 3 vols. Turim: Marietti, 1967].

Le Grand Atlas des religions, Encyclopaedia Universalis. Paris, 1988.

PUECH, H.C. (org.). *Histoire des religions*. 3 vols. Paris: Gallimard/Encyclopedie de la Pléiade, 1970-1976 [trad. it.: *Storia delle religioni*. 13 vols. Roma/Bari: Laterza, 1988].

TACCHI VENTURI, P. (org.). *Storia delle Religioni*. Turim: Utet, 1934 [6. ed. ilustr. por G. Castellani: 5 vols., 1970-1971].

VV.AA. *Paleoantropologia e Preistoria* – Enciclopedia tematica aperta (Origini, Paleolitico, Mesolitico). Milão: Jaca Book, 1993.

VV.AA. *Religioni* – Enciclopedia tematica aperta, Prolusioni e Dizionario. Milão: Jaca Book, 1992.

4) Publicações sobre o sagrado

a) obras coletivas

CASTELLI, E. (org.). *Le Sacré* – Études et Recherches. Paris: Aubier, 1984.

CASTELLI, E. "Champ du sacré". In: *Corps écrit*, II. Paris: PUF, 1982.

_____. *Prospettive sul sacro* – Contributi al Convegno su "Il Sacro". Roma: Ist. Studi filosofici, 1974.

COLPE, C. "Comunità, Società, Sacro". In: *I Quaderni di Avalon*, 6, 1984.

COLPE, C. (org.). *Die Diskussion um das Heilige*. Darmstadt: WBG, 1977.

DE SMEDT, M. (org.). *Demeures du sacré* – Pour une architecture initiatique. Paris: Albin Michel, 1987.

HAMMOND, P.E. *The Sacred in a Secular Age*: Toward revision in the scientific study of religion. Berkeley/Londres: University of California Press, 1985.

I Quaderni di Avalon – Rivista di studi sull'uomo e il sacro. Rimini: Il Cerchio, 1982.

La cultura contemporanea e il sacro – Atti del I Convegno di studi de "I Quaderni di Avalon", 3-4 novembre 1984. Rimini: Il Cerchio, 1985.

"Le religioni e il mondo della morte di Dio". In: *La cultura contemporanea e il sacro* – Atti del I Convegno di studi de "I Quaderni di Avalon", 3-4 novembre 1984. Rimini: Il Cerchio, 1985.

RIES, J. (org.). *L'expression du sacré dans les grandes religions*. Vol. 1: Proche-Orient ancien et traditions bibliques (1978). Vol. 2: Peuples indo-européenns et asianiques, hindouisme, bouddhisme, religion égyptienne, gnosticisme, islam (1983). Vol. 3: Mazdéisme, cultes isiaques, religion grecque, Nouveau Testament, vie de l'homo religiosus (1986). Louvain-la-Neuve: Centre d'Histoire des Religions, 1978-1986 [Bibliografia: vol. 3, p. 385-397]. Obra de referência para o presente *Tratado*.

SIMON, M. (org.). *Le retour du sacré*. Paris: Beauchesne, 1977.

b) Monografias

ACQUAVIVA, S. *L'eclissi del Sacro nella civiltà industriale*. Milão: Comunità, 1961.

ALLEN, D. *Structure and Creativity in Religion* – Hermeneutics in Mircea Eliade's Phenomenology and New Directions. Haia: Mouton, 1978 [trad. fr.: *Mircea Eliade et le phénomène religieux*. Paris: Payot, 1982].

BASTIDE, R. *Le sacré sauvage et autres essais*. Paris: Payot, 1975 [trad. it.: *Il sacro selvaggio e altri scritti*. Milão: Jaca Book, 1979, 1998].

BOUYER, L. *Le rite et l'homme* – Sacralité naturelle et liturgie. Paris: du Cerf, 1962 [trad. it.: *Il rito e l'uomo* – Sacralità naturale e liturgia. Bréscia: Morcelliana, 1964].

BROWN, P. *Society and the Holy in Late Antiquity*. Londres: Faber & Faber, 1982 [trad. it.: *La società e il sacro nella tarda antichità*. Turim: Einaudi, 1988].

COSTECALDE, C.B. & GRELOT, P. "Sacré (et sainteté)". In: *Dictionnaire Biblique*. Paris, 1985, Suppl. X, col. 1.342-1.483 [com rica bibliografia].

DE BENOIST, A. & MOLNAR, T. *L'éclipse du sacré* – Discours-réponses. Paris: La Table Ronde, 1986.

DONCOEUR, P. *Péguy, la révolution et le sacré*. Mâcon: L'orante, 1942.

_____. *Eveil et culture du sens religieux*. Paris: Cahier, s.d.

DUPRONT, A. *Du Sacré* – Croisades et pèlerinages, images et langages. Paris: Gallimard, 1987.

ELIADE, M. *Traité d'histoire des religions*. Paris: Payot, 1948 [6. ed.: 1974] [trad. it.: *Trattato di storia delle religioni*. 2. ed. Turim: Bollati Boringhieri, 1999].

_____. *Le sacré et le profane*. Paris: Gallimard, 1965 [trad. it.: *Il sacro e il profano*. Turim: Boringhieri, 1967 [3. ed.: 1984]].

FERRAROTTI, F. *Il paradosso del sacro*. Roma/Bari: Laterza, 1983.

FUGIER, H. *Recherches sur l'expression du sacré dans la langue latine*. Paris: Les Belles Lettres, 1963.

ISAMBERT, F.A. *Le sens du sacré* – Fête et religion populaire. Paris: de Minuit, 1982.

MARTIN, E. & ANTOINE, P. *La querelle du sacré*. Paris: Beauchesne, 1970.

OTTO, R. *Das Heilige* – Über das Irrationale in der Idee des Göttlichen und sein Verhältnis zum Rationalen. Gotha: Klotz, 1917 [35. ed.: Munique: Beck, 1963] [trad. it: *Il Sacro* – L'irrazionale nell'idea del divino e la sua relazione al razionale. 5. ed. Milão: Feltrinelli, 1994].

PRANDI, C. *I dinamismi del sacro fra storia e sociologia*. Bréscia: Morcelliana, 1988.

PRADÈS, J. *Persistance et métamorphose du sacré*: Actualiser Durkheim et repenser la modernité. Paris: PUF, 1987.

5) Antropologia religiosa

a) Artigos de enciclopédias

BASTIDE, R. "Anthropologie religieuse". In: *Encyclopedia Universalis*. Vol. 2. Paris, 1968, p. 65-69 [na edição de 1985, p. 271-275].

BOON, J.A. "Anthropology, Ethnology and Religion". In: *The Encyclopedia of Religion*. Vol. 1. Nova York: MacMillan, 1987, p. 308-315.

DI NOLA, A.M. "Antropologia culturale, antropologia sociale e religione". In: *Enciclopedia delle religioni*. Vol. 1. Florença: Vallecchi, 1970, cols. 480-489.

SCHMID, J. "Biblische Anthropologie"; HALDER, A. "Philosophische Anthrop."; RAHNER, K. "Theologisches Anthrop." In: *Lexikon für Theologie und Kirche*. Vol. 1. Freiburg i.B., 1957, p. 604-627.

b) Monografias e obras coletivas

Anthropologie et humanisme. Fontenay-aux-Roses, 1985 [Les Cahiers de Fontenay, 39-40].

BANTOM, M. (org.). *Anthropological Approaches to The Study of Religion*. Londres: Tavistick, 1966.

BRIEN, A. *Le Dieu de l'homme*: le sacré, le désir, la foi. Paris: Desclée de Brouwer, 1984.

CHAUCHARD, P. *L'être humain selon Teilhard de Chardin*: Ses aspects complémentaires dans la phénoménologie scientifique et la pensée chrétienne. Paris: Gabalda, 1959 [trad. it.: *Teilhard de Chardin e il fenomeno umano*. Lanciano: Carabba, 1964].

CLAVIER, H. *Les expériences du divin et les idées de Dieu*. Paris: Fischbacher, 1982.

DUPRONT, A. "Anthropologie religieuse". In: LE GOFF, J. & NORA, P. (orgs.). *Faire l'Histoire*. Vol. 2. Paris: Gallimard, 1974, p. 105-136.

DURAND, G. *Les structures anthropologiques de l'imaginaire*. 11. ed. Paris: Dunod, 1992 [trad. it.: *Le strutture antropologiche dell'immaginario* – Introduzione all'archetipologia. 3. ed. Bari: Dedalo Libri, 1984].

_____. *Science de l'homme et tradition*: Le nouvel esprit antropologique. Paris: Berg, 1979 [Paris: Albin Michel, 1996].

GIUSSANI, L. *Alla ricerca del volto umano*. Milão: Jaca Book, 1984.

_____. *Il senso religioso*. Milão: Jaca Book, 1986.

HAMMAN, A.G. *L'homme image de Dieu* – Essai d'une anthropologie chrétienne dans l'Eglise des cinq premiers siècles. Paris: Desclée de Brouwer, 1987.

IZARD, M. & SMITH, P. (org.). *La fonction symbolique* – Essai d'anthropologie. Paris: Gallimard, 1979 [trad. it.: *La funzione simbolica*: saggi di antropologia. Palermo: Sellerio, 1988].

KILANI, M. *Introduction à l'anthropologie*. Lausanne: Payot, 1989.

MESLIN, M. *L'expérience humaine du divin* – Fondements d'une anthropologie religieuse. Paris: du Cerf, 1988 [trad. it.: *L'esperienza umana del divino*. Roma: Borla, 1991].

_____. "L'homo religiosus existe-t-il?" In: *Cahiers d'anthropologie religieuse*, 1, 1992, p. 7-18 (Paris: Presses Université de Paris Sorbonne).

MIDDLETON, J. (org.). *Gods and Rituals* – Reading in Religious Beliefs and Practices. Nova York: Natural History, 1967.

NEGRI, L. *L'uomo e la cultura nel magistero di Giovanni Paolo II*. Milão: Jaca Book, 1988.

RUPP, A. (org.). *Jahrbuch für Anthropologie und Religionsgeschichte* – Homo et Religio. Saarbrücken: Homo et Religio, 1973-.

_____. *Forschungen zur Anthropologie und Religionsgeschichte*, 1978-.

SCHEFFCZYK, L. (org.). *Der Mensch als Bild Gottes*. Darmstadt: WBG, 1969 [bibliografia às p. 526-538].

VON BALTHASAR, H.U. *Die Gottesfrage des heutigen Menschen*. Bruges: Saint-Augustin 1958 [trad. fr.: *Dieu et l'homme d'aujourd'hui*. Paris: Desclée de Brouwer, 1958].

Parte V
Problemas e métodos à luz de trinta historiadores das religiões

N.B. – Ao final da maior parte dos textos referentes aos trinta historiadores das religiões o autor acrescentou uma referência: WAARDENBURG, J. *Classical Approaches to the Study of Religion*. Vol. 2: Bibliography. Haia/Paris: Mouton, 1974.

Ugo Bianchi (1922-1995)*

Nascido em Cavriglia (Arezzo) aos 13 de outubro de 1922, Ugo Bianchi completou seus estudos universitários e sua especialização em história das religiões na Faculdade de Letras e Filosofia de Roma: bacharelado, em 1944; especialização em ciências histórico-religiosas, em 1947. A partir de 1954, começou a ensinar história das religiões, primeiro como encarregado e depois, a partir de 1960, como professor extraordinário e, a partir de 1963, como professor ordinário em Messina, em Bolonha em 1971 e a partir de 1974 na Universidade La Sapienza de Roma. A partir de 1972, é professor na Universidade Católica de Milão e, em 1977, se tornou professor visitante de etnologia religiosa na Pontifícia Universidade Urbaniana da Propaganda Fide, do Vaticano. Presidente da Sociedade Italiana de História das Religiões, presidente da Associação Internacional de História das Religiões (IAHR) de 1990 a 1995, deu novos impulsos à pesquisa histórico-comparativa, impedindo assim a deriva da nossa disciplina, colocada na encruzilhada das ciências humanas. Consultor do Pontifício Conselho para o Diálogo Inter-religioso, velou pela manutenção de um bom nível científico e doutrinal nos encontros. Era membro das academias de Messina e Bolonha, do comitê dos Griechische Christliche Schrifsteller der ersten Jahrhunderte e do comitê científico de *Texte und Untersuchungen* da Academia de Berlim. As universidades de Uppsala e de Lovain-la-Neuve lhe conferiram o doutorado *honoris causa*. Morreu improvisamente aos 14 de abril de 1995, data fixada pelos seus colegas para lhe oferecer uma magnífica miscelânea intitulada *Agathé elpis: Studi storico-religiosi in onore di Ugo Bianchi* [*Agathè elpis*: Estudos histórico-religiosos em honra de Ugo Bianchi][473].

---

* Texto inédito, i.e., publicado pela primeira vez na edição italiana.
473. SFAMENI GASPARRO, G. (org.). *Agathè elpis* – Studi religiosi in onore di Ugo Bianchi. Roma: L' "Erma" di bretschneider, 1995, 551 p. [elenco das obras de Ugo Bianchi, p. 17-32].

Discípulo de Raffaele Pettazzoni (1883-1959), U. Bianchi dedicou uma parte de seu magistério e pesquisa ao método histórico-comparativo, que para ele se impõe desde as primeiras abordagens, uma vez que se trata de abordar o concreto religioso no contexto da vida individual, cultural e social. Devemos sempre nos curvar às necessidades dos fatos estabelecidos pela história, e é a partir deste princípio que o historiador pode empreender um trabalho comparativo para delimitar o conceito de religião, para especificá-lo, para estudar o jogo de fatos religiosos identificáveis, para seguir o desenvolvimento das religiões diferentes. Ao lado da história e sob seu controle, a fenomenologia se encarrega de enuclear as estruturas, mas sem ignorar o contexto histórico. Para Bianchi, a religião é uma parte da cultura, irredutível à cultura, mas que assume um papel na criatividade e diversificação das culturas. A fenomenologia tem a missão de dedicar-se aos elementos singulares das religiões (crenças, mitos, ritos...) para destacar os tipos que constituem as religiões, mas deve ser superada por uma tipologia dos processos histórico-culturais que está em busca do sentido histórico de desenvolvimentos semelhantes presentes em diferentes religiões. Os trabalhos de Bianchi trouxeram numerosos elementos de esclarecimento na metodologia[474].

As cinco sessões da miscelânea tornam evidente a gama de perspectivas de pesquisa, de ensino e dos trabalhos pessoais e coletivos do Professor Bianchi. Ao lado do método, seus interesses o direcionaram sobretudo ao mundo clássico e ao Oriente Próximo antigo, mesmo aprofundando essa pesquisa com uma exploração da Antiguidade tardia, na qual tentava situar melhor o impacto do cristianismo e as ondas de choque do gnosticismo e do maniqueísmo. Para chegar a uma exploração sistemática da documentação, mobilizava seus colegas organizando grandes congressos internacionais, preparados e presididos por ele mesmo. Cada uma dessas assembleias, reservada a especialistas que deviam redigir e transmitir suas comunicações antes do encontro, de maneira a permitir aos colegas tomarem conhecimento, tinha uma dimensão científica de alto nível, graças às trocas e às discussões. Nesse âmbito, como no seu magistério, Ugo Bianchi era um mestre.

Dedicado às origens do gnosticismo, o primeiro desses colóquios ocorreu em Messina em 1966[475]. Reunidas em torno de dez temas, as 64 comunicações par-

---

474. BIANCHI, U. *The History of Religions*. Leiden: Brill, 1975.
475. BIANCHI, U. (org.). *Le origini dello gnosticismo* – Colloquio di Messina (13-18 aprile 1966). Leiden: Brill, 1967, 803 p. [2. ed.: 1970].

tiram da situação dos textos e de uma definição de gnosticismo, para chegar a circunscrever as áreas de difusão da gnose e especificar as diferentes formas do fenômeno gnóstico. Ao mesmo tempo histórico-comparativa e tipológica, a pesquisa tentou situar os documentos, os gnósticos, as doutrinas e os sistemas nas grandes correntes culturais e religiosas do início da nossa era. Anunciado desde o início do congresso, o projeto de um documento de síntese final foi progressivamente elaborado e desenvolvido durante um longo debate final. Ele permitiu definir o gnosticismo a partir dos sistemas gnósticos do século II a.C., formular uma hipótese de trabalho para pesquisa, elaborar o *status quaestionis* das origens e delimitar as implicações dualistas identificadas ao longo do caminho. Os trabalhos do Congresso de Messina deram o tom para os estudos gnósticos.

Duas conferências internacionais realizadas em Roma permitiram ver a eficácia do método e apresentar ao mundo dos estudiosos sínteses de qualidade, confiável como plataforma para pesquisa futura. O seminário internacional de 1978 sobre *Les mystères de Mithra* colocou o mitraísmo como um problema histórico-religioso e como um fenômeno mistérico que orienta o estudo do santuário, da liturgia e de toda a simbologia[476]. Na ocasião, três áreas foram particularmente exploradas: Roma, Ostia e o *limes* ocidental; a Comagena; o Irã. A partir desses trabalhos desenvolveu-se uma conclusão: o mitraísmo romano, uma religião de tipo místico e com estrutura mistérica e iniciática, apresenta-se como uma religião da salvação, o que implica uma visão positiva do cosmos. A conferência sobre *A soteriologia dos cultos orientais no Império Romano* (Roma, 1979) devia renovar o trabalho de Franz Cumont sobre as religiões pagãs do período helenístico-romano[477]. Os trabalhos mostraram que a soteriologia não é apenas sobre a vida após a morte, mas que a salvação póstuma está ligada à vida, numa continuidade e solidariedade biocósmica.

As publicações de nosso colega e as conferências dedicadas aos problemas religiosos dos primeiros séculos cristãos prepararam o caminho para um estudo histórico-religioso do encontro entre o cristianismo e o mundo antigo. É nessa

---

476. BIANCHI, U. (org.). *Mysteria Mithrae* – Atti del seminario internazionale sulla specificità storico religiosa dei Misteri di Mithra. Roma e Ostia, 28-31 marzo 1978. Roma: Ateneo e Bizzarri, 1979, 1.005 p.
477. BIANCHI, U. & VERMASEREN, M.J. (orgs.). *La soteriologia dei culti orientali nell'Impero Romano* – Atti del colloquio internazionale sulla soteriologia dei culti orientali nell'Impero Romano. Roma, 24-28 settembre 1979, Brill, Leiden 1982, 1.025 p.

perspectiva que Ugo Bianchi organizou as duas conferências em Milão sobre a questão do encratismo, que nos primeiros quatro séculos da nossa era pregava a abstinência sexual, a exaltação da virgindade e a abstinência de alguns alimentos[478]. De descendência helenística e filoniana, o encratismo se manifestou na tradição de Orígenes, no marcionismo, nas correntes gnósticas, em Taciano, nos apócrifos e no cristianismo aramaico. Sua forma mais elaborada é maniqueia. Mas o trabalho dos congressos em Milão mostrou que a prática cristã de continência e de ascese é motivada pela perspectiva escatológica do Reino, pela imitação de Cristo, pela disponibilidade total a serviço do Senhor. U. Bianchi esperava utilizar os anos posteriores à aposentadoria para empreender um estudo histórico-comparativo mais detalhado dos grandes problemas do cristianismo antigo. A morte impediu a realização desse projeto.

Encarregado de organizar o Congresso Mundial da IAHR, fundada em Roma em 1955, Ugo Bianchi aproveitou a oportunidade de 1990 para dedicar a tarde desses dias (3-8 de setembro) à noção geral de religião na pesquisa comparativa, enucleada pelos diferentes campos culturais e religiosos com dezesseis conferências magistrais realizadas no salão principal do ateneu romano[479]. Esse congresso foi, sem dúvida, um sucesso pessoal e um sucesso científico, que proporcionou ao seu organizador a eleição à presidência da IAHR e a tarefa de preparar o Congresso da Cidade do México de 1995, que, apesar de certa oposição encontrada em Paris em 1993, consagrará o nome da "Associação Internacional de História das Religiões".

Não podemos deixar de mencionar a importante contribuição de Bianchi para a pesquisa de etnologia religiosa, uma área que atraiu a sua atenção em Messina até sua aposentadoria, e na qual também trabalhou usando o método histórico-comparativo. Foi assim que abordou os ritos e o dualismo, dois aspectos omnipresentes nas religiões arcaicas[480].

---

478. BIANCHI, U. (org.). "La tradizione dell'enkrateia. Motivazioni ontologiche e protologiche". In: *Atti del colloquio internazionale* – Milano, 20-23 aprile 1982. Roma: Ateneo, 1985, 800 p. • BIANCHI, U. (org.). "Archè e Telos – L'antropologia di Origene e di Gregorio di Nissa". *Colloquio di Milano 1979*. Milão: Vita e Pensiero, 1981.

479. BIANCHI, U. (org.). "The Notion of Religion in Comparative Religion – Selected Proceedings of the XVI I.A.H.R. Congress". In: *L' "Erma" di Bretschneider*. Roma, 1994, 921 p.

480. BIANCHI, U. *Storia dell'etnologia*. Roma: Abete, 1971, p. 2. • BIANCHI, U. *Il dualismo religioso* – Saggio storico ed etnologico. 2. ed. Roma: Ateneo, 1983. • BIANCHI, U. (org.). *Proceedings of the Finnish-StvedishItalian Seminar held at the University of Rome "La Sapienza", L' "Erma" di Bretschneider*. Roma, 1986.

Raffaele Pettazzoni chegou a fazer reconhecer à religião um valor autônomo do espírito e tornar a história das religiões aceita como uma disciplina universitária na Itália. Quando essa ciência se dividiu em história e fenomenologia, ele enfatizou a pesquisa histórica. Ugo Bianchi continuou nesse caminho, evitando, por um lado, o obstáculo do positivismo, no qual caíram vários discípulos de Pettazzoni e, por outro lado, o perigo de ver no sagrado a palavra final e total de pensamento e da experiência religiosa, um perigo que ele percebeu em alguns discípulos de Rudolf Otto, enquanto o sagrado não pode ser considerado como hierofania e ruptura de nível se não com a condição de justificar-se de uma crença. Mas para Bianchi, como para Eliade, a religião implica uma "ruptura de nível".

A própria história das religiões forja seu próprio instrumento, i.e., o método histórico-comparativo aplicado à pesquisa e à descrição de fatos religiosos relacionados a homens, povos e culturas. Ela tem como objetivo a universalidade das manifestações religiosas, que implicam um comportamento específico, referindo-se, segundo diferentes graus, a um mundo sobre-humano, considerado como condição da própria existência do mundo e do homem no mundo. Esta posição de Bianchi lhe rendeu uma série de oposições entre os positivistas, mas reuniu inúmeros discípulos que, atualmente, formam a escola bianchina. Essa escola permanece na linha de Pettazzoni, destacando a natureza do comportamento qualificado como "religioso". A obra de Bianchi é considerável, e sua influência já relevante só aumentará, conforme diz o título de sua *Festschrift*, *Agathè elpis*, "boa esperança"[481].

Bibliografia de Ugo Bianchi

SFAMENI GASPARRO, G. (org.). *Agathè elpis* – Studi religiosi in onore di Ugo Bianchi. Roma: L'Erma di bretschneider, 1995, p. 17-32.

---

481. Cf. tb.: SFAMENI GASPARRO, G. *Ugo Bianchi*. Cavriglia (Arezzo), 1310-1922 – Roma, 14/04/1995, "Manichean Newsletter", 13, Leuven 1996, p. 5-21. • RIES, J. "Un regard sur la méthode historico-comparative en histoire des religions". In: BIANCHI, U. (org.). *Agathè elpis*. Op. cit., p. 121-148. O Professor U. Bianchi manteve relações científicas contínuas com seus colegas belgas, que os convidaram para participar de seu trabalho e de suas conferências e congressos. Ele próprio participou de vários congressos em nosso país. Em 1980, ele participou ativamente, com cerca de quinze de seus doutores e pesquisadores, na conferência "Gnosticisme et monde hellénistique" de Louvain-la-Neuve, ao término da qual Dom Massaux, reitor da Université Catholique de Louvain, o proclamou doutor *honoris causa*, cf. RIES, J.; JANSSENS, Y. & SEVRIN, J.M. (orgs.). *Gnosticisme et monde hellénistique* – Actes du colloque de Louvain la-Neuve, 11-14/03/1980. Louvain-la-Neuve: Institut Orientaliste, 1982.

Charles de Brosses (1709-1777)*

Nascido em Dijon, Charles de Brosses completa brilhantemente seus estudos no colégio dos jesuítas e, em 1730, torna-se conselheiro no parlamento. Em seu tempo livre, ele se dedicou ao estudo de Salústio. Para completar sua documentação, ele começou uma longa viagem na Itália em 1739-1740. Na sua vida como humanista e intelectual esta viagem é de suma importância. Está na origem das famosas *Lettres d'Italie* e de várias publicações, incluindo vários documentos sobre as escavações de Herculano, iniciadas naquela época. No final de dois exílios, em 1775, de Brosses foi nomeado primeiro presidente do parlamento de Dijon. O projeto de ser eleito para a Académie Française é dificultado pelo ressentimento tenaz de Voltaire. Uma obra de de Brosses é certamente importante para a história das religiões: *Du culte des dieux fétiches ou parallèle de l'ancienne religion de l'Egypte avec la religion actuelle de Nigritie*. Este estudo, apresentado em 1757 durante três sessões da Académie des Inscriptions et Belles Lettres, reelaborado com a aprovação de Diderot, foi finalmente impresso em Genebra em 1760, mas sem o nome do autor.

De 1748 a 1756, de Brosses conduz sua pesquisa na Académie des Inscriptions et Belles Lettres junto com Antoine Bonier e Nicolas Fréret, interessando-se particularmente pela mitologia e pelas religiões antigas, pela história das origens e pelos problemas de transformação das sociedades. A leitura de Lafitau leva-o a fazer um estudo comparativo dos selvagens e do Egito, da Grécia e de Roma. Ao mesmo tempo, ele se interessa pela formação das línguas; tenta entender o homem no estado primitivo. Essa pesquisa o leva a constatar que os antigos selvagens adoraram bastões, animais, estrelas, como fazem os selvagens modernos. A esta religião que

---

* In: POUPARD, P. (dir.); VIDAL, J.; RIES, J.; COTHENET, É.; MARCHASSON, Y. & DELAHOUTRE, M. (red.). *Grande dizionario delle religioni*. Assis/Casale Monferrato: Cittadella/Piemme, 1990, p. 324.

consiste na adoração de pedras, árvores e outros fetiches, de Brosses dá um nome: o fetichismo. A palavra aparece pela primeira vez em sua obra de 1756, *Histoire des navigations aux terres australes*. Sua teoria do fetichismo universal, uma religião encontrada na Austrália, no Egito, na África e entre os selvagens modernos, afirma a existência de um estado selvagem nas origens conhecíveis de cada povo. Contrastando com uma tese de moda, de Brosses tenta mostrar que o Egito não foi exceção. Diderot se alegra com a sua posição e declara que "o fetichismo certamente foi a primeira religião, geral e universal" e volta sua atenção para a recente publicação de David Hume, *The Natural History of Religion*.

Em *Dieux fétiches*, de Brosses trata de três questões: o fetichismo contemporâneo dos negros e outras nações selvagens; o fetichismo dos povos antigos em comparação com o das populações modernas; o exame das causas a que o fetichismo deve ser atribuído. Em sua descrição do culto, ele apresenta inúmeros objetos: animais, pedras, árvores, plantas, fontes, lagos, mares, rios, córregos, estrelas, sol, jogos. Distingue o fetichismo do politeísmo, religião já sistematizada, que usa símbolos, caracterizados pelo culto à imagem e à estátua. Para de Brosses a religião arcaica não é, portanto, explicada exclusivamente pela degeneração da humanidade. Ele liga uma visão filosófica do progresso do espírito humano a certa permanência da natureza humana. Ele coloca o fetichismo na origem das religiões, logo após a perda da revelação divina.

Juntamente com Lafitau, de Brosses é uma das figuras importantes do século XVIII. Depois de retomar o método comparativo de Lafitau, ele o expande no espaço e no tempo. Sua documentação sobre objetos de culto é abundante e cobre os cinco continentes. Uma novidade em sua pesquisa é encontrada na noção de fetiche, que é, para ele, uma presença ativa do objeto diante do homem tomado pelo medo e pela necessidade de salvação, que conta que obterá essa salvação através da observância dos ritos. Assim, o fetichismo não é idolatria nem politeísmo, pois o fetichista fiel não apela ao poder religioso do objeto nem ao simbolismo da estátua; cultua diretamente animais inanimados e seres terrestres, sem, de modo, apelar ao raciocínio. Na sua teoria sobre a religião fetichista, de Brosses não esconde uma intenção polêmica diante de algumas posições do Iluminismo. Assim, para refutar a distinção entre as duas humanidades (os homens iluminados e o vulgo), demonstra a permanência de cultos primitivos na vida de nações civilizadas como a China, Roma, o Egito. Opõe-se firmemente à ideia de que o Egito tenha logo possuído uma religião pura e intelectual. A sua insistência na especificidade das culturas primitivas demonstrada por documentos relativos ao mundo inteiro e na persistência de tradições primitivas através das civilizações, as suas repetidas descrições de cultos fetichistas considerados como religiões autênticas, mostram em de Brosses uma vontade de se opor à teoria da dupla humanidade do Iluminismo e mais especificamente a Voltaire, que pretendia "sempre distinguir a gente que pensa bem da plebe que não é feita para pensar".

Bibliografia

DAVID, M.V. In: *Numen*, 24. Amsterdam, 1977, p. 81-94. • In: *Revue de l'histoire des religions*, 193. Paris, 1978, p. 124-127. • In: *Charles de Brosses*, 1777-1977. Genebra, p. 123-140.

Pierre Daniel Chantepie de la Saussaye (1848-1920)*

Nascido em Leeuwarden, morreu em Bilthoven. Após seus estudos de teologia em Utrecht, com uma dissertação metodológica sobre o estudo da origem da religião, esteve por um período de especialização em Bonn e em Tübingen. Depois continua suas pesquisas enquanto exerce a função de pastor na Igreja Reformada Holandesa. Em 1878 é nomeado titular da cátedra de história das religiões criada em Amsterdã. Será em Leiden que acabará sua carreira (1899-1916). Sua especialização é o pensamento religioso dos germânicos.

De 1887 a 1889, Chantepie publicou dois volumes, *Lehrbuch der Religionsgeschichte*, obra que encontra seu lugar numa coleção de manuais de teologia. Um novo caminho está aberto: o da fenomenologia. O propósito declarado do autor é consolidar a fé dos alunos através do estudo das religiões não cristãs. Na ciência das religiões, distingue três vias: o primeiro caminho é a filosofia da religião, cujo campo é constituído pela problemática concernente à essência e à origem da religião; a história das religiões, por outro lado, estuda as diferentes religiões da humanidade; a fenomenologia está entre os dois campos de estudo. Ela estuda os fenômenos que aparecem diante de nossos olhos e que chamamos de religiosos por causa da atitude dos fiéis que os consideram como tais. O religioso e o profano são, portanto, separados por um elemento específico para o fiel: a fé.

A história das religiões tem a tarefa de fornecer os materiais necessários para o estudo das religiões. A fenomenologia classifica esses materiais. Seu papel não é a

---

* In: POUPARD, P. (dir.); VIDAL, J.; RIES, J.; COTHENET, É.; MARCHASSON, Y. & DELAHOUTRE, M. (red.). *Grande dizionario delle religioni*. Assis/Casale Monferrato: Cittadella/Piemme, 1990, p. 324.

investigação, mas a classificação. É neste campo que Chantepie se refere ao método comparativo. A classificação e a pesquisa comparada pressupõem um trabalho de reflexão, distinto, porém, da filosofia da religião, que reflete sobre a origem e a essência dos fenômenos. O culto, as doutrinas e os comportamentos dos fiéis constituem o primeiro material da fenomenologia.

A partir de uma base empírica, mas com um profundo senso de realidades religiosas, Chantepie compilou a primeira classificação fenomenológica. Seu trabalho servirá de modelo para todas as pesquisas futuras. Trata-se de uma obra pioneira, na qual a transposição dos métodos de pesquisa em comparação com fatos religiosos considerados no âmbito da crença dos fiéis é o elemento essencial. Ao separar a fenomenologia da história, reduzindo o papel específico da filosofia que Tiele em vez disso tendia a aumentar, ele precisou e esclareceu o método de pesquisa na ciência das religiões.

Bibliografia

HIRSCHMAN, E. *Phänomenologie der Religion*. Würzburg, 1940, p. 3-20.

WAARDENBURG, J. P.D. *Chantepie della Saussaye*, p. 37-38.

Benjamin de Rebecque Constant (1767-1830)*

Nascido em Genebra, e falecido em Paris, filho de uma família de protestantes franceses que fugiram para a Suíça, Constant é um personagem de incomum originalidade: jornalista, filósofo, orador liberal e homem político, promotor do parlamentarismo, literato, historiador das sociedades, historiador das religiões. Nós nos limitaremos aqui a considerar apenas este último aspecto de seu trabalho.

Formado em Edimburgo, Bruxelas e Paris, Constant começa aos 18 anos a estudar a religião e realizar pesquisas sobre o politeísmo antigo. Lê Lafitau e Charlevoix, os dois missionários jesuítas fundadores da etnologia religiosa. Lê *Le culte des dieux fétiches* (1760), do presidente de Brosses, e reconhece a importância da noção de fetichismo. Voltando-se então para a escola romântica alemã se inspira na mística de Creuzer e na filosofia de Herder. Sua obra sobre a religião, fortemente influenciada pelo movimento romântico, é o resultado de quarenta e cinco anos de esforço e reflexão realizada no curso de uma vida turbulenta, agitada pelas reviravoltas da época: o Antigo Regime, a Revolução de 1789, o Terror de 1793, Termidor, Diretório, Consulado, Império, Restauração. Entre suas aventuras amorosas, a mais famosa aconteceu com Madame de Staël.

Somente em 1824 começou a publicação dos cinco volumes, *De la religion considerée dans sa source, ses formes et ses développements*. Os dois últimos volumes serão publicados em 1831, após a morte do autor. Em 1833 aparece outro volume, precedido por uma introdução de J. Matter. Este trabalho, intitulado *Du polythéisme romain considère dans ses rapports avec la philosophie grecque et la*

---

* In: POUPARD, P. (dir.); VIDAL, J.; RIES, J.; COTHENET, É.; MARCHASSON, Y. & DELAHOUTRE, M. (red.). *Grande dizionario delle religioni*. 2 vols. Casale Monferrato/Assis: Piemme/Cittadella, 1990, p. 388-389.

religion chrétienne, trata da decadência do politeísmo, segunda parte da pesquisa do autor que ficou inacabada.

Segundo Constant, a religião nasce do sentimento, i.e., da necessidade do homem de se colocar em comunicação com a natureza e com as forças desconhecidas e os poderes invisíveis que a animam. O sentimento religioso é uma qualidade inerente à natureza humana, um seu atributo essencial, uma lei fundamental. É universal. Assim, Constant se encontra fora da perspectiva que considera essencial a intervenção do sobrenatural. Além disso, rejeita desde o início qualquer ideia sobre a gênese da religião. Enfim, ao insistir no caráter universal do sentimento religioso, ele sublinha o aspecto social da religião. Sentimento religioso, sociedade e linguagem são inerentes ao homem: buscar sua origem é um erro. Constant exclui a busca de uma origem social ou psicológica da religião, opondo-se assim aos filósofos franceses do século XVIII.

Se o sentimento religioso é natural, as formas das quais se reveste são históricas. De fato, ele é realizado concretamente apenas em formas particulares, que dependem dos estados de cultura e civilização. O estudo do nascimento, da vida, da transformação e do desaparecimento dessas formas constitui o objeto da história das religiões e da religião. Essa história deve considerar a intelectualização e socialização do sentimento religioso, estudar as representações que o homem faz dos poderes invisíveis e aspectos do comportamento religioso humano. A história do politeísmo de Constant é um estudo das relações entre sentimento religioso e formas religiosas. No politeísmo, ele identifica três estágios: selvagem, bárbaro e civilizado. Auguste Comte formulará a lei dos três estágios. Acrescentamos que Constant, ao contrário de outros românticos, se distancia quando fala de corporações sacerdotais com seu papel de conservação, seu poder e seu interesse corporativo.

Nosso autor avaliou os efeitos da religião. Um primeiro efeito é o do conforto moral. Como um bom romântico, ele insiste na aspiração ao desconhecido, na satisfação das necessidades do coração e do espírito. Por outro lado, ele vê na religião a garantia da ordem moral e social. A distinção entre a fonte e as formas de religião lhe permite, por um lado, valorizar as religiões primitivas e, por outro, explicar os politeísmos no contexto das sociedades e culturas.

A teoria da religião e das religiões de Constant não postula uma revelação. No entanto, aceita, de acordo com o protestantismo liberal alemão, a ideia de sucessivas revelações. A fonte dessas revelações é o sentimento religioso, uma fonte divina criativa localizada fora da história e que dá origem a diferentes formas, que são então colocadas na história. Essas revelações sucessivas são "manifestações diretas e sobrenaturais da Divindade para com o homem" (II, 211-212). Constant usa essa fórmula para explicar a obra de Moisés, na qual ele vê a passagem do politeísmo ao teísmo. Sem a revelação feita a Moisés, essa passagem de acordo com ele não teria sido explicada. Da mesma forma, sem a revelação cristã, não é possível explicar a regeneração da espécie humana decaída até o último grau de corrupção política e religiosa.

Na obra de Constant sobre a religião e as religiões, tentamos sintetizar três grandes correntes de pesquisa: a escola escocesa de Ferguson, com seus estudos sobre sociedade e religião; a escola francesa de Lafitau, Charlevoix e de Brosses, com ensaios de pesquisa comparativa sobre a religião dos povos primitivos atuais e o politeísmo antigo; a escola romântica alemã de Herder e Creuzer, com sua insistência no sentimento e na natureza.

Bibliografia

GOUHIER, H. *Benjamin Constant*. Paris, 1967.

MAURIER, R. Benjamin Constant, historien des sociétés et des religions. *Revue de l'histoire des religions*, 102, 1931, p. 99-113.

Franz Cumont (1868-1947)*

Nascido em Alost, morreu em Bruxelas, historiador das religiões da Antiguidade, filólogo, arqueólogo, epigrafista, Cumont se formou em Ghent, Bonn, Berlim, Viena, Roma e Paris. Brilhante professor na Universidade de Ghent e "conservador" no Museu do Cinquentenário em Bruxelas, em 1912, renunciou devido a um conflito com o Ministro Descamps; ele deixou a Bélgica e se estabeleceu em Paris e Roma para dedicar-se inteiramente à pesquisa. Os frutos dessa escolha foram extraordinários: ele nos deixou mil publicações.

A reputação de Cumont estabeleceu-se muito rapidamente, graças a duas obras que brilham pela sua originalidade e pelo valor da documentação, mas também pela clareza e solidez da síntese histórica: *Textes et monuments figures relatifs aux mystères de Mitra* (1894-1900) e *Les religions orientales dans le paganisme romain* (1906). No mesmo período, publicou dois trabalhos sobre o mitraísmo e sobre o maniqueísmo, que ainda conservam todo o seu valor. A influência do Oriente no mundo romano continuará sendo o tema favorito de seus estudos. Seu conhecimento das culturas orientais lhe permitiu ver que as pesquisas sobre as doutrinas e práticas comuns ao cristianismo e os mistérios orientais nos fazem ir além dos limites do Império Romano ao Oriente helenístico. Segundo Cumont, foi neste Oriente que se desenvolveram as concepções religiosas que, sob César, mais tarde se impuseram à Europa latina. As investigações conduzidas com seu amigo J. Bidez resultaram nos dois volumes de *Les mages hellénisés* (1938), que mostram como os masdeístas da diáspora iraniana tiveram contato muito cedo com os helênicos. O exame das inscrições, monumentos e textos literários, as escavações

---

* In: POUPARD, P. (dir.); VIDAL, J.; RIES, J.; COTHENET, É.; MARCHASSON, Y. & DELAHOUTRE, M. (red.). *Grande dizionario delle religioni*. 2 vols. Casale Monferrato/Assis: Piemme/Cittadella, 1990, p. 464-466.

de Dura Europos, que liderou duas vezes, levaram-no a afirmar a presença da tradição iraniana-caldaica no contexto em que nascerá o cristianismo. O episódio dos magos no Evangelho é precioso para ele; mas foi com grande acuidade que Cumont abordou o problema de contatos entre as diferentes religiões do mundo helênico e romano, mostrando que a palavra não é uma demonstração e enfatizando "que não devemos nos apressar em chamar a influência de analogia". Insistindo sempre que o fenômeno cristão não pode ser separado do contexto em que nasceu e se desenvolveu, também ressaltou a irredutibilidade do cristianismo neste contexto: os mistérios cristãos não se deixam confundir com os mistérios pagãos, nem com especulações da filosofia neoplatônica.

O contato constante com o mundo iraniano-caldeu, com o culto de Mitra, o pensamento grego, com as doutrinas de Mani, com a documentação funerária romana abundante, levou Cumont a se interessar pelas antigas concepções da sobrevivência após a morte. Em 1942 ele publicou o prestigiado volume *Recherches sur le symbolisme funéraire des Romains*. O autor tenta identificar através de quais símbolos os artistas romanos expressaram as crenças de seus contemporâneos sobre a sobrevivência da alma em outro mundo. Ele descobre a influência grega que fez a sociedade romana passar do ceticismo para a fé numa existência futura, para um pitagorismo tingido de platonismo e estoicismo. Ao estudar os símbolos funerários, Cumont se impressionava com o fato de que "alguns dos mais altos pensamentos concebidos pela sabedoria antiga, ao investigar o destino póstumo do homem, ultrapassam o círculo estreito dos doutos para se tornar o bem comum de uma multidão que busca neles uma consolação". Antes de morrer, ele conseguiu fazer uma revisão final da edição francesa de seu *After Life in Roman Paganism*, publicado nos Estados Unidos em 1922. Apesar das inúmeras pressões, mudou o título para *Lux Perpetua* (1949). Com essas duas palavras marcadas pela liturgia cristã, mas já presentes no judaísmo e no masdeísmo, ele quis recordar o papel que o Oriente teve na constituição do pensamento escatológico cristão.

Franz Cumont refletiu muito sobre a importância da história das religiões. Em 1935, ele presidiu um congresso internacional em Bruxelas, durante o qual insistiu na objetividade científica na pesquisa. Através de suas publicações, o autor, sempre tão reservado nas suas posições religiosas, sugere com alguma alusão discreta a crença numa hermenêutica. Em seu testamento espiritual escrito para a inauguração, da qual não pôde participar, da biblioteca que ele tinha oferecido à Academia Belga em Roma, aos 7 de maio de 1947, dava um sentido inesperado à sua pesquisa sobre as religiões orientais: "Se uma vontade divina presidirá a esta evolução, veremos necessariamente na invasão dos cultos orientais uma transição que acabará por garantir a expansão da nova fé a uma grande porção da humanidade".

Bibliografia

Annuaire de l'Institut de Phil. et d'Histoire orientales et slaves. Tomo 4. Bruxelas: ULB, 1936, p. VII-XXXI.

Biographie nationale, supl. II, Bruxelas 1976, p. 211-221.

Georges Dumézil (1898-1986)

Historiador das religiões, etnólogo e linguista, estudioso do mundo indo-europeu arcaico, estudioso das línguas do Cáucaso, G. Dumézil fez da história comparada das religiões e hermenêutica uma ferramenta de pesquisa de valor excepcional. Ele primeiro retomou e continuou a estudar o dossiê indo-europeu, formado desde o século XIX, com o trabalho de Max Müller, Fustel de Coulanges e Frazer. A descoberta feita por Vendryes revela uma identidade presente na terminologia do sagrado entre os indo-iranianos e ítalo-celtas, identidade encarnada vocabulário místico e preservadas graças aos corpos sacerdotais. A certo ponto, compreende a necessidade de abandonar o comparativismo onomástico, para orientar-se em direção a um comparativismo de natureza conceitual. Em 1938 ele descobriu a noção de estrutura, o destaque de sua pesquisa comparativa e do fato indo-europeu.

Nosso autor faz então um estudo comparado de fatos religiosos e fatos institucionais, destacando correspondências precisas e sistemáticas. Com base nessas correspondências determina cada mito e cada ritual em sua tipologia, em suas articulações e seus significados. Se a língua técnica básica de cada grupo humano é preservada como o vocabulário de uma organização social, torna-se evidente que os fragmentos importantes do antigo sistema de pensamento se mantiveram. Afinal, a religião não se reduz a gestos e palavras. Ela explica o mundo: é uma teologia e uma ideologia, um sistema de pensamento em que existem articulações fundamentais. O propósito de seu estudo comparado dos fatos da civilização é redescobrir o sistema religioso com suas articulações, seu significado, seus mecanismos e seus equilíbrios constitutivos. Essa comparação genética resulta em uma verdadeira hermenêutica: a busca pelo significado do sistema religioso dos povos indo-europeus arcaicos. Esta pesquisa comparativa, baseada em filologia, arqueologia, sociologia, mitografia e etnologia, permite descobrir as estruturas do pensamento e as grandes articulações religiosas e sociais. É a descoberta da ideologia indo-europeia tripartida, fundada no jogo harmônico e hierárquico de três grandes funções: a soberania mágica e jurídica, a força física aplicada à guerra e à fertilidade, submetida às outras duas, mas indispensável ao seu desenvolvimento. Com cada povo, essa ideologia funcional e hierárquica foi preservada como uma herança recebida dos ancestrais.

Assim, encontramos três classes arianas na Índia pós-védica, no Irã avéstico, entre os citas, os ossetas do Cáucaso, os celtas e os romanos: sacerdotes responsáveis pela ciência sagrada e o culto, guerreiros que protegem as pessoas, agricultores e criadores que alimentam a sociedade. O discurso sobre os deuses – teologia no sentido estrito – ocupa um lugar primordial no pensamento: um grupo central de divindades solidárias divide o sagrado de acordo com um modo trifuncional. Isso ocorre na Índia védica, nos arquivos hititas de Bogazköy, na reforma de Zaratustra e entre os itálicos e escandinavos. É uma herança indo-europeia da qual encontramos os vestígios na teologia, na mitologia, na épica e na organização social: soberania e sagrado, força e defesa, fecundidade e riqueza.

Cinquenta livros e numerosos artigos contêm o método, a pesquisa e as descobertas de Georges Dumézil. Hervé Couteau-Bégarie publicou *L'œuvre de Georges Dumézil* – Catalogue raisonné (Paris: Economica, 1998).

Bibliografia

LOICQ, J. "Georges Dumézil (1898-1986)". In: POUPARD, P. (dir.); VIDAL, J.; RIES, J.; COTHENET, É.; MARCHASSON, Y. & DELAHOUTRE, M. (red.). *Grande dizionario delle religioni* – Dalla preistoria ad oggi. Casale Monferrato/Assis: Piemme/Cittadella, 2000, p. 591-595.

Émile Durkheim (1858-1917)[*]

O fundador da escola de sociologia francesa nasceu em Epinal aos 15 de abril de 1858. Filho de um rabino, começou a estudar o Antigo Testamento e o Talmude. Na escola normal superior tem dois professores favoritos: Fustel de Coulanges e Émile Boutroux. Em 1882, sob a influência das ideias de A. Comte, volta-se para o estudo dos fenômenos sociais. Após um período de estudos na Alemanha, com Wilhelm Wundt, em 1887, ele iniciou um Curso de Ciências Sociais em Bordeaux, criando assim uma nova disciplina universitária, a sociologia. Em 1897 fundou *L'Année sociologique*, um periódico que constitui a tribuna da nova ciência: estudos sobre povos sem escrita, trabalhos de sociologia jurídica e moral, pesquisa de sociologia religiosa, bibliografia anual. Em 1902 foi chamado para a Sorbonne e em 1905 para a École des Hautes Études Sociales. A Terceira República precisa encontrar uma nova ordem moral secular que tome o lugar da Igreja. Durkheim apresenta duas ideias fundamentais: a ordem da sociedade e o progresso social. Juntamente com Jaurès, ele acredita que a civilização industrial acentua a solidariedade social a ponto de provocar o fim das guerras. 1914 põe fim às suas ilusões. Ele morreu em 1917.

Durkheim iniciou sua pesquisa dedicando-se ao estudo das regras de conduta das sociedades que deveriam neutralizar os impulsos agressivos dos indivíduos: *De la division du travail social* (1893). Daqui ele vai em busca de uma consciência coletiva, sua grande hipótese de trabalho a partir de 1895: *Les règles de la méthode sociologique*. Depois de consagrar uma obra ao perturbador problema de seu tempo, *Le Suicides* (1897), tenta elaborar uma moralidade social. Acredita que é

---

[*] In: POUPARD, P. (dir.); VIDAL, J.; RIES, J.; COTHENET, É.; MARCHASSON, Y. & DELAHOUTRE, M. (red.). *Grande dizionario delle religioni*. 2 vols. Casale Monferrato/Assis: Piemme/Cittadella, 1990, p. 597-598.

necessário encontrar uma maneira de substituir três instituições de solidariedade social atualmente desatualizadas: Estado, família e Igreja. Três obras constituem o ponto de chegada desta pesquisa: *Représentation individuelle et collective* (1899), *L'éducation morale* (1902-1903), *La détermination desfaits moraux* (1907). Durkheim acredita que, no fim das contas, a religião seja essencial para a sociedade. Sociólogo agnóstico, tenta entender o fenômeno religioso nas origens, para estabelecer sua essência e funções. Um último grande trabalho marca esta fase: *Les formes élémentaires de la vie religieuse* (1912).

A pesquisa religiosa de Durkheim é baseada em seus grandes princípios de sociologia. Juntamente com H. Spencer, ele considera a sociedade como uma realidade metafísica animada por uma consciência coletiva constituída pelo conjunto de crenças e sentimentos comuns a uma comunidade. Esta última produz o conceito, veículo da linguagem e síntese da consciência social. Lógica e moralidade derivam de uma síntese suprema, o sagrado. Positivista, Durkheim exclui do fenômeno religioso três elementos: o sobrenatural, o mistério, a divindade. Mas mantém crenças, rituais e o aspecto comunitário. Em sua hipótese de trabalho, ele parte de fatos religiosos para descobrir ideias religiosas, dos fatos mais simples para explicar os mais complexos. O totemismo é para ele a forma mais básica de religião. Crenças totêmicas são inseparáveis da organização social. O totem, símbolo efetivo da vida social, é hipostatizado pelo clã. Graças ao totem o clã cria o sagrado, desperta as forças religiosas e o sentimento do divino. Em última análise, a religião consiste na administração do sagrado, e este vem da consciência coletiva. Assim, a religião, uma expressão do sagrado, é criada pela sociedade para fazer o espírito coletivo viver em cada um de seus membros. Não há mais uma questão de transcendência. A adoração em si é uma experiência social de salvação que eleva o homem acima de suas experiências profanas.

Bibliografia

DURKHEIM, É. *Textes*. 3 vols. Paris, 1965.

DUVIGNAUD, J. "Durkheim et les durkheimiens: religions, connaissances, droit". In: *L'Année sociologique*, vol. 28, 1977 (Paris).

_____. *Durkheim, sa vie, son œuvre*. Paris, 1965.

WAARDENBURG, J. É. *Durkheim*, p. 49-56.

Mircea Eliade (1907-1986)*

Nascido em Bucareste em 1907, Eliade morreu em Chicago aos 22 de abril de 1986. Em 1928, depois de se formar em filosofia, ele embarca para a Índia, cujo pensamento almeja estudar sob a direção de Dasgupta. Após três anos de estudo em Kolkata (Calcutá) e seis meses nos quadros de Almora, Hardivar e Rishikesch, retorna à Europa. Em 1933, começa sua carreira como historiador das religiões em Bucareste. Em 1936, publica sua tese sobre ioga. Quando em 1940 irrompe a guerra, o governo romeno oferece ao jovem professor um lugar de adido cultural em Londres e depois em Lisboa em 1941. No final da guerra, a Romênia cai sob o regime comunista. Eliade é exilado. Segue para Paris. Realiza cursos e palestras nas grandes cidades da Europa e em várias universidades ocidentais. Ele também identifica dois tipos de homens, graças também à competição de eventos: por um lado, o *homo religiosus*, com seu universo espiritual, que acredita em uma realidade absoluta, o sagrado, e assume um modo específico de existência no mundo; do outro, o homem arreligioso que recusa toda transcendência. Em 1949 é publicado o *Traité d'histoire des religions*, com o prefácio de Dumézil. Com esse texto afirmam-se um método e uma pesquisa novos sobre o sagrado, sobre o símbolo e sobre a coerência interna do fenômeno religioso.

A exploração do pensamento e da consciência do *homo religiosus* leva Eliade a se interessar pelos povos sem escrita. Nesse estágio da pesquisa, ele conhece Jung, com quem descobre compartilhar uma série de interpretações: em particular, se impressiona com a importância do conceito de arquétipo. A partir desse dado, ele se engaja em um novo caminho: a identificação do transcendente na consciên-

---

* In: POUPARD, P. (dir.); VIDAL, J.; RIES, J.; COTHENET, É.; MARCHASSON, Y. & DELAHOUTRE, M. (red.). *Grande dizionario delle religioni*. 2 vols. Casale Monferrato/Assis: Piemme/Cittadella, 1990, p. 623-626.

cia humana. Para tanto, busca isolar da massa do inconsciente o que, para ele, é transconsciente. Portanto, orienta-se decisivamente para o estudo do sagrado, do mito e do símbolo. Eliade está convencido de que os numerosos fenômenos histórico-religiosos da humanidade nada mais são do que as expressões extremamente variadas de algumas experiências religiosas fundamentais. Em 1956, ele foi chamado para Chicago, onde sucede a Watch. Interessado em um novo humanismo, assumiu a publicação de *Antaios* com Ernst Jünger, cujos 12 volumes (1960-1971) constituem uma pesquisa multidisciplinar sobre mito e símbolo. Em 1961, com os colegas J.M. Kitagawa e C.M. Long, lança *History of Religions*, um periódico internacional para o estudo comparado das religiões.

Para Eliade, a história das religiões é chamada a desempenhar um papel de liderança na vida cultural contemporânea. Deve ser uma disciplina total. O primeiro ato do historiador das religiões deve ser reconstruir a história das formas religiosas e, em cada uma, isolar o contexto social, econômico e político. O historiador deve estar particularmente interessado na documentação recolhida pelos orientalistas e pelos etnógrafos, uma vez que as grandes religiões da Ásia e as dos povos sem escrita são fontes de importância primordial. Esses documentos, heterogêneos tanto do ponto de vista histórico quanto do estrutural, requerem a implementação de todo o aparato do método histórico e crítico. Cada um desses documentos apresenta-se como uma hierofania que se reconecta em seu contexto histórico, pois todo fenômeno religioso é um acontecimento da história.

O segundo procedimento que deve ser implementado é o fenomenológico. O fenômeno religioso é irredutível, portanto deve ser entendido segundo sua própria modalidade, a do sagrado. Trata-se de ampliar o campo de pesquisa das grandes religiões para as religiões arcaicas. No que diz respeito a este último, Eliade adverte contra a perspectiva evolucionista que coloca nas origens as formas elementares da vida religiosa, e então explica seu crescimento a partir dessas formas rudimentares. Nas religiões dos povos sem escrita não convém buscar nem um pensamento religioso fundamental nem uma religião no processo de degeneração. O historiador das religiões deve tentar compreender a história sagrada desses povos, para quem os atos lendários e origens criadores fundaram a civilização e instituições, dando sentido à existência humana. Para explicar o comportamento do *homo religiosus*, que tem uma relação direta com o sagrado, Eliade situou o homem, o sujeito desta experiência, diante do objeto de sua experiência, o que ele chama hierofania, i.e., ato de manifestação sagrado, documento que revela uma modalidade do sagrado. A tarefa do fenomenólogo é tentar decifrar o significado profundo de cada hierofania. Trata-se de descrever a morfologia e a tipologia, de reconstruir a diacronia e encontrar o seu significado, ou seja, a compreensão da experiência hierofânica vivida. De fato, o ponto de referência e o lugar da cristalização do encontro com o sagrado é o comportamento do homem religioso. Desenvolvida sob essa luz, a abordagem fenomenológica não é uma operação redutiva do fato religioso. Em vez de padrões cognitivos que levam ao estudo dos fenômenos religiosos em uma abordagem psicológica, sociológica, filosófica ou histórica, esse processo começa a partir do comportamento do *homo religiosus* em sua experiência do sagrado vivido, e tentar dessa forma entender e interpretar corretamente as diferentes hierofanias. Assim, o processo fenomenológico deve, por um lado, estabelecer uma morfologia e uma tipologia de fatos e, por outro lado, permite-nos compreender o comportamento do homem religioso no sagrado vivido.

Como consequência de sua implicação no comportamento humano, as diferentes hierofanias têm um significado que constitui uma mensagem real. Assim, de acordo com Eliade, o historiador das religiões tem de fazer uma terceira operação: situar o fenômeno religioso em todos os outros objetos espirituais e decifrar o que é um fato religioso o revela trans-histórico através da história: é o processo hermenêutico. O primeiro passo no caminho da hermenêutica é entender a mensagem no nível do *homo religiosus* que vive a experiência hierofânica. Aqui Eliade não hesitou em olhar para o homem arcaico para entender como ele, graças ao mito, tem vivido sua vida social e religiosa, entendendo as origens e a relação entre o tempo presente e o tempo primordial. Mitos, ritos e símbolos são os elementos constitutivos dessa experiência espiritual que, através do retorno às origens e à primordialidade, representa para o homem arcaico uma verdadeira experiência de salvação. O historiador das religiões não terá completado sua tarefa até que tenha realizado o estudo integral das realidades religiosas e estruturas específicas da vida religiosa.

Segundo Eliade, existe um segundo caminho hermenêutico, o da mensagem que o *homo religiosus* transmite ao homem moderno. A hermenêutica é chamada a decifrar e a explicitar todos os encontros do homem com o sagrado, desde a pré-história até os dias atuais. Ela se coloca entre as fontes vivas da cultura contemporânea e dá origem a um novo humanismo. A hermenêutica é a resposta do homem ocidental às solicitações da história contemporânea, ao despertar cultural e espiritual dos povos da Ásia, África e Austrália. Ele opera uma série de interpretações e reavaliações, revelando assim uma nova dimensão humana. Para Eliade, esse caminho histórico-cultural da hermenêutica é uma pedagogia capaz de mudar o homem moderno e uma fonte criativa de valores culturais. O trabalho é complexo. De fato, não é suficiente entender e interpretar os fatos religiosos, mas devemos, a partir desses fatos e de sua compreensão, pensar criativamente. Eliade evoca um modelo renascentista italiano que transformou o Ocidente com seu trabalho cultural. O caminho hermenêutico de Eliade não está satisfeito com uma visão da unidade da história humana, mas prediz a unidade espiritual da humanidade, fundada na experiência do sagrado vivido pelo *homo religiosus*.

Essa unidade espiritual vem da hermenêutica que, a princípio, expressa a mensagem vinda de documentos religiosos e, portanto, traduz e torna inteligível o significado profundo desses documentos para o espírito do homem de hoje. A hermenêutica de mão dupla proposta dessa maneira postula uma pesquisa comparada dos fenômenos religiosos. Em várias ocasiões, Eliade apontou que atualmente temos um modelo de comparativismo que produziu resultados espetaculares: o método comparativo genético de G. Dumézil estendido a todas as civilizações indo-europeias e a todos os seus vestígios. Essa pesquisa comparativa tornou possível descobrir a existência de uma teologia funcional e hierárquica e de uma ideologia social que em cada povo indo-europeu permaneceu intacta como se fosse uma herança espiritual vinda de ancestrais comuns.

Todo o trabalho científico de Eliade é construído sobre essa tripla abordagem: histórica, fenomenológica, hermenêutica. No centro de sua pesquisa estão duas grandes direções: o sagrado e o símbolo. Para ele, a história das religiões consiste, em primeiro lugar, na descoberta e compreensão do comportamento do *homo religiosus* que, desde o Paleolítico até hoje, viveu a dimensão sagrada da sua existência. Segundo Eliade, o símbolo constitui para o homem uma abertura para um mundo trans-histórico e uma possibilidade de contato com o transcendente. A ilustração mais esclarecedora da tripla abordagem, realizada a partir das duas direções, é sua pesquisa sobre o mito. A documentação vem de duas fontes: primeiro, interroga as mitologias dos povos que desempenharam um papel importante na história, a saber, Grécia, Egito, Oriente Próximo, Índia. A análise crítica revela-lhe que essas mitologias foram desarticuladas e reinterpretadas, por isso prefere abordar os mitos vivos das sociedades primitivas de hoje. Na conclusão da pesquisa histórica, fenomenológica e hermenêutica, ele demonstra que o mito é um fenômeno universal que estabelece uma estrutura de realidade, revela a existência e a atividade de seres sobrenaturais que se tornaram normativos para o comportamento do homem.

No final de sua brilhante carreira científica, Mircea Eliade dá ao público uma *Histoire des croyances et des idées religieuses*. Em uma vasta síntese que incorpora as linhas gerais de seu ensino e sua pesquisa, ele apresenta em três volumes as principais manifestações do comportamento do *homo religiosus* desde a pré-história até os dias atuais. Ao demonstrar a unidade fundamental dos fenômenos religiosos, ele sublinha a inesgotável novidade de suas formas de expressão. Esta trilogia não é uma história das religiões de tipo clássico. A originalidade de Eliade está em seu método e em sua perspectiva. Dentro de uma vasta documentação histórica que ele dominou perfeitamente, ele introduz uma nova perspectiva. Com base em uma tipologia claramente apresentada, ele explicita a mensagem do sagrado, captada através da linguagem dos símbolos e mitos. Esforçando-se para compreender as situações existenciais expressas nos documentos religiosos da humanidade, ele tenta chegar a uma compreensão do *homo religiosus*.

Bibliografia

Obras

Il mito dell'eterno ritorno. Roma: Borla, 1982.

Il sacro e il profano. 2. ed. Turim: Boringhieri, 1973.

La nascita mistica – Riti, e simboli d'iniziazione. 2. ed. Bréscia: Morcelliana, 1980.

Patahjali e lo yoga. Milão: Celuc Libri, 1984.

Storia delle credenze e delle idee religiose. 3 vols. Florença: Sansoni, 1979, 1980, 1983.

Trattato di storia delle religioni. 3. ed. Turim: Boringhieri, 1976

Estudos

ALLEN, D. *Mircea Eliade et le phénomène religieux*. Paris: Payot, 1982.

CULIANU, J.P. *Mircea Eliade*. Assis: Cittadella, 1978.

HANDOCA, M. *Mircea Eliade* – Bibliographie. 3 vols. Bucareste: Jurnalul Literar, 1998-1999.

KITAGAWA, J.M. & LONG, C. "Myths and Symbols". In: *Studies in Honor of Mircea Eliade*. Chicago/Londres: 1969.

Numa-Denis Fustel de Coulanges (1830-1889)*

Nascido em Paris, morreu em Massy. Estudante da escola normal, da escola francesa de Atenas, formou-se em literatura com uma tese em francês sobre Políbio e uma tese latina sobre o culto de Vesta. Professor em Estrasburgo (1860), depois na École Normale (1870), na Sorbonne (1875), diretor da École Normale (1880), Fustel de Coulanges, historiador da França e das suas instituições, é conhecido sobretudo por seu trabalho *La cité antique*, que marcou uma data importante na história das religiões.

Na época em que reinou na França a corrente introduzida por François Guizot, Edgar Quinet, Jules Michelet, Fustel dá as costas a essa história romântica, com sua sensibilidade "pronta para generalizações e ávida por cores fortes e contrastantes" (W. Seston). Exclui da pesquisa histórica a filosofia, as generalizações e visões gerais para aderir estritamente aos documentos, que devem ser lidos, analisados e comparados em sua totalidade. Segundo ele, o historiador deve estudar os textos em detalhes, aceitar apenas o que por eles é demonstrado, e descartar suas ideias modernas. É assim que se constrói o mapa dos eventos, sua concatenação, a lenta transformação de ideias e instituições. Em seu estudo sobre a cidade romana e grega, Fustel aplica à ciência das religiões a regra de ouro da crítica histórica, que requer que o pesquisador tenha total disponibilidade diante dos documentos.

La cité antique (1864) é o resultado da tese sobre Vesta (1857) e de um curso de grande sucesso realizado em Estrasburgo em 1862-1863. Para os livres-pensadores, que naquela época reinavam no campo da ciência francesa, esse texto era

---

* In: POUPARD, P. (dir.); VIDAL, J.; RIES, J.; COTHENET, É.; MARCHASSON, Y. & DELAHOUTRE, M. (red.). *Grande dizionario delle religioni*. Casale Monferrato/Assis: Piemme/Cittadella, 1990, p. 745-746.

muito religioso, porque mostrava como a religião estava na origem da cidade e fosse a causa de sua transformação. Fustel foi forçado a garantir o financiamento da primeira edição. O sucesso não demorou: sete edições em quinze anos.

Fustel mostra que a religião explica o nascimento e o desenvolvimento de instituições políticas. Inicialmente, a memória dos mortos agrupa os membros de uma *gens* em torno do culto dos ancestrais. Esta religião une famílias na cidade. O Estado é organizado nessa base religiosa, onde encontram sua origem as instituições, as festas, as cerimônias, as leis, os reis, os magistrados, os sacerdotes. A evolução das instituições é explicada pelo enfraquecimento do vínculo religioso: o homem é devolvido a si mesmo. Trazendo uma nova fé, o cristianismo proporciona um despertar religioso e cria condições favoráveis para novas instituições políticas. Fustel resumiu seu trabalho numa fórmula lapidar: "Fizemos a história de uma crença. Ela se forma: a sociedade humana se constitui. Ela se modifica: a sociedade passa por uma série de revoluções. Ela desaparece: a sociedade muda sua face. Essa foi a lei dos tempos antigos".

Deixando de lado os detalhes dos fatos materiais (economia, guerra, condições de vida), seguindo os textos e documentos com perfeita honestidade, Fustel – que nunca foi um crente – descobriu uma verdade que torna inteligível a história das cidades gregas e romanas. Essa descoberta, que contrariava as ideias dos séculos XVIII e XIX, foi uma novidade ousada, totalmente oposta à tese do *Staatsrecht* publicada na mesma época por Mommsen, que separara as instituições políticas com sua evolução da influência da religião. "Apontando seu poderoso foco nos fatos da religião antiga, Fustel abriu um novo caminho que não será mais fechado" (W. Seston).

La cité antique tem várias lacunas. A documentação é limitada a textos literários. A religião é reduzida ao culto dos ancestrais. Somente a religião estaria na origem da cidade e determinaria suas transformações. Por muitos séculos os direitos dos plebeus teriam sido malreconhecidos. Por outro lado, Fustel destacou alguns elementos considerados essenciais para pesquisas recentes: o *pater familias*, o ritual da fundação das cidades, o ritual das eleições romanas, o caráter fundamentalmente religioso da magistratura romana. Essas indicações de Fustel adquirem nova importância graças às descobertas de Dumézil: a presença em Roma da herança indo-europeia. Os dados permanecem; a perspectiva mudou.

Com seus ensinamentos e suas narrativas, Fustel exerceu uma bem-sucedida influência na pesquisa histórica. Com *La cité antique*, ele contribuiu para introduzir uma nova corrente na pesquisa nas ciências das religiões. A insistência nas diferenças entre povos antigos e sociedades modernas, a necessidade de os historiadores olharem para os povos e fiéis com os olhos destes, a anulação do pesquisador diante dos textos e documentos aos quais ele deve dar a palavra, são três princípios de Fustel que ajudaram a ciência das religiões – à época muito próxima das teses românticas e ideologias filosóficas e políticas – a encontrar a base histórica necessária para uma disciplina científica. Em matéria de comparatismo, Fustel de Coulanges, juntamente com de Harlez e a escola de Lovaina, alertaram contra as justaposições arbitrárias e superficiais que existem apenas no espírito de seus autores.

Bibliografia

FUSTEL DE COULANGES, N.D. *La città antica*. Florença: Sansoni, 1982.

WAARDENBURG, J. *N.D. Fustel de Coulanges*, p. 83-89.

Giglio Gregorio Giraldi
(1479-1552)*

Humanista, matemático e poeta, Giraldi viveu sucessivamente em Ferrara, Nápoles, Milão, depois Módena, onde foi tutor do futuro Cardeal Rangone, que acompanhou a Roma em 1514 para se tornar um protonotário apostólico sob os papas Leão X e Clemente VII. Amigo de Giovanni Pico della Mirandola († 1533), ele se retira por vários anos com ele logo após o saque de Roma (1527), durante o qual perdeu todos os seus livros. Graças à rica biblioteca de Pico, pôde continuar seu trabalho literário, que começou com a publicação de obras sobre poetas antigos. Os *Opuscula mythologica*, resultado de sua grande erudição, prepararam sua obra mais importante, um marco na história das religiões: *De deis gentium varia et multiplex historia*. Giraldi morreu em Roma em 1552, na absoluta indigência.

Obra imponente, *De deis gentium* é acima de tudo uma vasta compilação de mitologia pagã: nomes de divindades, etimologias antigas, indicações sobre cultos, mitos e símbolos antigos. Neste contexto, a obra de Giraldi completa e transcende em grande parte o mais importante tratado mitológico da Idade Média, o *De genealogia deorum*, de Boccaccio (1313-1375). No entanto, o *De deis gentium* ainda tem a marca medieval: justaposição de documentos, lacunas nas fontes, críticas insuficientes. Mas Giraldi não se limita a um trabalho de compilação. Ele é o primeiro humanista a se aventurar na exegese dos mitos. Ele conhece a exegese alegórica desses mitos. Apela, normalmente, às teorias racionalistas do grego Evêmero (séc. IV-III a.C.), para quem os deuses pagãos são apenas homens ou heróis deificados. Seu conhecimento do trabalho mitográfico dos antigos lhe permitiu

---

* In: *Dictionnaire d'histoire et de géographie ecclésiastique*. Paris: Letouzey, 1984, t. 20, fasc. 119, p. 1.470-1.471.

apresentar uma gama muito ampla de teorias sobre a origem dos deuses. No entanto, sua visão globalizante da Antiguidade o impediu de discernir os diferentes estágios do desenvolvimento da religião antiga.

O *De deis gentium* inaugurou a pesquisa mitológica do Renascimento e exerceu grande influência no movimento humanista. Em seu tratado intitulado *Mythologie sive explicationum fabularum libri decem*, amplamente difundido, um contemporâneo de Giraldi, Natale Conti (Natalis Comes, † c. 1582) adota a disposição geral do *De deis gentium*, mas vai além das visões de Giraldi no âmbito da explicação dos mitos. De fato, do ponto de vista histórico, Conti busca a origem dos mitos do Oriente Próximo e da Grécia nas tradições bíblicas deformadas no Egito na época dos patriarcas. Quanto à hermenêutica, distanciando-se do evemerismo, Conti vê a interpretação simbólica dos mitos como o caminho que leva à descoberta do único Deus. Esta teoria gozará de um grande desenvolvimento dentro do movimento romântico do século XIX.

Giraldi dedicou uma parte das suas pesquisas aos poetas gregos e latinos e aos poetas de sua época. Em seu *Progymnasmata adversus litteras et literatos* alertava seus contemporâneos contra as más influências que poderiam exercer as letras e as ciências. Nesse contexto, ele foi um precursor de J.-J. Rousseau. Por outro lado, seu trabalho sobre o calendário foi usado na reforma de Gregório XIII.

Bibliografia

Enciclopedia Italiana, vol. 17, p. 279.

GRUPPE, O. *Geschichte der klassischen Mytbologie und Religionsgeschichte*. Leipzig, 1921, p. 32, 34.

Lilii Gregorii Giraldi opera omnia, 2 vols. in foiio. Bâle, 1580. Leides, 1696.

Sobre Giraldi cf. BOEHM, F. *Progr. des Kgl. Friedrich Wilbelms Gymnasium*. Berlim, 1913.

Eugène Goblet d'Alviella
(1846-1925)*

Jurista, literato, historiador de religiões e político, chefe do Partido Liberal e grão-mestre da maçonaria na Bélgica, foi deputado e senador. Dividiu sua vida entre a ação política e a cadeira da história das religiões criada para ele em 1884 na Universidade de Bruxelas, da qual foi reitor de 1896 a 1898. De 1874 a 1890 ele dirigiu *La Revue de Belgique*.

Ligado a Tiele, a Vernes, aos dois Réville e a todo o grupo liberal da história das religiões, com quem trabalhou em estreita colaboração, dedicou-se especialmente ao comparatismo. Sem uma extensa preparação filológica, fez um ótimo trabalho comparando religiões para deduzir as leis de sua gênese e seu desenvolvimento. Em consonância com o evolucionismo dominante no final do século XIX, interessou-se pelo problema da origem da religião. Como Tylor, Spencer e Durkheim, buscou o início do sentimento religioso nas formas elementares das crenças primitivas.

Para situar a história geral e a história comparada das religiões dentro da ciência das religiões, Goblet propõe três subdivisões: hierografia, hierologia, hierosofia, subtítulos dados respectivamente a cada um dos três volumes que, publicados em 1911, reúnem a maioria de seus artigos: *Croyances, rites, institutions*. A hierografia tem por objeto a descrição de todas as religiões conhecidas e a reconstrução de seus respectivos desenvolvimentos. A hierologia tenta estabelecer as relações de concomitância e sucessão entre fenômenos religiosos; formula as leis da evolução. É religião comparada. De acordo com o Goblet, a hierologia "supre a insuficiência

---

* In: POUPARD, P. (dir.); VIDAL, J.; RIES, J.; COTHENET, É.; MARCHASSON, Y. & DELAHOUTRE, M. (red.). *Grande dizionario delle religioni*. Casale Monferrato/Assis: Piemme/Cittadella, 1990, p. 868-869.

de informações sobre a história continuada de uma crença ou de uma instituição, em uma raça ou sociedade, por meio de fatos tomados de outros contextos e para outros momentos históricos" (II: 192-193). Hierologia ou religião comparada é fenomenologia religiosa; ela se inspira apenas nos fatos. A hierosofia consiste no conjunto de tentativas de formular as consequências lógicas implícitas, no campo religioso, na concepção das relações com Deus e com o universo.

Os trabalhos de hierografia de Goblet se estendem a esferas de interesse muito diferentes: Egito, Mitra, religião grega (Grécia), judaísmo, cristianismo, hinduísmo. No campo da religião comparada, Goblet publicou, ao lado de numerosos ensaios metodológicos, *La migration des symboles* (1891). Estimulado pela pesquisa mitológica de Müller, Goblet se envolve em um ensaio de simbólica comparada. Tomando a suástica, a cruz fora do cristianismo, a árvore sagrada e o globo alado, ele estuda suas formas, significados e migrações. Com essa pesquisa arqueológica e histórica, ele reuniu uma certa quantidade de materiais tendo em vista uma história geral do simbolismo. O autor achava que o simbolismo poderia dar resultados semelhantes aos da gramática comparada. Para alcançar esse objetivo, tivemos que esperar pelas obras de Dumézil, Ricoeur e Eliade, enfim, uma história de religiões não mais sob o signo do *mana*, mas do *logos*.

A atividade hierosófica de Goblet era muito diversificada: Igrejas racionalistas, imortalidade, catecismo budista, sincretismo religioso, crise de religião e progresso. Pensador militante livre, em contato próximo com os líderes de um movimento secularista ativo na França e na Holanda, com numerosos artigos em revistas e jornais, e também com sua atividade política, ele lutou para substituir o ensino dogmático da religião em escolas primárias e secundárias pela ciência das religiões.

Bibliografia

Notices biographiques. Bruxelas: Académie Royale, 1907-1909, p. 436-457.

WAARDENBURG, J. *E.F.A. Comte Goblet d'Alviella*, p. 91-92.

Charles de Harlez de Deulin (1832-1899)*

Nascido em Liège, morreu em Lovaina, doutor em direito, teólogo, orientalista, historiador das religiões, sacerdote da Diocese de Liège, prelado, professor na Universidade de Lovaina. Dotado de uma memória prodigiosa e do gênio das línguas, conseguiu realizar uma notável produção, composta por cerca de trezentas publicações.

Um iranólogo de habilidade rara, de Harlez publicou a primeira tradução do *Avesta* em 1875-1877. A segunda edição (1881) é precedida por uma introdução que constitui o primeiro trabalho completo sobre a religião avéstica, suas origens, sua história. Fiel aos princípios formulados por Burnouf, realizou o estudo do texto do *Avesta* levando em consideração os monumentos masdeístas, as versões pálavi arsácidas e os comentários sobre os parses. J. Darmesteter acabou por se alinhar com seus pontos de vista. As teses e traduções de de Harlez são cada vez mais acreditadas na Europa, na América e entre os Parsis, onde serviram para dizer uma palavra conclusiva em várias controvérsias religiosas. A obra sobre *Avesta* foi traduzida em Gujarat em Mumbai (Bombaim).

Indianista sagaz, autor de um *Grammaire de la langue sanscrite* (1878) que alcançou grande sucesso, especialista em pensamento religioso hindu, de Harlez acabou intervindo na campanha barulhenta conduzida por Jacolliot e seu grupo, que queriam demonstrar a superioridade do bramanismo sobre o cristianismo. Em *La Bible dans l'Inde* (1882) ele provou cientificamente que as publicações sobre a origem hindu do judaísmo eram um monumento à ignorância. O trabalho

---

* In: POUPARD, P. (dir.); VIDAL, J.; RIES, J.; COTHENET, É.; MARCHASSON, Y. & DELAHOUTRE, M. (red.). *Grande dizionario delle religioni*. Casale Monferrato/Assis: Piemme/Cittadella, 1990, p. 904-905.

teve duas edições e três traduções: espanhol, português e alemão, e em 1883 de Harlez iniciou o estudo da antiga China e sua religião. A sinologia criada por ele em Leuven é o estudo do budismo, onde ele ensinou. Estudos sinológicos constituem sua segunda grande área de pesquisa científica.

Foi como filólogo, como orientalista e como historiador que de Harlez lidou com a ciência das religiões, uma ciência em formação que, no final do século XIX, ainda não havia encontrado seu caminho. Em seu trabalho, ele mostrou que as teorias filosóficas e antropológicas da moda na época arriscavam provocar o fracasso da jovem disciplina. Fundador da escola de história das religiões de Lovaina, com os colegas Casartelli, van den Gheyn, Hebbelinck e Colinet, de Harlez deu a esta ciência uma base mais firme e uma orientação segura. Deixando de lado qualquer controvérsia para manter o caminho da pesquisa histórica, esses mestres lovanienses contribuíram muito para criar uma atmosfera mais serena nas pesquisas nas últimas duas décadas do século XIX.

De Harlez assumiu uma posição na discussão da história comparada das religiões. Em vários trabalhos, e mais particularmente em seu discurso no Parlamento das Religiões, ele definiu os limites dessa pesquisa. A primeira condição de um estudo sério está na documentação: escolher as melhores fontes, conhecer as línguas, evitar o erro perigoso da generalização. Ele acrescenta uma segunda condição: a necessidade de penetrar no espírito dos povos, objeto de pesquisa. Uma vez que essas duas condições tenham sido satisfeitas, as religiões devem ser abordadas com simpatia e ao mesmo tempo com benevolência.

A fim de garantir aos estudos indianistas, iranianos e chineses de Lovaina um futuro duradouro, e também para contribuir para a pesquisa na história das religiões, C. de Harlez fundou em 1881 uma revista dedicada às letras, orientalismo, o estudo de religiões. Trata-se de *Le Muséon*, da qual, por vinte anos, ele será o diretor e um dos principais editores. Durante esse período, *Le Muséon* publicou estudos importantes sobre a história religiosa na Ásia e na América. Em 1897, para evitar o desaparecimento da *Revue des Religions*, publicada em Paris por Z. Peisson, de Harlez retomou o periódico parisiense e durante três anos o publicou, sob o título *Le Muséon et la Revue des Religions*, com as duas revistas fundidas. Após a morte do fundador, *Le Muséon* retomou seu antigo título e, desde 1900, sob a direção de P. Colinet e L. de la Vallée-Poussin, voltou-se novamente para o orientalismo, consagrando um espaço cada vez maior ao Oriente cristão.

Bibliografia
Annuaire de l'Académie. Bruxelas, 1953, p. 415-440.

Friedrich Heiler (1892-1969)*

Nascido em Mônaco, completa sua formação filosófica e teológica, em particular sob a orientação de K. Adam. Especializa-se em hindologia e línguas semíticas. Apresenta uma tese de doutorado sobre *A oração*. Publicada em 1918, a obra alcança grande sucesso. Heiler distingue e opõe a oração profética, uma expressão de fé em Deus e a oração mística, comunhão com Deus que está nos fiéis. Ele defende o movimento modernista, encontra Söderblom e em Uppsala deixa a Igreja Católica (1919) para entrar na Comunhão Luterana. A pedido de Rudolf Otto, ele foi nomeado professor em Marburgo, onde em 1922 a cadeira de religião comparada foi criada para ele. Seu campo de pesquisa é o misticismo oriental (budismo, *Upaniṣads*), ponto de encontro do cristianismo com a Índia. Também interessado no ecumenismo, entra o movimento de *Hochkirche*, do qual se tornou presidente em 1929. Em sua abordagem ao problema das denominações cristãs, move-se na esteira da Söderblom, publica alguns trabalhos sobre as Igrejas, dedica-se à pregação e se esforça para restaurar no protestantismo a vida sacramental. Em 1931 ele foi consagrado bispo na Suíça. Tenta unificar diferentes elementos emprestados de várias denominações cristãs: sacramentos, liturgia, mística luterana, evangelização franciscana, fé trinitária, cristologia, culto mariano. Em 1947 ele publica *Alfred Loisy, 1857-1940*. No mesmo ano, em Marburgo, retoma a sua cátedra de religião comparada que havia perdido temporariamente sob o regime de Hitler e, em 1953, torna-se diretor do *Religionskundliche Sammlung*. É em Marburgo em 1960 que ele termina sua carreira oficial, tendo presidido o Congresso Interna-

---

* In: POUPARD, P. (dir.); VIDAL, J.; RIES, J.; COTHENET, É.; MARCHASSON, Y. & DELAHOUTRE, M. (red.). *Grande dizionario delle religioni*. Casale Monferrato/Assis: Piemme/Cittadella, 1990, p. 914-915.

cional de História das Religiões, ao qual tentou deixar a marca de sua pesquisa ao mesmo tempo histórica, teológica, ecumênica e fenomenológica.

Em 1961, aparece sua obra dedicada à fenomenologia, *Erscheinungsformen und Wesen der Religion*. Síntese de seu ensinamento comparado e fruto de uma estada de dez meses na Índia e no leste da Ásia, sua fenomenologia se concentra na essência da religião vista como um contato com o sagrado: a religião é a experiência da comunhão do homem com a Realidade transcendente. A primeira parte da pesquisa estuda o sagrado de acordo com a linha de Söderblom, Otto e van der Leeuw: objeto, lugar, tempo, números, ação, palavra, escrita, homem, comunidade. Estamos diante de uma documentação histórica iluminada pela grande preocupação de Heiler, a Aliança Religiosa Mundial fundada em colaboração com Otto em 1922 e resumida pela fórmula heileriana *Una sancta religionum*. A segunda parte de sua fenomenologia é dedicada a representações religiosas: Deus, criação, revelação, redenção, vida futura e salvação. A última parte trata da experiência religiosa, que para Heiler é idêntica nas várias religiões. O autor encontra aqui seu campo favorito: a mística.

A pesquisa fenomenológica de Heiler rapidamente deixa o contexto histórico, geográfico e tipológico para se engajar no que ele chama de método dos círculos concêntricos: as religiões da humanidade são consideradas em sua singularidade. O primeiro círculo é o do elemento visível das religiões, o segundo diz respeito à ação visível de Deus, o terceiro é o do *Deus absconditus*. Inspirando-se nos trabalhos de Söderblom e Otto, ele dá mais um passo tentando agrupar em uma única perspectiva as religiões cristãs e não cristãs. Toda a sua pesquisa comparada é estruturada de acordo com a unidade do fenômeno religioso. Segundo ele, o historiador das religiões é como um peregrino do sagrado a visitar igrejas, templos, sinagogas, mesquitas, que mergulha com simpatia na atmosfera sacral das diferentes comunidades religiosas, que supera as formas exteriores (*Erscheinungsformen*) de religiões para chegar à essência (*Wesen*) da religião. Para Heiler, a história das religiões é como uma teologia do sagrado fundada na fé na revelação divina presente em todas as religiões. Nessa perspectiva, a história comparada é baseada no sentimento do sagrado (já essencial na pesquisa de Heiler em 1918) e vem a ser reforçada pela história religiosa da humanidade interpretada com a ajuda da psicologia. Daí a tendência a uma *reductio ad unum* da crença religiosa, expressa pela fórmula *Una sancta religionum* tantas vezes repetida por Heiler no

Congresso de Marburgo em 1960. Fazendo do sagrado o elemento fundamental da religião e da experiência religiosa, Heiler fez um ensaio de fenomenologia comparada no qual uma filosofia religiosa, uma teologia ecumênica e uma teologia das religiões são justapostas, todas interpretadas com base no sentimento religioso. Heiler não considerou suficientemente que a mãe do comparatismo continua sendo a história.

Bibliografia

Obras

Le religioni dell'umanità. Milão: Jaca Book, 1985.

Storia delle religioni. 2 vols. Florença: Sansoni/Firenze 1972.

Estudos

BIANCHI, U. "Après Marbourg". In: *Numen*, 8, 1961, p. 64-78.

SCHIMMEL, A. "Friedrich Heiler". In: *Numen*, 13, 1966, p. 161-163.

WAARDENBURG, J. "Friedrich Heiler", p. 102-107.

Joseph-François Lafitau
(1681-1746)*

Nascido em Bordeaux, ele entra na Companhia de Jesus e manifesta uma predileção especial por literatura e história. Em 1711, parte para o Canadá, onde trabalha como missionário entre os indígenas iroqueses de Sault-Saint Louis. Dispõe de informações preciosas transmitidas a ele por P. Garnier, outro missionário que viveu sessenta anos entre os algonquinos, os urones e os iroqueses. Em 1718 publica seu *Mémoire concernant la précieuse plante Gingseng de Tartarie*. Em 1724 surgem em Paris os dois volumes da obra que fará de Lafitau o criador da etnologia religiosa e da etnografia comparada: *Moeurs des sauvages amérique, comparées aux moeurs des premiers temps*.

Lafitau seguiu os vestígios das pesquisas mitográficas comparadas conduzidas na França por membros da Académie des Inscriptions et Belles Lettres, onde na época brilham Etienne e Michel Fourmont, Antoine Banier, Nicolas Fréret. Em particular, através dos *Mémoires de Trévoux*, ele estava inserido no debate sobre a origem e influência de mitos antigos. Nesse campo, outro jesuíta se posiciona, René Tournemine, com a obra *L'origine des fables* (1702-1703), na qual tenta mostrar que o nascimento da mitologia grega remonta a uma deformação da história bíblica. Lafitau desenvolverá uma hipótese de trabalho que continua a chamar a atenção dos estudiosos modernos: é através do estudo dos primitivos atualmente existentes que podemos explicar os primitivos da Antiguidade.

A pesquisa de nosso autor é colocada numa perspectiva comparativa. Lafitau observa que o núcleo central da religião ameríndia é idêntico ao dos antigos povos

---

* In: POUPARD, P. (dir.); VIDAL, J.; RIES, J.; COTHENET, É.; MARCHASSON, Y. & DELAHOUTRE, M. (red.). *Grande dizionario delle religioni*. Casale Monferrato/Assis: Piemme/Cittadella, 1990, p. 1.108-1.109.

da Grécia e da Ásia. A partir dos dados fornecidos pelos costumes americanos, ele tenta entender melhor a religião antiga. Em sua pesquisa, ele destaca vários elementos que serão abordados por seus sucessores: a importância da natureza humana na explicação de analogias e costumes religiosos; papel dos mistérios e da iniciação nos cultos; papel fundamental da religião nas sociedades primitivas; necessidade de estudar as línguas, os costumes e as instituições para entender o pensamento religioso dos povos.

A pesquisa comparada de Lafitau estabeleceu alguns pontos fundamentais. De Brosses leu sua grande obra, de onde tirou inspiração para pesquisas similares. Muitos autores do século XIX retomarão de Lafitau algumas ideias que se desenvolverão em sua pesquisa: a influência de sacrifícios agrícolas em cultos antigos, a religião como a fundação das instituições. A pesquisa comparada leva Lafitau a essa conclusão: "Deus não se escondeu completamente das nações". Ele, portanto, vê a possibilidade de uma teologia das religiões.

Bibliografia
VAN GENNEP, A. *Revue de l'histoire des religions*. Paris, 1913, p. 324-338.

Claude Lévi-Strauss
(1908-2009)*

Nascido em Bruxelas com pais franceses aos 28 de novembro de 1908, sobrinho de um rabino de Versalhes, Claude Lévi-Strauss estudou filosofia na Sorbonne de 1927 a 1932. Lá, descobre a Escola Francesa de Sociologia, e mais particularmente Mauss, que exerce sobre ele uma profunda influência. Segundo suas palavras, "três mestres" o guiam: a geologia, a psicanálise e o marxismo. Em 1934 ele aceitou uma cátedra de sociologia em São Paulo, e com isso fez a opção irreversível da carreira de etnólogo. Voltando à França para a mobilização, foge do governo de Vichy em 1940; em 1941 foi nomeado professor na nova escola de pesquisa social em Nova York, onde conheceu o linguista Jakobson.

Na escola evolucionista dos etnólogos – H. Spencer (1820-1909), E.B. Tylor (1832-1917), L.H. Morgan (1818-1881), J. Frazer (1854-1941) – Lévi-Strauss censura a aplicação na etnologia o princípio da evolução com base nas relações de filiação e de diferenciação progressiva que a paleontologia descobre a evolução das espécies. Também se opõe à escola difusionista, na qual encontramos os ingleses S. Maine (1822-1888), F.W. Maitland (1850-1906), W.H.R. Rivers (1864-1922), o francês A. de Quatrefages (1810-1892), os alemães F. Ratzel (1884-1904) e L. Frobenius (1873-1938). Às escolas difusionistas em Viena (Schmidt, 1868-1954) e Berlim (F. Graebner, 1877-1934), A. Kroeber (1876-1960) e F. Boas (1858-1942) reprova a escolha arbitrária de tipos com o objetivo de criar ciclos culturais que são o resultado de uma operação especulativa. Enfim, assume uma posição acerca dos funcionalistas, cujos mestres gozavam de grande prestígio internacional: B. Mali-

---

* In: POUPARD, P. (dir.); VIDAL, J.; RIES, J.; COTHENET, É.; MARCHASSON, Y. & DELAHOUTRE, M. (red.). *Grande dizionario delle religioni*. Casale Monferrato/Assis: Piemme/Cittadella, 1990, p. 1.147-1.149.

nowski (1884-1942), A. Radcliffe-Brown (1881-1955), R. Thurnwald (1869-1954). Lévi-Strauss lhes faz várias críticas: pouca pesquisa monográfica; uso de pretensas verdades eternas sobre a natureza e a função das instituições sociais e, portanto, o perigo do truísmo; uso da analogia entre estrutura social e estrutura orgânica.

C. Lévi-Strauss busca em outras direções. Com M. Mauss, ele descobre princípios que parecem essenciais: a subordinação do psicológico ao sociológico; vida social definida como um mundo de relações simbólicas; o social considerado como um sistema; o inconsciente coletivo como dimensão do espírito; o social visto como uma realidade autônoma na qual funciona um sistema simbólico. Na onda dessas descobertas, Lévi-Strauss formula um dos grandes princípios de seu trabalho: diferentemente do animal, o homem se define através da função simbólica. Como a linguagem é o sistema simbólico mais importante e mais perfeito, o sistema linguístico deve ser capaz de fornecer um modelo simbólico para a antropologia geral e para a etnologia. Daí a escolha do modelo linguístico. Esse é o modelo estruturalista previsto por Saussure e Jakobson. Tal modelo postula a busca de um sistema subjacente ao processo dado pela experiência: sob a ordem do evento (a vivência), devemos buscar a ordem da estrutura (o concebido). A análise estruturalista tem a tarefa de descrever redes de relacionamentos. Aplicando o método estruturalista à etnologia, Lévi-Strauss busca identificar constantes, descobrir leis e interpretar a sociedade de acordo com uma teoria da comunicação. Essa interpretação seria possível em três níveis: os sistemas de parentesco; os sistemas econômicos; os sistemas linguísticos. Ele examina quatro redes de troca que podem ser estudadas com um método estruturalista: a arte, o mito, o ritual e a religião.

A atenção dada ao mito deriva do fato de que ele é uma linguagem. Ao estudo do mito Lévi-Strauss aplicará os princípios do método estruturalista: o social considerado como uma realidade que forma um todo; a prioridade lógica de todas as partes; a mitologia vista como um sistema fechado que tem sua própria inteligibilidade em si; a escolha da sincronia para o estudo das estruturas. Depois de ter esboçado sua teoria em *Anthropologie structurale* (Paris, 1958), ele a precisa e completa em *Anthropologie structurale deux* (Paris, 1973). Ele a aplica à pesquisa mitográfica em seus quatro volumes, *Les Mythologiques*, um estudo de cerca de oitocentos mitos ameríndios. Em *Le Cru et le Cuit* (Paris, 1964), ele explica a transição da natureza para a cultura através da descoberta do fogo, das técnicas culinárias e agrícolas e das roupas. Nesta pesquisa, que enfoca os mitos sul-americanos sobre a origem da cozinha, Lévi-Strauss está em busca do determinismo do espírito humano. *Du miel aux cendres* (Paris, 1966) continua a decodificação de mitos e tenta demonstrar a conversibilidade dos códigos alimentares, astronômicos e sociológicos. Trata-se de enfatizar não mais uma lógica de formas, mas uma lógica de qualidades. Em *L'origine dês manières de table* (Paris, 1968), uma lógica de proposições é apresentada com uma moralidade sobre hábitos alimentares, educação das mulheres e casamento. Essa moralidade consiste em proteger a pureza dos seres e coisas contra a impureza do sujeito. *L'homme nu* (Paris, 1971) é dedicado ao problema da oposição entre natureza e cultura.

Lévi-Strauss descobre que em todo o mundo os mesmos mitos são repetidos infinitamente, reproduzindo-se em uma gama ilimitada de variantes oscilando em torno dos mesmos quadros. Por milhares de anos, os povos chegaram aos mitos para resolver seus problemas teóricos. Nosso autor se recusa a buscar os mitos um sentido revelador das aspirações da humanidade: para ele os mitos não dizem nada sobre a ordem do mundo, a natureza da realidade, nada sobre a origem do homem ou o seu destino. O estudo dos mitos permite identificar certo modo de funcionamento do espírito humano. Assim, o estruturalismo descobre a unidade e a coerência das coisas e integra o homem à natureza. Para Lévi-Strauss, o sentido religioso não deve ser buscado nos mitos. A vida religiosa é um reservatório de representações, que, todavia, não são em si mesmas específicas: "O espírito com o qual abordo o estudo dos fatos religiosos, requer que, sobretudo, se negue a estes qualquer especificidade" (*L'homme nu*, p. 571). Lévi-Strauss criou instrumentos que tornam operativos os termos sistema e estrutura. Ele realizou uma transposição do método experimental das ciências físicas para as humanas. Reconhece que a esfera de validade do método estrutural é limitada.

Bibliografia
Obras
Antropologia strutturale. 8. ed. Milão: Il Saggiatore, 1980.
Antropologia strutturale due. 3. ed. Milão: Il Saggiatore, 1980.
L'uomo nudo. 2. ed. Milão: Il Saggiatore, 1983.
Mito e significato. Milão: Il Saggiatore, 1980.

Strutturalismo del mito e del totemismo. Roma: Newton Compton.

Tristi tropici. Milão: Il Saggiatore, 1982.

Estudos

CRESSANT, P. *Introduzione a Lévi-Strauss*. Florença: Giunti/Barbera.

NOLÉ, L. *Tempo e sacralità del mito* – Saggio su Claude Lévi-Strauss. Roma: Bulzoni, 1981.

Lucien Lévy-Bruhl
(1857-1939)*

Nascido em Paris de uma família originária de Metz, L. Lévy-Bruhl realizou brilhantes estudos no Liceu de Carlemagne e depois na École Normale (1876-1879), onde foi discípulo de Fustel de Coulanges e colega de Jaurès. Professor ordinário e depois doutor em filosofia (1884), em 1896 foi professor na Sorbonne. Em 1900 publicou *La philosophie d'Auguste Comte* e, em 1903, *La morale et la science des moeurs*, uma obra que inaugura um método moral positivista: as leis morais são deduzidas dos fatos. As regras assim descobertas não são universais, mas são relativas e válidas para um dado contexto sociológico. Nesse trabalho surge uma ideia que acompanhará Lévy-Bruhl ao longo da vida: o questionamento da singularidade da natureza humana. Como Durkheim e Wundt, ele é orientado para o estudo das populações primitivas, com sua psicologia e sua cultura.

Publica três obras sobre a mentalidade primitiva que ele estuda de acordo com os fatos, voltando sua atenção para a ação das representações coletivas, porque para ele é o grupo social que molda os espíritos. Essa pesquisa está próxima da de Durkheim sobre o totemismo. Em *Les fonctions mentales dans les sociétés primitives* (Paris, 1910), ele afirma a tese de uma diferença radical entre a mentalidade dos povos primitivos e a dos povos civilizados. *La mentalité primitive* (Paris, 1922) torna esta tese explícita com base em três elementos que estruturam o pensamento primitivo: representações coletivas; as pré-conexões que as ligam e desempenham o papel de causalidade; as instituições em que essas representações coletivas se objetivam. O homem primitivo é qualificado pela emoção e não pela razão, e

---

* In: POUPARD, P. (dir.); VIDAL, J.; RIES, J.; COTHENET, É.; MARCHASSON, Y. & DELAHOUTRE, M. (red.). *Grande dizionario delle religioni*. Casale Monferrato/Assis: Piemme/Cittadella, 1990, p. 1.149-1.151.

essa é a característica de uma mentalidade pré-lógica. Em *L'amme primitive* (Paris, 1927), Lévy-Bruhl especifica ainda mais seu pensamento. Segundo ele, o conceito de *mana* é de fundamental importância. *Mana* significa homogeneidade de todos os seres, o que demonstra a presença universal do sagrado. A fonte do *mana* é o ancestral mítico cujo culto constitui uma tentativa de participar de sua força mística.

Após numerosas críticas a suas posições, Lévy-Bruhl inicia uma terceira fase de pesquisa: o pensamento religioso dos primitivos. Em *Le surnaturel et la nature dans la mentalité primitive* (Paris, 1931), ele descreve a categoria afetiva do sobrenatural: um princípio de unidade e uniformidade da emoção na presença de forças invisíveis. As diferentes cerimônias das religiões primitivas constituem um esforço coletivo de reconciliação. Máscaras, ritmos, danças, canções criam uma emoção coletiva cuja finalidade é a comunhão com poderes sobrenaturais: daí a importância do culto aos ancestrais. Em 1935, Lévy-Bruhl estudou o mito e sua função na vida social, mas limitou a pesquisa às populações da Austrália e da Nova Guiné. Enfatiza as características do mundo mítico: ausência de hierarquia, referência a um tempo primordial, presença dos antepassados, parentesco de lugar, centros totêmicos com insistência nas principais características da paisagem, papel civilizador dos personagens míticos. Nesses seres míticos ele vê uma duplicidade de natureza: eles se tornam animais ou homens ao seu bel-prazer. A função do mito é garantir a presença do ancestral mítico: o homem atual deve imitá-lo e participar de sua vida. Imitação e participação são os elementos fundamentais que fazem dos mitos um arquétipo e um modelo.

L'expérience mystique et les symboles chez les primitifs (Paris, 1938) é um resumo de todas as suas pesquisas. Através do estudo do símbolo, Lévy-Bruhl tenta compreender mais profundamente o que ele chama de experiência mística do primitivo, i.e., suas relações com os poderes invisíveis, fundadas na crença de uma duplicidade de natureza para cada ser. A função simbólica é uma função da representação do ser invisível, representação que tem como fruto uma participação. Essa participação nas forças invisíveis explica a permanência dos lugares sagrados, a multiplicidade de inscrições rupestres, pinturas pré-históricas, desenhos e inscrições, as pedras misteriosas, os símbolos dos antepassados. A ação simbólica é baseada na participação; o símbolo é prefiguração e pertença (relíquias). Para o primitivo, existir significa participar de uma força, de uma essência, de uma realidade mística.

Nas notas de sua última pesquisa, encontrada após a guerra (*Les carnets de Lucien Lévy-Bruhl*. Paris, 1949), ele rejeita o termo "pré-lógico", mas mantém dois termos que considera fundamentais: "misticismo" e "participação". Segundo ele, o primitivo tem consciência de não ser completo em si mesmo e vive da solidariedade orgânica com o grupo. A participação não é um elemento constitutivo do espírito humano: é inerente à experiência.

Marcel Mauss enfatizou o erro de Lévy-Bruhl em relação ao pré-logismo. Enquanto coletiva, a mentalidade primitiva é lógica, uma vez que o primitivo classifica os fenômenos e as coisas para torná-los inteligíveis. Mauss também o criticou por querer estabelecer uma equivalência entre pré-conexão e pré-lógica: há uma sociedade, diz Mauss, quando há um conjunto de ideias ligadas ao preliminar. Apesar de lamentar sua ignorância no campo antropológico, Evans-Pritchard acredita que seu estudo da lei da participação explica os problemas da religião dos povos sem escrita. Sem dúvida, o maior mérito de Lévy-Bruhl é mostrar que a ação simbólica é baseada na prefiguração ou na pertença. Sua pesquisa sobre mito e símbolo revelou elementos úteis para a compreensão do *homo religiosus*. Ele permaneceu fiel ao princípio coletivista de A. Comte: "Não devemos definir a humanidade através do homem; mas, ao contrário, o homem através da humanidade".

Bibliografia
Obras

La mentalità primitiva. 4. ed. Turim: Einaudi, 1981.

La mitologia primitiva. Roma: Newton Compton.

Psiche e società primitive. Roma: Newton Compton.

Soprannaturale e natura nella mentalità primitiva. Roma: Newton Compton.

Estudos

CAZENEUVE, J. *Lucien Lévy-Bruhl, sa vie, son oeuvre*. Paris, 1963.

WAARDENBURG, J.L. *Lévy-Bruhl*, p. 159-162.

Marcel Mauss (1872-1950)*

Nascido em Epinal em 1872, filho de uma família judia na qual teve vários rabinos, Marcel Mauss recebe sua formação essencialmente na esteira do tio Durkheim. Depois de estudar sociologia e filosofia, ele se volta para a história das religiões. Sob a direção de Sylvain Lévi, foi iniciado no hinduísmo, depois se dedica ao estudo do sânscrito e, em 1900, torna-se assistente de Foucher na École Pratique des Hautes Études. A partir de 1902 sucede a Marillier na cadeira de religião dos povos sem escrita. Trabalha em uma tese sobre a oração que nunca terminará. Em 1925 torna-se secretário-geral do Institut de Sociologie, graças a Lévy-Bruhl e graças a sua reputação como sociólogo e etnólogo. Em 1931 é nomeado professor de Sociologia no Collège de France.

O essencial da obra de M. Mauss faz parte do trabalho coletivo da Escola Sociológica. Sua pesquisa, divulgada nos periódicos, é composta de memórias, artigos, comunicações, análises críticas, atualmente reunidos em quatro volumes. Dentro da Escola de Sociologia, dedicou-se em particular a refletir sobre a religião. Em sua opinião, a sociologia deve exercer uma influência profunda, já que o social é a fonte do intelectual. Considerando a vida social um mundo de relações simbólicas, Mauss se engaja na definição de um sistema de correlações entre cultura de grupo e psiquismo individual. Segundo ele, o comportamento dos indivíduos constitui o conjunto dos elementos sobre os quais a sociedade pode construir sua linguagem simbólica. Claude Lévi-Strauss considera-o um dos seus mestres do pensamento.

Em sua pesquisa religiosa, Mauss se interessou pelas funções sociais do sagrado. Seu ponto de partida é a teoria durkheimiana que, por um lado, distingue o

---

* In: POUPARD, P. (dir.); VIDAL, J.; RIES, J.; COTHENET, É.; MARCHASSON, Y. & DELAHOUTRE, M. (red.). *Grande dizionario delle religioni*. Casale Monferrato/Assis: Piemme/Cittadella, 1990, p. 1.297-1.298.

sagrado do profano e, por outro, considera o totemismo como a religião original. No totem ele vê uma reserva sagrada e, definitivamente, o sagrado por excelência. Mais do que Durkheim, Mauss insiste na importância do simbolismo: para ele, o sagrado está concentrado em seu símbolo. Vem dos sentimentos do grupo, portanto, da força coletiva que recai sobre o totem. Simbolizado pelo totem, o sagrado torna-se a alma da religião, objeto de culto e elemento central da coesão social. Em seu ensinamento sobre as religiões primitivas, Mauss é induzido a retomar o problema do *mana* e do sagrado. O *mana* é para ele tanto uma força quanto um ser, uma qualidade, uma ação e um estado. Em colaboração com H. Hubert, ele tenta encontrar o *mana* em outras religiões, para demonstrar sua universalidade. *Mana* é o poder do ritual, a força do mago, o poder do xamã, o poder do espiritual, a potência mística dos deuses, o *brahman* dos hindus, a *physis* e *dynamis* dos gregos. Mauss acredita que essa noção de *mana* é da mesma ordem que a do sagrado. *Mana* é a matriz do sagrado.

Partindo dessa identidade entre *mana* e sagrado, Mauss prossegue afirmando a identidade entre o sagrado e o social. Ideia-força em torno da qual todos os mitos e todos os ritos giram, o sagrado está localizado no centro de todo fenômeno religioso. A noção de Deus também é reabsorvida nele. Nas pegadas de Robertson Smith, Mauss retomou a questão do sacrifício, no qual ele vê o rito manual mais completo. Ele rejeita a teoria do sacrifício-comunhão totêmico e orienta-se sobre a tese da consagração-sacrifício: a passagem de um objeto do domínio do profano para o domínio do sagrado. A profunda unidade do sistema sacrificial está na comunicação entre o mundo sagrado e o profano através da mediação de uma vítima. O sacrifício tem um aspecto contratual, mas também social, pois restabelece o equilíbrio conturbado pelos erros cometidos. Ao lado do ritual manual, há o ritual oral, a oração. Em sintonia com as diferentes teorias que veem na oração um fenômeno individual, Mauss considera-o um fenômeno social, tanto para o conteúdo quanto para a forma. Sua virtude é reconhecer a comunidade. Segundo ele, a oração coletiva é o princípio da oração individual. Para explicar a oração, Mauss refere-se aos australianos, a quem considerou os representantes do Estado mais arcaico da vida social. As primeiras formulações de oração seriam encontradas nos rituais orais australianos que são apelos ao totem. Mauss parou nesse estágio de pesquisa de oração, limitando-se a essa análise sem tentar uma síntese. Sua recusa em deixar que um sentimento religioso específico atue no estágio sociológico das religiões claramente o levou a um beco sem saída. M. Mauss reduziu a religião a um puro produto social.

Bibliografia

CAZENEUVE, J. *Mauss*. Paris, 1968.

_____. *Sociologie de Marcel Mauss*. Paris, 1968.

KARADY, V. *Oeuvres de M. Mauss*. 3 vols. Paris, 1968.

LÉVI-STRAUSS, C. *Sociologie et anthropologie*. Vol. 4. Paris, 1968.

MAUSS, M. *Teoria generale della magia e altri saggi*. 3. ed. Turim: Einaudi, 1972.

WAARDENBURG, J. *M. Mauss*, p. 177-180.

Friedrich Max Müller
(1823-1900)*

Nascido em Dessau, morreu em Oxford. Filho do helenista romântico alemão Wilhelm, M. Müller estudou filosofia com Schelling, sânscrito com H. Brockhaus (Leipzig), gramática comparada com F. Bopp (Berlim), zend e indianismo com Eugène Burnouf (Paris). Linguista e orientalista, fundador da escola filológica em história das religiões, é o iniciador do estudo de mitos e das religiões a partir da filologia comparada. Professor em Oxford e em Estrasburgo, incansável pesquisador, pioneiro dos estudos indo-europeus, conseguiu terminar antes de sua morte a imponente coleção dos livros sagrados da Ásia, que editou com a ajuda de vários grandes orientalistas: *Sacred Books of the East* (51 vols., 1872-1895).

Depois de coletar uma grande quantidade de manuscritos, Müller publica a primeira tradução dos *Vedas* (6 vols., 1849-1873). Segundo ele, os *Vedas* contêm o pensamento original dos arianos e representam uma chave para a compreensão do estudo de outras religiões arianas: o bramanismo, o budismo, o zoroastrismo, as religiões grega e romana. Müller, adversário do positivismo, constrói uma teoria sobre a origem da religião a partir dos estudos védicos. A primeira forma de religião é o henoteísmo, uma concepção de divindade que não implica unicidade ou pluralidade, mas tende à unicidade. Na origem da religião está uma ideia intuitiva de Deus, um sentimento de fraqueza e dependência, crença em uma providência, a consciência da distinção entre o bem e o mal, a esperança de uma vida melhor. Influenciado por concepções românticas, Müller atribui à humanidade que ainda está no estágio da infância a retidão da inteligência, a riqueza da ima-

---

* In: POUPARD, P. (dir.); VIDAL, J.; RIES, J.; COTHENET, É.; MARCHASSON, Y. & DELAHOUTRE, M. (red.). *Grande dizionario delle religioni*. Casale Monferrato/Assis: Piemme/Cittadella, 1990, p. 1.446-1.448.

ginação, uma faculdade que torna o homem capaz de captar o infinito sob a aparência das coisas. O sentido do divino é anterior às concepções e representações das figuras divinas.

A história das religiões deve remontar à origem e à primeira evolução do pensamento religioso. Essa viagem ao passado não deve ser feita de acordo com as leis hegelianas ou de acordo com os três estágios de Comte. Ao contrário, é um retorno histórico, feito de acordo com o método do caçador indígena, que segue de perto as pegadas no chão. Para Müller, já que o pensamento existe, a linguagem também existe. A língua é uma testemunha irrefutável, a única que vale a pena ouvir. Portanto, a filologia comparada é a chave para a história das religiões: *nomina sunt numina*. Subentendida à publicação dos textos das religiões asiáticas, esta pesquisa deu origem à escola filológica e comparada na ciência das religiões.

Partindo desses princípios, Müller realiza um estudo comparado dos mitos descobertos na Índia, no Irã, na Grécia, em Roma, na Germânia. Considerando a linguagem como expressão fonética de atos, ele tenta explicar os mitos com uma deficiência de linguagem. O homem, que havia adquirido uma linguagem para falar sobre seus atos, teve de encontrar uma linguagem para falar sobre objetos e aplicou a linguagem dos atos a objetos: assim os rios se tornam correios, o sol um guerreiro, os raios são flechas, as nuvens são navios, a tempestade é um rugido e o sol é um brilhante. Essa linguagem metafórica leva à personificação de objetos. É o nascimento dos mitos, e o primeiro mito é o solar, baseado na observação diária, da qual os arianos desenham a noção de *deva*, o deus brilhante. Partindo dos nomes atribuídos às divindades, o homem arcaico forja mitos que podem ser explicados por operações de sinonímia, homonímia e alteração fonética. No final desta pesquisa, M. Müller tira uma conclusão que desperta grande entusiasmo: se os povos falam as mesmas línguas, terão os mesmos mitos. É o caso dos indo-europeus. Então, onde Sócrates, Platão, Aristóteles não viram nada além de bárbaros, encontramos irmãos. A filografia e a mitografia comparada nos fazem descobrir nossa história. Como podemos ver, Müller tentou fazer uma síntese das duas correntes: filologia comparada e mitografia romântica.

Para o nosso autor, o estudo das religiões do mundo nada mais é do que o estudo das diferentes linguagens que o homem usou para falar ao seu Criador nos diferentes períodos da história. A verdadeira história do homem é, portanto, a história da religião. Com base nisso, Müller esboçou alguns elementos de uma teologia das religiões. Em sua busca por conexões entre os diferentes pensamentos religiosos do mundo, ele não apenas tentou encontrar as leis da alteração das religiões, mas também estudou o problema da salvação.

Para Müller, a doutrina das religiões pagãs é o único alimento espiritual que a sabedoria divina colocou ao alcance dos povos pagãos. Assim, preservando toda a sua serenidade, o historiador deve tentar entender essas religiões e ressaltar seus elementos essenciais. Atribuindo ao cristianismo a qualidade da religião da plenitude dos tempos, Müller sugere estudá-lo de acordo com as regras de uma crítica saudável e rigorosa, a fim de compará-lo com outras religiões.

O trabalho de Müller é considerável. Graças à coleção *Sacred Books* e à tradução dos *Vedas*, o orientalismo muito se beneficiou de seus trabalhos. Sua pesquisa em mitografia comparada e em teologia das religiões é a parte mais fraca de seu trabalho. Na ciência das religiões, sua pesquisa comparada marca uma etapa importante: com a filologia, ele introduziu um elemento importante no método comparativo. Um de seus grandes méritos foi o estabelecimento do primeiro dossiê indo-europeu. A retomada desse dossiê ampliado, concluído, investigado com um novo método de comparação – a comparação genética – está na origem das grandes descobertas de Georges Dumézil.

Bibliografia
NEUFELDT, R.W. *F. Max Müller and the Ṛgveda*. Calcutá, 1980.
RAU, H. *F. Max Müller*. Bombaim, 1974.
WAARDENBURG, J. "Fr.M. Müller", p. 184-188.

Rudolf Otto (1869-1937)*

Nascido em Peine, morreu em Marburgo. Teólogo luterano, orientalista, historiador das religiões, indianista, Otto ensinou em Göttingen (1897), Breslau (1914) e Marburgo (1929).

Depois de uma fase inicial de pesquisa ligada à escola de Ritschl e conduzida à luz da piedade sociológica e do positivismo religioso, R. Otto conhece Söderblom. Sob sua influência, de 1904 a 1911, ele refletiu sobre a experiência religiosa e sobre os dados históricos que ela produziu na humanidade. Preocupado com a corrente de dessacralização introduzida por Feuerbach, R. Otto escolhe a solução filosófica do neokantismo de L. Nelson e J. Fries: "O fundamento racional das intuições garante o valor do conhecimento". Para Otto, Deus, a alma e a liberdade são os três dados *a priori* que constituem o fundamento racional da religião. Esta começa quando o homem abandona o racional para penetrar no mistério. Ele acredita que a única linguagem religiosa válida é a simbólica, que permite que o divino seja entendido intuitivamente. Em sua pesquisa, levada adiante na perspectiva de um kantismo revisado por Fries, Otto tenta entender o eterno presente em fenômenos sensíveis. Indo além do caminho psicológico seguido por Schleiermacher, Goethe, Herder, Novalis e Fichte, Otto insere na análise psicológica um processo de indução histórico que lhe permite descobrir o tesouro religioso da humanidade.

Após uma estada na Índia em 1911, R. Otto volta-se para a história das religiões. Em 1917, publica *Das Heilige*, que desde então teve reedições e traduções contínuas. No sagrado, ele vê três faces que são seus três elementos constituintes: o numinoso, ou divino, descoberto pelo homem no curso de quatro fases (senti-

---

* In: POUPARD, P. (dir.); VIDAL, J.; RIES, J.; COTHENET, É.; MARCHASSON, Y. & DELAHOUTRE, M. (red.). *Grande dizionario delle religioni*. Casale Monferrato/Assis: Piemme/Cittadella, 1990, p. 1.516-1.518.

mento de criatura, terror místico, mistério do Totalmente Outro, arrebatamento); o *sanctum* ou valor deste numinoso; uma categoria *a priori*, a disposição original do espírito humano capaz de compreender o numinoso e, portanto, o lugar da revelação interior. Para Otto, esta constituição tripartida do sagrado está na origem da religião pessoal do homem.

Depois de mostrar como o sagrado é a fonte da religião pessoal, Otto usa o conceito de sagrado para explicar as religiões históricas. Segundo ele, originam-se das várias manifestações do sagrado no decorrer da história. De fato, dotado de uma faculdade de leitura do sagrado que Otto chama de divinização, o homem religioso descobre o espiritual escondido sob as aparências temporais. Os leitores do sagrado são personalidades proeminentes: profetas, gênios religiosos, grandes fundadores. As diferentes leituras do sagrado explicam a origem das religiões. Um único leitor do sagrado possui o Espírito em toda a sua plenitude e é a suprema manifestação de Deus: o Filho. Com base nesses dados, Otto estabelece a transcendência do cristianismo em relação às outras religiões.

Como as religiões são o resultado da manifestação progressiva e histórica do sagrado, a ciência das religiões deve ser a pesquisa que penetra no coração das religiões para revelar os sinais do sagrado e para explicar suas manifestações ao longo da história. Assim, a principal tarefa da ciência das religiões é trazer à luz os valores religiosos que são gradualmente apresentados no caminho da humanidade e mostrar o difícil progresso dos homens na busca de Deus. Segundo Otto, nessa abordagem do Deus escondido se revela uma surpreendente continuidade, cujo clímax é alcançado quando o Filho, a manifestação viva do sagrado e testemunho do Reino de Deus, sucede aos profetas.

Opondo um lado à *Religionsgeschichtlicheschule* que se limita a um estudo comparado dos dados religiosos paralelos, e por outro a teorias que buscavam a origem da religião na sociedade, R. Otto defende uma ciência de religiões fundada no sagrado, com a tarefa de desvelar e descrever as manifestações. A ciência das religiões, portanto, não é uma história simples: deve desempenhar um papel profético.

Preocupado com os perigos da dessacralização e da teologia liberal, Otto escreveu *Das Heilige* para oferecer um programa às gerações mais jovens. Seus trabalhos depois de 1917 não fazem senão explicitar e precisar esse programa, enfatizando com força cada vez maior a supremacia do cristianismo. Impressionado pelo mistério inefável do Deus escondido, Otto evitou se expressar sobre o tema da revelação, embora tenha conseguido identificar a possibilidade de uma linguagem de revelação que ia além da tradução da experiência religiosa realizada a partir da leitura dos sinais do sagrado. Consciente dos problemas colocados pelo encontro das várias religiões, ele criou o *Menschheitsbund* em 1920, cujo programa será retomado por Heiler em 1956.

Paralelamente às obras sobre o indianismo, Otto realizou uma fenomenologia do sentimento religioso fundada no sagrado que por um lado se revela ao coração do homem, tornando-o capaz de religião, e por outro se manifesta através de sinais externos que os grandes leitores da humanidade compreenderam e usaram para elaborar as religiões históricas. Sua obra constitui uma síntese coerente em que, com base no neokantismo e ao lado da fenomenologia, surge um esboço da teologia das religiões. Na história das religiões, o trabalho de Otto marca um ponto de virada: no centro de sua pesquisa, ele colocou o homem religioso e seu comportamento.

Bibliografia

LEMAITRE, A.A. *La pensée religieuse de Rudolf Otto et le mystère du divin*. Lausanne, 1924.

OTTO, R. *Il sacro*. 3. ed. Milão: Feltrinelli, 1981.

WAARDENBURG, J. "R. Otto", p. 200-206.

Raffaele Pettazzoni
(1883-1959)*

Nascido em San Giovanni in Persiceto, completou seus estudos em Bolonha, onde obteve uma licenciatura em literatura em 1905, completada em 1908 com um diploma da Escola Italiana de Arqueologia. De 1909 a 1914 ele ocupou o cargo de inspetor no museu pré-histórico e etnográfico de Roma. Após escavações na Sardenha publica em 1912 *La religione primitiva in Sardegna* [A religião primitiva na Sardenha]. Professor de História das Religiões em Bolonha (1914-1923), é recrutado durante a Segunda Guerra Mundial e ferido no fronte grego. Esta é uma oportunidade para ele desenvolver uma pesquisa que terminará em 1921 com a publicação de *La religione nella Grecia Antica* [A religião na Grécia antiga]. Em 1920 Pettazzoni inaugurou com seu livro *La religione di Zarathustra* [A religião de Zaratustra] a sua coleção "Historia delle religioni" [História das religiões]. Esses primeiros trabalhos indicam a orientação de sua pesquisa: ligações entre a história das religiões e a história socioeconômica e política; importância da estrutura histórica diante da qual qualquer posição filosófica deve desaparecer; duas fontes de inspiração religiosa, uma da vida espiritual e outra da vida social; papel da religião popular que acaba influenciando a piedade oficial. A descoberta da importância dos cultos populares gregos, no qual identifica em várias ocasiões o misticismo oriental, induz Pettazzoni a investigar as religiões mistéricas (*I misteri* [os mistérios], 1924) e para examinar a questão fundamental da salvação.

Em 1924 começou uma nova fase de sua vida. Aos 17 de janeiro, ele inaugurou a cátedra de história das religiões de Roma, a primeira oficial na Itália. Aqui,

---

* In: POUPARD, P. (dir.); VIDAL, J.; RIES, J.; COTHENET, É.; MARCHASSON, Y. & DELAHOUTRE, M. (red.). *Grande dizionario delle religioni*. Casale Monferrato/Assis: Piemme/Cittadella, 1990, p. 1.612-1.614.

o ensino da história das religiões havia sido retido pela influência de Benedetto Croce e seus discípulos, para quem a religião não era um valor autônomo do espírito e a história das religiões não tinha consistência própria. Pettazzoni sabe que uma grande tarefa o aguarda. Em 1925 fundou um periódico, *Studi e materiali di storia delle religioni* ["Estudos e materiais de história das religiões"], que duplica desde 1929 com a série *Testi e documenti per la storia delle religioni* ["Textos e documentos para a história das religiões"], que completa a série de monografias fundada em 1920. Em 1951 cria a coleção *Classici della religione* ["Clássicos da religião"]. Em 1950, ele foi eleito presidente da Associação Internacional (IAHR) e foi contratado em 1954 para criar e dirigir a revista *Numen*. Em 1955 organizou e presidiu em Roma o VIII Congresso Internacional de Historiadores da Religião, e nessa ocasião é renovado seu mandato de presidente da associação. Morre em Roma, aos 8 de dezembro de 1959. Durante os trinta anos de magistério romano, ele deu, com suas publicações e suas iniciativas, um impulso decisivo ao ensino da história das religiões na Itália e à sua difusão no exterior.

Juntamente com a atividade de criador e promotor, Pettazzoni realizou um trabalho científico pessoal vultuoso. Um problema em particular atraiu sua atenção: o do Ser Supremo que está na origem da ideia de Deus. Já em 1913 um artigo intitulado "Le origini dell'idea di Dio" [As origens da ideia de Deus] lhe tinha posto em desacordo com A. Lang e Schmidt. Em 1922, retoma o debate em sua obra *Dio: Formazione e svilluppo del monoteismo nella storia delle religioni* ["Deus: Formação e desenvolvimento do monoteísmo na história das religiões"]. A formação do monoteísmo continuará a ser uma preocupação constante ao longo de sua pesquisa: até a véspera da morte publicará estudos sobre este assunto. No início da discussão com Schmidt, ele tentou demonstrar que a personificação do céu ocorrera na forma de um Ser Supremo vislumbrado por trás dos fenômenos celestes. O Ser Supremo dos primitivos não seria, portanto, um grande Deus pessoal como Schmidt gostaria. Ao final de quarenta anos de reflexão, ele modifica sua posição (cf. *L'Essere supremo* ["O ser supremo"], 1959). A questão, segundo ele, nada tem a ver com as origens, mas está relacionada ao condicionamento existencial. O Ser Supremo é o produto do pensamento mítico. Disso deriva, de acordo com Pettazzoni, uma dupla orientação fenomenológica: a crença em um ser supremo "Céu" nas culturas pastoris e patriarcais e crença em um ser supremo "Terra" em culturas matriarcais e sociedades agrícolas. Eliade retomou a posição de Pettazzoni. Considerando que a tarefa do historiador das religiões não termina com a análise do condicionamento histórico, Eliade deu de fato uma nova contribuição, especificando a tese de Pettazzoni, ou seja, o simbolismo urânico, dado imediatamente à consciência total: a contemplação da abóbada celeste revela a transcendência divina.

Consciente da abundante literatura etnológica, Pettazzoni dedicou-se também ao estudo dos mitos (*Mitologia giapponese* ["Mitologia japonesa"], 1929; *Storia delle Religioni e della Mitologia* ["História das religiões e mitologia"], 1946; *Miti e Leggende* ["Mitos e lendas"], 4 vols., 1948-1963). Em seus muitos trabalhos, ele insistiu no valor do mito como história verdadeira e história sagrada. De 1926 a 1936, sua pesquisa enfocou, em particular, a confissão de pecados: *La confessione dei peccati* (3 vols., 1929, 1935, 1936). Nesses estudos ele demonstra que a confissão dos pecados é um fato religioso universal. Assim, aumenta a universalidade e autonomia dos estudos histórico-religiosos, e destaca o interesse do método comparativo.

R. Pettazzoni estabeleceu a meta de um estudo universal das religiões que integre os resultados da etnologia, do folclore, do orientalismo e dos estudos clássicos. Ele é orientado para a pesquisa histórico-comparativa, estuda ao mesmo tempo a história das religiões, os fatos religiosos em sua relação histórica com outros eventos religiosos, mas também não religiosos: literários, artísticos, sociais, culturais. Pettazzoni sempre insistiu na necessidade de uma pesquisa histórica quando a ciência das religiões se dividia em fenomenologia e história. Se a fenomenologia está em busca de significado, sabe, no entanto, que depende da história e que suas conclusões estão sujeitas a revisão à luz do progresso da pesquisa histórica. Para Pettazzoni "a divisão da ciência da religião e das religiões em fenomenologia e história durante as primeiras décadas do século XX é apenas um passo no sentido da criação da única ciência das religiões sobre fundamentos essenciais e em sua forma integral" (*Numen*, I, 1954, p. 5).

Bibliografia

PICARD, C. "Raffaele Pettazzoni, 1883-1859". In: *Revue de l'histoire des religions*, Paris 1960, p. 260-266.

SABBATUCCI, D. "Raffaele Pettazzoni". In: *Numen*, 10, Leiden, 1963, p. 1-41.

WAARDENBURG, J. "R. Pettazzoni", p. 209-215.

Henri Pinard de la Boullaye (1874-1958)*

Nascido em Paris, dia 1º de setembro de 1874, completa seus estudos secundários em Reims e, em 1893, ingressa na Companhia de Jesus. De 1910-1927 ensina teologia fundamental no escolasticado francês que se refugiara em Enghien, Bélgica. A elaboração de um manual, *De vera religione*, leva-o ao estudo comparado das religiões; cria um curso na história das religiões primeiro em Enghien e depois na Universidade Gregoriana em Roma (1927-1934). Durante esse período, muito proveitoso para sua pesquisa, colabora com as *Semaines de religieuse ethnologie* organizadas por Schmidt, e assegura o secretariado das *Semaines* desde 1921. Entre 1924 e 1925 W. Schmidt trabalha na organização da exposição missionária do Vaticano e no Museu Etnológico do Latrão. Entre 1922 e 1925 publicou um trabalho que conhecerá muitas edições e uma tradução em espanhol: *L'étude comparée des religions* (Paris, 2 vols.). Depois de ter assegurado o ensino em Roma e a pregação em Notre-Dame de Paris de 1928 a 1937, começa a escrever um dicionário de religiões. Sua atividade é interrompida pela guerra. A partir de 1940, ele se dedica ao estudo da espiritualidade.

O primeiro tomo de seu estudo comparado, dedicado à história da pesquisa no mundo ocidental, constitui uma verdadeira *summa* metodológica caracterizada por uma erudição incomum e por pesquisas biográficas, históricas e bibliográficas muito detalhadas. Repertório precioso, esse volume esclarece os problemas essenciais da ciência das religiões: experiência religiosa, filosofia religiosa, etnologia e antropologia, pesquisa interdisciplinar, fenômeno religioso. Pinard de la

---

* In: POUPARD, P. (dir.); VIDAL, J.; RIES, J.; COTHENET, É.; MARCHASSON, Y. & DELAHOUTRE, M. (red.). *Grande dizionario delle religioni*. Casale Monferrato/Assis: Piemme/Cittadella, 1990, p. 1.615-1.616.

Boullaye revê os muitos métodos de interpretação, comparação, classificação que ocorreram e às vezes até se opuseram desde o século XIX. No segundo tomo ele examina esses métodos. Para cada escola, destaca as escolhas filosóficas subjacentes e mostra sua influência nos resultados da pesquisa, definindo assim os limites de cada sistema. Assim, ele sublinha a contribuição da história, da filologia, da etnologia, da psicologia e da sociologia. Tenta definir o valor dos elementos oferecidos pelos diferentes métodos. Na etnologia religiosa, dá especial importância à escola histórico-cultural de Graebner e Schmidt. Esta última exposição é uma obra-prima de clareza e lógica.

Pinard de la Boullaye tentou compor um trabalho histórico, com todas as necessidades que esse fato acarreta. No meio de uma crise modernista, caracterizada por um apego particular ao sentimento religioso, ele insiste no rigor dialético a ponto de considerar a religião e as religiões quase que exclusivamente do ponto de vista racional. No entanto, a experiência religiosa continua sendo um dos temas privilegiados de sua pesquisa e são prova os inúmeros artigos que ele dedicou a esse tópico. Sobre esse tema, os problemas comparativos chamaram sua atenção: analogias dogmáticas, similitudes de ritos, semelhanças psicológicas ou místicas. No desenvolvimento do estudo comparado das religiões, Pinard de la Boullaye é um marco importante. Focada na história, na metodologia e na crítica, sua pesquisa sobre a "convergência dos indícios " ajudou a preparar o caminho para o estudo científico do *homo religiosus*.

Bibliografia

GOETZ, J. In: *Anthropos*, 53, 1958, p. 1.010-1.013.

VAN BULK, V. In: *Annali Lateranensi*, 24, 1969, p. 434-461.

Albert Réville (1826-1906)*

Nascido em Dieppe, filho e neto de pastores evangélicos, recebeu educação teológica em Genebra de 1844 a 1848. Em 1848, defende a tese em teologia na Universidade de Estrasburgo e, em 1849, é ordenado pastor. Em 1851, é chamado para a Igreja da Valônia de Roterdã, onde passa vinte e dois anos. Estabelece estreitas relações com a Universidade de Leiden e com o movimento do cristianismo liberal dirigido por Scholten, Kuenen e Tiele. Também estabelece contatos com os teólogos liberais de Tübingen, F.C. Baur e sua escola. São desse período os grandes trabalhos de exegese de Réville. Em 1873, retorna a Dieppe para continuar atuando em prol das ideias republicanas e liberais. Aos 10 de junho de 1880, Paul Bert e Jules Ferry confiam-lhe a cátedra de história das religiões que haviam instituído no Colégio da França. É o ano do advento da ciência das religiões na França: criação dos projetos *Revue de l'histoire des religions*, projetos de reorganização do Museu Guimet, inaugurado por de Broglie professor de História das Religiões na Universidade Católica de Paris. Em 1886, quando a seção de ciências religiosas foi fundada na École Pratique de Hautes Etudes, A. Réville torna-se o primeiro professor de História do Dogma, depois diretor.

No trabalho científico de A. Réville há três linhas de pesquisa que seriam difíceis de separar: a exegese bíblica, a história dos dogmas, a história das religiões. Até a morte, A. Réville continuou nessas três direções, interessando-se por Jesus de Nazaré e por seus pensamentos, bem como por outras religiões da humanidade. Esse método está na linha da escola de Tiele: uma maior insistência na essência da religião em comparação com as formas que a religião foi capaz de assumir ao

---

* In: POUPARD, P. (dir.); VIDAL, J.; RIES, J.; COTHENET, É.; MARCHASSON, Y. & DELAHOUTRE, M. (red.). *Grande dizionario delle religioni*. Casale Monferrato/Assis: Piemme/Cittadella, 1990, p. 1.762-1.763.

longo da história; importância do sentimento religioso que une o espírito humano com o misterioso Ser; destaque aos fenômenos comuns a todas as religiões, como mito, símbolo, ritual, sacrifício, sacerdócio, profetismo. Nessa perspectiva, que constitui uma primeira tentativa de fenomenologia religiosa, Réville considera a ciência das religiões como uma teologia secular baseada em pesquisa comparada. Seu programa de 1880, *Prolégômennes de l'histoire des religions* (Paris, 1881), tentou traçar o caminho dessa "teologia verdadeiramente científica", na qual "o cristianismo pode ser entendido [...], a Bíblia pode ser justamente apreciada apenas com a condição de comparar mutuamente as religiões do mundo inteiro, as suas tradições e seus livros sagrados" (op. cit., p. 258). Com numerosos artigos e várias notas publicadas na RHR e alhures, Réville insiste no papel dessa nova ciência que deve substituir a teologia baseada no dogma e na revelação. Essa ciência das religiões, elaborada através de um estudo comparado fundado na fenomenologia religiosa, estará no centro das discussões e disputas em torno do crescimento da história das religiões de 1880 a 1900.

No entanto, Réville não se limita a essa pesquisa de "história geral das religiões". Em 1883 iniciou a série de volumes dedicados ao estudo histórico das religiões: *Les religions des peuples non civilisés* (2 vols. Paris, 1883), *Les religions du Mexique, de l'Amérique centrale du Pérou* (1885); *La religion chinoise* (2 vols. Paris, 1889). Em seus cursos e em numerosos artigos ele lida com as religiões da Índia, Egito, Assíria, Grécia e Roma. A religião de Israel sempre atraiu sua atenção, por si mesma e como contexto de vida de Jesus de Nazaré. Segundo ele, o trabalho de Jesus tem um sentido essencialmente moral: *Jésus de Nazareth* (2 vols. Paris, 1897).

Com artigos, livros, cursos e conferências, A. Réville teve uma profunda influência na França e no exterior. Colaborou ativamente na criação e divulgação da *Revue de l'histoire des religions*. O I Congresso de História das Religiões, realizado em Paris em 1900, foi em parte obra sua. Entre seus discípulos encontramos seu filho Jean Réville (1854-1908), pastor em Montbéliard, então professor na École des Hautes Études (1885), nomeado para o Colégio da França em 1907, onde começou seu ensino com uma história da metodologia: *Les fases sucessives de l'histoire des religions* (Paris, 1909). Nessas lições, o filho sublinha o papel desempenhado por A. Réville e seus colegas Renan, C.P. Tiele, Chantepie de La Saussaye, Goblet d'Alviella.

Bibliografia

MARTY, J. *Albert Réville, sa vie, son œuvre*. Coueslant, 1912 [bibliografia, p. 163-198].

RIES, J. "Quelques aspects de la science des religions à la fin du XIXe siècle. In: PORTIER, L. *Christianisme, Églises et Religions*. Louvain-la-Neuve, 1982, p. 147-172.

WAARDENBURG, J. "A. Réville", p. 241-242

Wilhelm Schmidt
(1868-1954)*

Nascido em Hörde na Vestfália, morreu em Friburgo, na Suíça, sacerdote da Sociedade do Verbo Divino (SVD), orientalista, etnólogo, linguista e historiador das religiões, W. Schmidt dedicou sua vida à pesquisa etnológica religiosa. Em 1906 funda a revista *Anthropos* e em 1912 cria *Semaines de religieuse ethnologie* (5 sessões de 1912 a 1929). Professor da Universidade de Viena a partir de 1921, forma numerosos discípulos; em 1924, em Roma, organiza a grande exposição missionária e em 1926 funda o Museu Etnológico do Latrão, que assume de 1927-1932, ao criar o Instituto Anthropos. A hostilidade do regime hitleriano torna necessária a transferência do Instituto em 1938 de Mödling-Vienna para Friburgo, Suíça, onde Schmidt continua ensinando na universidade de 1939 a 1948. A partir de 1962, o Instituto e a revista *Anthropos* transferiram o centro de pesquisa com sua rica documentação de etnologia religiosa para Sankt Augustin de Bonn.

O trabalho de W. Schmidt é de grande alcance. No campo da linguística austro-indonésia, sua contribuição abriu novos caminhos. Na etnologia, ele se empenhou no movimento histórico que começou com a oposição de S. Maine (1822-1882), de A. Lyall (1835-1911), de F.W. Maitland (1850-1906), de W.H.R. Rivers (1864-1923) e de A. de Quatrefages (1810-1892) às doutrinas do animismo, do totemismo (totem) e do evolucionismo. Na linha de F. Ratzel (1844-1904), o criador da teoria das migrações, e L. Frobenius (1873-1938), o autor da ideia de círculos culturais, W. Schmidt trabalhou com F. Graebner (1877-1934) e B. Ankermann (1859-1953) para o desenvolvimento do método histórico-cultural. Por um lado,

---

* In: POUPARD, P. (dir.); VIDAL, J.; RIES, J.; COTHENET, É.; MARCHASSON, Y. & DELAHOUTRE, M. (red.). *Grande dizionario delle religioni*. Casale Monferrato/Assis: Piemme/Cittadella, 1990, p. 1.910-1.911.

esse método tenta determinar os tipos de civilização e sua distribuição no espaço, estudando as unidades culturais, com base na originalidade dos elementos culturais e na constância de sua associação dentro de um território. Por outro lado, tenta, por meio de pesquisa comparada, identificar as civilizações com algum parentesco a fim de reconstruir a história dos povos sem escrita. Essa escola de etnologia histórica, também chamada de escola dos círculos culturais, teve o mérito de introduzir um método de pesquisa histórico-comparativa em etnologia.

De 1908 a 1910 W. Schmidt desenvolveu em *Anthropos* a ideia formulada em 1989 por A. Lang (1844-1910) em sua obra *The Making of Religion*: a crença dos povos primitivos em um ser supremo. É o início de uma vasta pesquisa de campo organizada com a ajuda de missionários e etnólogos (Koppers, Schebesta, Gusinde e outros) coletada em 12 volumes da obra monumental *Ursprung der Gottesidee* (1912-1954). A análise dessa documentação deu por vezes origem a controvérsias acirradas, mas levou cada vez mais etnólogos a admitir a existência entre os povos primitivos da crença em um ser supremo, crença que se situa não no final, mas no início do processo de pensamento desses povos. No decorrer de uma discussão que durou várias décadas com R. Pettazzoni, ele tentou esclarecer – na linha de uma teofania uraniana – o significado dessa ideia religiosa dos primitivos. Enquanto W. Schmidt vê nessa crença o produto de um pensamento causal lógico, Pettazzoni a considera fruto do pensamento mítico e experiência existencial que é central para a personificação do céu. Eliade retomou a questão. Para ele, o erro de interpretação de W. Schmidt – consistindo em ver no pensamento primitivo a ideia de um ser supremo na ausência de qualquer mito – não diminui o valor científico desse autor e de sua escola. Até mesmo Eliade descarta a hipótese de uma explicação lógico-causal. Retomando a ideia de Pettazzoni no pensamento mítico, ele a supera, mostrando que a descoberta fundamental de *homo religiosus* arcaico é o significado simbólico da hierofania urânica, na qual se encontra a esfera da excelência divina. Este simbolismo urânico é equivalente a uma revelação.

Bibliografia

BIANCHI, U. *Storia dell'etnologia*. Roma, 1971.

ELIADE, M. *Religions australiennes*. Paris, 1972.

HENNINGER, J. "P. Wilhelm Schmidt". In: *Anthropos*, 51, 1956, p. 19-60.

PINARD DE LA BOULLAYE, H. *L'étude comparée des religions*. 2 vols. 3. ed. Paris, 1929.

POIRIER, J. *Ethnologie générale*. Paris, 1968.

WAARDENBURG, J. "W Schmidt", p. 251-258.

Nathan Söderblom
(1866-1931)*

Membro de uma grande família de pastores luteranos, Nathan Söderblom estudou filosofia e teologia em Uppsala. Ordenado em 1893, tornou-se pastor da paróquia sueca de Paris e capelão dos marinheiros suecos de Dunkerke e Calais. Em 1901 ele completou seu doutorado na Sorbonne, onde frequentou as aulas, e, no mesmo ano, foi nomeado professor de História das Religiões e Psicologia Religiosa na Faculdade de Teologia de Uppsala. Em 1912 inaugurou a cátedra de ciência das religiões (*Religionswissenschaft*) na Universidade de Leipzig. Em 1914 foi consagrado arcebispo de Uppsala, mas manteve seus cursos universitários. A sua vida é informada por uma dupla missão: por um lado o magistério, com numerosas conferências e publicações, e por outro o seu compromisso com o ecumenismo, onde a sua ação é relevante em nível europeu. Discípulo de Schleiermacher, dedica-se à fenomenologia e insiste no sagrado (*Holiness*) como um dos lugares de um estudo comparado das religiões. Aplicando-se em descrever esse conceito capital (*Hauptbegriff*) como essencial para qualquer religião, vê aí uma experiência "do Deus vivo". Seu encontro com Rudolf Otto em 1900 está na origem de uma pesquisa comum sobre os documentos fornecidos pelos historiadores das religiões para reconsiderar o problema da origem da ideia de Deus. Distancia-se da abordagem teológica de Wilhelm Schmidt, mas também da sociologia de Durkheim. No sagrado ele vê um essencial fenômeno para a orientação da ciência das religiões, e isso o leva a fazer desconsiderar a hipótese de uma revelação primordial, recuperando a noção de *mana*, que a escola de Durkheim considerava uma força impessoal anônima, embrião do coletivo e do social; Söderblom descobre

* Inédito.

uma força espiritual e sacral, fonte natural para o conhecimento de Deus nas religiões arcaicas. Para ele, a ciência das religiões coloca o homem no rastro de Deus, que vive na história. Logo após sua morte foi publicada a sua última grande obra, *Den levende Guden*, traduzida para o francês em 1937 em Paris sob o título *Dieu vivant dans l'histoire*, cujo tema principal é a perene revelação divina. São atribuídas a ele estas últimas palavras em seu leito de morte, aos 12 de julho de 1931: "Eu sei que Deus está vivo. Posso prová-lo com a história das religiões".

Bibliografia

Obras

Dieu vivant dans l'histoire. Paris, 1937.

La vie future d'après le Mazdéisme – Étude d'eschatologie comparée. Paris: Musée Guimet, 1901.

Les Fravaschts. Paris, 1899.

Natürliche Theologie und allgemerne Religionsgeschichte. Estocolmo, 1913.

Estudo

WAARDENBURG, J. "Söderblom", p. 266-272.

Rudolf Steiner (1861-1925)*

Nascido de pais católicos em Kraljévié na Áustria-Hungria, na fronteira com os Cárpatos e Estíria, R. Steiner aprecia a poesia do culto como menino cantor na igreja de sua aldeia. Sua inteligência sempre alerta o leva a estudar matemática, química, mineralogia, botânica, zoologia, arte e literatura. Ele também estuda Kant, Fichte, Schelling, Hegel. Aos vinte anos é iniciado na Rosacruz em Viena, isso marcou o início de sua vida como místico e ocultista. Doutor em Filosofia em 1890, foi contratado em Weimar nos arquivos de Schiller-Goethe, onde supervisionou uma reedição das obras de Goethe. No pensamento de Goethe Steiner descobre a luta entre o bem e o mal, e através de Fausto alcança o dualismo cósmico de Mani. É um momento decisivo. Contatos decepcionantes com Nietzsche e Haeckel levam-no a tentar reconciliar a ciência e a religião numa ciência superior a ambas, a ciência espiritual.

Em 1897 conhece em Berlim a Sociedade Teosófica fundada por Helène Blavatsky e Annie Besant, à qual adere em 1902, quando funda a revista *Luzifer-Gnosis*, torna-se secretário-geral do ramo teosófico alemão e fica conhecido na França graças a E. Schuré. Rosacrucianista marcado pelo esoterismo cristão, opõe-se à iniciação hindu praticada na teosofia. Dentro da Sociedade, a tensão se torna forte e, em 1913, Annie Besant elimina toda a seção alemã. À frente de um grupo teosófico europeu, Steiner decide continuar o movimento esotérico de acordo com suas próprias concepções, i.e., de um ponto de vista cristão que, rejeitando as fórmulas históricas e dogmáticas das Igrejas, coloca no centro do pensamento

---

* In: POUPARD, P. (dir.); VIDAL, J.; RIES, J.; COTHENET, É.; MARCHASSON, Y. & DELAHOUTRE, M. (red.). *Grande dizionario delle religioni*. Casale Monferrato/Assis: Piemme/Cittadella, 1990, p. 2.033-2.034.

de Jesus Cristo o evento do Gólgota. Trata-se de um esoterismo cristão ocidental, completamente diferente do esoterismo teosófico oriental.

Diante do que ele chama de "o fracasso das Igrejas", Steiner estabelece uma sociedade espiritual cuja missão é a luta contra o materialismo. Instalou-se na Suíça e, graças às contribuições financeiras dos antroposofistas de 17 nações, construiu na Colina de Dornach, perto de Basileia, o templo da ciência espiritual, o *Goetheanum*, concluído em 1922, mas destruído pelo fogo aos 31 de dezembro do mesmo ano. O edifício será reconstruído em concreto armado. O *Goorneanum* de Dornach permanecerá no centro do movimento antroposófico.

Em 1902 Steiner descobre Mani, que é, segundo ele, um profeta iniciado por Cristo que tentou combinar ciência e religião, tradições indianas e babilônicas, cosmologia e soteriologia. Consciente de reencarnar Mani em um sentido esotérico e místico, Steiner começa em 1904 a ensinar o maniqueísmo, que ele chama de "o cristianismo da liberdade", e que considera ter a tarefa de preparar o futuro estudando a função do mal no mundo e colaborando na evolução da humanidade para sua absorção final no bem. Penetrado pelo impulso cristão, Mani, de acordo com Steiner, reunificou as civilizações pré-cristãs no cristianismo, libertou-as do elemento judaico e então preparou o caminho da gnose, que tem a tarefa de perceber a experiência espiritual de Cristo, independente de qualquer Igreja e de qualquer tradição oral ou escrita.

Em 1919, após a guerra e o colapso do Império Alemão, Steiner começou a se interessar pela pedagogia. Cria a Escola Waldorf, que servirá de modelo para as escolas de steinerianas, onde os professores extraem seus princípios da antroposofia. De 1920 a 1924 dedicou-se ao estudo da biologia e da medicina, fundou a clínica de Arleshein, deu indicações para a fabricação de remédios e inaugurou uma pedagogia curativa que acompanha a euritmia. Perto da morte, Steiner dirige seu interesse à agricultura. É o começo de um método de cultura biológico-dinâmico que quer combinar os aspectos espirituais da natureza com a realidade da terra e do cosmos. Finalmente, em 1922, é fundada em Dornach a *Christengemeinschaft*, a "comunidade dos cristãos", cuja direção é assumida por F. Rittelmeyer. É uma Igreja cristã que rejeita qualquer dogma, administra os sete sacramentos, deixa total liberdade confessional e apresenta-se como um movimento de renovação religiosa. Essa Igreja escolheu Sttutgard como o centro da comunidade. Sob o regime nazista, será submetida a vigilância e perseguida.

Na semana de Natal de 1923, Steiner reúne 800 membros de diferentes países na Colina de Dornach e estabelece oficialmente a "Sociedade Antroposófica Universal" baseada no esoterismo cristão. Em 1º de janeiro de 1924, ele começa a trabalhar para dar à Sociedade uma difusão internacional: cursos para jovens médicos; realização do modelo do novo *Goetheanum* orientado para o sol poente; fundação da pedagogia curativa e da euritmia; viagens a Paris, Praga, Holanda e Inglaterra; cartas aos membros da Sociedade e redação de uma autobiografia. Exausto, morreu aos 30 de março de 1925. Seus colaboradores continuarão seu trabalho, publicarão os milhares de manuscritos de suas palestras, reconstruirão o *Goetheanum* e assumirão a responsabilidade pelas várias seções da Universidade de Ciência Espiritual de Dornach.

Bibliografia

HEMLEBEN, J. *Rudolf Steiner, sa vie, son œuvre*. Paris, 1967.

LETI MESSINA, V. *L'architettura della libertà*: studi sul pensiero architettonico di R. Steiner. l'Aquila: Japadre, 1976.

PAPPACENA, E. *Rudolf Steiner*. Lanciano: Itinerari.

VON HEYDEBRAND, C. *Piano di studi della libera scuola di Waldorf* – Il metodo didattico steineriano. Milão: Filadelfia, 1982.

Cornelius Petrus Tiele
(1830-1902)*

Nascido em Leiden, propugnador da ciência das religiões na Holanda no século XIX, C.P. Tiele pertence ao grupo da *Remonstrantse Broederschap*, um movimento cismático reformado, fundado por Jacobus Arminius (1560-1609) de Leiden. Os remonstrantes, um movimento de intelectuais não muito inclinados ao dogmatismo, continuaram a ser recrutados entre a burguesia liberal das grandes cidades holandesas. Depois de estudar teologia na Universidade de Amsterdã, Tiele tornou-se pastor em Moordrecht (1853), depois em Roterdã (1856). Pregador conhecido por sua pesquisa sobre o senso religioso da humanidade, em 1873 foi nomeado professor no seminário remonstrante em Leiden. Está ligado ao movimento da teologia liberal liderado na Universidade por Scholten e Kuenen. Em 1876 o governo holandês substitui a Faculdade estatal de Teologia pelas cátedras de ciência das religiões, inauguradas no dia 1º de outubro 1877. A cátedra de Leiden é confiada a Tiele, que também será várias vezes reitor da universidade.

Em 1876 Tiele publicou *Geschiedenis van den Godsdienst*, obra que será traduzida para o francês em 1880 por M. Vernes, sob o título *Manuel d'histoire des religions*. Traduzida para o inglês (1877), o alemão (1880), o dinamarquês (1884) e o sueco (1887), essa obra desempenhou um papel importante no desenvolvimento da história das religiões e está na origem da *Religionsgeschichtlicheschule*.

A ciência das religiões deve, para Tiele, adotar um nome mais específico: hierologia. Essa ciência teria três orientações. A primeira, a historiografia, descreveria religiões particulares. A segunda compreenderia a história das religiões e

---

* In: POUPARD, P. (dir.); VIDAL, J.; RIES, J.; COTHENET, É.; MARCHASSON, Y. & DELAHOUTRE, M. (red.). *Grande dizionario delle religioni*. Casale Monferrato/Assis: Piemme/Cittadella, 1990, p. 2.140-2.141.

teria como objetivo descrever os destinos e modificações das diferentes religiões. Finalmente, a história da religião teria a tarefa de mostrar a evolução da religião ao longo do tempo, entre os povos e na humanidade.

Segundo Tiele, a religião consiste na relação entre o homem e os poderes sobre-humanos em que ele acredita. Com essa definição, ele deixa aberta a questão da essência da religião. Observando a universalidade do fenômeno religioso, ele acredita que sua origem não é histórica, mas psicológica. A história das religiões tem a tarefa de mostrar como esse fato psicológico se desenvolveu e como ele se manifestou de várias formas em povos e raças. A nova ciência, portanto, tenta mostrar como todas as religiões, incluindo as das nações mais civilizadas, nasceram dos mesmos núcleos básicos, e depois evoluíram e se desenvolveram.

O historiador está, portanto, na presença de um crescimento natural das religiões que são modificadas sob a influência de povos, raças e circunstâncias diferentes. O primeiro estágio dessa evolução inclui as antigas e modernas religiões primitivas: o animismo. Esse deu origem ao politeísmo indo-europeu, semítico e egípcio, que constituem as religiões nacionais. Na terceira fase, encontramos os dois grupos de religiões nomônicas, ou seja, fundadas em uma lei ou uma escrita: por um lado, confucionismo, taoismo, mosaísmo, judaísmo, bramanismo, masdeísmo; de outro, as três religiões universais, budismo, cristianismo, islamismo.

Esses princípios, apresentados em numerosos artigos escritos ao longo de duas décadas, foram as ideias norteadoras da pesquisa de Tiele. Em seu canto de cisne, o *Gifford Lectures* de 1896 e 1898, intitulado *Elements of the Science of Religion*, em um grande afresco, ele especifica seu método e um resumo de suas obras. Procurou seus materiais na Índia, no *Avesta*, na Mesopotâmia, no Oriente Próximo, no Egito, na Grécia, em Roma. Para ele, a história das religiões se limita a reunir documentos. Só então começa o trabalho da ciência das religiões, que tem a tarefa de estabelecer uma morfologia e uma ontologia. A morfologia estuda os fenômenos externos, enquanto a ontologia aborda a essência da religião, para destacar a substância comum imanente às várias formas em que aparece. De fato, para Tiele a ciência das religiões é um estudo do fenômeno religioso, feito através de um trabalho de comparação, mas guiado por princípios filosóficos. Segundo ele, essa filosofia religiosa deve substituir a teologia tradicional baseada na revelação. Essa perspectiva da teologia liberal influenciou toda a sua pesquisa.

Pastor remonstrante, C.P. Tiele buscou o senso religioso da humanidade. Teólogo liberal, dedicou-se ao estudo do sentimento religioso. Influenciado pelas doutrinas evolucionistas do século XIX, investigou o desenvolvimento das religiões a partir dos núcleos psicológicos originais presentes no homem. Atingido pelas teorias de Max Müller, adotou o método comparativo, mas tirou a base filológica do comparatismo indo-europeu. Influenciado pelas correntes seculares, não hesitou em substituir a teologia religiosa tradicional pela pelo estudo do fenômeno religioso. Nesse campo, suas ideias têm sido frequentemente usadas para apoiar os partidários da secularização no ensino na Holanda, na França e na Bélgica. A amplitude de seu trabalho e o dinamismo de seu magistério contribuíram para o rápido desenvolvimento da ciência das religiões e estão na origem de pesquisas que privilegiam a fenomenologia. Chantepie de la Saussaye contribuiu no esclarecimento de sua metodologia.

Bibliografia

Revue de l'histoire des religions, Paris, 1897, p. 370-385; 1900, p. 201-219, 359-389; 1902, p. 71-75.

WAARDENBURG, J. "C.P. Tiele", p. 282-286.

Louis de la Vallée-Poussin (1869-1938)*

Nascido em Liège, falecido em Bruxelas, francês por parte de pai e belga por parte de mãe, optou pela nacionalidade belga. Discípulo de P. Colinet e C. de Harlez (Lovaina), Sylvain Lévi (Paris) e Kern (Leiden), orientalista especializado em sânscrito, pali, avéstico, tibetano, em chinês e gramática comparada, consagrou toda a sua vida ao estudo do budismo, ao qual dedicou 324 publicações. Em 1898, com o trabalho *Bouddhisme, études et materiaux*, foi o primeiro estudioso a abordar o tantrismo budista (*vajrayāna*), que havia desempenhado um papel importante no século VIII. Mais tarde, numa perspectiva filosófica e histórico-religiosa, concentrou seus estudos no escolasticismo. As obras sobre *Koša* de Vasubandhu e *Siddhi* de Hiuen Tsang o imortalizaram. Nomeado professor na Universidade de Ghent, em 1894, deixa o cargo com o início da flamenguização em 1929. Em 1921 fundou a Sociedade Belga de Estudos Orientais, e em 1931, uma revista especializada, *Mélanges chinois et bouddhiques*. De acordo com Sylvain Lévi, "ele está na vanguarda dos estudiosos ocidentais e tem desfrutado de prestígio insuperável em todo o Extremo Oriente".

Bibliografia
Annuaire de l'Académie. Bruxelas, 1965, p. 145-168.

---

* In: POUPARD, P. (dir.); VIDAL, J.; RIES, J.; COTHENET, É.; MARCHASSON, Y. & DELAHOUTRE, M. (red.). *Grande dizionario delle religioni*. Casale Monferrato/Assis: Piemme/Cittadella, 1990, p. 2.211.

Jean Varenne (1926-1997)*

Nascido em Marselha aos 12 de junho de 1926, Jean Varenne completou seus estudos clássicos no Liceu Thiers em sua cidade natal, depois na Universidade de Aix-en-Provence, na Sorbonne e na École des Hautes Etudes, lidando com filosofia, história das religiões, civilizações orientais e especializando-se em sânscrito. Ele concluiu esses estudos com um doutorado estatal em Letras.

Admitido na École Française d'Extrême-Orient, continuou sua pesquisa na Índia e no Camboja, antes de ser chamado para assumir a cátedra na Universidade de Provence em 1962, depois para a de Lyon em 1981. Seu magistério abordava a civilização indiana, a filosofia indiana e a história das religiões dos povos indo-europeus. Ele foi professor visitante em Chicago, no Camboja, no México e em várias universidades indianas.

A bibliografia de Jean Varenne é impressionante. Envolve numerosos artigos e vinte volumes, incluindo a tradução de uma série de *Upaniṣad, Zarathustra et la tradition mazdéenne* (Paris: Seuil, 1966, 1977), *Le Veda* (Paris: Denoël, 1967), uma *Grammaire du sanskrit* (Paris: PUF, 1971, 1978), *Le Yoga et la tradition hindoue* (Paris: Denoël, 1974; Retz, 1976), *Le Tantrisme* (Retz, 1977 [trad. it.: *Il tantrismo*. Milão: SugarCo, 1985]), *Cosmogonies védiques* (Paris: Les Belles Lettres, 1982), *Zoroastre* (Dervy, 1996 [trad. it.: *Zarathustra – Storia e leggenda di un profeta*. Florença: Convivio, 1991]). Pela Editora Les Belles Lettres, foi diretor da coleção *Le monde indien* e de *Études Indo-Européennes*. Colaborou na *Encyclopaedia Universalis*, no *Dictionnaire des Mythologies* (Flammarion), no *Dictionnaire des religions* (3. ed., PUF) e no volume II do *Traité d'anthropologie du sacré* (Edisud).

---

* In: *Hieros* – Bulletin de la Société Belgo-Luxembourgeuse d'histoire des religions, Liège, 2, 1997, p. 58.

Também participou da nossa convenção de 1990, Liege/Louvain-la-Neuve, e das nossas *Journées orientalistes*.

Jean Varenne foi professor e conferencista requisitado e respeitado. Exerceu uma grande atividade na escola francesa de ioga. A morte o apanhou trabalhando intensamente, em Paris, aos 12 de julho de 1997.

Giambattista Vico (1668-1744)*

Filho de um modesto livreiro de Nápoles, depois de uma infância miserável G.B. Vico estudou no colégio jesuíta, mas foi sobretudo um autodidata. A abertura de uma Academia de Letras lhe permite estudar filosofia e direito. Depois de ter sido tutor da família Rocca por oito anos, obteve a cátedra de retórica na universidade em 1699. Ele ensina, publica numerosos textos de pura retórica, mas também dos louvores, incluindo alguns que contribuem para lhe dar fama. O Cardeal Corsini, bispo de Frascati e futuro Papa Clemente XII, aceita inicialmente patrocinar um livro no qual Vico está trabalhando, mas depois recua. Em 1725 o autor publica, às suas próprias custas, uma condensação de sua pesquisa. É a primeira edição da *Scienza nuova* [Ciência nova], uma obra para a qual ele traz melhorias (2. ed., 1730), mas que não alcança sucesso imediato. Vico não desanima. Coleta novos documentos e faz uma descoberta de importância capital, a do verdadeiro Homero. Exausto pelas dificuldades de seu trabalho e pelas preocupações materiais que sua grande família lhe causa, G.B. Vico morreu aos 23 de janeiro de 1744. Ele teve tempo de preparar a terceira edição da *Scienza nuova*, que será publicada no mesmo ano sem grande sucesso. O pensamento de Vico é novo e de difícil compreensão. Sua hermenêutica das civilizações, baseada na interpretação da consciência mítica, será plenamente compreendida apenas um século mais tarde.

Ao longo de sua pesquisa, o professor napolitano permanece ligado a uma ideia central, a das três idades da vida: a infância com seus caprichos; adolescência com sua imaginação; a idade madura em que se julga segundo a razão. Vico transpõe essas três idades para a história da humanidade. No começo está a idade dos deuses.

---

* In: POUPARD, P. (dir.); VIDAL, J.; RIES, J.; COTHENET, É.; MARCHASSON, Y. & DELAHOUTRE, M. (red.). *Grande dizionario delle religioni*. Casale Monferrato/Assis: Piemme/Cittadella, 1990, p. 2.236-2.238.

Os povos pagãos sentem que estão vivendo sob um governo divino. Sua linguagem é composta de sinais e gestos. Seus sábios são poetas-teólogos, fundadores da humanidade pagã e intérpretes de mistérios e oráculos. Dessa primeira idade vêm as mitologias arcaicas. A segunda idade, a dos heróis, confere autoridade aos super-humanos: esses são os tipos ideais que encontramos nos mitos, como os homéricos. Finalmente chega a terceira idade, a era verdadeiramente humana, na qual a razão comanda tudo. Os homens são considerados iguais na medida em que possuem a mesma natureza. Aqui os homens são mestres de suas línguas e suas leis. Baseado nessa distinção das três eras da humanidade evidenciada por Vico, Auguste Comte seguirá sua concepção das três eras: teológica, metafísica e positiva.

Para Vico, a vida humana é penetrada pelo divino. O homem não pode viver sem crenças e mitos. A religião se baseia numa verdade eterna, uma consciência de Deus imanente ao homem. Em oposição ao racionalismo iluminista, ele insiste nesse elemento psicológico que será ainda mais explorado pelos românticos do século XIX. A religião, diz Vico, aparece como a primeira e principal parte do direito natural dos povos. Na edição de 1725 ele anuncia que, com todo o seu trabalho, pretende demonstrar que é a Divina Providência que supervisiona a lei natural. Os homens podem se reunir em uma sociedade humana somente sob o olhar de uma divindade, testemunha de seus compromissos. A primeira sociedade humana criada em uma fundação religiosa era a família. Na formação do pensamento religioso, Vico também leva em consideração a ideia de medo, intimamente ligada à visão da abóbada celeste. Pettazzoni e Eliade retomarão esse elemento urânico em suas discussões sobre o Ser Supremo e o pensamento mítico.

A análise das culturas elaborada por Vico baseia-se no gênero da vida dos povos e na influência da sociedade na formação das religiões. Instituições, tradições, religiões, línguas trazem o signo das culturas. Ele atribui uma importante função ao mito. Os mitos não são fabulações puramente imaginárias. Sem dúvida, o mito tem um modo poético de se aproximar e olhar para Deus, mas é como o reflexo necessário das representações que o mundo exterior cria e através das quais influencia os homens primitivos, cheios do sentimento de Deus. Assim os mitos constituem a inteligibilidade imanente de diferentes culturas. Eles ajudam os povos a se desenvolverem. Vico vê quatro fases na formação dos mitos: humanização da natureza; dominação da natureza; interferência de situações políticas e sociais; assimilação dos deuses pelas criaturas, como aconteceu com Homero. Se os mitos diferem de um país para outro, é porque as situações sociais são diferentes, porque a comunidade desempenha um papel importante na criação de mitos.

A *Scienza nuova* é um trabalho denso e complexo. Incompreendida na época de Vico, caiu no esquecimento. Por ocasião de sua estada em Nápoles, em 1787, Goethe veio a conhecê-la. Foi uma descoberta que o guiará em sua oposição ao *Aufklärung*. Em 1877, J. Michelet traduziu a edição de 1774 para o francês e publicou-a sob o título *Philosophie de l'histoire*. O século XIX descobre Vico. Na Alemanha e na França, a corrente romântica vê nele um precursor da filosofia da história. É lido e explorado, especialmente pelos mitógrafos da escola simbolista. O século XX colocou mais cuidadosamente Vico em seu contexto napolitano e europeu. Sua análise das culturas e sua hermenêutica das civilizações suscitam um grande interesse de nossa época. Sua pesquisa sobre o mito, sobre o simbolismo urânico, sobre a primazia da religião, sobre a estética e a linguística afetam diretamente o pensamento contemporâneo.

Bibliografia

Obras

FLORES D'ARCAIS, G. (org.). *Antologia vichiana*. Pádua: Cedam, 1944.

SUCCIO, P. (org.). *Autobiografia – Poesie – Scienza nuova*. Milão: Garzanti, 1983.

Estudos

BELFIORE, L. *La dottrina della provvidenza in G.B. Vico*. Pádua: Cedam, 1962.

CANDELA, S. *L'unità e la religiosità nel pensiero di G.B. Vico*. Nápoles: Giannini, 1975.

VASSALLO, P. *Giambattista Vico*. Roma: Volpe.

VERRI, A. *G.B. Vico nella cultura contemporanea*. Lecce: Milella, 1979.

Jacques Vidal (1925-1987)*

Após o *baccalauréat*, obtido em 1944, começa a estudar matemática em Toulouse e obtém o diploma em matemática geral. Essa primeira orientação universitária explica seu gosto pelas ciências exatas, às quais ele não deixou de se referir em todas as suas pesquisas. Aos 12 de agosto de 1945, Jacques Vidal iniciou seu noviciado na ordem franciscana e fez sua profissão simples em Pau aos 12 de agosto de 1946. Aos 17 de setembro de 1949, professou solenemente em Toulouse. Foi ordenado sacerdote em Pau aos 13 de julho de 1952. Mais tarde estudou no convento franciscano em Fulda, Alemanha.

No final de uma excelente formação humanista e teológica, Jacques Vidal iniciou um novo ciclo de estudos no Instituto Superior de Filosofia da Universidade Católica de Lovaina em 1953. Em 1957 ele apresentou sua dissertação sobre Nicolai Hartmann, obtendo, com louvor, o grau de doutor em Filosofia. Para ele, o período lovaniense representou uma etapa importante em sua orientação universitária. Abriu-se-lhe então sua carreira docente: Béziers em 1957, Sigmaringen em 1959-1960, depois Bruxelas e, novamente em 1960, Roma. Até 1969 ele ensinou no antigo Ateneu Antonianum [atual Pontifícia Universidade Antonianum]. Esse ciclo é interrompido por algum tempo por uma estada no Seminário da Imaculada Conceição de Troy (Nova York).

Em 1969 foi nomeado professor no Instituto de Ciência e Teologia das Religiões (ISTR) fundado no Institut Catholique de Paris em 1967 e confiado à direção de Jean Daniélou. Integrada à Unité d'Études et de Richerches (UER) de teologia e ciências religiosas, esta nova *école supérieure* tem a missão de enumerar as diferentes implicações dos princípios colocados pelo Vaticano II no contexto

---

* In: *Symboles et Religion*, 1990, p. VII-IX.

do encontro entre o cristianismo e as religiões não cristãs: o fato religioso na humanidade, o encontro entre religiões e entre culturas, o diálogo inter-religioso, o sagrado e o homem religioso, o fenômeno da descrença. As religiões não cristãs são estudadas em seu desenvolvimento histórico e fenomenológico. Particular atenção é dada às suas relações com a religião de Cristo. Muito próximo do fundador do ISTR, o Frei Jacques Vidal sucede ao Cardeal Daniélou em 1975. Ele dedicará toda a sua força a essa difícil tarefa.

A reputação científica do ISTR ultrapassa rapidamente as fronteiras. Em 1979 as Presses Universitaires de France dirigiram-se a Dom Paul Poupard, reitor do Institut Catholique, e encarregaram-no de um projeto de dicionário de religiões. Dom Poupard instrui Jacques Vidal a criar um conselho editorial para a realização dessa iniciativa. Investido nesta missão, o diretor do ISTR imediatamente parte para a ação. Em fevereiro de 1979, o comitê foi formado: Yves Marchasson se encarrega do cristianismo e de sua história; Julien Ries aceita lidar com as religiões antigas; Edouard Cothenet dirige o setor bíblico e judaico; Michel Delahoutre lida com o reino das religiões atuais da África, Ásia e Oceania; Jacques Vidal reserva para si o setor da ciência das religiões e é responsável pelo conselho editorial, ao qual são adicionados mais de cem especialistas. Durante quatro anos, por quarenta sessões, a maioria das quais durou vários dias, os cinco membros do conselho editorial dividiram, dirigiram e coordenaram o trabalho. Impresso em oito mil cópias em janeiro de 1984, o *Dictionnaire des religions* tem, desde janeiro de 1985, uma segunda edição, atualmente traduzida para o espanhol e para o italiano. Em 1986 Jacques Vidal retomou a direção dos trabalhos para preparar uma terceira edição francesa. Aos 26 de setembro de 1987, quando o comitê estava começando a ler os artigos, a morte ceifou a vida do diretor.

No período bastante fecundo da redação do *Dictionnaire*, Jacques Vidal continuou e desenvolveu seu ensino a cada ano. Os estudantes afluíam numerosos e as salas se tornavam pequenas demais. O mestre lidou com as grandes questões da ciência das religiões: o simbolismo, o mito, o rito, o sagrado, o *homo religiosus*. Seu conhecimento de Jung e Eliade simplificou essa tarefa, abrindo caminho para uma hermenêutica construtiva. O encontro entre as humanidades o fascinou. Sua educação universitária primária permitiu-lhe penetrar decisivamente no terreno das ciências humanas e, depois de Bachelard, mostrou as aberturas extraordinárias do novo espírito científico.

Índice dos nomes e dos principais lugares

Aarão 123

Abraão 123, 131s., 139, 174, 210

Acquaviva, S. 451

Adam, K. 493

Adônis 283, 321, 324

África 42s., 46, 55, 62, 74, 95, 98, 106, 121, 140, 175s., 201, 203, 205, 207, 209, 224, 274, 277, 408, 427, 437, 444-448, 463, 480, 540

Afrodite 137, 321, 323, 325

Agni, deus indiano 123, 133, 287, 314

Agostinho, santo 16, 75, 171

Ahura Mazdã 134s., 193, 288, 304, 315

Aigrain, R. 64, 89

Akhenaton 130

Alemanha 10s., 21, 23, 28, 42s., 52, 56, 73, 76s., 146-148, 154, 175s., 178, 180, 201, 279s., 296, 302, 305, 382, 410, 475, 538s.

Alexandre Magno 15, 174, 318s., 321s., 325

Alexandria 318

Alföldi, A. 250

Allen, D. 48n., 69, 88, 246, 257n., 268n., 271, 275, 320n., 452, 481

Altamira (Espanha) 443

Amélineau, E. 97s., 113, 115

América 17, 30, 45, 56, 74, 162-164, 174s., 179, 274, 276s., 342, 375, 414, 490s.

Amon, deus egípcio 107, 121, 130, 321, 324s.

An, deus sumério 125

Anati, E. 140, 442

Anatólia 51, 122, 126, 137, 174, 239, 275, 287, 289, 311, 326

Ankermann, B. 43, 522

Anquetil-Duperron, A.H. 175, 280, 301

Antíoco I Epífanes 326-328

Antoine, P. 452

Anwander, A. 173

Apolo 323, 327s.

Arambourg, C. 203

Aristóteles 509

Arminius, J. 27, 149, 530

Arnaldez, R. 71

Arnóbio de Sicca 171

Arsinoe 325

Ásia 15, 18, 25, 54, 78, 84, 95, 109, 126, 131, 133s., 137, 139s., 155, 163, 171, 173-176, 187, 200s., 207, 210, 213, 224, 239, 241, 259, 266, 270, 277, 280, 285, 287, 302, 311, 375, 382, 419, 480, 491, 494, 497, 508, 540

Asmussen, J.-P. 64

Astarte, deusa fenícia 137

Aśvin, deuses indianos 133, 193, 255, 287, 314

Atena 137

Atenas 17, 137

Átis, deus trácio-frígio 283

Aton, deus egípcio 130

Atum, deus egípcio 108, 112, 129

Augusto; cf. Otaviano Augusto

Austrália 74, 176, 224, 463, 480, 503

Baal 107

Babilônia 110, 122, 127, 139, 173, 321s., 325

Bachelard, G. 12, 540

Bacon, F. 365

Baedeker, H. 115

Balandier, G. 91

Bandler, R. 347

Banier, A. 75, 496

Bantom, M. 453

Baren, T.P. van 275

Barguet, P. 140

Barrows, J.H. 30n., 163n., 164, 166

Barucq, A. 140

Bastid, P. 278n.

Bastide, R. 347, 400n., 401, 452s.

Bauberot, J. 88

Baude, M. 88, 303n.

Baudrillart, A. 159n.

Baumgartel, E. 105, 108, 114n., 115

Baur, F.C. 154, 519

Baurain, Cl. 144

Bausani, A. 56n., 67, 89, 331, 377

Belfiore, L. 538

Bélgica 11, 29, 56, 72, 158, 176, 247, 382, 488, 517, 532

Benveniste, E. 423n.

Bergaigne, A. 140

Bergier, N.S. 182

Berkenkopf, P. 306n.

Berlewi, M. 450

Berlim 50, 57, 73, 152, 281s., 306, 457, 470, 498, 527

Bernardi, B. 66

Bert, P. 28, 153, 158, 519

Bertholet, A. 39, 65

Besant, A. 527

Bianchi, U. 38, 41, 51, 56n., 67s., 88s., 152n., 173, 217n., 253, 265n., 331, 377, 434n., 457-461, 495

Bichler, R. 318n.

Bidez, J. 470

Bishop, J. 429n.

Blasquez, J.M. 121

Blavatsky, H. 527

Bleeker, C.J. 56, 64, 67, 89, 331, 377, 396, 434n.

Boas, F. 498

Boccaccio, G. 16, 276, 486

Boehm, F. 487

Boespflug, F. 68

Bonald, L. de 29, 59, 160

Bonet-Maury, G. 70, 163n., 166, 168

Bonhoeffer, D. 414

Bonier, A. 462

Bonnefoy, Y. 65, 90, 140, 450

Bonnet, J. 68

Boon, J.A. 453

Bopp, Fr. 78, 281, 303-306, 508

Bottero, J. 141

Boucher de Perthes, J. 78, 176, 211, 365

Bouillard, H. 424

Boutroux, É. 475

Bouyer, L. 435n., 452

Boyer, P. 83, 284

Boyer, R. 297, 423n., 438

Brandon, S.G.F. 59

Branthomme, H. 434n.

Bréal, M. 51, 83s., 186, 238, 253, 280, 284, 305

Brelich, A. 38, 49, 67, 83, 89, 225, 250-253, 359n., 374s., 377

Bricout, J. 145n.

Brien, A. 453

Brillant, M. 64, 89

Brockhaus, H. 306, 508

Broglie, A.P. de 29s., 59, 70, 80, 159-161, 519

Brosses, Ch. de 10, 19, 22, 75s., 94, 115, 175s., 277, 462-464, 467, 469, 497

Brouillard, H. 35n.

Brown, P. 452

Brugsch, H. 93, 115

Bruxelas 22, 29, 44, 72, 74, 76, 80, 158, 165, 282, 467, 470s., 488, 498, 533, 539

Buda 165, 273

Budge, E.A.W. 141

Buffon, G.-L. 19, 211, 365

Bulck, A. van 518

Bultmann, R. 269

Buonaiuti, E. 261

Burkert, A. 141

Burnouf, E. 36, 78, 175, 185, 281, 304, 306, 490, 508

Caillois, R. 85, 356, 409, 439

Calmette, J. 175, 280, 301

Campenhausen, H. von 65

Camps, G. 209n., 299n.

Candela, S. 538

Cantwell, W. 60

Capart, J. 99, 103, 105, 115

Carnoy, A. 301n.

Casal, J.M. 141

Cassin, E. 141

Castelli, E. 35n., 424n., 451

Çatal Hüyük (Anatólia) 126

Cauvin, J. 144, 209n.

Cazelles, H. 141

Cazeneuve, J. 504, 507

Cerfaux, L. 325n.

Cerny, J. 112, 115

Champollion, J.F. 10, 92, 175

543

Chantepie de la Saussaye, P.D. 28, 39, 80, 115, 151s., 282, 354, 356, 373, 465s., 520, 532

Charbonnel, V. 70, 165n., 166s.

Charlevoix, P.F.X. de 22, 76, 467, 469

Chassin, C. 279n.

Chauchard, P. 453

Chélini, J. 434n.

Cherbury, H. de 18, 277, 278n.

Chevalier, J. 65, 90, 450

Chézy, A. de 175

Chicago 10s., 30, 73, 80, 163-168, 185, 242, 260, 261n., 269, 272s., 477s., 534

China 17, 138, 162, 174s., 203s., 273s., 277, 410, 463, 491

Chocod, L. 347

Cícero 36, 171, 194

Clavier, H. 405, 453

Clemente de Alexandria 426

Clemente VII, papa 486

Clemente XII, papa 536

Clévenot, M. 91

Codrington, R. 178

Colbert, J.-B. 9

Colinet, P. 162, 491, 533

Colombo, C. 17, 276

Colpe, C. 64, 451

Comagena 296, 326, 328, 459

Comte, A. 20, 25s., 32, 39, 76, 79, 81, 146, 172, 176, 180, 182, 201, 213, 338, 351, 361, 381, 385, 439, 468, 475, 504, 509 537

Confúcio 165

Constant, B. 10, 22s., 75s., 147, 278, 467-469

Conti, N. 17, 487

Coppens, Y. 46n., 203s., 253n., 300n., 408n., 427, 444

Corbin, H. 12, 62, 260, 402, 422, 439s., 448

Core 138

Cornelis, E. 71

Cornuz, J.L. 279n.

Cosme de Médici 9, 16

Costantinopla 16

Costecalde, Ch. B. 452

Cothenet, E. 65, 91, 450, 462n., 465n., 467n., 470n., 475n., 477n., 483n., 488n., 490n., 493n., 496n., 498n., 502n., 505n., 508n., 511n., 514n., 517n., 519n., 522n., 527, 530n., 533n., 536n., 540

Couliano, I. 65, 90

Cousin, V. 23s., 77, 147s., 279

Coutau-Bégarie, H. 52n., 185n., 225n., 474

Cressant, P. 501

Creta 109, 136s., 139

Creuzer, G.F. 10, 21-23, 76s., 92, 115, 146-148, 177, 185, 247, 278s., 302, 381, 467, 469

Cristo; cf. Jesus Cristo

Croce, B. 37, 515

Culianu, J.P 246, 418n., 481

Cumont, F. 459, 470-472

D'Arvert, Fr. 157

Dalmais, I.-H. 71

Daniélou, J. 539s.

Dante Alighieri 16, 276

Danúbio 206

Darmesteter, A. 185, 304, 490

Darwin, C. 19, 25, 79s., 146, 182, 211, 213, 228, 361, 365

Dasgupta, S. 261, 418, 477

Daumas, Fr. 140

Davi 132, 118

David, M.V. 464

Davy, G. 118

De Benoist, A. 452

De Martino, E. 347

De Smedt, M. 451

De vaux, R. 141

Delacroix, S. 277n.

Delahoutre, M. 65, 91, 441, 450, 462n., 465n., 467n., 470n., 475n., 477n., 483n., 488n., 490n., 493n., 496n., 498n., 502n., 505n., 508n., 511n., 514n., 517n., 519n., 522n., 527n., 530n., 533n., 536n., 540

Delfos 137

Delitsch, F. 177

Delo 137

Delumeau, J. 396

Demeter 138, 324

Desbordes, F. 312n.

Descartes, R. (Cartesius) 19, 211, 364

Desroche, H. 67, 89, 377

Di Nola, A.M. 65, 90, 141, 344n., 450, 453

Diderot, D. 462s.

Dillmann, F.X. 296n.

Dionísio 137s., 220, 323-325

Donadoni, S. 112, 115

Doncoeur, P. 452

Doré, J. 67

Dörner, F.K. 328n.

Dörrie, H. 326n.

Drioton, E. 103, 107, 116

Drivers, H.J. 275

Droysen, J.G. 318-320

Duchesne-Guillemin, J. 141, 328n.

Dumézil, G. 10-12, 47, 51-54, 59, 62, 68s., 78, 83-85, 87, 91, 122, 133, 136, 141, 172, 184-200, 206, 225-229, 235-246, 253-256, 260, 263, 270, 273, 275s., 282, 284-301, 308-314, 316s., 349, 374, 402, 415-419, 421s., 436, 439, 448, 473s., 477, 480, 484, 489, 510

Dunand, F. 68

Dupront, A. 452s.

Dupuis, Ch. 18, 177, 278, 303

Durand, G. 12, 62, 260, 399n., 402, 422, 425s., 430, 439-441, 453

Durkheim, É. 29, 32s., 35, 39, 42, 79, 81, 85, 97, 113, 171, 180s., 189, 201n., 213, 219s., 229-231, 264, 339s., 343s., 347, 349, 351, 356s., 359, 371, 381, 385, 388, 390, 400s., 403, 408-410, 413, 423, 439, 475s., 488, 502, 505s., 525

Dussaud, R. 101n., 116

Duvignaud, J. 476

Edimburgo 73, 76

Egito 9, 15, 17, 19, 21, 24, 78, 92-104, 108-114, 120s., 123, 128-132, 139, 145, 158, 173-175, 206, 209, 277-280, 302, 324, 345, 431, 462s., 480, 487, 489, 520

El, deus sumério 131

Elêusis 137s., 323

Eliade, M. 9, 11s., 35s., 44, 47-50, 54-56, 58s., 61s., 65, 67-70, 74s., 83, 85-91, 141, 172, 206-208, 217n., 217-224, 228, 234, 237, 241-246-248, 250, 257-275, 298s., 301, 320n., 331, 353, 378, 384, 387-392, 394s., 402s., 405s., 414, 417-437, 439-440, 442-444, 447-450, 452, 461, 477-481, 489, 515, 523, 537, 540

Elias 132

Eliogabalo; cf. Elagal

Eliseu 133

Empédocles 329

Enki, deus sumério 125

Enlil, deus sumério 107, 125

Era 137

Erasmo de Roterdã 224

Erman, A. 112, 116, 142

Escandinávia 52, 121, 239, 289, 294

Esculápio 323s.

Esnoul, A.-M. 69

Espanha 43, 121, 124

Estados Unidos 11, 43, 471

Estrasburgo 31, 72, 149, 154, 281, 307, 369, 405, 483, 508, 519

Etiópia 203

Eufrates 124, 127, 336

Europa 73s., 78, 124, 133, 135, 140, 144, 162, 164s., 167s., 174, 200s., 203, 213, 224, 239, 261, 273, 287, 400, 414, 477, 490

Evans-Pritchard, E. 504

Evêmero 486

Facchini, E. 203n., 253n., 300n., 427n., 442

Faulkner, R.O. 142

Fenícia 9, 21, 127, 277

Ferguson, A. 22, 76, 469

Ferm, V. 65

Ferrarotti, F. 452

Ferry, J. 28, 153, 159, 519

Festugière, A.J. 321, 323

Feuerbach, L. 26, 32, 34, 82, 413, 415, 511

Fichte, J.G. 511, 427

Ficino, M. 9, 16, 247, 276

Filadelfo 325

Filliozat, J. 143

Filoramo, G. 59, 64, 66, 144, 450

Florença 9, 16

Foucart, G. 99, 116

Fourmont, É. e M. 75, 496

Fox, R. 161

França 9, 11, 17s., 21, 23, 28s., 40, 42s., 56, 72, 77, 80, 124, 145, 147, 153s., 158, 167s., 174-176, 180, 201, 247, 280, 382, 400, 483, 489, 496, 498, 519s., 527, 532, 538

Francisco I, rei 161

Frankfort, H. 110, 114, 116, 142

Frazer, J.G. 26, 42, 51, 79, 83, 96s., 113, 179-181, 183, 186, 213, 219, 225, 229, 235, 237, 253, 283s., 300, 308s., 317, 336-341, 343, 346, 388, 473, 498

Fréret, N. 75, 462, 496

Freud, S. 42, 179, 181, 183, 214, 219, 274, 283, 344, 367, 371

Fries, J.F. 394, 412s., 511

Frobenius, L. 42s., 178, 237, 498, 522

Fugier, H. 235, 423n., 452

Fustel de Coulanges, N.-D. 25, 32, 80, 149, 186, 225, 473, 475, 483-485, 502

Gagé, J. 326n.

Galilei, G. 19, 211, 364

Ganges 133

García Quintela, M.V. 256n.

Gardiner, A. 103, 116

Garelli, P. 69, 142

Garnier, P. 496

Gassendi, P. 19, 364

Genebra 19, 72, 95, 154, 345, 462, 467, 519

Gennep, A. van 99, 119, 497

Germânia 174, 240, 275, 289, 294, 306, 309, 313, 509

Gheerbrant, A. 450

Giraldi, G. 17, 486s.

Girard, R. 33, 283n.

Girault, R. 71

Giussani, L. 453

Gobineau, J.A. 42

Goblet d'Alviella, E. 29, 95, 116, 158, 488s., 520

Goeje, M.J. de 280n., 306n.

Goethe, J.W. 10, 20s., 23, 77, 147, 277, 369, 511, 527, 538

Goetz, J. 518

Gonda, J. 142

Gorce, M. 64, 90

Görres, J.J. 177, 185, 302s., 305

Gotthard, H. 302n.

Gouhier, H. 278n., 469

Goyon, J.C. 142

Graebner, F. 43, 79, 237, 498, 518, 522

Granet, M. 83, 142, 185, 275

Grant, F.C. 319

Grécia 17-19, 37, 73, 109, 136-139, 173, 275, 281, 302, 307, 309, 319, 321, 342, 410, 462, 480, 487, 489, 497, 509, 520, 531

Gregório XIII, papa 487

Gregório XVI, papa 161

Grelot, P. 452

Grimm, J. e W. 186, 305s.

Grinder, J. 347n.

Gruppe, O. 303n., 487

Guiart, J. 142

Guilherme da Olanda, Rei 161

Guimet, E. 29, 155

Guiraud, P. 149n.

Guizot, Fr. 483

Gunkel, H. 66, 90

Gusdorf, G. 147n., 212n., 278n., 303n., 366-370

Haase, W. 296n.

Haçilar (Anatólia) 126

Haeckel, E.H. 527

Hägg, R. 144

Hamman, A.G. 453

Hammond, P.E. 451

Handoca, M. 262n., 482

Hani, J. 321n., 329-330n.

Harappa (Paquistão) 128

Harlez de Deulin, C. de 30, 162-165, 167, 304, 485, 490s., 533

Hartmann, N. 539

Hastings, J. 66, 90, 264n.

Hattat, F. 155

Hattuša 10, 122, 127, 193, 227, 287

Hegel, G.W.F. 23, 77, 147, 152, 181, 279, 319, 381, 527

Heiler, F. 39, 44, 57, 221, 243, 265, 394, 493-495, 513

Hélio 327s.

Heliópolis 102, 106, 108s., 112, 121, 129s.

Hemleben, J. 529

Hengel, M. 322n.

Henninger, J. 523

Henry, A.P.M. 71

Herder, J.G. 10, 21-24, 76s., 146-148, 152, 277, 285, 211s., 247, 278s., 302, 365, 381, 467, 469, 511

Hermes 327s.

Hermes Trismegisto 16, 276

Hermópolis 102, 112, 129

Heródoto 106, 192, 288, 313

Hervoutet, Y. 69

Hesíodo 138, 429

Heydebrand, C. von 529

Heyne, C.G. 303

Hincks, E. 175

Hirschman, E. 466

Hobbes, T. 19, 211, 364

Hodgson, B.H. 175

Holanda 11, 27, 40, 56, 58, 72, 149s., 152-154, 158, 161, 176, 247, 282, 345, 489, 529s., 532

Homero 138, 429, 536s.

Hooykaas, I. 150n., 151n.

Hornblower, G.D. 107, 116

Hórus, deus egípcio 102-104, 109, 114, 324

Hubert, H. 181, 343, 347, 439, 506

Huby, J. 145n.

Huch, R. 147n.

Hultkrantz, Å. 57, 59

Humboldt, A. e W. von 175

Hume, D. 463

Husserl, E. 215, 353, 373

Iahweh 107, 123, 131s., 140, 210, 420

Índia 17, 21, 24s., 33s., 41s., 54, 74, 76-78, 81s., 84, 93, 121-123, 125, 128, 133s., 139, 145s., 148, 174s., 187, 191s., 198-200, 212, 227, 235, 238s., 241, 254s., 261, 275, 277, 279-281, 285-289, 294, 296, 298, 300, 302, 304, 309-313, 315, 317, 342, 390, 410, 413, 418, 474, 477, 480, 493s., 509, 511, 520, 531, 534

Indo 128, 133

Indra, deus indiano 133, 193, 255, 287, 315

Inglaterra 11, 25, 42, 73, 176, 178, 345, 382, 529

Ionesco, N. 260

Irã 24, 33, 51s., 78, 81, 84, 122, 125s., 133s., 139, 145, 174, 192s., 198, 212, 227, 235, 239s., 255s., 275, 278-281, 287-289, 294, 296, 301s., 304, 309, 313-317, 326, 386, 459, 474, 509

Irlanda 73, 192, 313

Isaías 133, 411

Isambert, F. 435n., 452

Ísis 320s., 323s.

Israel 24, 29, 33, 77, 81, 123, 131s., 139s., 146, 159, 345, 410, 420, 520

Itália 11, 16, 37, 56, 73, 82, 84, 124, 135, 235, 260, 309, 382, 462, 514

Izard, M. 454

Jacobsen, T. 142

Jacolliot, M. 162, 490

Jakobson, R. 499

James, E.O. 142

Janssens, Y. 461

Japão 56, 74, 274

Jaurès, J. 502

Jeanmaire, H. 325

Jéquier, G. 101, 105s., 116

Jerusalém 74, 123, 132, 431

Jesus Cristo 17, 153, 210, 276, 279, 389, 401, 413, 420, 425, 432, 435, 441, 444, 460, 519s., 528, 540

Jonas, H. 321

Jones, W. 247, 280, 301

Jucquois, G. 301n.

Juliano, imperador 18

Julien, S. 175

Jung, C.G. 12, 49, 62, 85, 221, 260, 262, 344, 372, 394, 402s., 418, 422, 431, 439, 448, 477, 540

Jünger, E. 69, 274n., 478

Junker, H. 103, 107, 116

Juno 197s.

Júpiter 136, 187, 195-200, 283, 285, 304, 316

Justino, santo 426

Kanne, A. 303

Kannengiesser, C. 159n.

Kant, I. 147, 211, 365, 412, 527

Karady, V. 507

Keane, J. 165

Kees, H. 103-106, 108, 110, 112, 116, 142

Kerényi, K. 250

Kiessling, E. 318n.

Kilani, M. 454

King, J.H. 178

Kircher, A. 9, 17

Kitagawa, J.M. 44n., 50n., 56, 67, 69, 89, 262n., 331, 378, 418n., 478, 482

Kittel, G. 323n.

Klein, F. 165s.

Klimkeit, H.J. 142

König, F. 64s., 90, 142, 450

Koppers, W. 44, 523

Kramer, S.N. 141

Kroeber, A. 498

Kuhn, A. 186, 280n., 305s.

Labat 142

Lactâncio 16, 37, 171

Laessoe, J. 64

Laffineur, R. 144

Lafitau, J. 9, 18s., 22, 76, 78, 175s., 277, 462, 467, 469, 496s.

Lagrange, J.M. 142

Lalande, A. 335s., 338, 370n.

Lalèyê, I.-P. 446s.

Lamennais, F. de 29, 59, 160

Lang, A. 33, 44, 79, 81, 214, 232, 283, 336, 388, 515, 523

Lange, H.O. 95, 96n., 116

Lanternari, V. 251

Largement, R. 344n.

Largent, A. 160n.

Larson, G.J. 309n.

Lascaux (França) 206, 209, 435, 443

Leakey, L. e M. 203

Leão X, papa 486

Leão XIII, papa 166

Lebrun, R. 142, 210n.

Ledos, E.G. 149n.

Leeuw, G. van der 40, 57, 68, 85, 233, 243, 249-251, 264, 354-356, 363n., 373, 439, 494

Lefèbvre, E. 94-96, 117

Lehmann, E. 39, 342

Leibniz, G.W. 211, 365

Leibovici, M. 69

Lemaitre, A.A. 513

Leonardo da Vinci 276

Lepage-Renouf, P. 93, 117

Lepenski Vir (Sérvia) 206

Leroi-Gourhan, A. 205

Lessing, G.E. 211, 365

Leti Messina, V. 529

Leuba 44

Lévi, S. 83, 505, 533

Lévi-Strauss, C. 44s., 179, 293n., 361, 375s., 400, 431n., 498-501, 505, 507

Lévy-Bruhl, L. 177, 231s., 343, 351, 395, 502-505

Liard, L. 28, 159

Lieblein, J. 93, 117

Limet, H. 434-435n.

Lineu, C. 19, 211, 365

Ling, T. 59

Littleton, C.S. 52n., 68, 89, 143, 246, 295, 309n.

Loicq, J. 474

Londres 73, 175, 261, 307, 477

Long, C. 50n., 56, 69, 262n., 418n., 478, 482

Loret, V. 97s., 113, 117

Lovaina 11, 30, 80, 161s., 164s., 282, 490, 533, 539

Lubac, H. de 25

Luís XIV, rei 9, 17, 174

Lumley, H. de 46n.

Lyall, A. 42, 178, 522

Maddoli, G. 144

Maine, S. 498, 522

Maisonneuve, J. 433n.

Maitland, F.W. 42, 178, 498, 522

Malebranche, N. de 19, 211, 364

Malinowski, B. 220, 344, 361, 498s.

Mallet, D. 96, 117

Mani 471, 527s.

Mannhardt, J.W. 186, 280n., 305s.

Marburgo 11, 51, 55, 73s., 82, 390, 413s., 493, 495, 511

Marcel, R. 276n.

Marchasson, Y. 65, 70, 91, 153n., 159n., 450n., 462n., 465n., 467n., 470n., 475n., 477n., 483n., 488n., 490n., 493n., 496n., 498n., 502n., 505n., 508n., 511n., 514n., 519n., 522n., 527n., 530n., 533n., 536n., 540

Marduk, deus babilônico 126

Marett, R.R. 178, 344

Marino, A. 69, 270n., 271

Marte 187, 195, 197-200 285, 316

Martin, E. 452n.

Martinho V, papa 161

Marty, J. 521

Marut, deuses indianos 133, 193, 315

Marx, K. 26, 32, 50, 201, 274, 367, 413

Maspero, H. 93s., 99, 113n., 117, 143

Massart, A. 344n.

Matter, J. 318, 467

Maurier, H. 71

Maurier, R. 469

Mauss, M. 33, 45, 79, 83, 85, 181, 183, 213, 219, 230s., 264, 284, 340, 341n., 342-344, 349, 351, 357, 371, 385, 390, 409, 439, 499, 505-507

McLennan, J.F. 26, 42, 179, 229

McNeill, W.H. 59

Meillet, A. 83, 284s., 309

Mellor, A. 153n.

Melquisedeque 123, 380

Ménard, J.E. 425n.

Menés, rei egípcio 93, 102-104, 121, 128

Mênfis 102, 108, 112, 128s., 325

Mercer, S. 103, 117

Meslin, M. 40, 61, 63n., 67, 89, 225n., 275, 331, 352-354, 376, 377n., 380, 391n., 396n., 405, 414, 434, 454

Mesopotâmia 10, 24s., 78, 107, 120, 122, 124, 127, 131, 139, 145, 175, 200, 279, 431, 531

México 74, 534

Meyer, R.M. 305n.

Micenas 137

Michelet, J. 20s., 24, 77, 148, 279, 483, 538

Milão 73, 457, 460, 486

Mincu, M. 47n., 418n.

Minerva 197s.

Mitra, deus iraniano 133, 193, 236, 245, 255s., 287s., 296, 301s., 314s., 327-329, 358, 386, 435, 471, 489

Mitrídates I Kallinikos 326, 328

Mohenjo Daro (Paquistão) 128

Moisés 16, 23, 123, 131-133, 139s., 276, 345, 469

Momigliano, A. 322n.

Mommsen, Th. 484

Monod, G. 279n.

Montesquieu, C.-L. de 211, 365

Morenz, S. 111s., 118, 143, 320

Moret, A. 99-101, 108, 113, 118

Morgan, L.H. 498

Mortier, R. 64, 90

Mulago, V. 444

551

Müller, F.M. 11, 31, 36, 42, 44, 48, 50s., 59, 73, 78, 83, 93, 172, 176-178, 186, 189, 212, 237, 247, 253, 280s., 283-285, 300, 306, 308, 316, 361, 373s., 404, 415, 473, 489, 508-510, 532

Müller, K.O. 24, 78, 185, 247, 280, 303, 305, 382

Münch, M. 88, 146n., 278n., 302-303n.

Mureybet (Médio Eufrates) 124

Murphy, J. 172

Mylonas, G. 143

Napoleão 161, 301

Nápoles 19s., 73, 77, 277, 486, 536, 538

Nâsatya, deuses indianos 133, 193, 255, 287, 314s.

Naville, E. 95, 118

Nazaré 210, 519

Neandertal 443s.

Nelson, L. 511

Neufeldt, R.W. 306n., 510

Nève, F. 162

Newman, J.H. 426

Nicolau de Cusa 16, 276

Nietzsche, F. 274, 415, 527

Nieuwenhuis, A. 44

Nilo 104, 106s., 128

Nilsson, M.P. 143, 323, 325

Nobili, R. de 277

Nolé, L. 501

Nora, P. 453

Noth, M. 143

Nougier, L.R. 300n.

Novalis 511

Nut, deusa egípcia 102, 107

Nyberg, N.S. 143

Oceania 42, 201, 274, 540

Odin, deus escandinavo 295s.

Olduvai (Tanzânia) 203, 300

Olimpo, monte 15

Oort, H. 157n.

Oppert, I. 175

Orfeu 273

Oriente Médio 74, 174

Oriente Próximo 15, 21, 24s., 57, 78, 145, 174, 209, 279, 319, 344n., 361, 430s., 458, 480, 487, 531

Oseias 133

Osíris 102, 109, 130, 283, 320, 324s., 329s., 389

Osterreich, K. 44

Otaviano Augusto 184, 194

Otto, R. 12, 28, 33-36, 39s., 57, 59, 70, 73, 82, 85s., 152, 172, 214s., 218, 220s., 228, 233-237, 243, 245, 249, 264, 350-353, 359, 362, 373, 390s., 394, 402s., 410-414, 418, 420, 422-424, 435, 439, 452, 461, 493s., 511-513, 525

Oxford 31, 61, 73s., 161, 173, 281, 508

Pace, E. 66

Palestina 46, 123, 127s., 132, 175, 206

Panikkar, R. 61, 71

Panoff, M. 400n.

Pappacena, E. 529

Paquistão 128

Paris 9-11, 18, 22, 25, 28s., 32s., 36s., 40s., 54, 72, 74, 76, 80, 153-157, 161, 163, 165-168, 174s., 184, 247, 257, 261, 272, 275, 277, 280-282, 306, 418, 422, 460, 467, 470, 477, 483, 491, 496, 502, 508, 517, 519, 525, 529, 535

Parrinder, G. 68, 91

Pascal, B. 19, 211, 364

Paulo, São 401

Peisson, Z. 30, 155n., 156, 160s., 163

Pelliot, P. 175

Perrin, M. 400n.

Perrot, G. 93n., 118

Pérsia 25, 78, 307, 321

Petrie, F. 95, 118

Pettazzoni, R. 37s., 40s., 44, 47, 56, 67s., 73, 82s., 85, 89, 173, 202, 221, 232, 237, 242, 247-250, 252, 257s., 260s., 266, 270, 361n., 378n., 396n., 415, 422, 428, 458, 514-516, 523, 537

Pfleiderer, O. 28, 152, 282

Phillips, M.E.D. 329n.

Picard, C. 247, 516

Pico della Mirandola 9, 16, 63, 174, 247, 276, 486

Pierret, P. 92, 118

Pietschmann, R. 94s., 102, 113n., 118

Pinard de Boullaye, H. 43n., 66, 88, 145n., 202n., 275, 280n., 517s.

Pinkus; L. 66

Pirenne, J. 108s., 114, 118

Pitágoras 16, 273, 276

Piveteau, J. 203n., 300n., 428n.

Platão 9, 16, 147, 192, 273, 300, 429, 509

Plotino 276

Plutarco 322, 329s.

Poirier, J. 524

Políbio 483

Polinésia 178s.

Pommier, J. 148n.

Portier, L. 66, 145, 263n., 282n., 521

Poseidon 137, 323

Poucet, J. 295n.

Poupard, P. 65, 91, 143, 347n., 450n., 462n., 465n., 467n., 470n., 475n., 477n., 483n., 488n., 490n., 493n., 496n., 498n., 502n., 505n., 508n., 511n., 514n., 517n., 519n., 522n., 527n., 530n., 533n., 536n., 540

Pradès, J. 452n.

Prandi, C. 59, 66, 452n.

Préaux, Cl. 319n., 324

Preuss, H.D. 44

Proclo 16, 276

Propércio 196, 314

Ptah, deus egípcio 102, 107-109, 112, 128s.

Ptolomeu I 325

Ptolomeu II 325

Puech, H.C. 64, 67, 89s., 143, 225n., 251n., 359n., 374n., 377n., 450

Puhvel, J. 309n.

Qafzeh (Israel) 46, 63

Quatrefages, A. de 42, 178, 498, 522

553

Quênia 203

Quinet, E. 21, 23s., 77, 147s., 279, 483

Quinto Cúrcio 192, 288, 313

Quirinus (Quirino) 187, 195-197, 199, 285, 316

Quispel, G. 322n.

Ra, deus egípcio 102, 112, 121, 129, 324

Rachewiltz, B. de 112, 115

Radcliffe-Brown, A.R. 499

Radin, P. 44

Ramsés II 324

Ratzel, E. 42, 178, 498, 522

Rau, H. 510

Rawlinson, H. 175

Rebeyrol, Y. 203n.

Rees, B. 313n.

Regnaud, P. 280n.

Reinach, A. 84, 93, 119, 180, 284

Rémusat, A. 175

Renan, E. 21, 24, 28, 77, 80, 148, 152, 154, 520

Renou, L. 143

Réville, A. 28s., 66, 88, 153-155, 157n., 159, 162n., 167, 488, 519s.

Réville, J. 157n., 167n., 275, 381s., 382n., 488, 519s.

Ricci, M. 277

Richard, J.-C. 295n.

Ricoeur, P. 12, 58, 62, 68, 222, 228, 242s., 257, 260, 270, 422, 426, 430, 489

Ricorda, G. 66

Ries, J. 15n., 26n., 32n., 55n., 63n., 65-67, 69, 71, 75n., 88s., 91, 144, 161-162n., 191n., 206n., 208n., 246, 263-264n., 280n., 282n., 296n., 299n., 301n., 322n., 330n., 399n., 403-404n., 408-409n., 423n., 426n., 428-429n., 432n., 434-435n., 437n., 450s., 461-462n., 465n., 467n., 470n., 474-475n., 477n., 483n., 488n., 490n., 493n., 496n., 498n., 502n., 505n., 508n., 511n., 514n., 517n., 519n., 521, 522n., 527n., 530n., 533n., 536n., 540

Rift Valley (Etiópia) 46, 55, 205, 207, 246, 300, 427, 429

Ringgren, H. 143

Riordan, D.S. 164

Ritschl, A. 34, 82, 410, 511

Rittelmeyer, E. 528

Rivers, W.H.R. 42, 178, 498, 522

Rivière, J.C. 52n., 68, 89, 143, 246, 256n., 289n., 293n., 295-296n., 309n., 415n.

Robertson Smith, W. 42, 180s., 229, 231, 283, 506

Robiou, F. 161

Roheim, G. 347n.

Roma 15, 17, 19, 52, 56, 62, 73s., 82, 122, 136, 166, 173, 184, 187, 192, 199, 237-239, 247s., 254, 261, 275, 281, 285, 287-290, 294, 304, 307, 310, 313, 457, 459s., 462s., 470, 472, 484, 486, 509, 514s., 517, 520, 522, 531

Rostovtzeff, M. 318

Rouché, M. 278n.

Rouffignac (França) 384

Rousseau, J.-J. 45, 50, 176, 211, 365, 487

Rudolph, K. 59

Rupp, A. 454n.

Ruspoli, M. 209n.

Sabbatucci, D. 247, 331, 516

Salomão 132

Salústio 462

Saul 132

Saussure, F. de 499

Scagno, R. 47n., 418n.

Schebesta, P. 44, 523

Scheel, O. 66, 90

Scheffczyk, L. 454

Scheler, M. 372s.

Schelling, F.W.J. 10, 22s., 76-78, 146s., 152, 247, 279, 281, 306, 508, 527

Schiele, F.-M. 66, 90

Schiller, J.C.F. 21, 278

Schilling, R. 295n.

Schimmel, A. 495

Schlegel, E. 146, 302, 305

Schleiermacher, F.D.E. 23s., 34, 77, 147s., 177, 282, 380s., 394, 410, 411n., 414s., 511, 525

Schlette, H.-R. 71

Schmid, J. 453

Schmidt, W. 26n., 33, 43s., 66, 79, 81, 83, 88, 146n., 189, 201, 214, 219, 232, 237, 275, 344, 346, 349, 388, 415, 428, 498, 515, 517s., 522s., 525

Schott, S. 105, 107, 119

Schuré, E. 527

Schwab, R. 301n.

Sebadt (o Sabaoth), deus de Israel 131

Séguy, J. 67, 89, 377

Selbie, J.A. 66, 90

Serápis 320s., 323-325

Sergent, B. 144

Seston, W. 483s.

Seth, deus egípcio 102, 104, 107, 110, 329s.

Sethe, K. 101-105, 108, 114, 119

Seux, M.J. 143

Sevrin, J.M. 461n.

Sfameni Gasparro, G. 457n., 461n.

Shang-Ti, deus chinês 138

Simon, M. 451

Sinai, Monte 107, 131, 140

Síria 107, 109, 127s., 158, 174s.

Smart, N. 60

Smith, P. 454

Sócrates 98-101, 125s., 165, 509

Söderblom, N. 12, 33, 40, 44, 59, 70, 73, 81s., 85, 172, 221, 232, 243, 264, 394, 402, 410, 426, 439, 494, 511, 525s.

Spencer, H. 26, 29, 32, 81, 180, 182s., 229, 388, 476, 488, 498

Spencer, J. 26

Spineto, N. 208n., 246, 248-249n., 250, 257n.

Steindorff, G. 95, 119

Steiner, R. 527-529

Stephenson, C. 143

Stonehenge (Inglaterra) 121

Strauss, D.F. 28, 154, 381

Stucken, E. 177

Suécia 11, 73

Suíça 56, 62, 72, 345, 493, 522, 528

Sullivan, L.E. 50n.

Suméria 128, 139

Swanton, J. 44

Sydney 55, 74

Tacchi Venturi, P. 64, 90, 451

Taciano 460

Tacou, C. 262-263n., 418n.

Tanzânia 46

Tebas 121s., 109

Temporini, H. 296n.

Ternes, C.M. 295n., 299n.

Terrin, A.N. 66

Tertuliano 171

Thils, G. 71

Thines, G. 400n.

Thiollier, M.M. 65, 91

Thomas, L.-V. 443

Thor, deus escandinavo 295

Thot, deus egípcio 129

Thurnwald, R. 499

Tile, C.P. 27, 29, 34, 79, 149-152, 154, 237, 282, 466, 488, 519s., 530-532

Tilliette, X. 279n.

Tondriau, J. 325n.

Torradeflot, Fr. 71

Toth, deus egípcio 112

Tournemine, R. 496

Troeltsch, E. 371

Tronchon, H. 148n.

Turcan, R. 296n., 321

Tylor, E.B. 26, 29, 44, 79, 94, 113, 182s., 283, 336, 338s., 388, 488, 498

Týr, deus escandinavo 295

Ugarit 126

Ullman, R. 302n.

Uppsala 11, 57, 73, 123, 184, 232, 284, 457, 493, 525

Urano 209

Urs von Balthasar, H. 455

Uruk 124

Vale Camonica 63, 135, 206

Vallée, G. 71

Vallée-Poussin, L. de la 163, 491

Valva, F.R. 209n.

Vandermeersch, B. 204s.

Vandier, J. 93n., 101n., 103, 116, 119

Varenne, J. 296n., 534s.

Varrão 195

Varuna, deus indo-ario 133, 186, 193, 236, 255, 287, 295, 304, 315

Vassallo, P. 538

Vendryes, J. 84, 186, 225, 235, 285s., 309, 415, 416n., 439, 473

Vermaseren, M.J. 459n.

Vernes, M. 149n., 157s., 488, 530

Verri, A. 538

Vesta 483

Vico, G.B. 9, 19s., 25, 77, 148n., 175, 181, 211, 276s., 279, 344, 361, 430, 458, 480, 487, 531

Vidal, J. 65, 72, 91, 344n., 431n., 435n., 450, 462n., 465n., 467n., 470n., 475n., 477n., 483n., 488n., 490n., 493n., 496n., 498n., 502n., 505n., 508n., 511n., 514n., 517n., 519n., 522n., 527n., 530n., 533n., 536n., 539n.

Viena 72, 79, 83, 201, 349, 470, 498, 522

Virey, P. 98, 113, 119

Viṣṇu, deus indiano 287, 314

Voltaire 9, 18s., 211, 278, 365, 462

Vries, J. de 296n., 305n.

Vulcano 199

Waardenburg, J. 26n., 55, 56n., 58s., 66, 88, 145n., 171n., 280n., 307n., 339, 449, 466, 476, 485, 489, 495, 504, 507, 510, 513, 516, 521, 524, 526, 532

Wach, J. 12, 74, 371

Wainwright, G. 106s., 114n., 119

Walcker, G. 303

Waldmann, H. 326n., 327

Watson, W. 143

Weber, M. 12, 81, 371

Weill, R. 112, 119

Weissenborn, J. 95, 119

Whaling, F. 55, 59s., 66, 88

Widengren, G. 56s., 64, 143, 152n., 296n.

Wiedemann, A. 96, 119

Wilcken, U. 325n.

Williams, W. 178

Winckler, H. 177

Wundt, W. 32, 81, 180s., 183, 351, 410, 413, 475, 502

Yoshida, A. 301n.

Yoyotte, J. 69

Zaehner, R.Ch. 61, 72, 173

Zaratustra 16, 29, 37, 52, 134s., 139, 159, 165, 193, 227, 245, 255s., 276, 288, 294, 296, 301, 315, 329s., 474

Zeus 107, 137s., 196, 283, 304, 308, 325, 327s.

Zinser, H. 318n.

Zoroastro; cf. Zarathustra

Zurique 72

Índice geral

Sumário, 5

Introdução, 9

Parte I – História da pesquisa, 13

1 A história das religiões, 15

  1.1 Prelúdio a uma ciência das religiões, 16

    1.1.1 A obra dos humanistas do Renascimento, 16

    1.1.2 A época das Luzes, 17

    1.1.3 A formulação da etnologia religiosa, 18

    1.1.4 Um ensaio de hermenêutica dos mitos e das culturas, 19

  1.2 O nascimento da história das religiões, 21

    1.2.1 Os mitos no espelho do Romantismo, 21

    1.2.2 Uma primeira tentativa de síntese: Benjamin Constant, 22

    1.2.3 O movimento romântico, 23

    1.2.4 O impulso da pesquisa histórica, 24

    1.2.5 O peso das ideologias no decorrer do século XIX, 25

  1.3 As duas décadas fundamentais (1880-1900), 27

    1.3.1 A escola holandesa, 27

    1.3.2 Uma história "positiva" das religiões, 28

    1.3.3 Uma história específica das religiões e do fenômeno religioso, 29

    1.3.4 A formação da história comparada das religiões, 31

  1.4 O sagrado e o fenômeno religioso, 32

    1.4.1 A sociedade nas origens do sagrado, 32

    1.4.2 Fenômeno religioso e experiência vivida do sagrado, 33

    1.4.3 Fenômeno religioso e hermenêutica do sagrado, 35

1.5 História das religiões e fenomenologia religiosa, 36

    1.5.1 Uma disciplina histórica, 36

    1.5.2 A fenomenologia religiosa, 39

1.6 História das religiões dos povos sem escrita, 42

    1.6.1 O totemismo, 42

    1.6.2 O movimento histórico em etnologia religiosa, 42

    1.6.3 A pesquisa histórico-cultural, 43

    1.6.4 A crença dos homens da Idade Arcaica no Ser supremo, 44

    1.6.5 Etnologia e estruturalismo, 44

    1.6.6 Novas perspectivas, 46

1.7 História das religiões e hermenêutica, 47

    1.7.1 A hermenêutica: ciência da interpretação, 47

    1.7.2 A hermenêutica descritiva, 48

    1.7.3 A hermenêutica normativa, 49

1.8 A comparação genética em história das religiões, 50

    1.8.1 As primeiras tentativas de comparativismo, 50

    1.8.2 A descoberta de uma herança comum indo-europeia, 51

    1.8.3 O método genético comparado, 52

    1.8.4 Balanço e perspectivas, 53

1.9 Expansão atual e rumos recentes, 55

    1.9.1 Um novo impulso na pesquisa, 55

    1.9.2 Retomada do debate sobre a fenomenologia, 56

1.10 A história das religiões entre ontem e amanhã, 59

    1.10.1 Novas perspectivas comparativistas, 59

        a) Religião comparada e história, 59

        b) Religiões comparadas e diálogo inter-religioso, 60

    1.10.2 *Homo religiosus* e antropologia religiosa, 61

1.11 Bibliografia orientativa, 64

    1.11.1 História geral das religiões, 64

        1.11.1.1 Obras recentes com vários autores que dão uma informação geral sobre as religiões do mundo, 64

1.11.1.2 Coleções de história geral das religiões realizadas por especialistas e classificadas em ordem cronológica de publicação, 64

1.11.1.3 Coleções de história das religiões publicadas em monografias, cada uma das quais redigida por um ou mais especialistas, 64

1.11.2 Dicionários e enciclopédias, 65

1.11.2.1 Dicionários com informações em ordem alfabética sobre as religiões, os termos religiosos e a ciência das religiões. Estão elencados segundo a ordem cronológica de publicação, 65

1.11.2.2 Enciclopédias das religiões em mais volumes, realizadas por uma equipe de especialistas que dão, em ordem alfabética, uma informação mais ampla sobre as religiões, os termos religiosos e a ciência das religiões, 65

1.11.3 As etapas da pesquisa, 66

1.11.4 Problemas e métodos, 66

1.11.5 A pesquisa comparada, 67

1.11.5.1 O método comparado, 67

a) Problemas gerais da comparação, 68

b) O método comparado de Georges Dumézil, 68

c) O método comparado de Mircea Eliade, 68

1.11.5.2 Pesquisas e estudos comparados recentes, 69

1.11.6 Cristianismo e religiões não cristãs, 69

1.11.6.1 Etapas da pesquisa, 69

1.11.6.2 Novas perspectivas, 71

Os lugares, 72

2 A história das religiões – De Benjamin Constant (1767-1830) a Mircea Eliade (1907-1986), 75

2.1 A religião, produto do sentimento: Benjamin Constant, 76

2.2 A religião no espelho do Romantismo, 77

2.3 Patrimônio religioso e pesquisas históricas, 77

2.4 O peso das ideologias e dos conflitos metodológicos, 78

2.5 História das religiões e fenômeno religioso, 79

2.6 Religiões e sociedade, 80

2.7 Fenômeno religioso e experiência do sagrado, 81

2.8 A pesquisa histórico-comparativa, 82

2.9 A comparação genética: Georges Dumézil, 83

2.10 História, fenomenologia, hermenêutica: Mircea Eliade, 85

2.11 Bibliografia, 88

    2.11.1 História da pesquisa, 88

    2.11.2 Problemas e métodos, 88

    2.11.3 Coletâneas de história das religiões, obras coletivas, 89

    2.11.4 Grandes enciclopédias de história das religiões (disposição alfabética das matérias), 90

    2.11.5 Dicionários, 90

    2.11.6 Obras de síntese, 91

    2.11.7 Documentação geral, 91

3 A religião da pré-história egípcia – Etapas da pesquisa, 92

3.1 A explicação animista, 94

3.2 O totemismo, 96

3.3 A interpretação histórica, 101

3.4 Religião pré-histórica e culto da fecundidade, 106

    3.4.1 O deus do céu, 106

    3.4.2 A deusa-mãe, 108

3.5 Tentativas de explicação fenomenológica, 110

3.6 Síntese, 113

3.7 Bibliografia, 115

4 O desenvolvimento da religião, 120

4.1 Síntese, 120

    4.1.1 Crenças solares e cultos astrais, 120

    4.1.2 Realeza sagrada e sacerdócio, 121

    4.1.3 Morte, sobrevivência e rituais funerários, 123

4.2 As religiões sumérica e babilônicas e sua influência no Oriente, 124

    4.2.1 As divindades sumérica e acádicas, 124

    4.2.2 Gênero humano, condição humana, realeza, 125

4.2.3 Formas de culto: o serviço aos deuses; a oração: o serviço ao gênero humano, 126

4.2.4 Influências e difusão das religiões mesopotâmicas, 126

    a) Os hititas, 126

    b) Os cultos dos semitas ocidentais: Fenícia e Canaã, 127

    c) Religião pré-védica na Índia e no Paquistão, 128

4.3 A religião do Egito dos faraós, 128

4.3.1 As origens: os deuses e o mundo, 128

4.3.2 O faraó e a observância religiosa, 129

4.3.3 Os seres humanos e o seu destino, 130

4.3.4 Akhenaton, profeta do deus único e criador, 130

4.4 A religião de Israel, 131

4.4.1 Religião patriarcal, 131

4.4.2 Moisés e a religião da Aliança, 131

4.4.3 A religião de Israel sob a monarquia, 132

4.5 Desenvolvimento e expansão das religiões indo-europeias, 133

4.5.1 A Índia védica e bramânica, 133

4.5.2 Zoroastro e o masdeísmo, 134

4.5.3 Os indo-europeus na Europa, 135

4.6 Religiões mediterrâneas, 136

4.6.1 A religião minoica, 136

4.6.2 A religião aqueia e micena, 137

4.6.3 Da religião cretense-micena à religião da cidade, 137

4.7 A religião chinesa na Idade do Bronze, 138

4.8 Conclusões, 139

  Bibliografia, 140

  Bibliografia complementar, 144

5 Alguns aspectos da ciência das religiões ao final do século XIX, 145

5.1 A ciência das religiões na Holanda ao final do século XIX, 149

5.2 A França inspirada pelo modelo holandês, 153

    5.2.1 Criação das cátedras oficiais, 153

    5.2.2 Instrumentos da pesquisa, 155

        5.2.2.1 O Museu Guimet, 155

        5.2.2.2 A *Revue de l'histoire des religions*, 157

5.3 A universidade católica e a ciência das religiões, 159

    5.3.1 O Institut Catholique de Paris, 159

    5.3.2 A *Revue des Religions*, 160

    5.3.3 A história das religiões em Lovaina, 161

    5.3.4 *Le Muséon*, 162

5.4 O Parlamento das Religiões (Chicago, 1893), 163

5.5 Do Parlamento das Religiões (1893) ao Congresso de Paris (1900), 165

Parte II – Problemas e métodos na pesquisa em história das religiões, 169

1 As origens da religião e das religiões, 171

    1.1 A pesquisa e as tentativas de explicação, 171

        1.1.1 Tentativa de definição da religião, 171

        1.1.2 A diversidade das religiões, 172

        1.1.3 A descoberta das religiões, 174

        1.1.4 Os povos sem escrita e sua religiosidade, 176

        1.1.5 Mana, totem e tabu, 178

            1.1.5.1 O vocabulário, 178

            1.1.5.2 As teorias, 179

        1.1.6 O evolucionismo como explicação das origens, 181

    1.2 Herança indo-europeia e religião romana – A propósito de *La religion romaine archäique* de Georges Dumézil, 184

        1.2.1 O dossiê indo-europeu de Dumézil, 185

        1.2.2 Matéria e objeto da pesquisa, 187

        1.2.3 Estrutura e técnicas comparativas, 189

        1.2.4 A ideologia tripartida dos indo-europeus, 191

        1.2.5 Herança indo-europeia e religião romana arcaica, 194

1.3 Origens da religião – O homem: animal em busca do infinito, 200

    1.3.1 A discussão sobre a origem da religião, 200

    1.3.2 A descoberta das origens do homem, 202

        1.3.2.1 As prodigiosas e inesperadas descobertas da África, 203

        1.3.2.2 O aparecimento do homem religioso, 204

        1.3.2.3 Os dados paleontológicos derivados dessas descobertas, 205

    1.3.3 O aparecimento do homem religioso, 205

        1.3.3.1 O nosso método de pesquisa, 205

        1.3.3.2 A contemplação da abóbada celeste, primeira experiência do sagrado, 207

        1.3.3.3 Da primeira experiência do sagrado ao nascimento das religiões, 208

Conclusões, 210

2 A abordagem histórica das religiões, 211

    2.1 Ciências humanas e ciência das religiões, 211

    2.2 O sagrado nas religiões arcaicas e etnológicas – Problemas e métodos de pesquisa, 229

        2.2.1 A interpretação sociológica do sagrado, 229

        2.2.2 A interpretação filosófica do pensamento primitivo, 231

        2.2.3 A interpretação do sagrado nas religiões etnológicas na ótica da etnologia religiosa, 232

        2.2.4 O sagrado em ótica psicológica e mística, 233

        2.2.5 O sagrado na ótica fenomenológica, 233

        2.2.6 A religião indo-europeia arcaica e o recurso à filologia comparada, 235

        2.2.7 Sagrado e estruturas sociais arcaicas: a obra de Georges Dumézil, 235

    2.3 O método comparado na história das religiões segundo Georges Dumézil e Mircea Eliade, 237

        2.3.1 Georges Dumézil (1898-1986): da comparação tipológica à comparação genética, 238

        2.3.1.1 A descoberta de uma hipótese científica, 238

        2.3.1.2 O estabelecimento de um novo método comparativo, 239

        2.3.1.3 A organização de uma comparação genética, 240

2.3.2 Mircea Eliade (1907-1986): a história das religiões e a experiência do sagrado, 241

    2.3.2.1 Os três caminhos da história das religiões, 241

        a) História, 241

        b) Fenomenologia, 242

        c) Hermenêutica, 242

    2.3.2.2 O *homo religiosus* à luz da comparação genética, 243

        a) o *homo religiosus* como hipótese de trabalho, 243

        b) A religião como experiência do sagrado, 243

2.3.3 Breve resumo, 245

  Bibliografia, 246

    1) Sobre Dumézil, 246

    2) Sobre Eliade, 246

2.4 Fundamento e objetivo da comparação na história das religiões, 247

    2.4.1 O método histórico-comparativo: Raffaele Pettazzoni (1883-1959), 247

    2.4.2 Um método fundado na unidade da história humana: as posições de Angelo Brelich (1913-1977), 250

        2.4.2.1 O que é a religião?, 251

        2.4.2.2 O que é a ciência das religiões?, 252

        2.4.2.3 Fundamento da comparação e objetivo da história das religiões, 252

    2.4.3 História e estrutura – A comparação genética de Georges Dumézil (1898-1986), 253

        2.4.3.1 A elaboração de um novo método comparativo, 253

        2.4.3.2 Pensamento religioso e concepção social dos indo-europeus, 255

        2.4.3.3 Especificidade e objetivo do método comparativo genético de Dumézil, 256

    2.4.4 Fenômeno religioso e perspectivas hermenêuticas – *Homo religiosus* e experiência do sagrado: Mircea Eliade (1907-1986), 257

        2.4.4.1 A história das religiões e as suas dimensões, 257

        2.4.4.2 Morfologia e fenomenologia; sagrado e símbolo, 258

        2.4.4.3 Método comparativo e hermenêutica: a busca do sentido, 259

2.5 Ciência das religiões e ciências humanas – A obra de Mircea Eliade (1907-1986), 260

2.5.1 Juventude e formação, 260

2.5.2 O início de uma reviravolta na história das religiões, 262

2.5.3 O *homo religiosus* arcaico, 262

2.5.4 Mircea Eliade e o sagrado, 264

2.5.5 Os três caminhos da história das religiões, 266

    2.5.5.1 História, 266

    2.5.5.2 Fenomenologia, 266

    2.5.5.3 Hermenêutica, 267

2.5.6 O símbolo, o mito e o rito, 268

2.5.7 A história das religiões segundo Mircea Eliade, 270

2.5.8 História das crenças e das ideias religiosas, 272

Bibliografia, 275

2.6 A contribuição de Georges Dumézil ao estudo comparado das religiões, 275

2.6.1 A progressiva preparação do dossiê indo-europeu, 276

    2.6.1.1 De Nicolau de Cusa (1401-1464) a Vico (1668-1744), 276

    2.6.1.2 A tensão entre a escola histórica e a escola romântica, 277

    2.6.1.3 A elaboração do dossiê indo-europeu, 280

2.6.2 Religião e sociedade indo-europeias à luz das pesquisas de Georges Dumézil, 282

    2.6.2.1 Na esteira da mitologia comparada onomástica, 282

    2.6.2.2 Na trilha da herança indo-europeia, 285

    2.6.2.3 Pensamento religioso e concepção social dos indo-europeus, 286

        a) Os documentos, 287

        b) A teologia das três funções, 287

        c) A tripartição social, 288

2.6.3 A contribuição do método comparativo genético na história das religiões, 289

    2.6.3.1 A comparação genética, 290

        a) Os princípios dumezilianos, 290

b) As regras do método, 291

c) Um método genético, 291

2.6.3.2 Balanço da pesquisa dumeziliana, 293

a) A ideologia tripartida, 293

b) Análise e síntese, 293

c) Balanços "provinciais", 295

d) O sagrado, 297

2.6.3.3 As perspectivas abertas pelo método dumeziliano, 297

a) Georges Dumézil e Mircea Eliade, 298

b) Perspectivas futuras, 299

2.7 Arqueologia, mitologia, filologia e teologia nos vestígios do pensamento indo-europeu arcaico, 301

2.7.1 O dossiê indo-europeu do século XIX, 302

2.7.1.1 Mitografia romântica e pensamento indo-europeu, 302

2.7.1.2 O trabalho explorativo histórico-filológico, 303

2.7.1.3 Línguas indo-europeias e mitologia aérea comparativa, 306

2.7.2 O pensamento indo-europeu arcaico à luz das pesquisas de Georges Dumézil, 308

2.7.2.1 Ultrapassando equações onomásticas, 308

2.7.2.2 A descoberta das equivalências, 310

2.7.2.3 A herança indo-europeia, 311

2.7.2.4 Uma arqueologia do comportamento e das instituições, 312

2.7.2.5 As três funções sociais, 313

2.7.2.6 A teologia das três funções, 314

2.7.3 Conclusões, 316

2.8 Reflexões sobre a helenização dos cultos orientais, 318

2.8.1 A problemática helenismo-helenização, 318

2.8.1.1 Uma concepção fusional, 318

2.8.1.2 A concepção dos traços dinâmicos, 319

2.8.2 Helenização e *homo religiosus hellenicus*, 320

    2.8.2.1 A moldura histórica e religiosa do *homo religiosus hellenisticus*, 321

        a) Os eventos religiosos da época helenística, 321

        b) O fator religioso no mundo oriental, 322

    2.8.2.2 O *homo religiosus hellenisticus* no seu mundo, 323

2.8.3 Exemplos de helenização, 324

    2.8.3.1 O culto real dos Ptolomeus no Egito, 324

    2.8.3.2 As reformas cultuais de Comagena, 326

    2.8.3.3 O *De Iside et Osiride* de Plutarco, 328

2.8.4 Resumo, 330

Bibliografia, 330

Parte III – O fato religioso e a fenomenologia das religiões, 333

1 Magia e religião no comportamento do *homo religiosus*, 335

1.1 Introdução, 335

    1.1.1 A magia: *magoi* dos gregos, *magi* dos latinos, 335

1.2 Os dados e as teorias da etnologia: Frazer (1854-1941), 336

    1.2.1 Definição de magia, 336

    1.2.2 Passagem da magia à religião, 337

Bibliografia, 339

1.3 A escola sociológica de Durkheim e Mauss, 339

    1.3.1 Teoria de Durkheim sobre magia e religião, 339

    1.3.2 Religião e magia segundo Mauss, 340

        a) Componentes da magia, 340

        b) O mago e os seus ritos, 341

        c) As forças coletivas na magia, 342

        d) Mana, estados coletivos, forças coletivas, 342

Bibliografia, 343

1.4 Novas tendências, 344

    1.4.1 O conflito magia-religião, 344

  1.4.2 A Bíblia se opõe à magia, 345

  1.4.3 A Igreja cristã e a magia, 345

 1.5 Conclusões, 345

 Bibliografia, 347

2 O fenômeno religioso e as abordagens fenomenológicas à religião, 348

 2.1 O fenômeno religioso em si mesmo, 348

  2.1.1 Um fenômeno visível, 348

  2.1.2 Uma experiência vivida, 349

  2.1.3 Importância do estudo das formas religiosas, 349

 2.2 Uma experiência vivida do sagrado, 350

  2.2.1 A experiência do sagrado segundo Rudolf Otto, 350

  2.2.2 O sagrado segundo Otto e a história das religiões, 350

  2.2.3 A contribuição de Rudolf Otto, 352

 2.3 Hierofania e fenômeno religioso, 353

  2.3.1 As abordagens fenomenológicas da religião, 353

  2.3.2 Experiência religiosa e expressão, 356

 2.4 A religião e as religiões, 357

  2.4.1 Rumo a uma definição de religião, 357

  2.4.2 A formação do conceito de religião, 357

  2.4.3 O uso do conceito de religião, 359

 2.5 Uma ciência das religiões, 359

  2.5.1 Objeto dessa ciência das religiões, 359

   a) Crenças, 360

   b) Os ritos, 360

  2.5.2 O método ou os métodos, 360

 2.6 Conclusões, 362

 Bibliografia, 363

3 As ciências da religião no contexto das ciências humanas, 364

 3.1 As grandes linhas das ciências humanas, 364

  3.1.1 Os três eixos históricos, 364

3.1.2 A problemática atual, 366

    a) A perspectiva vitalista (G. Gusdorf), 366

    b) A perspectiva histórico-cultural, 367

3.1.3 As ciências humanas e o homem, 368

    a) A coexistência dos modelos, 368

    b) Irredutibilidade do homem a objeto, 369

3.2 Ciências das religiões, 370

  3.2.1 Abordagem sociológica das religiões, 371

    a) Max Weber (1864-1920), 371

    b) Joachim Wach (1898-1955), 371

  3.2.2 Psicanálise e religião, 371

    a) Freud (1856-1939), 371

    b) Jung (1875-1961), 372

  3.2.3 Fenomenologia: tipologia e experiência vivida, 372

  3.2.4 Pesquisa comparada, 373

  3.2.5 A abordagem estruturalista, 375

3.3 Bibliografia, 377

4 As abordagens científicas ao fenômeno religioso, 379

  4.1 Uma pesquisa histórica, 379

    4.1.1 História, diacronia, evolução, 379

    4.1.2 As primeiras abordagens metodológicas no século XIX, 381

    4.1.3 A pesquisa histórica como primeira etapa de uma ciência das religiões, 383

        a) Condicionamento histórico, 383

        b) Uma extensa documentação, 383

        c) Um método crítico indispensável, 383

        d) A morfologia do sagrado, 383

        e) O trabalho do historiador, 384

        f) A cronologia, 385

    4.1.4 História e fatos sociais, 385

        a) As estruturas religiosas, 386

        b) Os grupos humanos, 386

4.2 Em busca da experiência do sagrado – Uma abordagem científica para o homem religioso, 387

    4.2.1 A abordagem fenomenológica, 387

        a) A escala cria o fenômeno, 388

        b) Hierofania, 388

    4.2.2 *Homo religiosus*, 390

        a) *O homo religiosus* e sua experiência do sagrado: Rudolf Otto, 390

        b) O *homo religiosus* segundo Eliade, 390

    4.2.3 A abordagem científica na descoberta do *homo religiosus*, 393

        a) O problema relacionado a essa abordagem, 393

        b) Elementos do método de abordagem, 394

        c) A abordagem do comportamento do homem religioso, 395

    Bibliografia, 396

Parte IV – As perspectivas de uma antropologia religiosa, 397

1 Emergência da antropologia religiosa, 399

    1.1 Antropologia religiosa, 400

        1.1.1 Antropologia e religião, 400

        1.1.2 Nascimento de um novo espírito antropológico, 401

    1.2 A antropologia religiosa e o sagrado, 402

        1.2.1 *Homo religiosus* e o sagrado, 402

        1.2.2 O sagrado e o discurso do *homo religiosus*, 403

        1.2.3 Sagrado e comportamento do *homo religiosus*, 404

    1.3 Por que um tratado sobre a antropologia do sagrado?, 405

        1.3.1 A experiência religiosa do homem, 405

        1.3.2 Sagrado, cultura e humanismo, 406

2 O homem religioso e o sagrado à luz do novo espírito antropológico, 408

    2.1 Da sociologia do sagrado à antropologia religiosa, 408

        2.1.1 Émile Durkheim: sagrado e sociedade, 408

        2.1.2 Rudolf Otto: a experiência do sagrado, 410

            a) Os fundamentos do conhecimento, 410

            b) Os três aspectos do sagrado, 410

            c) O sagrado e a experiência religiosa, 412

2.2　O novo espírito antropológico, 414

    2.2.1　O homem indo-europeu e o sagrado – A obra de Georges Dumézil (1898-1986), 415

    2.2.2　O *homo religiosus* e o sagrado – A obra de Mircea Eliade (1907-1986), 417

        a) O nascimento de uma obra, 417

        b) O emergir do *homo religiosus*, 419

        c) Tipologia do *homo religiosus*, 419

Conclusões, 421

2.3　O *homo religiosus* e sua experiência do sagrado, 423

    2.3.1　Hierofania: homem e a manifestação do sagrado, 423

        a) Hierofania, 423

        b) Complexidade da hierofania, 424

        c) Fenomenologia e hermenêutica das hierofanias, 425

    2.3.2　*Homo symbolicus* – O símbolo na experiência religiosa, 425

        a) Símbolo e hierofania, 425

        b) Símbolo e linguagem da revelação, 426

        c) O emergir do *homo religiosus* segundo a paleoantropologia, 427

        d) Simbolismo da abóbada celeste e transcendência, 428

    2.3.3　Mito, arquétipo e comportamento religioso, 429

        a) O mito, narração das origens e do fim do mundo, 429

        b) Arquétipo e mensagem, 431

        c) Mitos e comportamento religioso, 432

    2.3.4　O rito na vida do *homo religiosus*, 433

        a) O rito e o *homo religiosus*, 433

        b) Iniciação na vida do *homo religiosus*, 434

2.4　Conclusões, 435

3　As perspectivas da antropologia religiosa à luz da história das religiões, 437

    3.1　O *homo religiosus* e o sagrado, 437

    3.2　*Urzeit* e *Endzeit*: origens e escatologia, 442

    3.3　O homem africano e o sagrado, 444

    Bibliografia seletiva geral, 449

Parte V – Problemas e métodos à luz de trinta historiadores das religiões, 455

Ugo Bianchi (1922-1995), 457

Charles de Brosses (1709-1777), 462

Pierre Daniel Chantepie de la Saussaye (1848-1920), 465

Benjamin de Rebecque Constant (1767-1830), 467

Franz Cumont (1868-1947), 470

Georges Dumézil (1898-1986), 473

Émile Durkheim (1858-1917), 475

Mircea Eliade (1907-1986), 477

Numa-Denis Fustel de Coulanges (1830-1889), 483

Giglio Gregorio Giraldi (1479-1552), 486

Eugène Goblet d'Alviella (1846-1925), 488

Charles de Harlez de Deulin (1832-1899), 490

Friedrich Heiler (1892-1969), 493

Joseph-François Lafitau (1681-1746), 496

Claude Lévi-Strauss (1908-2009), 498

Lucien Lévy-Bruhl (1857-1939), 502

Marcel Mauss (1872-1950), 505

Friedrich Max Müller (1823-1900), 508

Rudolf Otto (1869-1937), 511

Raffaele Pettazzoni (1883-1959), 514

Henri Pinard de la Boullaye (1874-1958), 517

Albert Réville (1826-1906), 519

Wilhelm Schmidt (1868-1954), 522

Nathan Söderblom (1866-1931), 525

Rudolf Steiner (1861-1925), 527

Cornelius Petrus Tiele (1830-1902), 530

Louis de la Vallée-Poussin (1869-1938), 533

Jean Varenne (1926-1997), 534

Giambattista Vico (1668-1744), 536

Jacques Vidal (1925-1987), 539

Índice dos nomes e dos principais lugares, 541

CULTURAL
Administração
Antropologia
Biografias
Comunicação
Dinâmicas e Jogos
Ecologia e Meio Ambiente
Educação e Pedagogia
Filosofia
História
Letras e Literatura
Obras de referência
Política
Psicologia
Saúde e Nutrição
Serviço Social e Trabalho
Sociologia

CATEQUÉTICO PASTORAL
Catequese
  Geral
  Crisma
  Primeira Eucaristia

Pastoral
  Geral
  Sacramental
  Familiar
  Social
  Ensino Religioso Escolar

TEOLÓGICO ESPIRITUAL
Biografias
Devocionários
Espiritualidade e Mística
Espiritualidade Mariana
Franciscanismo
Autoconhecimento
Liturgia
Obras de referência
Sagrada Escritura e Livros Apócrifos

Teologia
  Bíblica
  Histórica
  Prática
  Sistemática

REVISTAS
Concilium
Estudos Bíblicos
Grande Sinal
REB (Revista Eclesiástica Brasileira)

VOZES NOBILIS
Uma linha editorial especial, com importantes autores, alto valor agregado e qualidade superior.

VOZES DE BOLSO
Obras clássicas de Ciências Humanas em formato de bolso.

PRODUTOS SAZONAIS
Folhinha do Sagrado Coração de Jesus
Calendário de mesa do Sagrado Coração de Jesus
Agenda do Sagrado Coração de Jesus
Almanaque Santo Antônio
Agendinha
Diário Vozes
Meditações para o dia a dia
Encontro diário com Deus
Guia Litúrgico

CADASTRE-SE
www.vozes.com.br

EDITORA VOZES LTDA.
Rua Frei Luís, 100 – Centro – Cep 25689-900 – Petrópolis, RJ
Tel.: (24) 2233-9000 – Fax: (24) 2231-4676 – E-mail: vendas@vozes.com.br

UNIDADES NO BRASIL: Belo Horizonte, MG – Brasília, DF – Campinas, SP – Cuiabá, MT
Curitiba, PR – Fortaleza, CE – Goiânia, GO – Juiz de Fora, MG
Manaus, AM – Petrópolis, RJ – Porto Alegre, RS – Recife, PE – Rio de Janeiro, RJ
Salvador, BA – São Paulo, SP